中国河湖大典

ENCYCLOPEDIA OF RIVERS AND LAKES IN CHINA

《中国河湖大典》编纂委员会 编著
Compiled by: Editorial Committee of Encyclopedia of Rivers and Lakes in China

【海河卷】
SECTION OF HAIHE RIVER BASIN

中国水利水电出版社
China Water & Power Press

封面题字　敬正书

图书在版编目（CIP）数据

中国河湖大典 = Encyclopedia of Rivers and Lakes in China Section of Haihe River Basin. 海河卷 /《中国河湖大典》编纂委员会编著. -- 北京：中国水利水电出版社，2013.1
　ISBN 978-7-5170-0563-6

Ⅰ. ①中… Ⅱ. ①中… Ⅲ. ①河流－概况－中国②湖泊－概况－中国③海河－概况　Ⅳ. ①K928.4

中国版本图书馆CIP数据核字（2013）第008350号

审图号：GS（2011）622号

书　名	中国河湖大典　海河卷 ENCYCLOPEDIA OF RIVERS AND LAKES IN CHINA SECTION OF HAIHE RIVER BASIN
版　权	《中国河湖大典》编纂委员会 中国水利水电出版社
出版发行	中国水利水电出版社 （北京市海淀区玉渊潭南路1号D座　100038） 网址：www.waterpub.com.cn E-mail：sales@waterpub.com.cn 电话：（010）68367658（发行部）
经　售	北京科水图书销售中心（零售） 电话：（010）88383994、63202643、68545874 全国各地新华书店和相关出版物销售网点
排　版	中国水利水电出版社微机排版中心
印　刷	北京新华印刷有限公司
规　格	210mm×285mm　16开本　19.75印张　956千字
版　次	2013年1月第1版　2013年1月第1次印刷
印　数	0001—3000册
定　价	**198.00元**

凡购买我社图书，如有缺页、倒页、脱页的，本社发行部负责调换

版权所有·侵权必究

《中国河湖大典》编纂委员会

主　任：敬正书

副主任：矫　勇　　周　英　　陈小江

委　员：（按姓名笔画排序）

于　睿	于丛乐	王文珂	王世江	王仕尧	王扬俊	王全胜
王孝忠	王宏江	王忠法	王晓东	戈　锋	文　明	邓　坚
叶建春	叶勇义	史会云	白玛旺堆	吕振霖	仲　刚	朱开茗
朱芳清	朱宪生	任宪韶	庄　先	刘　震	刘水在	刘兰育
刘伟民	刘雅鸣	汤鑫华	许文海	孙砚方	孙晓山	孙继昌
孙雪涛	纪　冰	杜昌文	李代鑫	李英明	李国英	李洪波
李清林	杨志英	肖　友	吴存荣	吴洪相	冷　刚	宋光禄
宋继峰	张红兵	张志彤	张拓原	张金如	张绮文	张嘉毅
张德新	陆　兵	陈　川	岳中明	金俊杰	周日方	周运龙
周学文	郑连第	赵　伟	赵文元	钟想廷	段安华	袁进琳
耿福明	顾　浩	党连文	钱　敏	高　波	高而坤	黄柏青
盛维德	康国玺	宿　政	董克义	蒋尊玉	韩乃义	程　静
焦志忠	谢承或	蔡其华	谭策吾	黎　平	滕胜叶	潘军峰
戴军勇						

主　编：敬正书

常务副主编：顾　浩　　郑连第

副主编：蔡其华　李国英　钱　敏　邓　坚　任宪韶　岳中明　党连文
　　　　叶建春　刘雅鸣　匡尚富　汤鑫华　戴定忠　胡昌支

《中国河湖大典》专家组

组　　长：郑连第

副组长：焦得生

成　　员：陆孝平　窦以松　李文垠　窦鸿身　赵魁义　徐根才　张卫东

《中国河湖大典》编纂委员会办公室

主　　任：胡昌支

副主任：穆励生　王　丽

成　　员：（按姓名笔画排序）

马爱梅　王可欣　王海琴　王德鸿　冯红春　纪　红　吉鑫丽
曲大鹏　杜丙照　李忠胜　李金玲　吴　娟　崔志强　程　锐

《海河卷》终审专家：（按姓名笔画排序）

冯广志　张卫东　陆孝平　郑连第　赵广和　顾　浩　黄朝忠
蔡　蕃

海河分支编纂委员会

(2004年11月30日至2006年5月21日)

主　任：邓　坚
副主任：王文生　曹寅白　张寿全
　　　　单学仪　李清林　裴　群
　　　　武轶群　于合群　戈　锋
　　　　仲　刚　刘传武　刘仲民
　　　　汪大昌　李崇兴
委　员：靳怀堾　郭书英　梁凤刚
　　　　许学强　苏艳林　邵文砚
　　　　马志尊　马文奎　张胜红
　　　　齐　晶　王民洲　金　锐
　　　　张树声　渠性英　周垂田
　　　　刘照渊　吴黎明　于　放
　　　　张启彬　郭　永　王振杰
　　　　李树强
主　编：邓　坚
副主编：王文生　曹寅白　靳怀堾
专家组：周魁一　谭徐明　南炳文
　　　　张效良　姚勤农　郭宏宇
　　　　刘培斌　练达仁　张法生
　　　　薛凤海　徐林波

海河分支编委会办公室

(2004年11月30日至2006年5月21日)

主　任：靳怀堾
副主任：李红有
成　员：陶桂荣　杨桂云　李美婷
　　　　黄　诚

海河分支编纂委员会

(2006年5月22日至今)

主　任：任宪韶
副主任：王文生　曹寅白　张寿全
　　　　张志颇　李清林　裴　群
　　　　武轶群　于合群　戈　锋
　　　　仲　刚　靳怀堾　刘仲民
　　　　汪大昌　徐士忠
委　员：邵文砚　郭书英　梁凤刚
　　　　许学强　苏艳林　罗建军
　　　　马志尊　孙长庚　马文奎
　　　　张胜红　齐　晶　王民洲
　　　　金　锐　张树声　渠性英
　　　　周垂田　刘照渊　吴黎明
　　　　于　放　张启彬　郭　永
　　　　王振杰　李树强

主　编：任宪韶

副主编：王文生　曹寅白　邵文砚

专家组：周魁一　谭徐明　南炳文

　　　　张效良　姚勤农　郭宏宇
　　　　刘培斌　练达仁　张法生
　　　　薛凤海　徐林波

海河分支编委会办公室
（2006年5月22日至2010年12月31日）

主　任：邵文砚

副主任：姚绍兰　李红有

成　员：陶桂荣　杨桂云　李美婷
　　　　黄　诚　李　娜

海河分支编委会办公室
（2011年1月1日至今）

主　任：邵文砚

副主任：杨井泉　李红有　黄　诚

成　员：陶桂荣　张俊霞　李　伯
　　　　李美婷　王国春

海河分支编纂人员名单

撰稿：（按姓名笔画排序）

于　放	于　洋	马　杰	马念刚	王　兴	王　敏	王　辉	王　赞	王长明
王文东	王成立	王志松	王秀芳	王作友	王建刚	王建伟	王彦群	王振杰
王振明	王晓林	王清民	王维国	王善华	王登月	王德山	牛　富	尹燕莉
邓文栓	石国华	田　励	田新敏	史欣之	白文荣	丛　英	丛庆龙	司振瀛
邢贵海	邢富茹	邢瑞华	吕红霞	吕增瑞	朱长会	朱爱华	朱德海	乔德信
刘　峥	刘　鹏	刘　巍	刘　鑫	刘凤民	刘玉晶	刘再超	刘进海	刘志新
刘学刚	刘建国	刘栋涛	刘树芳	刘彦芳	刘素君	刘桂莲	齐　剑	齐秀华
齐国成	齐建怀	闫士田	闫建辉	安尚志	阳育英	贠志远	孙凤芹	孙文艺
孙永杰	孙雪峰	孙景跃	杜广兴	杜长胜	杨　恒	杨天明	杨亚军	杨红梅
杨桂云	杨晓威	杨慧杰	李　东	李　军	李　娜	李　哲	李凤翔	李玉春
李玉舫	李占才	李永善	李红有	李红岩	李建发	李建国	李胜弟	李美婷
李素敏	李哲强	李润英	李森焱	李辉明	李裕宏	肖伟强	肖庆龙	吴玉华
吴新玲	邱海波	冷玉洁	宋得光	宋景才	张　凯	张　浩	张玉杰	张再生

张兴志	张志杰	张利民	张作斌	张英荣	张金东	张金顺	张俊霞	张铁军
张海峰	张雪梅	张新丽	陈志刚	陈美华	陈晓兰	陈继峰	武任广	武德华
罗 驰	金 涛	周文华	周垂田	庞元清	郑永茜	郑知道	郑洪泽	郑爱静
宗同娟	赵 强	赵万库	赵飞键	赵子龙	赵云亭	赵立坤	赵立颖	赵军昌
赵志民	赵丽娟	赵晓辉	胡胜华	段永鹏	侯国柱	俞建义	洪世华	姚绍兰
袁博宇	袁敬东	耿九飞	耿少军	贾振华	徐英利	徐胜军	徐艳春	徐福新
高桂全	高德珍	郭广义	郭泗涌	郭宝丽	郭树东	郭福喜	陶桂荣	黄 诚
黄树海	黄晓东	崔文秀	崔玉山	崔华银	崔秉忠	崔俊青	崇岩峰	阎 朝
渠性英	梁述杰	寇景瑞	董佳顺	董宝长	董银川	韩振岭	韩智力	韩瑞海
程天祯	鲁 肃	綦中跃	蔡士强	翟向东	樊宝东	薛冠智	薄雪萍	魏 超
魏建强								

审稿：（按姓名笔画排序）

丁秋生	于 放	于子明	于孟波	马 林	马志国	马念刚	王 丽	王立民
王永珍	王延荣	王国春	王学义	王建刚	王建新	王俊杰	王晋中	王真琛
王振杰	王振明	田斌文	丛 英	边志勇	邢肖鹏	邢富茹	朱芳清	朱晨东
刘长余	刘仲民	刘建芝	刘树芳	刘照渊	刘增福	齐建怀	孙宁海	孙雪峰
杨井泉	杨立宪	杨桂云	杨晓勇	李 俊	李 娜	李巧霞	李永善	李红有
李录秀	李树强	李保江	李美婷	吴 娟	吴文桂	谷来勋	汪大昌	宋晋华
张 荷	张文波	张启彬	张金凯	张树声	张海山	陈 铁	周玉印	周垂田
郑连第	练达仁	孟国强	赵建华	胡 坚	胡 彪	洪世华	姚绍兰	秦群立
袁长极	徐士忠	徐林波	高云明	郭 永	陶桂荣	黄 诚	渠性英	梁述杰
董晓丽	蒋清贵	曾翠英	谢良华	靳怀堾	裴 群	潘翠宁	薛凤海	戴同霞

统稿： 李红有

审定： 王文生　邵文砚　曹寅白

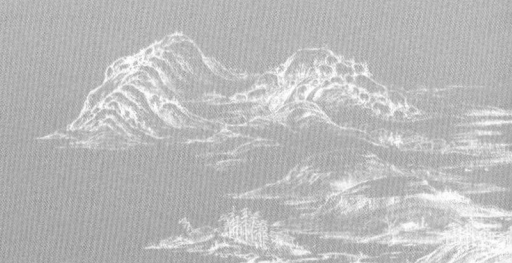

编修当代水经　服务千秋伟业
——《中国河湖大典》序

　　水是人类和一切生物生存的物质基础，是发展经济、保护环境、改善民生的基础性自然资源和战略性经济资源。我国幅员辽阔，地形多样，气候复杂，河湖众多，流域面积超过1 000平方千米的河流有1 500多条，湖水面积在1平方千米以上的湖泊达2 939个。先民逐水而居，以水为伴，既享受江河湖泊的恩惠，也遭受洪魔旱魃的侵扰。从大禹治水开始，中华民族始终在同水旱灾害作斗争。上下5 000年，一部中国历史，从一定意义上讲，也是中国人民兴水利、除水害的历史。

　　"善治国者先治水"。新中国成立以来，党和政府带领全国人民开展了大规模水利建设，初步形成了防洪、排涝、灌溉、供水、发电等比较完整的水利工程体系，全国已建成江河堤防28.69万千米，是新中国成立之初的7倍，相当于环绕地球赤道7圈多；各类水库数量从1 223座增加到2008年的86 353座，总库容从约200亿立方米增加到6 924亿立方米；供水量从1 031亿立方米增加到5 828亿立方米；农田有效灌溉面积从新中国成立之初的2.4亿亩扩大到目前的8.77亿亩；累计解决了2.72亿农村人口的饮水困难和1.65亿农村人口的饮水不安全问题，以及3亿多无电人口的用电问题；治理水土流失面积101.6万平方千米。我国以占世界6%的淡水资源、9%的耕地养育了占世界21%的人口并向全面小康社会迈进，这是中华民族5 000年文明史上前所未有的伟大成就，也是中国人民对世界发展作出的巨大贡献。

　　当前和今后一个时期，我国正处于全面建设小康社会、加快推进社会主义现代化的关键阶段。人多水少，水资源时空分布不均、水土资源与生产力布局不相匹配，是我国将要长期面对的基本水情。特别是受全球气候变化影响，近年来我国极端水旱灾害事件呈多发频发突发趋势，洪涝灾害、干旱缺水、水体污染和水土流失等水问题更加复杂。党和政府高度重视解决水问题，把节约资源、保护环境作为基本国策，大力倡导并深入落实科学发展观。水利部门结合实际提出了可持续发展治水思路，坚持以人为本，坚持人与自然和谐，以民生水利发展为重点，以节水防污型社会建设为途径，以水资源可持续利用为目标，对水资源进行合理开发、高效利用、综合治理、优化配置、全面节约、有效保护和科学管理，推进传统水利向现代水利、可持续发展水利转变，以水资源的可持续利用保障经济社会的可持续发展。我们期望并且坚信，到2020年我国全面建设小康社会目标实现之时，人民群众的防洪安全将得到可靠保障，城乡居民普遍享有安全清洁的饮用水，水环境和水生态状况显著改善，祖国的山更绿、水更清、天更蓝。

盛世修典是中华民族的优良传统。作为水资源主要载体和水旱灾害的地表源头，河流和湖泊历来受到高度重视，描述河湖的文献成为中华民族文化宝库中的重要典藏。公元6世纪郦道元所著的《水经注》，以更早记载我国江河水道的古书——《水经》为纲，溯源探流，访渎搜渠，以辞约意丰、情韵悠然的笔触，记述了1 500多年前我国自然地理、人文地理、历史地理面貌，成为后世人们了解全国水资源、水环境及其开发利用状况的主要依据。其后，历代也出现过一些描述河湖的文献，但其内容的广度和深度都无法与《水经注》相比。今人为此作出过很多努力，出版了一些有关中国河湖及水资源的书籍，但仍未能反映我国河湖水系的全貌。新世纪以来，随着经济社会发展和水资源条件变化，随着治水思路调整和水利实践深入，编纂出版《中国河湖大典》（以下简称《大典》），全面、准确地反映我国江河湖泊的历史和现状，弘扬、传承中华水文化，引导社会科学治水，维护河流生态健康，自然成为水利人和各界有识之士的迫切愿望与神圣使命。

水利部党组高度重视《大典》的编纂出版工作。2004年3月，水利部原部长汪恕诚同志作出批示，请时任水利部党组副书记、副部长的敬正书同志担任全书编委会主任兼主编，组成了由有关司局、流域机构及有关各省、市、自治区水利（务）厅（局）等单位负责人为委员的编委会，下设编委会办公室，组织有关专家成立全书专家组；各流域机构和地方水利部门也成立了相应的工作机构，组织了精干力量。敬正书同志不仅亲自著书、审稿，还多次深入各地指导编纂工作，协调处理编纂过程中遇到的各种困难，创造性地解决了大量关键难题，付出了巨大辛劳。各地撰稿人员和有关专家孜孜不倦、辛勤耕耘，或埋头著述，或字斟句酌，或旁征博引，或探幽发微，奠定了《大典》的基础。全书编委会办公室（中国水利水电出版社）和各地编纂办公室工作人员上下沟通，多方协调，充分发挥了桥梁和纽带作用。《大典》涉及编纂人员数千人，既有水利系统领导干部，也有系统内外专业人才，既有水利水电专家，也有地理学科权威。作者阵容之强大，组织工作之繁复，我国水利出版史鲜见。编纂工作不仅要对已有资料进行系统梳理与整编，还要对许多无人区进行开创性勘探、调查与研究；不仅要纠正历史讹误，明辨是非曲直，努力正本清源，还要秉持科学理念，描绘崭新实践，充实时代元素；不仅要善于突破地理盲区，还要勇于超越思想藩篱。可以说，《大典》不仅是我国江河湖泊面貌和水利实践过程的真实写照，也是"献身、负责、求实"水利行业精神的具体展现。借此机会，谨向参与编纂出版工作的同志们表示由衷的敬意和诚挚的感谢!

《大典》以我国河流湖泊的当代水文水资源状况为主、水利工程建设情况为辅,涉及地理、历史、环境、生态、农业、文化、经济和社会等领域,以现有权威水文资料、史志资料为依托,借鉴《水经注》的行文方式,通过图文并茂的装帧版式,对我国河流湖泊的基本资料进行系统收集、整理、加工和提炼,客观描述当今中国河流湖泊的基本状况,反映21世纪初人类对江河湖泊利用、保护、治理的新理念,是一部具有重要存史价值和重大现实意义的权威工具书,可为水利部门、社会各界乃至国际人士提供新颖、系统、准确、便捷的参考信息,为我国水利事业和经济社会的可持续发展服务。

中华民族悠久灿烂的文明史,中华大地多姿多彩的水景观,孕育了具有鲜明特色的水文化。新中国成立以来波澜壮阔的治水实践和举世瞩目的治水成就,又极大地丰富和发展了水文化。在新的历史时期,我们既要充分认识传统水文化的历史意义和现实价值,对传统水文化进行科学梳理、深入挖掘和系统总结,传承和发扬先进水文化;也要从广泛生动的水利实践中汲取时代精神,在人民群众的治水行动中丰富水文化,在水利事业的发展进步中创新水文化,引导社会建立人水和谐的生产生活方式,促使水文化更好地适应经济社会健康发展的需要。《大典》的编纂是一项浩大的水文化工程,它的问世是水文化建设结出的硕果。《大典》以其所载信息的科学性、准确性、实用性、丰富性和系统性,确立了其在中国水利史册中的权威地位,堪称当代中国的《水经注》。希望广大水利干部职工珍爱《大典》,用好《大典》,使《大典》更好地服务于水利这一千秋伟业,更好地推动社会主义文化大发展大繁荣。

我相信,在科学发展观的引领指导下,在水利部门和社会各界的共同努力下,我国的水利事业必将取得更加辉煌的成就,我国的河流湖泊必将变得更加绚丽多彩、永葆生命健康。

是为序。

中华人民共和国水利部部长

2009年9月27日

编 纂 说 明

《中国河湖大典》(以下简称《大典》)是一部全面、科学、客观描述中国河流湖泊体系,重要河流湖泊自然、人文状况的大型典籍,由中华人民共和国水利部及其派出的流域管理机构组织各省、自治区、直辖市水行政主管部门负责人、水利系统内外相关专家学者组成的《大典》编纂委员会及其执行机构编纂完成,以供各界人士和有关方面了解或研究河流、湖泊之用。

中国幅员辽阔,不同地域气候、水文千变万化,地形、植被千差万别,河流、湖泊自然面貌千姿百态。中华民族悠久的历史又赋予这些河流湖泊深厚多彩的文化内涵。如何全面真实、深浅适度地将这些信息综合表述在统一的文本之中,现存的文献典籍鲜有可借鉴的先例。因此,编纂《大典》可以说是一项具有挑战性的工作。

《大典》编纂工作在启动伊始就受到社会各方的关注,财政部为此立项,新闻出版总署将其列入"十一五"重点图书出版规划。为保证编纂质量,编纂委员会组织水利、地理、历史等学界专家成立了专家组,各流域机构也组建了编纂机构与工作班子,广揽各方熟悉相关河湖的专家学者、工程技术人员、研究和关心河湖的人士作为撰稿人和审稿人,以使本《大典》更真实、更全面、更权威。

《大典》由序、编纂说明、分卷前言、总论、条目、插图、附表和索引等部分组成,其中条目即全书的正文,是《大典》的主体。各部分的编纂规则如下。

一、条目的含义、选列及编号

1. 含义

条目是《大典》的基本叙述单元,一般一个条目表述一条河流或一个湖泊,所指河湖包括天然河流、天然湖泊、著名的人工河流(包括运河、灌溉水系、引水渠道等)和人工湖泊(水库)。

2. 选列标准

中国河流和湖泊数量巨大,规模和影响差异悬殊,为使全书条目的总数合理,做到各地域间条目数量的大致平衡和内容相称,选列条目时河湖分为两类:第一类是在主要技术参数上达到一定规模的,第二类是规模以下但有特色或重要价值的。

(1)《大典》选列条目标准

达到一定规模的选列条目标准为:

天然河流,流域面积达到或超过 1 000 平方千米者(包括各级支流);

天然湖泊,水面面积达到或超过 10 平方千米者;

水库,总库容达到或超过 1 亿立方米者;

人工渠道,限规模大、历史悠久或社会影响独到者。

规模以下河湖数量众多,其中一些在自然、社会、经济、科技、环境、历史、文化、军事等领域具有突出价值或特殊影响,因此也被列入,称为规模以下列条河湖。这类条目入选的数量控制在第一类条目数量的 1.0~1.5 倍之间。

（2）其他问题处理原则

1）泉源、瀑布、湿地、水渠和水闸的列条问题。泉源、瀑布一般在相应的河流或湖泊中予以阐述；个别著名或特色突出者单独列条，但严格控制数量；各类湿地因与相关河流、湖泊不可分割，除极个别者外，没有单独列条，其内容在相关的河流、湖泊中阐述。我国水渠和水闸所形成的水域数量很大，它们都是开发治理河湖的工程，故在相应的河湖条目中给予表述。

2）"双源"或"多源"河流的列条问题。由于自然或社会的原因，少数河流没有公认的单一的主源头，而是有两个（例如，松花江有嫩江和第二松花江等）或多个并列的源头（例如，海河有潮白河、永定河、大清河、子牙河、漳卫南运河等）。此类河流通常既从整体上列选一个条目，在撰写释文时，概述部分以全河流域为撰写范围，说明此河有两个或多个并列的源头；纪实部分则从两源或多源的汇合处写起，直至入河（湖、海）口止；此外，又把两个或多个源头分别作为这条河流最上游的两条或多条支流另列条目。

3）河网或河口的列条问题。平原河网地区，河流的干支关系与一般水系不同。《大典》把一定区域内有水流联系的水网作为一个水系列为条目；而水网中的水流如符合列条要求，就列为该水网的下一级条目。一些河流的河口，水流比较复杂，这一区域也作为一个河网予以列条。

3. 条目篇幅分档

为保持全书内容的分布均衡、繁简适当，《大典》在编纂过程中将条目按其篇幅分为7个层次：①特长条；②长条；③中长条；④中条；⑤中短条；⑥短条；⑦短短条。特长条用于极少数特别重要、内容特别丰富的河流，如长江、黄河；长条用于其他重要干流、特别重要的湖泊，如松花江、辽河、淮河、珠江、太湖、洞庭湖、鄱阳湖等；中长条用于七大流域下的重要支流、重要独流入海河流、重要内陆河流、重要湖泊和特大水库，如汉江、汾河、钱塘江、雅鲁藏布江、塔里木河、洪泽湖、三峡水库等；中条用于比较重要的河流、湖泊和水库，如文峪河、白洋淀、密云水库等；中短条用于一般的河流、一般的湖泊；短条用于其他内容偏少的河湖；短短条用于内容最少的河湖。

4. 条目编号

（1）编号的表达形式

为便于读者阅读，《大典》对选列的河湖条目进行统一编号。每个条目都有唯一的编号，读者根据编号可以方便地查找条目在书中的准确位置。所有编号组成的体系，体现了本书列条的全国河流、湖泊的存在状况及相互关系。

条目编号的表达形式为×.×.×.×.×，其中每个"×"标示水系的一个干支层次，即几级支流。其具体编法是：

1）从左侧开始，第一位×为流域分片的编号，也是该流域干流（一级列条河湖）的编号。水系和水系群体之间的排号顺序以东北为先，后续按顺时针方向依次排列。黑龙江及其流域片为1，辽河及其流域片为2，海河及其流域片为3，黄河及其流域片为4，淮河及其流域片为5，长江及其流域片为6，七大江河之外的独流入海河流为7，珠江及其流域片为8，海岛河流水系为9，内陆水系为10。

2）前两位×.×为二级列条河湖编号。在相应的流域范围内，按二级列条河湖入河口在一级列条河湖干流上从上游到下游的顺序排列。湖泊水系编号与河流水系相同。

3）前三位×.×.×为三级列条河湖编号。在相应的二级列条河湖流域范围内，按三级列条河湖入河口在二级列条河湖干流从上游到下游的顺序排列。其余依此类推。

4) 条目编号示例

6　长江	表示长江水系在全国水系中的编号为6
6.133　洞庭湖水系	表示洞庭湖水系在长江水系中的编号为133
6.133.5　湘江	表示湘江在洞庭湖水系中的编号为5
6.133.5.18　舂陵水	表示舂陵水在湘江水系中的编号为18
6.133.5.18.3　欧阳海水库	表示欧阳海水库在舂陵水水系中的编号为3

（2）独流入海河流、内流河湖编号

《大典》把位于一个特定地区的七大江河以外的独流入海河流或内流河湖作为一个群体（例如东南诸河、广东沿海诸河、羌塘高原内流河湖等）当作一级水系进行编号，其中的河湖按上述原则依次进行编号。

（3）条目编号与条目总表

全书各卷条目按上述原则编成的条目编号体系形成《大典》条目总表，收录于《综合卷》。

5. 分卷安排

依据前述条目编号体系及各水系的地理位置，全书共分下列10卷：综合卷，黑龙江、辽河卷，海河卷，黄河卷，淮河卷，长江卷（上、下），东南诸河、台湾卷，珠江卷，西南诸河卷，西北诸河卷。

二、条目的结构

条目由条题、释文、示意图、照片等组成，释文是条目的主体。

1. 条题

条题由汉字条题和外文条题组成，外文条题是汉字条题对应的外文译名。

（1）一河多名

一河多名的情况甚多。《大典》规定：以国家明文规定的名字为条题，没有国家明文规定名称的河湖则以一个应用最广、在社会上影响最大的名字作为条题，其他名字则在释文中一一列出。

（2）一河分段异名

一条河流上下游可能存在不同名称。对此，《大典》只选择权威认可的或在社会上最具影响的名字作为条题。如果不具备上述条件，则选择最下游一段河名作为条题。为使读者阅读和检索方便，有必要时，在条题后加括弧注明自上而下的河段名称。

（3）多河或多湖同名

多河或多湖同名者很多。由于在正文和附录中所有条目都是按条目编号排列的，在索引中所有河湖名称后面都注有其所在页码，故同名不会出现混淆问题。少数同名者在条题后面加注了所在地区。

2. 释文

释文是条目的核心内容，其主旨是介绍中国河流、湖泊的基本情况，重点是河湖的自然状况，有关经济、工程、文化、社会、历史的内容力求简洁明了，且紧扣人与河湖的相互关系。

释文一般由三部分组成：①题解，②概述，③纪实。

（1）题解

题解是对条题的概括说明。内容包括：河湖名称、别名、少数民族语言称谓、古名，河湖类型，河系关系，河湖发源地、入河（湖、海）口，流域所处经纬度（字数少的条目省略），干流行经及支流伸展所及省、自治区、直辖市。

（2）概述

概述是对河流、湖泊宏观情况的记述，主要包括下述内容：

1）河湖要素。

①天然河流：所在水系、自然环境概要、河道历史变迁、河长、流域面积、多年平均入海（河、湖）水量、输沙量。

②天然湖泊：湖河关系、自然环境概要、历史变迁、湖面面积及其丰枯变化、水质及其变化等。

③人工河流：功用及开发目标、水系关系、自然环境概要、河长、设计规模、建成时间等。

④水库：位置、自然环境概要、功用及开发目标、坝型、坝体主要尺寸、库容、库面面积及其丰枯变化、淤积情况、建成时间等。

2）气候水文。气候、降水、蒸发、多年平均流量、冰情、历史洪水等。

3）减灾兴利。旱涝灾害、水利史概述、水资源开发、防洪、灌溉、治涝、发电、航运、城市供水、水土保持等。

（3）纪实

自源头至入河（湖、海）口，依次记述流经地段、自然状况、人与河湖相互影响，属于微观情况描述。包括：

1）自然状况。地质地貌、水流（流态、变化、特殊洪水、断流、泉源、瀑布、地下河等）、沼泽、环境与生态（植被覆盖、生物资源及其多样性、珍稀动植物）等。

2）水事工程和遗迹。重要堤防、不列条水库、渠道、灌区、灌排设施等。

3）自然资源和社会经济概况。

4）与河湖相关的自然景观与文化遗存。城邑聚落、历史事件、民族文化、风景名胜（世界文化遗产和自然遗产、国家重点文物、国家风景名胜区、国家水利风景区等）、名人胜迹（历史人物在此地值得记忆的与河湖相关的遗迹）等。

5）与条目相关的不列条河湖的特色内容的简要表述。

3. 示意图

在《大典》条目的释文中，附加了一些平面布置图或河流水系示意图、湖区示意图、库区示意图等。

4. 照片

部分条目配有照片，与释文相互印证和烘托。多数照片反映自然生态，也有部分照片反映人文和工程面貌。

5. 其他

（1）水利工程本身的描述原则

《大典》不只是水利著作，故对水利工程不作专业详述，主要记述工程在人与河湖关系中的作用，扼要地反映工程的科学技术水平。

（2）水库的描述原则

水库是作为人工湖泊而列条的。《大典》主要描述其形成、规模、形状，人与水库的关系，经济社会效益，以及相关生态、环境情况。

（3）条目与行政区划的关系

条目撰写以水系为单元，不受行政区划的分割。

三、《大典》的其他组成部分

1. 地图与水系图插页

地图与水系图分为3个层次：

（1）全国地图

包括中国政区图、中国地形图、中国河流水系及水资源分区图等。

（2）大流域和大地区水系图

1）大流域水系图包括七大江河的水系图。

2）大地区水系图包括七大江河水系以外由大地区联系的河湖水系图，涉及东南诸河、西南诸河、西北诸河等。

3）七大江河以外无法划入大地区的河湖，根据水资源分区和流域管理范围，分别划入大流域或大地区。

（3）重要支流水系图

一些大流域或大地区水系图比例尺较小，所展示的内容有限。因此，把大流域、大地区按大支流、干流区间或独立的小流域群分片，绘制若干支流水系图，显示相应范围内的列条河湖的流向及干支关系。

根据《大典》的宗旨，所附地图或水系图与一般的地图不同，其核心内容是河湖水系。除标出居民点等必要信息外，其他内容尽量简化。

2. 附表

（1）全国水系一览表

列条河湖数量有限，为了更全面展示我国河湖总体情况，在《综合卷》中编列了"全国水系一览表"，把收录范围扩大为：河流流域面积100平方千米，湖泊水面面积1平方千米，水库库容100万立方米及其以上规模。

（2）其他附表

为使读者更方便、清晰地了解各列条河湖要素及相关事项，《大典》在各卷之末增列一些附表，如"列条河流一览表"、"列条湖泊一览表"、"列条水库一览表"、"灌溉面积在2万公顷以上的灌区一览表"。

3. 索引

《大典》中河湖数量众多，相互关系错综复杂，为方便读者查阅，每卷后设"条题汉字笔画索引"、"条题外文索引"和"内容索引"。内容索引中的河湖名有黑体和宋体两种，黑体为列条河湖，宋体为列条河湖的别称、又称和未列条河湖。内容索引中宋体的河湖名在释文中用楷体标示，以方便检索。释文中标示为斜体的为列条河湖名，表示读者可在专条查阅该河湖的知识，此处不赘述。

《海河卷》前言

海河为我国七大江河之一。海河流域地理位置优越，自然资源丰富，人文底蕴深厚，是我国政治文化中心和经济发达地区之一。《中国河湖大典 海河卷》（以下简称《海河卷》）以条目的形式，简明扼要、全面系统地记述了海河水系、滦河水系和鲁北沿海诸河（徒骇马颊河）水系各河流的自然状况和经济社会情况，并着重反映了当代治理开发巨大成就。《海河卷》的编纂出版，既是对海河流域内河情、水情、地情的真实记录，也是对流域内水利与流域经济社会发展之间关系的动态反映。其成果将为广大读者了解海河、认识海河架起桥梁和阶梯。

《海河卷》是《中国河湖大典》的重要组成部分，由水利部海河水利委员会（以下简称海委）主持编纂。2004年11月，根据水利部的统一部署，海委启动了《海河卷》的编纂工作，成立了编纂委员会，下设编纂办公室和专家组，具体负责编纂的组织和指导工作。在此基础上，流域内各省（自治区、直辖市）水利（水务）厅（局）及海委直属各管理局分别成立了相应的编纂机构，为编纂工作顺利开展提供了坚实保证。

《海河卷》分三大水系共11部分，即海河水系的蓟运河、潮白河、北运河、永定河、大清河、子牙河、漳卫南运河、黑龙港运东地区诸河，滦河水系的滦河、冀东沿海诸河及鲁北沿海诸河（徒骇马颊河）水系。全卷共收条目244条、文字稿约60万字，绘制图表52张，附有彩照698张；依据河湖类型分类，河流（含人工渠道）条目有156条，水库52条，湖泊湿地19条，泉17条。全卷基本涵盖了海河流域内流域面积达到或超过1 000平方千米的河流和水面面积达到或超过10平方千米的湖泊，包括了所有大型水库和部分中型水库，还有一些在自然社会、历史文化和科技工程等方面具有特殊价值的名河、名湖和名泉。

在《海河卷》的编纂过程中，广大编纂人员亲自沿河考察，全面搜集资料，反复核对数据，精心撰写初稿；各编纂单位和专家加强协作，周密安排，认真负责，严格把关，确保了大典编纂质量和进度。经过条目设计、初稿撰写、二审修改和终审定稿4个阶段，使《海河卷》整体编纂质量更臻完美。《海河卷》所用照片主要由北京市、天津市、河北省、山西省、山东省、河南省、内蒙古自治区水利（水务）厅

（局）及漳卫南运河管理局、引滦工程管理局、海河下游管理局、漳河上游管理局提供，卜志军、王广山、王国春、马念刚、刘玉晶、刘智超、刘德平、刘兰芳、齐静、李自桂、李希刚、杨朝瀚、时秀梅、邵坤、张潇、张金顺、张学路、吴霜梅、郑丹、屈海晨、侯静、高思佳、高学飞、黄宏基等同志也提供了部分照片。

　　海河流域平原河流由于受到自然变迁和人为因素影响，干支交叉频繁，关系错综复杂，甚至个别河流基本数据如流域面积、水资源量等都难以统计。编纂过程中，我们虽然对其河湖演变历史和相互关系进行了深入了解和多次研究，仍难以准确描述。特别需要说明的是，海河及其重要支流蓟运河、潮白河、北运河、永定河、大清河、子牙河、漳卫南运河至今尚未确定主源，所以在相应条目释文中仍以两源或多源记述；海河水系、滦河水系及鲁北沿海诸河（徒骇马颊河）水系的独流入海诸河，仍尊重传统习惯划入相应水系，如黑龙港运东地区诸河列在海河水系中。

　　在《海河卷》出版发行之际，谨向各承编单位及其领导、所有参加编纂工作的专家、学者和工作人员表示衷心的感谢。

　　由于当前科技手段和编者认识水平的局限，全篇纰漏和不足之处在所难免，竭诚欢迎大家批评指正。

编者

目 录

编修当代水经　服务千秋伟业——《中国河湖大典》序
编纂说明
《海河卷》前言

海 河 水 系
Haihe River Basin

3　海河（Haihe River） ··· 1

一、蓟 运 河
Jiyunhe Canal

3.1　蓟运河（Jiyunhe Canal）··················· 10
3.1.1　泃河（Juhe River）························ 13
3.1.1.1　海子水库（Haizi Reservoir）········· 14
3.1.2　州河（Zhouhe River）····················· 15
3.1.2.1　于桥水库（Yuqiao Reservoir）······ 16

3.1.2.2　龙泉（Longquan Spring）············ 18
3.1.2.3　阳泉（Yangquan Spring）············ 18
3.1.3　还乡河（Huanxiang River）············ 18
3.1.3.1　邱庄水库（Qiuzhuang Reservoir）·· 20

二、潮 白 河
Chaobai River

3.2　潮白河（Chaobai River）··················· 21
3.2.1　白河（Baihe River）······················· 24
3.2.1.1　云州水库（Yunzhou Reservoir）···· 26
3.2.1.2　赤城温泉（Chicheng Hot Spring）·· 26
3.2.1.3　白河堡水库（Baihepu Reservoir）·· 27
3.2.1.4　黑河（Heihe River）···················· 28
3.2.1.5　汤河（Tanghe River）·················· 29

3.2.2　潮河（Chaohe River）···················· 30
3.2.3　密云水库（Miyun Reservoir）········· 31
3.2.4　京密引水渠（Jingmi Channel）······· 32
3.2.5　怀河（Huaihe River）····················· 34
3.2.5.1　怀柔水库（Huairou Reservoir）····· 34
3.2.6　汉石桥湿地（Hanshiqiao Marsh）···· 35
3.2.7　七里海（Qilihai Marsh）················ 36

三、北 运 河
Beiyunhe Canal

3.3　北运河（Beiyunhe Canal）················· 38
3.3.1　温榆河（Wenyu River）·················· 40
3.3.1.1　十三陵水库（Shisanling Reservoir）·· 41
3.3.1.2　翠湖湿地（Cuihu Marsh）············ 42
3.3.1.3　清河（Qinghe River）·················· 43
3.3.1.4　坝河（Bahe River）····················· 44
3.3.2　通惠河（Tonghui River）··············· 45

3.3.2.1　玉泉（Yuquan Spring）················ 46
3.3.2.2　昆明湖（Kunming Lake）············· 47
3.3.2.3　长河（Changhe River）················ 49
3.3.2.4　北京护城河（Beijinghucheng River）·· 50
3.3.2.5　什刹海（Shichahai Lake）············ 52
3.3.2.6　北海—中海—南海（Beihai - Zhonghai - Nanhai Lake）··· 54

3.3.2.7　筒子河（Tongzi River） ………………… 55
3.3.2.8　金水河（Jinshui River） ………………… 56
3.3.2.9　玉渊潭（Yuyuantan Lake） ……………… 57
3.3.3　凉水河（Liangshui River） ………………… 58
3.3.3.1　莲花池（Lotus Pond） …………………… 59
3.3.4　青龙湾减河（Qinglongwanjianhe River） … 60
3.3.5　东丽湖（Dongli Lake） …………………… 61

四、永 定 河
Yongding River

3.4　永定河（Yongding River） ………………… 62
3.4.1　桑干河（Sanggan River） ………………… 67
3.4.1.1　源子河（Yuanzi River） ………………… 70
3.4.1.1.1　神头泉（Shentou Spring） …………… 71
3.4.1.2　黄水河（Huangshui River） ……………… 72
3.4.1.3　浑河（Hunhe River） …………………… 73
3.4.1.4　御河（Yuhe River） ……………………… 74
3.4.1.4.1　十里河（Shili River） ………………… 75
3.4.1.5　册田水库（Cetian Reservoir） …………… 76
3.4.1.6　壶流河（Huliu River） …………………… 78
3.4.1.6.1　壶流河水库（Huliuhe Reservoir） …… 79
3.4.2　洋河（Yanghe River） …………………… 79
3.4.2.1　东洋河（Dongyang River） ……………… 81
3.4.2.1.1　友谊水库（Youyi Reservoir） ………… 82
3.4.2.1.2　瑟尔基河（Seerji River） ……………… 82
3.4.2.2　南洋河（Nanyang River） ………………… 83
3.4.2.2.1　西洋河（Xiyang River） ……………… 84
3.4.2.2.1.1　西洋河水库（Xiyanghe Reservoir） … 85
3.4.2.3　清水河（张家口）（Qingshui River in Zhangjiakou City） …………………………………… 85
3.4.2.4　响水铺水库（Xiangshuipu Reservoir） …… 86
3.4.3　官厅水库（Guanting Reservoir） …………… 87
3.4.4　妫水河（Guishui River） …………………… 88
3.4.4.1　古城水库（Gucheng Reservoir） ………… 89
3.4.5　清水河(北京)（Qingshui River in Beijing City） … 90
3.4.6　永定河引水渠（Yongdinghe Channel） …… 91

五、大 清 河
Daqing River

3.5　大清河（Daqing River） …………………… 93
3.5.1　拒马河（Juma River） …………………… 96
3.5.1.1　涞源泉（Laiyuan Spring） ……………… 98
3.5.1.2　南拒马河（Nanjuma River） ……………… 98
3.5.1.2.1　中易水河（Zhongyishui River） ……… 99
3.5.1.2.1.1　安格庄水库（Angezhuang Reservoir） … 100
3.5.1.2.1.2　北易水河（Beiyishui River） ………… 100
3.5.1.2.1.2.1　旺隆水库（Wanglong Reservoir） … 101
3.5.1.3　北拒马河（Beijuma River） ……………… 101
3.5.1.3.1　大石河（Dashi River） ………………… 102
3.5.1.4　白沟河（Baigou River） ………………… 103
3.5.2　赵王新河（Zhaowangxinhe River） ………… 104
3.5.3　白洋淀（Baiyangdian Lake） ……………… 105
3.5.3.1　萍河（Pinghe River） …………………… 106
3.5.3.2　瀑河（Baohe River） …………………… 107
3.5.3.3　漕河（Caohe River） …………………… 107
3.5.3.3.1　龙门水库（Longmen Reservoir） ……… 108
3.5.3.4　府河（Fuhe River） ……………………… 108
3.5.3.4.1　一亩泉（Yimu Spring） ………………… 109
3.5.3.4.2　古莲花池（Gulianhuachi Lake） ……… 109
3.5.3.5　唐河（Tanghe River） …………………… 110
3.5.3.5.1　西大洋水库（Xidayang Reservoir） …… 113
3.5.3.5.2　清水河（Qingshui River） ……………… 113
3.5.3.5.2.1　龙潭水库（Longtan Reservoir） …… 114
3.5.3.6　孝义河（Xiaoyi River） ………………… 115
3.5.3.7　潴龙河（Zhulong River） ………………… 115
3.5.3.7.1　王快水库（Wangkuai Reservoir） …… 118
3.5.3.7.2　郜河（Gaohe River） …………………… 119
3.5.3.7.2.1　口头水库（Koutou Reservoir） …… 119
3.5.3.7.3　磁河（Cihe River） ……………………… 120
3.5.3.7.3.1　横山岭水库（Hengshanling Reservoir） … 120
3.5.4　小白河（Xiaobai River） ………………… 121
3.5.5　任文干渠（Renwen Main Channel） ……… 122
3.5.6　独流减河（Duliujianhe River） …………… 122
3.5.6.1　团泊洼水库（Tuanbowa Reservoir） …… 123
3.5.6.2　北大港水库（Beidagang Reservoir） …… 124
3.5.7　中亭河（Zhongting River） ………………… 126

六、子 牙 河
Ziya River

3.6　子牙河（Ziya River） ……………………… 127
3.6.1　滹沱河（Hutuo River） …………………… 130
3.6.1.1　牧马河（Muma River） ………………… 134
3.6.1.2　清水河（Qingshui River） ……………… 134
3.6.1.3　坪上泉（Pingshang Spring） …………… 135
3.6.1.4　乌河（Wuhe River） …………………… 136

3.6.1.5	岗南水库（Gangnan Reservoir） ……… 137	3.6.2.3.1.2	口上水库（Koushang Reservoir） ……… 151
3.6.1.6	平山温泉（Pingshan Hot Spring） ……… 137	3.6.2.3.2	南沶河（Nanli River） ……… 152
3.6.1.7	冶河（Yehe River） ……… 138	3.6.2.3.2.1	朱庄水库（Zhuzhuang Reservoir） ……… 153
3.6.1.7.1	绵河（Mianhe River） ……… 138	3.6.2.3.3	百泉（Baiquan Spring） ……… 153
3.6.1.7.1.1	温河（Wenhe River） ……… 139	3.6.2.3.4	马河（Mahe River） ……… 154
3.6.1.7.1.2	桃河（Taohe River） ……… 140	3.6.2.3.5	泜河（Zhihe River） ……… 154
3.6.1.7.1.3	娘子关泉（Niangziguan Spring） ……… 141	3.6.2.3.5.1	临城水库（Lincheng Reservoir） ……… 155
3.6.1.7.2	甘陶河（Gantao River） ……… 141	3.6.2.3.5.2	午河（Wuhe River） ……… 156
3.6.1.8	黄壁庄水库（Huangbizhuang Reservoir） ……… 142	3.6.2.4	洨河（Xiaohe River） ……… 156
3.6.1.9	石津总干渠（Shijin Main Channel） ……… 143	3.6.2.4.1	韩家园水库（Hanjiayuan Reservoir） ……… 157
3.6.1.9.1	民心河（Minxin River） ……… 145	3.6.2.4.2	八一水库（Bayi Reservoir） ……… 158
3.6.2	滏阳河（Fuyang River） ……… 146	3.6.2.5	汪洋沟（Wangyanggou River） ……… 158
3.6.2.1	黑龙洞泉（Heilongdong Spring） ……… 149	3.6.2.6	天平沟（Tianpinggou River） ……… 159
3.6.2.2	东武仕水库（Dongwushi Reservoir） ……… 149	3.6.2.7	留楚排干（Liuchu Main Drainage Channel） ……… 159
3.6.2.3	北沶河（Beili River） ……… 150	3.6.2.8	滏阳新河（Fuyangxinhe River） ……… 160
3.6.2.3.1	洺河（Minghe River） ……… 150	3.6.3	子牙新河（Ziyaxinhe River） ……… 160
3.6.2.3.1.1	大洺远水库（Damingyuan Reservoir） ……… 151		

七、漳 卫 南 运 河
Zhangweinan Canal

3.7	漳卫南运河（Zhangweinan Canal） ……… 162	3.7.2.3	峪河（Yuhe River） ……… 188
3.7.1	漳河（Zhanghe River） ……… 166	3.7.2.4	石门河（Shimen River） ……… 189
3.7.1.1	漳泽水库（Zhangze Reservoir） ……… 169	3.7.2.5	百泉（Baiquan Spring） ……… 189
3.7.1.2	浊漳西源（Zhuozhangxiyuan River） ……… 170	3.7.2.6	淇河（Qihe River） ……… 190
3.7.1.2.1	后湾水库（Houwan Reservoir） ……… 172	3.7.2.6.1	盘石头水库（Panshitou Reservoir） ……… 191
3.7.1.3	浊漳北源（Zhuozhangbeiyuan River） ……… 173	3.7.2.7	汤河（Tanghe River） ……… 192
3.7.1.3.1	关河水库（Guanhe Reservoir） ……… 175	3.7.2.8	洹河（Huanhe River） ……… 192
3.7.1.4	辛安泉（Xin'an Spring） ……… 175	3.7.2.8.1	小南海水库（Xiaonanhai Reservoir） ……… 194
3.7.1.5	红旗渠（Hongqi Channel） ……… 176	3.7.2.8.2	小南海泉（Xiaonanhai Spring） ……… 195
3.7.1.6	清漳河（Qingzhang River） ……… 177	3.7.2.8.3	彰武水库（Zhangwu Reservoir） ……… 195
3.7.1.6.1	清漳西源（Qingzhangxiyuan River） ……… 180	3.7.2.8.4	珍珠泉（Zhenzhu Spring） ……… 196
3.7.1.6.2	跃峰渠（Yuefeng Channel） ……… 181	3.7.3	漳卫新河（Zhangweixinhe River） ……… 197
3.7.1.7	岳城水库（Yuecheng Reservoir） ……… 181	3.7.4	捷地减河（Jiedijianhe River） ……… 198
3.7.1.7.1	民有渠（Minyou Channel） ……… 182	3.7.5	马厂减河（Machangjianhe River） ……… 199
3.7.2	卫河（Weihe River） ……… 183	3.7.6	津河（Jinhe River） ……… 201
3.7.2.1	群英水库（Qunying Reservoir） ……… 186	3.7.6.1	水上湖（Shuishang Lake） ……… 202
3.7.2.2	马鞍石水库（Ma'anshi Reservoir） ……… 187		

八、黑龙港运东地区诸河
Rivers of Heilonggangyundong Area

3.8	黑龙港运东地区诸河（Rivers of Heilonggangyundong Area） ……… 203	3.8.2.3	清凉江（Qingliang River） ……… 207
3.8.1	北排河（Beipai River） ……… 204	3.8.2.3.1	江江河（Jiangjiang River） ……… 208
3.8.1.1	黑龙港河本支（Heilongganghebenzhi River） ……… 204	3.8.3	沧浪渠（Canglang Channel） ……… 209
3.8.2	南排河（Nanpai River） ……… 205	3.8.4	廖家洼排水渠（Liaojiawa Drainage Channel） ……… 209
3.8.2.1	滏东排河（Fudongpaihe River） ……… 206	3.8.4.1	南大港湿地（Nandagang Marsh） ……… 210
3.8.2.1.1	老漳河（Laozhang River） ……… 206	3.8.5	新石碑河（Xinshibei River） ……… 210
3.8.2.2	老盐河（Laoyan River） ……… 207	3.8.6	大浪淀排水渠（Dalangdian Drainage Channel） ……… 210

3.8.6.1	大浪淀水库（Dalangdian Reservoir） …… 210		3.8.7.1	杨埕水库（Yangcheng Reservoir） …… 212
3.8.7	宣惠河（Xuanhui River） …… 211		3.8.8	衡水湖（Hengshui Lake） …… 212

滦河及冀东、鲁北沿海诸河

Luanhe River and Rivers in the Coast Area of East Hebei and North Shandong

- 7.4　滦河（Luanhe River） …… 214
- 7.4.1　闪电河水库（Shandianhe Reservoir） …… 219
- 7.4.2　黑风河（Heifeng River） …… 219
- 7.4.3　小河子河（Xiaohezi River） …… 220
- 7.4.4　吐力根河（Tuligen River） …… 221
- 7.4.5　小滦河（Xiaoluan River） …… 221
- 7.4.6　兴州河（Xingzhou River） …… 222
- 7.4.6.1　牤牛河（Mangniu River） …… 223
- 7.4.7　伊逊河（Yixun River） …… 223
- 7.4.7.1　不澄河（Budeng River） …… 225
- 7.4.7.2　庙宫水库（Miaogong Reservoir） …… 225
- 7.4.7.3　蚂蚁吐河（Yimatu River） …… 226
- 7.4.8　武烈河（Wulie River） …… 226
- 7.4.8.1　头沟川（Tougouchuan River） …… 228
- 7.4.8.2　热河泉（Rehe Spring） …… 228
- 7.4.9　白河（Baihe River） …… 229
- 7.4.10　老牛河（Laoniu River） …… 229
- 7.4.11　柳河（Liuhe River） …… 230
- 7.4.12　瀑河（Baohe River） …… 231
- 7.4.13　潘家口水库（Panjiakou Reservoir） …… 232
- 7.4.14　撒河（Sahe River） …… 233
- 7.4.15　大黑汀水库（Daheiting Reservoir） …… 234
- 7.4.16　引滦入津渠（Channel Diverting Luanhe River to Tianjin City） …… 235
- 7.4.17　引滦入唐渠（Channel Diverting Luanhe River to Tangshan City） …… 238
- 7.4.18　长河（Changhe River） …… 239
- 7.4.19　青龙河（Qinglong River） …… 240
- 7.4.19.1　都阴河（Duyin River） …… 241
- 7.4.19.2　桃林口水库（Taolinkou Reservoir） …… 242
- 7.4.19.3　引青济秦渠（Channel Diverting Qinglong River to Qinhuangdao City） …… 244
- 7.4.20　滦河下游输水干渠（Luanhexiayou Channel） …… 244
- 7.4.21　滦河河口湿地（Luanhe River Mouth Marsh） …… 247
- 7.5　冀东、鲁北沿海诸河（Rivers in the Coast Area of East Hebei and North Shandong） …… 248
- 7.5.1　冀东沿海诸河（Rivers in the Coast Area of East Hebei） …… 248
- 7.5.1.1　石河（Shihe River） …… 249
- 7.5.1.1.1　燕塞湖（Yansai Lake） …… 250
- 7.5.1.2　戴河（Daihe River） …… 251
- 7.5.1.3　洋河（Yanghe River） …… 252
- 7.5.1.3.1　洋河水库（Yanghe Reservoir） …… 252
- 7.5.1.4　黄金海岸湿地（Gold Coast Marsh） …… 253
- 7.5.1.5　唐海湿地（Tanghai Marsh） …… 254
- 7.5.1.6　沙河（Shahe River） …… 254
- 7.5.1.7　陡河（Douhe River） …… 255
- 7.5.1.7.1　陡河水库（Douhe Reservoir） …… 256
- 7.5.2　鲁北诸河（Rivers of North Shandong） …… 257
- 7.5.2.1　徒骇河（Tuhai River） …… 259
- 7.5.2.1.1　东昌湖（Dongchang Lake） …… 261
- 7.5.2.2　马颊河（Majia River） …… 261
- 7.5.2.2.1　德惠新河（Dehuixinhe River） …… 263

附　录

Appendix

- 附表一　海河卷列条河流一览表 …… 265
- 附表二　海河卷列条湖泊一览表 …… 272
- 附表三　海河卷列条水库一览表 …… 273
- 附表四　海河卷灌溉面积2万公顷以上灌区一览表 …… 275

索　引

Index

- 条题汉字笔画索引 …… 277
- 条题外文索引 …… 279
- 内容索引 …… 281

图 例

北京市 ★	首都		堤防
天津市 ◉	省级行政中心		蓄滞洪区、洼、泽、泊
唐山市 ◎	地级市行政中心		坝
宣化县 ⊙	县级行政中心		泵站
新安镇 ◦	乡、镇、村庄		涵洞
	省级界		闸
	地级界		水文站
	县级界		水位站
	长城		水电站
▲盘山	山峰		分洪口门
	常年河、湖泊		桥
	时令河		文化遗址、景点
	运河		世界自然和文化遗产
	渠		国家级自然保护区
	泉		国家级风景名胜区
	流域界		国家水利风景区
	大中型水库		国家森林公园
	小型水库		

海河卷水系分布图

海 河 水 系

Haihe River Basin

3 海河
(Haihe River)

海河水系由**蓟运河**、**潮白河**、**北运河**、**永定河**（以上为海河北系）、**大清河**、**子牙河**、**漳卫南运河**、**黑龙港运东地区诸河**、**海河干流**（以上为海河南系）组成。各支流分别发源于黄土高原、蒙古高原和燕山、太行山迎风坡，地跨北京市、天津市、河北省、山西省、山东省、河南省和内蒙古自治区。

概　　述

流域范围　海河水系集水面积为 234 613 平方千米，若以**漳河**的浊漳南源为源，全长 1 122 千米。地处中国东部，西以山西高原与**黄河**流域接界，北以蒙古高原与内陆河流域为邻，南界黄河，东临渤海。

地貌　海河水系北部和西部为山地和高原，东部和东南部为广阔平原。流域

海河外滩

内，北有燕山山脉，西有太行山脉，海拔高度一般在 1 000 米左右，这些山脉环抱着平原，形成一道高耸的屏障。山地与平原近于直接交接，丘陵过渡区很短。山地高原内有张宣、阳蔚、涿怀延、大同、忻定、长治等盆地。平原分为山前冲积洪积倾斜平原、中部冲积湖积平原和滨海冲积海积平原，地势自北、西、西南 3 个方向向渤海湾倾斜。由于黄河历次改道和海河各支流冲积对流域内的地貌的影响，一般是黄河和本流域泥沙含量较大的河道流过的地带地势较高，在这些河道之间的清水河道流过的地带地势较低。

气候水文　海河水系位于温带半湿润半干旱大陆性季风气候区，冬季盛行北风和西北风，夏季多东南风，春季干旱多风沙。多年平均气温为 1.5～14 摄氏度，多年平均相对湿度 50%～70%，多年平均年无霜期 150～220 天，多年平均年日照时数 2 500～3 000 小时。多年平均年陆面蒸发量 470 毫米、水面蒸发量 1 100 毫米。一年四季分明，寒暖适中，日照充足，适宜多种农作物生长。

多年平均年降水量 535 毫米，是我国东部沿海降水最少的地区。降水时空分布呈明显的地带性、季节性和年际差异。夏季暴雨集中，冬春雨雪稀少，具有春旱、秋涝、晚秋又旱的特点。汛期（6—9 月）降雨占全年的 70%～85%，主要集中在 7—8 月的 1～2 次降雨过程，容易形成洪涝灾害。春季（3—5 月）降雨量只占全年的约 10%，春旱频繁发生。年降水还存在连丰或连枯的变化规律。1949—2000 年，出现了 1951—1952 年、1980—1981 年、1992—1993 年以及 1997—2000 年 4 个连续枯水年段，局部地区出现连续枯水年的几率更多。

海河流域多年平均年水资源量 370 亿立方米，最大为 734 亿立方米（1964 年），最小为 189 亿立方米（1999 年）；水资源总量偏丰年为 468 亿立方米，平水年为 348 亿立方米，偏枯年为 275 亿立方米，枯水年为 202 亿立方米。

水系　先秦时期，黄河流经河北平原，海河水系尚未形

海河干流狮子林桥上游

成，各支流或汇入黄河，或单独入海。春秋时代及以前，黄河下过大伾山北流，穿过漳河，经今河北曲周县以东向北，然后分流入海；最北一支为主流，到深县南折而向东，循漳河至青县西南，又东北到天津东南入渤海，称禹贡河。此时，今海河水系中大清河系及其以南各河系都曾流入黄河，属黄河水系；以北永定河、潮白河系分流入海。周定王五年（公元前602年），黄河在宿胥口改道，经今河南滑县、浚县、濮阳、内黄、清丰、南乐，河北大名、馆陶，山东冠县、高唐、平原、德州等县市境，德州以下复入河北，经吴桥、东光、南皮、沧县而东入渤海。从此，今海河平原河流逐步由众流归一的局面变成分流入海的局面。西汉汉武帝元封二年（公元前109年），黄河"复北决于馆陶，分为屯氏河，东北经魏郡、清河、信都、渤海入海"（《汉书·沟洫志》），今海河平原河流分流入海的局面最终形成。在海河未形成独立水系的西汉以前，今海河平原河流大致分为河水系统、*滹沱河*系统、泒水系统和沽水系统。王莽始建国三年（公元11年），"河决魏郡，泛清河以东数郡"，致使黄河第二次改道。后经王景治理，黄河大致经今濮阳南、范县北、阳谷西、莘县东、茌平东、禹城西、平原东、临邑北、商河南、滨州北、利津南而入渤海，稳定800年。黄河南徙，使河北平原各河摆脱了黄河的影响，逐步形成独立水系。东汉末年，曹操为了适应军事的需要，"遏淇水入白沟"，并开凿了平虏渠、泉州渠等工程，沟通了海河下游各河间的联系。海河水系形成之初，极不稳定，到北魏时期南北水系联系中断，海河水系又成解体状态，清、漳两河仍由歧口一带入海，沽河下游改道，这种局面维持不足100年。隋大业四年（608年），开凿永济渠。随着大运河的兴建，海河水系又经历了再形成过程。北宋庆历八年（1048年），黄河在河南濮阳决口，大致经今大名、清河县西北、冀县、深县、河间县、东光，到青县合南运河入渤海，称北流。嘉祐五年（1060年），黄河又决大名第六埽，下流"一百三十里至魏、恩、德、博之境"，再下合今马颊河由天津入海，时称东流。东流北流并存，且互为开闭，使海河流域再次成为黄河的下游。南宋建炎二年（1128年），杜充"决黄河由泗入淮，以阻金兵"，使黄河由合御河入海一变而为合淮入海，海河水系彻底摆脱了黄河的干扰，经千年而不变。元、明、清三代定都北京，为了保证南北大运河的畅通，减轻洪水对运河的威胁，在运河东岸先后开挖了四女寺、哨马营、捷地、兴济、宣惠、马厂等减河，分泄洪水。子牙河及黑龙港地区各河因受运河的影响，不得不沿运河西侧注没低地流至天津附近入海河干流。1949年10月以前，海河流域水系紊乱，洼淀淤塞湮废。1963年海河流域大洪水后，在海河水系原有基础上，又开挖了数条直接入海的分洪河道，如永定新河、潮白新河、*子牙新河*和*漳卫新河*等，形成了今海河水系现状。

*蓟运河*发源于燕山山区，上游*泃河*、*州河*在天津市宝坻区张古庄汇流后称蓟运河，至天津市滨海新区塘沽蓟运河防潮闸进永定新河入渤海。潮白河上游由*白河*、*潮河*两支流组成，白河为主流，发源于蒙古高原，于北京市密云县河漕村与潮河汇合后称潮白河，在河北省香河市吴村闸入潮白新河，

海河干流解放桥下游

海河津湾广场

在天津市滨海新区塘沽宁车沽闸进永定新河入渤海。*北运河*通州北关拦河闸以上称*温榆河*，发源于军都山南麓，在天津市北辰区屈家店与永定河平交，至天津市大红桥与子牙河汇合后经海河干流入渤海。永定河上游有*桑干河*、*洋河*两大支流，以桑干河为主流，发源于山西省管涔山东麓，与*洋河*在河北省怀来县夹河村汇流后称永定河，在天津市北辰区屈家店与北运河平交，经屈家店枢纽入永定新河在滨海新区塘沽北塘入渤海。以上河系统称为海河北系。

大清河发源于太行山，北支为拒马河，南支主要有*唐河*、*潴龙河*等河流，南支各河汇入*白洋淀*后经*赵王新河*入东淀大清河，至天津市静海县*独流减河*进洪闸前与子牙河汇流。子牙河由*滹沱河*、*滏阳河*两大支流组成，均发源于太行山，以滹沱河为主流，发源于山西省五台山北麓，在河北省献县八里庄汇合后经献县枢纽北流，与大清河汇流后又在天津市大红桥与北运河汇流进海河干流入渤海。漳卫南运河发源于太行山，以漳河为主流，上游*清漳河*、浊漳河于河北省涉县合漳村汇合后称漳河，至河北省馆陶县徐万仓与*卫河*汇合后称卫运河，经四女寺枢纽入南运河，在天津市三岔河口与北运河汇合进海河干流入渤海。黑龙港运东地区为子牙新河以南、卫运河和漳卫新河以北地区，由*北排河*、*南排河*、*沧浪渠*、*大浪淀排水渠*、*宣惠河*等平原排沥河道组成。海河干流位于天津市境内，自南运河与北运河汇流处三岔河口至海河防潮闸。以上河系统称为海河南系。

为了排泄洪水，海河水系新开辟了永定新河、潮白新河、独流减河、漳卫新河等入海河道。永定新河自屈家店分洪闸起，纳北京排污河、金钟河、潮白河、蓟运河，于天津市滨海新区塘沽北塘入海。潮白新河自河北省香河市焦康庄至天津市滨海新区塘沽宁车沽闸进永定新河入海。独流减河自进洪闸至防潮闸入海。子牙新河自河北省献县至马棚口入海。漳卫新河原名四女寺减河，自四女寺以下分岔河、老减河两支，在大王铺以下汇合，在山东省无棣县大口河入海。

水旱灾害 流域是中国洪、涝、旱、碱灾害严重的地区之一。汉代以前，史料记载洪涝灾次数不多。东汉至元代，河北省、北京市和天津市范围内发生水灾53次，明清两代540多年中共发生水灾360次。17世纪以来，发生19次大水灾，平均20年1次，每次大水都给人民生命财产造成巨大损失，受灾一般均在100个县以上，淹没耕地少则133万～200万公顷、多则400万～467万公顷，其中5次淹及北京、8次淹及天津。新中国成立后，1956、1963、1996年发生大洪水，灾害损失巨大。特别是1963年8月上旬，海河南系发生的洪水，暴雨中心最大7天雨量达2 050毫米，超过中国大陆的原有记录。这次洪水的直接损失60多亿元（当年价格），救灾善后支出10亿元。平原涝灾也相当频繁，新中国成立后，较大的涝

水年有1964、1977年，受灾面积分别为361万、297万公顷。

据甲骨文记载，流域在商代已有旱灾，其后，从西周经春秋战国至秦朝，旱灾亦有发生。汉代至元代，河北省、北京市和天津市发生旱灾71次。1470—1911年，流域发生干旱和偏旱灾共94次，平均每百年21次。民国时期，发生流域性大旱灾2次。1949—1985年间，流域受灾范围大、灾情严重的典型干旱年有1965、1972和1981年，受旱面积分别达432万、408万和366万公顷，成灾面积分别达243万、240万和211万公顷。

经济社会 流域人口密集，城市众多。2005年总人口约1.34亿约占全国的10%。其中，城镇人口5 023万，城镇化率37.4%，平均人口密度419人每平方千米（其中平原地区为747人每平方千米），有包括首都北京、直辖市天津以及省会城市石家庄在内的地级以上大中城市26个。

海河干流金钢桥上游

海河流域是我国重要的工业基地和高新技术产业基地，工业门类众多，技术水平较高，在国家经济发展中占有重要战略地位。主要行业有冶金、电力、化工、机械、电子、煤炭等，形成了以京津唐和京广、京沪铁路沿线城市为中心的工业生产布局。20世纪90年代以来，以电子信息、生物技术、新能源、新材料为代表的高新技术产业发展迅速，已在流域经济中占有重要地位。

流域内土地、光热资源丰富，适于农作物生长，是我国三大粮食生产基地之一。2005年，有耕地面积1 065.4万公顷，主要粮食作物有小麦、大麦、玉米、高粱、水稻、豆类等，经济作物以棉花、油料、麻类、烟叶为主。2005年有效灌溉面积754.27万公顷、占耕地面积的71%，实际灌溉面积636.2万公顷，粮食总产量4 762万吨，人均粮食占有量355千克。20世纪90年代后，农业生产结构发生变化，大中城市周边农业转向为城市服务的高附加值农业。

海、陆、空交通运输网已基本形成：有以北京为中心枢纽辐射全国的京广、京哈、京九、京沪、京原等铁路干线，有天津、秦皇岛、京唐、黄骅等重要海运港口，有以京津塘、京沪、京深、京沈等高速公路为骨干的公路网，有北京、天津、石家庄等国际（国内）航空运输港口。

治理开发 早在公元前2000年前后，我们的祖先就对流域内许多河流进行过疏导整治。《尚书·禹贡》所记禹治洪水就发生在海河平原，大陆泽以下"疏九河"以泄洪水入海，减轻华北地区的洪水灾害。战国初期，魏文侯二十五年（公元前442年），西门豹在漳河上修建的引漳十二渠是我国历史上最早的大型引水灌溉工程。据说秦始皇统一中国后，曾3次出巡过海河流域，发现有些堤防障碍行洪，于是提出"决通川防，夷出险阻"的主张，整合了黄河下游防洪大堤，减少了黄河侵入海河流域的几率。

东汉建安九年至十八年（204—213年），曹操为巩固边防、统一北方，下令"遏淇水入白沟，以通粮道"，又陆续修建了平房渠、泉州渠、新河、利漕渠以及白马渠、鲁口渠等数条人工运渠，大兴漕运。到曹魏时期，流域内已形成由大河小川组成的运河网，沟通了海河、黄河和*滦河*的水上交通。三国魏嘉平二年（250年），征北将军刘靖在今北京石景山修戾陵堰工程，引湿水（今永定河）"所灌田万有余顷"，后经改建灌田达百万亩，是开发永定河最早的大型引水灌溉工程。南北朝时，北魏、北齐相继修整督亢陂，引拒马河水灌田百万亩，取得"为利十倍"的效益。

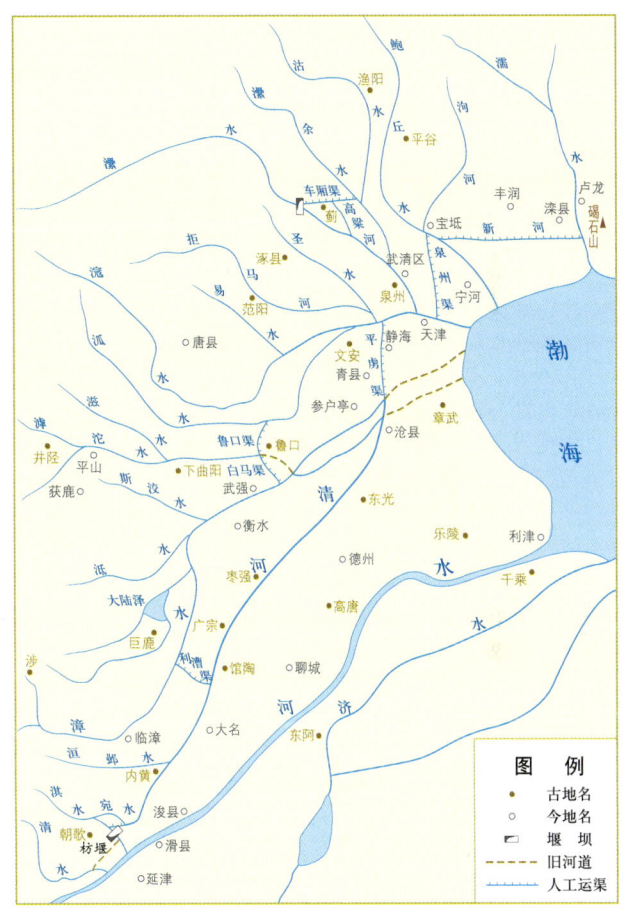
三国时期海河流域水系及水利工程分布示意图

隋大业四年（608年），隋炀帝"诏发河北诸郡男女百余万，开永济渠，引沁水，南达于河，北通涿郡"。永济渠的建成，不仅使隋唐大运河南北贯通，而且使海河水系西部、西南部的河流集中于天津入海。北宋早期，宋辽对峙，分界线西起今河北徐水，中经雄州、霸州等市县，东达天津。北宋为御辽，在沿分界线南侧兴建了东西长300余千米、南北宽25～50千米的大型"塘泊"工程，形成一道"深不可行舟，浅不可徒涉"的屯田防线，既利于发展农业生产，又可限制辽骑奔驰。北宋熙宁年间（1068—1077年），王安石推行变法，大兴农田水利，特别是在利用多沙河流淤灌治碱方面有所建树。金贞元年间（1153—1155年），在今北京建立中都，开凿中都至通州间的闸河，建闸调节水运。为接济闸河水源，曾试图开金口河引卢沟水（今永定河），但未能成功。为了保证中都安全，对卢沟水的防洪、筑堤、堵口工程屡有兴建，对潴沱河、漳河等水系的防洪工程也常有修建。元代开通通惠河，实现了**京杭运河**全线通航。京杭运河的建成，使元、明、清三代得漕运之利600余年。

新中国成立后，国家投入了大量人力、物力、财力用于海河的治理与开发。1951年，新中国第一座大型水库——**官厅水库**开建，拉开了海河治理的序幕。1958年后，逐步掀起了一个以修建水库为重点的海河治理高潮。1963年大水后，按照"上蓄、中疏、下排、适当地滞"的治水方针，掀起了以开挖疏浚行洪河道为重点的海河治理高潮。经过3次规划和2次大规模治理，流域先后修建大中小型水库1 300多座，其中山区大型水库26座；修筑Ⅰ级、Ⅱ级骨干堤防3 490千米，扩建、新辟骨干行洪河道50余条；对28个行蓄滞洪区进行了初步治理。

改革开放以来，特别是1998年大水后，海河流域掀起第三次大规模治理开发高潮，以堤防建设和病险水库除险加固为重点的水利建设步伐加快，防洪体系进一步完善。完成流域Ⅰ级堤防治理439千米，占Ⅰ级堤防总长度的73%，完成Ⅱ级堤防治理1 744千米，占Ⅱ级堤防总长度的59%；实施了**黄壁庄水库**、**岗南水库**、**王快水库**、**于桥水库**、**大黑汀水库**、屈家店枢纽、西河闸、独流减河进洪闸等大型病险水库（闸）除险加固工程；实施了海河口、独流减河口、永定新河口清淤工程；新建了**盘石头水库**、永定河滞洪水库；永定河泛区、东淀、文安洼、贾口洼、宁晋泊和大陆泽、献县泛区、大黄堡洼、恩县洼等滞洪区安全建设得到加强，蓄滞洪区内已解决救生问题的人口155万，全流域蓄滞洪区安全建设达标率达到28%。

1. 水库。全流域已建成大型水库29座（含**北大港水库**、**大浪淀水库**、**团泊洼水库**3座平原水库），总库容210多亿立方米；中型水库110多座，总库容近50亿立方米；小型水库1 100余座，总库容10多亿立方米。

2. 人工河道。为解决河道"上大下小"、洪水集中到天津入海的局面，在下游新开辟了永定新河、独流减河、子牙新河、漳卫新河、潮白新河，并对海河干流进行了整治。在中游扩大疏浚了漳河、卫河、卫运河、**滏阳新河**、滹沱河、**南拒马河**、**北拒马河**、**白沟河**、新盖房分洪道、永定河（卢—梁段）等河道。在平原地区，还开辟了黑龙港运东地区南排河、北排河。

3. 堤防。全流域现有堤防9 000余千米，主要堤防3 490千米，Ⅰ级堤防599千米，包括：永定河三家店至梁各庄段左右堤、永定新河右堤、永定河泛区左堤、独流减河左堤、西河右堤、滹沱河北大堤（东罗尚以下）、子牙新河左堤津浦铁路桥以上段、大清河千里堤东绪口至枣林庄段；Ⅱ级堤防2 891千米，包括：永定河泛区右堤、永定新河左堤、滏阳新河左右堤、子牙新河右堤和津浦铁路以下左堤、滹沱河右堤（西三村以下）、白沟河左堤、赵王新河左堤、南拒马河右堤、潴龙河右堤、新盖房分洪道左堤、独流减河右堤、卫运河和漳卫新河左右堤、漳河左堤、卫河左堤、北运河北关闸至土门楼段左右堤、青龙湾减河左右堤、潮白河干流白庙以下堤防、潮白新河堤防、运潮减河左右堤，另外部分滞洪区围堤也按Ⅱ级堤防治理。

4. 蓄滞洪区。全流域蓄滞洪区共有28处，总面积10 694平方千米，蓄滞洪水容积197.94亿立方米。其中，北三河有盛庄洼、大黄堡洼、黄庄洼和青甸洼，永定河有永定河泛区和三角淀，大清河有小清河分洪区、贾口洼、文安洼、东淀、白洋淀、兰沟洼和团泊洼，子牙河有宁晋泊、大陆泽、献县泛区和永年洼，漳卫河有良相坡、长虹渠、白寺坡、小滩坡、任固坡、共渠西、柳围坡、崔家桥、广润坡、大名泛区和恩县洼。

5. 灌区。全流域灌溉面积2万公顷以上的大型灌区有26处。其中，有海子、里自沽、新河、桑干河（山西省）、册田、桑干河（河北省）、壶流河、宣化洋河、万全洋河、易水、唐

海河干流奉化桥下游

河、沙河、滹沱河、冶河、绵河、石津、滏阳河、朱野、跃峰渠、磁县小跃峰、民有渠、军留、漳南、红旗渠、跃进渠、群库等大型灌区。

6. 流域内调水工程。**京密引水渠**是引**密云水库**水输向北京市区的人工渠道，起自水库下游龚庄子调节池，经北京密云、怀柔、顺义、昌平、海淀，中间穿过**怀柔水库**和**昆明湖**，在**玉渊潭**上游与永定河引水渠汇合，全长110千米。截至2005年，总计供水162.18亿立方米。

引王济大工程为**王快水库**与**西大洋水库**连通工程，旨在缓解保定市重要水源地西大洋水库蓄水严重不足状况。输水渠总长14.6千米。两库贯通后，正常年份王快水库每年可向西大洋水库输水2亿立方米。同时，这项贯通工程还包括为白洋淀生态补水、回补一亩泉等功能，是白洋淀流域生态系统综合管理与环境保护项目中的重点工程。

7. 跨流域调水工程。引滦入津工程是为解决天津市水源不足而修建的跨流域调水的大型城市供水工程，1982年5月正式开工建设，1983年9月通水，1984年8月经国家验收，正式交付使用。该工程是目前我国最大的城市引水工程，引水线路自大黑汀水库坝下至天津，全长234千米，是包括跨流域引水、输水、蓄水等在内的综合性水资源开发利用的城市供水系统。截至2008年，共向天津供水178.62亿立方米。

为解决天津市严重缺水问题，1972—2004年曾9次引黄河水接济天津，天津市九宣闸共收来水32.92亿立方米。1972、1973、1975年的3次均从河南省人民胜利渠引水，1981年从人民胜利渠、位临渠、潘庄渠三线引水，1982年从位临渠、潘庄渠、漳河三线引黄河、漳河、卫河来水。2000年以后的4次引黄济津均采用自位山闸取水，途经位山三干渠、穿卫枢纽、清凉江、清南连接渠、南运河至九宣闸的线路。

引黄入卫济冀工程是华北地区跨流域、跨省的大型调水工程，是在原山东省位山引黄灌区的基础上经改建、扩建而成的，由山东省引黄入卫干渠、穿卫枢纽及河北省输水、接水工程三大部分组成。该工程利用冬季停灌的间隙，自位山闸引水，经沉沙后入三干渠，穿卫运河后入引黄输水总干渠，接东干渠的二支渠、清临东干渠、清临渠入清凉江，把黄河水送到河北省黑龙港及运东地区，供水给邢台、衡水、沧州，以缓解上述地区水资源严重紧缺的状况。工程于1992年10月开工建设，1995年10月交付使用。

2000年底，水利部组织启动了南水北调工程总体规划工作，提出了南水北调工程东线、中线、西线与**长江**、**淮河**、黄河、海河构成"三纵四横"的总体布局。涉及海河流域的有中线和东线工程。东线工程利用江苏省江水北调工程，扩大规模，向北延伸。规划从江苏扬州附近的长江干流引水，利用

海河干流水系示意图

京杭运河及与其平行的河道输水，连通**洪泽湖、骆马湖、南四湖、东平湖**并作为调蓄水库，经泵站逐级提水进入东平湖后分水两路，其中一路可向北穿黄河后自流到天津。从长江至东平湖设13个梯级抽水站，总扬程65米。中线工程自长江支流**汉江**的**丹江口水库**引水，途经湖北、河南、河北，全线自流到天津、北京，总长1 432千米。

8. 水土保持。新中国成立后，流域水土流失防治工作成绩显著。改革开放后，国家加大了水土保持工作力度，1983年正式启动了海河流域第一个国家级水土流失重点防治项目——永定河上游国家水土保持重点防治工程。20世纪80年代末及90年代中期，又先后开展了潮白河密云水库上游等重点防治工程。进入21世纪，京津风沙源区防沙治沙工程、首都水资源区水土保持工程、太行山国家水土保持重点建设工程等一批新的重点项目纷纷启动。

纪　实

海河干流为始自天津市区老城厢东北角附近的三岔河口至入海口段的河道，河长72千米。北宋时称界河，金元时称直沽河，明时称大沽河，在外文书籍中也曾被称为白河和北河。海河之名最早见于明万历四十一年（1613年）徐光启所撰《粪壅规则》中"天津海河上人云"的记述，直到清康熙中叶在陈仪所著的《直隶河渠志》中出现"海河、南北运河、淀河之汇流，自天津东北迄大沽口一百二十里"的说法，界河、直沽河、大沽河诸称才逐渐为海河所替代。海河干流之称是在1966年11月水电部海河勘测设计院编制的《海河流域防洪规划（草案）》中首先使用的。

三岔河口原名直沽。元代这里就是供应大都（今北京）商货的重要水陆码头。明建文二年（1400年）十一月，燕王朱棣发动"靖难之役"，率兵在此渡南运河南下攻下南

三岔河口

京。明永乐二年（1404年），朱棣下令在直沽设卫，并赐名天津，即表示这里曾是天子车驾经过的渡口，并在北大关渡口建一大牌楼，上书"龙飞渡跸"。今天三岔河口岸上矗立着高26.4米的引滦入津工程纪念碑，在高18米的三角形大理石碑座上耸立着用汉白玉雕刻的母亲形象，她面带慈容，怀抱婴儿，左手伸掌托天，面向海河，注视水面，面向北运河和南运河的碑座两侧分别铭刻着邓小平于1986年8月20日题写的"引滦入津工程纪念碑"碑名。碑后数米的半圆形水泥围墙上，镌刻着记载引滦入津丰功伟绩的碑文。

由三岔河口向东南流，海河干流左岸为天津市河北区。海河东路与中山路交口有金钢公园。1901年，袁世凯继李鸿章任直隶总督兼北洋通商大臣后，于1902年将原驻保定的总督衙门移驻天津，将海河干流北岸原淮军的海防公所改为直隶总督衙门。金钢公园为新中国成立后利用直隶总督衙门的辕门广场改建而成。海河干流右岸为天津市红桥区，有北方最重要的小商品集散地——大胡同商业区，它由天津较早的商业街估衣街发展而来。20世纪20年代末和30年代初，估衣街的商业活动达到鼎盛时期，锦纱、呢绒、绸缎、皮毛等行业先后进入估衣街并成主流。"天津卫，有商家，估衣街上好繁华"说的就是当时情景。如今，这里已演变成集购物、旅游、休闲、商务等多功能于一体的综合性商贸区。

海河干流上的第一座桥是坐落于中山路南端，连接对岸大胡同、东马路的金钢桥。此桥始建于1903年，为双叶承梁式钢架桥。但建后不能载重，故又于1924年在桥下游18米处另建成一座大型钢梁双叶立转开启式新桥，新桥沿旧称亦称金钢桥。金钢桥自1924年建成至1996年历经72年，成为危桥，天津市进行改建，新桥造型新颖、美观、壮丽，具有与现代化国际大都市风貌相匹配的时代建筑感。

再向东南流，左岸海河东路与狮子林大街交口处有望海楼教堂，亦称天主教大会堂或胜利圣母堂，为砖木结构，具有哥特式建筑风格。清同治八年（1869年），由法国天

望海楼

主教会建成，次年因"天津教案"被群众烧毁。清光绪二十二年（1896年）重建，1900年在义和团运动中第二次被烧毁。现存的望海楼教堂是清光绪三十年第三次重修的，1976年在唐山大地震中遭到严重损坏，1983年修复。1988年被列为全国重点文物保护单位。

狮子林桥是海河干流上的第二座桥，左接狮子林大街，右连通北路。此桥建于1974年，是我国最早的一座预应力混凝土悬臂梁桥。2003年8月，狮子林桥整体成功抬升1.27米，为中国桥梁史上第一个抬升工程。原桥上共雕刻有184只狮子，新桥上共有狮子雕塑1 181个。

过狮子林桥，转向南流。右岸为南开区。通北路、东马路、水阁大街、张自忠路围合区域为古文化街历史风貌建筑区。宫北大街东侧有建于明宣德二年（1427年）的道观玉皇阁，为天津市文物保护单位。原建筑包括山门、牌坊、大殿、配殿、钟鼓楼、六角亭、清虚阁。现唯清虚阁尚存，为九脊歇山式木结构，是天津市内最古老木结构高层建筑。旧时每年九月初九，天津人多把玉皇阁作为登高览胜处。诗人郭敬原《清虚阁九月登高》云："蹑足飘摇百尺楼，危栏倚遍为迟留。海门渺渺清天外，帆影依依古渡头。岂有云山堪放眼，纵无风雨亦惊秋。独怜南北东西客，望断飞鸿起暮愁。"宫南大街、宫北大街正中，坐西朝东，面向海河，坐落着供奉妈祖的著名宗教建筑、天津市文物保护单位——天后宫。天后宫原名天妃宫，俗称娘娘宫，始建于元泰定三年（1326年），明永乐元年（1403年）重建，是天津市区现存最古老的庙宇。天后宫最初为船工祭祀海神天妃、举行酬神演出及聚会娱乐的场所，宫前有广场和戏楼，两侧街道形成商业集市和年货市场。旧时每月初一、十五和逢年过节，这里香火旺盛，每逢天妃诞辰（农历三月二十三）还举行乾隆御封的"皇会"，百戏云集，万人空巷。清崔旭的诗句概括了600多年来从朝廷到民间敬奉天后的历史："飞翻海上著朱衣，天后加封古所稀。六百年来垂庙飨，海津元代祀天妃。"天后宫是天津城市发展的历史见证，正所谓"先有天后宫，后有天津城"。现在的天后宫内设有天津民俗博物馆。

1931年2月8日《益世报》记载：天津市面最能表现旧历新年之征象者，盖无过于宫南、宫北街。1986年元旦建成开业的古文化街就坐落在这里，为国家AAAAA级旅游景区，整体建筑为仿清民间式建筑风格。宫北大街北端的老城厢东北角一带有清政府官方设立的金融机构"官银号"。八国联军侵入天津后，纷纷设立银行，原有钱庄银号逐渐萎缩。为恢复国内金融元气，清政府于1902年成立了直隶官银号，是天津金融业历史的象征和标志。宫南大街南端止于水阁大街。水阁大街东

古文化街

起张自忠路，西至东马路，长300余米，建于元代，是连接老城里与海河干流的重要通道，清道光年间（1821—1850年）的《津门保甲图说》就标有这个街名。由于天津老城里没有河渠，也没有甜水井，当时居民每日须出东门，经水阁大街到海河去挑水或用独轮车运水。清乾隆二十八年（1763年），在大街中段建造了一座过街楼阁，名"观音阁"，因建于运水的道路上，故俗称"水阁"，而该街就被约定俗成地通称"水阁大街"。

沿水阁大街西行过东马路为鼓楼东街（原名东门内大街），有天津文庙。文庙又名孔庙，因与武庙相对所以俗称文庙。文庙始建于明正统元年（1436年），正统十二年大成殿落成，后经明天顺、万历和清康熙、乾隆年间重修、扩建，为天津地方教育官学和尊孔的庙宇，庙外有二柱三楼式牌坊两座，明万历、清康熙年间重修，是天津市内仅存的过街牌楼，更是天津市区保存完整、规模最宏大的古代建筑群，1954年成为天津市第一批市级文物保护单位。1987年，成立了文庙博

物馆，并于同年10月对外开放。左岸海河东路与滨海路交口西侧有李叔同（弘一法师）故居，李叔同故居原址位于天津市河北区粮店后街60号，是一座有着150多年历史的四合院式建筑，2002年拆除。现有建筑是以照片资料为依据重建的，前后左右共有四道宅院，分正院、跨院，又各有前后院，整体建筑布局呈"田"字形，故居内建有李叔同纪念馆。

再南流有金汤桥，始建于1906年，是天津最早、也是目前国内仅存的三跨平转式开启的钢结构桥梁。平津战役中，中国人民解放军东西两路大军于1949年1月15日凌晨5时会师金汤桥，因此金汤桥成为象征天津解放的标志性建筑。近年，在恢复原貌的基础上对桥梁进行了加固整修，恢复了开启功能。同时，在桥两头新建了钢结构玻璃引桥，在两岸建设了会师公园。

南流有进步桥，为锚式桁吊组合的钢结构桥，西连通南路、南马路，东接河北区进步道；过进步桥转向东南流，有北安桥连接胜利路和福安大街，北安桥原为全木结构桥梁，1973年拆除，改建为新式水泥拱桥，2003—2004年，对北安桥进行了顶升和拓宽，并将欧洲艺术表现手法与中国传统艺术内涵相结合进行了景观改造，形成欧风汉韵的独特风格。

北安桥夜景

过北安桥，海河干流右岸为天津市和平区，和平路与多伦道交口有天津百货大楼。百货大楼建于1927年，1928年1月1日正式营业。外部造型借鉴西方古典商业建筑与现代建筑的艺术形式，立面采用简洁的竖线条，自地面向上逐级上收。塔顶为古典廊亭式，塔身与楼高相等，通高60尺，当时号称"天津第一高楼"，原名中原股份有限公司。1940年被焚，1941年在原框架上重建，改为现代风格，曾经是天津市标志性建筑。1958年更名为"天津百货大楼"，曾是全国十大百货商店之一。1994—1997年进行改扩建，大楼新厦成为天津市标志性建筑之一。

海河再下行，流向转为东偏北，转弯处左岸有中心广场。中心广场建成于1958年，检阅台为其标志性建筑，1960年，毛泽东主席在检阅台上接见了天津市劳模及参加"五一"游行的各界代表，1999年检阅台被拆除。

海河东北流，有大沽桥连接五经路和大沽北路。大沽桥为不对称外飘式联合梁系杆拱桥，设计构思为"日月拱"，由两个不对称的拱圈构成，大拱圈拱高39米，象征着太阳，小拱圈拱高19米，象征着月亮，寓意"日月同辉"。全桥长154米，2003年7月开工建设，2005年11月通车，在2006年国际桥梁大会上获全球桥梁设计建造最高奖——尤金·菲戈奖。

海河自金汤桥至大沽桥间左岸，兴隆街、胜利路、建国道、海河东路、博爱道、五经路围合区域为一宫（第一工人文

化宫）花园历史风貌建筑区，包括天津的原意大利租界和原奥地利租界的一部分。意大利租界内以意式花园别墅为主要建筑，保留有古罗马建筑的稳定、平展、简洁的特色，因大量采用古罗马风格的高低拱券、穹顶、塔楼、柱式，使得这些房屋独具魅力。现有历史风貌建筑67幢，其中比较著名的公用建筑有回力球场（今第一工人文化宫）、圣心堂、原意国领事馆、兵营等，住宅有梁启超、曹禺、曹锟、华世奎等名人故居。海河东路的袁世凯、冯国璋故居原属奥租界，均坐落于此区域内。

意式风情区一隅

海河东北流，有解放桥连接天津站与解放北路。建成于1927年的铁桥是当时天津市区最大的一座开启桥，也是目前仍在正常通行的桥龄最高的桥梁，因处于海河两岸英、法、俄、美、德、日、意、奥、比九国租界之间，故称万国桥；又因其由法租界工部局主持建造，亦称法国桥；1946年改称中正桥，1949年1月25日改名解放桥。2008年7月，按原貌修复，并恢复开启功能。

解放桥夜景

右岸张自忠路、吉林路、大沽北路、曲阜道、台儿庄路围合区域为解放北路历史风貌建筑区，原为法租界和英租界的核心区，曾为中国北方的金融中心，有30家银行，被誉为"东方华尔街"。比较著名的有英国的汇丰银行、麦加利银行，美国的花旗银行、美丰银行，法国的中法工商银行、东方汇理银行，德国的德华银行，日本的横滨正金银行，朝鲜银行，俄罗斯的华俄道胜银行，比利时的华比银行，瑞士的利华银行和中国的中央银行、大陆银行、金城银行、盐业银行、中南银行等。大饭店有利顺德大饭店、裕中饭店、DD饭店等。利顺德大饭店建于清同治二年（1863年），是我国最早的涉外饭店之一，孙中山、张学良、蔡锷以及美国第31届总统胡佛、日本首相伊藤博文曾在此下榻，留下了一批珍贵文物。解放北路111号是我国第一枚大龙邮票的发行地。现有历史风貌建筑75幢。

解放桥头世纪钟

天津站全景

左岸海河东路有天津站，是京山、津浦两大铁路干线的交汇点，也是全国大编组站之一。天津站于清光绪十二年（1886年）始建，光绪十四年八月通车，有津唐铁路连通唐山。光绪十八年，西移至季家楼、火神庙两村附近。移址后的车站，因地处海河东岸"老龙头"地区，故俗称"老龙头"火车站。光绪二十六年庚子兵变中车站被毁，两年后原址重建，1911年，于天津北站、天津西站建成后改称天津东站。1987年4月，天津铁路枢纽改造工程开工，1988年10月正式竣工，邓小平亲自题写了站名——天津站，自此天津东站更名为天津站。2007年1月天津站实施新的扩建工程，2008年8月建成并投入使用。天津站主站房的中央圆厅直径40米，高21米，中部是由10根石柱围成的高大空间。穹顶"精卫填海"画表现了中华民族移山填海的博大气魄。海河畔的站前广场上矗立着高近40米、重约170吨的世纪钟，是目前资料可查的直径和重量最大的艺术立体钟，象征着中国近代工业从这里开始。

津湾公园

过解放桥海河转向东流，左岸入河东区。流至右岸滨江道后，逐渐转向南流。滨江道由张自忠路起，向西南至南京路，全长2 094米，是天津市最繁华的商业街之一。20世纪20年代末，随着劝业场一带商业的兴起，中外商贾纷纷云集于这条街，服装绸缎、金银首饰、钟表眼镜、照相、洗染以及旅馆、饭店、影院、剧场、舞厅等商业、服务和娱乐店堂、场馆相继落成开业。如今，这里不仅有劝业场、中原公司、稻香村食品店、亨得利钟表店、光明影院、登瀛楼饭庄等老字号，还有新建的滨江商厦、吉利大厦、国际商场等商场。劝业场坐落在和平路与滨江道交口，1926年开始筹建，1928年落成开业，主体5层，1931年在原建筑上加建第6、第7层作为戏院等娱乐设施，在转角处为9层，形成塔楼，加上穹隆顶，整座建筑壮丽挺拔。

南流，有赤峰桥连接华昌大街、李公楼立交桥和赤峰道。赤峰桥原为吊桥，1971年建设，1981年10月完成改建。2007年拆除，新建了一座斜塔双索面弯斜拉桥。

过赤峰桥，右岸历史上有紫竹林村，属法租界。据传，其名源自当年坐落于今承德道与吉林路交口西侧始建于清康熙二十八年（1689年）的紫竹林庵，《津门诗钞》中说"天津海河西岸有寺曰'紫竹林'"。紫竹林原是一座佛教庙宇的名称，亦称"观音梵宇""观音梵寺"。庙内供奉的是南海大士观音菩萨，其塑像背后画有紫竹，故名紫竹林，1900年被法国人拆毁，在其遗址上改建洋楼。营口道东端有天主教紫竹林教堂，又名圣路易教堂，是一座具有浓郁的文艺复兴晚期风格的希腊式教堂。望海楼教堂被烧毁后，清同治十二年（1873年）法国主教田嘉壁用清政府赔款修建紫竹林教堂。因地处法租界中心，法国传教士及修女纷纷转移至此，紫竹林教堂逐步成为法国教会活动的中心。1900年义和团运动中，天津义和团夺回法租界，火烧洋楼，一直攻打到英法租界交界处的紫竹林教堂。1949年紫竹林教堂的宗教活动改由中国神甫主持，1958年停止宗教活动。

赤峰桥夜景

南流至左岸六经路，转向东南流，有保定桥连接八经路与保定道。

再向东南流，有大光明桥连接十一经路和曲阜道。大光明桥于1982年开工建设，1983年11月竣工通车，因临近大光明影院，故名大光明桥，2007年10月进行整修改造，2008年8月通车。大光明影院坐落于大光明桥下游侧右岸，1929年4月建成，初名蛱蝶电影院，是当时天津设备最好、座位最多的电影院，后经英籍印度人泰莱悌改建，更名为大光明影院。

东南流至徐州道，右岸入河西区，有小白楼商业街。起初，当地居民以一个外墙涂白色的两层酒吧为标志，约定俗成地称这一地区为"小白楼"。自天津开辟九国租界后，各国军队以保护本国侨民利益为由而纷纷开来，小白楼一带很快就出现了为士兵服务的各种生意场所，不同行业的大小商店应运而生，促使这一地区迅速繁荣起来。20世纪20年代末至30年代中期是小白楼地区繁荣鼎盛时期。天津音乐厅坐落于此，音乐厅原名平安电影院，始建于1909年，原址在解放桥以南，是天津第一家由外国人开设的影院；1922年迁至小白楼，建成了仿古罗马剧场式影院，成为当时天津最豪华的电影放映场所，1960年更名为音乐厅。

东南流，有金埠桥连接十三经路和蚌埠道；再向东南，有奉化桥连接大直沽西路和奉化道，是天津市首座中承式全钢结构拱桥；再向东南，有刘庄桥连接大直沽中路和琼州道，原名刘庄浮桥，始建于1959年，现桥建成于1992年，是天津市区第一座独塔斜拉桥。

左岸大直沽一带曾有供奉妈祖的天妃灵慈宫，建于元至元十九年（1282年）。元代运粮船沿海路北上，大直沽一带是海河干流上的第一站，在这里供奉妈祖，因元代其尚未上升到天后的至尊地位，故名天妃宫。后因运河漕运逐渐代替了海上航运，船只就近靠在三岔河口，于是天后宫应运而生，天妃宫则随海运船只的减少而被冷落，八国联军入侵时被焚。天妃宫与天后宫因地理位置分别被俗称为"东庙"和"西庙"。

刘庄桥夜景

大直沽一带特产俗称"直沽老白干"的白酒。《天津志略》记载："天津烧锅最盛时多达二十七家，大直沽竟占十六家。"又说："天津酒业尚称发达，大直沽一带尤为最富之区，所制白干酒质高味醇，世称佳酿。"

下行至湘江道，右纳*津河*（原墙子河），有光华桥连接东兴路和新围堤道。原桥为浮桥，建于1966年10月，名四新浮桥，1977年12月完成改建，1985年建成中环线后更名为光华桥，2006年10月再次完成改造。右岸新围堤道南侧有挂甲寺，相传修建于距今1 300多年以前的隋唐时期。建于明万历二十八年（1600年）的《重建挂甲寺碑记》中记载："大直沽迤南三里许，古刹曰庆国寺，后名挂甲寺，其由来远矣，图经无考，得于父老传闻云：当大唐征辽奏捷，驻师此寺，因更名焉。世远倾颓，遗址尚存。"当年挂甲寺香火鼎盛，1949年以前庙门已倾圮，1997年重建。

过光华桥海河下行600米，有国泰桥连通小围堤道、富民路和国泰道；再下行，有富民桥连通富民路与洞庭路。富民桥设计为单塔空间索面自锚式悬索桥。再向东南流，有海津大桥连通昆仑路与黑牛城道；过海津大桥，逐渐转为东流；至娄庄子村东南，左纳市区月牙河（河长14.4千米），左岸入东丽区；至下河圈村西北，右纳先锋河（河长3.7千米）。下行，有柳林桥连通武当路和柳林路；至灰堆村东北，右纳双林引水河（河长5.8千米），右岸入津南区。东流至天津外环，有海河大桥贯通两岸，下游侧与外环河相交。过海河大桥，河道更加曲折，蜿蜒流向东南。

左岸东丽区境内，在泥窝村东南纳中河（河长5.6千米），在魏王庄村东纳袁家河（河长17千米）；至苏庄村东北（塘沽三川桥），入滨海新区塘沽。右岸津南区境内，依次在河塄村西北纳老海河（河长7.5千米），在生产圈村西北纳洪泥河（河长25.8千米），在柴辛庄与于庄子间纳幸福河（河长24.5千米），在赵北庄与柴庄子间纳津南区月牙河

海河二道闸

（河长16.2千米），在郭家庄村西北纳双桥河（河长9.9千米），在东泥沽村西北纳跃进河（河长8.1千米）。东泥沽村附近有于1985年12月竣工的海河二道闸。右岸有宝成奇石园，占地8公顷，2000年入选《吉尼斯世界大全》。西关村西北有唐津高速公路跨河而过。

在西关村东纳马厂减河后，右岸入滨海新区塘沽，区内有海门大桥连通河北路与河南路。海门大桥是一座升降式开启桥，于1985年11月建成通车。海河过海门大桥后东流，左岸新华路立交桥南侧有塘沽协定签订原址，1933年5月，国民党政府代表熊斌与日本关东军代表冈村宁次在此签订了丧权辱国的"塘沽协定"。

下行，左岸有塘沽南站旧址。清光绪十四年（1888年），直隶总督李鸿章将中国第一条标准轨铁路由芦台经塘沽延伸到天津，在塘沽建车站，即今塘沽南站，塘沽因此成为中国最早有铁路的地方之一。左岸有天津碱厂，其前身是筹建于1916年的永利制碱厂，全称为永利化学工业公司塘沽制碱厂，是中国创建最早的制碱厂。1926年8月，永利制碱厂生产的"红三角牌"纯碱在美国费城举办的万国博览会上荣获金质奖。右岸潮音寺，始建于明永乐二年（1404年），名南海大寺，明嘉靖皇帝下令重修，御笔更名题匾"潮音寺"，曾是塘沽经济、贸易、文化和民俗活动的中心，为国家AA级旅游景区。

塘沽外滩

过潮音寺，转向南流，有水线渡口。清光绪五年（1879年），李鸿章在北塘炮台、大沽炮台和天津直隶总督衙门之间架设了中国第一条陆地电报线。北塘炮台至大沽炮台的电报线在塘沽横穿海河，该地由此被称为水线，渡口就被称为水线渡口，现仍使用。右岸有北洋水师大沽船坞遗址纪念馆，始建于清光绪六年（1880年），是北洋大臣李鸿章在北方创立的第一所造船厂和重要的军火生产基地，是中国北方近代工业的摇篮，培养了中国北方第一代产业工人，现为天津船厂所在地。

再下行，有东沽渡口。过渡口转向北流，再转东流，后又转东南流，有海河大桥连通东海路与海滨大道。大桥下游右岸有大沽口炮台遗址公园。天津大沽地区是中国北方的军事要地。大沽口炮台位于海河入海口两岸，明嘉靖年间（1522—1566年）初建，清嘉庆二十二年（1817年）、道光二十年（1840

年）、咸丰八年（1858年）扩建。从1840年鸦片战争至1900年庚子国难，曾先后4次抗击列强入侵。1901年，根据《辛丑条约》，清政府被迫将大沽口炮台拆毁，现仅存"威、震、海"及"石头缝"炮

大沽口炮台遗址

台遗址。1988年，大沽口炮台被列为全国重点文物保护单位，后以"海门古塞"之誉被评为"津门十景"之一。1997年，修建大沽口炮台遗址公园。

在津南区和滨海新区塘沽境内，海河干流自西向东先后穿越了三道大致沿渤海湾西岸分布的贝壳堤。第一道在小王庄、张贵庄、巨葛庄、沙井子、西刘官庄一线，高程4~5米，部分段落被后期沉积物覆盖，在巨葛庄附近出露地表，但人为破坏严重，大约形成于3500年前的殷商时代；第二道在白沙岭、军粮城、泥沽、上古林、歧口、贾家堡、狼坨子一带，高程3~4米，连续成堤，基本完好，约在2000多年前的战国时形成；第三道北起高上堡，向南经蔡家堡、驴驹河、高沙岭、马棚口至歧口与第二道贝壳堤汇合，高程3~4米，多呈弧形残丘，马棚口至歧口段连续成堤，形成于元末明初。贝壳堤是天津海岸带颇具特色的海岸地貌类型，反映了自陆地向海洋方向的海岸线变迁。天津贝壳堤与美国圣路易斯安纳州贝壳堤、南美苏里南贝壳堤并称世界三大古贝壳堤。

海河外滩

首批国家级开发区之一的天津经济技术开发区坐落于塘沽区内，位于海河干流左岸，建立于1984年12月。2007年，天津经济技术开发区实现工业总产值3350.67亿元、GDP 938.70亿元、税收198.16亿元、出口185.00亿美元。天津经济技术开发区东接天津港，天津港是我国对外贸易的重要口岸。

下行，有海河防潮闸。防潮闸始建于1958年7月，1958年12月建成，是一座泄洪、挡潮、蓄淡、航运等综合利用的大型水闸工程。主体建筑物是天津市著名风景名胜之一，闸体两岸控制楼为仿古建筑，气势宏伟，庄严秀丽，闸东楼墙上镶嵌着时任国家副主席朱德为海河闸建闸工程的题词。

海河干流过海河防潮闸，入渤海。

海河防潮闸

一、蓟运河
Jiyunhe Canal

3.1 蓟运河
(Jiyunhe Canal)

海河水系支流,北三河之一。隋代称沽水,唐代称鲍丘水,五代称泃河,宋、元称潮河,明代称运粮河,清顺治后称蓟运河。上有两源,一为**泃河**,一为**州河**,两河在天津市宝坻区张古庄汇流成蓟运河,至滨海新区塘沽防潮闸与永定新河汇流后入渤海。位处东经116°47′~118°25′、北纬40°23′~39°06′,地跨北京、天津、河北3省(直辖市)。

概　述

流域范围　蓟运河干流河长157千米(自天津市宝坻区张古庄起),若以海河为源,河长337千米,流域面积10 288平方千米。北倚燕山,南达渤海,东临**滦河**,西与**潮白河**接壤。

地貌　流域地貌轮廓形成于中生代燕山运动,强烈的地壳变动使该地区褶皱成山、断裂成谷,总的地势北高南低,自北向南倾斜。上游山势起伏、植被差,下游地面平坦开阔。流域由北向南大致划分为中低山区、丘陵区及平原区,平原区可分为燕山山前平原区和海河平原区。

气候水文　流域属于暖温带半湿润大陆性季风气候,春季多风少雨,易出现春旱;夏季气温高,湿度大,降水多,洪涝、冰雹和连阴天是主要灾害天气;秋季天气以晴为主,冷暖适中;冬季寒冷干燥,降雪稀少。

年降水量变化梯度大,上游山区降水大于下游平原地区。多年平均年降水量为600~750毫米,年际变化较大,年内分配不均匀,暴雨中心在上游将军关至马兰峪一带,7~9月降水集中,为全年降水量的83.5%;多年平均年水面蒸发量为1 115.1毫米;多年平均年径流量为9.53亿立方米,最大为22.22亿立方米(1978年),最小为2.17亿立方米(1981年)。上游的泃河、州河发源于燕山山区,河道泥沙含量较高,多年平均年产沙量57万吨,年均入海输沙量6.2万吨,最大为25.9万吨。

水系　由干流和泃河、州河组成,支流多集中于左岸,依次有金水河、兰泉河、双城河改道、还乡新河(还乡河分洪道)和煤河等汇入。

水旱灾害　洪涝是主要灾害。最早记载见于《元史·五行志》,元至正三年(1353年)"丰润、玉田、遵化大水"。《清代海河滦河洪涝档案史料》中记载:清光绪十六年(1890年)五月间,"大雨连旬。宝坻河流狂涨,溃堤决岸。三河、平谷、宁河等县因水受赈。丰润、玉田平地水深二丈,为近年所未有"。旱灾亦时有发生,多为春、秋旱。《华北、东北近五百年旱涝史料》中记载:明万历二十七年至二十九年(1599—1601年),"华北平原连遭三年大旱,……野无青草,载道流离"。民国26年(1937年),"丰润春旱,大田均未种,井水干涸。玉田春旱,河水浅涸"。1601—1948年间发生旱灾53次,1949—2003年间发生旱灾22次。

社会经济　流域农业、工业、旅游业均有较大发展。银鱼、紫蟹、芦苇草曾是蓟运河三宗宝。下游平原区土肥水丰,以种植小麦、玉米、棉花、水稻为主。交通发达,有大秦、京秦、京山等铁路主干线,有京沈、唐津高速公路和102、112、205国道,地方交通网络密集。工业有建材、化工、纺织、机械、食品、冶金、陶瓷、电力等。独乐寺、黄崖关、翠屏湖、盘山、九龙山、八仙

蓟运河水系示意图

山等著名旅游区每年吸引大批游客观光。

九龙山梨木台

八仙山云海

治理开发

1. 灌溉。利用河水浇灌农田历史较早。辽圣宗统和五年（987年），蓟县一带兴建灌渠，种植"红稻香粳"。元泰定时期（1324—1327年），宁河一带经营海滨水田。清雍正四年至十一年（1726—1733年），宁河、宝坻、玉田、丰润等地官民共营田五六百顷。新中国成立后，流域各省、市兴建灌区，引水溉田，其中：北京市以海子水库灌区规模最大，其次还有黄松峪水库灌区和西水峪水库灌区；河北省建有般若院、上关东、左家坞、白官屯等11处灌区，有效灌溉面积3.21万公顷；天津市拦河筑坝，兴修扬水站，引河水溉田。

2. 水运。流域水运最早始于东汉。建安十一年（206年），曹操为征讨乌桓，先后开凿平虏渠、泉州渠和新河渠。唐神龙二年（706年），蓟运河形成并通航。明代时，每年有300多艘运粮船只通过蓟运河往来于天津和蓟州之间。清代时，东陵修建所需物资均仰仗蓟运河船运。新中国成立初期（1949—1957年），仍有50～100吨级驳船往来蓟运河中。此后，随着干流来水量的减少，水运事业日渐萎缩。直至1974年，由于水量不足，水运停止。

3. 防洪。元至元十六年（1279年）以来，河道多有治理。清代时，在蓟运河、双城河、**还乡河**上修筑堤埝。1949年洪水后，不断对蓟运河裁弯取直、河道复堤、堤埝加高培厚、修筑护坡、增修防浪墙、护坡砌石。1950年，开挖焦康庄至八台港的潮白新河，使潮白河、蓟运河分流，并复堤357千米。1970年，提出《北运河、潮白河、蓟运河流域规划》，1972年编制《蓟运河干流治理工程初步设计》。1972—1973年，按20年一遇标准进行江洼口至北塘段的治理，并修建了防潮闸。1972年，兴建引沟入潮工程，以减轻蓟运河洪水负担。1973年，按10年一遇洪水670立方米每秒标准开挖还乡新河（还乡河分洪道）。1976年的唐山大地震对蓟运河水

利工程造成较严重破坏，1977—1981年，连续5年对震毁工程进行恢复，随后逐年对险工进行治理。整治后的蓟运河，两岸堤防长319.33千米，其中左岸长162.7千米、右岸长156.63千米。

堤防

设有盛庄洼、青甸洼两个蓄滞洪区，设计蓄洪量2.05亿立方米，蓄洪面积160.5平方千米。

4. 水库兴建。全流域建有3座大型水库，分别为泃河**海子水库**、州河**于桥水库**和还乡河**邱庄水库**，总库容18.84亿立方米；中型水库6座，小型水库69座，总控制面积3 863平方千米。

于桥水库有水力发电站1座，利用引滦输水及农业灌溉用水发电，是天津唯一的水电站。

纪　实

上游　蓟运河干流始于天津市宝坻区张古庄，为泃河和州河汇流处，此处有青甸洼滞洪区，设计蓄洪水位5.5米，设计蓄洪量1.83亿立方米，占地面积150平方千米；穿津围公

九王庄节制闸

路到九王庄，引滦明渠九王庄首闸坐落在右岸；距九王庄首闸440米处是九王庄节制闸，亦称马营闸，1979年10月建成；过马营闸东南流过北潭镇、李家套至新安镇，左岸有兰泉河汇入，此处左岸为河北省、右岸为天津宝坻区；再东南流至小河口，左岸有小河口报汛站和小河口扬水站。九王庄至小河口段河长24千米，为单一河床，两堤险工多，设计行洪能力400立方米每秒。

出小河口蜿蜒流过大沽村，经滩沽、马郭庄、杨木庄，至北王庄，右岸有宝坻大钟庄；西南行，右岸有箭杆河自西经八门城汇入。箭杆河原是古鲍丘水下游故道的一段，清雍正四年（1726年）重挖河槽，河道直如箭杆，故称其箭杆河。

中游　蓟运河向东转南再向东北到柳沽，左岸有杨柳新河汇入。东南流，右岸有张头窝退水闸、张头窝水文站；向东转南流，在盛家庄左纳双城河改道后，向东南流入宁河县，

蓟运河（天津宁河县段）

至江洼口与还乡河故道相交；江洼口以北是盛庄洼，设计蓄洪水位 3 米，设计蓄洪量 0.22 亿立方米，占地面积 11.5 平方千米。小河口至江洼口段河长 42 千米，为复式河床，遥堤内河套中有村庄 30 个。

蓟运河出江洼口向南流至北岳庄闸，附近的田庄坨村有战国—汉代文化遗址，是天津市文物保护单位；过北岳庄闸，环绕宁河镇。宁河镇始于东汉末，曾名军粮城、柳城、梁城，清雍正九年（1731 年），梁城改为县治，因宁车沽河定名宁河县；镇东有清礼部尚书、大学士杜立德家族墓地，城内有直系军阀、大汉奸齐燮元的家宅和家庙，林庄村东南有林节战国—汉代古文化遗址和王家碓元代—明代古文化遗址。至西关闸，有西关引河从右岸汇入，河长 26.2 千米。

蓟运河过南沽、南窝、后江石沽转南至孟庄，有卫星引河从右岸汇入。卫星引河连通蓟运河和潮白新河，全长 24.3 千米；南流，经廉庄子、前米店、后米店、苗庄、岳道口橡胶坝至麦穗沽，过木头窝、刘庄

田庄坨村战国—汉代古文化遗址

子再转东至闫庄，有津唐运河纳还乡新河后自东北方汇入。还乡新河即还乡河分洪道，于 1972 年建成。江洼口至闫庄段，河长 40 千米。

北岳庄闸

蓟运河南流，过津榆公路大桥，左岸是芦台镇。芦台镇始于唐代，曾名将台、海口镇、芦台军，有"千年雄镇古芦台"之称。1938 年以后，芦台镇为宁河县政府所在地，历史上，芦台镇是盐、煤、粮、杂货聚散地，"商贾辐辏，庐井繁多"。镇内原有文昌阁、宝塔寺等 11 座寺庙祠阁，新中国成立前已毁。

蓟运河向西南流至董庄，再转西北经薄庄的裁弯取直段西流至大尹庄和船沽，罾口河自西经船沽闸把潮白新河与蓟运河连通；继续南流至南涧沽，转东流到东升，出宁河县。宁河县地处两岸，农业较发达，农作物有高粱、小麦、玉米和水稻，水稻种植历史较早，可追溯到清代，新中国成立后水稻生产发展很快，1985 年被国家农牧渔业部命名为水稻基地县。

下游 蓟运河出宁河到滨海新区汉沽，南流到大田庄，有大田灌区；在大田庄转西流到西孟村，北岸西孟渡口始设于明代，是汉沽唯一仍在使用的古渡口；向南流至崔兴沽村。1934 年 7 月，华北水利委员会在崔兴沽村建立华北模范灌区试验场，1937 年毁于日寇战火。在崔兴沽村转向东北流，左岸大马杓沽村原有大马杓沽渡口，设于清乾隆十五年（1750 年），1965 年废弃；再东北流到下坞村，原窑上渡口坐落该处。窑上渡口建于明代，是汉沽历史上最大的渡口，新中国成立后废弃。

蓟运河自下坞东南流穿京山铁路；过京山铁路汉沽大桥再向东南流，两岸是汉沽城区；在汉沽城区南流至寨上，该处原有李公庄渡口，1970 年寨上大桥建成，李公庄渡口失去作用后即废；原寨上大青码头坐落在寨上东岸，使用面积约为 2 800 平方米，1982 年后废弃。南流到茶淀，右岸茶淀灌区耕地面积约 907 公顷，是国内外享有盛名的"玫瑰香"葡萄产地。

蓟运河出茶淀南流，两岸有营城炮台遗址。清咸丰八年（1858 年）英法联军第一次由大沽进犯天津之后，清王朝为加强天津沿海防务，于咸丰九年（1859 年）在东

"玫瑰香"葡萄

西岸的邵家圈和崔家圈各建大小炮台两座，与大沽炮台和北塘炮台形成天津海防体系。清光绪二十七年（1901 年），营城炮台被八国联军拆毁；1958 年河西炮台改建成砖窑，1968 年河东炮台被推平。

蓟运河东南流到东风村转西南流，至营城排污闸，右岸进塘沽，左岸有营城水库，原系蓟运河一段弯曲河道，1971 年冬兴建，1972 年投入运行，设计蓄水能力 1 000 万立方米，蓄水面积 2.3 平方千米。汉沽工业污水库于 1976 年 6 月竣工，1991 年扩建，日处理污水能力为 5 万吨。

蓟运河再南流，至防潮闸。防潮闸于 1974 年建成，主要任务是汛期泄洪、排涝，非汛期挡潮、蓄淡，设计流量 1 200 立方米每秒，共 12 孔，1977 年曾通过流量 1 590 立方米每秒。闸西南是塘沽北塘街，北塘自古为武备之地。明嘉靖年间（1522—1566 年），在入海口南北两岸始建炮台，称为"北塘双垒"；清道光二十一年（1841 年）设北塘营，有炮台 20 座，清咸丰十年（1860 年），英法联军在北塘登陆，大肆杀害老人和妇孺，鲜血染红蓟运河水；1901 年《辛丑条约》签订后，

蓟运河防潮闸

北塘炮台被迫拆毁；1926年2月，直鲁联军与冯玉祥国民军在北塘激战，史称"直鲁北塘之战"。

蓟运河出防潮闸，与永定新河汇流后入渤海。

3.1.1 沟河

(Juhe River)

蓟运河两源之一，古称沟水。发源于河北省兴隆县大青山南侧的青灰岭，在天津市宝坻区张古庄与州河相汇入蓟运河，地跨河北、北京和天津3省（直辖市）的9个县（市、区）。

概　述

沟河河长180千米，流域面积3 278.05平方千米。流域地貌形成于中生代燕山运动，总的地势北高南低，大致划分为中低山区、丘陵区及平原区。流域属暖温带半湿润大陆性季风气候，多年（1956—2000年）平均年降水量为662毫米，多年平均年径流量为2.85亿立方米，多年平均年输沙量为10.5万吨。20世纪末，山区段水质良好，为Ⅱ类，丘陵区及平原区河段因工业废水和生活污水排入，水体受到污染。

流域水旱灾害比较严重。《蓟县气象灾害史料》中记载：清光绪二十年（1894年）五月十八日，大雨连下40天，雨量达1 200毫米，水进南城门，农舍被淹，人死很多。另据《华北、东北近五百年旱涝史料》记载：明万历二十七年至二十九年（1599—1601年），"华北平原连遭三年大旱，……野无青草，载道流离"，以致"大饥，骨肉相食""饥死者无数"。

流域内，工业门类有建筑、化工、纺织、机械、建材、食品、造纸等，旅游业较为发达，黄崖关、金海湖、盘山等著名旅游区每年吸引大批游客前往游览观光。随着改革开放的深入，流域经济有了较大的发展，沿河兴建了兴谷、滨河、金海角及三河4个开发区。山区、丘陵区农业以林果业为主，平原地区种植业发达，以种植小麦、玉米、棉花等农作物为主，是国家级粮食生产基地。

战国时期已开通水运，明永乐年间（1403—1424年）达到鼎盛，直到新中国成立前仍在通航。唐乾元二年（759年），平谷县降为大王庄镇，北边屯兵二三万人，驿铺渡口备有军船几十艘，军需物资多由南方经水路运至军粮城，再沿河北上，从泉州口进入沟河，经三河至大王庄镇沟河渡口（寺渠渡口）再达檀州（密云县故城）。

《新唐书·地理志》中记载：三河县"北十二里有渠河塘，西北六十里有孤山坡，溉田三千顷。"20世纪50年代以来，上游干支流上，建成**海子水库**和杨庄水库、黄松峪水库、西峪水

库以及10余座小型水库，海子、西峪、黄松峪等万亩以上中型灌区，灌溉面积达万余公顷；下游干流上，建成孟各庄、错桥和红旗等拦河闸，拦蓄河水浇灌农田。1988年，为利用河水灌溉，天津市共建扬水站21座，总装机容量5 386千瓦，提水能力为25.69立方米每秒，有效灌溉面积1 417公顷。

杨庄水库

沟河是一条贯穿京、津、冀的省际性河流，1949年以来，所辖各区县不断对沟河进行重点治理与开发。干流河道治理以固堤、通路、绿化和综合开发为主，包括旧堤拆除和加固、新堤建设、险工处理、控导护岸、河道清障等。为减轻蓟运河洪水负担，1972年开挖引沟入潮工程，将沟河洪水导入潮白新河下泄，治理标准为20年一遇，最大行洪流量830立方米每秒。

纪　实

沟河发源于河北省兴隆县西南青灰岭南麓，源头处为崇山峻岭，两岸山峦起伏，植被茂密，苍松翠柏，郁郁葱葱，海拔为500～1 000米，最高山峰六里坪海拔1 442.8米。

源流经茅山镇，过快活林，水流渐阔而深。由黄崖关入天津蓟县。黄崖关雄踞万里长城之巅，黄褐色岩体峭立挺拔，故名黄崖关。黄崖关始建于北齐天宝七年（556年），唐代安禄山曾派兵驻扎于此，明代蓟辽总兵戚继光镇守蓟州16年，增建了凤凰楼、八卦街和许多楼台，是中国古代军事工程的杰作。绵延于山脊上高大的城墙像一把巨钳，将沟河拦腰卡住。蓟北雄关黄崖关长城为世界文化遗产、国家AAAA级风景区，列"津门十景"之首。

沟河经黄崖关南流10千米到达下营镇。下营原名"黄崖营"，燕国为防匈奴在此筑石城，设重兵把守。下营南500米，岐山有一古洞，因支流澜河汇流于此，故名岐山澜水洞。澜水上游有著名的九山顶风景区和天台山风景区。

沟河再南流至罗庄子镇杨

黄松峪石河石林峡

庄水库，水库2003年建成，蓄水库容2 700万立方米，水库下游设有罗庄子水文站。罗庄子上游的天津蓟县中上元古界自然保护区是中国第一个国家级地质剖面自然保护区，1984年经国务院批准建立，该区面积900公顷，剖面地层总厚度达9 197米，记载着距今18.5亿～8亿年间的地质演化史。西北流，在偏桥子村西北出蓟县。

洵河（北京平谷段）

洵河西北流，于锯齿山下入北京市平谷区，再北流入海子水库；出库区折向西南，至南独乐河村西有黄松峪石河汇入。黄松峪石河以松林茂密而得名，流域内有森林公园，占地面积4 274公顷，地面高差达1 000余米，野生植物资源818种。

洵河再西南流，至西沥津，有鱼子山石河汇入。鱼子山石河全长6千米，因山岩多鱼子状斑点而得名，流域山高谷狭，现已开发为旅游景点，主要有青山绿水、虎穴龙潭、险峰峡谷、瀑布灵泉等自然景观。

洵河又西南流，经平谷城东门外渡口、城南寺渠渡口，有逆流河、拉煤沟汇入，河道渐宽至3米，水势加深2米多；又西南流至前芮营渡口，有发源于密云县东邵渠乡银冶岭的错河自右岸汇入；再南流至英城折向东南，在英城大桥北有金鸡河汇入，经南宅、东店村流出平谷区。

洵河出北京市后，于北务村西北入河北省三河市。三河市因洵河、鲍丘河、洵河3条河流经境内而得名。南流到孟各庄村，附近有新石器时代晚期的村落遗址，距今有4 000余年的历史，为河北省文物保护单位。

洵河继续南流，有发源于灵山的小清河汇入。灵山山峰秀丽，山顶有辽代古塔，北坡古柏成片，南坡乔灌相间，山脚出泉，水清而甘，汇流成溪，故名小清河，素有"灵泉漱玉"之美称。再南流至建于1994年、用于蓄水灌溉的孟各庄拦河闸；再向南由三河市城边流过，三河市高楼林立，绿柳成荫；过三河城有三河水文站。

洵河蜿蜒流向东南，到红旗庄，右岸为河北省三河市，左岸为天津市蓟县；南流至辛撞闸，建于1973年，右岸有引洵入潮工程，河长19.24千米，于宝坻郭庄入潮白

盘山

新河，用于控制洵河洪水，向引洵入潮工程分泄洪水。

洵河继续东南流，过侯家营转南流，至芮庄子村东南有老武河汇入，出三河市，入天津市，左岸为蓟县，右岸为宝坻区；在老高寨穿宝平公路，东南流至三岔口节制闸（建于1983年）；再东南流，在下仓镇嘴头村有*漳河*汇入。漳河之水源于盘山。盘山峰削壁立，林木葱秀，有"京东第一山"之称，清代被列为我国15大风景名胜之一。《水经注》中云："盘山水，水出山上……去山三十许里，望山上水，可高二十余里，素湍浩然，颓波历溪，沿流而下。"清乾隆皇帝在《盘山千尺雪记》中写道："汇万山之水而归于一壑，……虽千夫撞洪钟有不足比其壮者。"盘山素有"三盘胜境"之美名，即上盘松胜，中盘石胜，下盘水胜。清初诗人王聪的诗句"风摇万壑松涛响，云变三盘雪雨晴"，形象地描述了盘山特色。

洵河向东流，至天津市宝坻区张古庄与*州河*相汇，入蓟运河。

3.1.1.1　海子水库
（Haizi Reservoir）

又称金海湖，*洵河*上游的大型水库，位于北京市平谷区城东偏北15千米。水库总库容1.21亿立方米，控制流域面积443平方千米；以防洪、灌溉为主，兼顾发电、养鱼和旅游等效益。

概　述

水库坝址位于平谷区海子村北洵河山峡出口处，库区为三面环山的开阔地，库周以峡谷地貌为主，出露岩石以矽质灰岩与泥质板岩为主。水库地处温带半干旱、半湿润大陆性季风气候区，多年平均年降水量677毫米。

坝址以上河长39千米，流域面积443平方千米，约占洵河流域总面积的13.5%，多年平均年径流量1.01亿立方米，多年平均年输沙量10.5万吨，水质为Ⅰ类。

海子水库于1959年始建，1960年7月竣工，当时总库容4 980万立方米，后经续建、扩建，总库容增加到1.21亿立方米；防洪标准为100年一遇洪水设计，1 000年一遇洪水校核。

水库主要由大坝、溢洪道、输水管道和电站组成。主坝1座，为黏土斜墙碾压式土坝，坝顶总长1 194.5米，坝高40.5米；副坝5座，为均质土坝，其中2座兼作非常溢洪道，采用爆破式土坝；溢洪道1座，采用混凝土重力坝型式，坝长315.2米，最大泄流量3 615立方米每秒；输水、泄水建筑物2处；水电站1座，装机容量2×1 600千瓦。

水库建成后，多次拦蓄洪水。截至1995年，入库洪峰流量大于500立方米每秒的有5次，大部分被拦蓄；大于1 000立方米每秒的有2次，其中1962年7月25日，入库洪峰流量1 750立方米每秒，经水库调蓄，削减洪峰56%，发挥了错峰作用，减轻了下游的灾害。水库所辖海子灌区有南、北两条干渠，截至2002年，为灌区供水0.17亿立方米，灌区作物以小麦、玉米和杂粮为主，20世纪90年代后以种植果树为主。水库水质适于鱼类生长，1984年开展库区网箱养鱼试验获得成功，1988年年产鲜鱼可达120万千克。1984年开始开展旅游，因其北依金山，又称金海湖，逐步发展为金海湖旅游区。此后，水库的功能转变为防洪、灌溉，兼顾旅游。

1960年7月水库蓄水后，随着水位的升高，主坝、南副坝、溢洪道下游的河床和岸坡陆续出现渗漏现象。此后，几经采取措施进行处理，对主坝左坝头进行防渗帷幕灌浆；对副坝下游采取排水减压；在南副坝坝基增建混凝土防渗墙；对左坝头进行帷幕灌浆；在2号副坝上游坝脚塌坑上游填筑混凝土截水槽和铺设黏土盖帽等，取得较好效果，保证了坝体安全。但是，渗漏问题至今未能彻底解决。

纪　实

水库北、东、南三面环山，西为大坝，水面面积530余公

顷。库区峰峦叠嶂，野卉遍山，湖光波影，共有20多处景点。湖中有横山半岛，自南向北，将湖水分成内、外两湖；横山高崖峭立，崖上有"金鱼洞""鸽子洞""董葛洞""神仙洞"

海子水库（金海湖）

"野狼窟"等洞穴，山上有"驼峰""天蟾石""半山亭"等景点，奇石异洞，千姿百态，松林茂密，景色清幽，有"一湖秀色在横山"之说。水库回水分为两汊，一向东北回水至红石坎泉水河；一向东南回水至洵河，形成北湖区和南湖区。回水长度6千米。在南湖中部偏西北岸有熊猫石，北湖北岸有龙首岩，岩下有龙潭，附近有龙首泉、龟纹岩等。此外，库区还有金花公主墓、将军关、将军石等景点。相传金花公主是金章宗皇帝的爱女，聪慧美丽，狩猎时坠崖而亡。金章宗皇帝遣人在其经常狩猎的洵河之滨红石崖凿一洞穴，以四铜环悬棺于洞穴顶部，并引清澈的洵河水流经棺下。原墓被水库淹没，20世纪80年代于主坝北端东侧建一座双体边脊碑亭，碑文记述了此故事。

大坝之上建有长达450米的长廊，风格古色古香，可供游人休憩，饱览湖光山色。站在大坝之上东望是烟波浩渺的湖面，库区内建有水上运动场，1990年第11届亚运会的赛艇和皮划艇比赛在此举行，库区北面建有国家水上训练基地和北京市第二体育学校；向西俯视是辽阔的平原大地。水库远处有田园农舍，近处有金海别墅、碧海山庄、金海园宾馆等现代建筑星罗棋布，错落有致。

在金海湖北约1.5千米的上宅村西有古人类生存的遗址，出土的大量石器、陶器、房屋基址说明在7 000年前，这里的先民们已从事农业生产，过着定居的生活。这标志着洵河流域的一种独具特色的人类文化形成，被考古界命名为"上宅文化"，并辟有上宅遗址博物馆，展示这里出土的珍贵文物。

库区北侧有平（谷）蓟（县）公路蜿蜒穿越三泉寺、马家坟、黄草洼、红石坎、上堡子等村庄进入天津蓟县境内。在这一带考古发现大量的旧石器时代文化遗址出土的石器，说明早在10万年前就有人类在这块土地上生息繁衍。

3.1.2 州河

(Zhouhe River)

蓟运河两源之一，汉称庚水，宋称沽河，清康熙三十年（1691年）改名州河，上游称沙河。发源于河北省兴隆县孤山子乡大青山，在天津市宝坻区张古庄与**洵河**相汇入蓟运河，地跨河北省和天津市的4个县（市、区）。

概　述

州河河长112千米，流域面积2 144平方千米。流域地貌轮廓形成于中生代燕山运动，褶皱成山，断裂成谷，总的地势北高南低，大致划分为中低山区、丘陵区及平原区；属暖温带半湿润大陆性季风气候，多年平均年降水量750毫米，多年平均年径流量5.06亿立方米。

流域内工业门类有采矿、冶金、建筑、化工、纺织、机械、建材、食品、造纸等，旅游业较为发达，独乐寺、翠屏湖、九龙山、八仙山等著名旅游区每年吸引大批游客前往游览观光。山区、丘陵区农业以林果业

州河

为主，平原地区种植业发达，以种植小麦、玉米、棉花等农作物为主，是国家级粮食生产基地。

州河历史上曾是害河，各支流源短流急，主流河道迁徙不定、多弯道，洪水宣泄不畅，每遇大雨山洪暴发，冲淹沿河两岸农田甚多，洪涝灾害频繁。《遵化州志》中记载：清顺治九年（1652年），"霪雨弥月，诸河泛溢，冲决东坎，浸州城"；光绪十六年（1890年），"马兰峪山水暴涨，或谓伐龙木"；光绪二十年（1894年），"霪雨……平地涌泉，禾稼尽泯，百年无此大水"。《蓟县气象灾害史料》中记载：光绪九年至二十年（1879—1894年）均发生水灾。据统计，1353—

州河进水闸和节制闸

1978年共发生较大洪水61次。连续干旱年份时有发生，崇祯十二年至十四年（1639—1641年），连续3年大旱，以至"大饥，骨肉相食""饥死者无数"。新中国成立后，1980—1984年、1998—2003年出现了连年干旱。

清光绪十六年（1890年），"遵化州西十里，沙河铺村民用沙河水营水田约十余顷。"1952年，在支流清水河上沙坡峪"引水过梁"，灌溉农田。之后，相继建成水平口、般若院、上关、大河局、下窝头、溅溜、官庄、别山等万亩以上灌区，变水害为水利。

流域水能资源丰富，建有上关水库、汤泉水库、大河局水库及3座小水电站，总装机容量1 305千瓦，设计年发电量252.69万千瓦时。支流黎河上建有Ⅱ级、Ⅲ级水电站，总装机容量7 750千瓦，设计年发电量2 313万千瓦时。

清光绪十二年（1886年），"遵化州东南三里许，……辄城下筑坝。"（《遵化通志》）1949年以来，州河作为一条贯穿津冀的省际性河流，被所辖各区县不断地进行重点治理与开发。河道治理以固堤、通路、绿化和综合开发为主，包括旧堤拆除和加固、新堤建设、险工处理、控导护岸、河道清障等措施。1983年9月，引滦入津跨流域引水工程建成，自**大黑汀水库**引滦总干渠枢纽引**滦河**水，经隧洞入黎河，**于桥水库**调蓄后进入州河，向天津输水，设计引水流量60立方米每秒。为此，对州河输水河道整修险工段25处、总长11.2千米，修筑浆砌片石护岸。2005年9月，新建州河暗渠工程建成通水，彻底解决了引滦通水以来州河输水与行洪、排涝之间的矛盾，有效地保护了引滦水质，降低了输水水量损耗，州河恢复行洪蓄水功能。

纪　实

州河发源于河北省兴隆县孤山子乡大青山，逶迤向南，经孤山子乡，在口门子穿长城，于山楂峪入遵化市。自发源地至黎河汇入处称沙河。

沙河南流，过前杖子村、后杖子村，水面渐宽，入大河局水库。大河局水库建于1959年，总库容456万立方米，控制面积29.2平方千米。出水库后，穿112国道，纳罗文峪沟。罗文峪是著名"长城抗战"主战场之一，1933年，国民革命军第29军军长宋哲元率部在罗文峪、喜峰口一线抗击日军，以大刀砍杀日寇，谱写了中国人民反抗外敌侵略的不朽篇章。南流，纳马蹄峪沟、片石峪沟，水面豁然开朗。下行，入般若院水库，般若院水库总库容5 457万立方米，控制面积130平方千米。

般若院水库

出库区，向西南入山前平原，过下石河村，入遵化市区。遵化清代为京畿重镇，现为县级市。至张七各庄北，纳冷咀头河、北岭河，后改向南流，在水平口右纳魏进河。

出上关水库，南流，经石各庄、起辛庄至魏进河村变为地下潜流，于寒河庄复出，有"魏进寒出漏汤河"之说。左岸有汤泉，《水经注》中曾有记载，今已开发为疗养胜地。南流，于小马坊村折向西，至马各庄折向西南，经平安城，于西新庄出遵化市。

入天津市蓟县后，在藏山庄东南纳黎河后称果河。黎河发源于遵化东北部柴户场北沟，全长74千米，流域面积562平方千米。西流，入**于桥水库**。

出水库向西至山下屯，左侧是引滦入津新建州河暗渠首闸，新建州河暗渠始于于桥水库电站尾水渠下游，止于九王庄节制闸下游400米处，全长34.14千米，与引滦专用明渠连接，代替州

独乐寺

河天然河道输水；右侧是山下屯节制闸，建于1975年，设计流量200立方米每秒。山下屯节制闸北是蓟县城，蓟县城是一座历史悠久的名城，历史上亦称无终、渔阳、蓟州，已有5 000多年的历史。从周召公奭在此建都开始，至山戎族的无终子国、韩广的辽东国、霍光的博陆侯国、高开道的燕国，蓟县已有五国定都的历史。蓟县西大街有独乐寺（俗称大佛寺），建于唐代，辽代重建，是中国仅存三大辽代寺院之一。独乐寺集古建筑、泥塑、壁画三大艺术于一体，为国务院1961年首批公布的全国重点文物保护单位。

州河过山下屯节制闸蜿蜒南流，至溅溜镇八里庄，八里庄是北平和平解放首次谈判所在地。南流，穿津蓟铁路至上仓镇孟家楼，孟家楼有平津战役前线指挥所。上仓镇郭家庄是清朝女作家萧晶玉的家乡，萧晶玉著有《十粒金丹》。出上仓镇东南流至杨津庄，有杨津庄节制闸，建于1978年，设计流量400立方米每秒；南流至下仓，上仓和下仓均是唐太宗东征高丽时的军粮储藏地，原称上米仓和下米仓。

州河南流，至宝坻区张古庄与沟河相汇后成蓟运河。

3.1.2.1　于桥水库
（Yuqiao Reservoir）

又名翠屏湖，**州河**上游的大型水库，位于天津市蓟县城东4千米。总库容15.59亿立方米，控制流域面积2 060平方千米，功能以向天津城市供水为主，兼顾防洪、灌溉和发电。

概　述

于桥水库南靠翠屏山，北倚燕山山脉，东临**滦河**水系。坝址以上库区为广阔盆地，盆地由东北倾向西南，表面皆为第四纪坡积冲积物所覆盖，水库以下为平原和洼地。

流域地处暖温带半湿润大陆性季风气候区，四季冷暖、干湿分明，年均气温10.4～11.5摄氏度，无霜期170～195天；多年平均年降水量750毫米，年内降雨量集中于汛期，占年降水量的83.5%。水库水面多年平均年蒸发量1 534.2毫米，多年平均年径流量5.06亿立方米，多年平均年输沙量12.1万吨，水质为Ⅱ类。

水库于1959年12月动工，1960年7月竣工，设计主坝

水库大坝

全长1 935米,最大坝高22.75米,总库容13亿立方米。1976年5月开始实施加固工程,进行大坝基础处理、坝顶加高、坝后压重、坝下减压排渗、溢洪道扩建等。1982年5月加固工程纳入引滦入津工程,1983年9月全面竣工。大坝加固改造后,坝长增至2 222米,最大坝高24米,总库容增至15.59亿立方米。水库正常蓄水位21.16米,相应水面积87.98平方千米。

水库湖滨带

2000年被列入水利部第一批病险水库除险加固规划。2001—2003年,对部分坝段进行加固、坝顶上下游挡墙和混凝土路面拆除重建、下游侧护坡补修、坝后压重、减压沟回填、泄洪洞和溢洪道加固、电气设施更新改造及大坝安全监测系统建设。2001年,实施引滦水源保护工程,主要项目有水土保持工程、库周村落固体废弃物处理及处置工程、湖滨带生态保护工程、水库水质保护与净化工程等。1960年春开始第一批移民迁建,迁移5万村民,1982年完成第二批移民迁建,迁移3万村民。

水库枢纽由大坝、溢洪道、放水洞和水电站组成。大坝为均质土坝,坝顶宽6米,坝顶筑有高1.22米的混凝土防浪墙,左侧筑有副坝,坝长282米;溢洪道设8孔闸门,每孔净宽10米,其中溢流堰6孔、堰顶高程18.65米,深孔宽顶堰2孔、堰顶高程15米,设计流量2 911立方米每秒,最大泄流量4 138立方米每秒;放水洞(原泄洪洞)位于大坝中段,由引水渠、进水塔、洞身、消力池、尾水渠及工作桥等组成,最大泄量305立方米每秒;水电站设4台发电机组,总装机容量5 000千瓦。

水库建成后,在城市供水、防洪、农业灌溉、发电等方面发挥了巨大的作用。供水方面,1983年被纳入引滦入津工程后,承担引滦来水调蓄任务,保证天津市工业及居民生活用水,截至2007年年底累计供水168.8亿立方米。防洪方面,每年汛期将上亿立方米的洪水拦于库内,使下游河道不超过其泄洪能力400立方米每秒。1958年7月,州河上游发生较大洪水,下游地区人民生命财产损失惨重。建库后,类似1958年洪水曾出现过7次,均未造成任何灾害。1978、1996年州河上游发生两次大洪水,经水库调节、错峰,大大减缓了洪水对下游地区的安全威胁。灌溉方面,设计灌溉面积4.19万公顷,1970年后开始为蓟县、宝坻、宁河、玉田、汉沽5个县(区)的农业灌溉供水。1971、1972年流域内发生特大干旱,为支援农业抗旱,动用了死库容,两年共向下游供水3亿立方米。一般年份,灌溉面积为3.3万公顷。发电方面,引滦入津工程竣工后,在坝后兴建天津市第一座水电站,装机容量5 000千瓦,1986年3月开工,1988年12月建成并网发电。截至2007年年底,累计发电2.93亿千瓦时。

纪 实

水库大坝横亘在凤凰山和翠屏山之间,将宝贵的引滦之水珍藏于水库之中,水库水源自然保护区被国家列为湿地。

清东陵景区

大坝右侧凤凰山林木茂盛,植被良好。凤凰山景色优美秀丽,因其形类凤似凰,故名凤凰山。康熙年间《蓟州志》记载:"窦家庄,城东凤凰山有旧址,乃周谏议大夫窦禹钧故居。又相传为赵普读书处。"赵普为宋朝宰相,其故居就在凤凰山下,现存有赵普读书台遗迹。1984年3月,共青团天津市委员会在此兴建"天津市红领巾凤凰山营地"。北侧有连接邦均

于桥水库

和喜峰口的邦喜公路。东三岔口有淋河自北汇入。淋河发源于河北兴隆县南部若呼山南麓，全长50千米，流域面积152平方千米，在龙门口处有一水库和水文站。淋河上游马兰峪西有清东陵，始建于清顺治十八年（1661年），是中国现存规模最大的帝王陵墓群，占地48平方千米，共有帝、后、妃陵寝14座，最为有名的为乾隆裕陵地宫、黄金贴饰的慈禧三殿和景陵双妃园寝，2000年被正式列入世界文化遗产名录，2001年成为国家AAAA级旅游景区。

大坝左侧是翠屏山，历史上翠屏山道教、佛教比较兴盛，山上除了有佛教寺院白云寺外，还有道教建筑东岳庙。

3.1.2.2 龙泉
(Longquan Spring)

位于天津市蓟县城东13千米穿芳峪村龙泉寺山下，东南流至大巨各庄村河合隅头泉水入**州河**。

历史上，龙泉右有龙泉园，属清同治年间（1862—1874年）驾前御史李观澜休退之所。李观澜又名李江，号龙泉居士，蓟县人，官至驾前御史，还乡后择泉拓荒建龙泉园，引泉水自流灌溉菜田，探求蚕桑种植之道，著有《龙泉园集》20卷。在龙泉东数十米，有清代户部尚书崇绮别墅，名"问泉园"。园有响泉，园周柴篱竹扉，园内奇花修竹，曲水通幽，雅趣横生。后由于战乱和天灾人祸影响，龙泉园和问泉园已不复存在。

20世纪60年代初，龙泉水面约700平方米，南流，经穿芳峪村与州河北岸的黑泉、黄泉会合，可灌溉水稻60公顷。1976年，穿芳峪村民利用龙泉水能源建起装机容量为20千瓦小型水力发电站，解决了200多农户照明和粮食加工的电力问题。1984年后，随着区域性地下水位持续下降，龙泉成为季节性泉流。

3.1.2.3 阳泉
(Yangquan Spring)

亦称公乐亭泉，位于天津市蓟县城西1.5千米，源出燕山余脉渔山南麓，汇集洗心泉、白马泉、红马泉、绿马泉等，在城东南入**州河**。

明万历十三年（1585年），尚宝司少卿徐贞明督治京畿水利，利用泉水种植水稻。清代诗人张晓村在《游公乐亭》中云："苍茫无极似江乡，稻垄连塘一味凉；无数柳荫圆似笠，临风谁唱小沧浪。"新中国成立后，当地农民开渠引泉自流灌溉，水稻

阳泉汇流出水口

种植面积达到130多公顷。自明代开始，以阳泉为主的众多泉流被引入蓟州城的护城河内，明《顺天府志》记载："护城河最宽河段十丈，最深三丈。"蓟州是军事重镇，军粮用量很大，明李贤在《新开运河记》中记载："大河诸卫，岁运粮二百六十余艘，直抵蓟州。"当时运粮船只均在城南码头靠岸，换乘小船沿护城河直抵北仓厫。

20世纪70年代末，因连年干旱，水流明显减弱，至1984年平均减少了50%。1983年引滦入津工程正式通水后，州河成为引滦河道，原以州河为水源的蓟县工农业用水全部采用地下水，造成地下水位呈区域性持续下降。1995年后成为季节性泉流。

3.1.3 还乡河
(Huanxiang River)

蓟运河支流，《水经注》称巨梁河，又称浭水、环香河，《燕山丛话》中记载："凡水皆东，此水独西，故谓还乡河"。发源于河北省迁西县黄山东麓，至天津市宁河县闫庄入蓟运河。

概 述

还乡河河长160千米，流域面积1 566平方千米，地处蓟运河流域东部，地势东北高西南低；上游为燕山余脉低山丘陵区，高程200～300米，中游为山前洪积冲积扇倾斜平原，下游为冲积低平原和洼地。

流域属暖温带半湿润大陆性季风气候区，多年平均年降水量686毫米，小定府庄以上多年平均年径流量1.69亿立方米，其中，**邱庄水库**以上多年平均年水资源总量0.97亿立方米。1966—2003年，入邱庄水库总沙量164.8万吨。

沿途接纳流域面积大于50平方千米的支流依次为淤泥河、牵马岭沟、铁厂小河、小河子、沙河、沙流河、双城河改道、小新河、津唐运河等。

流域洪涝灾害主要由河堤漫溢、决口或洼地沥涝造成。据历史资料统计，1472—1948年间共发生洪涝水灾117次，以中下游地区居多。清同治六年（1867年），"玉田春旱秋涝。丰润白官屯溃堤四十余丈。"1949年7—8月，流域连续20天阴雨，丰润三百户屯决口100米，常庄决口50米，玉田较大决口6处，鸦鸿桥右堤决口550米，丰润被洪水淹没土地3万公顷；玉田县积水面积90多平方千米，水深1～3米，自虹桥乘木船可抵天津。旱灾多为春旱、秋旱，明嘉靖三十九年（1560年），"丰润春涝秋旱，飞蝗蔽天，害稼大饥，人食野草。"民国36年（1947年），"丰润春旱。玉田春至夏无雨，麦苗枯萎秀而不实……因旱耕地受灾面积玉田、丰润80%"。1971年11月至1972年4月，仅降雨50毫米，河流、坑塘干枯，邱庄水库放空，地下水严重下降，受灾面积8.9万公顷，有2.2万公顷土地近于绝收。

上游山区板栗、安梨、核桃等经济林资源丰富，中下游平原农耕业发达，是国家级粮食生产基地。

明嘉靖四十五年（1566年），兴建水闸蓄水灌溉。清雍正四年（1726年），怡贤亲王允祥主理京畿水利，设营田四府，最先在滦州（现滦县）、玉田两地试办，疏浚圩岸，建闸开渠，垦田灌溉，引水种稻。1949年后，两岸大部分土地实现引水灌溉和井灌。

明清两代还乡河为漕运河道。明成化年间（1465—1487年），疏浚河道，兴筑双堤。《明史》中记载："丰润还乡河者，浚自成化间，运粟十余万石，以饷蓟州东路者。"清雍正年间（1723—1735年），为发展灌溉数次疏浚河道。1949年后，进行多次治理，1973年开挖还乡新河，取直河道；1977年全面恢复震毁河道工程，使丰润城区以下达到20年一遇行洪标准。

全流域建有邱庄水库（大型）1座、小型水库25座，总控制面积649平方千米，总库容2.3亿立方米；万亩以上灌区5处，有效灌溉面积1.22万公顷；防洪、排水、灌溉等大中型水闸16座；灌溉和排涝泵站27处，总流量188立方米每秒；蓄水橡胶坝1座。

1984年建成引滦入唐输水工程，全长52千米，由大黑汀水库向唐山市引水，其中部分利用还乡河道并穿过邱庄水库，年可供水3亿立方米。

纪　实

上游　还乡河发源于河北省迁西县黄山东麓，源头为迁西县新集镇泉庄—石方塘。西流，经新集、夹河、新庄子3乡改南流，在临河村折向西南，出迁西县。

干流在岩口入唐山市丰润区，经岩口乡，右岸柴家湾子村西北有淤泥河汇入。柴家湾子村北有建于1960年的还乡河水文第一站——岩口水文站。岩口至五凤头村段河道为引滦入唐渠道借用，长6.9千米。岩口村西南牵马岭沟南岸有著名的潘家峪惨案遗址，1995年被列为河北省爱国主义教育基地。1941年1月25日，日、伪军包围潘家峪，将全村男女老幼逼到潘家大院，进行了灭绝人寰的大屠杀，死难1 320人，生存者仅276人，制造了震惊中外的"潘家峪惨案"。

潘家峪惨案纪念馆

还乡河（岩口段）

干流西南流，至五凤头村，有铁厂小河汇入；折南流，于黄昏峪入邱庄水库。

寿峰寺

中游　出邱庄水库后南流，经左家坞镇、泉河头、罗文口出燕山山区。左家坞镇早在清嘉庆十年（1805年）就有酿酒的记载，"浭阳老酒""浭阳春"醇香浓厚，远近闻名。

南流至小韩庄，拐U形弯后折西南流，入丰润城区，下穿京哈公路大桥后西流，出城区。丰润是《红楼梦》作者曹雪芹的祖籍，城南有拔地而起、满山翠绿的孤峰，叫车轴山，原建于辽代、规模宏敞的寿峰寺现仅存无梁阁、药师灵塔、经幢和明万历年间的石刻，1982年被列为河北省文物保护单位。

净觉寺

出丰润城区后向西流，至老魏庄子节制闸；再至前七树庄村，有沙河汇入，折南流，下穿京秦铁路，至梁家套村折向西南，至白官屯。白官屯灌区位于左岸，实际灌溉面积5 700公顷，过白官屯闸向西出丰润区。

下游　在渠梁河村入玉田县，西流至蛮子营村东，有双城河改道汇入，折南流。右岸有"京东第一庙"之称的净觉寺，是国家级重点文物保护单位。玉田县唐代以前属无终县，通天元年（696年）武则天改无终县为玉田县。

入平原后，南流至小定府庄，右岸有蛮子营灌区，村南有小定府水文站，建于1977年。继续南流至李家选，折西南，在西牛各庄村南下穿京沈高速公路至鸦鸿桥镇，清朝陈豫明有诗云："赴海朝京漾漫长，鸦鸿桥下远泱泱，如何唤作还乡水，却送征人去异乡"。清代《医林改错》作者王清任就出生于还乡河左岸的鸦鸿桥镇河东村。

王清任画像

西南流，至大和平乡西轩湖甸，有大和平灌区，位于两岸，灌溉面积2 300公顷；再西南流，经窝洛沽镇至沈庄子，村西建有还乡河第一橡胶坝；再西南入潮洛窝乡，至小赵官营节制闸，再至九丈窝。九丈窝分洪闸位于右岸，是盛庄洼滞洪的分洪闸。盛庄洼滞洪面积11.5平方千米，设计蓄洪量0.26亿立方米。

继续南流出玉田县，在宁河县东丰台进入天津市，经东丰台；东南流，过韩家庄闸，于西魏甸村纳泥河；再南流至唐山市丰南区汉沽农场裴庄,有津唐运河汇入;转西南流,于阁庄入蓟运河。

3.1.3.1 邱庄水库
(Qiuzhuang Reservoir)

还乡河上游的大型水库,位于河北省唐山市丰润区与遵化市交界处,南距唐山市市区45千米。水库总库容2.04亿立方米,控制流域面积525平方千米;主要功能是防洪、城市供水和灌溉,同时为引滦入唐输水工程的组成部分。

概　　述

邱庄水库位于燕山余脉南部还乡河山口处,北、东、西三面群山环抱。坝址位于丰润区境内,附近为低山及丘陵地形。沿河两岸分布有河漫滩、一级阶地、二级阶地,坝址处河底高程49米,一级阶地高程51～52米,二级阶地高程52～55米。库区淹没范围内,地面大部分为第四纪松散沉积物,土壤以淋溶或石灰性褐土为主。上游土壤为山地棕色森林土、草甸褐土,土壤肥沃,植被较好,植被覆盖率30%～50%,山坡多为梯田。

邱庄水库

水库以上河系呈扇形分布,源短流急,从降雨到产生入库洪峰约9小时,且峰高腰瘦,快涨快落。若遇特大暴雨,则峰高量大,对水库防洪极为不利。水库多年平均淤积量6.64万吨,最大为31.2万吨(1975年),水质为Ⅱ类。

水库于1958年10月开工兴建,同年年底缓建,1959年11月复建,1960年8月竣工蓄水。水库建成初期,只有均质土坝与放水洞两项主体工程,坝顶高程73.5米,总库容1.56亿立方米。1964年增建临时溢洪道,1968年建成正式溢洪道,校核洪水标准达到500年一遇。1977—1985年实施扩建加固工程,对大坝进行混凝土墙垂直防渗处理及基岩、坝肩帷幕灌浆处理,大坝加高3.5米,校核洪水标准达到5 000年一遇,最大泄洪量为4 600立方米每秒,总库容达到2.04亿立方米。

水库工程由大坝、溢洪道、放水洞组成。大坝为混凝土防渗墙均质土坝,坝顶高程77米,顶宽7米,坝长926米,最大坝高28米,坝顶设1.2米高的钢筋混凝土防浪墙;溢洪道在大坝左岸,为岸边开敞式,堰顶高程61米,堰顶净宽40.5米,最大泄量4 348立方米每秒;放水洞位于坝下左侧,左与溢洪道毗邻,为沟埋式无压马蹄形钢筋混凝土结构,主洞长130米,设4.5米×4.6米弧形钢闸门,最大泄量252立方米每秒。

水库建成以来,防洪、供水效益显著。防洪方面水库调蓄洪水、消除了还乡河水患。1975年8月11—13日,水库以上流域平均降雨307毫米,最大入库洪峰流量1 340立方米每秒,控泄655立方米每秒,减淹面积215.24平方千米。1994年的洪水,入库洪峰流量1 206立方米每秒,控泄200立方米每秒,水库中下游地区均免受洪灾。1960—2003年,共拦蓄大于400立方米每秒的致灾洪水13次,其中大于1 000立方米每秒的洪水3次。供水方面,下游新建、扩建大型灌区5个,设计灌溉面积2.29万公顷,实灌面积1.33万公顷,累计向下游灌溉供水10亿立方米;1984年引滦入唐工程竣工后至2003年,累计向**陡河水库**调蓄供水30亿立方米,另外供丰润城区环境用水0.21亿立方米。唐山曹妃甸工业园区年引滦河水量近期0.98亿立方米,远期2亿立方米,经邱庄水库调节后由陡河水库供出。

建库后,第一批移民按50年一遇洪水搬迁,征地高程67.2米,移民迁建高程为69.0米,淹没面积10.9平方千米,淹没耕地933公顷;移民迁建18个村,2 467户,12 628人。

纪　　实

水库西侧有遵化市芦各寨村,这里发生过冀东八路军主力突围战。1942年2月19日,冀东军分区司令员李运昌率队转移到这一带,被来自唐山、玉田、丰润等地的日军1 000多人和4个团的伪治安军包围。八路军抢占有利地形,与敌人激战1天,消灭敌人300多人,趁夜突围,八路军牺牲28人。这次战斗粉碎了敌人宣传的冀东八路军已被消灭的谣言。尹庄子村南建有遵化市东风灌区渠首,东风灌区1979年建成,设计流量6立方米每秒,设计灌溉面积2 000公顷。渠首隧洞长6 600米,当库水位达到62米以上时,可自流引水。

库区三面峰峦环绕,旅游资源丰富。大坝西侧有蜿蜒巍峨的陈宫山,峰高壁险,东侧有雄浑壮阔的白云岭,飞青舞碧,樵径入云,北坡映对库区水面一侧,是500多米长、300多米

腰带山

高的陡壁悬崖。悬崖根基处为引滦入唐输水工程的大岭隧洞。再向东是冀东名山——腰带山,《丰润县志》中记载:"山腰有白石如带,望之隐隐如云气之横,每六月大雨,云没其下,山顶红日皎然,故口腰带也。"登山顶俯视,可见潘家口水库、大黑汀水库、陡河水库、邱庄水库,银光闪烁,横陈天际。山麓诸村,果树层层,果香四溢,是唐山旅游景区之一。北岸有休闲避暑胜地——月湖山庄,是花的海洋、绿的世界,有古朴舒适的房舍、新奇有趣的娱乐设施,令游人陶醉其中,乐而忘返。

二、潮 白 河
Chaobai River

3.2 潮白河
(Chaobai River)

海河水系支流，北三河之一。上有两源，一为**潮河**，一为**白河**，两河于北京市密云县河漕村汇流后始称潮白河，干流河长217千米，在天津市宁河县宁车沽与永定新河汇流后入渤海。位于东经115°25′～117°45′，北纬39°10′～41°40′，地跨北京、河北、天津3省市。

概　述

流域范围　若以白河为源，潮白河河长467千米，流域面积19 354平方千米。西界北运河，北倚蒙古高原，东界蓟运河，南临渤海。地跨河北丰宁、赤城，北京密云、怀柔、顺义、通州、延庆，河北三河、大厂、香河，天津宝坻、宁河、滨海新区塘沽等县（区）。

地质地貌　流域内，白河、潮河位于燕山山脉和军都山脉的群山之中，山高、坡陡、流急，地面高程在100～1 500米，其中著名的高峰大海坨海拔2 234米、雾灵山海拔2 116米。山区面积16 810平方千米，占总流域面积的87%。干流经山前冲积扇进入华北大平原，总体地势由西北向东南倾斜，地面高程由60米左右降低至海平面，河道纵坡由山前的1/500～1/700逐渐变缓到1/4 500（出北京市界处）。

山区出露的地层岩性主要为侏罗纪的火山-沉积岩和密云群的变质岩，其中以凝灰岩、安山岩、片麻岩为主。平原地区大部分为第四系冲积、洪积地层，厚度由30～100米以上不等，表土有黏土、壤土和沙壤土，下有1～3层厚度不等沙层和沙砾石层，地下水含量比较丰富。

气候水文　流域具有大陆性季风气候特点，寒暑交替，四季分明。冬季盛行偏北风，多风少雨，干燥寒冷；春、秋季为南北风向转换季节；夏季盛行东南风，炎热多雨。无霜期山区短，平原长，在海拔1 000～2 000米的山区为120～160天，平原区为190天左右。多年平均年降水量610毫米。年内分配上很不均匀，6—9月降雨约占全年的85%；年际上变化很悬殊，最大为1 100毫米（1959年），最小为290毫米（1965年），且存在着连丰、连枯现象，一般为2～3年，最长可达6～9年。

多年平均年径流量约16亿立方米（1950—1990年），最大年径流量为60亿立方米（1939年），最小为0.97亿立方米（2000年）。赶水坝水文站采集水样进行化验分析表明，1996—2000年水质为超Ⅴ类。由苏庄水文站检测推算，多年平均年输沙量为560吨。赶水坝水文站1962—1979年实测资料统计分析表明，多年平均年过境径流总量为5.24亿立方米。

水系　上游为潮河、白河两大支流，分别发源于河北省丰宁县和沽源县。潮河、白河于密云县河漕村东汇合后称潮白河，流经北京市东部密云、怀柔、顺义、通州四区县，沿途纳入小东河、怀河、城北减河、南彩排洪沟、箭杆河、运潮减河等支流，自通州大沙务村东出境后称潮白新河，经河北省香河

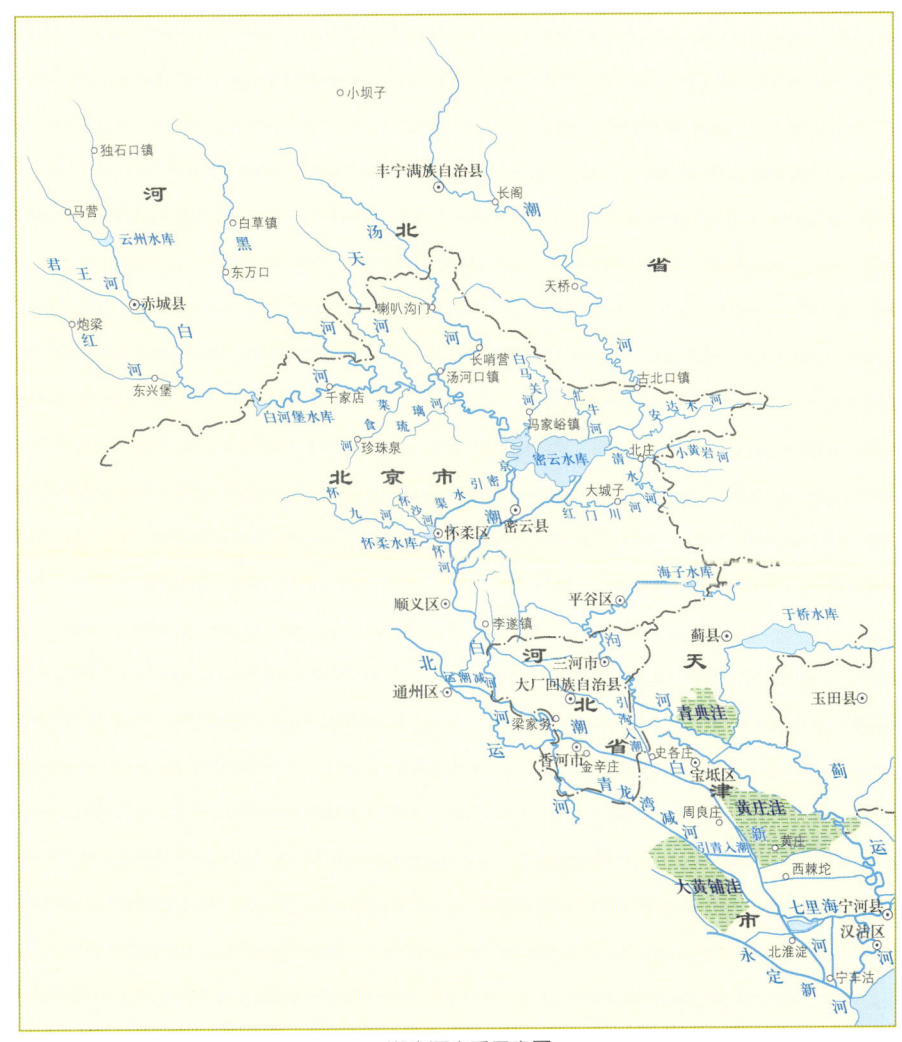

潮白河水系示意图

县、天津市宝坻区，在八台港分洪入黄庄洼滞洪，经里自沽闸调蓄后下泄，至宁车沽入永定新河，然后在北塘入渤海。

水旱灾害 水灾是本流域的主要自然灾害，以河道漫溢决口为主，历时长，淹没面积广。由于河道主流摆动大，素有"三年河东，三年河西"之说，经常造成两岸冲淤和严重塌岸现象，以致决口漫溢，给沿河村庄和耕地带来巨大危害。1368—1948年间，共发生49次较大洪灾。历史上的大洪水年有1648、1801、1890、1912、1937、1939年，历史洪水调查的最大洪峰流量为10 000立方米每秒。1912年，顺义县李遂镇决口，潮白河改道入蓟运河；1939年，洪水冲毁苏庄枢纽闸，又窜入蓟运河；1946年，左堤香河县打卜户漫溢决口；1949年8月，苏庄站最大洪峰流量为5 470立方米每秒，右堤香河县马家窝发生漫溢决口。1949—1990年，平原地区共发生涝灾28次，其中重灾8次、轻灾20次。

历史上旱灾频繁，1949年前的580年间较大的旱灾发生过407次。明万历十四年（1586年）大旱。清乾隆九年（1744年）夏旱不雨，嘉庆七年至九年（1802—1804年）、光绪三年（1877年）、光绪二十六年（1900年）大旱如焚，禾苗多枯死。1949—1990年，旱年有18年，占42.9%。其中，有5个较大旱灾年，为1972、1980、1981、1982和1989年。1972年为历史罕见大旱年，旱情持续至7月下旬，由于春夏连旱，潮白河下游干涸，大田不能播种，水稻不能插秧。

治理开发 元、明、清时期，潮白河洪水总是溃堤东流，天津以北地区经常发生洪涝灾害。清康熙五十年（1711年），开挖筐儿港减河分泄洪水。民国5年（1916年），对潮白河进行整治，称箭杆河整治工程，拓宽深挖原鲍丘河，更名为潮白新河或北新河。民国6年（1617年）大汛，蓟运河不能宣泄潮白新河洪水，堤内村庄受淹严重，民众扒开新堤泄水自救，海河工程局在河道决口处修建的滚水坝被彻底冲毁。潮白河的行洪状况一直延续到1949年。新中国成立后，对潮白河进行了彻底治理，兴建了水库、闸坝，整治了河道，发展了灌溉。

1. 河道整治。1949年以前，北京段无左堤，自顺义河南村至通县大沙务尚存48千米断续的右堤，残破坍塌。20世纪50—70年代，陆续对右堤进行了新筑、加高、加厚，达到50年一遇洪水标准。1950年，开挖潮白河，西起河北省香河县焦康庄，东止天津市宝坻县八台港，全长36.50千米。其中，左堤自香河县焦康庄起至宝坻县丁家睦止，堤长39.77千米；右堤自香河县焦康庄起至宝坻县八台港止，堤长36.62千米。两堤间距420~1 010米，堤顶高程13.65~6.83米，堤顶宽5米，设计行洪能力2 100立方米每秒。上游洪水由入北运河、箭杆河改线入黄庄洼、七里海而后入渤海。1953年，开挖导流河，上自八台港接潮白新河，下至东塘坨汇青龙湾减河后入海，总长40.4千米，但仍是尾闾不畅。1964年，在通州区分洪闸到宋庄镇东堡村之间开挖了运潮减河，全长11.5千米，设计分洪流量600立方米每秒。1971—1972年，按20年一遇标准疏浚了吴村闸至入海口99.2千米的潮白新河道，并加固了堤防。河北廊坊段目前筑有堤防67.4千米，其中左堤长47.1千米（三河白庙桥至香河荣各庄），右堤长20.3千米（香河郭辛庄至荣各庄）。

1991年3月以来，根据1990年北京市政府批准的《开发利用潮白河规划方案》和《潮白河水系综合整治规划》，逐年进行挖河、筑堤、建橡胶坝、修堤顶路和沿河的绿化美化等工程。截止到2006年末，北京市界内左、右堤均达到50年一遇洪水标准，堤顶超高0.5~1.5米，两岸堤防按路堤结合铺筑为柏油路，达到Ⅱ~Ⅲ级公路标准，顶宽9~12米；河槽绝大部分经过疏挖平整，行洪通畅；河上修建了汇合口、牛栏山、河南村、柳各庄、沮沟、白庙、苏庄、兴各庄和于辛庄9座橡胶坝，总库容4 795万立方米，用以拦截河道基流、回补地下水、发展灌溉和改善环境；按照城市内河标准，对牛栏山至河南村12千米河道进行了新的治理，修筑微地形堤，进行生态护坡和绿化植树，左岸堤防标准由20年一遇提高到50年一遇。

同期，河北和天津两省市对河道进行了整治、加筑了堤防、建设了蓄滞洪区。

2. 水库兴建。流域内，建有3座大型水库，分别是**云州水库**、**密云水库**和**怀柔水库**，总库容46.21亿立方米；建有7座中型水库，分别是**白河**上的**白河堡水库**、雁栖河上的北台上水库、**沙河**上的大水峪水库、红门川河上的沙厂水库、**牤牛河**上的半城子水库、安达木河上的遥桥峪水库及七里海平原水库，总库容2.44亿立方米；建有50多座小型水库，总库容3 000多万立方米。

3. 闸坝兴建。1962—1965年，兴建续建吴村闸枢纽工程，设计流量1 847立方米每秒，校核流量2 365立方米每秒；兴建牛牧屯引水闸，设计流量105立方米每秒。1984年，建成向阳闸并投入使用，设有平板钢闸门23孔，闸桥结合，总长259.6米，设计洪水标准为50年一遇，1 000年一遇洪水校核，蓄水量824万立方米。下游兴建主要闸涵12座，分别为：官庄放淤闸、黄庄洼退水闸、南干渠涵洞闸、黄庄洼分洪闸、大刘坡引涵闸、东刘涵洞闸、张老仁闸、东白闸、俵口闸、乐善船闸、东塘坨闸、淮淀闸，河道上下游还建有橡胶坝多座。

黄庄洼分洪闸

4. 灌区建设。河北省廊坊市于1950年后开始大力发展农田水利。1958年，三河市开工建设引潮灌渠，经过4次较大的改建和扩建，有效灌溉面积达2.6万公顷；大厂谭台灌区始建于1957年，有效灌溉面积为0.85万公顷。香河县1961年始建潮南灌区，有效灌溉面积1.74万公顷，1963年始建潮北灌区，有效灌溉面积0.67万公顷。同期，北京和天津两市分别沿河兴建灌区，引水溉田。

纪　实

上游（河漕村—苏庄） 潮河与白河在北京密云县河漕村汇合成为潮白河。密云县城坐落在汇合口东北约2千米处。汇合口处建有1座橡胶坝，坝上蓄水成湖，湖水伸向潮河、白河。2008年，密云县城被建设部命名为"国家园林县城"，被国家环境保护部命名为"国家生态县"。

西南行，经怀柔城东南流，至顺义区史家口有怀河从右岸汇入。怀河上建有1座大型水库，即怀柔水库。

继续西南行，至顺义区牛栏山镇向阳村附近的向阳闸。向阳闸为钢筋混凝土结构，设有23孔平板钢闸门，闸门宽10米，高3.5米。闭闸可拦蓄824万立方米的水量，启闸可宣泄洪峰流量2 900立方米每秒。闸上游蓄水成湖，水面呈长条形，长2.5千米，宽数百米，湖中水鸟群聚，两侧树木葱郁。右岸建有"引潮入城"工程，水源取自闸上湖泊和水源井；左岸建有北京市水源八厂，由沿河布设的37眼深井中取水。紧邻向阳闸湖的东侧有著名的奥林匹克水上公园，为2008年北京奥运会水上比赛场馆。

向阳闸库区

转而南行，紧依顺义城东侧流过。在顺义城北侧，有城北减河汇入。城北减河原是小中河向潮白河分洪的河道，如今还担负着输水的任务，每年将千万立方米**温榆河**水输送到潮白河。在顺义城东南部，河南村橡胶坝横亘在河床上。橡胶坝1995年建成，高3.5米，长300米，是当时我国规模最大的一座橡胶坝。由于有温榆河水的补充和河南村橡胶坝的拦蓄，12千米长的河道才有了浩渺的水面。

过顺义城后转东南行，至李遂镇苏庄村附近，有苏庄闸遗址。此处是潮白河一段历史的见证，潮白河曾是北运河的重要源流，通过今中坝河（潮白河故道）向北运河补水。1912年汛期，潮白河在顺义县李遂村决口，夺箭杆河南下，翌年修复，汛期又决。1916年建木闸拦水，翌年被冲毁。1925年，建成钢筋混凝土拦河闸和向北运河供水的进水闸。拦河闸30孔，进水闸10孔，孔宽皆10米，1939年再度被冲毁。从此，潮白河中断了与北运河的联系，形成当今的走向。今进水闸遗迹仍在，而拦河闸已荡然无存。遗址上游100米处建有苏庄橡胶坝。

中游（苏庄—吴村闸） 苏庄至香河吴村闸长51千米，右岸东堡村附近有起源于通州区北关的运潮减河汇入。自三河市

河南村橡胶坝

北杨庄村入河北廊坊市，南下经三河市高楼镇，镇北杨庄有建于1958年的引潮干渠。三河市旅游资源丰富，出现过历史名人彭朋和以长篇小说《艳阳天》《金光大道》《苍生》等而闻名的作家浩然，著名旅游景点大掠马白果树，相传当年李世民安营扎寨、插马鞭于此，马鞭次日变成白果树，此树历经1 300年风雨仍枝繁叶茂，生机勃勃。

在兴都村南折向东流入大厂回族自治县，经谭台、西关、宋各庄等村，在定福庄南出县境。大厂回族自治县始建于1955年，盛产棉花、玉米、豆类和各种蔬菜，被农业部命名为

三河市大掠马白果树

全国无公害种植基地县，是我国北方最大的商品牛羊肉集散地。在谭台有谭台灌区，引水能力15立方米每秒，控制灌溉面积1万公顷，有效灌溉面积0.85万公顷。

流至岭子村北入香河市，经蒋辛屯、淑阳、钱旺、安头屯、渠口5个乡镇，于渠口镇荣各庄村南入天津宝坻区。香河市位于有京津走廊之称的廊坊市的北部，因昔日遍种莲

香河天下第一城

荷、香气馥郁而得名。香河市在安平镇修建了"天下第一城"，是一座外仿明清时期都城北京风貌、内集古今文化精华的仿古建筑，占地面积为133万平方米，为国家AAAA级景区，总投资37亿元，多次承办大型国际或区域性会议。香河家具城距北京市45千米，面积120万平方米，为北方最大的家具销售集散地。香河市赶水坝村建有潮白河控制站——赶水坝水文站，于1923年5月设立，属国家一类站，控制流域面积1.82万平方千米。

下游（吴村闸—宁车沽） 自香河市吴村闸下至滨海新区塘沽宁车沽，此段潮白河又名潮白新河。自史各庄镇张贾庄入宝坻区，在区境中部由西向东转向东南斜穿而过，流经史各庄镇、新开口镇、城关镇、马家店镇、郝各庄镇、口东镇、周良庄镇、黄庄乡、大白庄镇、大唐庄镇，由大唐庄镇东杜庄东南

潮白河（北京顺义段）

入宁河县。大套桥位于城关镇大套村西南、潮白新河与津围公路相交处，建于1971年，是津围公路上的重要桥梁，1989年上半年对大套桥进行改造，7月正式通车。

大套桥北1.5千米是宝坻城区。宝坻初建于金代，经明弘治年间（1488—1505年）改建，成为京东大地上的一座名城重镇。城区有保护完好的辽代始建的石幢金顶、广济寺、大觉寺"罗汉堂"等一批古建筑。石幢金顶又称石经幢、石幢，位于旧县城中心十字路口处，也是县城地势最高点，为

宝坻石幢

辽开泰时（1012—1020年）建，清康熙十八年（1679年）地震倒塌后重修，石幢高11米，通体石筑，由八面体的幢座、幢身、宝盖组成。广济寺位于城内西街，俗称西大寺，建于辽统和二十三年至太平五年（1005—1025年），由天王门、钟楼、鼓楼、东西配房和三大士殿等建筑组成。这处重要的辽代大型木结构建筑于1947年被拆除，2005年9月对大寺进行仿古复建。大觉寺位于县城东街（原城关高中院内），俗称东大寺，为辽重熙时（1032—1054年）建，由弥陀殿、十方院、两廊、藏经阁、钟鼓楼等组成，今仅存罗汉堂和10间配房，为

宝坻区广济寺

木结构青灰瓦顶，梁架木柱系明代所立，其他部分为清代重造，1986年又进行过一次简易修缮。

向东流入口东镇，在镇内转而流向东南。镇内左岸有距今2 000余年的秦城遗址，位于宝坻城区南4.5千米，南临潮白新河，西距津蓟铁路约0.5千米，东西北三面均为洼地，相传为秦始皇灭燕国时所筑，因城筑于秦代而得名，又传唐太宗东征时曾在此驻跸，为天津市文物保护单位。明清时，此处绿柳成荫，列为"宝坻八景"之一，明称"秦城烟树"，清改"秦城烟柳"。右岸周良庄镇地热资源丰富，并已被开发利用，是休闲的好处所。

下行，先入黄庄乡、大白庄镇、大唐庄镇。自20世纪80年代后期始，黄庄洼近6 667公顷荒地被改造成稻田，同时栽藕养鱼，改造后的黄庄洼在不同时令，或见原野千层稻浪，泛起闪闪金光，或见满塘芙蕖，亭亭玉立，且有萍浮水面，鱼游浅底，特别是收获季节，稻香四溢，藕壮鱼肥。黄庄洼的田野风光被称为"黄洼稻香"。

里自沽蓄水闸

里自沽蓄水闸位于潮白新河与引青入潮汇合口下游1 300米、梅丰公路大刘坡桥下游350米处，是新河中游最重要的蓄水闸。1978年7月建成，地上建筑主体部分主要有闸室、交通桥和丁字堤，三者浑然一体，蓄水位7.0米，蓄水量9 116万立方米。该闸可保黄庄洼、里自沽洼2万公顷农田的灌溉用水。

在大唐庄东杜村出宝坻区，入宁河县。经俵口乡穿七里海，"五四"运动时期天津青年学生运动的领导人之一于方舟故居坐落在俵口乡解放村北头，唐山大地震后按

宁车沽闸

原样修缮，1991年8月被列为天津市重点文物保护单位。

过于家岭桥入滨海新区塘沽，沿堤建有泵站6座、进水涵闸2座、宁车沽漫水桥1座、尾闾防潮闸1座。

至宁车沽防潮闸下，入永定新河，至北塘入渤海。

3.2.1　白河
(Baihe River)

*潮白河*两源之一，古称沽水、潞水、渔水、白屿河，宋辽时期因河水中带有大量白沙改称白河。发源于河北省沽源县东房子乡九龙泉，于北京市密云县城西南河漕村东与*潮河*汇流形成潮白河。位于东经115°25′～116°50′、北纬40°20′～41°23′，地跨河北省沽源、赤城、丰宁和北京市延庆、怀柔、密云等县（区）。

白河山峡

概　　述

白河河长250千米，流域面积9 100平方千米。地处冀山地燕山西支余脉的群山中，地势西北高、东南低，源头海拔1 300米，平均海拔约为1 000米，属温带半干旱、半湿润大陆性季风气候区，具有垂直分布和水平分布的气候特点。夏季凉爽短促，冬季寒冷干燥，全年风多雨少。多年平均气温5.7摄氏度，极端最低气温-25.7摄氏度，最高气温36.6摄氏度。平均无霜期120天。

1956—2003年实测结果表明，多年平均年降水量454.8毫米，6—9月降水量占全年的70%～80%。年际变化大，最

白河（河北赤城县段）

大与最小年降雨量比值为 1.9；多年平均年径流量 1.93 亿立方米，最大为 6.21 亿立方米，最小为 0.74 亿立方米；多年平均地表水资源量 1.93 亿立方米，地下水资源量 1.91 亿立方米，河川基流 1.59 亿立方米，水资源总量 2.25 亿立方米；水质为Ⅲ类，年输沙量 50.6 万吨。张家坟水文站 1960—2005 年观测资料统计分析表明，入密云水库的沙量为 4 890 万立方米，水库水质保持在Ⅱ类。

沿途接纳大小支流 20 余条，流域面积大于 1 000 平方千米的支流有红河、**黑河**和**汤河**。

流域既易干旱又易遇山洪灾害。历史上有"二麦无收""民大饥""民饥人相食"的记载。1949—1990 年，全流域大面积春旱和夏季卡脖旱发生 20 次。1986 年 7—8 月，降雨量不足常年同期雨量的 1/3，粮食平均产量 600 千克每公顷，相当于一般正常年景的 26%。山洪灾害频繁而严重，1939 年夏，赤城连续阴雨 40 天，洪水冲坏东大桥，冲毁东北城角、城壕，大部分民房倾倒，水冲庄稼 133.33 余公顷；独石口村内水深三尺，百亩菜园、千亩庄稼被淹。1958 年 7 月 10 日，白河洪峰流量达 522 立方米每秒，水冲耕地 431.2 公顷，冲毁水利工程 230 处，倒塌房屋 23 间，整个流域受灾严重。

上游山区珍稀山野菜、榛子等自然资源丰富；中下游土层深厚，水源较充足，耕种作物以蔬菜、谷子、玉米为主。近年为保障向北京供水，在下游实施"退稻还旱"，改种玉米。汤泉河支流旅游业发展迅速，红河支流蕴含丰富的矿藏。

历史上，流域多有开渠筑坝引水灌田工程。清宣统三年（1911 年），赤城农民从奶奶嵯沿汤泉河南岸建成后阳沟渠，长 1.5 千米，宽 3 米，深 60 厘米，灌溉面积 13.33 公顷。民国 4—30 年（1915—1941 年），赤城县在干支流沿岸开渠 19 条，灌溉面积达 700 公顷。延庆县和怀柔县也得早在河滩上开渠引水淤灌水稻的记载。

1949 年后，对流域水利、水能资源进行了大规模的开发利用。上游兴建水库，中下游沿河筑坝，裁弯取直，清理和整治河滩，使河道防洪标准达到 5～20 年一遇，基本控制了一般洪水灾害。1999 年，又重点对汤泉河进行整治，加固河堤 4 287 米，堤高 2.1 米，防洪标准可达 20 年一遇。目前，全流域建有大型水库 2 座，分别是**密云水库**、**云州水库**，总库容 44.77 亿立方米；延庆县**白河堡水库**为中型水库，先后为官厅水库、十三陵水库和密云水库补水，灌溉农田曾达 2.16 万公顷；有小型水库 16 座；有水电站 6 座，总装机容量 4 780 千瓦（北京市）；有梯级水电站 4 座，总装机容量 2 825 千瓦（河北省）。同时，流域灌溉事业有了较大发展，先后建成云州灌区（有效灌溉面积 8 000 公顷）、青罗口渠、裕民渠等灌溉工程，井灌工程也得到相应发展，大部分土地实现了引水、井水灌溉，同时扬水、喷灌工程也在发展农业生产方面起着积极的作用。

近年来，随着首都水资源 21 世纪初期工程和京津风沙源治理工程的实施，流域综合治理开发加快，两类工程分别投资 6 672 万元和 2 294 万元，治理面积达 331.31 平方千米，有效地防治了水土流失，涵养了水源，改善了生态环境，输入白河堡水库的水量逐年增加。

纪　　实

白河发源于河北沽源县东房子乡九龙泉，南流至独石口乡北栅子村入赤城县。再南流，过独石口，行 20 余千米入云州水库，马营河于库区西北方汇入。

白河源

云州水库处有舍身崖，崖半腰凿石架木为观音阁，阁旁雕有舍身大士像。传说明正统十四年（1449 年），瓦剌军进犯北京，仓上堡驻军千户田坤率众抵抗战死，其女儿为国恨家仇继续迎战，终因寡不敌众，最后跳崖捐躯，后人在山崖半腰筑观音阁，书"舍身大士"四字。

出水库东南流，过云州镇、金家寨，至赤城镇。赤城镇为赤城县人民政府驻地。至赤城镇东右纳汤泉河。汤泉河河长 36 千米，流域面积 329 平方千米。再东南流，至样田镇。

过样田镇东南流至雕鹗镇隔河寨，有红河从右岸汇入。红河发源于龙关镇西大龙堂村，因区域赤铁矿遍布，故称红河，河长 47 千米，流域面积 1 124 平方千米。附近有大海陀山，东侧的石头堡村西有黑龙潭，远望流水如丝如带，碧峰垂练，近看飞珠泼玉，水声悠扬。

延庆百里画廊

过隔河寨后曲折东流，经台家湾、后城镇至河东村南入北京市延庆县白河堡水库。

过水库后继续东流，入延庆县境内峡谷段，山崖对立，一水中流，村庄散布，田畴井然，有"百里画廊"之称。区内有延庆硅化木国家地质公园，有产于1.4亿～1.8亿年前裸露于地面的硅化木57株，纹理清晰，质地坚硬，年轮可辨。行至菜木沟村附近，有黑河从左岸汇入。

下行至怀柔区汤河口镇，有汤河从左岸汇入。转而东南行进入峡谷，山崖陡峭，蜿蜒曲折，河水清澈，长年不断，水能丰富。南望可见云蒙山。云蒙山古称云梦山，主峰海拔1414米，山势突兀耸拔，沟谷切割幽深，奇峰异石多姿，飞瀑流泉遍布，云雾变幻莫测，林木花草馥郁，自然风景优美，是著名的风景区，也是国家级森林公园。白河大峡谷有清凉谷、千尺珍珠瀑等景点。

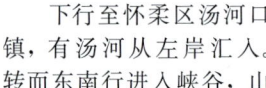
延庆硅化木

云蒙山森林公园

白河（北京段）

东流，过张家坟水文站，于石城附近入密云水库。水库下游7千米的白河河床彻底被人工渠化，断面整齐划一，两岸块石砌筑，河底防渗处理，并修建了7座橡胶坝梯级蓄水，水面绵延数里，沿河植柳栽花，成为密云县城西侧的一道靓丽的风景线。

下行，至密云县城西南河漕村东与*潮河*汇流形成潮白河。

3.2.1.1　云州水库
(Yunzhou Reservoir)

*白河*上的大型水库，位于河北省赤城县城以北20千米云州乡舍身崖山峡处。总库容1.02亿立方米，控制流域面积1170平方千米，具有防洪、灌溉、供水等功能。

概　述

坝址区两岸山坡均为裸露岩体，十分陡峻。河床为U形山谷，宽80～100米。坝基河床主要为砂卵石层，最大厚度19.5米。库区地处燕山背风区，多年平均年降水量421.5毫米，汛期降水量占全年的80%以上。水库水质一直保持在Ⅱ～Ⅲ类。20世纪80年代以前，实测入库沙量最高年份为50万立方米，到20世纪90年代末年入库沙量达到100万立方米。2000年后，陆续治理上游水土流失面积221.31平方千米，减少了入库泥沙量。

水库于1958年开工，1961年停建，1969年复建，1972年10月完成主体工程，投入运行。1974年增开临时非常溢洪道，1978和1987年改建泄洪洞，1986年增设非常溢洪道挡水埝，1993—1995年进行了坝基防渗处理、输水发电洞减糙衬砌，并将非常溢洪道挡水埝扩建为副坝。1998年1月，张北、尚义县发生6.2级地震，水库建筑物受到不同程度的损坏，当年进行了主坝上下游坝坡修复和发电输水洞交通桥改建，达到现状规模。防洪标准为100年一遇洪水设计，2000年一遇洪水校核。

枢纽由大坝、副坝、泄洪洞、输水发电洞、电站组成。大坝为均质土坝，顶长183.4米，最大坝高43.15米，顶宽7.5米，顶高程1041.22米（黄海高程，本条下同），坝顶有宽0.5米、高1.1米防浪墙及照明设施；副坝为均质土坝，位于主坝右侧古河道上，长29米，坝高6.49米，宽3.0米，顶高程1040.16米；泄洪洞位于大坝左岸，为圆形有压隧洞，长412.9米，洞径8.0米，最大泄量726立方米每秒；输水发电洞位于大坝右岸，为圆形有压隧洞，长195.7米，洞径3米，最大输水能力75立方米每秒；电站为坝后式，装机容量为3×400千瓦。

水库建成后，截至2004年提供灌溉水18亿立方米，发电4000万千瓦时，产鱼2000吨，还为北京市供水2.6亿立方米；拦蓄300～1000立方米每秒的致灾洪水40多次，保护了水库下游的交通道路、军事设施、10万人口、1.33万公顷农田。

纪　实

流域内山峦起伏，东部最高峰海拔2210米，西部最高峰海拔2100米。库区是平坦肥沃的河滩耕地。水库建成后，淹没耕地242.2公顷，后靠迁移村庄2个、人口1215人。1973年后，库区沿岸栽种松柏树60余公顷、杨柳树30余公顷和观赏树木与花卉等3公顷，形成了山清水秀的自然风光。

云州水库

库区水面宽阔，北依浩瀚的坝上草原。水库坝址处在《水经注》中称独固门，唐代称龙门崖，清代称龙门峡，俗称舍身崖，崖高145米，坐东朝西，为完整花岗岩体，与对岸山峰并称二虎山，双峰对峙，壁立如门。白河及古驿道从此经过，是出塞必经要道。崖上现存"三路咽喉"等元明石刻数十品，其中由明巡按直隶监察御史孙愈贤题刻的"朔方屏障"四个大字，阔如屋宇，遒劲有力。舍身崖长500米，有建于明成化年间（1465—1487年）的古刹护国寺坐落在绿树丛荫之间。舍身崖西南5000米的金阁山下有灵真观，为南宋淳祐十年（1250年）邱处机四传弟子祁志诚行道处，时名云溪观。祁志诚苦修10载，誉盖朝野，后被尊为全真教大宗师，观内现存祁真人道行碑。

3.2.1.2　赤城温泉
(Chicheng Hot Spring)

又称汤泉，出露于河北赤城县城西7.5千米的苍山幽谷中，位于汤泉河南岸，泉水汇入汤泉河。

由于受中生代造山运动的影响，刚形成的燕山山脉基岩造成许多复杂的皱褶和断裂，温泉恰恰处于南北、东西断裂层的交汇部位，经断层长期发育，构成了地下水与地壳深部热源相接触的良好通道。长期受到岩浆高温高压作用，岩层中各种微量元素逐渐溶于水中，形成高温矿泉水，在构造与地形的控制作用下，沿导水通道上涌，形成温泉。

温泉分总泉、胃泉、眼泉、平泉、气管炎泉及冷泉等。

总泉又称滚池，位于咏归亭下，流量0.58立方米每分钟，水温68摄氏度，总碱度为4.9，酸度为8.0，含有钠、钾、钙、镁、铁、锂、碳酸氢根、氟、碘、氡等30多种化学物质和放射性元素。经数百年的治疗实践和近年来的科研成果证明，滚池水对风湿性、类风湿性等疾病以及神经系统、消化系统、循环系统疾病（如：脑外伤后遗症、末梢神经炎、慢性胃炎、胆囊炎、早期高血压、血栓性静脉炎等）有一定疗效。

胃泉位于总泉南30米处，流量0.08立方米每分钟，水温58摄氏度，总碱度为4.9，酸度为7.8，碳酸氢根和硫酸根含量较高，对消化系统疾病（如：慢性胃炎、肠炎、胆囊炎、慢性结肠炎、溃疡病、肠胃功能紊乱等）有独特疗效。

眼泉位于南山坡明目亭下，流量0.08立方米每分钟，水温37摄氏度，总碱度5.8，酸度8.0，钙、镁、铁、镭、氡等元素的含量高于总泉和胃泉水，对各种炎有一定疗效。

平泉位于总泉南60米处，流量0.05立方米每分钟，水温36摄氏度，总碱度5.1，酸度7.8，是所有泉眼中含微量元素最高的一处温泉，钠、镁、碳酸氢根、硫酸根、铀、氡等元素的含量尤其高。

气管炎泉位于总泉西南120米处，流量较小，总碱度4.5，酸度7.6，镁、铁、锌、溴、氡和铀等元素的含量较高。实践证明，口服、鼻嗅或浴疗对治疗呼吸系统疾病（如：慢性支气管炎、轻度肺气肿和支气管哮喘）有明显作用。

此外，还有冷泉，有待于开发利用。

温泉已有近2 000年的可考历史，郦道元的《水经注》中就有"渔阳之北有汤泉，去燕京三百里"的记载。四周古迹众多，景色壮美。咏归亭建在总泉泉台上。《明一统志》中记载："正统四年（1439年）因旧重建，亭在泉上"。亭顶为六角攒尖式，正面柱上雕刻楹联"昔日曾驻仁皇帝，关外真推水状元。"笔力雄健，韵胜意切。碧霞祠坐落在温泉山上，始建于明初，历朝皆有重修，为单檐歇山顶建筑，四周有廊柱环立，碧霞元君（俗称泰山奶奶）圣台上居中而坐，左为眼光娘娘，右为送子娘娘。半山腰有水母庙，彩塑水母容貌端庄，面目慈祥，一手高擎火珠，一手倾倒宝瓶，将神水洒向人间。瑞云寺在泉左百步之地，宝殿内中奉释迦佛、文殊、普贤菩萨，壁绘十八罗汉和观音大士幻化之态，终日香烟袅袅，钟磬和鸣。

温泉所在的赤城县位于燕山余脉向内蒙古草原过渡地带，有"首都北大门"和"北京后花园"之称。古人诗云："幽燕悬空第一峰，缥缈云霞连赤城，泉清水奇峰亦险，万年胜景环神京"，真实写照了赤城山势巍峨、云雾蒸腾、古道曲迥、古刹清幽、山水秀丽的壮美景色。

明万历六年（1578年），直隶监察御史黄应苏立碑，誉之为"关外第一泉"。清康熙十一年（1672年）正月，圣祖（玄烨）驻跸50多天，陪其祖母洗浴治疗眼疾，题写"洗心"两字镌刻于石碑，字大如斗，至今尚在。抗日名将佟麟阁、吉鸿昌曾先后光临此地，留下"妙浴"和"洗耻"石刻，现"洗耻"两字清晰如初。

20世纪70年代初，在这里建起了温泉疗养院。1990年，温泉宾馆大楼拔地而起，依山傍水，设备先进。1996年后，先后建成9家宾馆，占地5万多平方米。

3.2.1.3 白河堡水库
(Baihepu Reservoir)

白河中游的中型水库，位于北京市延庆县白河堡乡境内，距延庆县城东北约30千米，总库容9 060万立方米，控制流域面积4 170平方千米，主要功能为防洪、供水、灌溉。

概　述

坝址位于延庆县白河堡村东约2千米的峡口处。库区位于燕山山脉军都山山系的白河河谷，出露岩石为凝灰质角砾岩和砂岩。白河属常年有水的山区性河道，河床为卵砾石和大漂石。属温带半干旱、半湿润大陆性季风气候，多年（1957—2000年）平均年降水量477毫米。

水库以上白河干流上建有**云州水库**。云州水库至白河堡水库区间流域面积2 657平方千米。1957—2000年，多年平均年径流量1.88亿立方米，多年平均年输沙量99.1万吨。水库水质为Ⅰ类。

水库于1970年9月动工，1983年7月竣工。防洪能力按100年一遇洪水设计，1 000年一遇洪水校核。

枢纽由大坝、溢洪道、导流隧洞、泄洪隧洞和输水隧洞组成。大坝为黏土斜墙土坝，长300米，最大坝高42.1米，坝顶高程602.1米；溢洪道1条，最大泄洪量3 897立方米每秒；导流隧洞1条，最大导流量30立方米每秒，兼作向**密云水库**输水洞；泄洪隧洞1条，最大泄量157立方米每秒；输水隧洞长7 110米，最大输水量20立方米每秒。

水库功能最初确定为向**官厅水库**补水和农业灌溉，后增加向**十三陵水库**补水。2003年起，将之作为北京城市水源，以向密云水库补水为主。

水库辖有白河堡水库灌区，灌溉面积2.16万公顷。灌区由南干渠、北干渠组成，其中，南干渠长53.75千米，控制灌溉面积1.6万公顷；北干渠长24.64千米，控制灌溉面积0.56万公顷。为向官厅水库补水，自输水隧洞出口处的调节池起，修建长7.3千米、流量20立方米每秒的补水渠，下接**妫水河**流入官厅水库，沿程建有3座小水电站，总装机容量2 180千瓦。为向十三陵水库补水，接南干渠修建长6.33千米、流量14立方米每秒的补水渠，经德胜口沟流入十三陵水库。

水库建成后至2005年，累计为农田灌溉供水3.74亿立方米，促进了延庆县农业的发展；累计向官厅水库补水16.9亿立方米，向十三陵水库补水2亿立方米，向密云水库补水5.2亿立方米；累计发电1.08亿千瓦时；尚未遇到设计洪水，但

赤城温泉

拦蓄了大于下游承受洪水能力的洪峰5次，减免了洪水对下游的危害，下游河滩辟为农田133公顷。

水库淹没耕地288公顷，迁移10个村共2 273人，由于河北省赤城县规划淹没的土地未能在建库时征用，水库维持低水位运行，影响防洪和蓄水效益的发挥。

纪　　实

白河堡水库是北京地区海拔最高的水库。库区处于群山环抱的白河峡谷中，景色诱人，被誉为"燕山明珠"。水库得名于明代要塞靖安堡，因其扼守白河峡谷而俗称白河堡。水库两侧的烽火台和东边山脊上连绵起伏的长城，是明代外长城的遗迹。

白河堡水库

南侧紧依海拔1 253米的佛爷顶，由山上向北俯瞰，一湾明净湛蓝的湖水呈现眼前，令人赏心悦目。这座佛爷顶挡住库水输向延庆盆地的路，要把库水引至延庆盆地，必须开凿1条长达7 110米的隧洞，将佛爷顶穿通。延庆人艰苦奋斗了6年，开挖了这条隧洞，沿线设9个竖井，最深的达124米，创造了北京地区最长的无压隧洞的记录。

回水至河北省赤城县后城镇下堡村，形成了东西走向的狭长的河道型水库，回水长度7.8千米，水面面积47.3平方千米。

水库运用10余年后，泥沙淤积问题逐渐显露。截至1993年，泥沙淤积量已达750万立方米，占总库容的8.3%，主要堆积在白河入库处，呈淤积三角洲形态。到1997年，淤积三角洲前坡已推进至输水隧洞洞口前部，威胁着隧洞输水功能的发挥。为涵养库区水土、保护水源，在库周及其上游坡地实施造林和滩地退稻还林等工程，周边林木覆盖率达到85%。近年来，年平均输沙量减少43%。在绿化造林中还注意栽植彩叶林，美化环境。

3.2.1.4　黑河
(Heihe River)

白河支流，因流域植被较好、河水清澈、河底遍布墨绿色苔类而得名，发源于河北省沽源县老掌沟，于北京市延庆县菜木沟村东入白河，地跨河北、北京两省市。

概　　述

黑河河长109.5千米，流域面积1 660平方千米。流域地势西北高，东南低。北部为内蒙古台背斜隆起区，以古老的褶皱构造为主，南部为燕山构造带。流域内山峦耸峙、沟壑纵横，一般海拔在1 000米以上，最高峰猴顶山海拔2 293米。上中游两岸比较宽阔，耕地较多；下游为山间河谷，河床狭窄，耕地少，河道比降5‰~15‰。

流域属半湿润大陆性季风气候区。1956—2003年，多年平均年降水量485.3毫米，6—9月雨量约占全年的70%~80%；三道营水文站多年平均年径流量1.18亿立方米，最大为1.71亿立方米（1982年）、最小为0.36亿立方米（2001年）；三道营水文站多年平均年输沙量40.1万吨；多年平均年水资源总量1.24亿立方米；水质均不低于Ⅱ类。

沿途有老虎沟、老栅子、头道川、二道川、白草沟、青羊沟、桃阳、瓦屋沟、道德沟、西长梁、东长梁11条较大季节性支流汇入。

流域水、旱、雹灾害频繁。元泰定五年（1328年）夏六月，河水溢。民国28年（1939年）夏，流域连阴雨40天，山洪暴发，最大洪峰流量为3 420立方米每秒，孤石村大部分被冲光，损失惨重。1964年5月13日，洪水泛滥，并有冰雹，水冲砂压耕地1 600公顷，冲毁民房15间，淹死牲畜148只，吃水井被淤平。

民国18年（1929年）4月，河北赤城县在官路房村西建渠引黑河水，渠长1.5千米、宽1.0米，灌田34公顷。新中国成立后，经几十年大力发展农田水利，沿岸大部分土地已实现引水灌溉和井灌。20世纪60年代，兴建了黑河灌区，渠首在孤石村，止于下磨村，设计灌溉面积820公顷。1989年，投资295万元，对灌区开发改建，渠尾延长至东卯镇，渠道总长47千米，有效灌溉面积扩大至2 000公顷。

黑河（河北段）

2003—2005年，随着京津风沙源治理工程的实施，重点治理水土流失面积40多平方千米。2006年，东万口、茨营子、东卯3个乡镇实施退稻还旱面积1 160公顷，明显减少了当地农业用水，增加了向北京的输供水量，向密云水库输水2 784万立方米。

20世纪80年代，河北省在下游李家湾修建了1座水电站，装机容量640千瓦。1978、1981年，北京延庆县在河道上建成2座小型水电站，即黑龙潭电站（位于千家店镇四潭沟村西，装机容量为2×250千瓦）和河北电站（位于千家店镇河北村东南，装机容量为3×125千瓦）。

纪　　实

发源于河北省沽源县老掌沟。老掌沟泉眼成群，汇流成河。出源后又与前韭菜沟相汇，东南流，至三岔村北入赤城县。赤城境内，两岸山峦耸峙、山清水秀，右岸有黑龙山国有林场，林地面积1.26万公顷，秋季万紫千红，冬天白雪皑皑。至黑龙山村西南，有猴顶山河汇入。

过黑龙山村，转正南而下，过碾子沟、三道川村，有三道川沟汇入。再南行，至白草镇，有白草沟汇入。自白草镇沿

112国道右侧一直南流5千米，有青羊沟在孤石村东汇入，孤石村建有黑河灌区渠首。至喜峰砦，有群泉出露，水量明显增大。继续南行至塘子营，有著名的塘子庙温泉，出水量16.2立方米每小时，水温68.5摄氏度，对皮肤病、关节炎等有较好疗效。在巴图营穿112国道转东南流，至碾子湾后拐一个U形弯，向南进入东卯镇，转东流。东流至三道营村，有三道营水文站。过三道营向南流，在四道甸村东入北京市延庆县。入延庆县后，经千家店镇耗眼梁村、三间房、沙梁子，在菜木沟村东入白河。

黑河（北京延庆段）

3.2.1.5 汤河
(Tanghe River)

白河支流，古称高峰水，发源于河北省丰宁县五道营乡西部兰营子村西，经丰宁县汤河乡、北京市怀柔区喇叭沟门乡、八道河乡、长哨营乡，于汤河口镇汤河口村南入白河。

概 述

汤河河长110千米，流域面积1 257平方千米。地势西北高、东南低，属燕山山脉余脉冀北山地。喇叭沟门以上为中高山区，山势峥嵘，峰谷参差；以下为汤河谷地，海拔一般在300米左右，河流两侧有典型的马兰阶地。

流域地处寒温带向暖温带过渡地带，属半干旱半湿润大陆性季风型冀北山地气候。四季分明，春季干旱少雨，夏季多雷雨天气，秋季天高气爽、昼夜温差大，冬季寒冷、干燥少雪。年均气温在9摄氏度以下，最冷的1月平均气温在-10摄氏度以下。

汤河（河北段）

流域内植被较好，森林资源丰富，水土涵养条件好。多年平均年降水量512.1毫米，大部分集中在6—9月；多年平均年径流量为1.1亿立方米。流量变化很大，一般在旱年的春季易形成局部断流，洪水期也易暴发较大的洪水。

干旱是流域主要气象灾害之一，有关县志上多有"二春无收"和"因旱灾免税"等记述。1949年后，旱灾频繁，据怀柔地区1949—1999年资料统计，有干旱年份27年，以1965、1972、1980—1984、1997年最为严重。干旱造成主要支流断流，农业严重减产和人畜饮水严重困难。流域水灾也比较严重。1939年，汤河口洪峰流量达2 120立方米每秒，二道河村水深齐腰，冲走11人，大川13.3公顷滩地被冲毁。1950、1964年，下庙等区域发生暴雨洪水灾害。1979年7月7—8日，下庙、汤河、杨木栅子、邓栅子等遭受暴雨洪水灾害。1991年6月6—11日，汤河口降雨量大于400毫米，汤河口与长哨营两乡发生严重的洪水泥石流，50%～80%的耕地被冲毁，汤河大桥被冲断。

1949年后，流域内修建下庙水库、夹皮沟水库、西沟水库、小营水库、大蒲地沟水库5座小型水库，打机井488眼，兴建扬水站及灌渠多处，灌溉面积近2 000公顷。

纪 实

汤河发源于河北省丰宁县五道营乡西部兰营子村西。出源后，向东南流，在邓厂村西右纳小西沟。小西沟长18千米，流域面积63平方千米。再东南流，过汤河乡洪汤寺村，有著名的洪汤寺温泉，俗称汤泉。洪汤寺，清康熙二十二年（1683年）僧人明琳等资在此修建，砖砌汤池，因建寺时监修人姓洪名野，人称洪汤寺。汤泉时均出水量达2.3立方米，水温45～50摄氏度，含锌、锶、镉、硫等多种矿物质，对风湿痛和皮肤病均有疗效。1953年在这里修建了荣复军人疗养院，1974年和1987年又改建扩建。1993年修建了温泉宾馆，随后相继建设了银河度假村、怡园宾馆，温泉资源得到了进一步开发利用。至中沟门村东，右纳中沟。中沟源于料坡道村，长21千米，流域面积84平方千米。再至杨树沟村南，右纳大西沟。大西沟源于上庙西北沟，长42千米，流域面积150平方千米。

东南行，在南沟门入北京市怀柔区喇叭沟门乡。喇叭沟门乡境内有大面积原生林和原始次生林，总面积达1.7万公顷，主要树种有松、柞、栎、杨、桦、侧柏、刺槐

喇叭沟门原始森林

等。其中，有一片面积400公顷、林龄100年以上的栎林，生长着苔藓植物53种、蕨类植物36种、真菌植物125种，栖息着野生动物68种，被北京市确定为原始林自然保护区。保护区内，有后喇叭沟汇入，沟内有罕见的云海、历史遗迹的凤凰台、夏日不消的冰瀑、千亩白桦林、壁立千仞的百丈崖及一善松、长寿泉等景观。

继续东南行，过七道河乡至长哨营乡。长哨营乡是满族乡，多次举办满族民俗风情节，设有满族文化陈列馆。过长哨营乡转向西南流，入汤河口镇。汤河口镇是怀柔北部山区的重要政治、经济、文化中心。解放战争期间，解放军与国民党军队及地方保安队在此进行激烈的"拉锯战"，有60多名解放军指战员壮烈牺牲。1984年，汤河口乡政府将分散在各村的烈士墓迁至汤河中南山脚下，建成汤河口烈士陵园，并立"革命烈士永垂不朽"纪念碑。此段河道坡陡流急，弯曲多变，利用这一自然条件开展了漂流活动。漂流河段全程15千米，最宽处200米，最窄处50米，有十余处大幅度转弯的河道，平均流速1.4米每秒。

流至汤河口村南入白河。

汤河（北京段）

3.2.2 潮河

(Chaohe River)

潮白河两源之一，西汉称沽水，东汉至唐代称鲍丘水，辽、北宋、金代称潮里河，清代称潮河。由于河道蜿蜒奔腾于崇山峻岭之间，洪水咆哮而下，声如巨潮，得名潮河。发源于河北省丰宁县哈拉海湾村，经滦平县，于北京市密云县城西南河漕村东与**白河**汇流形成潮白河。地跨河北、北京2省（市）4县。

概 述

潮河河长220千米，流域面积6 870平方千米。地处燕山山脉中段，地势北高南低，植被覆盖率为36.5%~45.0%，深山区乔木茂密，浅山区以灌木为主，丘陵地带多为光山秃岭，岩石裸露。

流域属半湿润半干旱大陆性季风山地气候区。大部分地区多年平均气温为8~10摄氏度，春季干旱多风，伴有沙尘暴。年日照总时数2 804.8小时，年水面蒸发量1 783.2毫米，无霜期平原区为180~190天，山区为172~182天。年降水量470~575毫米，70%以上集中在6—9月，水资源总量3.51亿立方米。

流域水旱灾害频繁，有"十年九旱"之说。1951、1961、1966、1972、1978、1984、1986年均发生了较严重的春、夏、秋三季大旱。1959年后，有13年多年平均年降水量低于400毫米，其中1984年仅289.5毫米。汛期降雨多为局部暴雨，历时短、强度大，洪水峰高流急。1900年，大阁镇最大洪峰流量2 160立方米每秒（历史洪水调查）；1939年，碱厂水文站洪峰流量达3 100立方米每秒，密云城关调查洪峰流量10 650立方米每秒，7天洪量达22亿立方米，冲毁公路、京古铁路大桥，密云城外一片汪洋；1958年8月8日，滦平县暴雨量136.2毫米，引发罕见的泥石流灾害，仅拉海沟、火斗山和小白旗3个乡就死亡76人；1964年，潮河洪峰流量430立方米每秒，丰宁县城被三面洪水包围，死亡3人，冲毁防洪工程8处2.5千米。

潮河（河北丰宁县大阁段）

清光绪年间（1875—1908年），修建了简陋的防洪工程。新中国成立后，在河道上逐渐修建防洪工程。从1978年开始，密云县先后实施了河首—邓家湾、孤山—潮白河汇合口筑堤挖槽工程以及坝头村南—孤山潮河右堤工程。由于以前治潮工程防洪标准低，特别是1991年确定密云水库高水位运行调洪方案后，北京市开始进行潮河二期治理工程，以提高其防洪标准；河道行洪设计标准为20年一遇；洪水流量为600~750立方米每秒。21世纪初，丰宁县城防洪标准达20年一遇；滦平县河道防洪标准提高到10年一遇，行洪能力可达1 100立方米每秒。

清光绪三十三年（1907年），丰宁知县李成孝沿河推广水稻种植；民国31年（1942年），镶黄旗农民修4千米灌渠，把133公顷旱田改作水田。新中国成立后，河北省于20世纪60—70年代兴建多处扬水灌溉工程，80年代后灌溉工程迅速发展，丰宁县现有灌溉渠道208条、实灌面积6 770公顷，滦平县到2005年底共完成支渠16条、发展节水灌溉面积1 933公顷。1958年，北京市修建了潮河总干渠，渠首位于密云县提辖庄，渠线经密云县河南寨至顺义县唐指山水库，全长12千米，向密云县河南寨灌区和顺义县潮河灌区供水。密云水库建成后，由密云水库供水，引水流量40立方米每秒，有效灌溉面积2.58万公顷（1975年），其中潮河灌区2.4万公顷。1995年，停止向潮河灌区供水。

流域内建有中型水库3座，分别为沙厂水库、半城子水库和遥桥峪水库，总库容5 080万立方米，控制流域面积372平方千米；小型水库29座、塘坝40座，总库容1 859万立方米。另外，还建成了多座水电站、小塘坝和橡胶坝。

京北第一草原

纪 实

潮河发源于河北省丰宁县中部黄旗镇哈拉海湾村，群泉聚水，涓涓南流，时潜时出。丰宁县1940年设置，县城在大阁镇，旅游资源丰富，有京北第一草原、白云古洞、九龙松、喇嘛山风景区，更有形成于200万年前的冰川遗迹冰臼群。丰宁县河段长100.6千米，平均河宽100米，流域面积3 359平方千米，有集水面积100平方千米以上的支流10条，分别是黄旗西上沟、张百万沟、喇嘛山西沟、五道营沟、西南川、东河、后营子沟、窄岭西沟、石人沟、方营沟。至黄旗镇向东南流，过大阁镇后转东南，经黄旗、胡麻营、天桥等7个乡镇，于前沟门村出丰宁县境。

在虎什哈镇马道沟村入滦平县。滦平县河段长58.5千米，流域面积1 422平方千米。潮河自虎什哈镇继续西南流，至岗子村左纳岗子川，至虎什哈村右纳金台子川。东南流，至马营子乡南大庙右纳于营子川，再至巴克什营镇下二寨左纳两间房川。下行入北京市密云古北口镇。

九龙松

金山岭长城

古北口是长城上的重要关口、军事重镇。镇东段长城称金山岭长城，始建于明洪武元年（1368年），隆庆二年至六年（1568—1572年）增建，戚继光任蓟镇总兵时主持重筑，全长10.5千米，以"视野开阔、气势磅礴、建筑精美、景观奇特"闻名于世，有"万里长城金山独秀"的美誉，是全国重点文物保护单位、国家一级旅游景点和风景区。

入北京市后，有安达木河从左岸汇入。安达木河河长54千米，流域面积364.3平方千米，多年平均年径流量6 980万立方米，河道上建有遥桥峪中型水库，灌溉面积3 000多公顷。东南流，在密云县太师屯镇大漕村西入**密云水库**。出水库后，于密云县城西南河漕村东与白河汇流形成潮白河。

潮河（北京密云段）

3.2.3 密云水库
（Miyun Reservoir）

潮河、白河汇合处的大型水库，位于北京市密云县境内。水库总库容43.75亿立方米，水面面积188平方千米，控制流域面积15 788平方千米，以防洪、灌溉、城市供水为主，兼顾发电和养殖等。

概　述

库区位于燕山山脉的燕落盆地，库区及其周边岩层主要为太古代变质岩系片麻岩，质地坚硬，边坡较缓，渗透性小，属于相对稳定地区。在北碱厂村附近的潮河河道呈S形，右岸岩坡陡立，左岸为台地，河面宽一般70米。在溪翁庄附近的白河河道，两岸平直，岸坡直立，为箱形河谷，河面宽一般为86米。

1918—1990年，多年平均年降水量560毫米，1960—2005年，多年平均年径流量9.7亿立方米，多年平均年输沙量196.7万吨。其中，1960—1979年年平均来水量12亿立方米，1980—1998年为7亿立方米，1999—2005年为2亿立方米。

水库于1958年9月动工，1960年9月竣工。水库是拦截潮河和白河而成的水库。潮河主坝位于南碱厂村，白河主坝位于溪翁庄村。潮河、白河库内的分水岭位于金沟村附近，最低高程为133.2米，当库水位低于此高程时，水库分成潮河库区和白河库区。

枢纽主要由大坝、溢洪道、输水隧洞、泄水隧洞、水电站和调节池组成，均布设在库区南侧25千米的沿线上。主坝2座，副坝5座，除1座副坝为心墙和均质土坝外，其余均为壤土斜墙土坝，坝顶总长4 559.5米，最大坝高66米，顶宽8米，坝顶高程160米；溢洪道3座，溢流段总长182米，共装有16扇弧形钢闸门，最大泄量15 530立方米每秒；输水隧洞3条，总输水流量451立方米每秒；泄水隧洞4条，均为圆形压力隧洞，总长1 545.8米；水电站2座，其中白河水电站（设有4台常规机组、2台蓄能机组）总装机容量8.55万千瓦，潮河电站总装机容量0.6万千瓦（1997年停用）；调节池1座，位于白河电站尾水渠下游，**京密引水渠**从设在调节池的水闸引水。

水库是为根治潮白河下游的洪水灾害，提供京、津、冀3省市农业、工业及城市生活用水而兴建的。在防洪方面，防洪标准为1 000年一遇洪水设计、10 000年一遇洪水校核。水库建成后，尚未遇设计洪水，但拦蓄了大于1 000立方米每秒的入库洪水22次，彻底改变了潮白河下游两岸几乎年年受淹的局面。在供水方面，通过京密引水渠向北京市的农业、工业、生活和环境供水，通过潮白河、北运河输水至海河干流向天津市供水，通过潮白河、潮白新河和青龙湾减河向河北省廊坊地区供水，截至2005年，累计为京、津、冀供水350亿立方米。结合供水发电30亿千瓦时，在华北电网调峰、调相、事故备用等方面起了很大的作用。

水库供水对象和运用方式经历了3个阶段：1960—1981年，供水对象为京、津、冀地区工农业生产和生活用水，其中年供水量80%主要用于农业灌溉，运用方式为年调节，即当年蓄水，年内调节使用；1982年，为缓解北京市用水紧张情况，国务院副总理万里主持会议，决定停止向津、冀供水，仅供北京市使用，而且运用方式改为多年调节；1985年后，水库主要供北京城市生活及部分工业用水，基本不向农业供水，到2000年底停止对农业供水。水库功能由建成初期的以防洪、灌溉为主，逐步转变为以防洪和供城市生活用水为主。

水库运用中进行过几次加固、增建和扩建，1975年8月河南省淮河流域发生特大暴雨后，对水库的防洪能力进行复核，增建第三溢洪道，最大泄量为6 790立方米每秒。1976年唐山地震引起水库白河大坝迎水面坝坡砂砾料保护层滑动，之后进行了抗震加固，增建泄空隧洞2条、人防隧洞1条。坝的抗震加固和隧洞的开凿都是在水库正常蓄水情况下进行的，坝的抗震加固采用了深水抛石压坡技术，隧洞进口的开凿采用了岩塞爆破技术。

密云水库是北京市的重要饮用水源地。1983年，国务院批转《北京市城市建设总体规划方案》，明确对密云水库要严加保护。随后，北京市政府颁布了《北京市密云水库、怀柔水库和京密引水渠水源保护管理办法》和《北京市密云水库、怀柔水库和京密引水渠水源保护管理条例》，规定两库一渠流域为水源地保护区，密云水库为非旅游区。于是，库边修建了防护网，实现了全封闭，水库停止一切水上娱乐和旅游活动。水库上游被列为国家水土保持水源保护区，从而进行重点治理。截至2005年底，仅北京境内即治理水土流失面积718平方千米，林木覆盖率达70%以上，水土流失基本得到控制。从21世纪起，对山区实施了生态修复、生态治理、生态保护"三道防线"建设，水源保护区实行了禁止施用化肥、禁止使用农药和禁止种植水稻的"三禁"措施，库内撤销了网箱养鱼，并实行了休渔期制度，水源地得到了进一步保护。水库水质保持在Ⅱ类。

水库兴建淹没密云县耕地1.1万公顷，迁移65个村、1.17万户、5.69万人。20世纪80年代水库功能调整后，库水位不断升高，加上为保护水库水质，1990—2000年库周边6个乡、23个村、5 067户、14 982人迁移安置至顺义、通州两区。

纪　　实

密云水库建于白河、潮河汇合口以上约20千米处，白河主坝、潮河主坝分别截断白河、潮河。白河自西北注入，潮河由东北流入。白河主坝镶嵌在两个陡立的山头之间。站在大坝上瞭望，左坝头山顶上伫立着高7米余的孤石，酷似老翁首部，人称溪翁石，山下溪翁庄村由此得名。山脚处有一块酷似桂林象鼻山的奇石。右坝头的山脚下是白河水电站，其尾水渠穿过3孔桥、7孔桥与长达5千米的龚庄子调节池相连，京密引水渠由此处引水。放眼远眺，水库西面，层峦叠翠，万里长城循峰蜿蜒，5座烽火台隐约可见。水库东畔，有风景优美、自然环境奇特的五指山和孟良山。

密云水库

兴建水库时修建的长约110千米的环湖公路历经改造成为柏油公路，是通往库北山区的交通干线。沿南环湖路，建有数十处度假村，成为人们休闲度假的好去处。自白河主坝西坝头北行数千米抵石城镇大关桥，此处为白河入库处。明长城自北而南盘旋起伏于群山之间，由此跨白河而过。该处是一重要关口，明代筑有石塘路城营，今尚存遗址。水库西侧有黑龙潭自然风景区和桃源仙谷自然风景区。黑龙潭自然风景区位于云蒙山轱辘峪内，峡谷长4千米，溪水长流，落差220余米，沿途形成"三瀑十八潭"的自然景观。其中，黑龙潭面积仅45平方米，而深度达25.6米，潭壁光滑，形状奇特，是北京地区已知的最深的潭穴。

沿西环湖公路北行，到董宝峪附近有白马关河注入。白马关河发源于密云县冯家峪镇番字牌村，河长34.5千米，流域面积228平方千米。

沿北环湖路东行到达位于水库北岸的不老屯镇燕落村。燕落村位于黄土台地上，占地2.4万平方米，为燕落古城遗址。古城墙体为砂褐土筑成，长方形，因年久建房取土，墙体遭到严重破坏，尚存几段残墙，城垣基址尚较清楚。考古发掘证明，此处汉时已是一聚落区，东魏元象年间（538年）安州及安乐郡、广阳郡、燕落县均寄治于此城，五代后梁乾化三年（913年）废燕乐县入密云县，始改为燕落庄。在燕落村南，有共工城遗址，传说舜帝流放共工于幽州，居此城。如今，共工城已淹没于库水中。

再沿北环湖路东行数千米，在不老屯镇学各庄村有牤牛河注入。牤牛河发源于不老屯镇西驼古村，河长26千米，流域面积127.8平方千米。再东行至高岭镇，有明石匣城遗址。石匣城于明弘治十四年（1501年）由巡抚洪忠督建，为土城，周四里二百六十四步三尺。明嘉靖四十五年（1566年）改筑石城，为正方形，置四门并筑有瓮城。明隆庆三年（1569年）

设副总兵防守。清初设副将驻守，同治十年（1871年）密云县丞移驻，直到清末。紧邻明石匣城遗址有犷平县故城遗址。犷平县故城，西汉置，属渔阳郡，西晋被废。这两座故址均已淹没于库下，在低水位时尚能见到城墙遗迹。

黑龙潭自然风景区

再东行即达水库潮河库区的尾部，潮河注入。跨潮河后西南行，至太师屯镇东田各庄村，有清水河注入。清水河发源于河北省兴隆县前苇塘，河长61千米，流域面积520平方千米。再西南行，是沿库边而建的京承高速公路，这是自古北口出关至东北、内蒙古的道路，是一条古老而重要的路线。战国时期从燕都至辽东、辽代时由中都至燕京、金代时从上都至中都、元代时由上都至大都均走此路线。清代时，更建成供皇帝往返于北京、热河的御道。高速路东侧，有白龙潭旅游区。白龙潭旅游区位于长5千米的龙潭沟内，泉水汇聚成溪，倾泻而下，于断崖处形成瀑布，瀑布下冲蚀成潭，潭形如盆，潭壁光滑，水色碧绿，深不见底，历代皇帝视为灵境，拜天祈雨。北宋咸平年间（998—1003年）建有五龙祠，祠前有清乾隆帝和道光帝亲手书写的御碑。北宋苏辙出使辽国时路过这里，留下了"白龙昼饮水，修尾挂石壁"的诗句。此景区被评为北京新十六景之一——"龙潭漱玉"。

3.2.4　京密引水渠
(Jingmi Channel)

引**密云水库**水输向北京市区的人工渠道，起自水库下游龚庄子调节池，经北京市密云、怀柔、顺义、昌平、海淀等区（县），中间穿过怀柔水库和**昆明湖**，在**玉渊潭**上游与**永定河引水渠**汇合。

概　　述

渠长110千米，沿着军都山和北京西山的山麓平原自东北流向西南。渠首进水闸闸底高程86米。沿途与20余条河流或较大的山洪沟交叉。渠道土质大部分为沙质黏土，局部为沙砾和粉细沙。

水库于1961和1966年分两期建成。一期工程自龚庄子进水闸至西崔村，其中，进水闸至怀柔水库段长25千米，设计流量40立方米每秒，底宽8米，设计水深2.8～3.0米，中间有13千米渠段基质为沙砾石，用黏土衬砌；怀柔水库下游李史山至西崔村段，长21.2千米，设计流量30立方米每秒，底宽20米，设计水深3米。二期工程渠线分为两段：一段自西崔村至昆明湖，长46.56千米，底宽20米，设计流量40立方米每秒；另一段是自昆明湖南端绣漪闸至罗道庄与永定河引水渠汇合处，长7.37千米，底宽22米，设计流量40立方米

3.2.4 京密引水渠

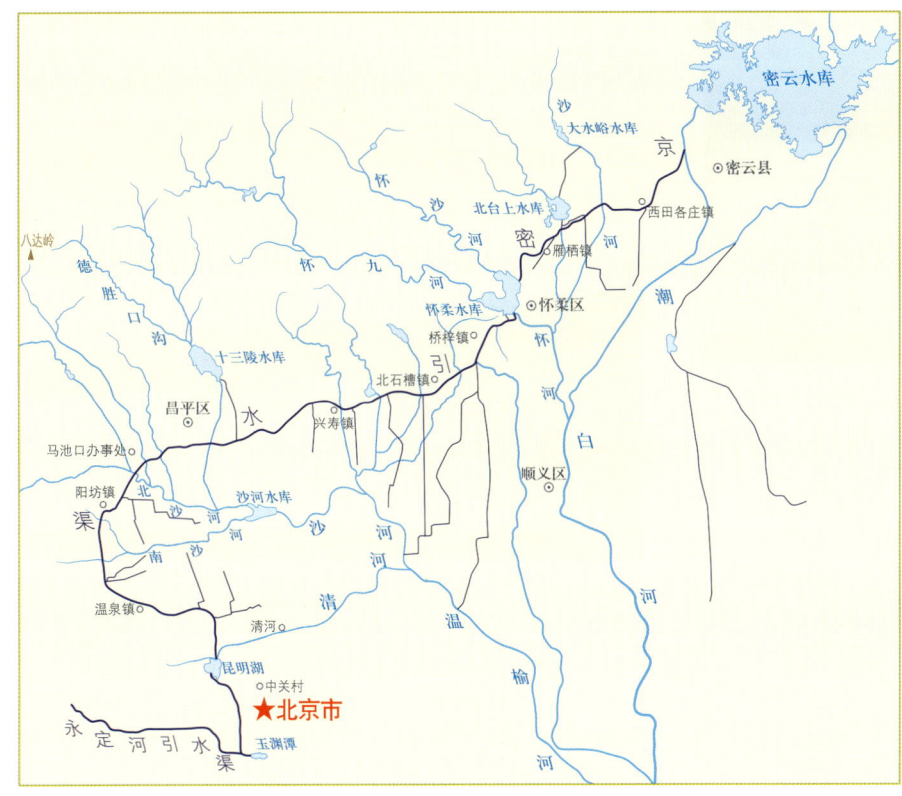

京密引水渠示意图

截至2000年，引渠全线共有各类建筑物252座，其中：倒虹吸、泄洪闸、山洪桥、过渠涵洞等57座，进水闸、节制闸、分水闸等87座，测流桥、交通桥等95座，跌水8处，小型水电站5座。渠道衬砌总长98.8千米，以混凝土衬砌为主。

建成初期，主要供沿途农业用水，建有引水口46个，灌溉面积最高时达6.67万公顷；20世纪80年代后农业用水逐步压缩，到2000年底停止农业用水，全部转向工业、生活及城市河湖用水。1961—2005年，总计供水161.68亿立方米，其中：工业用水11.2亿立方米、农业用水51.5亿立方米、生活用水32.98亿立方米、城市河湖用水51.1亿立方米、其他用水14.9亿立方米。工程建成后，在渠道沿线种植林木，截至2000年底，有树木17万株，被誉为首都的"绿色长城"。

纪 实

始自密云水库龚庄子调节池。该池位于水库**白河**主坝下游5千米处的龚庄子村附近，由拦河闸、泄洪闸、进水闸及水电站组成。进水闸2孔，设计流量70立方米每秒，为5米×2.8米的平板钢闸门。水电站设计流量6.5立方米每秒，设计水头6.5米，总装机容量3 000千瓦。

由东北向西南流，至神山村南与沙河相交。沙河上游是暴雨中心，曾出现过1 362立方米每秒的洪峰流量，含沙量大，河宽达100~150米，选用钢筋混凝土箱涵的倒虹吸与沙河立交。继续前行，至北台上村附近，遇雁栖河，采用引水渠与山洪沟平交方式，即让山洪由渠道右岸进入渠道，再由建于渠道左岸的泄洪闸下泄，泄洪闸设计流量155立方米每秒。雁栖河上建有北台上水库，必要时水库可以向引水渠补水。

行至怀柔城北，入怀柔水库。怀柔水库是**怀河**上的一座大型水库，既能拦蓄怀河流域的洪水，向京密引水渠供水，同时又是一座调节水库，将密云水库来水进行调节，再根据需要向下游供水。

过怀柔水库后，继续西南行。至李史山村西，建有节制闸和分水闸，以向白河灌区供水。白河灌区灌溉面积曾达2.4万公顷，引水流量15~20立方米每秒，是一座大型灌区。20世纪80年代以后，因水资源紧张，被迫停止供水，改为地下水灌区。

继续西南行，至昌平城南白浮村北龙山附近。由元代著名水利专家郭守敬规划并开凿的白浮瓮山河在此筑有白浮堰，截引神山泉水，沿途汇一亩、玉泉诸泉水，在青龙桥附近入昆明湖。以下经南长河、高梁河，入积水潭，为北京城市用水和**通惠河**漕运提供水源。今人开挖的京密引水渠白浮以下渠段与古时白浮瓮山河路线十分接近。

至阳坊转向南行，在温泉村又转向东南行，至青龙桥接北长河旧道入团城湖。团城湖是昆明湖的三湖之一，又称西北湖，位于西堤西侧，水面40余公顷，湖内有治镜岛，三层高阁治镜阁矗立在团城上。团城湖目前是京密引水渠的调节池，即将成为南水北调中线的调节池。出团城湖后，沿昆明

每秒，其中衬砌段长约5千米。投入运行后，进行过多次改建扩建：1966年，将怀柔水库以上段设计流量提高至70立方米每秒，措施是将调节池中堤和龚庄子进水闸至沙河倒虹吸渠段的堤顶加高，改建进水闸，扩大设计流量；*沙河*倒虹吸至怀柔水库渠段改用混凝土衬砌，沿途建筑物也做了相应改建。1973年，增建燕山石化供水工程，该工程取水口位于颐和园团城湖西岸，通过46千米的管道引渠水至燕山石化动力处配水站，输水能力为4立方米每秒。同时，进行河湖分流的改河工程，将青龙桥至团城湖进口闸段利用北长河旧道疏浚而成，

京密引水渠（昆玉段）

北长河入团城湖处设节制闸。自团城湖出口沿西南湖南岸新挖引水渠，在绣漪桥西建南门节制闸与昆玉段相接。1989年，为解决京西工业及生活用水问题，修建东水西调工程，在团城湖将渠水调到北京西部工业区和城子水厂。1997和2000年对怀柔水库以下渠道进行了全断面衬砌的技术改造，提高了供水保障率，并将昆玉段治理成为花园式河道，实现旅游通航。沿渠两侧栽植柏树墙或设置金属防护网"封闭"渠道。

团城湖

湖的西南湖南岸开挖的引水渠，至绣漪桥西建南门节制闸，以下为京密引水渠的昆玉段。昆玉段是京密引水渠自昆明湖至玉渊潭渠段的简称，长7.37千米，俗称昆玉段。昆玉段渠道为复式断面，平均水深2.5米，水面平均宽度约40米，混凝土护坡、花岗岩料石挡墙、彩色砖人行步道、汉白玉栏杆以及草格砖护坡等，使河道显得宽阔直畅，河道两旁芳草依依，绿树成荫。这段渠道已实现旅游通航，从颐和园乘船南下，沿途可见玲珑公园内慈寿寺塔、滨角园码头、中央电视塔等景点，直达玉渊潭八一湖码头。

3.2.5 怀河

(Huaihe River)

潮白河支流，古称朝鲤河，亦名七渡河、西大河。上有两源，一为怀九河，二为怀沙河，其中怀九河较长，两河在北京市怀柔城西侧汇流入**怀柔水库**，以下为怀河干流，出水库于顺义区史家口桥下入潮白河，地跨北京市延庆、怀柔、顺义。

概 述

以怀九河为源，怀河长80.9千米，流域面积1 043平方千米。地势西北高、东南低，西北部属燕山山脉南麓军都山南坡，山高坡陡，土层较厚，东南部是平原。海拔高程由300米降至62米，河道宽度40～100米不等。多果树覆盖，植被良好。地质复杂，土质为砂壤土，渗透能力强。地表径流丰富，终年溪水潺潺。属暖温带半湿润大陆性季风气候。多年平均年降水量700毫米、年径流量近3亿立方米。水质良好，为Ⅱ类。

流域水旱灾害比较频繁严重。1939年7月26日，怀河（石厂站）洪峰流量达2 470立方米每秒，平原地区一片汪洋，水深达2米以上，淹没村庄60处，死亡40多人，冲毁铁路12千米。旱灾多发，历史上常有"十年九旱"和"二麦无收"的记载。1949—1999年间，有24个年份因旱成灾。1973、1975、1981、1983年怀九河、怀沙河和雁栖河均发生断流，机井出水不足，农业减产，山区人畜饮水发生困难。

《顺天府志》记载，清朝中期"宝带渠在怀城外，邑人钟其漾凿渠引水，咸土遂成水田"。此渠使用至1960年。1949年后，在干流上修建怀柔水库，总库容1.44亿立方米；在支流上修建了1座中型水库和5座小型水库，总库容5 000余万立方米，基本控制了洪水危害，并向北京城市供水和发展农田、果树灌溉。20世纪70年代以来，干流经过裁弯取直、挖河筑堤，河底宽度70米，堤高3米，行洪能力500立方米每秒，使怀河达到20年一遇防洪标准。修筑3座橡胶坝，用于改善环境、灌溉农田和回补地下水。

纪 实

怀九河发源于塞外的延庆县大庄科乡，到怀柔水库河长68.9千米，流域面积347.2平方千米。流经西水峪村穿越长城进入塞内至黄花城。黄花城古为重要隘口之一，元代设黄花镇千户所。明万历元年（1573年），沿河北岸阶地建关城，因地势险要，有"京师北门"之誉。关城上有敌楼多座，下甃条石，上砌城砖。在黄花镇关门西侧的山岩上摩刻"金汤"二字。附近山清水秀，头道关下建有蓄水70万立方米的水库，

怀九河

俗称"金汤池"。水库大坝两端与长城相接，雄伟壮观。雨季湖水由坝顶飞流而下，映出绚丽的彩虹。怀九河蜿蜒于丛山之中，沿途形成4处较宽阔的河谷，成为怀柔区主要粮食、果类产区，盛产著名的怀柔油栗、核桃、杏仁等。怀九河流至怀柔城西侧汇合怀沙河后入怀柔水库。怀沙河发源于塞外的怀柔区沙峪乡南北菜滩，河长28.7千米，流域面积175.2平方千米，流经三岔穿越长城入塞内，下行过八道河岭峡口，为山间小平原，北侧有慕田峪长城和古代重镇渤海所。慕田峪长城西接居庸关，东连古北口，是北齐遗址明代重修古长城的精华部分，有"京师北门，长陵玄武"之称。城墙沿分水岭依山势起伏修建，筑有火炮台和空心敌台，四周峰峦叠翠，松柏葱绿，景色宜人，是国家AAAA级风景区。渤海所为京北边防重镇，元代设千户所，明嘉靖年间（1522—1566年）建新城，是怀柔县早期水稻产区之一。河川区盛产油栗、苹果等，是怀柔区重要果类产区。

怀柔水库以下为怀河干流。下行至南关，河上建橡胶坝1座，形成的水面与怀柔水库坝下千亩水上公园相连，成为世界妇女大会纪念公园的一部分。纪念公园内有"渔阳烟树""怀水风荷""柔水濯巾"和"华灯初上"四大景区。

慕田峪长城

下行至大杜两河村东，有雁栖河从左岸汇入。雁栖河长42.1千米，流域面积411平方千米，上有中型水库1座，原名北台上水库，后改名雁栖湖。雁栖湖三面环山，山上林木葱郁，湖水清澈，春秋季节，成群大雁、白天鹅、仙鹤、淡水鸥来湖中栖息和繁殖，已开发为旅游区。

继续南行，于顺义区史家口桥下入潮白河。

3.2.5.1 怀柔水库

(Huairou Reservoir)

怀河上的大型水库，位于北京怀柔区城西，总库容1.44亿立方米，主要功能为防洪、供水、灌溉、调蓄。

概 述

怀柔水库控制流域面积525平方千米，占怀河流域面积的50%。水库上游分南北两支，建库前坝址处原怀河河面宽230

米。地处燕山山脉南麓军都山迎风坡，为暴雨中心，洪水主要来自暴雨，暴涨暴落。植被状况良好，多果树覆盖。地质结构复杂，土壤均为砂壤土，渗透能力强。地表径流丰富，终年溪水潺潺。

怀柔水库

水库于1958年3月动工，7月竣工。初建时防洪标准按50年一遇洪水设计、200年一遇洪水校核，是一座单一的防洪、灌溉水库。1960年修建京密引水渠后，成为京密引水渠的调蓄水库。后经改建、扩建，截至1991年7月达到100年一遇洪水设计、2 000年一遇洪水校核的防洪标准，成为一座除防洪、供水外兼有京密引水渠调节库功能的综合利用大型水库。1985年，水库作为北京城区生活饮用水水源，被北京市列为一级水源保护区。1988年，北京市自来水九厂由水库取水，水质保持在Ⅱ类。

水库由1座主坝、4座副坝、2座溢洪道、2座水闸、1座非常溢洪道、1条输水隧洞、1条泄洪洞组成。主坝为黏土斜墙坝，坝长1 088米，最大坝高23米；副坝为黏土均质坝，总长度1 655米。水库上游设进水闸与**京密引水渠**连通，接受**密云水库**、北台上水库来水，凤山口输水闸是怀柔水库出库闸，为京密引水渠下游渠道输水。

水库建成后，为首都工农业和城市建设发挥了巨大的作用。1972年7月28日，入库最大洪峰流量3 860立方米每秒，经水库调蓄，仅下泄312立方米每秒，削减洪峰流量达92%，下游农田、村庄安然无恙。截至2005年，拦蓄天然径流量35亿立方米，调泄洪水9亿立方米，由密云水库、北台上水库引水154亿立方米，为首都工农业、城市河湖、居民生活输供水170亿立方米，控制灌溉面积7万公顷，累计捕鱼1 970吨。

水库淹没区内共搬迁8个村、576户、2 572人，淹没耕地587公顷。

纪　实

怀柔水库紧傍怀柔城西侧，怀沙河由库西北流入，怀九河从库西注入，京密引水渠从库东北进入、库南复出。库区与怀柔县城一丘之隔。怀柔县始置于明洪武元年（1368年），旧时县城筑有砖石城垣，周长四里又六十步，有城门5座、城楼3座。县城内有东大街、西大街、南大街、云路街、后街、会馆胡同、钟家胡同等主要街道。县衙位于县城中心，大门面阔3间，长11米，建筑面积83平方米，八檩结构，大理石台基。城墙、城楼均已拆除，现仅留县衙大门，仍作为怀柔区人民政府大门，这是北京郊区仅有的一处古代衙门建筑。

站在水库南侧向北遥望，但见水库主坝巍然屹立，将怀河拦腰斩断。坝坡上用汉白玉石镶嵌着周恩来总理亲题的"怀柔水库"四个大字。

主坝呈东西向，东枕龙山，西抵凤山。龙山上林木葱郁，绿化覆盖率92%，常绿的松柏、落叶的杨槐等树木近20万

怀柔区人民政府大门（原怀柔县衙大门）

株。山上建有仿古凉亭和六角花亭，可饱览县城北区的楼群建筑以及远处的红螺山、黑坨山和雄伟的慕田峪长城。

西坝头外的凤山脚下建有北京市水源九厂的取水厂。取水厂由水库输水隧洞取水，取水规模每天50万吨，经预氯化处理、加压后，通过长42千米、直径2.2米的输水管送至净配水厂，供应首都生活用水。

水库水面面积14.7平方千米，正常高水位回水长度约6千米，呈V形向怀九河和怀沙河延伸。沿岸林木茂盛，植被覆盖率达92.7%。水库以上流域内植被也较好，溪流潺湲，水体清澈，适宜水生物繁

中华九刺鱼

殖生存。河道、水库内不仅有北京地区少见的大鲵，更有稀世珍品中华九刺鱼。1996年，北京市将怀九河、怀沙河和怀柔水库划定为"水生动物保护区"。

3.2.6　汉石桥湿地
(Hanshiqiao Marsh)

原名汉石桥水库，位于北京市顺义区杨镇西南，因西临汉石桥村得名。2005年4月被北京市批准为市级自然保护区，是平原地区唯一的市级湿地自然保护区，也是北京地区生物多样性指数最高的自然保护区。

汉石桥湿地

湿地地处暖温带半湿润大陆性季风气候区，多年平均年降水量603毫米。汉石桥是位于蔡家河下游的低洼苇塘湿地。蔡家河发源于顺义区北部山区，自北向南流经汉石桥湿地后于牌楼村汇入**潮白河**支流箭杆河。上游地形较陡，水土流失严重；中游河道狭窄；下游受潮白河、箭杆河洪水顶托，经常发生洪涝灾害，低洼处因常年积水自然生长了芦苇等水生植物。

1958年，为解决蔡家河、箭杆河周边的洪涝灾害，实现

两河洪水错峰排泄，修建了汉石桥水库。水库控制流域面积 57 平方千米，设计库容 500 万立方米。水库南端与箭杆河接口处建节制闸 1 座，最大泄量 15 立方米每秒。为防止特大洪水，节制闸下游修建溢洪口门，最大泄量 45 立方米每秒。建库后，因蓄水较浅，适宜水生植物生长，加上人工种植，很快形成了以芦苇、香蒲为主的天然湿地。蔡家河正常年份都有基流注入湿地，是汉石桥湿地的主要水源。湿地总面积约 1 900 公顷，其核心区为水库常水位下的淹没区及水体边缘的湿润土地，面积 163.5 公顷；核心区外围，平均宽度 5～10 米为缓冲区，面积 12.1 公顷；缓冲区以外至保护区边界的区域为实验区，面积 1 724.6 公顷，该区的功能是开展生态旅游、宣传教育、科学实验及监测活动。

1999 年以来，由于气候持续干旱，蔡家河断流，导致湿地来水量不足，沼泽化特征愈加明显，芦苇等湿地植物大量生长。水位下降，水面减小，造成湿地退化，威胁湿地生态系统的稳定及其生物多样性资源的可持续发展。2005 年 4 月，北京市政府批准建立了汉石桥湿地自然保护区，并实施了汉石桥湿地自然保护区植被恢复及环境整治工程。

湿地具有丰富的动植物资源。植物种类有 69 科 191 属 292 种。其中，有湿生植物 68 种、挺水植物 27 种、浮水植物 11 种、沉水植物 7 种。动物种类中，陆生哺乳动物 5 目 8 科 12 种，鸟类 14 目 46 科 153 种，两栖爬行类 4 目 6 科

黑鹳

10 种，鱼类 5 目 10 科 19 种，昆虫 12 目 61 科近百种。湿地有众多国家保护野生动植物，其中有国家一级保护野生动物黑鹳和金雕；有国家二级保护野生动物白琵鹭、大天鹅、鸳鸯、雀鹰、毛脚鵟、白头鹞、鹗、黄爪隼、红脚隼等 17 种鸟类；有国家二级保护野生植物野大豆。

3.2.7 七里海
(Qilihai Marsh)

潮白河湿地，位于天津市宁河县境内。总面积 95 平方千米，核心区面积 56.5 平方千米，地跨俵口、七里海、淮淀、造甲城、潘庄 5 个乡镇。

概 述

远古时，七里海泽阔水深，是大型海洋生物的回游场所。至第四纪全新世晚期，海浸结束，海平面降低，海岸线自北向南后退，流域成为陆地。七里海就是在此过程中遗留下来的潟湖，逐渐演化为淡水沼泽湿地。

七里海地域辽阔，地势低洼，地面高程为 1.7～2.4 米（大沽高程），为常年性蓄水洼淀。多年平均年降水量 750 毫米，蒸发量 1 000 余毫米。

新中国成立初期，湿地面积 108 平方千米，前海（今七里海）面积 78 平方千米，后海面积 30 平方千米。1958 年前，前海仅有 0.8 米宽的子埝围堤。1958 年大旱，为保障农业生产，宁河县修建七里海水库。其中，东围堤起自后海的大海北村西南的导流河，自西向东经大海北、张庄、西董庄、东董庄、小海北而后向南经桐城到后辛庄村北，再东止于岭头村；西围堤起自东塘坨，经西塘坨村南、造甲城东、大王台村北、北淮淀村北、乐善庄村北和齐家埠，止于任凤村西罾口河南堤。围堤长 33.4 千米，堤顶高程 6.0 米，顶宽 4.0 米，设计蓄水位 4.5 米。同年 8 月底蓄水，实际蓄水位 4.0 米。

1971 年，开挖潮白新河，从七里海中部穿过，将七里海拦腰分成两部分，潮白新河以东称东七里海，以西称西七里海。东七里海位于潮白新河以东、津唐运河以北、罾口河以南，面积 32.2 平方千米，因周边地区局部被开垦为耕地，仅剩苇区 21.6 平方千米，内有俵口、七里海、淮淀 3 个乡镇。1978 年，宁河县修建七里海东海水库，占地 17.84 平方千米，库底高程 2.0～2.4 米，西侧堤顶高程 8.0 米，其他三侧堤顶高程 6.0 米，堤顶宽 8 米，围堤总长 18.6 千米，设计蓄水量 6 400 万立方米。水库配套工程有 2 座扬水站、总设计流量 40 立方米每秒，输水闸 6 座，总设计流量 120 立方米每秒。西七里海坐落在潘庄、造甲、淮淀、俵口四乡镇境内，是宁河县的主要产苇区，苇区面积 31.6 平方千米。1990 年，天津市定西七里海苇区为临时蓄滞洪区的 I 区，面积 46 平方千米，滞洪水位 3.5 米（黄海高程），滞洪量 1.12 亿立方米。

流域内，有耕地 1 万公顷，水稻种植面积达 3 000 公顷，总产量 2 000 万千克，所产大米白洁纯净、晶莹剔透，是全国著名的小站稻基地。

纪 实

湿地水域辽阔，空气清纯，自然环境优良，遍地丛生芦苇及香蒲、荆三棱、水葱、水蓼等挺水植物。据统计，湿地内 100 多种野生植物，还有不少野生植物类中药材。同时，湿地还是许多珍稀和濒危野生动物迁徙、栖息、繁殖地，有鸟类 16 目 34 科 200 种，常年活动和出没的留鸟 15 种。其中，有国家一级保护动物（鸟类）丹顶鹤、东方白鹳、白鹳、黑鹳、中华秋沙鸭、金雕、白肩雕、玉带海雕、白尾海雕、雉鹑、大鸨 11 种；国家二级保护动物大天鹅、小天鹅、疣鼻天鹅、灰鹤、蓑羽鹤、鸳鸯、黄嘴白鹭、白额雁、鹈鹕、长腿秧鸡、海鸬鹚、鹤嘴翠鸟、鸮、猫头鹰、隼、鹰等 20 余种。2003 年春季，鸟类

七里海

七里海

蛎滩发现地点有 20 余处，七里海为集中分布区，以俵口村古牡蛎剖面最为典型。同时，七里海贝壳堤是世界三大著名贝壳堤之一——天津贝壳堤的重要组成部分。

1984 年，天津市批准建立天津古海岸与湿地自然保护区，1992 年晋升为国家级古海岸与湿地自然保护区。七里海就是天津古海岸与湿地国家级自然保护区的核心区域，核心区面积 56.5 平方千米，其中：东海水库和苇地 16.26 平方千米、西海苇海 32.27 平方千米、潮白新河两滩地 8 平方千米，为我国北方面积最大的带有古海岸特色的滨海湿地。

七里海夕照

专家考察时发现数只世界上极为少有的重点保护鸟类——遗鸥。野生哺乳动物有野兔、狐狸、貉子、黄鼬、狗獾、豹猫等。这里还盛产鲤鱼、鲫鱼、草鱼、乌鳢、鲇鱼、黄鳝、泥鳅及沼虾、米虾、中华绒螯蟹等，是闻名遐迩的水产基地。

流域地表以下有丰富的牡蛎滩，牡蛎滩是全新世以来海陆变迁的产物，是生长于潮间带、潮下带的半咸水潟湖—河口环境长重牡蛎和近江重牡蛎遗骸的堆积体。天津地区的牡

三、北运河

Beiyunhe Canal

3.3 北运河
(Beiyunhe Canal)

海河水系支流，北三河之一。两汉称沽水，辽代称白河，金代称潞水，元代亦称白河，之后是**京杭运河**的一段，清雍正四年（1726年）始称北运河。北运河本干长160千米，始于北京市通州区北关闸，至天津市三岔河口附近入海河干流。位于东经115°25′～117°30′、北纬39°28′～41°05′，地跨北京市中部、河北省香河市及天津市北部。

北运河

概 述

流域范围 北运河上承**温榆河**、**通惠河**及北京城区河、湖，下纳**凉水河**、龙凤新河。除温榆河上游的山区与其他流域的分水岭比较明确外，平原地区较难准确划分，流域平均宽约30千米。若以温榆河为主源，北运河全长约250千米（从八达岭关沟计起），流域面积6 166平方千米，其中山区面积约1 000平方千米。东北邻**潮白河**，西南与永定河接壤。

北关新闸

地形地貌 流域地势西北高东南低，上游为山区、丘陵，下游为冲积平原。山区高程一般为100～800米，平原区高程在100米以下。

平原区底层系由洪积冲积物构成，上游段以轻壤质为主，约占一半以上，沙壤、中壤质次之，重壤较少；低洼地带间或有盐碱地，其面积随降水量丰枯而增减。中、下游运河两岸的盐化潮土，轻壤、中壤分布较广，沙黏配合适当，质地适中，宜种各类作物。

在古河道带、决口泛滥地带，土壤多为细砂、粉细砂，结构松散，在风力作用下，形成各种沙丘、沙地、沙带和沙岗，对排水造成不利影响。

气候水文 流域位于大陆性气候和海洋性气候的过渡带上，属暖温带大陆性季风气候。春季干旱多风，夏季炎热多雨，秋季晴朗少雨，冬季雨雪缺少。多年平均气温11.6摄氏度，多年平均年降水量北部为603毫米、南部为590.7毫米，全年分配不均，多集中于6—9月。多年平均年蒸发量北部为1 120毫米，南部为1 498毫米。年日照2 600～2 800小时，无霜期200天左右。

据通州水文站统计，1949—1984年平均年径流量为3.6亿立方米；1961—1998年由于京密、永定两大引水渠退水均由北运河下泄，北京年出境水量平均达9.31亿立方米，其中污水占50.4%。1964年北京市出境清水量达11.93亿立方米，为统计资料中最大值，而1986年仅为0.04亿立方米。北运河两岸地下水含氟量为1～3毫克每升，为微咸水。1993—2003年香河市河道年输沙量为2.05万吨。

水系 北运河上源为温榆河，由北京市通州区北关闸起始称北运河。顺河而下，右纳通惠河、凉水河、凤港减河及龙凤新河；左纳牛牧屯引河，并于左岸辟**青龙湾减河**及筐儿港减河以分泄洪水。

洪涝灾害 流域洪涝灾害比较频繁和严重。据《顺天府志》《武清县志》和其他近代资料记载：自明成化六年（1470年）到1990年间，共发生水旱灾害208次，其中水灾152次、旱灾41次、水旱并重灾害15次。

明代277年中，北京地区有95年发生水灾。明洪熙元年（1425年），武清县北运河溢，冲决河西务堤；正统四年（1439年），通州至直沽堤决口31处；隆庆元年（1567年），水冲河西务城，"人皆登树相避，数日不止，人坠水中，不计其数"。清代268年中（1644—1911年），北京发生水旱灾129次，北运河决溢成灾40次。康熙七年（1668年），"通州连雨七日，东西两岸水溢，没城墙九尺，民多溺死"。《武清县志》记载：康熙八年（1669年）"运河水涨，河西务城圮"；雍正三年（1725年），河西务溃堤，平地水深数尺。

水灾严重的另一个原因，是永定河、**潮河**和**白河**溃决所致。如清光绪十六年（1890年）永定河漫口七八十丈，夺溜北运河，经马家铺、正园寺等村至通州入武清县境。

治理开发 北运河开发可追溯至隋炀帝时（605—616年）开凿的永济渠，而元、明、清三朝却是其鼎盛时期，但治理举措则各有侧重。元代开通惠河，当时杨村以上势若建瓴，底多淤沙。明永乐至成化年间（1403—1487年），通州至武清间多次决口，因而在河西务开凿减河。及至清代，康熙三十九年（1700年）又开辟筐儿港减河，雍正七年（1729年）开辟青龙湾减河。明清还加强了对北运河的水源、工程、航行、岁修等的管理，重点是通州至杨村间的河段。20世纪二三十年代，利用现代技术和材料，建成了北运河及其减河上的控制工程。

1963年海河流域大洪水后，水电部第十三工程局于1971年会同有关省（直辖市）完成了《北运河补充规划报告》和《北运河干流治理工程初步设计》，1972年10月至1974年春分两期实施治理。经治理，北运河达到10年一遇除涝标准，洪峰流量为510～1 028立方米每秒；20年一遇防洪标准，分段洪峰流量为：通州至土门楼850～1 330立方米每秒、土门楼至龙凤新河255立方米每秒、以下至屈家店48立方米每秒，屈家店以下河道要承泄部分永定河洪水，行洪能力为400立方米每秒，经海河干流入海。至此，北运河已具备防洪、排涝、输水等功能，而不再是清朝以前单一的漕运航道。目前，北运河已不再通航。

北运河两岸，北京市建有榆林庄、潮县水库、马驹桥等灌区，设计灌溉面积3.33万公顷。天津市武清区建有扬水站22座，设计流量224立方米每秒，设计灌溉面积2.3万公顷，实际灌溉面积1.5万公顷；设计排水面积7.2万公顷，实际排水面积7.2万公顷。

纪 实

上游 北运河本干始于北京市通州区北关闸。北关闸至土门楼闸，河长59.8千米。

由北关闸向东南流约600米有通惠河由右岸汇入。河口处建有石坝遗址公园，园内有燃灯塔，历史上一直是北运河到达通州城的标志性建筑。左岸有运河文化广场，反映了元明清三朝漕运盛况，是通州区最大的休闲娱乐场所。

元代开通惠河后，通州成为漕运进京必经之地，由漕运而兴，逐渐走向繁荣。明隆庆时进士徐贞明在此编著《潞水客谈》，强调"水聚之则为害，散之则为利"。当代作家刘白羽、刘绍棠，面塑艺人汤子博、汤凤国都是通州人。作家浩然所著《艳阳天》《金光大道》反映了20世纪五六十年代运河两岸农民的生活。

继续东南流，至北京通州区张家湾镇。该镇是古运河重要码头，明永乐十六年（1418年）始建仓廒，至弘治元年（1488年）已建有上、中、下3个码头，有"船在张家湾，舵在李二寺"之说。又据《天府广记》记载：有张瑄者，少时曾为海盗，元至元二十二年（1285年）降元，每年运江淮粮米三百余万石供应大都，官至江南行省右丞，遂成巨富，因常驻此，始有"张家湾"之地名。

出张家湾东南流至榆林庄，有凉水河从右岸汇入。旧潞县镇位于右岸，因漕运日盛，元至元十三年（1276年）设置潞州，辖香河、武清两县，明洪武年间（1368—1398年）降州为县。元末，山东毛贵曾率起义军败元军于此，元都大震。

再东南流，在河北省香河市界拐一个U形弯，至鲁家务村有牛牧屯引河从左岸汇入。香河市位于鲁家务村东，距河堤3千米。由鲁家务村向南，经宋止务村西、王家摆村东，在曹店村有凤港减河由右岸汇入，而后继续南流，经钳屯、安平两镇。左岸钳屯镇有香河市农业高新技术园区，已建成蔬菜、花卉、林果三大产业。右岸安平镇有香河经济技术开发区，已形成五大产业群体。香河文化积淀深厚，人文荟萃，诞生了京剧名家郝寿臣、武术大师张策、金针名医王乐亭、学界名家张中行等。1946年，美国、中国国共两党组成"北平军调处"，签订了停战协议，而国民党政府军背信弃义，公然偷袭解放区，挑起内战，是为震惊中外的"安平事件"。

沿香河、武清边界，下行到土门楼村。清雍正七年（1729年），开辟青龙湾减河，以分泄洪水，保障漕运。

中游 土门楼拦河闸至筐儿港节制闸，河长41.4千米，途经河北省香河市及天津市武清区北部。经青龙湾减河分洪后，以下基本无行洪任务，北京排污河于筐儿港建倒虹吸，避免对河水的污染。

由土门楼南行，至武清区河西务。此地上承京城，下连津沽，因河道弯曲险工众多，常遭水患。历史上，曾有过河西务减河但早已淹没，遗迹无存。河西务号称"津门首驿"，本是进京驿站。据传，河西务之"务"本是船坞之"坞"，但因相沿成习，遂称之为"务"。元至元二十五年（1288年）在此设漕运司，负责集纳漕粮，沿河修建仓廒

北运河水系示意图

通州燃灯塔

12 座，有护兵 400 人。此前的 1276 年，潞县升县为州，州治即迁至此。明隆庆六年（1572 年）河西务筑城，周长 635 丈，并成为全国八大钞关之一。明代作家冯梦龙在《醒世通言》中描述这里："车音马迹，日夜络绎不绝。上有居民数百余家，边河为市，好不富庶。"清末，漕运虽废，但因河西务居京、津中间，陆路交通也很发达。1989 年，被建设部命名为"全国村镇建设先进单位"。索庄萝卜、北三里屯菠菜是名优产品，在京、津两地享有盛名。

北运河（北京通州东关段）

由河西务向东南流，经大孟庄至南蔡村。此段河道蜿蜒，险工较多，土质较差，历代水患较重。主要险工有北蔡村北、北蔡村等。

由南蔡村南流，经聂官屯，河道拐了一个 U 形大弯，以下河道向东略偏南至筐儿港。清康熙五十九年（1720 年），清圣祖所书"导流济运"碑，立于筐儿港减河旁。清乾隆三十二年（1767 年）、三十五年（1770 年）、三十八年（1773 年）清高宗 3 次在此吟诗，诗碑原立于筐儿港 8 孔闸，现存武清区图书馆。

导流济运碑

下游　筐儿港至天津市三岔河口，流经天津市武清区和市区北部。

由筐儿港南行 9 千米到达杨村镇，其间在陈官屯、薛庄、徐官屯拐了 3 个大弯，以下河道较顺直，杨村镇区内基本为南北走向。杨村，夹河成镇，故有杨村河西、河东之称，元、明、清三朝 700 年间均为重要的漕运枢纽，《元史》记载："由海洋抵杨村，不十日入京。"西岸，建有运河公园。武清区历史悠久，人杰地灵。古泉州城即位于杨村以南的北运河畔。

出杨村后南下，至天津市北辰区屈家店与永定新河平交。入市区后，**子牙河**在大红桥汇入。

由天穆镇至京津桥，沿河建有滦水园、北洋园、御河园、娱乐园 4 座主题公园，已被水利部命名为国家水利风景区，并被天津市评为"新十景"之一。其中，滦水园内记录着 22 位对中国历史和天津城市发展起过重要作用的治水人物的事迹，并以石雕、碑刻、书法等艺术形式展现；北洋园是中国最早的工科大学——北洋大学堂旧址。附近的桃花堤是天津市民观赏桃花的最佳之处，有清乾隆皇帝下江南时龙舟停靠码头。

御河园

风景区下游左岸，建有耳闸公园。下行，左岸的大悲禅院，是天津市保存完好、规模较大的佛教寺院，重建于清康熙八年（1669 年），附近已成为文化、商贸、旅游区。大悲禅院旁，新建永乐桥，上方建有摩天轮，高 110 米，可供游人俯瞰津城美景。旁侧有三条石机械博物馆，展现了天津近代工业发展历程。

桃花堤

大悲禅院

左岸南开大学历史系教授南炳文撰写的"三岔河口记"及清乾隆年间所绘的"潞河督运图"镶嵌于岸坝之上。

至此，北运河与南运河于三岔河口汇流，入海河干流。

耳闸

3.3.1　温榆河
（Wenyu River）

北运河上源，古名湿余水、温余水、榆河等。主源是发源于八达岭主峰下的关沟，关沟是季节河，至北京海淀区双塔村后称北沙河，北沙河在北京市昌平区沙河镇附近左纳东沙河后入沙河水库，此段曾称沙河，现已成库区，待南沙河从右岸汇入，出沙河闸后始称温榆河，至通州区通州镇北关入北运河。

位于东经116°12′～117°，北纬39°12′～40°30′。地跨北京市延庆、海淀、昌平、怀柔、朝阳、顺义、通州等7个区（县）。

温榆河

概　述

河长90千米，流域面积2 478平方千米。地势西北高东南低，上游为山区、丘陵，下游为冲积平原，山区高程一般为100～800米，平原区高程为17～84米。

流域属暖温带半湿润大陆性季风气候。年均气温11～12摄氏度。多年（1956—2000年）平均年降水量为581.7毫米，80%～90%集中在6—9月。多年平均年径流量为3.5亿立方米。

沿途有东沙河、南沙河、孟祖河、蔺沟河、**清河**、**坝河**、小中河等支流汇入。

历史上，流域内河流清澈见底，水质甘甜。20世纪80年代以来，河水遭受严重污染，至90年代水质变为劣Ⅴ类，鱼虾等水生物基本绝迹。2002年以来在肖家河、清河建成污水处理厂，水质情况明显改善。

流域内水灾比较严重。1939年7月，昌平县降雨968.7毫米，平原地区一片汪洋，浸水村庄2 240个，倒塌房屋12.78万间，死伤6 320人。旱灾亦较严重，史料中屡见大旱之后"大饥""人相食"等记载。1949—1999年间，有12年发生旱灾，其中1971年10月至1972年7月降水量仅为80毫米，水库干枯，河道断流，昌平、朝阳两区受灾面积达2.37万公顷。

元至元元年（1264年），曾通过温榆河向居庸关漕运军饷粮。明朝在昌平修建皇陵，并在居庸关建边关粮仓，温榆河漕运日益重要。明隆庆六年（1572年）疏温榆河，自巩华城（今沙河镇）至通州渡口运路达50余千米，年漕运江北粳米20万石，商船云集安济桥下。清朝仍沿用部分河段，直至同治年间（1862—1874年），因陆运发展而停止。

1949年后，对温榆河进行了全面的开发治理。在上游支流上修建了十三陵、桃峪口2座中型水库及10座小型水库，控制总流域面积的79%。1960年，在通州北关修建了分洪枢纽，开挖了运潮减河，将温榆河超标准的洪水向潮白河分流。1970年，对干流进行了疏挖和裁弯取直，将原河道长63.5千米缩短为47.5千米，使干流河道达到10年一遇排涝、50年一遇防洪的标准。沿河建大中型拦河闸坝10座，一次可蓄水2 900万立方米，可灌溉农田3.6万公顷。河道蓄水也改善了生态环境，沿河开发了风景旅游区和绿色生态园等。

纪　实

主源关沟有《水经注》记载："湿余水出上谷居庸关东，关在沮阳城东南六十里居庸界，故关名矣。"今居庸关所在地号称四十里关沟，亦称关沟水。关沟为历代兵家必争之地。战国时燕国在此设居庸塞，后曾名军都关，辽金名居庸关，延续至今。明朝建关城，今存云台，浮雕精美，刻有梵、藏、八思巴、维吾尔、汉、西夏6种文字，为极珍贵文物。四十里关沟，翠峰重叠，清流萦绕，花木郁茂，山鸟争鸣，"居庸叠翠"被列为"燕京八景"之一。1909年8月11日，我国杰出工程师詹天佑设计并主持修建的我国第一条铁路——京张铁路，即穿关沟而过。如今，京张高速公路沿关沟通行，

居庸关长城

国内外游客前往八达岭长城游览，关沟成为世界人气最旺的地区之一。

北沙河，全长约40千米，流域面积546平方千米，在马池口地区横桥村西北与**潮白河**水系的**京密引水渠**立交。继续南流转东流，于沙河镇左纳东沙河、右纳南沙河后出沙河闸，接温榆河干流。沙河镇，旧名沙河店，明初皇帝朱棣在此兴建沙河店行宫，正统时"为水所坏"，嘉靖十九年（1540年）又在沙河店以东建成行宫和环抱行宫的二里见方的城池，名巩华城。经过历代扩充，巩华城发展成为一座集谒陵、驻防、漕运、经贸等多种功能的京畿重镇。1939年夏，洪水又将巩华城大部分城墙冲毁，如今只剩下4座城门的遗迹。1995年，北京市政府公布其为北京市文物保护单位。

东沙河，又名天寿山水，上源是发源于延庆县井庄镇西二道河村的德胜口沟，入**十三陵水库**，水库以下始称东沙河。下行至沙河镇入北沙河后到沙河闸，河长45千米，流域

沙河闸

面积288平方千米。流域内有世界著名的名胜古迹明十三陵。

南沙河，发源于海淀区北安河乡阳台山，于昌平区窦各庄附近入北沙河，河长30千米，流域面积250平方千米。中游建有上庄闸（也称上庄水库），蓄水灌溉农田。上庄闸以上低洼地，河网密布，长年有水，生长着菖蒲、芦苇等水生植物，被开辟为国家城市湿地公园——**翠湖湿地**，其周边是中关村科技园区的发展区和辐射区。

沙河闸下是温榆河干流的起点。东南流，于蔺沟村南有蔺沟河自左岸汇入。蔺沟河，源于怀柔区和昌平区山区，河长4千米，流域面积404平方千米，建有桃峪口水库，库容1 008万立方米。流域内，有小汤山温泉。泉眼曾有10余处，主泉2处，即东泉池和西泉池。20世纪80年代日出水量达3 500立方米，水中含有多种元素，对皮肤病和关节炎有一定疗效。明代在此建皇家禁苑，清代建有汤泉行宫，民国初年达官贵人建有别墅，今有北京小汤山疗养院、小汤山龙脉温泉娱乐宫等疗养、娱乐设施。

东南流，右岸有清、坝河汇入，左岸有方氏渠、龙道河汇入。沿岸经济发展迅速，有天竺空港工业区、丽京花园、丽斯花园等高档别墅傍水而建。

下行至通州区境内，于通州镇北关入北运河。

3.3.1.1　十三陵水库

（Shisanling Reservoir）

温榆河左岸支流东沙河上的中型水库，位于北京市昌平

区北部，因毗邻明十三陵而得名。总库容8 100万立方米，控制流域面积223平方千米，是一座集防洪、灌溉、城市供水、发电及旅游于一体的综合型水库。

概　述

水库坝址位于蟒山和汉包山之间峡口处。库区为一盆地，三面环山，出露岩石以安山岩和石灰岩为主，东沙河河床覆盖层厚达56米，库区侧向有古河道。地处暖温带半湿润大陆性季风气候区，多年平均年降水量556毫米。控制流域面积223平方千米，约占东沙河流域面积的84％。多年平均年径流量4 340万立方米。

水库1958年1月动工，7月竣工。水库初始总库容为7 300万立方米，设计洪水标准为50年一遇，校核洪水标准为200年一遇。后经改建，库容达到8 100万立方米，设计洪水标准为100年一遇，校核洪水标准为2 000年一遇。

枢纽建筑物有黏土斜墙土坝1座，长627米，高29米；溢洪道1座，最大泄量645立方米每秒；输水为3排直径1米的铸铁管，出口处设小水电站1座，装机容量125千瓦。

水库运行以来，来水量偏少和水库渗漏是比较突出的问题。多年平均年来水量为2 900万立方米，加之库区渗漏，在运行的28年中曾有7年出现水库干涸现象。20世纪60年代末，采用混凝土防渗墙对坝基进行防渗处理；1986年起，由**白河堡水库**跨流域调水入十三陵水库；90年代初又在大坝上游2 800米处修建一道长1 400米、深30～35米的地下混凝土防渗墙，以防止向古河道漏水。

水库建成后，上游洪水全部拦蓄于水库中，避免了对下游地区洪灾威胁，形成6.92平方千米的宽广水面，为开发明十三陵地区的旅游业创造了极为有利的条件。

库区淹没耕地220公顷，迁移5个村、397户、1 671人。在水库周边为移民新建了南新村和北新村，共建房27 528平方米。

十三陵水库抽水蓄能电站上池

1997年6月，建成十三陵抽水蓄能电站，以十三陵水库作为下水库，在其左岸蟒山新建上水库，形成最大静水头481米、装机容量4×20万千瓦的日调节纯抽水蓄能电站，设计年发电量12.46亿千瓦时，担负着京津唐电网调峰填谷、调频和紧急事故备用任务，以确保京津唐电网的安全、稳定运行。

纪　实

站在大坝上四周瞭望，但见"十三陵水库"5个苍劲有力的大字用汉白玉石块镶嵌于紫色的安山岩护坡上，那是毛泽东的笔迹，令人回想起当年热火朝天的建库场面。库内，碧波万顷，水色清澈。水库两侧，山峦拥翠，郁郁葱葱，公路环湖，蜿蜒迂回。这里景色秀美，空气清新，每年都举行龙舟赛和冬泳比赛，更被选为北京2008年奥运会铁人三项的比赛场地。

库内有一小孤山，如蓬莱仙岛漂浮在碧波之中。九龙游乐园的东海龙宫就建在此水域里，山顶上建有一座九边、九柱、九脊、攒尖三层重檐顶盖、孔雀蓝琉璃瓦的"九龙亭"，匾额上"九龙宫"3个大字格外显眼。

十三陵水库

在水库大坝东北端，矗立着水库纪念碑。碑体四面分别镌刻着毛泽东、刘少奇、周恩来、朱德等的题词，碑座正面镌刻有郭沫若"颂十三陵水库"诗，碑顶端镌刻有水库建设者群像。这座水库是经周恩来总理提议，在党和国家领导人的亲切关怀下，各界群众义务劳动建成的。驻京部队及首都群众均分批参加了义务劳动。1958年5月25日，毛泽东、刘少奇、周恩来、朱德等老一辈革命家，与群众一起劳动，给水库建设者们极大的鼓舞。

水库东依蟒山。蟒山因起伏如蟒而得名。山上有人工林8 000公顷、各类观赏树木176种，一片莽苍葱郁，为国家森林公园。沿水库东岸公路北行，即达著名的明十三

长陵

陵景区。明十三陵是明朝迁都北京后13位皇帝陵墓的总称，位于天寿山南麓，陵区面积达40余平方千米，青山环抱，明堂开阔，水流屈曲横过。明十三陵是我国历代帝王陵寝建筑中保存完整、埋葬皇帝最多的古墓葬群，其建筑雄伟、体系完整、历史悠久，具有极高的历史和文物价值。1961年被国务院公布为全国重点文物保护单位，2003年7月联合国教科文组织世界遗产委员会将明十三陵列入《世界遗产名录》。

2001年9月，十三陵水库被评为国家水利风景区。

3.3.1.2　翠湖湿地
（Cuihu Marsh）

位于北京市海淀区上庄镇，西依阳台山，东临上庄水库，属**温榆河**右岸支流南沙河畔的低洼地。域内河道交错，长年有水，生长着菖蒲、芦苇等水生植物，村民种植莲藕、稻谷并养鱼，被誉为"北京的江南水乡"。翠湖湿地生态公园建成后，2005年5月被建设部命名为"国家城市湿地公园"。

湿地处于冲积、洪积扇前缘地带，属暖温带半湿润大陆

稻香湖

3.3.1.3 清河
(Qinghe River)

温榆河支流，又名会清河。源于北京西山，于北京市朝阳区沙子营入温榆河。干流始自青龙桥安河闸，河长23.6千米，流域面积217平方千米。

概　述

清河水源有二：一为西山洪水、泉水，沿北旱河流入；一为玉泉山泉水，沿北长河流入。北旱河较长，起自四王府村西，止于青龙桥安河闸，长5千米。两河于海淀区青龙桥附近汇合后称清河，由西向东流，沿途有清河老河道、老龙口排水沟、黑山扈排洪沟、小月河、仰山大沟等支流汇入。清河青龙桥附近高程44.1米，出口高程22.3米，沿途有8座水闸和跌水，河道纵坡0.35‰～0.30‰。

随着城市建设规模的迅速发展，城市污水排放量急剧增加，向清河日平均排污量达40万立方米，加之上游玉泉山泉水已于20世纪70年代断流，清河变成严重污染的河道。21世纪后，对入清河的污水进行处理，水质已有明显改善。

历史上，清河曾作为漕运河道。清康熙四十六年（1707年），"开会清河（即清河），建水磨闸，历沙子营，至通州石坝止……运通州米又通流河至本裕仓。"本裕仓约在今清河镇仓营村。为便于漕运，在会清河上建有长源、长清、安丰、顺成、云津、天兴、翔帆7座水闸。至清同治年间（1862—1874年）停止漕运。由于清河全线均为沙质土壤，河

清河河道

清河（清河闸下游段）

道淤积严重，排洪能力低，雨季常漫溢出槽，灾及两岸。1963年8月大雨，沿河许多单位被淹，文教区严重积水，北京体育学院进水，下水道倒灌；清河毛纺厂、粉丝厂被淹；立水桥交通中断；17个村庄、1 300多公顷农田受灾。

1949年以来，进行过多次整治。1951年，疏浚干流，使排洪流量达到26立方米每秒。1978—1984年，按20年一遇洪水标准进行疏挖治理，裁弯取直7处，河坡用块石或混凝土衬砌，治理后河道长度由28千米缩短为23.7千米。21世纪，为适应城市发展和举办奥运会的需要，又进行了大规模的综合整治：安河闸至下清河闸长达10.16千米的河段，按50年一遇洪水标准拓宽河道，护砌河坡，改扩建闸桥11座；对入清河的污水进行截流，经肖家河污水处理厂、清河污水处理厂处理后再排入清河；下清河闸以下河段拓宽至100米，改建闸桥5座，兴建滞洪区2处共可蓄水380万立方米，可达到50

年一遇洪水不受灾，并结合河道治理进行了河岸的绿化美化。

纪　　实

北长河、北旱河于青龙桥汇合后注入清河。北长河长2千米，源自玉泉山诸泉和**昆明湖**；北旱河源自香山翠湖和樱桃沟。域内有曹雪芹故居和梁启超墓。黄叶村西侧有清乾隆年间（1736—1795年）修建的引泉水石槽。当年柳树成荫，烟雾朦胧，有"河墙烟柳"之称。

东行至镶黄旗箭亭村附近，有万泉河从右岸汇入。万泉河长9.7千米，发源于海淀镇西万泉庄，昔时此处众泉潆洒，仅被清乾隆皇帝碣石命名的泉就有28处，

清华园

如今村庄和泉眼均已消失，被鳞次栉比的高楼大厦所代替。万泉河北流，经北京大学西门，由清华大学校园内过，穿圆明园福海等湖泊。圆明园由圆明园、长春园、绮春园3座园子组成，是清朝五代皇帝倾心营造的皇家宫苑，规模宏伟，景色秀丽，是世界园林的典范，于清咸丰十年（1860年）十月惨遭英法联军的野蛮洗劫和焚毁。1979年8月，北京市政府将圆明园遗址列为市级重点文物保护单位。1998年6月，作为遗址公园正式向游人开放。

圆明园

继续东行至清河镇，有小月河自右岸汇入。小月河上游与西北土城沟连接，排泄城区雨洪水。西北土城沟，起自西直门外学院南路土城河进水闸，西北行经黄亭子折向东，至祁家豁子与小月河相接，沿德昌公路（京藏高速公路）西侧北行入清河。小月河东侧是奥林匹克森林公园，总占地1 135公顷，其中奥

奥林匹克森林公园

运湖75公顷，小月河担负着向奥运湖补水的任务。清河镇是北京通往居庸关外的必经之地。元代在此地清河上建有季节性木桥，以作渡河之用。明永乐年间（1403—1424年）在昌平县天寿山修建皇陵时，修建石桥，名广济桥，1980年治理清河时将此桥拆除，移至小月河河口处用原料、原样复建。

继续东行至羊坊村附近入羊坊水库。羊坊水库曾是羊坊灌区的水源地。如今，羊坊灌区的农田已被用作城市建设，水库被改造为滞洪区湿地。至立水桥，与10号地铁线交叉。

再东行，至朝阳区沙子营附近入温榆河。

3.3.1.4　坝河

（Bahe River）

温榆河支流，亦称阜通七坝河、阜通河，因河道上建有7座坝而得名。起自北京市朝阳区北护城河与东护城河相接处的小湖湾北岸分水闸，至通州区北马庄西汇入温榆河。

概　　述

河长21.7千米，流域面积156.3平方千米。流域属于暖温带半湿润大陆性季风气候。多年平均年降水量589.3毫米。属冲积平原，松散地层深达数百米，地势低洼，地面坡降小，排水条件差。曾是金、元时期开凿的运粮河，现在是市区汛期"西蓄、东排，南北分洪"中东排的主要河道之一，并担负北护城河的分洪任务，也是重要的城市景观河道。

原为**永定河**故道，后为高梁河东段北支水道。金代曾利用水道通漕运，元代引入玉泉水，成为漕运河道。西起积水潭，东至温榆河，筑千斯坝、常庆坝、郭村坝、西阳坝、郑村坝、王村坝、深沟坝

坝河

7座拦河坝，分成梯级水面，分段行船，全年通航达240天，运量由30万石增至80余万石。元末停止漕运，逐渐荒废，仅为排水河道。1949年前后，河道窄浅、弯曲、草木丛生，过流能力约40立方米每秒，洪涝灾害频繁。1963年8月8—9日降水404.2毫米，决口19处，长度达730米，大片农田、村庄被淹。

1949年后，对坝河进行过多次治理，清淤筑堤，裁弯取直，修建8座拦河闸，蓄水132万立方米。至1976年，已达到20年一遇洪水不出河槽、50年一遇洪水不漫堤的防洪标准，行洪能力达278立方米每秒。

随着城市建设的发展，污水的排放量急剧增长，严重污染了坝河水，降低了城市水环境的质量，影响了群众的生活和首都的形象。自20世纪80年代起，对干支流加快了治理步伐，目标是河水还清和美化周边环境。首先对支流亮马河进行治理，主要是河床清淤、边坡衬砌和整饰两岸，以达到景观河道标准。2002年起，对干流北岗子以上11千米河道进行综合治理，通过清淤、护岸、水利设施改造、拆迁、绿化美化等措施，解决防洪、排水、水环境等方面的问题，改变治理范围内缺水、少绿的局面；排水能力达到20年一遇的防洪标准。后又对干流北岗子至温榆河口段进行治理，至2006年年底主体工程结束。

纪　　实

起点在北京市朝阳区北护城河与东护城河相接处的小湖湾北岸分水闸，自西向东流，水源来自东北护城河和东北土

城沟。东北护城河，为排泄北京城区东北部雨水的河道，上源接西北护城河。土城沟，是元大都城的护城河，1989年经全面治理，其中京藏高速公路以东的东北土城沟入坝河，长4千米，是京城北部的排水河道。21世纪初，将土城沟进行衬砌，沿岸植树栽花，设置园林小品，建成元大都遗址公园。

穿城区东流。河道经人工渠化，为复式断面，主河槽宽30米，二层台设栏杆、步道、休闲场所。河道堤岸一些地段按滨河花园标准治理，宜宽则宽，宜弯则弯，坡面绿化，两岸造景，栽花植柳，营造出水文化氛围。治理中将污水截流，送至酒仙桥污水处理厂处理后再回流至坝河。在驼房营桥上新建壅水闸，可蓄水12万立方米，壅高水位，营造优美水环境。站在将台乡桥上放眼望去，河水明澈，倒影清晰；两岸绿草茵茵，垂柳依依；蜿蜒的滨河路向外移出，中间用绿化带隔开，保障人们的安全。除驼房营闸外，沿途还有尚家楼、四元桥、酒仙桥、北岗子4座橡胶坝，均可蓄水，营造水面。

元大都遗址公园雕像

东流至西坝村东，有亮马河从右岸汇入。亮马河，西起东直门外小街，全长约9.3千米，集水面积14.25平方千米。两岸有外交人员办公大楼、长城饭店、燕莎商城等建筑。两岸遍植花草、树木，建有栏杆步道，已成为花园式景观河道。

继续东流至三岔河村，有北小河从左岸汇入。北小河长15.9千米，流域面积66平方千米，为坝河最大支流，发源于安定门外小关地区，流经大屯、望京等居民密集地区，为典型的城市景观。经多年治理，现已达到20年一遇、排水能力110立方米每秒的防洪标准；沿河建闸7座，蓄水量50.8万立方米，形成宽阔的水面。

继续东流，逐渐离开喧嚣的城市，进入相对安静的近郊农村，至通州区北马庄西汇入温榆河。

3.3.2 通惠河
(Tonghui River)

北运河支流，又名闸河、玉河、大通河。西起北京市东城区东便门，东行经朝阳区，至通州城东入**北运河**。河长20.34千米，流域面积258平方千米。历史上曾是漕河，现在是以接纳北京城区排水为主的综合性利用的河道。

概 述

通惠河上源水系源远流长，北京西郊的南旱河、**永定河引水渠**、**京密引水渠**昆玉段、**长河**、双紫支渠等均经**北京护城河**汇入。流域地势西高东低，除南旱河发源于地势较高的香山外，其余河渠高程从西到东由五六十米降至20多米。

流域属暖温带半湿润大陆性季风气候。多年平均年降水量约600毫米，85％集中在6—9月。历史上多洪涝灾害。《嘉靖实录》记载："明嘉靖二十五年（1546年）六月二十五之夕，北京连雨，西山水发，涌入都城数尺，房屋倒没，死者无数，直入皇城，坏九城城垣。"

金朝建中都城后，为解决漕运，从中都城北（今会城门）护城河开渠直达通州，沿河建闸，取名闸河。元代都水监郭守敬于元二十九年至三十年（1292—1293年）主持开挖通惠

积水潭

河，自昌平白浮泉引水，绕行西山山麓入瓮山泊（今昆明湖），经长河入积水潭，过今地安桥，沿南北河沿大街，经船板胡同，出东便门，接闸河至通州入白河（今北运河），全长一百六十四里又一百四步（元制）。沿途共建船闸11处24座，从西向东依次称为广源闸、西城闸、朝宗闸、海子闸、文明闸、魏村闸、籍东闸、郊亭闸、杨尹闸、通州闸和河门闸。粮船可自通州直抵积水潭，一时积水潭"舳舻蔽水"，蔚为壮观。元世祖赐名"通惠河"。明宣德七年（1432年），扩建皇城将通惠河位于宫城东侧一段圈入城内。之后，通惠河改为以东便门为起点，东经庆丰闸、郊亭闸、溥济闸、永通桥，在通州城北入北运河，并改名大通河。明清两朝，通惠河漕运时断时续，水陆并进，水运可达朝阳门一带，每年运粮四五百万石。清末，由于海运兴起和铁路畅通，漕运停止，通惠河闸坝渐废，河道淤浅，成为排水河道。

1949年后，进行过多次治理。20世纪50年代，新建高碑店闸（原郊亭闸），壅高闸上游水位，以保证东郊热电厂和通惠灌区用水。80年代，再次新建高碑店闸和普济闸（原溥济闸），加大泄洪流量。90年代，彻底治理通惠河。其中，上段由东便门至高碑店闸长7.8千米按20年一遇洪峰流量464立方米每秒设计、100年一遇洪峰流量651立方米每秒校核，河道底宽38～40米，为复式矩形断面、混凝土衬砌，在东三环路以西建橡胶坝及船闸各2座，改建多座跨河桥；下段由高碑店闸至北运河长12.5千米按20年一遇洪峰流量611立方米每秒设计、50年一遇洪峰流量746立方米每秒校核，河道底宽35～43米，为梯形断面或下部梯形与上部矩形相结合的断面、混凝土衬砌；从上游至下游，河坡上均有巡河步行道，步行道临河一侧有护栏，岸上植柳。

清代，河水很好，河中有鱼可供捕捞食用。清代诗人得硕亭的《乘舟游二闸》诗中说："乘舟二闸欲幽探，食小鱼汤味亦甘。最是望东楼上好，桅樯烟雨似江南。"直到20世纪50年代，水质仍好。之后河水污染日益严重，到90年代达到极点，水色浓黑，气味恶臭，成为一条"死水河道"。2001年，高碑店污水处理厂建成投入运行，水质逐年改善。目前，河道内已有数十种高等水生动植物，其中有10余种鱼类。

纪 实

通惠河起自北京东便门外，南护城河、东护城河、前三门护城河在此交汇，有古大通桥闸遗址。古大通桥闸为明正统三年（1438年）所建，3孔石拱桥，桥长45.1米，宽9.2米，桥台两端设有水闸、闸台、绞关石和闸板槽口。元明清三代，由通州逆水而上的漕船多于此停泊卸货。此桥闸于1973年12月东护城河改暗河时被拆除。

东行数百米，河上建有2座橡胶坝与船闸相结合的建筑物，用于蓄水和通航。建成多年，橡胶坝起到蓄水作用，而船闸尚未启用。

东行过东三环约300米，至古籍东闸闸址。籍东闸，即庆丰闸，俗称二闸。清及民国年间，此处河水清澈，风光秀美，设有游船，沿河两岸多茶楼酒肆，游人荟萃，是京城著名的

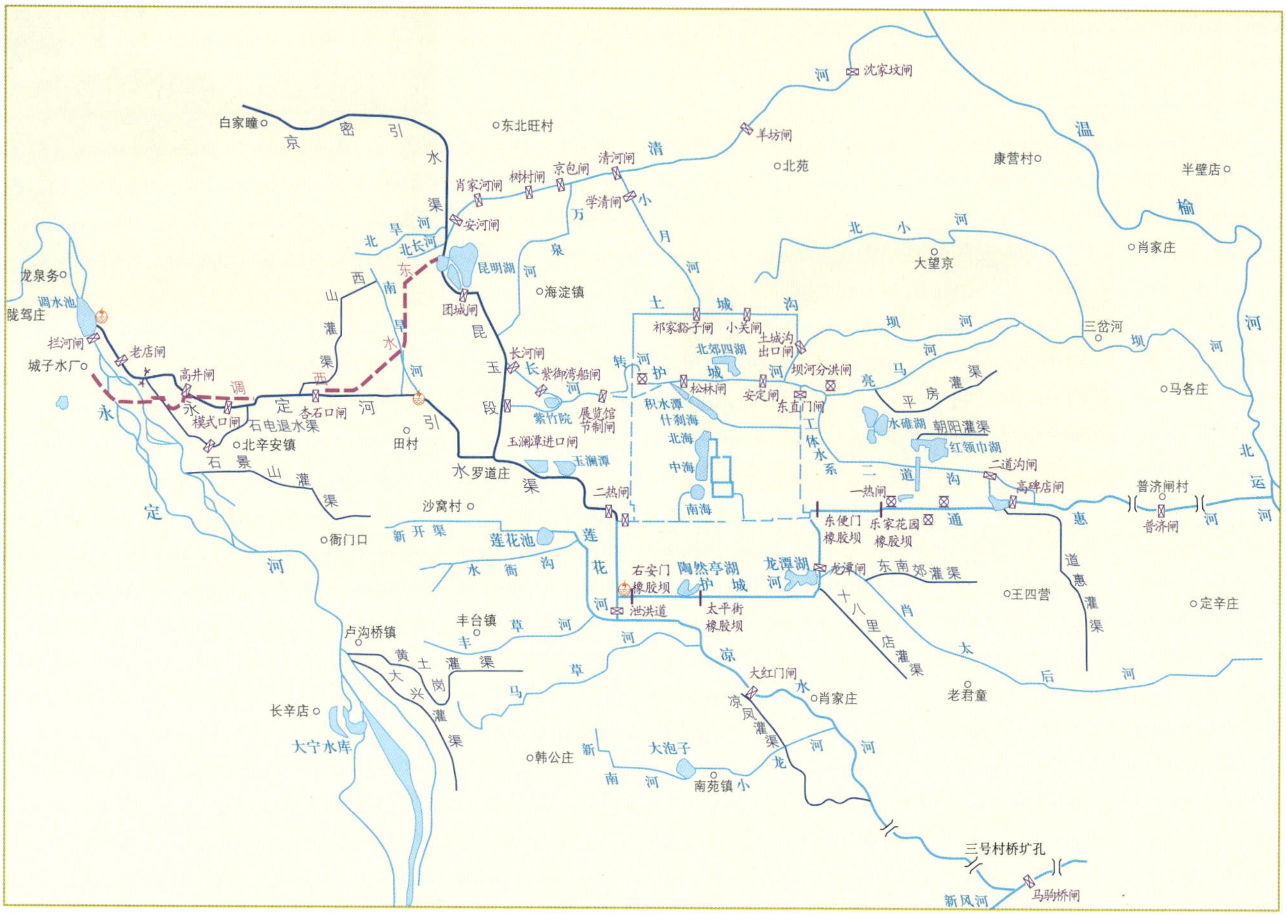

北京市河湖水系示意图

风景区。《天咫偶闻》记载：二闸"自五月朔至七月望，青帘画舫，酒肆歌台，令人疑在秦淮河上"。1993年整治通惠河时，对庆丰闸遗址进行精心保护：将原闸边墙上花岗岩条石移建于今河道两岸边墙上；恢复边墙上4只仿石雕镇水兽；在闸左侧巡河路外挡墙上镶嵌墨玉石刻《二闸修禊》壁画和有关庆丰闸的古籍记载；建《庆丰闸遗址碑记》1座。如今，北岸为通惠北路，高楼林立，兴旺繁华，北京电视台近在咫尺。

继续东行过京承铁路，河面突然展宽，最宽处达300余米，高碑店闸闭闸蓄水，形成宽阔水面，名高碑店湖，湖水面积22公顷。湖的北岸

高碑店湖

有北京第一热电厂（原东郊热电厂），在湖的上游建一泵站，设4台水泵由湖中抽水，作为汽轮机冷却水及工业用水，退水经明渠在高碑店闸前入通惠河。湖的南岸有高碑店污水处理厂，是我国目前规模最大的污水处理厂。污水经二级生化处理后，一部分作为中水输往各处使用，一部分排入通惠河高碑店闸下游。高碑店闸上游、通惠河的南岸有通惠灌区进水闸，引水入通惠灌区。通惠灌区于1958年建成，20世纪80年代以前每年由通惠河引工业退水5 000余万立方米，灌溉上万公顷农田，目前仍在使用。

东行至通州区八里庄，有永通桥。永通桥，建于明正统十二年（1447年），俗称八里桥，长50米，桥面宽16米，是1座石砌3孔的券形拱桥，南北走向，造型特殊，中孔高达8.5米，两侧孔高仅3.5米，相差悬殊。当年运粮船多为帆船，中孔高耸，漕船可直出直入，故有"八里桥不落桅"之说。桥面两侧有青石护栏，实心栏板，两侧望柱各33根，柱头雕饰精美石狮，两端偎以石兽。远望此桥，如长虹卧波、月轮堕水，是"通州八景"之一"长桥映月"。八里桥所以远近闻名，还因在清咸丰十年（1860年）九月这里发

永通桥

生过一场清军抵御英法联军入侵的八里桥之战，是近代帝国主义者侵略中国的见证。为保护这座古桥，在其南北两端各开挖分水渠道，各新建1座3孔混凝土桥，用于行洪，以减轻对古桥的压力。该桥为北京市文物保护单位。

流至通州城东，入北运河。

3.3.2.1 玉泉
（Yuquan Spring）

位于北京市海淀区玉泉山脚下，因水质甘洌清爽、水清而碧、澄洁似玉而得名，有"天下第一泉"之美誉。玉泉是裂系泉群，是**清河**、**昆明湖**和**长河**的水源。

玉泉山远眺

玉泉山是太行山余脉西山的平原残丘，山体状如马鞍，纵深 1 300 米，最宽处约 450 米，主峰海拔 100 米，为奥陶系灰岩的向斜地层，岩溶裂隙比较发育，有良好的补给、径流和排泄条件，其补给源主要是大气降水和**永定河**水，地下水较丰富，形成以玉泉为主的泉群。山上洞壑迂回，"土纹隐起，作苍龙鳞，沙痕石隙，随地皆泉"。

金元时期，玉泉山有玉泉、迸珠泉、裂帛泉等名泉 14 处，无名小泉遍布山麓，难以计数。清乾隆年间（1736—1795年），著名的泉尚有 8 处，其中涵漪斋泉、迸珠泉、玉泉、裂帛泉位于玉泉山西麓；试墨泉、涌玉泉、宝珠泉、静影涵虚泉位于玉泉山东麓。玉泉出水量最大，如玉液琼浆般喷涌流下。"嶂雾岩云涌玉泉，长流未似瀑流悬。声惊素练鸣秋壑，光讶晴虹饮碧川"是其真实的写照。历代文人墨客都将玉泉涌水趵突的特色称为"飞瀑垂虹"。金章宗完颜璟将其纳入"燕京八景"之一，定名"玉泉垂虹"。清乾隆皇帝因玉泉之水是从山根涌出，"喷薄如珠"，未成瀑布，改名为"玉泉趵突"，加上水质极好，亲题"天下第一泉"，立于泉旁。

泉群流量大而稳定。据民国 17 年（1928年）冬季调查，有泉 8 处，总出水量 2.01 立方米每秒，其中玉泉出水量为 1.41 立方米每秒，喷出高度达 3 米；到 1949 年，泉水减为 5 处，总出水流量为 1.1～1.5 立方米每秒。

清乾隆帝亲题"天下第一泉"碑

由于玉泉山山明水秀，距城不远，很早就被开发为皇家行宫园林。辽代在此建起"玉泉行宫"。金代建"芙蓉殿"。元世祖忽必烈建照化寺。明英宗朱祁镇建上下华严寺。清康熙十九年（1680 年）将原有行宫、寺庙翻修一新，总名"澄心园"，后改称"静明园"，其范围大致在玉泉山的南坡和玉泉湖、裂帛湖一带。清乾隆时，对静明园进行扩建，玉泉山及山麓河湖地段全部圈入宫墙之内，南北长 1 350 米，东西宽 590 米，面积约 65 公顷。静明园以其山水结合、寺观众多、亭台楼榭依山而筑和融于泉壑、山岩、林木之间的特点，体现了高超的造园艺术，被列为北京著名的"三山五园"之一，是我国园林建筑史上的一颗明珠。

玉泉流量大而稳定，曾是金中都、元大都和明、清北京河湖系统的主要水源，为京都供水、漕运、灌溉、园林建设、美化净化环境等起了重大作用。元代通过金水河将水引入太液池，著名的元代水利专家郭守敬曾引白浮泉、玉泉等 11 处泉水，凿成**通惠河**，实现了京杭运河的最后贯通，对大都及以后都市的发展发挥了巨大的作用。明代从永乐皇帝迁都北京以后，就把玉泉定为宫廷饮用水水源地，并沿袭至清代。清代宫廷饮用水，均取自玉泉。20 世纪 50 年代，官厅水库建成截流后，**永定河**水补给量减少，加之 70 年代连续干旱，地下水被过度开采，导致玉泉涌流于 1975 年 5 月干涸，至今未能恢复。

3.3.2.2 昆明湖
（Kunming Lake）

又称瓮山泊、大泊湖、西湖、西湖景、西海、金海等，位于北京城西北郊玉泉山下的颐和园内，总水面积 213.3 公顷。原为一个较小的天然湖泊，经历代修治而形成水库，具有向城市供水并兼有灌溉、防洪、园林美化及水上游乐等功能。以昆明湖和万寿山为主要框架建成的皇家园林颐和园公园，成为驰名中外的游览胜地。

昆明湖

概　述

古代昆明湖水域，地处永定河冲积扇和南口冲积扇之间的低洼部位，由西山一带的泉水汇聚而成，水质良好。据地质学家研究，湖体已有 3 500 年的历史，是在天然湖泊的基础上经过自然变迁和历代整治而成的水库。

《元一统志》记载："庚子年（1240 年）十二月编修赵著碑记：燕城西北三十里有玉泉。泉自山而出，鸣若杂佩，色如素练，泓澄百顷，鉴形万象，及其放乎长川，浑浩流转，莫知其涯。"元至元三十年（1293 年），为满足大都漕粮航运河道对水量的要求，郭守敬主持开白浮瓮山河，将属于温榆河水系的昌平白浮泉等水源引入瓮山泊（今昆明湖），并修筑西堤，疏浚湖底，建设水闸，从而成为接济通惠河水源的调节水库。元代熊梦祥所著《析津志》中记载："其湖广袤约一顷余。旧有桥梁水阁、湖船市肆、蒲芡莲芰，似江浙西湖之盛，故名。今仅存一漫陂而已。"

明永乐年间（1403—1424 年），曾对此湖大力修筑，将玉泉山水全部导入西湖（今昆明湖，本条下同），并加强管理。西湖附近大片土地，被辟为稻田。沿湖榆柳夹岸，湖中菱、芡、莲、菰交芳，鱼禽泳翔，宛如江南水乡，出现"西湖十景"美名。

清代，为解决漕运和城市用水，重新规划，改扩建此湖，增加调蓄能力。乾隆十四年（1749 年）冬季，对西北郊的河湖水系进行了大规模的整治，将西湖的湖面往北疏浚至瓮山南麓，将原堤东移至知春亭以东，使"新湖之廓与深，两倍于旧"，并"为坝、为闸、为涵洞"以控制蓄泄。东堤从文昌阁至绣漪桥长约 1 800 米。乾隆二十九年（1764 年），另筑西堤（即今西堤）及相连的横堤，将湖面分割为三部分。湖面总面积 213.3 公顷，其中东湖水面面积最大、为 125.8 公顷；西北

3.3.2.2 昆明湖

湖（也称团城湖）水面为38.8公顷，京密引水渠建成后成为城区饮用水源调节库，并与东湖、西南湖隔离；西南湖水面为48.7公顷、水深2米左右（1990年）。

西堤上有桥6座，横堤上也有桥，以保持湖水相通。利用浚湖的土方，堆垒、改造瓮山东南面的山形，保留了原东岸上的龙王庙，成为湖中的南湖岛；另在其南面堆筑一座小岛，即凤凰墩。在西湖以西、玉河以南，利用原来的零星小河泡拦蓄成一个浅水湖，名养水湖。同时，在玉河西端开凿一条短渠，使养水湖与西湖相连。乾隆十五年（1750年）竣工，皇帝命名西湖为昆明湖，将瓮山改称为万寿山。乾隆二十四年（1759年），又在玉泉山静明园接拓一湖，名为高水湖，"俾蓄水上游，以资灌注。"在西湖的西北隅将原有河道疏浚，经瓮山西麓北接于清河，作为西湖的溢洪河道。这条河道在瓮山西麓分出一条支渠，转出东行，沿山北麓将一些零星小溪泡连缀成一条河道，即后溪河，亦称后湖。经过多年整治，西湖已成为一座兼具灌溉、蓄水、排洪、改善环境等多功能的水利枢纽，同时也使瓮山、西湖形成山嵌水抱的形势，瓮山犹如托出水面的岛山，为造园提供了良好的地貌基础。

南水北调中线工程首部在丹江口水库，尾部进入团城湖。工程完成后，届时长达1 276千米的渠道将丹江口水库和昆明湖这两颗明珠连接，随着汉江之水源源输入，昆明湖将变得更加澄明壮阔，向首都北京供水的功能将大大加强。

纪　实

西湖，由于山水相依、环境秀美，元代就在湖畔修建了规模宏大的大承天护圣寺。达官贵族乃至皇帝，常沿湖堤放骑游览，当时西湖被誉为"壮观神州第一"的游览区。明代在北岸建圆静寺（今排云殿址）。清康熙年间（1662—1722年），在万寿山之西建惠山园。清乾隆十五年（1750年），在对西湖进行大规模整治的基础上，又进行了大规模的园林建设，乾隆二十四年（1759年）完工，始称清漪园。清咸丰十年（1860年），清漪园的建筑群被英法联军烧毁。清光绪十二年至二十一年（1886—1895年），在清漪园残基上按原规模重建，并改名颐和园。

浩渺的昆明湖，巍峨的万寿山，与众多的亭、台、楼、阁、廊、榭和寺院等精美建筑浑然一体，构成一幅气魄恢宏、色彩浓丽、金碧辉映的画卷。

万寿山，屏列在昆明湖的北岸，古称瓮山，是燕山的余脉，高58.59米。排云殿位于万寿山前山中部建筑物的中轴线上，是万寿山前山最宏伟的一组建筑物。佛香阁建在万寿山前山的山腰处，为八面三层四重檐的建筑，通高36.44米，耸立于20米高的石造台基上，气势雄伟，是颐和园全园的构图中心。万寿山与昆明湖相接处，是著名的长廊。长廊共273间，全长728米，枋梁上绘有人物、山水、花鸟等彩画8 000余幅。长廊依山临水，以排云殿为中心向东西两侧对称伸展，将分布于万寿山前的建筑连成一体。

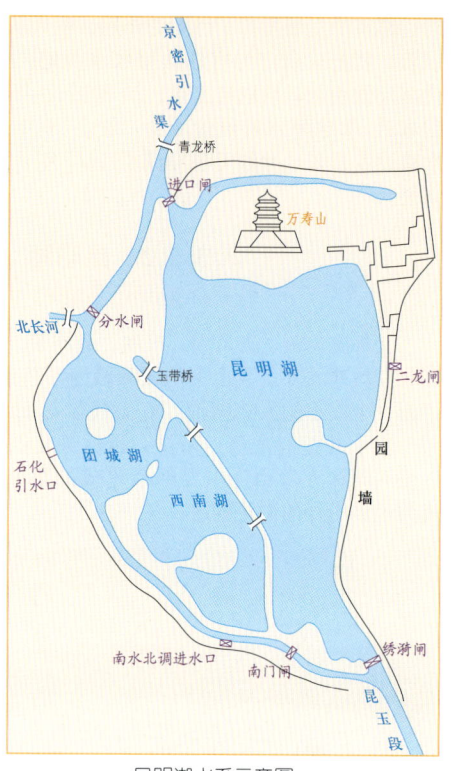

昆明湖水系示意图

颐和园长廊

万寿山

站在万寿山上南望，是碧波浩渺的昆明湖。粼粼的湖水、蜿蜒的湖堤、错落的岛屿以及隐现于湖畔的各种建筑，构成一幅绝色风景。按照中国历代皇家园林"一池三山"的布局方式，湖中建有"南湖岛""治镜阁岛""藻鉴堂岛"3座屿，体现出中国传统"神山仙境"的寓意。南湖岛位于昆明湖前湖的中央，向东通过十七孔桥与东堤上的廓如亭相连，岛、桥、亭结合成一个完整的构图，与万寿山遥相呼应。十七孔桥全长150余米，因有17个券洞而得名。桥头及桥栏望柱雕有500余只形态各异的石狮，桥栏的两端共有4只异兽，威武雄壮。治镜阁岛位于团城湖内，三层高阁治镜阁矗立在团城上。藻鉴堂岛位于西南湖中，有结构精巧的藻鉴堂。

昆明湖西堤，仿照杭州西湖苏堤而建，纵贯南北，由北向南依次筑有界湖桥、豳（bīn）风桥、玉带桥、镜桥、练桥和柳桥6座形态各异的桥亭。在柳桥

十七孔桥

与练桥之间筑有取自范仲淹《岳阳楼》中"春和景明，波澜不惊"之句的景明楼。沿堤遍植桃柳，春来柳绿桃红，有"北国江南"之称。西堤景色与园外的西山群峰嵌合，形成又一幅绝妙的山水画卷。

后湖是从西宫门半壁桥沿万寿山后坡山脚下曲折弯转向东的一条狭长、曲折的人工河，俗称苏州河。沿岸是苏州街，原称买卖街，清乾隆时仿江南水乡而建，是专供帝后逛市游览的水街，全长300余米，以水当街，以岸作市，集中展现了18世纪中国江南的商业文化氛围。苏州河水向东入谐趣园。谐

石舫

苏州街

趣园，原名惠山园，是仿江南名园无锡的寄畅园而建，园内方塘数亩，沿池建有楼、亭、斋、桥、榭等园林建筑，并由三步一回、五步一折的百间游廊相连接，步步有景，是颇有盛名的"园中园"。

颐和园以其秀丽的景色和深厚的文化内涵吸引着千千万万的中外游人，1998年被联合国列入《世界文化遗产名录》。

3.3.2.3 长河
（Changhe River）

又称南长河、高梁河、皂河、玉河、御河，西直门处的弯段也称转河。为**通惠河**上源水系。始自北京市海淀区**京密引水渠**长河闸，至西城区新街口豁口入**北京护城河**的北护城河，全长9千余米。

概　　述

长河是一条古老的河道，千百年来历经沧桑，多有变迁。据考证，在辽代已经开挖了**昆明湖**南流入高梁河的水道，这就是最早的长河。金迁都燕京后，利用河道导玉泉山水，向东南流注入高梁河。元至元三十年（1293年），郭守敬主持引白浮泉水及西山诸水与金代开挖的引渠接通并加以扩宽，建成通惠河（又称白浮瓮山河）。至此，金代的引渠和古代的高梁河都成为通惠河的一部分。清代扩建昆明湖，将东堤向南延伸至麦庄桥。至此，"长河"名字出现，起点在昆明湖绣漪闸，经广源闸、白石桥、会川闸（高梁闸），至西直门北三岔口闸入护城河。清光绪三十一年（1905年），修京张铁路时在西直门修建火车站，将末端河道改线，在高梁桥附近开挖河道向北绕过西直门火车站，再向东向南呈"几"字形与北护城河相接，此段河道称转河。1950年，按过水能力6.8立方米每秒标准进行疏挖，在尾闾新建三岔口分水闸，控制向北护城河、西护城河分水。1957年，建成双紫支渠，永定河引水渠通过其经紫竹院湖向长河补水。1966年，修建京密引水渠时借用长河从绣漪桥至长春桥3.1千米河道，长河起点改至长春桥以东新建的长河闸，设计流量20立方米每秒，终点为高梁桥，长5.5千米。1975—1982年修地铁时，将转河填埋，用暗沟直接向东与北护城河相通。1998年，北京市按照"水清、流畅、岸绿、通航"的目标综合治理京城水系，重新翻建长河首闸；在麦庄桥残存桥基附近，新建麦庄桥；为保护广源闸，在原闸右侧另开新闸；利用原河道坡陡河宽的地势，在紫竹禅院北辟建"紫御湾"，新开辟7000平方米水面的船舶停泊区。

自北京展览馆后湖至昆明湖绣漪桥段于1998年7月通航。2003年9月，恢复转河。转河从北京展览馆后湖起至新街口北护城河，全长3.7千米，其中高梁桥以下新挖河道长约3.3千米，新建11座桥梁、1座船闸、2座码头和1处补水口，新增水面5.7公顷、绿地8公顷，实现全线通航。

水流终年不断，水质良好。1949年以前，长河水源来自玉泉，"流急而清，鱼之沉水底者，鳞鬣可见。"目前，水源来自京密引水渠，水质仍然很好，清澈见底。元世祖忽必烈继位称帝后，在瓮山（即万寿山）建行宫。传说，他从皇宫大内到瓮山行宫，必在和义门（即西直门）外乘龙舟逆高梁河水上行。明清两代，常有帝王龙舟赴西郊各行宫御苑，去西山登高、观禾、看柳，长河成为御用河道。

纪　　实

始自北京市海淀区京密引水渠长河闸，东南行，河槽经人工整理，断面整齐划一，正常水位以下为混凝土浇筑的矩形断面、以上为土坡遍植草皮，岸边植柳，并设护栏，以保护河流免遭破坏和污染。

穿过三环西路有广源闸，建于元至元二十六年（1289年）。元明清历代帝王游幸玉泉、西湖（今昆明湖），均乘船经过这里。广源闸西侧有古刹万寿寺，原称聚瑟寺，始建于唐朝，明万历五年（1577年）重建后改现名。整个寺院坐北朝南，门临长河，建筑雄伟，古柏参天。清乾隆年间（1736—1795年）扩建和修葺，成为集寺庙、行宫、园林为一体的古建筑群。寺的中路为寺庙主体，西为行宫，东为方丈院。清代帝后沿长河至颐和园和西山游幸，必入寺烧香拜佛，到行宫休息。万寿寺也是普通百姓焚香拜佛求福祈寿和游览胜地。旧时，尤其是农历四月初一起开庙半个月，游人塞满道路。"柳风麦浪，涤荡襟怀，殊有天朗气清、惠风和畅之致。诚西郊之胜境也。"民国后，万寿寺渐破，殿堂斑驳，荒草遍地，主体建筑万寿阁在一场大火中焚毁。现中路为北京艺术博物馆。

长河

东行过紫御湾贯穿紫竹院公园。园中有紫竹院湖，原为古高梁河的源头，到民国时期因湖眼壅塞，部分湖面改为稻田，仅剩1.47公顷水面。1953年起，废田还湖，挖湖堆山，植树种竹，建榭筑馆，形成一个绿树翠竹葱郁、

湖光潋滟、景色优美的公园。紫竹院湖紧依长河南岸，水面15.89公顷，长河为其补水和泄水。长河北岸建有中国国家图书馆新馆，建筑恢弘，藏书2000万册，设有阅览室30余个。

东行至白石桥过白颐路，右岸有首都体育馆。首都体育馆建于1968年，建筑面积4万平方米，经改建后成为20世纪70年代北京市最大的现代化体育馆，为2008年

紫竹院公园

北京奥运会排球比赛用馆。首都体育馆东侧即北京动物园，明代称御园，长河横穿其间。清乾隆十二年（1747年），改建御园，取名乐善园。新中国成立初，名为西郊公园，1955年改为北京动物园。园内有水禽湖，水面5.6公顷，由长河引水。左岸有著名的真觉寺，明永乐年间（1403—1424年）印度和尚班迪达来北京时建，坐北朝南，面对长河。清乾隆时期，更名为大正觉寺，俗称五塔寺，是一座中国建筑、雕刻传统风格与印度造型艺术相结合的创造性作品。寺内有5座小石塔和1座琉璃罩亭，中塔13层、高7米，四隅小塔11层、高7米。塔身及金刚宝座上全部雕刻佛像、梵文及宗教花纹，现为全国文物保护单位。

动物园东侧是北京展览馆，馆后有湖，水面4.5公顷，1999年在此建成长河游船码头。由此东行至高梁桥，长550米，是明清两代的皇家御道，也是百姓踏青观柳的好去处。

首都体育馆

沿途景点有绮红堂、绮红堂码头、高梁桥等。高梁桥，建于元至元二十九年（1292年），是一座桥闸合一的单孔石拱桥。桥体用青白石构筑，外观朴实无华，两侧护栏雕琢精美。桥的两端建有牌坊，南端牌坊南向额颞为"长源"，北向额题为"永泽"；北端牌坊北向额题为"资安"，南向额题为"广润"，现只保存有桥栏杆。高梁桥是从皇宫内院去京西皇家诸园林的首站。清乾隆十五年（1750年），乾隆皇帝为其生母孝圣太后祝贺花甲正寿，特下旨在高梁桥修建了绮红堂，作为登船游览皇城水系的一个御用码头。此处也是乾隆以后历代帝后在来往皇宫与万寿山途中小憩、用膳、召见群臣处理

国家图书馆

国事之地。

下行进入转河段。这段河道是基于河道宜宽则宽、宜弯则弯和两岸宜树则树、宜草则草的思路治理的，根据不同河段特点塑造了历史文化园、生态公园、叠石水景、滨水游廊、亲水家园、绿色航道6个景区。沿河新建的13座桥梁，"一桥一景"，各具特色。两岸由形状各异的块石堆砌而成，草坪和鲜花锦簇，水中种植莲、茭、菖、苇，鸭群追逐嬉戏，使人忘记了闹市的喧嚣。

至新街口豁口，入北护城河。

3.3.2.4　北京护城河
（Beijinghucheng River）

北京是六朝古都，历代都城均建有城垣和城外护城河，以金、元、明三朝为主。金代都城称中都，在今西城区广安门一带，城垣周长约18.5千米，挖掘了护城壕，水源引自莲花河（洗马沟）和玉渊潭，早已湮废。元代的都城以今什刹海为中心，称大都，"城方六十里"，城外构筑有护城河，今德胜门外的土城沟是元大都北护城河的遗迹。明朝对都城加以改造，同时开挖护城河。今日北京城的护城河，是在明朝都城护城河的基础上加以改造演变而来的。全长40.85千米，其中，北护城河，自西直门外转河三岔口至东直门，长7.75千米；西护城河，自西直门北三岔口至西便门城角，长5千米；东护城河，自东直门至东便门，长5千米；前三门护城河，自西便门起，经宣武、正阳、崇文三门至东便门汇入**通惠河**，长7.6千米；南护城河，自西便门绕经永定门，至二道桥入**通惠河**，全长15.5千米。

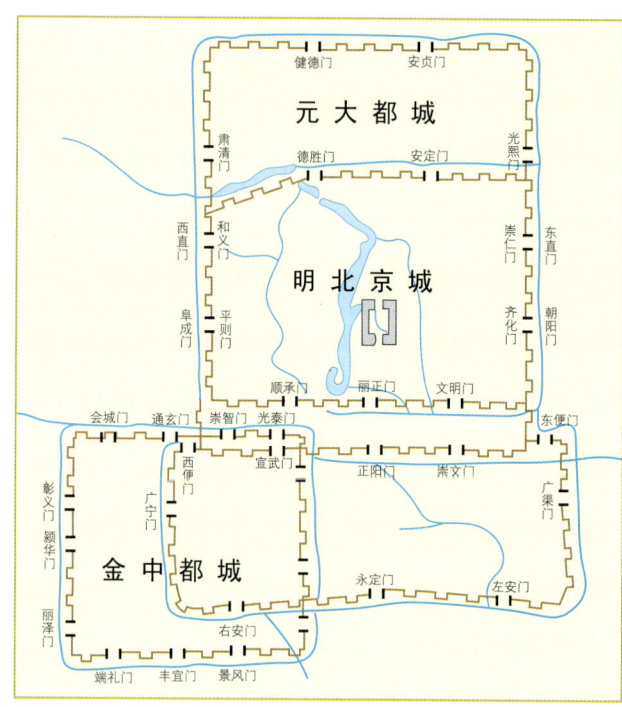
金元明护城河示意图

明洪武元年（1368年），将元大都北城墙南移2.5千米，以高梁河和坝河为基础疏挖成新的北护城河。明永乐十八年（1420年），在元大都基础上，几经改建扩建，雄伟壮丽的北京城基本建成。将元大都南城墙南移1千米，开挖了南护城河，即后人所称的前三门护城河；东护城河、西护城河及墙，则仍按元代旧制，只是分别由西直门和东直门向南延伸

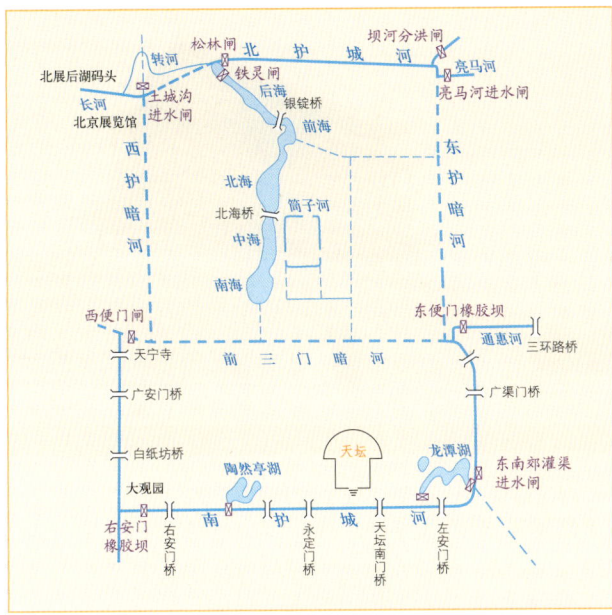

1985年后的北京护城河水系示意图

与新南城墙及前三门护城河接通；在皇城（紫禁城）四周开挖了护城河，即**筒子河**。至此，围绕皇城的筒子河和围绕内城的北护城河、西护城河、东护城河和前三门护城河均已形成。

明嘉靖三十二年（1553年），筑外城并开挖外城护城河，即今俗称的南护城河。外城护城河，起自西便门，绕经广安门、永定门、左安门、广渠门，至二道桥入通惠河，全长15.5千米。至此，北京城墙与护城河使北京城在平面上构成"凸"字形轮廓，这一格局一致延续了400余年，正是这一格局构成了古老北京城重要的风貌标志。

据明天启元年（1621年）对内外城护城河统一治理后统计，共疏浚12 645.6丈。另据《洪武北平图经志书》记载："壕池（护城河）各深阔不等，深至一丈有奇，阔至十八丈有奇"。总水面约80公顷。

历史上，北京护城河既有城市防卫功能，也有输水、排水功能。护城河之水主要来源于玉泉山的泉水，经**昆明湖**入南长河（今京密引水渠自昆明湖至高梁桥段），至西北

鼓楼大街烟袋斜街

城角三岔口分水闸处，分别流入北护城河和西护城河。另有玉渊潭水经三里河（今木樨地）于复兴门北注入西护城河。北护城河水，一部分入积水潭、**什刹海**、**北海**、**中海**、**南海**等水域，供内城园林、湖泊使用，一部分继续东流入东护城河；西护城河水一部分注入前三门护城河，一部分注入南护城河。护城河将城内过多的雨水排泄至通惠河。护城河与城市湖泊及大小排水沟渠共同构成城市水系网络，起着输水、蓄水、排水的作用。护城河在城市交通运输、观光游览、美化环境等方面也起过良好作用。当时，西北护城河两岸垂柳成行，水流碧绿清澈，与河道北岸外侧的太平湖融成一体，是京城西北隅一处天然野趣景区，是市民百姓休闲的好去处；东护

城河，在清康熙、乾隆年间（1661—1795年）将京杭大运河、通惠河运来的漕粮送抵朝阳门，入门内九仓，京城百姓出游也多是从朝阳门外登舟，沿东护城河南下至东便门或通惠闸游玩赏景；前三门护城河和南护城河，每到冬季开辟冰上运输线，坐冰船出游既省钱又快捷，竹枝词写道："十月冰床遍九城，游人曳去一毛轻，风和日暖时端坐，疑在琉璃世界行。"每年的七月十五农历中元节时，前三门护城河又成为市民放河灯、赏河灯的地方。

20世纪50年代，北京市编制了北京城市水系总体规划，明确提出：在北京城内要修建以永定河引水渠、前三门护城河、通惠河为主体的城市水系，并与西北郊的昆明湖、

鼓楼大街

京密引水渠相连接，形成一条山清水秀、名园绮丽、游船往来贯穿城市中心的观赏河道。据此，将前三门护城河宣武门以西及崇文门以东河段扩挖，形成宽40余米的河面，宣武门段为保留岸柳还建成双河，并开辟游泳场。双河段中堤上成排的垂柳，浓荫遮地，柳丝拂水，碧水漾波，景色宜人，给古老的京城增添了新景色。但是，此规划只实施了一部分。

20世纪60年代起，北京城的城墙和城门楼被相继拆除，护城河也被大量改为地下暗河，包括前三门护城河、西护城河、东护城河和北护城河西段等，断面结构形式采用单孔钢筋混凝土框架结构，总长达20千米。目前，北京城仅剩下元代的北土城沟（10千米）和明代的筒子河（3.5千米）、内城的北护城河东段（6千米）和外城的南护城

雍和宫

河（15.16千米），仍为明沟形式。护城河的暗渠化，不仅削减了其美化城市的功能，而且降低了城市抵御洪水的能力。

地坛方泽亭

20世纪80年代以来，对护城河进行了全面整治，排水功能得到较大提高，面貌得到很大改善。

元代的北土城沟，连同断续的元大都土城墙及水关遗存，进行了统一规划整治。护城河疏挖成底宽15米的矩形断面，边墙用石料砌筑，河道两侧栽植林木花卉，布设马匹、木车、成吉思汗雕像等体现元代风格的园林小品，构建成元大都城垣遗址公园。

北护城河

北护城河与北二环路平行，依次有德胜门、鼓楼大街、安定门、雍和宫、地坛公园等重要建筑物，承担着为什刹"三海"（西海、后海、前海）、北海、中南海、筒子河、北郊四湖及其下游亮马河、北京工人体育场水系、平房灌区等输水和城区泄洪任务。20世纪70年代，曾治理其上段，局部河段北移，并将改道的861米河段改为暗沟。80年代，治理其下段，采用全衬砌复式断面形式，降低两岸林荫道，改建为花园式河道。2005年8月起，对其进行全面整治。河道按20年一遇洪水设计、100年一遇洪水校核的标准清淤，开展截污治污，使水质达到Ⅳ类水体标准，工程包括新建船闸、栈桥、码头，护砌生态岸坡，绿化美化和水质净化等。沿线以历史为主线营造园林景观，建成"太平观荷""德（得）胜欢歌"等景点。"太平观荷"，是将西部一段失去输水功能的河道填筑，抬高河底，抽水入河，形成水面，种植大片荷花，力求恢复历史上太平湖的风貌。"德（得）胜欢歌"，系利用松林闸下游平台4米的落差，形成瀑布，让河水循环流动，既净化水体，又有较好的立体水景观效果。

南护城河，起自西便门甘雨桥跌水二热闸，北纳西护城河暗沟，西连永定河引水渠，东接前三门暗河。南流经广安门至右安门大观园桥。该河段为底宽22~24米的混凝土衬砌的梯形复式断面，河坡有巡河路及绿化带，遍植

原永定门瓮城

垂柳，似绿色长廊，岸边为街心公园，环境优美怡人。从大观园桥到东便门铁路桥，河道为底宽32~40米的混凝土直墙护岸的矩形复式断面，河坡有巡河路及绿化带。沿河修建多处船闸，成为游览通航河道。在右安门桥西约50米处有橡胶坝1座，因邻近右安门，名右安门橡胶坝。该坝建于1966年，长37.6米，高3.4米，是我国修建的第一座橡胶坝。向东，北岸有永定门城楼，是古都北京中轴线南端的标志性建筑，始建于明嘉靖三十二年（1553年），清乾隆年间（1736—1795

重修的永定门城楼

年）增建箭楼。1957年，城楼箭楼被拆除。2004年，在原址按原样重建城楼。过左安门折向北，于东便门铁路桥入通惠河。

3.3.2.5 什刹海
(Shichahai Lake)

北京城内湖泊，以**长河**为水源，金代称白莲潭；元代称海子、积水潭；明代称德胜桥以西水域为积水潭、以东水域为什刹海，其中南部莲花较多，又称莲花泡子；清末民初统称什刹海，与前三海（**北海**、**中海**、**南海**）相对应，又分为西海（积水潭）、后海和前海。总水域面积为34公顷，其中西海7公顷、后海18公顷、前海9公顷。

什刹海

概　述

原为**永定河**（古称浑河）故道遗留的湖沼，与北海、中海、南海为同一水系，经历代建设改造，成为北京城内的湖泊。

什刹海与北京古都的建设有着极其密切的关系。元大都选城址时，由莲花池水系转移到高梁河水系，为城市的发展开拓了更为丰沛的水源，也为明清北京城的建设与发展奠定了基础。元大都的规划建设，充分利用了积水潭一带水域的地理特点，确立了全城的南北中轴线，依此规划城垣、城门和宫殿。在此基础上，元至元三十年（1293年）秋，郭守敬导引西北诸泉的白浮瓮山河开通，泉水经长河汇聚于积水潭，为一宽而长的水面，"汪洋如海"，成为京杭运河的终点码头。元延祐六年（1319年），又将积水潭四周砌成石岸。

明初，新建北京城，将元大都北垣南移2.5千米，使积水潭西北段隔于城外，水由德胜门西水关入城。明代北京城的改建，漕粮水道变迁，积水潭水源减少，加之多建低桥，漕运不再进城，什刹海由元代喧嚣之区一变而为封闭式的水波激滟的宁静之区。朱棣下令在什刹海辟建江南景色，沿岸种植堤柳，满湖莲藕，风景宜人。随后，贵戚们纷纷在此营建官邸和宅园，成了名园荟萃之地。

清乾隆时期（1736—1795年），曾两次对什刹海进行疏挖清淤，并将镇水观音庵改建，名汇通祠。在此基础上，加强了对皇家园林的管理，什刹海归奉宸苑管辖，明代的府邸宅园为清代的权贵王府所代替。清代各行各业发展很快，人口增多，什刹海成了市民百姓休闲场所，每逢节日开有荷花市场；前海西岸，高搭席棚，商贩云集，风味小吃齐全，文娱活动繁多。

到清中后期，积水潭地区由于水源日渐减少，临湖的园亭、寺庙便逐渐荒废。由于八国联军侵占北京和军阀连年混战，什刹海呈现一片败落景象，水源日渐减少，"水浅不能泛舟"，水体严重污染，社会秩序混乱，成了土匪、地痞、流氓活动场所。到1949年前夕，堤毁水臭，污泥充塞，成了三潭死水。

新中国成立后，多次治理什刹海。1950年6—11月，共清除淤泥28.7万立方米，修筑护岸6 393米，水面面积扩大了17%。20世纪70年代，玉泉水源枯竭，由官厅、密云水库供水，经西北护城河注入什刹海的西海。1987年后，在西海重建汇通祠；后海重建望海楼，修复广化寺等；前海改建银锭桥，建有潭苑水榭、茗园茶室，恢复荷花市场，复建火神庙，改扩建万宁桥上下河道，使历经700多年风雨浸蚀、斑驳古老的万宁桥重放异彩。至1990年，什刹海水面达到34公顷，沿湖绿地11公顷。1998年9—12月，又一次对什刹海进行了大规模的河湖整治，生态和人文环境更加和谐。

纪 实

什刹海地区风光秀丽，被誉为"北方的水乡"。历经数百年的发展，有着深厚的文化积淀，保存着十分难得的自然景观和人文胜迹。

元代时期，积水潭是停泊粮船的码头，从江南来的粮船来往于湖面上，呈现"舳舻蔽水"的繁忙景象，店铺鳞次栉比，热闹非凡。明代以后，水面虽有所缩减，但仍是碧波荡漾，岛上建有镇水观音庵。清乾隆二十六年（1761年），疏浚积水潭，并重修镇水观音庵，改名汇通祠。乾隆皇帝赋诗《积水潭汇通祠》曰："潴蓄长流济大通，澄潭积水映遥空。为关溯洄应垂制，因葺崇祠喜毕工。海寺月桥率难考，灯船歌馆漫教同。纪吟权当留碑记，殷鉴恒深惕若衷。"祠后是德胜门西水关。20世纪80年代，重修汇通祠，并辟为"郭守敬纪念馆"，陈列着曾对北京水利事业做出过重大贡献的郭守敬的事迹。

积水潭东南部，是连接西海和后海的德胜桥，桥的两端绿柳成荫，风光

汇通祠（郭守敬纪念馆）

秀丽。此处是皇家出兵打仗的地方，附近有净业寺等寺院。每年的初伏日是洗马日，御马监内监要给御马洗澡。是日清晨，彩旗飘扬，鼓乐齐鸣，太监牵着百

郭守敬纪念馆

余匹御马下水洗澡，引来众多看热闹的百姓。每年七月十五日夜，是佛教徒为祖先超度亡灵的日子，各寺的僧徒云集于此参加盛大的盂兰会，举行僧戒、拜忏、放焰火等活动。

德胜桥至银锭桥是后海，天水相映，碧波涟漪，岸边杨柳轻扬，官宦楼阁和朱门大院一座连着一座。后海北岸有宋庆龄故居。宋庆龄故居，原是清代醇亲王花园，面积

宋庆龄故居

3公顷。园内松柏苍翠，绿草如茵，一湾碧水从园中流过，亭台楼阁分布于湖水沿岸，形成一处安适幽静的庭园。登山可俯视后海，可远眺西山秀色。园内现有古树60余种、100余株，其中属国家一、二级古树有30余株，松柏古槐、高榆垂柳、桃李果木、绿竹新篁，四季常青。宋庆龄（1893—1981），历任中央人民政府副主席、中华人民共和国副主席、全国人民代表大会常务委员会副委员长、中华人民共和国名誉主席。1963—1981年在此工作、居住。1988年1月，国务院公布为全国重点文物保护单位。

醇亲王府

与宋庆龄故居相邻的是醇亲王府。府坐北朝南，占地面积近4万平方米。这座宅园原是清康熙朝大学士明珠的宅园。清乾隆朝晚期，权相和珅垂涎明珠家藏的珍宝和富丽的宅园，便罗织罪名，将其家产籍没、宅园据为己有。清嘉庆四年（1799年），仁宗将和珅赐死、家产籍没，并将宅园赐给其兄、名书法家成哲亲王永瑆，是为成亲王府。末代皇帝溥仪曾在此居住。1984年5月，北京市政府公布为北京市文物保护单位。

在前海、后海交界处烟袋斜街南端有一座南北向的单孔石拱桥，因桥身形似倒置元宝，人称银锭桥。站在桥上，隔水可见古城墙和掩映在湖

银锭桥

际绿树中的房舍楼阁，远眺西山浮烟晴翠的景色十分诱人，被誉之为城中水际观山第一绝胜处。"银锭观山"曾被列为"燕京小八景"之一。

前海北岸有恭王府，始建于清乾隆四十一年（1776年），是当朝大学士和珅的私宅。清嘉庆四年（1799年），和珅获罪赐死后，嘉庆皇帝将此宅赐庆郡王，改称庆王府。清咸丰元年（1851年），恭亲

恭王府

王奕訢搬入，改为恭王府。恭王府换过三代主人，有"一个恭王府，半部清朝史"之称。奕訢在府后修建了一座花园，名萃锦园。恭王府是清代规模最大的一座王府，也是至今保存最好的一座王府，坐北朝南，占地面积3.1万平方米，萃锦园占地面积2.6万平方米。园内假山叠翠，古朴秀丽，从后海引水入院，环绕于假山与各建筑之间，形成一组组风格迥异的小型园林。1982年2月，恭王府及花园被国务院公布为全国重点文物保护单位。

与恭王府毗邻的有郭沫若故居。故居原是清代恭亲王的私园，为庭院式四合院布局，占地面积约7 000平方米，建筑面积2 279平方米。院内竹林山石掩映，土山上遍植白皮松、银杏树，一尊高1.8米的郭沫若先生铜像端坐在绿荫环抱的草坪之上。郭沫若自1963—1978年在这里工作、居住。1988年1月，国务院公布为全国重点文物保护单位。

什刹海东岸地安门大街上有座桥，名万宁桥，俗称后门桥。该桥始建于元代，为单孔汉白玉石拱桥，长10余米，宽近10米，桥面用巨大的块石铺砌，两侧建有汉

郭沫若故居

白玉石护栏，雕有莲花宝瓶等图案，雕刻精细完美。虽经历数百年的风雨侵蚀和修缮，仍保留着早期桥梁的特征。桥西侧为澄清闸，闸口遗迹仍存，元代由南方沿北运河北上的漕船经**通惠河**可直入大都城内积水潭码头，万宁桥位于积水潭入口处，漕船入积水潭必从此桥下经过。1984年，被列为北京市文物保护单位。

3.3.2.6 北海—中海—南海

(Beihai - Zhonghai - Nanhai Lake)

北京城内湖泊，合称三海，其中中海、南海合称中南海。原为皇家宫苑，元时称上苑、太液池，明、清时称西苑。位于北京城内故宫和景山的西侧，北起平安大道，南至长安大街，水面面积90.38公顷。

概　　述

三海地区原是永定河南迁后遗留的故道及高梁河水汇入形成的大片湖沼。金代，将白莲潭（今北海、什刹海）辟为园林，今琼华岛当年称瑶屿。金大定十九年（1179年），以琼华岛为中心在岛上和海子周围修建离宫别苑，先名大宁宫，后更名为万宁宫。元代，以金代的海子和琼华岛为中心建大都城，此处成为皇城中的禁苑，称"上苑"。经过多年经营，到元代，山赐名万寿山（亦称万岁山），水赐名太液池。明代进行了较大规模的扩建，新开挖了南海，扩充了太液池的范围，完成了北海、中海、南海三海的布局，形成了一个纵贯皇城南北的袋状水域。以太液池上的两座石桥划分为3个水面：金鳌玉蝀（dōng）桥以北为北海，蜈蚣桥以南为南海，两桥之间为中海。清乾隆皇帝在《悦心殿漫题》诗中说："液池只是一湖水，明季相沿三海分。"几百年来，三海和西苑一直并用；而中海和南海紧密相依，合称为中南海。清代对西苑又作了新建和改建，在琼华岛上修建了巨型喇嘛塔和佛寺，并将万岁山改名为白塔山；在北海东岸、北岸利用水位差营造了静心斋、濠濮间等园中之园；在南海南台（今瀛台）及中海的东岸修建了宫殿楼阁和亭院幽谷。

1948年，三海水面面积86.4公顷，为中南海公园。但是，由于种植水稻、荷花及芦苇丛生占去水面面积的1/3，夏季水浅，蚊蝇孳生。

1951年，北京市对三海进行疏浚整治，清除淤泥34万立方米，修建护岸近11千米、码头31座、水闸8座，使三海水面扩展至87.54公顷，水深约2米。20世纪60年代和80年代，对三海进行过局部整治，使排水出路和水质有所改善。1998年，北京市以"水清、流畅、岸绿、通航"为目标开展城市河湖治理，对包括后海、西海、前海、北海、中海、南海在内的"六海"进行全面整治，北海、中海、南海经清淤、护岸和美化后变得更加秀美。

纪　　实

三海总体布局继承了中国古代造园艺术的传统，景观比较开阔。琼岛耸立于北，瀛台对峙于南，长桥卧波，状若垂虹。水面、山石及各种建筑物交相辉映，错落有致，疏密相间，构成了一个美的整体。

北海

北海的主要景物以白塔为中心。琼岛上布置了白塔、永安寺、庆霄楼、漪澜堂、阅古楼和许多假山、隧洞、回廊、曲

径等建筑物，有清乾隆皇帝所题"琼岛春阴"碑石。"琼岛春阴"是著名的"燕京八景"之一，明时诗人文徵明《琼华岛》诗中说："海上三山拥翠鬟，天宫遥在碧云端。古来漫说瑶台迥，人世宁知玉宇寒？落日芙蓉烟袅袅，秋风桂树露团团。胜游寂寞前朝事，谁见吹箫驾采鸾？"

中海的主要景物有紫光阁、蕉园和水云榭。紫光阁位于中海西岸，是清乾隆二十五年（1760年）修建的，面阔五间，两层重檐，绿瓦黄脊，华丽壮观。清帝常在此召见和延

新华门

请外宾内臣，新中国成立后成为党和国家领导人会见外宾和召开重要会议的地方。水云榭位于中海的中部，是一座歇山顶四面出轩的水榭，建在一个四面折角的石台基上，水榭倒映在碧水清波中，犹如云海中的天宫瑶台。亭内立有青白石插屏1座，上刻清乾隆皇帝手书的"太液秋风"4个大字。"太液秋风"（明时称"太液晴波"）也是著名的"燕京八景"之一，明代诗人杨荣《太液晴波》诗中说："太液晴涵一镜开，溶溶漾漾自天来。光浮雪练明金阙，影带晴虹绕玉台。蘋藻摇风仍荡漾，龟鱼向阳共徘徊。蓬莱咫尺沧溟下，瑞气絪缊接上台。"

南海的主要景物有瀛台，台上为一组殿阁亭台、假山、廊榭所组成的水岛景区，三面临水，如海中仙岛。瀛台南面有蓬莱阁，阁的两侧各有小亭，曲廊迂回，雕梁画栋，登阁四眺，南海景色尽收眼底。瀛台在清顺治、康熙年间修建，是帝王、后妃的避暑、游览地。戊戌变法失败后，清光绪帝被幽禁在此。

新中国成立后，中南海因作为党中央、国务院办公地而闻名于世。

3.3.2.7　筒子河
(Tongzi River)

北京城区中心故宫博物院城垣外围的护城河，曾是北京明代紫禁城的护城河，全长3 500米，水源来自**京密引水渠**。

北京明代紫禁城是在元朝大都宫殿废墟上经过重新规划建造起来的。明永乐四年（1406年）开始筹建，永乐十九年（1421年）建成启用。平面呈长方形，南北长约

故宫博物院

960米，东西宽约760米，占地面积72万余平方米。四周筑以城垣，城垣四隅建有高27.05米的角楼，四面各开一门，南为午门，北为神武门，东为东华门，西为西华门。

古代都城一向城池并重，即所谓"金城汤池"。"池"即护

城河。明代在城垣四周环绕以宽52米、深4.1米、总长3 500米的护城河，以神武门、午门为南北轴线，东华门、西华门为东西轴线，划为西北、东北、西南、东南四部分。在神武门、东华门、西华门路面下各设一个宽0.47米、高0.5米的涵洞加以连通。河底用三合土夯实，河帮用条石砌筑，河岸砌筑矮墙作为护栏之用。容水量约有50万立方米。

故宫筒子河

古时，筒子河水来自北京西北郊的玉泉山，经昆明湖、长河从德胜门西侧水关入京城，汇入什刹海，再自地安门西侧的西步梁桥（西不压桥）流入皇城，汇入北海，由北海后门内三角湖向东，经先蚕殿南流，过濠濮间出苑墙，再经西板桥大街东侧明渠过鸳鸯桥与筒子河西北角的入水口相通，形成水源供给通道。如今，水源由京密引水渠供给，通过长河、西北护城河、什刹海、北海注入。

筒子河主要具有保卫紫禁城、美化紫禁城周边环境、向

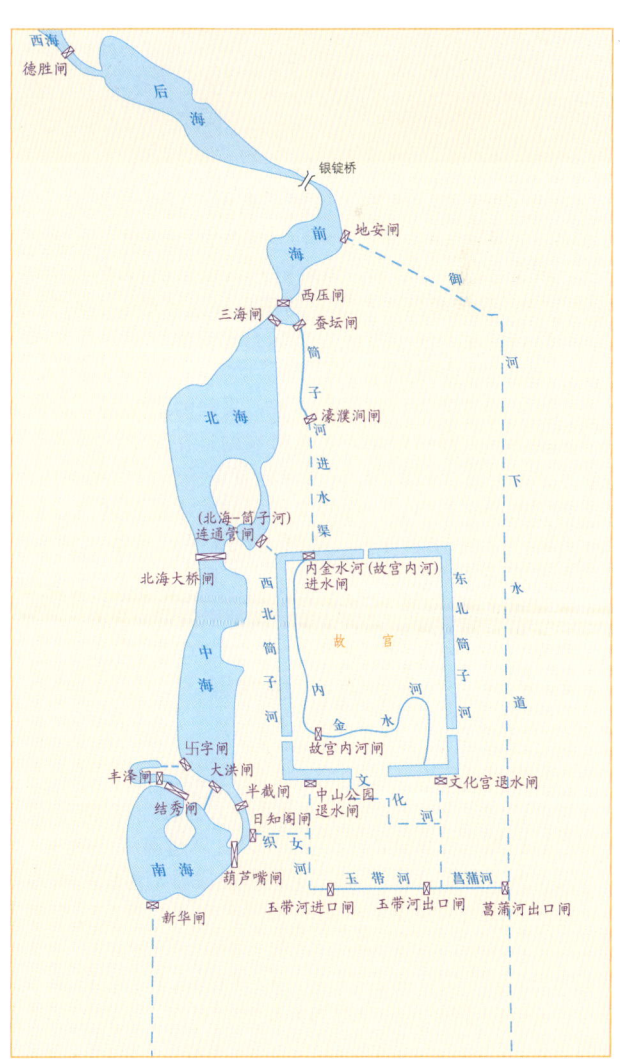
内城水系示意图

紫禁城内供水、承接紫禁城内排水等功能。筒子河是紫禁城的屏障，与城垣共同构成紫禁城的防卫体系。明代在城垣与筒子河之间设看守红铺40座，有官兵10人昼夜值班守卫。清乾隆年间（1736—1795年），沿河内侧东、西、北三面建造连檐通脊的守卫围房，使紫禁城的守卫更为严密。河内清鄰、宽阔的水面与高大的宫墙及精巧的角楼相映衬，使紫禁城更加壮美威严。河水通过内金水河输入皇宫内，以保证皇宫内防火和生活用水，美化环境并调节小气候。皇宫内雨水通过排水网汇集到内金水河，再排泄至筒子河内。

新中国成立后，对筒子河进行了多次维护治理。1956年，在北海东南角与西北筒子河之间修建了双排输水管道，设计流量3.6立方米每秒，改善了筒子河的换水条件。1968年，扩建神武门、西华门和东华门3处过水涵洞，洞宽达到1.2～1.6米，洞高达到1.6米，过水断面增加近8倍。

碧水绕皇城

1998—2000年，进行了清淤、截污、衬砌等全面治理，共清除淤泥杂物12.2万立方米，完成河底护砌加固18.2万平方米，翻建宇墙4 770米，同时将紫禁城东西城墙至河边的"朝房"中的住户搬出，对原有的围房加以修缮并有所复建，在地势略高的西北河道沿线安装数台推流器，促使护城河水流动，实现"体内循环"。

2006—2007年，再次进行治理，采取的措施是：在西南筒子河退水管处建一泵站，名1号泵站；在筒子河的西北角处建一泵站，名2号泵站。1号泵站抽取中南海的湖水入河，使之形成落差。过河后，再经2号泵站将水抽回北海，抽水流量各为0.5立方米每秒，使河内水体平均流速达到0.01米每秒，实现"体外循环"。此外，还采取多项生化处理措施，以还清水体。

3.3.2.8 金水河
(Jinshui River)

流经北京故宫和天安门的人工河，有着消防、排水和美化环境的功用。流经故宫的称内金水河，河长2 185米；流经天安门前的称外金水河，河长1 707米。属**通惠河**水系。

元至元十三年（1276年）元大都建成后，为保证水质清洁，特从玉泉山起修建了一条专用供水河道，直接送至皇家苑囿和宫廷内部，名金水河。《元史·河渠志》记载："金水河源出宛平县玉泉山，流至和义门南水门入京城，故得金水河之名。"其行水路线是由今西郊火器营村迤南，下流经车道沟方向至和义门南水关（今西直门南120米处）入城后，沿前半壁街、柳巷、白塔寺东街、太平桥街南流至今前泥洼西口向东，至皇城的西南角（今甘石桥附近）分为两支，其一沿今灵境胡同向东直穿过皇城墙，经过隆福宫前注入中海，供太液池西岸宫苑用水；另一支沿西皇城根向北流，绕过西北角向东行，在今北海后门附近入皇城，大约沿北海濠濮间南流至北海东门，又分出一支供琼华岛上用水，主渠继续南行与太液池东岸的"周桥"水道相合，专供太液池东岸用水。由于金水河供隆福、兴圣二宫使用，对水质的保护极为重视。在工程设计上，与其他河道交叉处均建有"跨河跳槽"，使之成为独立水道，防止被其他河水污染；在水源管理上，《都水监纪事》记载："金水入大内，敢有浴者，浣衣者，弃土石瓴甋其中、驱牛马往饮者，皆执而笞之。……碾硙金水上游者亦撤之。"元代还规定"金水河濯手有禁"。

明代在北京建都后，改变了元代水系的布局，将高粱河作为引水入城的唯一通道，使元代金水河部分断流湮废、部分变成排水沟。明代所开凿的金水河按其所处位置分为内金水河和外金水河。

内金水河，又称紫禁城内小金水河，从紫禁城西北隅水关引筒子河水入皇城内，到城内西北角的马神庙内露出地面，由西转南，经城隍庙东南角沿西墙内侧南流，至西华门处东折由武英殿门前流过，门前河上跨石桥3座。武英殿周围环境幽雅，内金水河三面环绕，东侧的断虹桥雕刻精美，为紫禁城之冠。桥南北地形开阔，植有古槐，俗称"十八槐"。再东行从太和门内广场逶迤流过。广场面积2.3万平方米，北有太和殿，南有太和门，建筑宏伟壮丽，威严肃穆。河形似弓，河上建有金水桥，并排5座，正中1座桥是专供皇帝通过的御路，桥上白玉石栏杆雕有龙云纹望柱；其余4桥分列正桥两侧，为王公百官行走之路。再向东流至文华殿西，北拐向东过古今通集库（旧史馆），至紫禁城东南隅出皇城归于东南筒子河，再经太庙（今劳动人民文化宫）退水暗渠入菖蒲河。河由西北隅入城，至东南隅出城，全长2 185米，体现了"引水贯都，以象天汉"的寓意。河帮、河底均用白石铺砌而成，只有西河沿等偏僻地带用砖砌筑河墙。河身依不同地点形势，或宽或窄，蜿蜒曼迴，环绕在宫内建筑之中。河身在西朝房处展为7.7米宽，是河的最宽处。河的主要功能是向皇宫内供水，以满足防火、施工和调节小气候的用水要求。内金水河还是皇宫紫禁城的排水总干渠。宫城占地72万平方米，内有90余座院落，长约8千余米的明暗沟通过9个排水口将雨后积水排入河内，再排入**筒子河**。紫禁城自建成500余年来，几乎未见暴雨积水的记载。

内金水河

外金水河，从南海日知阁下闸（今中南海东门内）出流，此段也称织女河，从社稷坛（今中山公园）水榭南出院墙至天安门前，东流在太庙（今劳动人民文化宫）南门东侧入菖蒲河，全长1 707米，再东过南池子牛郎桥入御河暗沟。《日下旧闻考》记载："护城河西面之水，自紫禁城西南隅流经天安门外金水桥，东南注御河，是为外金水河。"

天安门

天安门前金水河西自社稷坛（今中山公园）前门，东流至太庙（今劳动人民文化宫）前门，形似玉带，又称玉带河，长500米，宽18米，深约5米，北岸边沿距天安门墙基32米。两岸均由巨型条石砌成，岸上筑有矮墙。河上跨著名的金水桥，为汉白玉石桥，共7座，桥栏上雕有各种奇巧的图案与花纹。天安门前5座石桥，中间的1座与御道相连称"御路桥"，桥上有蟠龙雕花柱，桥面最宽，仅供皇帝行走；御路桥两侧是"王公桥"，准许宗室亲王行走；王公桥外为"品级桥"，准许三品以上的文武大臣行走；而位于社稷坛和太庙门前的桥称"众生桥"，准许四品以下官员行走。粼粼碧波的金水河、形似玉带的金水桥，北倚天安门城楼，南临天安门广场，与古朴的华表和雄伟的石狮构成天安门前巍峨壮丽的景色。天安门，为皇城正门，建于明永乐十八年（1420年），名承天门，清顺治八年（1651年）重建后改称天安门。天安门由城台和城楼两部分组成，通高34.7米。城楼面阔9间，进深5间，重檐歇山顶，覆黄色琉璃瓦。明清两代，天安门是皇帝祭祀、出征、出巡等重要活动进出皇城的必经之门，也是国家颁布皇帝诏书的场所。1949年

人民英雄纪念碑和毛主席纪念堂

10月1日，中华人民共和国开国大典在此举行，天安门成为新中国的象征，同时也是此后举行节日庆典的地方。1988年，天安门城楼向游人开放。天安门广场东西宽500米、南北长880米，总面积达44万平方米，是当今世界上最大的城市广场，广场的中轴线上矗立着人民英雄纪念碑和毛主席纪念堂，左右两侧分别是宏伟的国家博物馆和人民大会堂。

新中国成立后，对河道、河岸进行整修治理。1978年，将河底用方砖铺砌，在金水桥两旁护岸34.5米，汉白玉矮墙以外岸段重新用砖垒砌1.5米的栏墙、上加黄色琉

人民大会堂

璃瓦扶手，栏墙对金水河起到了较好的保护作用。1992年起，安装了金水河喷泉，几经改进，喷泉扬程达18米，可喷出9种水形近百个花样。

3.3.2.9 玉渊潭
（Yuyuantan Lake）

又名钓鱼台、钓鱼台泡子，位于北京市海淀区东南部，东至三里河路，西至西三环路，北至阜石路，南至永定河引水渠。包括位于玉渊潭公园内的西湖、东湖、引水湖、八一湖和位于钓鱼台国宾馆内的钓鱼台湖，水域面积61.9公顷。水源来自**永定河引水渠**，退水经永定河引水渠入**北京护城河**。

玉渊潭

原是古漯水支脉古蓟水的故道，古漯水改道后，泉水涌出，形成一片水泽。金章宗完颜璟在此筑台垂钓，迄今800余年。《日下旧闻考》记载："钓鱼台在三里河西里许，乃大金时旧迹也。台下有泉涌出汇为池，其水至冬不竭。"元代郡人丁氏在园中水域修建水池，并建玉渊亭，得名玉渊潭，俗名百官厅。元朝左丞相廉希宪构堂池上，绕池植柳数百株，名"万柳堂"。每夏柳荫莲香，风景怡人。明永乐之后，此处是达官贵戚的别墅，许多文人学士游宴赋诗于此，成为风景胜地。明《一统志》记载："玉渊潭在府西，元时丁氏故地，柳堤环绕，景气萧爽，沙禽水鸟多翔集其间，为游赏佳丽之所。"明代诗人王嘉谟《玉渊潭》诗中说："玉渊潭上草萋萋，百尺泉声散远溪。垂柳满堤山气暗，桃花流水夕阳低。"到了清代，随着地下水位的下降，几度干涸而成了"钓鱼台河泡"。为排泄和调蓄西山一带的洪水，同时也为解决南护城河的水源，清乾隆三十八年（1773年）开挖钓鱼台河泡，派拨清兵四五千人"疏剔诸泉"，浚治成湖。这是历史上记载的第一次疏浚玉渊潭的工程。清乾隆皇帝为此举赋诗并作注，他在注中说："钓鱼台下旧有水塘，上承西山香界寺一带山水。每遇夏秋雨潦，西山沥水灌注，辄沮洳阻行旅。壬辰夏于香山别开引河，引卧佛、碧云一带山水亦注于此，并芟治苇塘，疏剔所有诸泉，汇成一湖，复穿渠建闸，以资节宣。导流由阜成门外分支，一入西便门城渠，流为正阳门前之护城河；一由外罗城南而东，为永定门前护城河，皆汇入**通惠河**以济运。"同时，建起以养源斋为主的皇家园囿。在湖周堆山石，立宫门，建亭阁殿堂，垒起一座青灰色长条城砖砌就的高台，坐东朝西，西面大门上方镌刻有"钓鱼台"3个字。台左侧建有"养源斋""潇碧轩"。此后，成为清代风景胜地之一。

民国年间玉渊潭为北京大学农学院所辖，以此作为农林实验场，从罗道庄至钓鱼台一带周围十数里，林木葱茏，水青草肥，四周森林环抱，中央水田碧波，当时享有"东方小瑞士"的美称。

20世纪50—60年代，为满足城市供水和防汛的需要，先

后对玉渊潭及其上下游河道进行了3次大规模整治，开挖河道，拓宽湖面，疏浚清淤。1951年4月疏浚后，蓄水量达110万立方米。1957年初，随着永定河引水渠建成，

钓鱼台国宾馆

官厅水库水源不断进入玉渊潭，同时开挖了八一湖。八一湖位于玉渊潭公园南侧，原是一片洼地，结合永定河引水渠的开挖将其扩大成湖，湖水面积8.32公顷。因主要由中国人民解放军义务劳动完成，故名"八一湖"。1958年10月，钓鱼台行宫改建为钓鱼台国宾馆。国宾馆占地43公顷，内有3片互相连通总面积约6.3公顷的水面，纵贯宾馆南北，曲折迂回于亭台楼馆和林木石桥之间，将原钓鱼台行宫和新建的宾馆楼阁连成一片，古今相映，湖水如镜。国宾馆内芳菲苑，地处钓鱼台中心，北接中心湖，景色宜人。丹若园是钓鱼台内又一清游、宴饮之地，是宾馆的园中之园，环池曲桥，重亭凉榭，幽径回廊，绿草芳菲，小瀑飞花，金鱼嬉戏，胜似江南园林。同时，在东湖北侧开挖钓鱼台引水湖，又称北小湖，面积1公顷，通过375米的渠道将东湖和宾馆内湖相连，以便向国宾馆内湖补水。

1963年特大暴雨袭击了北京城，玉渊潭拦蓄洪水120万立方米，成为西蓄东排重要设施。翌年，对玉渊潭进行疏浚，新建进水闸，翻建出口闸，加高加

钓鱼台潇碧轩

固湖周堤防，蓄水量增加到160万立方米。2010年玉渊潭最大蓄水量达93.31万立方米。

20世纪90年代，以"水清、岸绿、流畅、通航"为目标，对京城水系进行了系统的治理改造。在八一湖内修建了游船码头和船闸，游船经京密引水渠昆玉段可直达颐和园绣漪桥，下经永定河引水渠可至南护城河。目前，玉渊潭公园因水而美，主要景区有樱花园、引水湖、中山岛、留春园等。这里，空气清新，水阔山长，山上松柏耸立，水岸垂柳依依，湖边水草青青，有着独特的自然野趣风格。1973年，日本友人赠送的大山樱花中有180棵种植在西湖北岸，每年春季樱花赏花会时，游人如织，成为京城早春特有的景致。

近年来，玉渊潭附近陆续建起一些标志性的建筑物。1992年建成的中央电视塔与玉渊潭隔路相

昆玉河及中央电视塔

望，塔高405米，是一座集广播电视发射、旅游观光和餐饮娱乐为一体的综合性建筑。站在238米高处的瞭望台上，可环视京城风貌，将玉渊潭附近的山水秀色尽收眼底。中华世纪坛紧依玉渊潭南岸，是中国人民迎接新千年、新世纪的标志性纪念建筑，占地4.5公顷，集建筑、园林、雕塑、壁画等多种艺术形式于一体。主体建筑由"乾""坤"两部分组成，直径85米，高28米。"乾"是坛体上部转动

中华世纪坛

的部分，"坤"是坛体下部静止的部分，建筑宏伟，寓意深刻。这些标志性建筑物的人文景观与玉渊潭的自然景观交相辉映，使湖区及其周边地区变得更加绚丽多彩。

3.3.3 凉水河
(Liangshui River)

北运河支流，干流起自北京市丰台区万泉寺铁路桥，至通州区榆林庄入北运河，河长53千米，流域面积693平方千米。地跨北京市石景山、海淀、丰台、西城、朝阳、大兴、通州区，是北京市南部的主要防洪排水河道。

概 述

凉水河处于**永定河**洪积、冲积扇平原地区，地层为深厚的洪积、冲积物。属暖温带半湿润大陆性季风气候，多年平均年降水量625毫米。

历史上曾为永定河故道。金代，于今看丹口与永定河相连，以永定河为源，并与金中都护城河相通。元代曾为大都城（今北京）南泄洪河道，因水清澈，又名清泉河。明代，永定河水自看丹口注入凉水河，泥沙俱下，故又名浑河。清代，凉水河脱离永定河，其源头在右安门外水头庄的凤泉，始有"凉水河"之称。

清乾隆三十八年（1773年）疏浚凉水河，自水头庄凤泉起，东流至万泉寺，至永胜桥东南流，沿南苑垣墙东流，到小红门西入苑内，东南流经沙底桥至鹿圈村，又东南过马驹桥至张家湾入北运河。此次疏浚，自凤泉至南苑3 000余丈，增筑水栅2道；又自栅口至马驹桥疏浚5 000余丈，整修旧桥闸9处，建新闸桥5座。1949年以前，凉水河长期疏于治理，堤防残破，河床淤塞，洪涝灾害严重。

1949年后，进行了多次治理，调整了水系布局，提高了防洪标准，改善了河道水质，美化了周边环境。1954—1957年，对主河道按10年一遇洪峰排水标准疏挖；将上游原入南护城河的莲花河改道汇入凉水河，万泉寺桥处设计流量55立方米每秒；为减轻南护城河的排水负担，开挖了南护城河向凉水河分洪的泄洪道；为减轻凤河中下游行洪压力，自南大红门至马驹桥开挖一条新凤河，使南大红门以上凤河改道入凉水河，马驹桥处设计流量达到140立方米每秒。此外，还疏挖了支流小龙河、草桥河、马草河等。1959年汛期，流域平均日降雨200毫米，洪水漫溢。之后，再次治理，主要包括：扩挖南大红门至马驹桥长9.3千米的主干河道，疏浚新凤河，新建库容130万立方米的李营滞洪区，将马驹桥闸由7孔扩为14孔以及培修堤防等。经过整治，流域面积达629.7平方千

米,成为北运河的较大支流,也是市区西部和南部的主要防洪排水河道。

随着城市规模的不断扩大,排水任务日益加重。20世纪80年代末至90年代初,以提高防洪标准为主,进行了大规模的治理。1987年,扩建大红门闸,按20年一遇洪峰流量286立方米每秒设计、50年一遇洪峰流量472立方米每秒校核。1988年,为解决西罗园居民区内排水问题,对马家堡京津铁路桥至大红门闸长4.5千米的干流河段进行治理,包括疏浚河道、护砌边坡、修建滨河路、河岸植树和修建雨污管道等;京津铁路桥至马草河入口流量为94立方米每秒,马草河入口至大红门闸为108立方米每秒。1991—1993年,又进行集中治理,将长45千米的河道高标准全面疏挖清淤,凉水河达到10年一遇洪水位不淹没雨水管顶,可保雨水顺畅排出;20年一遇洪峰流量303~634立方米每秒,洪水水位平地面;50年一遇洪峰流量497~967立方米每秒,洪水水位不漫堤的设计标准。

大红门闸

由于大量的城市污水直接排入河道,至20世纪末,河水污黑,臭气熏天,鱼虾绝迹。2004年10月至2006年7月,以还清水质、建设城市生态景观河道为重点进行大规模综合整治。整治中,对河道采用鱼巢砖、格栅石笼等材料进行生态护坡和采用多种阿克蔓水草、填料等铺设在不同的河段等措施对河水进行生物处理,促其还清。同时,在流域内对入渠、入河的污水截流入污水管道,经污水处理厂吸纳处理后返回河道,水质大为改善,水生态得到一定程度的修复。此外,还对河道周边环境进行绿化美化。

纪 实

起自北京市丰台区万泉寺铁路桥,上接莲花河。莲花河长4.37千米,水源来自**莲花池**泉,古称洗马沟。这是一条古老的河,春秋战国的燕国都城蓟、东汉时期的幽州均以洗马沟为城市水源;金代将洗马沟圈入城内,为金中都的内河。现莲花河还上接新开渠的来水,新开渠(含暗沟)长8.43千米,始建于1955年,承纳沿河地区的雨洪和污水排放。莲花河下行至广外桥,右纳水衙沟(河长10.8千米),后直线南下,再折向东,在万泉寺铁路桥汇入凉水河。

凉水河在万泉寺桥后右纳丰草河(河长7.9千米),续向东数百米,南护城河泄水渠从左岸汇入。该泄水渠主要担负分泄南护城河洪水的任务,为梯形断面、混凝土衬砌,出口处建闸控制泄水流量,保持南护城河水位的稳定。

继续东行,右纳马草河(河长13.06千米)后至大红门进入南苑地区。南苑地区,原为地下水溢出带,泉水涌出形成泡子。元、明时有3个泡子,"汪洋若海",清时有"七十二泉"和"五海"。20世纪60年代,尚有10个较大的泡子,总蓄水量达200余万立方米。如今,泉水隐逸,泡子基本消失。南苑曾是元、明、清三代的皇家苑囿。元代为下马飞放泊,又称南海子;明永乐时增广其地,四周长达"百二十里";清代兴建4座行宫,其中团河行宫最为宏伟,除作为皇家围猎和游幸之地外,还是皇帝阅兵之地。南海子原放牧有我国珍稀动物麋鹿。八国联军入侵中国后,被掠夺殆尽,麋鹿在我国绝迹。1985年,英国乌邦寺公园赠还我国麋鹿放养于南海子麋鹿苑内。鹿苑占地100公顷,有沼泽、草地、池塘,对麋鹿实行科学放养,今已繁衍成群,并成为我国以麋鹿为主的野生动物物种研究中心。

过大红门拦河闸东南行,至小红门。右岸有小红门污水处理厂,日处理能力60万立方米,一部分供大兴区农田灌溉,一部分排入凉水河。

南海子麋鹿苑

继续南行至北京亦庄经济技术开发区。河流紧贴开发区西侧流过,河道断面规整,水体清澈,两岸保护区宽阔,地面自然起伏,植树栽花种草,林木葱郁,与现代化的开发区浑然一体,成为开发区的一个亮点。

凉水河

再东南行至马驹桥闸,新凤河在其上游不远处从右岸汇入。新凤河,长28.38千米,流域面积134.51平方千米,主要担负大兴区黄村镇一带的排水任务。马驹桥闸,平时蓄水用于农业灌溉,暴雨时开闸泄洪。

过马驹桥闸,河床断面规整,岸坡衬砌。东北行至通州区张家湾。张家湾,是古运河的港口,官船、客舫皆聚于此,万国朝宗、四方贡赋、士大夫进朝及商贾行旅均乘船经此,是京城通往各地的唯一水上通道和万物云集之地。元代,每年多达三百多万石粮食由此进京。明永乐午间(1403—1424年),每年经张家湾的船只约4万艘,运达京城的粮食达四五百万石。至清代,张家湾设有提举司、巡检司等官署,有各种作坊、商店及当铺等数十家,其中曹雪芹家所开的当铺遗迹尚存。

过张家湾后,转向东南行至榆林庄入北运河。

3.3.3.1 莲花池
(Lotus Pond)

凉水河上游莲花河上的莲花池,古称西湖、南河泊,位于北京市西城、丰台、海淀3区交汇处,处于永定河冲积扇前缘的地下水溢出带。

原是古㶟水支脉古蓟水的故道。古㶟水改道后,蓟水水系萎缩,泉水涌出,形成一片水泽,流入洗马沟(今莲花河)。莲花池水系是北京城的发祥地,有"先有莲花池,后有北京城"之说。据专家考证，春秋战国时的燕国都城蓟城，位于今广安门一带，莲花池位于蓟城的西北隅，为其发展提供水源保证。秦、汉、魏、晋、南北朝、隋、唐，蓟城为幽州治所，这片水域为蓟城护城河和园林供水。1400余年前，郦道元著《水经注》记载："湖有二源，水俱出县西北平地，导源流结西湖，湖东西二里，南北三里，盖燕之旧池也。绿水澄澹，川亭望远，亦为游瞩之胜所也。湖水东流为洗马沟，侧城南门东注，昔铫期奋戟处也。其水又东流入灅水。"

辽天显十一年（937年），幽州成为辽的陪都南京（后改为燕京），其城大致位置是：西垣在今白云观（古长春宫）西侧，北垣在今白云观北侧，东垣在今宣武门外法源寺（古悯忠寺）东侧，南垣在今右安门内西街。金贞元元年（1153年），改燕京为中都，扩东、南、西城垣1.5千米。扩建后，金中都城的位置是：西垣在今会城门至凤凰嘴村一线，北垣在今会城门至翠花街一线，东垣在四路通至梁家园一线，南垣在凤凰嘴村至四路通一线。城近似正方形，周长16.5千米，城门12座。在扩建中将洗马沟上游圈入城中，并在宫城西部建同乐园（西华潭）、鱼藻池、琼华岛等，其址在今西城区青年湖；而将西湖、钓鱼台等作为城外的苑圃。金迁都燕京后在西湖广植莲花，西湖易名"莲花池"。

元灭金后，在金中都东北另建大都城，直到清代，莲花池仍是水洁柳绿、荷花飘香、游人竞集之处。清雍正帝《莲花池》诗曰："云锦溥新露，纷披映柳塘。浅深分照水，馥郁共飘香。姿美天然洁，波清分外凉。折花休采叶，留使荫鸳鸯。"

1951年，疏浚莲花池，加筑湖南堤坊，面积约28公顷，蓄水量19.6万立方米，成为一座滞洪水库，公主坟以西地区的雨洪通过排水沟（管）进入莲花池，平时闭闸蓄水，水量过多则通过泄水闸排出。池内湖水粼粼，湖边树木繁茂、芦苇丛生、古柳依依，水禽群集，一派林野风光。20世纪50年代以后，随着城市的发展和地下水的开发，泉水减少，而大量污水排入，并成为主要水源。20世纪90年代，将雨污水截流，自玉渊潭上游永定河引水渠导清水入莲花池。2010年，莲花池蓄水量约为15.14万立方米。

20世纪90年代，配合北京西客站建设，以莲花池为主体建成莲花池公园，占地44.6公顷，湖面面积15公顷，是一座保留原始风光与水趣、突出莲花文化的公园，属北京市一级古遗址公园。湖内遍植荷花，分为野生红莲、太空莲、睡莲等5个荡区，另有数百个品种万余盆荷花散布于湖岸各处。当盛夏来临，莲花池曲岸逶迤，垂柳依依，满湖青翠，莲花竞放，令游人尽享"柳影渗渗水底天，荷气微风香暗通"的情趣。

莲花池

公园与北京西客站相毗邻。北京西客站，总建筑面积17万平方米，主楼顶高90米，东西长达600余米，中央采用大跨度门式结构，突出了首都大门的标志，既展时代精神又有民族风格。现代化的西客站与古老的莲花池相映成趣，相得益彰，成为首都的点睛之笔。

3.3.4 青龙湾减河
(Qinglongwanjianhe River)

北运河的一条人工分洪河道。上起河北省香河市土门楼泄洪闸，在天津市宝坻区大刘坡里自沽闸入潮白新河。

概　述

河长52.4千米。原是清雍正九年（1731年）为分泄北运河洪水而开挖的一条人工河道，最初经天津市武清、宝坻至宁河俵口村入七里海，河长71千米。1926年，将北运河与减河交口处原有的减水坝改为分洪闸，即土门楼闸。1972—1973年，对减河河道进行疏浚、堤防培修，于八道沽改道东流，至潮白新河里自沽闸，河长52.4千米；同时在宝坻县八道沽建1座3孔涵洞，设计流量20立方米每秒，以下河段称青龙湾故道。

1949年汛期，减河在宝坻县李家牌、赵家牌及小白庄等处溃决，最大泄量达1 420立方米每秒，沿岸百姓深受其害。1975年，河道最大流量1 000立方米每秒；1984年，

青龙湾减河

河道最大洪峰流量850立方米每秒，两岸出现险情，采取狼尔窝分洪措施，洪峰方得安全下泄。1994年7月13日，土门楼闸上泄量达1 060立方米每秒，往北运河分洪205立方米每秒，造成运河两岸2 000余公顷滩地被淹。

1951年，对河道进行清淤复堤，由土门楼闸起至宁河县境内共动土方300万立方米。20世纪70年代初，疏浚减河，调整河道，加固堤防。1972年，将狼尔窝分洪口门改建成狼尔窝分洪闸，设计流量为430立方米每秒，设计防洪标准20年一遇。1973年3月，开挖引青入潮减河，于八道沽改道东流，河道按20年一遇洪水设计、50年一遇洪水校核；狼尔窝闸以上设计流量为1 330立方米每秒、校核流量为1 620立方米每秒，闸下设计流量为900立方米每秒，余下430立方米每秒经东狼尔窝分洪闸入大黄堡分洪区。20世纪80年代初，武清县对津围公路至狼尔窝闸段4.5千米减河堤顶进行砂石路面硬化。1981—1983年，武清县对荒凌庄、神机马房、东王庄3处险工段进行治理。90年代，武清县多次对神

牛家牌橡胶坝

机马房、丁庄、马神庄等堤段进行加固。1997年，武清县兴建荒凌庄险工丁字坝工程。2000年后，武清、宝坻两县多次对两堤及穿堤建筑物进行整修加固、种树绿化，并对右堤堤顶7千米路面进行硬化处理。

自1974年起，由于北运河水源不足，武清县于右岸修建李大人庄、杨家场、大赵庄、狼尔窝扬水站等进水闸，解决部分农田的灌溉用水。2003年，宝坻区建成牛家牌橡胶坝工程，方便了周边地区的灌溉用水。近几年，由于水资源短缺，减河用于灌溉用水较少。

纪　实

起自河北省香河市北运河土门楼泄洪闸，至南北口哨河道筑两堤，由香河市三百户青龙湾溢水坝向东南流形成减河上段。南北口哨以下至高庄户段平地开凿新河槽，全长45千米，弃土筑两堤，洪水涨发时分泄北运河水入大黄堡洼分洪区，经滞洪区内缓冲后入七里海。

东南流至荒凌庄，右岸为天津市武清区，左岸仍是河北省香河市。继续东南流至杨家场，有杨家场灌溉闸，左岸出香河市入宝坻区。穿过津围公路和津蓟铁路，至狼尔窝分洪闸。1972—1973年，将狼尔窝分洪口门改建为箱形涵洞式分洪闸，共7孔，设计流量430立方米每秒；开挖狼尔窝引河，将洪水引入大黄堡洼。大黄堡洼总面积277平方千米，设计滞洪水位4.5米时蓄水量3.1亿立方米。2005年，大黄堡洼湿地自然保护区升为市级自然保护区。

大黄堡洼湿地自然保护区

出狼尔窝分洪闸下行，至牛家牌。20世纪60年代后，建成牛家牌扬水站。2003年，建成牛家牌橡胶坝，长110米，坝高5米，最大蓄水能力为9 600万立方米。

过牛家牌橡胶坝南流，至八道沽改向东流，至大刘坡里自沽闸入潮白新河。

3.3.5　东丽湖

(Dongli Lake)

又名新地河水库，为中型平原水库，以金钟河水和当地沥水为水源。位于天津市东丽区东北部，是天津市八大旅游景区和七大自然保护区之一。

东邻津汉公路，南傍北环铁路，西靠新地河，北距金钟河1 500米。1977年天津市政府批准兴建，1978年3月完工，占地面积863.6公顷，湖面面积726.7公顷，总库容2 200万立方米，设计以蓄代排和农业灌溉为主，兼顾养鱼，有效灌溉面积2 666.67公顷。它的兴建缓解了当地供排水的矛盾。2010年，东丽湖蓄水量为1 086万立方米。

工程包括围堤、泵站、涵闸和截流沟。围堤全长11 489米，湖堤土质为亚黏土，湖底标高平均2.7米（大沽高程，本条下同），堤顶高程8米，堤顶宽8米。配套建筑物泵站1座，总流量为16立方米每秒；进水闸1座，设计流量16立方米每秒；灌溉输水涵闸1座，设计流量20立方米每秒；排咸安全闸1座，设计流量20立方米每秒；军粮城扬水五场灌水涵闸1座，设计流量4立方米每秒；截流沟1条，长8 000米，深2米，底宽2米，边坡比为1∶2。1992年，又修建通往库区和康复中心的3条公路、1座小公园，并在西岸填沙建游泳浴场等设施。

东丽湖是天津市湿地保护区之一，大面积的草滩湿地构成了良好的生物体系，保持了物种的多样性。植物资源主要有芦苇群落、芦苇杂草草甸群落、刺槐群落3种生态群落，其中芦苇群落覆盖面积最大，湖堤为刺槐群落。建成的绿化风景林，种植各种树木31万株。在东丽湖生息繁衍的鸟类，有几十种、十几万只。其中，国家重点保护鸟类有白天鹅、黑嘴鸥、白额雁、秃鹫、白尾鹞、小鸥、猫头鹰等。湖内，有野生鲢、鳙、鲂等环保鱼种。这里，空气清新，环境优美，NO_2、TSP、SO_2三项指标均低于全市的平均值，负氧离子含量超过市中心区6倍以上，噪声分贝值远低于市区及周边其他乡镇地区，基本没有噪声污染。

东丽湖地处华北地区地热带中心，地热资源十分丰富，井深1 842米热泉水可达到97摄氏度，井深2 327米热泉水可达到100摄氏度，水中含有偏硅酸、锂、锶等多种微量元素。

1993年后，利用得天独厚的自然资源开发旅游项目，形成了集良好的自然环境和旅游休闲为一体的度假区。2000年被天津市政府确定为滨海新区旅游度假区，2003年10月被水利部评为国家水利风景区。2005年，第29届世界滑水锦标赛在这里成功举办。

四、永 定 河
Yongding River

3.4 永定河
(Yongding River)

海河水系主要支流之一，西汉以前称治水，东汉至南北朝称㶟（lěi）水，隋至宋代叫桑干水，金代称卢沟河，元至明代称卢沟河、浑河，明末清初又称无定河。直至清康熙三十七年（1698年）皇帝赐名"永定"后，才始称永定河。上有两源，一为**桑干河**，一为**洋河**，在河北省怀来县夹河村汇合，至天津滨海新区塘沽北塘镇入海。流域位于东经 112°~117°45′、北纬 39°~41°20′，地跨山西、内蒙古、河北、北京和天津 5 省（自治区、直辖市）。

概　述

流域范围　河长 747 千米（以桑干河为源），流域面积（到屈家店止）为 47 016 平方千米。地处海河流域中部。西接**黄河**流域，南界**滹沱河**、**大清河**，北为内陆河、**潮白河**，东北邻**北运河**、**蓟运河**，东濒渤海。

地貌　上游流域是阴山和太行山支脉恒山所包围的高原。北部为蒙古高原，东南方为恒山及八达岭高原。永定河从官厅起穿越八达岭高原形成了官厅山峡，从三家店流入华北平原。官厅以上流域面积中，山区面积为 14 191 平方千米，占 33%；丘陵区面积为 16 173 平方千米，占 37%；河川区面积为 13 038 平方千米，占 30%。目前，山区自然覆盖率较高。河川区因大面积耕作，森林覆盖受到限制；丘陵区植被更差，基本上是荒山秃岭。

气候水文　流域属温带大陆性季风气候，为半干旱、半湿润型气候过渡区。春季干旱，多风沙；夏季炎热，多暴雨；秋季凉爽，少降雨；冬季寒冷干燥，多偏北风。

不同地区降水量差异颇大，多雨区和少雨区相差将近 1 倍。各地区多年平均年降水量为 360~650 毫米。多雨中心沿军都山、西山分布，多年平均年降水量 650 毫米；阳原盆地和大同盆地降水量最少，如大同陈家庄多年平均年降水量仅 360 毫米。官厅以下到三家店间的多年平均年降水量从 400 毫米递增至 650 毫米。北京、天津两市及河北省平原约 600 毫米。降水量年际变化大，多雨年与少雨年相差 2~3 倍。

汛期（6~9 月）降水量占全年的 70%~80%。夏季，东南季风从海上吹来大量的暖湿空气，极峰位置稳定在北纬 40°附近，致使降水量主要集中于夏季，而且常以暴雨形式出现，极易造成洪涝灾害。

永定河多年平均年径流量 20.29 亿立方米，实测最大为 36.30 亿立方米（1956 年），最小为 11.19 亿立方米（1972 年），最大年和最小年径流量的比值为 3.24，是海河水系中山区年径流年际变化最小的河流。

根据《2005 年海河流域水资源公报》记载，永定河水质状况较好，优于或达到Ⅲ类水质标准的河长比例近 60%。

因上游流经黄土高原，河水含沙量大，有"小黄河""浑河"之称。据卫星图像解译资料计算，全流域多年平均年总侵蚀量约 1.1 亿吨，其中丘陵区占 80%。上游主要集中产沙区有 8 个，它们是**源子河**、**十里河**、浑源北山、蔚县北山、石朝区间、大泉山区、友柴区间和万全北山。

水系　上源有桑干河和洋河。水系呈树枝状。桑干河上游为恢河，在马邑镇附近左纳源子河后称桑干河，东北流经山西省山阴、应县、大同，河北省阳原、宣化进入石匣里山峡，在涿鹿县朝阳寺出峡谷后与洋河汇流。桑干河沿河右岸接纳**黄水河**、**浑河**、**壶流河**，左岸接纳**御河**。洋河上源为**东洋河**和**南洋河**，两河于河北省怀安县柴沟堡以下汇流，在张家口市南又接纳**清水河**，于怀来县夹河村与桑干河汇合后称永定河。

夹河村以下，永定河东南流至**官厅水库**，纳**妫水河**。官厅山峡长约 110 千米，纵坡 1∶300，河道最窄处 70 米。永定河自门头沟区三家店出山后，在梁各庄进入泛区，有天堂河、龙河汇入，至屈家店附近入**北运河**。1970—1971 年，开挖了由屈家店至北塘入渤海的永定新河，以解决永定河洪水出路问题。

水旱灾害　根据历史资料统计，从金代开始至 1949 年的 834 年间，永定河下游共决口 81 次、漫溢 59 次、河口改道 9 次。其中，金代决溢共 9 次，平均 27 年发生 1 次；元代共 17 次，平均 7.9 年发生 1 次；明代共 29 次，平均 9.5 年发生 1 次；清代共 78 次，平均 3.4 年发生 1 次。

洪水为害的主要地区在下游，即从三家店出山后的广大平原地区，首当其冲的就是北京城。明清两代，永定河洪水进袭北京西南诸门和近郊区的有明天启六年（1626 年）、清康熙七年（1668 年）、清嘉庆六年（1801 年）、清光绪十六年（1890 年）等。清嘉庆六年七月，永定河全流域大雨，石景山左堤漫决 5 处，长 90 多丈；卢沟桥下南北两岸决口 18 处，总长 3 200 多丈；北京城右安门外大桥被冲断，永定门、右安门外灾民多达两万多人，财产损失惨重。新中国成立后，1950—1956 年，永定河发生 3 次洪水；1956 年，海河流域特大洪水，永定河出现最大洪峰，卢沟桥为 2 450 立方米每秒，堤防多处决口。

1972 年，永定河流域发生大旱。1980 年，海河流域大旱，永定河干涸断流，京津冀三省市夏粮减产 29.2 亿千克，秋粮减产超过 25 亿千克。

经济社会　流域土地广阔，农牧业发达。主要农作物有小麦、玉米、谷子、高粱、莜麦、马铃薯、甜菜等。宣化牛奶葡萄、张北血杞和口蘑、张家口口皮、阳高甘草、浑源黄芪都非常有名；畜牧业主要养殖有牛、马、驴、骡、猪、羊、鸡、兔、貂、蜂等，其中草原红牛、张北马、河北细毛羊已形成生产基地。

流域内矿物资源丰富。大同市是我国著名的"煤乡"，煤炭储量大、质量好、热值高，已探明的煤炭总储量达 376.9 亿吨，是我国重要的优质动力煤生产基地。地下矿藏还有铁、铜、

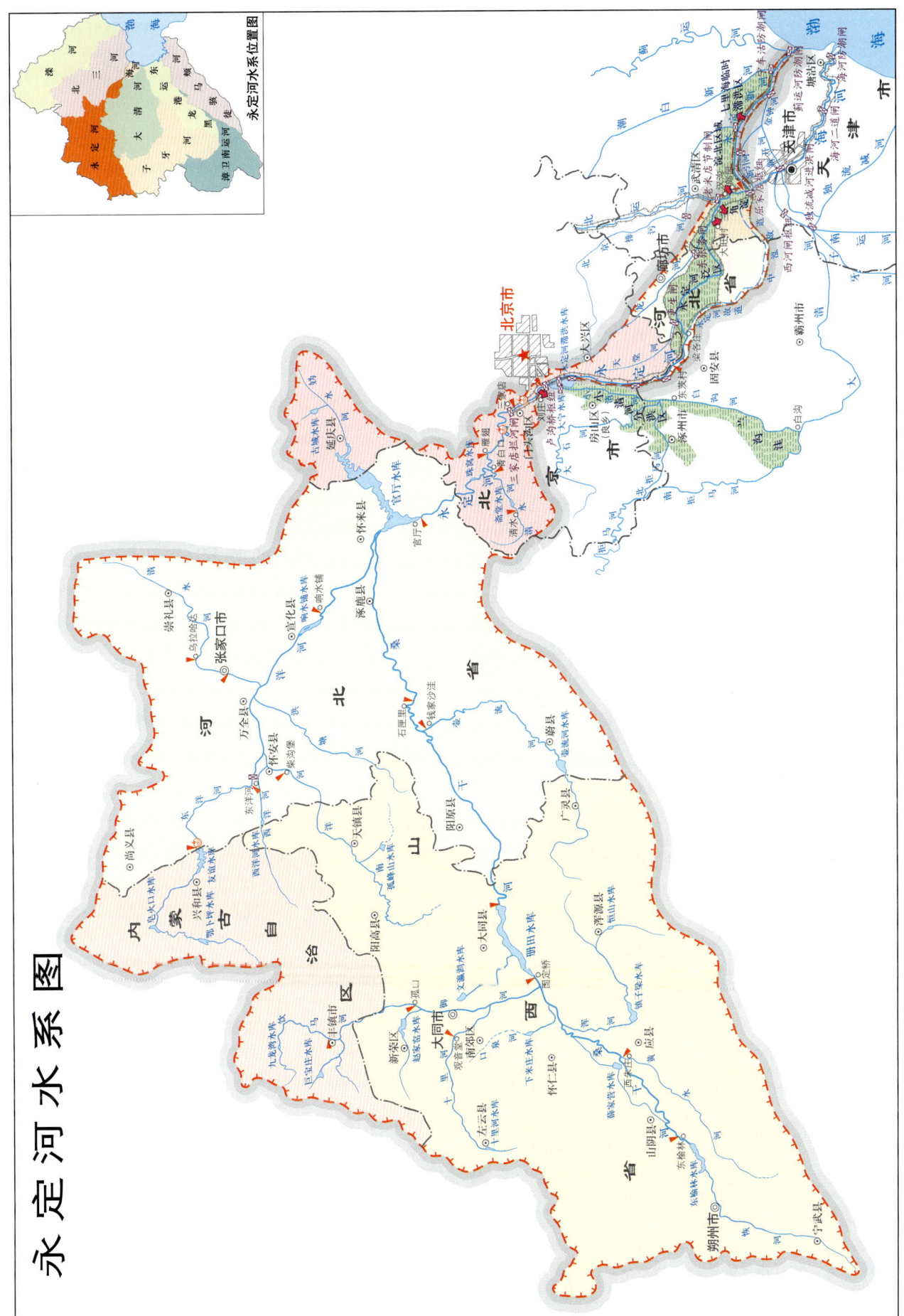

3.4 永定河

铝、锌、磷以及石灰石、云母、石墨、大理石、花岗石等。交通便利，有京广、京九、京沪、京包、京哈、同蒲等铁路，京哈、京沪、京台、京港澳、京昆、京藏、大运等高速公路。

治理开发 流域是华夏文明的发祥地之一。引河水灌溉农田始于三国时期。魏嘉平二年（250年），镇北将军刘靖兴建戾陵堰，开挖车箱渠，引用永定河水灌溉蓟城南北的土地，"灌田岁二千顷。"景元三年（262年），樊晨、刘弘更制水门，修复堰渠，"水流乘车箱渠，自蓟西北迳昌平，东尽渔阳潞县，凡所润含四五百里，所灌田万有余顷。"北魏熙平元年（516年），幽州刺史裴延儁又修复戾陵诸堰。北齐天统年间（565—569年），幽州刺史斛律羡又"导高梁水北合易京，东会于潞，因以溉田，边储岁积，转漕用省，公私获利焉"。隋开皇年间（581—600年），"引卢沟水，广开稻田数千顷，百姓赖以丰给。"金大定十一年（1171年），"自燕京之西麻峪村，引卢沟一支东流，穿西山而出，是谓金口，其水自金口以东、燕京以北，溉田若干顷，其利不可计。"工程因河水含沙量太大而失败。明代，在保安州（今河北省涿鹿县）桑干河南北两岸修建了五大灌渠。清代乾隆年间（1736—1795年），在大同地区建成了册田灌渠。

永定河不仅灌溉之利绵延相继，而且还给人们带来航运之便。隋大业四年（608年），"春正月诏发河北诸郡男女百万余开永济渠，引沁水南达于河，北通涿郡。"经侯仁之教授研究，它的路线是沿桑干河故道（今**凉水河**）直抵蓟城南郊（今北京广安门外一带）。

五代以前，永定河堤防工程不可考。辽代，升幽州为南京，开始筑堤。《畿辅安澜志》记载，"辽左奕堤在东安县西四十里"，这是最早的筑堤记载。金贞元元年（1153年），迁都燕京，号中都。首都的防汛和漕运引水使永定河堤防工程愈显重要。据考证，卢沟桥以上的石堤应始于此时，可是卢沟桥以下的堤防修筑记载很少。

元至元九年（1272年），定燕京为大都。永定河的堤防坚固与否直接关系到京城的安全，所以元统治者非常重视兴修堤防工程。延祐三年（1316年），朝廷派人巡视浑河（今永定河）堤防，"上自石景山金口，下至武清县界旧堤，长计三百四十八里，中间因旧修筑者大小四十七处……计工三十八万一百，役军夫三万五千。"

明代的堤防工程较元代在规模上更加扩大，堤工质量有所提高，尤其是石景山段的石堤较前代更加坚固和扩展。至于卢沟桥以下，堤防多属土堤或沙堤，尽管修筑多且勤，但河道仍没得到根本控制。明末清初，由于社会动荡不安，堤防多年失修，绝大部分土堤已经湮废。正如清人王履泰在《畿辅安澜志》记述："浑河堤防，历辽金元明，历被水冲，断续相间，虽有修治终无数十年之久。"

清代是永定河堤防工程大发展的阶段。首先，完善和强化了石景山段的堤防。同时，又大力整治、接筑下游两岸堤防，工程规模最大的当属康熙三十七年（1698年）。到雍正初年，永定河下口由入东淀改入三角淀，这时两岸堤防初具规模。康熙后期开始兴筑三角淀围堤，到乾隆中期逐渐完善。这些围淀遥堤上与永定河两岸堤工相接，下至今天津市西北郊，这样永定河不仅在上段不能左右游动，就是入淀以后也只能在堤防限定的淀区内摆动。当然，永定河挟带的巨量泥沙也迅速在河床和注淀中沉淀下来。清代后期，永定河堤防大修次数日益减少，多半是决口或漫溢之后进行堵复，或只进行小修小补。随着系统堤防的形成，清代逐步建立起完善的永定河管理机构。康熙三十七年（1698年）设立南岸分司和北岸分司各一员，四十三年（1704年）增设南北岸同知。

雍正四年（1726年），将永定河分司改为河道，总理永定河事务，下设文职和武职两个系统，其中文职系统有石景山同知、南岸同知和北岸同知，武职系统有都司、南岸守备、北岸守备和外委。从此，永定河下游有了统一的河道管理机构，集中管理永定河的防汛减灾事宜。

历代永定河变迁示意图

民国期间（1912—1949年），顺直水利委员会（1925年）、华北水利委员会（1932年）、伪华北政务委员会建设总署（1940年）、华北水利工程局，曾提出过《永定河治本计划》，甚至规划过治理永定河（主要是官厅以下）问题，这是历史上第一次全面治理永定河的规划，但因日本侵略和国内战争未能付诸实施。

新中国成立后，党和国家非常重视永定河的开发治理。1949年11月，水利部召开全国解放区水利联席会议，审议华北水利工程局拟定的《整治永定河及流域开发计划草案提纲》。会议决定积极治理永定河和立即报请中央尽快修建官厅水库，以确保首都的防洪安全，并于1950年开工建设官厅水库。以后，又根据1953、1957、1967年和1987年分别编制的《永定河流域规划》《海河流域规划草案》《海河流域防洪规划》《海河流域综合规划》的要求和安排，对永定河洪水灾害进行了"上蓄、中疏、下排、适当地滞"的综合治理。为有效控制河道上游洪水对平原和中下游地区的威胁，同时为解决城乡发展和工农业生产生活用水，兴建了众多大中小型水库，在防洪、灌溉、供水、发电和养殖上发挥了巨大效益。另外，在水土保持和水资源保护方面进行了卓有成效的工作。

目前，永定河已形成了由官厅水库、大宁水库、永定河滞洪水库，440余千米干流堤防，卢沟桥、屈家店等水闸枢纽，小清河分洪区、永定河泛区、三角淀分洪区等蓄滞洪区组成的防洪工程体系，防洪标准已基本达到100年一遇的设计标准。官厅水库已达到1 000年一遇洪水设计，可能最大洪水保坝的防洪标准。直接保护北京市区卢沟桥以上的左堤已达到防御可能最大洪水（流量16 000立方米每秒）的标准，三家店至卢沟桥段右堤已达到100年一遇洪水（流量6 200立方米每秒）的防洪标准。小清河分洪闸达到设计标准，卢沟桥分洪枢纽、永定河滞洪水库达到100年一遇洪水设计标准。卢沟桥至屈家店永定河左右堤已基本达到100年一遇洪水（流量

永定河左堤

2 500立方米每秒)的设计标准,左堤设计超高2.5米,右堤设计超高2.0米。由于历史原因,永定河泛区形成了分区滞洪的格局。屈家店水闸枢纽(包括北运河节制闸、新引河进洪闸和永定新河进洪闸)已达到设计标准。永定新河泥沙淤积严重,尾闾泄洪不畅,尚未立项治理,近年虽进行了应急清淤整治,目前仍达不到流量1 400立方米每秒的设计行洪能力。

全流域共建成大型水库3座,即官厅水库、**册田水库**和**友谊水库**,总库容48.56亿立方米;中型水库23座,即鄂卜坪水库、皂火口水库、**西洋河水库**、孤峰山水库、响水铺水库、九龙湾水库、巨宝庄水库、赵家窑水库、文瀛湖水库、十里河水库、东榆林水库、薛家营水库、镇子梁水库、下米庄水库、恒山水库、**壶流河水库**、斋堂水库、珠窝水库、大宁水库、永定河滞洪水库、黄港一库、黄港二库及北塘水库,总库容7亿多立方米;小型水库200多座。

全流域建成灌溉面积万亩以上的大中型灌区73处。其中,灌溉面积2万公顷以上的大型灌区6处,即桑干河灌区(山西、河北各省1处)、册田灌区、壶流河灌区、洋河灌区(河北万全、宣化各1处)。

全流域主要城市有北京、大同、朔州、张家口和廊坊市。北京永定河引水工程自1957年4月24日建成通水至2005年,共向北京供水330亿立方米。2001—2006年,水利部组织实施从山西省册田水库、河北省壶流河水库、友谊水库集中向北京市输水,累计下泄水量25亿立方米。册田水库向大同市供水工程,1995年建成,供水能力1.5立方米每秒。

全流域建成中型水电站3处,即官厅水电站、下马岭水电站和下苇甸水电站,总装机容量12.5万千瓦。

1983年以来,永定河官厅水库以上流域列入国家重点水土流失治理区。经过两期4个阶段的集中治理,2005年已形成万亩以上的综合治理示范区110多处,仅2期2阶段的5年间就开展治理小流域213条,累计治理面积达2 246平方千米,其中建设基本农田5.93万公顷,营造水土保持林9.67万公顷、经济林2.8万公顷,种草1.73万公顷,修建谷坊2.7万座、池塘575座,其他措施2.73万公顷。

纪　实

夹河村—三家店　在河北省怀来县夹河村,桑干河与洋河汇流,称永定河。怀来县是京西著名果乡,有苹果、鸭梨、葡萄、海棠、红枣、核桃六大基地群,被赞为"北国明珠"的龙眼葡萄就产于此地。龙眼葡萄含糖量高,皮薄肉嫩,清香四溢,是鲜食与酿酒两用葡萄,名酒长城干白葡萄酒就是以怀来县的龙眼葡萄为原料。

东行,入官厅水库。出水库后东南流,入官厅山峡。从这里,永定河就像一条苍龙,钻入莽莽太行山,蜿蜒曲折,奔腾咆哮,直到北京市门头沟区的三家店。这段河谷直线距离仅50千米,但河道曲流却约110千米,山回水转,处处是景。

怀来县龙眼葡萄

峡谷两岸200多米高的绝壁山体如刀削斧砍,垂直而立,风化十分严重。峡谷最宽处200～300米,最窄处仅几十米。河道两岸的旧庄窝村、幽州和沿河城都保留着大量的古迹,民风淳朴,环境幽雅。

沿河城及敌台为明代边塞城堡、屯兵要塞,因城靠近永定河,故名沿河城。城东西长约420米,南北长约300米,有东西二门,东门名万安(已被拆除),西门名永胜,均为砖石结构。城墙用条石和鹅卵石砌筑(现大部塌毁)。城中有《沿河口修城记》石碑一座,记载明万历六年(1578年)御史中丞张卤督建城防始末。此城辖有分布于沿河口、龙门口、黄草梁、洪水口一线长达40千米山巅或险隘处的敌台15座,其中3座已毁,筑于明万历元年至三年(1573—1575年)。

官厅峡谷

敌台分上下两层,高约15米,宽10米以上,底层用石条铺砌,墙身砌砖;上层周围有垛口,上下层之间有梯相通。敌台上的石额都刻有编号,敌台之间有的虽无城墙连接,但能凭地形居险,彼此呼应,形成一道连续性的防线。

出官厅水库后继续蜿蜒东流,入珠窝水库。水库于1961年建成,总库容1 430万立方米。至青白口纳**清水河**。至太子墓与安家庄之间形成浅滩,河宽200～800米,再经下马岭水电站至清水涧,向东折,过落坡岭水库后向南折,至南涧,转向东北,再转向东南,至妙峰山,后至三家店。

官厅山峡右岸有清水河、七里沟、黑水河,左岸有湫水、淤白河、苇甸沟、樱桃沟、高井沟、门头沟等支流汇入。

三家店—屈家店　流至北京市门头沟区三家店,建有拦河闸、进水闸和调节池组成的水利枢纽,1957年建成并投入使用,**永定河引水渠**从这里引水入北京城区。拦河闸全长249.2米,共17孔,每孔净宽12米,设计洪水位108米,设计泄洪流量5 000立方米每秒,校核流量7 700立方米每秒。

京西古村三家店坐落于门头沟区龙泉镇的永定河畔,在三家店水闸桥东侧。三家店不仅是明清京西大道的起点,也是永定河的出山口。当年,这里是京西古道上最大的一个古渡口,也是山区平原间物流的交易中心。明清时期,京城用的京西煤以三家店村为集散地。至今,三家店仍遗存着上百处老店、煤栈旧址和白衣观音庵、铁锚寺、山西会馆的遗址遗迹及20余棵在册老槐树。民国时期,由于门头沟煤矿业的不断发展,1921年京兆尹公署拨款30万大洋在三家店村西的

永定河（北京门头沟区段）

渡口处造桥。大桥的设计和施工均由法国人承包，于1923年12月正式竣工通车。大桥为当时流行的欧式风格的拱桥，全长253米，宽9米，高14米。如今，这座大桥仍屹立在永定河上。

过三家店后，河宽约500米，河床为砂砾堆积，水流分为两岔，经老店、五里坨、麻峪，约行11千米，至阴山嘴，两岔合流。合流后在石景山西北麓，向东南流，过庞村、衙门口西隅，经南大荒，入北京市丰台区。

继续向东南流，至丰台区卢沟桥。三家店到卢沟桥枢纽，河长17千米，阴山嘴以下河宽1 000～1 500米，至卢沟桥上游则缩减到600米。卢沟桥附近建有卢沟桥分洪枢纽。枢纽于1987年建成，包括卢沟桥拦河闸、小清河分洪闸和大宁滞洪水库。卢沟桥拦河闸共18孔，最大泄量6 890立方米每秒；小清河分洪闸共15孔（初建时11孔），最大泄量5 660立方米每秒；大宁水库位于丰台区长辛店镇和房山区长阳镇，为滞洪水库，总库容3 611万立方米。卢沟桥晓月湖橡胶坝位于卢沟桥下游400米处，1999年10月竣工，设计流量2 500立方米每秒，校核流量3 500立方米每秒，蓄水面积40万平方米，蓄水70万立方米。

过卢沟桥枢纽就是著名的卢沟桥，卢沟桥被列为全国重点文物保护单位，有新旧两座桥。旧卢沟桥亦作芦沟桥，是北京市现存最古老的石造联拱桥。始建于金大定二十九年（1189年），明正统九年（1444年）重修。清康熙时毁于洪水，三十七年（1698年）重修。桥全长266.5米，宽7.5米，下分11个涵孔。桥身两侧石雕护栏共有望柱281根，在柱头、华表及桥头等处各种姿态的大小石狮令人眼花缭乱，故留有"卢沟桥的狮子数不清"的说法。桥东的碑亭内立有清乾隆皇帝题的"卢沟晓月"汉白玉碑，为"燕京八景"之一。意大利旅行家马可·波罗在他的游记中称赞"它是世界上最好的、独一无二的桥"。桥东为宛平县城，明崇祯十一年（1638年）建。1937年7月7日，日本帝国主义者在此发动全面侵华战争。宛平城的中国驻军奋起抵抗，拉开了中华民族全面抗战的序幕。中国人民抗日战争纪念馆坐落在宛平城内，馆内展示了日本侵略者屠杀中国人民的滔天罪行和中国人民进行的波澜壮阔的抗日救亡活动。

中国人民抗日战争纪念馆

永定河滞洪水库位于卢沟桥以下永定河稻田村及马厂村河段内，由稻田、马厂两个水库组成。稻田水库总库容3 008万立方米，马厂水库总库容1 381万立方米，与大宁水库三库联调库容8 000万立方米。永定河滞洪水库以下为小清河蓄滞洪区，总滞洪面积294平方千米，滞洪量约4亿立方米，最大淹没水深4米，涉及人口近30万，居民固定资产102.43亿元，淹没耕地1.08万公顷。

继续南流，在北京市房山区韩营入河北省涿州市境内。右岸有金门闸，位于涿州市义和庄乡北蔡村北3.4千米处。金门闸创建于清康熙四十年

金门闸遗存

（1701年），初为草闸，乾隆三年（1738年）移建减水石坝，仍沿用旧称。宣统元年（1909年），重建金门闸，共15孔，南北长100.6米。此闸至今旧迹犹存，是古代水利工程技术人员聪明智慧的结晶。闸的南坝台有清乾隆皇帝题诗碑及金门闸浚淤碑、道光上谕碑、同治重修金门闸减水石坝记、宣统元年重建金门闸记碑。

在涿州市东北，沿边界东行，约10千米，从长安城村南出涿州。入廊坊市固安县后，沿北部县界东流，经杨村、坨头、西玉、窦家铺、河津、辛务，全梁各庄。

从卢沟桥到梁各庄，河长62.8千米，平均河宽1千米，河底纵坡1/2 600，河床普遍高于堤外4～5米，形成"地上悬河"。

自北京市大兴区梁各庄，入永定河泛区、三角淀分洪区和淀北分洪区。永定河泛区、三角淀分洪区和淀北分洪区，是永定河中下游缓洪沉沙的场所。泛区内地形自西北向东南倾斜，微地形变化大，河道纵坡具有上、下段较陡，中段较缓的特点，左右大堤堤距一般为6～7千米，最宽处达15千米，总面积约734.46平方千米。其中，永定河泛区总面积460平方千米，蓄水量4亿立方米；三角淀分洪区总面积59.8平方千米，设计滞洪水位8.65米，相应滞洪量1.01亿立方米；永定河淀北分洪区总面积214.66平方千米，设计蓄滞洪水位4.15米，蓄洪量3.861亿立方米。

过梁各庄，转向东北，至池口东北，左岸有天堂河汇入。

卢沟桥

天堂河发源于北京市大兴区北天堂，经河北省廊坊市安次区更生闸于南寺堡村东约1千米处入永定河，全长27.73千米，流域面积330平方千米。

过王码后转向东南，过南石、横亭，东入廊坊市安次区，转南流，至西张务、朱官屯，折东北，至后沙窝，出安次区。

入天津市武清区后，左岸有龙河汇入。龙河发源于北京市大兴区立垡村附近，于天津市武清区入永定河，全长68.41千米，控制排沥面积477.31平方千米。再转东南，至屈家店闸，与北运河汇流。

屈家店水利枢纽

屈家店—入海口（永定新河） 南流，至屈家店水利枢纽。自屈家店枢纽闸下至入海口，永定河又名永定新河。永定新河开挖之前，永定河泛区大部分洪水通过新引河进洪闸排向塌河淀，漫流入海，其余洪水由屈家店闸下泄入北运河经海河干流入海。1970年9月至1971年7月，为确保首都北京、天津及京山铁路的安全，缓解海河干流行洪压力，开挖了永定新河。

永定新河防潮闸

永定新河起自屈家店枢纽闸下，上承永定、北运河来水，下距永定新河入海口62千米。屈家店枢纽在天津市北辰区北仓镇屈家店村北，位于永定河与北运河汇流处，距北运河与子牙河交汇处12.5千米。枢纽包括北运河节制闸、新引河进洪闸、永定新河进洪闸等。设计总泄量1 800立方米每秒，校核总泄量2 200立方米每秒。枢纽以防洪为主，担负着北运河、永定河泄洪任务，直接保护天津市和京津公路、京山铁路安全，同时兼有灌溉、排涝、挡潮、供水等综合效益，是天津市重点防汛工程之一，在天津市防洪体系中占有非常重要的地位。从屈家店闸下至大张庄闸为两河三堤型式，全长14.5千米，自大张庄闸下经霍庄村至西堤头镇三号桥全长12千米，由东堤头三号桥入宁河县。永定新河流经大张庄闸时有引水闸引其水入永金引河备贮，流经西堤头镇芦新河村与姚庄村之间时纳武清区杨村机场排水河，经东堤头村时又纳北京排污河。北京排污河起自北京市通州区榆林庄闸，向东南流，在天津市武清区西北穿龙凤新河，通过倒虹吸横穿北运河东流，过宝坻区尔王庄乡，在杨建庄入永定新河，全长92千米。

自东堤头村入宁河县，东南流至北京市属清河农场与东丽区边界处永和村，有金钟河从右岸汇入。金钟河上接新开河，长22.3千米，设计流量400立方米每秒。该河段流经区域为海积冲积平原，地势低洼平缓，北高南低。河道左堤处有七里海蓄滞洪区Ⅰ区的过洪道，造甲城船闸下为七里海蓄滞洪区Ⅱ区。

左堤自五孔闸入滨海新区塘沽，至北塘口长14.6千米，右堤至北塘口长19.7千米。沿河区域地势平坦，微向海倾，坡降约1/2 000，有较多草地、洼淀、滩涂。永定新河在塘沽境内自上游向下游右岸有北塘排水河，左岸有潮白新河、蓟运河汇入。永定新河的入海口北塘口原为蓟运河入海通道，永定新河开挖后潮白新河、蓟运河的洪水均经永定新河入海口入海。

3.4.1 桑干河

(Sanggan River)

永定河主源。西汉称治水，东汉改名为桑干水，相传因每年桑葚成熟时节河水干涸，故称桑干河。发源于山西省宁武县管涔山庙儿沟，上游称恢河，在内长城阳方口出宁武进入朔城区，在马邑镇同**源子河**汇流后始称桑干河，至河北省怀来县夹河村与**洋河**汇流后称为永定河。地跨山西、河北两省。

概 述

桑干河河长390千米，流域面积2.6万平方千米。北接内蒙古高原，西邻管涔山和洪涛山，南屏海拔2 000米以上的恒山和太行山。地势西高东低，平均高程约1 000米。有大同盆地、阳原—蔚县盆地和涿鹿—怀来盆地，其中大同盆地面积5 100平方千米，是山西省面积最大的盆地。流域植被较差，黄土丘陵及石山分布较广，沟壑纵横。土壤基本上为黄土和砂壤

桑干河总干渠

土，结构松散，透水性强，土地贫瘠，水土流失十分严重。

沿河两岸地下水较丰富，属山间盆地水文地质区。受新构造运动影响，阳原—蔚县盆地中东部及与桑干河交汇的壶流河段，河流侵蚀切割强烈，形成第四纪峡谷，两岸形成湖积台地。阳原盆地出口石匣里至怀来涿鹿盆地入口段，为侵蚀构造中山区，沟谷呈V形，切割深度300～400米，两侧山体陡峭，山谷宽度50～80米。桑干河河床在阳原段上游坡度较陡，大部分为砂卵石河床，下游纵坡稍缓，多为粗砂砾石河床，石匣里山峡为河卵石河床，到涿鹿盆地纵坡变缓，河床多为粗细砂组成。

流域位于温带半干旱大陆性季风气候区。冬季漫长，干燥寒冷，盛行西北风；夏季短暂，炎热多雨；春秋多风沙，冷暖变化显著。多年平均气温6.9摄氏度，最高39摄氏度，最低-35摄氏度。无霜期盆地区域120～170天、山区100天左右，封冻期达4个月以上。年水面蒸发量1 100毫米。据桑干

河控制站石匣里站观测，多年平均年降水量401毫米，最大为617毫米（1979年），最小为218毫米（1965年）；1960—2005年，最大年径流量11.82亿立方米，而2002年仅0.35亿立方米。

桑干河夕照

桑干河（山西册田段）

山西境内有源子河、**黄水河**、**浑河**、**御河**等支流汇入。入河北省后，除壶流河外，还有25条洪水沟河汇入，其中流域面积100平方千米以上的支流有5条。

1917年，桑干河最大洪水流量4 170立方米每秒。1953年，石匣里水文站实测最大流量2 700立方米每秒，形成大洪水，冲毁防洪工程18处，冲毁、淹没农田1 900公顷。1960年后，流域内未曾发生较大洪涝灾害，但经常发生旱灾。1950—1999年间，山西有干旱年份36年，其中1999年最为严重，成灾面积占播种面积的98%，绝收面积占78.27%，地表水枯竭，地下水位平均降深3.4米，不少村庄吃水困难。

流域内的朔州、大同两城市是全国重要的能源基地。大同煤炭集团和平朔煤炭工业公司是年产原煤千万吨以上的特大型煤炭生产企业，大同二电厂，神头一、二电厂是装机容量100万千瓦以上的大型坑口电厂，生产的煤、电大部分输送京、津、唐地区。交通便利，有京张、宣大、大运等高速公路，109、207等国道，大秦铁路、同蒲铁路、怀蔚铁路等。

清光绪三十三年（1907年）九月，朔县在恢河两影寺附近建拦河坝1处、丁坝3处、南北干渠2条，灌溉面积12 670公顷。宣统二年（1910年）三月，朔县引用桑干

桑干河灌区

河水，灌溉面积13 330公顷。1913年，应县在南马庄修筑六成渠，清水浇田不收费，洪水淤地股东分。1933—1937年，朔县玉成、玉兴、仁敏水利公司先后成立，灌溉面积仅数百至上千公顷。新中国成立后，山西省建有大型灌区2处（桑干河灌区、册田灌区），恢河、腊豁口、向应、裕民、浑河、薛家营、御河、十里河、黄黑水河、孤峰山等万亩以上自流灌区26处，智家堡、河东窑、玉兰堡、水神堂、神溪、册田、下河湾、神头、曹娘、下米庄等万亩以上机电灌站10处。河北省修建了9处万亩以上灌区，其中阳原县有桑二、富民、桑三灌区，蔚县有壶流河北、南灌区，涿鹿有惠民北、桑南、劈

山、七一灌区，总灌溉面积达3.86万公顷；2001年后，实施了灌区节水工程，发展节水灌溉面积1.6万公顷，正常年节水量0.53亿立方米；建有扬水站40多处，后由于径流减少，多数扬水站已无法取水。

流域内，山西省已建有大型水库1座（**册田水库**），中型水库8座（东榆林、薛家营、镇子梁、下米庄、文赢湖、赵家窑、恒山、十里河）；引水工程579处，设计年引水能力4.14亿立方米，2000年实际引水量3.50亿立方米；1995年建成册田水库向大同市供水工程，供水能力1.5立方米每秒；在册田水库建有坝后式水电站，装机容量2×500千瓦。河北省建有中型水库1座（壶流河水库），小型水库数十座。从2001年起，每年从册田水库、**壶流河水库**向**官厅水库**输水。为保障输水畅通，山西、河北两省对桑干河河道进行整治，主要是修筑堤防和疏浚主槽、跨河交通及局部护岸工程。

纪　　实

桑干河发源于山西省宁武县管涔山庙儿沟，上游称恢河（在沙河村北潜入地下，到窑子头村南又露出地面，恢复原流，故名恢河）。向东北流，过余庄、宁武县城等。宁武县城旧称宁武关，始建于明代中期，为历史上著名的山西"三关"（另两关为偏关、雁门关）之一。明崇祯十七年（1644年），李自成为东进北京，在此与明军进行了争夺战，史称"宁武关之战"。传说宁武由凤凰所变，故有"凤凰城"之称。过宁武后，向北流约13千米到阳方口。阳方口是山西内长城重要关隘，旧称九牛口。长城过恢河段原建有9孔石桥1座，与两侧长城衔接，每个桥孔内又有一铁牛镇守。后铁牛被水冲走，桥亦坍塌，更今名。阳方口堡城，东靠长方山，西傍恢河，为明嘉靖十八年（1539年）所筑，万历四年（1576年）增修。顾祖禹在《读史方舆纪要》中说："大同有事，以重兵驻此，东可以卫雁门，西可以援偏关，北可以应云朔，盖地利得也。"

过内长城，入朔城区。经窑子头等村庄，在太平窑村北接纳七里河。七里河发源于平鲁区打莺沟，河长30千米，流域面积331.8平方千米，两河汇合建有太平窑水库。黑驼山脚下的峙峪遗址，位于朔州城西北15千米处，是一处较大的旧石器时代晚期人类文化遗址，1965年被确定为山西省文物保护单位，遗址出土文物非常丰富，石制品约15万件，其中有大批精巧的细小石器。峙峪人主要从事以狩猎为主的生产活动，创造了中国旧石器时代最为灿烂的猎马人文化。峙峪文化属华北旧石器时代晚期文化，是周口店第一地点、许家窑遗址、峙峪遗址这一代表华北旧石器文化发展进程极其重要的组成环节，是华北新石器时代细石器文化产生的基础。

平朔露天煤矿矿区面积376平方千米，地质储量约126亿吨，

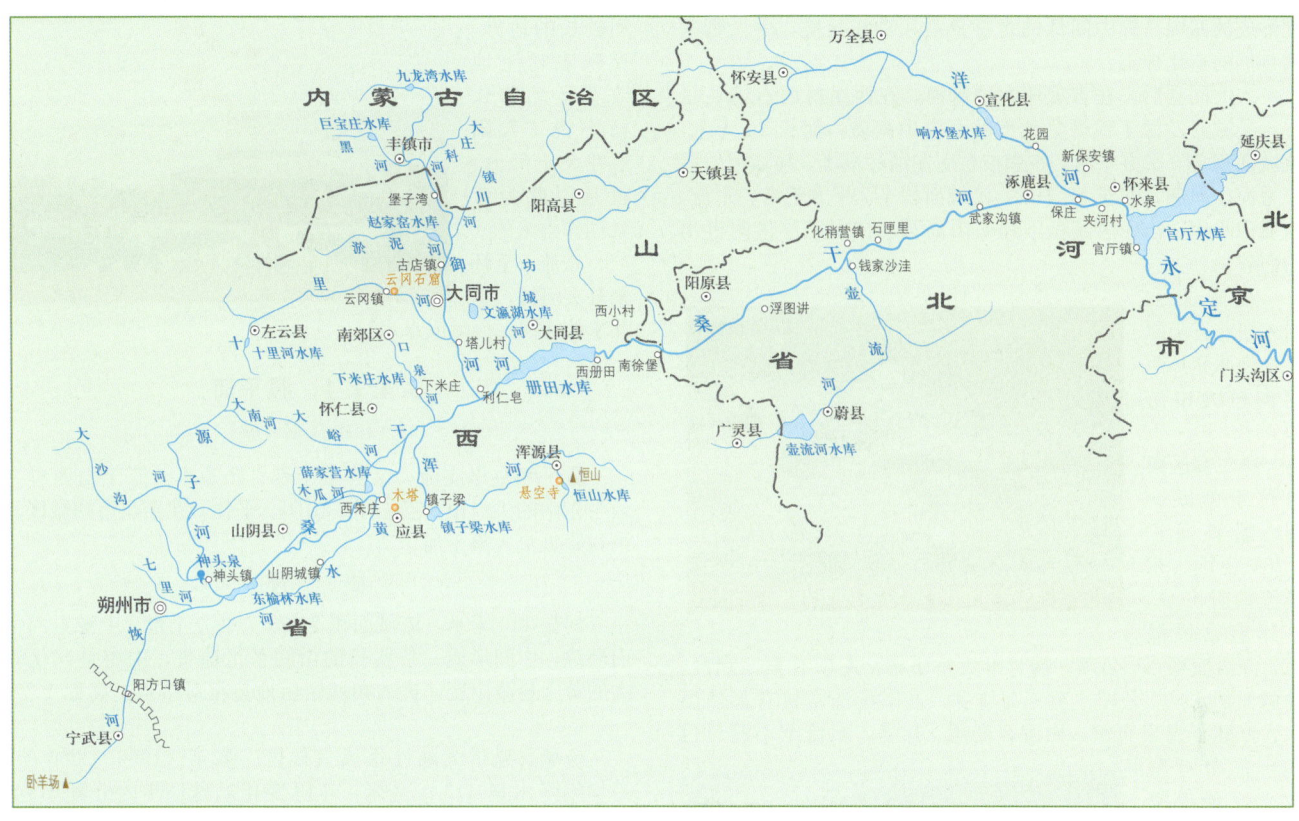

桑干河水系示意图

是我国"七五"期间煤炭行业最大的中外合资项目，主要包括安太堡露天矿区和安家岭矿区。安太堡露天矿区是在邓小平关怀下诞生的改革开放"试验田"。1984年4月，中国煤炭开发总公司与美国西文石油公司在北京正式签订了合作开发平朔安太堡1号露天煤矿的协议，合作开采年限为30年。后因美方中止合同，成为我国自行开采的露天煤矿。1987年9月建成投产，1988年7月正式转入生产阶段。生产的商品煤以其质量稳定可靠、发热量均衡而畅销世界17个国家和地区，出口精煤占全国出口动力煤总量的1/3，是我国最大的出口商品煤生产基地，也是我国规模最大、现代化程度最高的煤炭生产企业之一。

桑干河

东流，在马邑左纳源子河。马邑是古老的地名，历经两千多年沧桑嬗变，一直沿用至今。两河汇合处建有东榆林水库，出库区入山阴县。

过安荣等村庄，在河头村东侧出山阴县入应县。在北贾寨村西南左纳木瓜河。木瓜河上源主要有两大支流，分别发源于怀仁西南部的滋润、禅房一带和山阴西北部的燕家洞山，河长16.5千米，流域面积409.38平方千米。在西朱庄（设有水文站）附近右纳黄水河，过屯儿等村，在北张寨东北出应县入怀仁县。

经郑庄，在高镇子东左岸先后接纳大峪河、小峪河，在神嘴窝左岸纳鹅毛口河，在新桥村西右岸纳浑河，在智民庄接纳口泉河，然后作为怀仁与大同县界河出怀仁县入大同县。在大同县河段的两岸，一座座拔地而起的圆形小山，沿东北—西南、西北—东南两个方向整齐排列、成串相连，在中间的交汇点上又形成大小不等的子母山，宛如两条入海蛟龙在戏耍，时而潜伏水中，时而探头水面，绵延数十里，这就是我国第四纪火山群之一的大同火山群。大同火山群是华北地区著名的死火山群，也是山西唯一的火山群。火山群总面积152平方千米，平均海拔在1 200米左右，最高的黑山为1 429米，是观赏火山的最佳地点。站在黑山顶上，可以观赏到火山喷

大同火山群

发形成的四周高耸中间低的奇特景观,身临其境,令人赞叹大自然的造化神工。

入大同县后,在吉家庄左纳御河,在西堡村西右纳吴城河。吴城河发源于浑源县北部的石阱山南麓,河长26千米,流域面积110平方千米。在南坡村南左纳坊城河。坊城河发源于采凉山南麓,河长42千米,流域面积417平方千米。东流,入册田水库。出库区流程不远入阳高县。在尉家小堡附近出山西省。

在施家会村入河北省阳原县,到涿鹿县西窑沟村为中游段,长107千米。桑二灌区渠首位于施家会村,灌溉面积4 200公顷。东流至揣骨疃乡,右岸有富民灌区,灌溉面积670公顷。揣骨疃大桥下游,左岸有桑三灌区,灌溉面积1 800公顷。至三马坊乡,左岸澡洗堂村有天然温泉,修建了温泉宾馆,供游客度假、疗养。东流至小渡口村南,右岸有最大支流壶流河汇入。阳原县东部桑干河左岸石匣里乡境内有著名的泥河湾遗址群,是国际标定的第四纪地层代表地点,被国

阳原县泥河湾马圈沟文化层

阳原县泥河湾许家窑遗址

内外地质和古生物工作者公认为中国以至其他大陆进行地层对比的标准剖面。泥河湾标准地层记录了第三纪晚期至第四纪地球演化和生物、人类进化的历史,受到国内外地质、古生物、古人类及史前考古专家的极大关注。泥河湾遗址主要有小长梁遗址、虎头梁遗址、于家沟遗址、泥河湾遗址、侯家窑遗址等。

继续东流,穿石匣里山峡,入宣化县。经15千米山峡带,至西窑沟村,入涿鹿县。

入涿鹿县后,东流,穿涿鹿盆地。在武家沟乡西窑沟村,右岸有七一灌

黄帝泉

区,灌溉面积3 800公顷。再东,右岸有桑南灌区,灌溉面积4 300公顷。至涿鹿县城西25千米的武强山下,左岸有劈山大渠,灌溉面积1 200公顷。至涿鹿县城南,有惠民北灌区,灌溉面积6 400公顷。

涿鹿县是中华民族的发祥地,主要有黄帝城、黄帝泉、中华三祖堂、蚩尤祠、蚩尤寨等。县东桑干河右岸温泉屯,曾是著名作家丁玲1946—1948年参加华北农村土改时停留时

间较长的地方,反映农村土地改革运动的长篇小说《太阳照在桑干河上》就是以此为背景创作出来的。

东流,至怀来县夹河村,与北来的洋河汇流形成永定河。

中华三祖堂

3.4.1.1 源子河
(Yuanzi River)

桑干河左岸支流,又称桑干水、元子水,源于山西省左云县东南的尖口山,经右玉、山阴、平鲁,在朔州市朔城区马邑村附近汇入桑干河。

概 述

河长110千米,流域面积2 083.7平方千米。上游沿河群山环绕,中间形成一条狭长的山间平川地带,中游是起伏较大的黄土丘陵山区,进入朔城区后地势相对平坦,高程1 200～1 650米。

流域属温带大陆性季风气候区。多年(1956—2000年)平均年降水量413.4毫米,年际变化悬殊,年内分配不均,7—9月3个月降水量占全年的70%以上;多年平均年蒸发能力为1 200毫米,属半干旱气候区。年均气温4.5摄氏度,极端最低气温-40.4摄氏度,最大冻土深169厘米;11月上旬封冻,次年3月上旬解冻。以西北风为主,年均风速3.5米每秒,最大风速24米每秒,超过8级的大风日数20天,最多达82天。无霜期119天。

流域主要自然灾害上游以洪灾为主,腊壑口以上年径流量4 387万立方米,径流深23.2毫米。过神头镇时由于有**神头泉**汇入,因此在马邑河口多年平均年径流量达到1.86亿立方米。上游植被稀疏,水土流失较重。仅右玉县1千米以上的沟道就有98条,其中5～10千米以上的沟道26条,泥沙含量较大,年土壤侵蚀模数一般为5 000～10 000吨每平方千米。干旱是流域内最大的灾害,有"十年九旱"的说法。春旱、伏旱、秋旱发生的几率分别为68.2%、42%、29.6%。每年出现洪水5～8次。朔城区的神头和马邑有重盐碱地2 377公顷。流域上游以农业为主,无较大厂矿企业,没有水污染。但上游已开始建设平朔露天煤矿的东露天煤矿,神头泉下游有厂矿企业排污及城市污水汇入。

流域内有人口6.9万,耕地2.63万公顷。

流域内水利工程有赵家口小型水库、裕民灌区和腊壑口灌区。裕民灌区面积7 413公顷,有效灌溉面积2 800公顷。腊壑口灌区有效灌溉面积1 600公顷。

纪 实

源子河发源于山西省左云县东南的尖口山(海拔1 835米),流向最初从东北向西南流,过马道、小京庄,在东古城入右玉县。

入右玉县后,在曾子坊接纳大南河,在小马营接纳小马营河。小马营河发源于山阴县偏岭,河长24.2千米,流域面积105.6平方千米,河道比降11.5‰。过下柳沟,在大川村东出右玉县后,成为右玉、平鲁、山阴3县的界河,自北向南流。

过马家河后入山阴县,再过吴马营,在榆岭乡回回沟

（属平鲁）接纳大沙沟河。大沙沟河发源于平鲁区的芦草峁，河长 55.4 千米，流域面积 523.8 平方千米，河道比降 7.2‰。此后，成为平鲁与山阴界河。

过中石湖村入平鲁区，在红崖村东南接纳冻牛坡河。冻牛坡河发源于山阴县燕家洞山附近，河长 22.5 千米，流域面积 103.3 平方千米，河道比降 12.2‰。

过下面高乡在高阳坡村西入朔城区，在元子河村东接纳歇马关河。歇马关河发源于平鲁区张马营、石井沟一带，河长 22.3 千米，流域面积 195 平方千米，河道比降 10.7‰。在神头接纳**神头泉**群，该泉是我国北方著名岩溶大泉，是山西北部最大的自流灌区——桑干河灌区的主要水源，也是神头一、二电厂和平朔露天煤矿等大型企业的供水水源。境内源子河流域自古是汉民族与北方少数民族战争的前哨，一直沿用至今，有两千多年历史的古地名马邑就是最好的见证。马邑文化主要是马文化，相传秦始皇时大将蒙恬率秦军北击匈奴在这里筑城养马，从此便有了"马邑"这一古地名。历史上有名的"马邑之谋"就发生在此地。汉武帝刘彻即位后，西汉王朝进一步巩固和发展，经济、军事力量逐渐雄厚。于是，刘彻改变了过去与匈奴的和亲政策，对匈奴进行了多次大规模战争。最先开始的就是马邑伏击战，史称"马邑之谋"，又称"马邑之围"。元光二年（公元前 133 年），汉武帝策划了这场对匈奴的诱敌歼灭战，但被匈奴识破而失败。这次战争虽没有成功，但自汉初以来的和亲政策已告毁弃，从此揭开了汉民族对匈奴大规模反击作战的序幕。流域内的

源子河

马邑墓群已被列为山西省文物保护单位。

过马邑村后入恢河，河口以下始称桑干河。

3.4.1.1.1 神头泉
(Shentou Spring)

古称黄道泉、洪涛泉，亦称桑干泉、桑干温泉，位于山西省朔城区神头镇附近的**源子河**两岸及河谷中，为桑干河主要清水来源，出露高程为 1 044～1 053 米，为一构造上升泉，呈现为散流排泄，属山前断裂非全排型溢流泉。

概　述

神头泉为我国北方著名的岩溶大泉，出露于洪涛山前源子河两岸及河谷中。泉群分布面积约 5 平方千米，大小泉水 100 余处。泉域面积 4 756 平方千米，其中裸露岩溶面积约 2 290 平方千米，涉及三市六县（区），即朔州市朔城区、平鲁区、山阴区，大同市左云县，忻州市宁武县、神池县。区域构造上处于大同—静乐复向斜的中段。其中，以马关向斜、朔州向斜和神池向斜形成的 3 个蓄水构造为泉域岩溶水的富集区。泉域北、西、南三面环山，决定了岩溶水向盆地径流汇集，在河谷一带涌出地表。泉群主要由神头泉组、司马泊泉组、河道泉组、五花泉组、小泊泉组组成。当地通称的"神头泉"是指泉组中较大的 7 处泉眼，即神头海、三泉湾泉、金龙池、七星海、五花泉、莲花池和磨轮湾，这些泉在东神头、西神头、司马泊与新磨 4 个村庄间形成面积不等的多处泉湖。

泉域多年（1956—2000 年）平均年降水量 416.7 毫米，多年平均气温 6.9 摄氏度。补给主要靠降水入渗，也有少量河

神头泉

道渗漏。多年（1956—2003 年）平均流量为 6.74 立方米每秒，最大年平均流量达 9.28 立方米每秒（1964 年），1993 年年均流量仅 4.50 立方米每秒。天然状况下，泉流量年内有 2 个峰值，9—10 月出现小峰，次年 3—4 月出现大峰，6—7 月流量最低。水质类型为重碳酸钙镁型，矿化度小于 0.4 克每升，溶解性总固体 285～360 毫克每升，总硬度 232～277 毫克每升，总体水质良好。

春秋、北魏、辽代的许多典籍中即有神头泉水开发利用的记载。民国初年，当地通过组建水利股份公司投资建筑拦河大坝（即现存的桑干河渠首泥河大坝）灌溉农田、改良土壤。新中国成立后，又建成洪涛和神头两处高灌站，利用神头泉水灌溉农田。20 世纪 70 年代末，利用神头泉建起了虹鳟鱼场；1978 年改革开放后，朔州市成为国家重要的能源工业基地，神头泉作为工业生产用水水源的开发力度逐渐加大。泉域及周边地区先后建设了总装机容量 335 万千瓦，年发电 147 亿千瓦时（2007 年）的神头第一、第二火力发电厂及年产 7 300 多万吨原煤的平朔矿区。神头泉水是朔州极为重要的水源地。但是，随着泉域内自然条件的改变和人类开发活动的加剧，神头泉组出流量呈总体下降趋势。

纪　实

神头泉泉源处为东、西神头村。东神头村西的玉龙泉和西神头村东的黄道泉出露的泉水形成湖泊，当地俗称为神头海。附近有宋代的鄂国公庙遗址及尉迟恭擒海马、神头三大王等美丽传说和遗迹。紧靠神头海东南的是宽阔的源子河河滩，滩上小泉无数，终年流淌。滩中有地质勘探部门凿开的两眼形如狮头的喷泉，常年涌动；河中汇流的泉水，波光粼粼，汩汩有声。河滩南百米处司马泊村东北有三泉湾泉，村东有金龙池泉，村东南有七星海和莲花池泉，这些泉又形成一个湖泊，称为司马泊海。泉群中较具代表性的是金龙池泉，呈正方形，最大时方圆四五十亩，周围小泉纷列，有如众星拱月。明万历年有诗赞曰："金龙池口水如蓝，长夏消消浸碧潭。"尤其在明月当空的八月中秋夜，从池东的新磨到池西的司马泊，千米长的水面铺满了金光，微风轻波，金龙池确像一条巨龙在轻轻地摆动。这一自然景观即为古朔县八景之一的"龙池夜月"。在山前平原上，许多小泉水分布在东西 10 千米、南北 7.5 千米的田野上，绿的是水草，碧的是泉眼，显得分外好看。更为神奇的是，塞上本是高寒地区，一到冬季千里冰封，万里雪飘，呵气成霜，滴水成冰，但从神头到马邑的源子河河面却从不结冰，白天清水碧波，悠然而流；黎明时分，河面上水汽蒸腾，白雾弥漫，如烟尘蔽日，又如细雪缤纷，别有一番情趣。

神头泉地处汉代重要关外军事重镇——马邑的东北角,马邑城为秦始皇统一六国后修筑,汉代戍边将士死后大都葬于此处,因而形成了密集的汉代墓葬群。此地已发掘古墓2 200余座,出土文物1.7万件。

泉水出神头镇,入源子河。

3.4.1.2 黄水河
(Huangshui River)

桑干河右岸支流,古称枝津,又称桑干枝水,明代始名黄水河。发源于山西省宁武县薛家凹一带,经朔州市朔城区、山阴县,在应县西朱庄附近入桑干河。

概　述

黄水河河长100千米,流域面积2 489.6平方千米。河道曲折,有较大河弯141处。由于受桑干河的顶托影响,河口段淤积严重。实测资料显示,20世纪末期的15年,黄水河淤高达2.3米,河床离岸仅0.5米。上游河道群山环绕,中间形成一狭长河谷带,地势起伏变化较大,进入大同盆地后地形较平坦,高程为1 000～1 650米。

流域属温带大陆性季风气候区。多年(1956—2000年)平均年降水量409.1毫米,年际变化悬殊,年内分配不均,7、8、9三个月降水量占全年的70%以上;多年平均年蒸发能力1981.6毫米。年均气温6.9摄氏度,极端最低气温-34.9摄

黄水河

氏度,最大冻土深125厘米;11月上旬封冻,次年3月上旬解冻。以西北风为主,年均风速2.4米每秒,最大风速达23米每秒,年超过8级的大风平均日数21.9天,最多可达50天。全年无霜期128天。

流域内植被稀疏,多为黄土地带,洪水泥沙含量较大,土壤侵蚀模数为每年每平方千米200吨,特别是每年7—9月山洪暴发时常挟带大量块石、泥沙。流域危害最大的灾害是干旱,春旱、伏旱、秋旱发生的几率分别为72.2%、45%、31.5%。其次是洪涝灾害,由于中下游河道淤积严重,行洪能力不足,遇洪水极易成灾。区域内地下水含氟、砷较高,涉及人口6.3万。有盐碱地3.8万公顷。

全流域有人口15.9万,耕地4.33万公顷。

纪　实

黄水河发源于山西省宁武县薛家凹一带,自南向北流经阳方口镇的三府窑,在上石碣峪入朔城区。

入朔城区后,从西南向东北方向依次流经沙楞河、贾庄、福善庄等乡,在安子村接纳福善庄河。福善庄河发源于宁武县同家沟,河长36.5千米,流域面积399.9平方千米。经小霍家营出朔城区,入山阴县。

入山阴县后,经北万庄、黑疙瘩等村,在西沙堆北接纳水峪口河。水峪口河发源于代县小林沟,河长25千米,流域面积204.4平方千米。到古城镇(旧称山阴城),山阴城从元末至1937年一直是山阴县的县治,明万历皇帝老师王家屏即出生在

这里。王家屏(1535—1603年)字忠伯,隆庆三年(1569年)进士,任庶吉士、授编修,后升侍讲学士,累任礼部右侍郎、吏部右侍郎、吏部左侍郎兼东阁大学士、礼部尚书等职。为了匡时弊、兴曲礼、整纲纪,王家屏在朝辅政期间,每次议事秉公执法,不亢不卑,史称"发之以正直,本之以忠厚。"《明史·王家屏传》记载:"性忠悫,好直谏""以憨直去国,朝野惜焉"。王家屏传世的著作有收入《四库全书》的《王文端公诗集》十四卷和《复宿山房文集》四十卷。在黄水河流域内,还有我国边塞战争文化的典型代表——广武城。广武城面积80平方千米,分布着神秘的汉墓群、屹立着见证汉辽文化融合的旧广武城、蠢立着蜿蜒盘亘的明长城。广武汉墓群是我国最大的汉墓群,占地面积32平方千米,共有封土堆288座,为全国重点文物保护单位;旧广武城是我国现存辽代古城最完整的一座,为辽代所建、明代砖包,清朝年间是贸易经商的通道,该城为古屯兵处;明长城为明洪武至万历年间修建,现为国内古长城之珍品,极具军事科学研究和旅游欣赏价值。

黄水河在李珠庄入应县,过南湛,在张坊村西南接纳马兰峪河。马兰峪河发源于应县前瓦窑,河长30.5千米,流域面积223.1平方千米。经秦庄、圪塔等村庄,在西朱庄附

广武汉墓群

近先后接纳茹越峪河、小石峪河、大石峪河。茹越峪河发源于应县南泉乡的臭卜坪,河长35.6千米,流域面积169.38平方千米;小石峪河发源于应县关帝庙梁一带,河长41.2千米,流域面积200.9平方千米;大石峪河发源于应县白马石乡的将台背、化沟一带,河长43.7千米,流域面积149.1平方千米。

黄水河流域文物古迹众多,其中以建于辽清宁二年(1056年)的释迦木塔最为著名。该塔为世界上现存最古老、最高大的纯木结构建筑,是我国古建筑中的瑰宝,也是世界木结构建筑的典范,在建筑技艺上与法国的埃菲尔铁塔、意大利的比萨斜塔齐名,被称为世界"三大奇塔"。木塔在设计和施工上匠心独具,塔身为阁楼式,外形为5层,每层6檐8角,明层间夹暗层,共有9层。底基直径30

应县木塔

米,塔高67.31米,建筑奇巧,雄伟壮观。木塔内存有辽代刻经、杂抄、绘画、刻板彩印、"七珍八宝""佛牙舍利"等160多件文物,填补了我国辽代文物的空白,对研究辽代政治、经济、文化、宗教及建塔历史背景有重要价值。县城东北隅的金代净土寺殿堂构造灵巧,金碧辉煌,为研究金代建筑规制的实物资料。位于城东南11千米小石村的文殊寺为辽代所建,现存为明代中期之物,殿内佛像是研究明清塑像的实物资料。位于城南15千米处的殊海寺始建于东汉,是历代兵家必争的"雁门十八隘"之一。位于县城正南的梨树坪乡有国内罕见的地质景观,该景观为一宽约200米、高35米由根根棱角分明的六棱石柱组成的一座悬挂山腰的峭壁,石柱似撑天巨柱,气

势宏伟，此景由四五万年前火山爆发自然形成。

黄水河接纳大石峪河后，在西朱庄附近入桑干河。

3.4.1.3 浑河
(Hunhe River)

桑干河右岸支流，古称崞川水，又称浑源河，清雍正《山西通志》谓之浑源河，乾隆《浑源州志》谓之浑河水。发源于山西省浑源县东山乱岭关，过应县，在怀仁县新桥村西入桑干河。

概　述

浑河河长 55 千米，流域面积 1 910.7 平方千米，河道纵坡 5‰。上游河道为 V 形顺直河段，较稳定；下游河道为宽浅式 U 形河段，易淤积，稳定性差。流域南北两侧高于中部，东高西低，高程 1 020～2 333 米。南部侵蚀构造的基岩山区面积 932.4 平方千米，占 48.8%；北部侵蚀、剥蚀的黄土丘陵区面积 664.9 平方千米，占 34.8%；冲积倾斜平原区面积 313.4 平方千米，占 16.4%。林草覆盖率 21.4%。

流域属典型的半干旱地区。多年平均年降水量 465 毫米（1956—2000 年），最大年降水量 702.7 毫米，最小年降水量 201.5 毫米，年内降水分布不匀，75% 集中在 6—9 月。多年平均年蒸发能力 1 021.8 毫米（1950—2000 年）。多年平均气温 6.2 摄氏度，极端最低气温 −34.4 摄氏度，最高气温 38.1 摄氏度。河道多年平均年输沙量 291 万吨。泥沙主要来源于上游的黄土丘陵区，侵蚀以面蚀、沟蚀为主，春季风蚀也较严重。黄土丘陵区年土壤侵蚀模数 5 000 吨每平方千米。

流域旱情几乎年年发生，春旱几率更大，冰雹、洪灾也屡有发生。浑源盆地在新中国成立初期有盐碱沼泽 5 020 公顷，到 20 世纪末有 4 100 公顷得到了改良并种植了庄稼。20 世纪末，浑河水受到了污染。

流域多年平均年水资源量 1.8 亿立方米（1956—2000 年）。2000 年水资源量 0.88 亿立方米，利用 0.56 亿立方米（其中农业用水 0.48 亿立方米，农村人畜用水 0.04 亿立方米，工业用水 0.03 亿立方米，城镇生活用水 0.01 亿立方米）。有中型水库 2 座（恒山、镇子梁），小型水库 12 座，5 处灌区和 1 处电灌站。

流域有浑源、应县、怀仁三县，人口 34.45 万，耕地 4.7 万公顷。

纪　实

浑河发源于山西省浑源县东山乱岭关，由东向西流经荞麦川、杨庄，再西南流，过海村，在土桥铺下游接纳王千庄峪。王千庄峪发源于浑源县广泥沟，河长 30 千米，流域面积 196.6 平方千米，河道纵坡 25.3‰。在花町村东接纳唐峪河。唐峪河发源于浑源县东葫芦头，河长 33 千米，流域面积 169 平方千米，河道纵坡 29‰；有著名的悬空寺和国家级风景名胜区恒山，建有恒山水库及水库灌区（灌溉面积 2 800 公顷）。恒山水库 1962 年建成，为我国北方高寒地区第一座混凝土双曲薄拱坝，总库容 1 330 万立方米，控制流域面积 164 平方千米。在麻庄接纳毕村沟，在大沟接纳凌云口峪。凌云口峪发源于应县鹿圈掌，河长 40 千米，流域面积 236 平方千米，河道纵坡 25‰。过顾关村（设有水文站），到小辛庄西出浑源县入应县。

恒山水库

在浑源县境内大致从东向西流，境内文物古迹众多，恒山为"五岳"之"北岳"，是国务院首批公布的国家级风景名胜区之一，为国家 AAAA 级旅游区，素有"人天北柱""绝塞名山"之美誉，是重要的道教发祥地之一，备受中国历代帝王的推崇。西汉初年恒山就建有寺庙，明清时已寺庙成群，形成规模，号称"三寺四祠九亭阁，七宫八洞十二庙"，现保存有文物古迹及庙宇 20 多座（群）。其中，以建在北岳恒山金龙峡西侧翠屏峰悬崖峭壁间的悬空寺最为典型，被列为北岳恒山的第一奇观，也是我国保留下来的集佛、道、儒为一体的独特的寺庙，为全国重点文物保护单位。悬空寺始建于北魏王朝后期，背崖面河，建造初期最高处的三教殿离地面 90 米，后因历年河床淤积，21 世纪初仅剩 50 多米。悬空寺发展了我国的建筑传统和风格，其建筑特色可以概括为"奇、悬、

恒山

巧"三个字。建寺设计与选址称"奇"——悬空寺整体悬挂于半山腰,上有石崖顶峰遮蔽,使古寺免受阳光暴晒、雨水冲刷,同时山下洪水泛滥时也免于

悬空寺

被淹;"悬"是悬空寺的另一特色,全寺共有殿阁 40 间,表面看上去支撑它们的是十几根碗口粗的木柱,其实木柱根本不受力,而真正的重心在坚硬岩石里,该寺巧妙利用力学原理半插飞梁为基;"巧"在建寺时因地制宜,将一般寺庙平面建筑的布局、形制等建造在立体的空间中,山门、钟鼓楼、大殿、配殿等一应俱全,设计匠心独具,蔚为壮观。浑源县城有辽金时期密檐式建筑特色的砖塔艺术品——圆觉寺砖塔,藏有元代壁画杰作的永安寺颇有特色。清道光年间(1821—1850年)治河名人——栗毓美是浑源人,在治理黄河期间发明了"抛砖筑坝法",这是当时治黄工程中最有效的技术,曾被广泛应用。为表彰他的功绩,道光皇帝在其家乡为他修建了全部用巨型汉白玉构件雕刻的陵墓,该墓是研究清代墓葬和清陵建筑的宝贵实物资料。

入应县后,在东小寨北接纳北楼峪。北楼峪发源于应县跑马梁,河长 22 千米,流域面积 105.3 平方千米。西行到镇子梁乡,入镇子梁水库(1958 年兴建,总库容 5 430 万立方米)。镇子梁乡城下庄村的繁畤古城遗址为山西省文物保护单位,长 1 120 米,宽 120 米,城墙残高 0.5~2 米。出水库后,由西行转为北流,过北马庄、六福堂村,在南柳会村北入怀仁县。

入怀仁县后不远,即在新桥村西入桑干河。

3.4.1.4 御河
(Yuhe River)

桑干河左岸支流,古称如浑水、玉河,内蒙古自治区境内称饮马河,入山西省接纳万泉河后称御河。发源于内蒙古丰镇市三义泉镇宋家沟,经山西省大同城东,在大同县吉家庄入桑干河。

概　述

御河河长 155 千米,流域面积 5 001.7 平方千米,河道纵坡 3‰,沙质河床,不稳定。流域地势西北高东南低,高程为 1 000~2 000 米,处于典型灌木草原向荒漠草原的过渡地带。流域林草面积 773.9 平方千米,覆盖率 30.6%。河道特性表现为宽浅式的游荡型与弯曲型。

流域地处大陆性季风气候区。年内降水 80% 集中在 7—9 月,最大年降水量 675 毫米(1959 年),最少年降水量 194.1 毫米(1965 年),年蒸发能力 1 152.1 毫米。年均气温 6.5 摄氏度,最高气温 37.7 摄氏度,最低气温 -29.1 摄氏度。全年无霜期 90~130 天。11 月中旬封冻,次年 4 月中旬消融。年均风速 2.9 米每秒,最大达 29 米每秒,年内 8 级以上的大风在 60 天左右。

流域年均径流量 1.28 亿立方米,汛期径流占年值的 70%。年际变化大,最大年径流量 1.85 亿立方米(1978 年),最小年径流量 0.58 亿立方米(1966 年)。由于采煤漏水和过量开采地下水,河道清水流量逐年减少。20 世纪末期,城市

御河(大同市三百户段)

生活污水和工矿废水大都未经处理直接排入河道,2000 年废污水入河量高达 5 524 万立方米。多年(1956—2000 年)平均年水资源量 3.4 亿立方米。年均输沙量 520 万吨,主要来源于十里河、淤泥河和饮马河,占泥沙总量的 70%。

流域内旱灾频发,尤以春旱为最。1950—2000 年,发生干旱年份 37 年(其中春旱 22 年,夏旱 12 年,秋旱 3 年)。干旱之年,局部洪涝时有发生。据 1949—1985 年不完全统计,发生洪涝 17 次。有盐碱下湿地 4 000 公顷,集中于沿河两岸。

流域内的大同市是全国能源重化工基地,矿产资源主要有煤炭、石灰石、高岭土等,已探明的煤炭资源储量达 286 亿吨。有同煤集团,大同一、二电厂,大同机车厂等数千家企业。2000 年,流域内有 37 个乡(镇)578 个村,非农业人口 74 万,农业人口 34 万,耕地 7.93 万公顷,主要种植莜麦、玉米、谷黍、胡麻、豆类和蔬菜。

流域内建有中型水库 5 座(九龙湾、巨宝庄、十里河、赵家窑、文瀛湖),小型水库多座(如镇和、李花庄、蔡家窑、十家注、拒门等)和御河灌区、智家堡扬水站、河东窑扬水站等水利设施。

赵家窑水库大坝

纪　实

御河发源于内蒙古自治区丰镇市三义泉镇宋家沟北山顶,上源称饮马河。东南流,于白塔河折向东流,至九龙湾有九龙湾中型水库,总库容 1 240 万立方米,控制流域面积 156 平方千米。东流,至红砂坝镇向阳村有大泉村河从左岸汇入。大泉村河发源于三义泉镇甲拉村,河长 29 千米,流域面积 165 平方千米。下行,至隆盛庄镇永王村有泉子沟从左岸汇入。泉子沟发源于红砂坝镇丰乐窑村,河长 19 千米,流域面积 130 平方千米。折向西南流,至南城区街道东园社区折向东流,于新城湾社区有后河湾从右岸汇入。后河湾发源于三义泉镇四道嘴村,河长 51 千米,流域面积 519 平方千米,右纳支流黑河,黑河上有巨宝庄中型水库,总库容 1 814 万立方米。继续东流,在南城区街道沟门社区有大庄科河从左岸汇入。大庄科河发源于浑源窑乡浑源窑村,河长 54 千米,流域面积 622 平方千米,左纳支流巴音图河。折向东南流,在小黄土沟出内蒙古自治区入山西省。

过外长城入山西省后,在黑土墩村西右纳圈子河。圈子河又名南唐寺河,发源于大同新荣区弥陀山,河长 23 千米,流域面积 109.7 平方千米,河道纵坡 2.6‰。过得胜堡,在黍

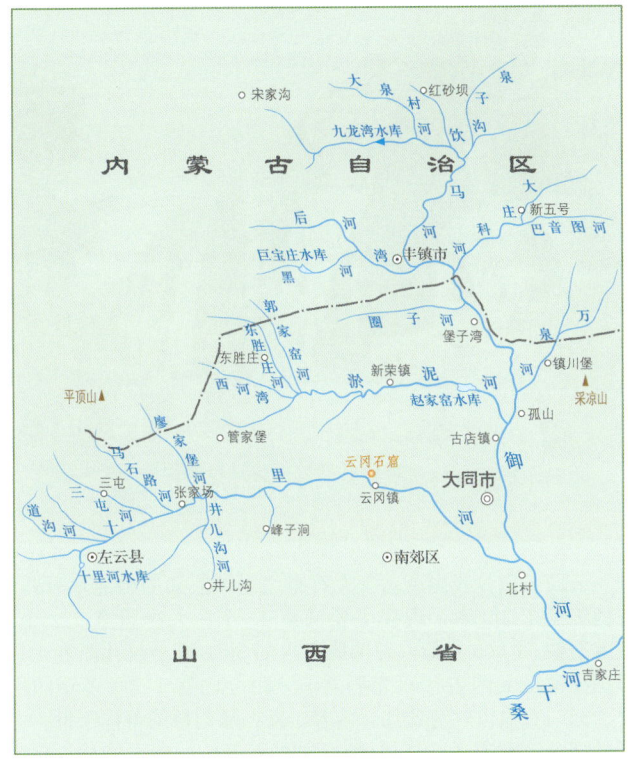

御河水系示意图

地沟接纳万泉河。万泉河又名镇川河,发源于内蒙古自治区丰镇市官屯堡乡,河长 26.87 千米,流域面积 161.9 平方千米,河道纵坡 16‰。纳万泉河后称御河。经孤山(设有水文站),到大同市南郊区山底村右纳淤泥河。淤泥河发源于内蒙古自治区凉城县红石崖山,河长 56.4 千米,流域面积 742 平方千米,河道纵坡 6.2‰。

过大同市区,在田村右纳**十里河**。御河流域是大同市经济、文化、旅游的中心,名胜古迹很多。大同市区是国务院首批公布的全国 24 个重点历史文化名城之一,著名的平城遗址在今大同城北、火车站以西到陈庄一带,北依方山,外靠长城,包括宫城、外城和城郭 3 个部分,总面积约 60 多平方千米。平城自北魏道武帝天兴元年(398 年)定都到孝文帝太和十八年(494 年)迁都洛阳为止的 96 年里,历经六帝七世;辽金两代,作为陪都达 200 余年;明代,为九边重镇,堪当中国北方政治、军事、文化、经济和佛教中心。大同市区内的辽代华严寺、唐代善化寺、明代九龙壁等是我国建筑雕刻艺术的珍品。华严寺是我国现存辽金时期最大的佛寺,坐西朝东是其最大特点,其中薄迦教藏殿建于辽重熙七年(1038

善化寺大雄宝殿内五方佛

年),殿内完整地保存着 31 尊塑像,以合掌露齿观音艺术价值最高。善化寺又名开元寺,创建于唐代,金代重修,殿宇高大、布局严谨,是我国迄今保存最完整、规模最大的辽金寺院。九龙壁是我国现存 3 座(另两座在北京北海公园、北京故宫)最享

华严寺

盛名的九龙壁中建筑年代最早、尺度最大、最富艺术魅力的一座,是朱元璋十三子代王朱桂府上的建筑物。御河流域是我国古代战争多发之地,曾发生过数次载于史籍的战争,其中以汉朝白登山之战最为著名。汉高祖七年(公元前 200 年),在西汉与匈奴的战争中,匈奴冒顿单于以优势骑兵包围刘邦军于白登山(今大同市东 5 千米),汉军被围七天七夜,粮草将断,危在旦夕。刘邦用陈平秘计,厚赂冒顿单于阏氏(匈奴单于妻的称号)希望解围。由于阏氏的劝说和相约配合作战的西汉降将王黄、赵利未如期至,单于疑其与汉有谋,故解围一角。此战使汉高祖刘邦从骄傲自大中清醒过来,以"和亲"政策代替了武力征讨,客观上促进了汉族与北方少数民族的团结和融合。

最后,作为大同市、县的界河,御河于吉家庄入桑干河。

3.4.1.4.1 十里河
(Shili River)

御河右岸支流,古称武周川水,因河在山西大同城西十里,故称十里河。发源于山西省左云县中南部的曹家堡村,在大同市田村附近入御河。

概 述

十里河河长 89.3 千米,流域面积 1 228.4 平方千米,河道纵坡 4.4‰。流域形状近似于羽毛状,地势西高东低。上游洪涛山与阴山近似于椭圆形包围一狭长的缓坡黄土丘陵沟壑风沙区,为游荡弯曲型河段,沙质壤土河床,不稳定;中游地形起伏不大,属土石山区和黄土丘陵沟壑区,顺直型河段,基岩河床,较稳定;下游为冲积平原区,地势平缓,

十里河水源

游荡型河段,沙质土河床,稳定性差。

流域地处典型的大陆性季风气候区。上游多年平均年降水量 433.3 毫米(1956—2000 年),中下游 391.6 毫米,年内分配不匀,70% 集中在 7—9 月,年际变化大。多年平均年蒸发能力 1 135.4 毫米。多年平均气温 5.2 摄氏度,极端最低气

温-29.2摄氏度,最高气温34.5摄氏度。全年无霜期95～123天。河流封冻期在11月中旬,次年3月中旬消融,冰厚0.8米。

流域内多年平均年径流量0.41亿立方米。由于受采煤漏水、降水减少等因素的影响,清水流量逐年减少,多年平均年清水量0.03亿立方米,多年平均年水资源量0.76亿立方米。

流域内植被差,水土流失严重,河床泥沙淤积较重。泥沙主要来源于上、中游的黄土丘陵沟壑区和黄土丘陵缓坡风沙区。侵蚀以面蚀、沟蚀为主,春季风蚀也较严重。多年平均年输沙量246万吨。春旱年年发生,夏旱也接连不断,素有"十年九旱"之称。有盐碱下湿地2 000多公顷。20世纪末,大同市年废污水入河量3 500万吨。

流域涉及左云县170个村、9.8万人、耕地3万公顷,大同市区72个村、8.95万人、耕地8 600公顷。工业发达,主要有采矿、电力、化工、建材、机械、水泥、制药等。矿产资源有煤炭、石灰石、高岭土、耐火黏土、石墨等。

清光绪二十二年(1896年),当地群众在十里河西兴建王家园渠,为无坝引水工程,灌田10公顷。1920年,在小站村十里河东岸修汉济渠,灌溉马军营、城关10个村近700公顷土地。新中国成立后,王家园渠几经整修,建拦河坝、引水闸等设施59座和干支渠18条56千米,灌溉两乡13村农田1 530公顷;汉济渠又经多次改造,新建进水闸2孔、防洪坝涵洞1处、大小建筑物38座,干渠、支渠都有增加,渠长超过97千米,灌溉面积增加到1 660公顷,受益村19个。

流域内建有十里河水库(1973年兴建,总库容1 060万立方米)、十里河中型灌区(始建于1915年,设计灌溉面积8 330公顷,有效灌溉面积6 760公顷)。2000年,流域内利用水资源5 611.5万立方米。

纪　实

武周川水古籍多有记载,最早见于《史记》。秦朝时为防匈奴侵边,在形势险要之地"高阙为塞",建立城堡要塞。据考证,武周塞就在今十里河的源头、上游支流一带,它非一堡一寨,可能是由三个、五个或更多城堡组成的,互为犄角之势,武周川水因此而得名。《魏土地记》曰:"平城西三十里,武周塞口者也。"古平城是赵武灵王开疆拓土的产物,也是匈奴人南迁的结果。北魏,道武帝拓拔珪从盛乐迁都平城(398年),武周川是必经之道。到金天辅六年(1122年),辽天祚帝自燕京出居庸关,旋被金兵尾追,将传国玺丢失于桑干河中,仓皇落脚于西京大同,又经武周川逃遁于漠北。元大都(今北京)通向西域的京西大道就是溯桑干河而上,一直到西京大同,经武周川这条北丝绸之路,从河套、甘肃通往西域的。明清时期,武周川是军旅、茶马通向大漠最大的贸易通道,不远处坐落在苍头河谷的杀虎口是清政府税收最多的厘卡之一。

十里河发源于山西省左云县中南部的曹家堡村,由东南向西北经麻黄头、南八里折向北,过左云县城转为东北流,在前八里左接道沟河(《水经注》:"圣山之水注焉。")。过后八里村,有山西省文物保护单位——古城墓群。在北十里左纳三屯河(《水经注》:"右合黄水"),在段家村左纳马石路河。经张家场,在梅家窑左纳廖家堡河,在旧高山右纳井儿沟河。井儿沟河发源于左云县尖口山北麓,河长22千米,流域面积150平方千米,河道纵坡1.3‰。在石墙框出左云县。

入大同市区高山镇,高山为新石器时代遗址。过高山,继续东流到达云冈,全国重点文物保护单位云冈石窟就在此

云冈石窟

地。云冈石窟是我国著名三大石窟之一,依武周山北崖开凿,东西绵延1 000米,现存主要洞窟45个、大小窟龛252个、石雕造像51 000余躯,石佛最高达17米、最小仅几厘米,是我国规模最大的古代石窟群之一,距今已有1 500多年的历史。云冈石窟以气势宏伟,内容丰富,雕刻精细著称于世。古代地理学家郦道元这样描述它:"凿石开山,因岩结构。真容巨壮,世法所稀。山堂水殿,烟寺相望。"云冈石窟雕刻技艺在吸收和借鉴印度犍陀罗佛教艺术的同时,有机地融合了我国传统艺术风格,在世界雕塑艺术史上具有十分重要的地位。2001年12月,联合国教科文组织将云冈石窟列入《世界文化遗产名录》。1958年,山西省文物局在云冈南梁开挖探方,发现一座半地房穴基址,属新石器时代,与高山镇遗址同期。位于此地的山西省文物保护单位青磁窑遗址,是华北地区旧石器时代早期后段遗址,距今已有10万余年的历史。

继续东流,到小站村转向东南方向。在小站村西坡台地上有小站遗址,是大同地区发现的唯一的旧石器晚期的遗址。与青磁窑遗址相比,小站遗址石器业有明显的进步,雕刻器的使用证明小站人丰衣足食,而且懂得装饰和美化生活,该遗址距今有1万年以上。这些遗址都在十里河边,说明十里河是我们人类祖先赖以生存的重要河流。

2003年,大同市在云冈峪附近河段建设了蓄水工程,安装了3道橡胶坝,河道清淤2.2万立方米,河道蓄水量可达5万立方米,水面面积达

十里河(云冈峪段)

13.2万平方千米,这对于提升云冈石窟旅游景区的品位具有一定意义。

过云冈,在小站村(设有水文站)出山,折向东南,过马营、同家湾等,在田村附近入御河。

3.4.1.5　册田水库
(Cetian Reservoir)

桑干河干流上的大型水库,因处于山西省大同县西册田村附近得名,位于大同市城区东南约60千米处。总库容5.8亿立方米,控制流域面积16 700平方千米。是一座集城市供

水、防洪、灌溉、拦沙、水产养殖、休闲旅游等多功能于一体的大型水库。

概 述

控制流域面积中：石山区 3 815 平方千米，土石山区 3 010 平方千米，平川区 5 260 平方千米，丘陵区 4 615 平方千米。其下游是北京的**官厅水库**，册田水库汇水面积占官厅水库汇水面积的 38.5%。

流域多年平均年降水量 406.4 毫米（1956—2000 年）。建库后，多年平均年径流量为 3.30 亿立方米，年输沙量 1 200 万吨，年均淤积 725 万立方米。

工程于 1958 年 3 月开工兴建，1960 年 6 月大坝合龙，1963 年一期工程完工，坝高 34 米。1970 年开始二期工程，1976 年年底完工，大坝加高至 41.5 米，长 1 100 米，为均质土坝。1983、1989 年又进行了除险加固。水库设施包括主坝、副坝、正常溢洪道、非常溢洪道、放水闸。建有坝后式水电站，装机 2 组，每组 500 千瓦。设计防洪标准为 100 年一遇，校核标准为 2 000 年一遇，最大泄量 4 140 立方米每秒。正常情况下库区水面面积 1 000 公顷，回水长达 16.5 千米。

水库建成后曾两次遇险：一次是 1967 年 8 月 6 日，进库洪峰流量达 2 850 立方米每秒，1 日洪量为 1.081 亿立方米，3 日洪量为 1.756 亿立方米，5 日洪量为 2.13 亿立方米；另一次是 1989 年 10 月 18 日 22 时 57 分，遭遇大同—阳高 5.7 级地震，19 日凌晨又遇 5 级以上地震 4 次、6.1 级地震 1 次，至 23 日连续发生地震 4 426 次，到 12 月仍有 4～4.9 级地震发生。这是一次罕见的大地震，属于浅震、群震，震中距水库仅 3～4 千米。震后坝顶及上游坡有 9 条裂缝，最长达 370 米，宽 1～30 毫米，下游坝面局部塌陷。后经工程技术人员采取技术措施，对坝体进行了及时、有效、妥善的处置。

兴建水库主要目的是承担北京市的防洪安全，兼顾大同市及下游河北省的供水及农田灌溉，并为官厅水库拦蓄泥沙。截至 2003 年年底，已淤积库容 2.19 亿立方米，为减轻官厅水库的淤积和保证京津地区的防洪安全起到了显著作用。水库管理局下设 4 个灌区，有效灌溉面积 1 万公顷，年均实际灌溉面积 7 500 多公顷。水库左岸建有调水工程泵站和渠道，每年可向大同市和大同二电厂供水 5 000 万立方米。

从 2003 年开始，山西省连年在汛后通过册田水库向北京集中输水，每年约 5 000 万立方米，有效地缓解了北京供水紧张的局面。为确保向北京供水水质，山西省大力整治了流域的水环境，投资上亿元在上游的大同、朔州、忻州 3 市规划建设了 17 座污水处理厂，并对水库附近的御河城区段进行综合治理。21 世纪初，随着产业经济结构调整政策的实施，水库已建成大同桑干湖生态旅游区，被授予山西省级水利风景区称号。

纪 实

水库以大坝为脊梁，以水库 1 000 多公顷湖面为中心，以 10 千米乌龙峡为延伸，以南北山峦为衬托，自然景观、人文景观非常丰富，水体与水工建筑特色突出。

直接注入库区流域面积 100 平方千米以上的河流有 2 条，分别是吴城河、坊城河。其中，吴城河发源于浑源县吴城乡石阱山（高程 1 702 米）南麓的大洼，经吴城在香水寺出浑源县入大同县峰峪乡，在西堡村西从右岸汇入，河长 26 千米，流域面积 110 平方千米；坊城河又称西坪河，发源于采凉山南麓的大同县巨乐乡水沟寺，从北到南经聚乐堡、中高庄、陈庄在南坡村南从左岸汇入，河长 42 千米，流域面积 417 平方千米。

水工建筑区以水库大坝、溢洪道及供水工程等水利设施为主，1 000 多米长的大坝连通南北两岸，蔚为壮观。大坝北端的石梁，其状如鱼，名金鱼矶，"金鱼"身体弯曲，头南尾北，鱼嘴紧咬水库大坝，与大坝连为一体。矶上有建库纪念亭、鳄鱼馆、花卉盆景等；矶东侧为水库、旅游等管理部门驻地。除气魄宏伟的大坝外，南干渠倒虹吸也颇具规模：该倒虹吸由 3 排直径为 1.2 米的钢筋混凝土预应力管路组成，全长 400 米，供水期间可在出水口形成瀑布景观。水工建筑不仅具有兴利作用，可让人了解水利工程的科普知识，而且自身也形成了独具水利特色的人文景观。游人漫步长堤，远山近水，尽收眼底，别有一番风味。

册田水库整个库面呈条带状，实为库河合一，漫步水库周围可感受到浓浓的桑干文化气息。北魏地理学家郦道元的《水经注》中记载，历史上古老的桑干河"河水滚滚，舟楫往来穿梭"。沿河两岸，内外长城南北相望，烽台寨堡星罗棋布。滚滚不息的河水，奏不完铁马金戈的交响，诉不尽悲壮凄婉的离愁。数千年来，以"风雨渡桑干""饮马长城窟""出塞入塞行"为题材的边塞诗词感人肺腑，千古传唱。早在明代，"桑干晚渡"就列为"云中八景"之一，明代诗人戴义这样描述："桑干昼夜水潺潺，往往行人跋涉悭。暮霭马前人唤渡，夕阳林外鸟知还。一声牧笛归村落，几片渔舟过渚滩。安得长虹跨白石，溥令来渎免辛艰。"

六棱山屏列水库南岸，连绵百里，峰峦叠秀。主峰黄羊尖海拔 2 420 米，堪称大同旅游区的屋脊，是册田水库的重要衬景，且自身亦为秀美的风景区。山上有老虎口、一线天、扁担眼、龙蟠冰洞、汉白玉石林等自然景观及抬头寺、吕仙祠

册田水库

等文物古迹，山下有释迦寺庙，也为古文物景观。

水库北岸为桑干河流域自然保护区，分布着大大小小30多座死火山，这一火山群是中国第四纪火山群之一，根据外部形态大致可分为4类：一是穹隆状，由玄武岩组成，没有火山口；二是盾状，由玄武岩组成；三是半圆形，是火山喷发物沿山前裂隙喷出，依山势流动而形成；四是马蹄状，由玄武岩流和火山碎屑互层组成，火山形成后，流崖切穿火山口，形如马蹄状。这些火山中，黑山规模最大，海拔1 429.8米；双山山体较为典型，已开发成为旅游景点。始建于唐代末期的昊天寺位于大同县西坪镇东北一座火山口沉积的土坪上。寺院为三进，坐北朝南，以中轴线为基准，前为天王殿，次为观音殿，主殿三教殿，后为玉皇阁。还有东西厢殿、配殿十数间，规模可观，特色鲜明。

水库坝后区域为一长10千米、宽百余米的天然奇峡——乌龙峡，峡谷两岸为火山熔岩，经河水亿年冲刷而成，两壁削峭，危崖万状。其怪石、飞泉、鸟蝶被誉为"石峡三奇"。峡内有铁索桥、小龙门、罗汉洞、乌龙泉、蝴蝶湾、红门寺遗址等景观。铁索桥原位于峡西口的水库大坝下，为南北交通要道。小龙门位于峡东口，两阙险逼，峡谷幽深，河水收束，急流奔泻，有石刻称之曰"小龙门"，清代被誉为大同县"八景"之一。罗汉洞位于峡北崖半壁间，洞下有石碑一通，记载了明嘉靖二十五年（1546年）一位名叫园晓的僧人凿洞、建寺、募建船桥并坐化于洞内的典故。峡有百泉，以乌龙泉为最，峡北壁有石洞，泉自洞喷泄，飞珠溅玉，声震峡谷。乌龙峡九曲十八湾，以蝴蝶湾称奇。蝴蝶湾位于乌龙泉旁，林木葱茏，绿草如茵，黑蝴蝶翩翩成群，令人流连忘返。红门寺遗址位于乌龙峡北岸密林深处，据史载，红门寺曾是塞上名刹，香火旺盛。唐初，因寺僧犯戒，被毁一空。大同耍孩儿戏曲中的《红门寺》一剧传唱的便是此事。

3.4.1.6 壶流河

(Huliu River)

桑干河右岸支流，古称祁夷水。发源于山西省浑源县、广灵县交界处的石人山，在河北省阳原县小渡口村西入桑干河，地跨山西、河北两省。

概　述

壶流河河长149千米，流域面积4 316平方千米。位于燕山褶皱带西部边缘的蔚县盆地西南部，地势西南高东北低。上游为土石山区，中游为开阔的浅山和丘陵区，下游属山前倾斜平原区。河道西窄东阔，呈壶状，上白羊以上为土石山区，河床为砂砾石，河道为V形顺直河段，河床稳定；上白羊至贺窖为黄土丘陵区；贺窖以下为冲积平原区，河道为U形宽浅式游荡河段，易淤积，河床稳定性差。

流域属半干旱大陆性季风气候，夏季炎热，冬季寒冷。据蔚县1960—2003年实测资料，多年平均年降水量398.8毫米，6—9月降水占年降水量的75%。水质为Ⅱ类。

流域面积大于100平方千米的支流有长江峪、莎泉峪、直峪河、石门峪、北口峪、水峪、九宫口峪、清水河和定安河，其中清水河、定安河是常年性河流，其余均为季节性河流。

西秦永弘四年（431年）至1985年，流域有记载的洪灾77次，多发生在6—8月。清顺治十年（1653年）六月，"大雨，涸泽生鱼，九月大雪，冬大雨连月余，道无行人，南山民多穴处，雪溪谷，乔禾无，路人畜死者甚多。"流域内旱灾几乎年年发生，以春旱、秋旱居多。西汉后元六年（公元前158年）至1985年，发生大旱50次。明嘉靖三十八年（1559年），"春正月至五月不雨，大旱。"据蔚县气象站记录，1954—1985年有25年发生程度不同的干旱。

流域上游以用材林为主，下游以经济林为主，中游耕作业发达。山区矿藏资源丰富，尤以煤炭闻名，现已探明储量24亿吨，面积264平方千米，有"燕赵煤仓"之称。

流域利用河水灌溉农田历史悠久。《察哈尔省通志》中记载：北宋政和五年（1115年），上宫等四村开凿南马庄公有渠，利用滋泉水灌田66.67公顷。《蔚州志》中记载：清同治元年（1862年），蔚州东、西、南三乡有水浇地108.47公顷。1935年，私人集资开挖张新、怡安等渠道10条，水浇地增加到1 300公顷。新中国成立后，陆续建成万亩以上灌区2处，有效灌溉面积达2万公顷。

清康熙十九年（1680年），"山洪陡发，广灵一带之水腾涌而集……居民患之，因筑土堤。"1952年，在城北修建梅花桩坝一道，长250米。

流域建有中型水库1座（**壶流河水库**）、小型水库15座，总控制流域面积111.39平方千米，总库容1 313.9万立方米，另有坑塘80座。

流域从1951年开始进行水土保持工作，发展到小流域综合治理，取得显著效果。

纪　实

壶流河发源于山西省浑源县、广灵县交界的石人山（高程2 249米）南麓，由西向东流经广灵县上白羊、庄头，在南土岭（设有水文站）接纳长江峪。长江峪发源于广灵县香炉台的南寒水，河长25千米，流域面积137.2平方千米，河道纵坡28.3‰。北流，在北土村接纳莎泉峪。莎泉峪发源于广灵县望狐乡的刘庄，河长31.5千米，流域面积256.6平方千米，河道纵坡26.4‰。过作瞳，在广灵县城附近融汇水神堂泉水。水神堂位于县城南1千米的壶流河畔，原名洋水神祠，

广灵县水神堂

始建于明嘉靖年间（1522—1566年）。清乾隆年间（1736—1795年）增建文昌阁，改名水神堂。这里山清水明，被称为"塞上小江南"。水神堂山门的门额悬有清朝乾隆年间广灵知县朱休度题刻"小山壶"三字竖匾，寓意是此景可与山东蓬莱仙岛之"大方壶"相媲美；水神堂山石之上，名人题刻甚多。出水神堂继续前行，在南汇村接纳直峪河。直峪河发源于灵丘县牛角岭，河长28千米，流域面积151.9平方千米，河道纵坡25.1‰。再东流经八角地等村庄，在洗马庄出山西省。

从暖泉镇入河北省蔚县，在下宫村乡苏贾堡村北有石门峪从右岸汇入。石门峪发源于山西省灵丘县柳科乡刁泉村，

河长38千米,流域面积252平方千米。东流经苏官堡桥,入壶流河中型水库。出水库后,转东北流,经卜家庄、李堡子,

蔚县玉皇阁

至蔚县县城北。蔚县,古称蔚州,为历史上燕云十六州之一,有悠久的历史,古建筑遍及全县,现保存完好的有南安寺塔、玉皇阁、鼓楼、万山楼。蔚县剪纸名扬中外,始于清道光年间(1821—1850年),迄今已有150多年的历史。下行,在杨庄窠乡下平油村南有北口峪从右岸汇入。北口峪发源于草沟堡乡南骆驼庵村,河长59千米,流域面积439平方千米。

东北流,在代王城镇西、北绕过。代王城是一座古镇,春秋、战国时期均为代国都邑,汉时虽国君几易,但都城未变,为当时政治、经济、军事、文化中心,现有代王城遗址,为全国重点文物保护单位。在新家庄村北,有水峪从右岸汇入。水峪发源于宋家庄镇上苏庄村,河长26千米,流域面积111平方千米。下行不远,在城墙碾村有九宫口峪从右岸汇入。九宫口峪发源于草沟堡乡张家店村,河长38千米,流域面积210平方千米。

东北流,在西合营镇东关有清水河从右岸汇入。清水河发源于白乐镇满井村,河长34千米,流域面积205平方千米。之后,转北略偏西流,在黄梅乡小枣碾村西有定安河从

右岸汇入。定安河发源于涿鹿县大堡镇黄花梁村,河长53千米,流域面积709平方千米。

西北流,经北水泉镇西,在北马圈村出蔚县,入阳原县。下行,经稻地、钱家沙洼,在小渡口村西入桑干河。

3.4.1.6.1 壶流河水库
(Huliuhe Reservoir)

壶流河上的中型水库,位于河北省蔚县暖泉镇东、蔚县县城西南6千米处,总库容8 700万立方米,控制流域面积1 749平方千米,以防洪、灌溉为主。

概 述

1971年9月开工兴建,1973年10月主体工程完工。1979—1982年,修建溢洪道,大坝加高1米。2002—2005年,加固拦河坝、上下游护坡、泄洪洞及南北灌溉洞,修复坝后排水沟闸门,更新启闭机和完善观测设施。

工程由大坝、泄洪洞、输水洞、溢洪道组成。大坝为均质土坝,长2 724米,顶宽6.0米,最大坝高16.7米;马蹄形泄洪洞位于大坝中部,洞身高6米,宽4.5米,最大泄量452立方米每秒;2个灌溉洞分别位于大坝两端,每洞最大引水流量7.5立方米每秒;开敞式溢洪道位于大坝左岸,堰顶高程922.0米,堰宽40米,最大泄量297立方米每秒。防洪标准为100年一遇洪水设计,1 000年一遇洪水校核。

水库保护下游蔚州镇、代王城镇、西合营及沿河村庄人口12.8万,10余家大型工厂、企业,207、109国道,电力、通信和县级公路等国民设施防洪安全,同时为下游1.3万公顷农田提供灌溉水源。

建库以来,共拦蓄50立方米每秒以上洪峰15次。其中,1985年8月,最大入库洪峰313立方米每秒,水库完全调蓄。自2004年以后,每年为**官厅水库**输水1 000万立方米以上。

水库总淹没面积1 200公顷,淹没村庄6个,迁移1 096户、3 848人,拆迁房屋4 997间。

纪 实

水库北岸有壶流河北灌区(原为裕民灌区),从北灌溉洞引水,干渠长30千米,设计灌溉面积6.64千公顷。干渠在下游与一分干渠(原裕民渠)和二分干渠(原裕民二渠)连接。南岸有壶流河南灌区(原为惠蔚灌区),从南灌溉洞引水,设计最大引水流量为7.5立方米每秒,有干渠6条,总长67.2千米,设计灌溉面积1万公顷。1999年,南、北灌区合并改造为壶流河灌区,设计灌溉面积2.4万公顷,有效灌溉面积2万公顷。

水库周边比较平坦,宜林面积有85公顷。在南岸,沿原淹没线营造了50行杨、柳、榆、紫穗槐、乔灌木组成的防浪护岸林带;南、北干渠和泄洪洞尾水渠两侧栽植了30~50行杨、柳、椿、槐固堤林;通往县城的公路两旁栽植了新疆杨、垂柳行道树。利用缓坡丘陵台地、沟口岸脚,开垦了苹果、杏树、山楂、葡萄等果园4.13公顷,种植了杞柳、紫穗槐条子林10万多墩。以水库管理处为中心在堤南端建设了公园、陵园环行林荫路,配置松柏花卉名林绿篱墙。

从1973年起发展养鱼业,养鱼水面达670公顷。近年来,兴建了餐饮、住宿、休闲、娱乐服务设施,为游人休闲度假提供了理想的场地和幽雅的环境。

3.4.2 洋河
(Yanghe River)

永定河两源之一,秦代以前称修水,秦至唐称于延水,

南安寺塔

蔚县剪纸

代王城遗址

3.4.2 洋河

辽代称羊河，元代改称阳河，后演变为洋河。上游有两源，分别是**东洋河**和**南洋河**。历史上习惯把南洋河的支流**西洋河**作为河源之一，称为三源。洋河干流河长 106 千米，始于河北省怀安县第十屯以北东洋河、南洋河汇流处，至怀来县夹河村与**桑干河**汇合为永定河。地跨内蒙古、山西和河北三省（自治区）。

洋河日出

若以东洋河为源，洋河全长 241 千米，流域面积 16 250 平方千米。北接坝上高原内陆河流域，南邻桑干河流域，地势西北高东南低，在尚义县、张北县一带是坝上高原和坝下盆地的分界线。坝上高原南高北低，地面起伏多在 50 米以内；坝下山峦起伏，群山之间多串珠状山间盆地，较大的有柴沟堡—宣化盆地、涿鹿—怀来盆地。上游位于高原背风区，水土流失严重。

流域位于大陆性季风气候区，大暴雨多出现在 7 月中旬至 8 月中旬。年均气温 7.6 摄氏度，最大冻土深 1.63 米。多年平均年降水量 382.3 毫米，最大为 545.4 毫米（1983 年）、最小为 217.0 毫米（1999 年）。据响水铺水文站 1960—2005 年实测，多年平均年径流量 6.22 亿立方米，20 世纪 80 年代以后比 50 年代减少了 50%。1939 年最大洪峰流量 1 740 立方米每秒，1974 年实测洪峰流量 1 270 立方米每秒。年输沙量 1 100 万吨。21 世纪初，水质除上游东洋河为Ⅲ类地表水外，其余均为Ⅴ类或劣Ⅴ类。

干流由西向东，沿途流域面积 100 平方千米以上的支流有洗马林河、古城河、洪塘河、城西河、清水河、东沙河、塔儿村河、柳川河、水泉河、龙洋河、戴家营沙河和鸡鸣驿沙河。

河水暴涨暴落，涝灾频繁。1939 年，宣化县霍良庄、张家口市南坝口等 6 个村庄被吞噬，沙岭子和朱官屯两条街被冲毁；1974 年，洋河上的防洪坝几乎被冲光，滩地损失 40%。

流域引水灌溉历史悠久。《张家口地区水利志》记载，明万历三十八年（1610 年）修建东五渠，天启六年（1626 年）修建千石渠；清乾隆年间（1736—1795 年）修建西洋河灌区，光绪年间（1875—1908 年）修建洋大渠；清初至民国期间（1644—1949 年），陆续修建大洋河灌区的大河渠、通成渠、惠农渠、集成渠，民国 18—23 年（1929—1934 年）修建洋河二渠、洋河三渠。从 2001 年起，在**官厅水库**上游实施《21 世纪初期首都水资源可持续利用规划》，对流域各灌区实施节水工程建设，发展节水灌溉面积 2.8 万公顷，正常年份节水量 0.78 亿立方米。截至 2005 年年底，流域已发展万亩以上大型灌区 16 处、千亩至万亩灌区 43 处，灌溉总面积 4.26 万公顷。

1949 年后，不断对洋河进行治理。1975—1982 年，共建成堤防工程 149 千米，占应治堤防的 63%。同时，营造护堤林、防洪林 300 万株，围滩 4 300 公顷，开滩地渠 34 条。1989—1995 年，又继续加固整治河道，完成土沙顺堤 5 517 米、丁坝 116 道。

洋河干流自第十屯村北向东流，南岸是怀安县，北岸是万全县。在万全县北沙城乡岸庄屯村东南，有洗马林河从左岸汇入。洗马林河发源于尚义县甲石河乡青杨沟村，河长 39 千米，流域面积 187 平方千米。下行不远，在万全县郭磊庄镇阳门堡村南有古城河从左岸汇入。古城河发源于张北县大河乡鹿尾沟村，河长 60 千米，流域面积 236 平方千米。

东北流，至怀安县左卫镇刘家堡村北，有洪塘河从右岸汇入。洪塘河发源于山西省天镇县南高崖乡增家岔村，河长

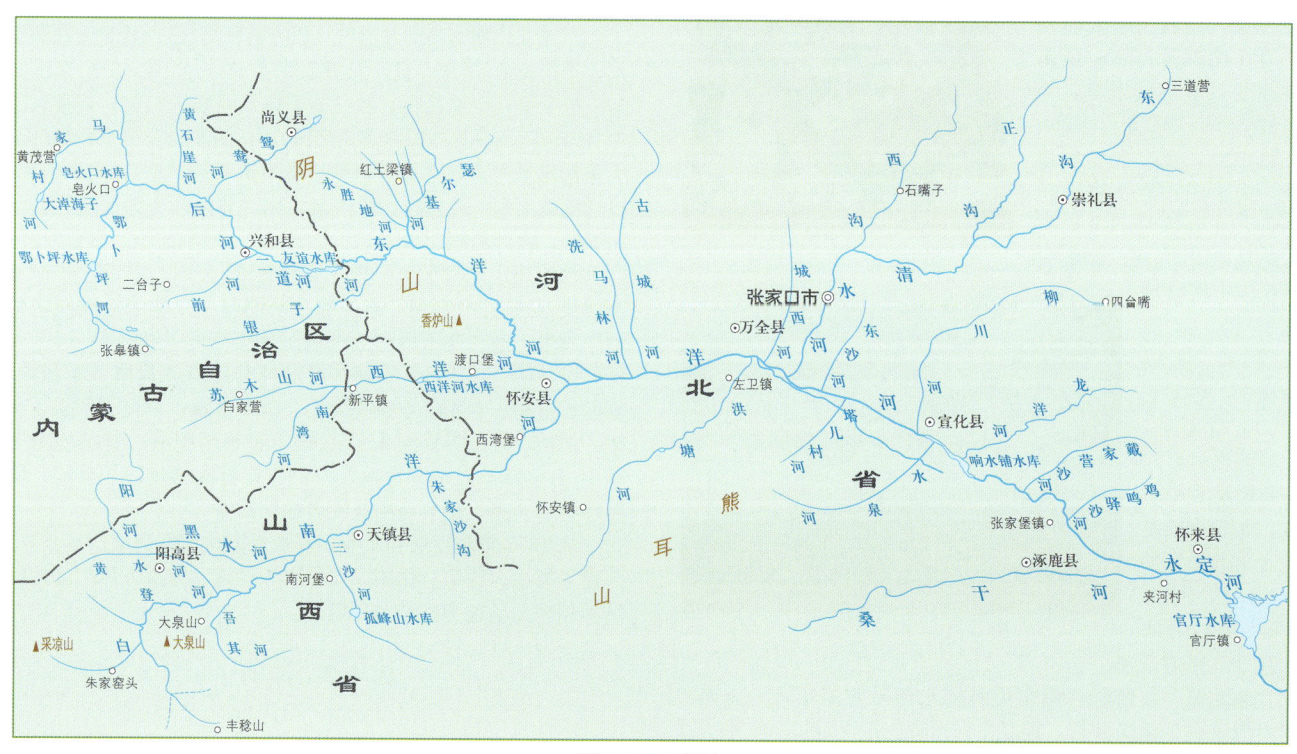

洋河水系示意图

86千米,流域面积922平方千米。在万全县马连堡村折向东南流,至孔家庄镇太师庄村南有城西河从左岸汇入。城西河发源于万全县膳房堡乡菜山沟村,河长40千米,流域面积395平方千米。

继续东南流,在沙河塄村入宣化县。在宣化县境内有洋河灌区,有效灌溉面积2万公顷。下行,至姚家房镇清水河村西南,左纳最大支流*清水河*。至沙岭子镇沙岭子村南,有东沙河从左岸汇入。东沙河发源于张家口市桥东区口里东窑子村,河长26千米,流域面积112平方千米。至江家屯乡古树营村北,有塔儿村河从右岸汇入。塔儿村河发源于怀安县左卫镇石坡底村,河长25千米,流域面积101平方千米。至张家口宣化区河子西乡洋河农场,有柳川河从左岸汇入。柳川河又称盘常河,发源于崇礼县四台嘴乡桦林子村,河长64千米,流域面积440平方千米。至宣化县洋河南镇柳林子村北,有水泉河从右岸汇入。水泉河发源于怀安县左卫镇化皮岭村,河长56千米,流域面积448平方千米。至洋河南镇东前所村北,有龙洋河从左岸汇入。龙洋河发源于宣化县李家堡乡关底村,河长50千米,流域面积654平方千米。在顾家营镇站家庄村东折向北流,又东南流,入**响水铺水库**(中型)。至老龙背山下出宣化县,入张家口市下花园区,于花园乡南有戴家营沙河从左岸汇入。戴家营沙河发源于宣化区庞家堡镇大段地村,河长29千米,流域面积155平方千米。

东南流,入怀来县,至西八里镇小营村南有鸡鸣驿沙河从左岸汇入。鸡鸣驿沙河发源于宣化区庞家堡镇碾儿沟村,河长29千米,流域面积100平方千米。怀来县建有洋河二灌区,渠首位于洋河下游下花园区附近,设计灌溉面积7 300公顷,是洋河干流上最后一座引水灌区。

至夹河村,与南来的桑干河汇流形成永定河。

3.4.2.1 东洋河

(Dongyang River)

*洋河*两源之一,发源于内蒙古自治区兴和县张皋镇十一号村南山顶,至河北省怀安县第十屯北入洋河,地跨内蒙古、河北两省(自治区)。

概　　述

东洋河河长134.6千米,流域面积3 674平方千米。大部分位于长城以北,属坝上高原,上游地形平缓,下游多为山丘区,河宽100~500米,最宽1 000米,最窄处大虎沟附近仅30余米。

流域地处大陆性半干旱气候区。**友谊水库**以上多年平均年降水量425.9毫米,以下为400.4毫米,多集中在6—9月。最大洪峰流量为2 300立方米每秒(1974年)。据1956—2003年统计,下段河道年均输沙量255.2万吨,上段河道73.78万吨。

流域内干旱、洪雹、风霜等自然灾害频繁,对农业生产威胁很大。据怀安、万全旧县志记载,自明景泰四年(1453年)至1949年的496年间,有较大水旱灾害28次,其中旱灾11次、水灾17次。明嘉靖三十三年(1554年),"万全县六月大水,平地水深三尺,淹没庄稼,摧毁房屋,人畜溺死者甚多。次年三月,大饥,人相食。"清光绪十八年(1892年)"大旱成灾,自春至秋落雨一次,颗粒无收,县城有抢米者。"1949年后,最大一次洪灾发生在1974年7月31日,上游洪峰流量652立方米每秒,同时下游瑟明基河山洪暴发,东洋河站实测流量2 300立方米每秒,京包铁路大桥1号桥墩及引墙被冲倾斜,冲毁集成渠、引水坝和消力池;万全、怀安两县冲坏防洪堤4.6万米,冲淹农田450公顷。

太阳照在东洋河上

沿岸水利开发较早。清乾隆年间(1736—1795年),怀安县张学问即在下游左岸兴修大河渠;民国6年(1917年),柴沟堡五户农民集资开通成渠;民国18—20年(1929—1931年),万全县北辛庄农民在右岸兴修明正渠、洋河二渠,在左岸兴修了集成渠和惠民渠。1949年后,扩建了左岸4条渠,浇地面积达到1 133公顷;扩建新建了右岸明正渠等3条渠,浇地面积达到13 333公顷。

1975—1982年,实施洋河统一治理,新建堤防163.8千米、丁坝1 882道。

上游已建成黄石崖、南壕堑、皂火口、鄂卜坪4座中小型水库,控制流域面积1 430平方千米。中游建成友谊大型水库,控制流域面积2 250平方千米。

纪　　实

东洋河发源于内蒙古自治区兴和县张皋镇十一号村南山顶。上游称鄂卜坪河,马家湾河汇入口以下称后河,前河汇

东洋河

入口以下称二道河。

自河源北流，至鄂尔栋镇三瑞里村有大五号河从左岸汇入。大五号河发源于鄂尔栋镇四十号村，河长21千米，流域面积102平方千米。自河源至皂火口村，两岸多低山丘陵，流域狭长，支流较多且多源自左岸，自上而下依次建有鄂卜坪、皂火口2座中型水库。过皂火口折而东南流，于鄂尔栋镇大坡底村有马家村河从左岸汇入。马家村河发源于察哈尔右翼前旗黄茂营乡井子沟村，河长46千米，流域面积483平方千米，左纳支流黑石崖河。下行，至民族团结乡东七号村有黄石崖河从左岸汇入。黄石崖河发源于兴和县大库联乡杨树湾村，河长26千米，流域面积113平方千米。至民族团结乡大五号村，有鸳鸯河从左岸汇入。鸳鸯河发源于河北省尚义县八道沟镇西塞村，河长42千米，流域面积312平方千米。马家村河、黄石崖河和鸳鸯河，基本源自北部的大喇嘛山南麓。又东南流，至城关镇哈拉沟村有前河从右岸汇入。前河发源于兴和县张皋镇南水泉村，河长28千米，流域面积293平方千米。过兴和县城，东南流，经付家村，入友谊水库。

黄石崖水库

出友谊水库后入河北省尚义县，称东洋河。东流，至小蒜沟镇北槽碾村南有银子河从右岸汇入。银子河发源于兴和县张皋镇西沟掌村，河长56千米，流域面积476平方千米。经乌良台村，至小蒜沟镇南营盘村有**瑟尔基河**从左岸汇入。下行，至东洋河村入怀安、万全盆地。在盆地区域，东洋河左岸是万全县洋河灌区，右岸是怀安县大洋河灌区。

万全县地处河北省西北部，是连接晋冀蒙的咽喉要地，矿产资源丰富，其中玄武岩硬度和韧性居全国之首、世界第二，橄榄石质量居全国第一。有古文化遗址50多处，龙山文化

万全县洗马林玉皇阁

遗址、汉墓群落、明代长城、历代军防设施等名胜古迹闻名于世。在洗马林玉皇阁现存有明版经卷31箱687函7 643卷，是十分珍贵的文化遗产。

东流，至怀安县第十屯北入洋河。

3.4.2.1.1 友谊水库
(Youyi Reservoir)

原名衙门号水库，**东洋河**上的大型水库，位于河北省张家口市尚义县与内蒙古自治区兴和县交界处。总库容1.16亿立方米，控制流域面积2 250平方千米，以防洪、灌溉为主，兼顾养鱼。为表达两省（区）人民的团结与友谊，1960年5月更改为现名。

坝址区为高原地貌，地面海拔1 200～1 500米，河谷地形呈U形，两岸山谷对称，河床及漫滩出露第四系全新统地层，溢洪道进口及下游左侧为人工堆积物。

流域位于大青山、燕山、太行山三条山脉汇聚地带，属寒温带大陆性半干旱季风气候。多年平均年降水量400毫米，大部分集中在6—8月。截至2001年1月，水库累计淤积3 170万立方米。

工程于1958年开工，1963年完成主体工程，1970年续建，1973年完工。1998—1999年进行了震害工程修复，主要修复坝顶裂缝、大坝上游滑坡、下游坝坡塌陷及隆起、渗流异常及裂缝等。2002—2005年扩建溢洪道，增设5孔弧形工作闸门，设叠梁式检修钢闸门等。

工程由大坝、溢洪道、输水洞等建筑物组成。大坝为均质土坝，最大坝高40米，坝顶高程1 200米，顶长287米，宽4米；溢流堰溢洪道设在大坝右岸，堰顶高程1 193米，堰宽45米，钢闸门5孔，最大泄量2 384立方米每秒；压力输水洞与发电洞合二为一，洞径2.2米渐变为1.8米，总长245米，最大泄量39立方米每秒。防洪标准为100年一遇洪水设计，2 000年一遇洪水校核。

水库在防洪方面，主要保护柴沟堡镇和小蒜沟乡12万人口、2.53万多公顷耕地、京包铁路、沙岭子电厂和各类交通大桥的安全。1961年以来，共拦蓄100立方米每秒以上的洪峰64次，其中500立方米每秒以上的5次，平均削减洪峰97%。承担着万全、怀安、尚义三县1.33万公顷农田灌溉任务，截至2003年年底灌溉供水13.4亿立方米，累计浇地面积444.49万公顷。水面养殖开发归内蒙古兴和县，在正常情况下要确保500万立方米的养鱼库容。

坝前水面宽约340米，库区水面向上游蜿蜒5千米，水面中部开阔、两端较窄。水库两岸是起伏的浅山丘陵，植被以草为主，呈现内蒙古高原地貌风情。

水库周边水土流失严重，1963年开始实施库区绿化。目前，水土流失得到有效控制，库区面貌得到改观。

水库周边环境怡人，气候凉爽，具有旅游开发的潜力。内蒙古自治区兴和县已在大坝左侧台地上

友谊水库

开办了小规模休闲度假村，供人们盛夏避暑、垂钓。

3.4.2.1.2 瑟尔基河
(Seerji River)

东洋河左岸支流，蒙古语意为"水流很直的河"。发源于河北省尚义县套里庄乡小水泉村，至小蒜沟镇南营盘村入东洋河。

瑟尔基河河长39.5千米，流域面积688.3平方千米。位于河北省尚义县南部，属西北阴山支脉大青山西部，地处坝下浅切割中山区，山势陡峭，岗峦起伏，平均海拔1 200米。沿河两岸地势起伏，切割明显。

流域地处大陆性半干旱季风气候区。多年平均年降水量417毫米，多年平均年蒸发量380毫米，年内降水极不均匀，汛期降雨量占全年的75%。多年平均年径流量6 200万立方米，多年平均年水资源总量2 200万立方米。

沿途接纳五十家河、大西沟河、红土梁河、下井河、永胜地河5条支流。

流域水旱灾害频繁。清光绪十九年（1893年），榆树湾段最大洪峰流量达2 190立方米每秒，导致房屋倒塌、禾苗被淹，人畜死伤甚多。1974年7月30日，流域普降暴雨，小蒜沟段洪峰流量为2 070立方米每秒，受灾面积1.39万公顷，洪水冲毁秧苗44.4公顷，水淹水泡4 533公顷，冲走林木28公顷，冲毁堤坝110处11.9万米。1983年6月30日，流域降大暴雨，支流五十家河流量高达3 000立方米每秒，冲地66公顷。干旱时有发生。清光绪十八年（1892年），春夏无雨，未播种，颗粒无收。1973年，入伏后持续干旱40余天，7.3万公顷农作物遭受"卡脖旱"，重灾达2.6万公顷，其中枯死面积10 667公顷。

瑟尔基河

流域水利建设始于民国时期。民国23年（1934年），在支流五十家河修建护地干砌石坝1处，至今工程保存完好。1957年春，在上游修建了套里庄水库、水土保持工程1平方千米，在中游修建了长300米的土木路村护村地浆砌石坝。1958年，在中游修建了套里庄二库。1973年冬，兴建1.6万米干砌石混凝土抹面坝。1979—1981年，完成治河防护工程43处，总长60.53千米，成滩控制面积1 100公顷。

瑟尔基河发源于尚义县套里庄乡小水泉村。村边泉水涌出，聚集而成溪流，向西南流，过套里庄乡套里庄村、小西沟村，至豆腐窑村南，有五十家河汇入。后向正西流，至红土梁镇土木路村南，有大西沟河汇入。左岸红土梁镇大阳坡一带盛产煤炭，储量为1 500万吨。清光绪元年（1875年），成立天德煤矿有限公司正式开采。1955年，尚义煤矿成立，年产煤11万～12.5万吨。

出土木路村后，向西南流，经红土梁镇马家窑村，有红土梁河汇入。再经榆树湾村南，有下井河汇入。继续向西南流，到勿乱沟村东有永胜地河汇入。这一带，有抗日战争时期名声远扬的旗地十三村。旗地十三村位于河右岸，地处长城北麓群山环抱之中，山峰陡峭，沟壑深邃，地势险要。抗日战争时期，十三村人民群众怀着"不做亡国奴，打跑日本鬼"的爱国之心，依托易守难攻的地形，以各村武装联庄会的组织形式，多年不向日寇汉奸交粮纳税，保了一方平安。

出勿乱沟村后，折向小蒜沟镇小蒜沟村西，于南营盘村入东洋河。坐落在瑟尔基河与东洋河交汇处的乌良台村是一个不寻常的小村，乌良台即乌里雅苏台，蒙古语为"扬善抑恶之处"，是清代在边外设置的重要地方行政机构——张家口理事同知厅所属的西巡乌里雅苏台巡防千总署所在地。清雍正三年（1725年）始置，到光绪八年（1882年）二月移至张北县城，历经了150多年的历史。

3.4.2.2 南洋河
(Nanyang River)

洋河两源之一，古称雁门水，发源于山西省阳高县下深井乡丰稔山村，于天镇县甘里铺村始称南洋河，至河北省怀安县第十屯北入洋河，地跨内蒙古、山西和河北三省（自治区）。

概　述

南洋河干流长59.5千米，流域面积2 936平方千米。流域位于内蒙古高原与华北平原之间，地势西南高、东北低，上游幅员辽阔，中游沟壑纵横，下游平坦低下。

流域地处干旱半干旱大陆性季风气候区，多年平均年降水量400毫米，多为短历时暴雨。年均气温6.8摄氏度，无霜期130天，冰冻期90天。

据水闸屯水文站资料记载，流域最大天然年径流量2.8亿立方米，最小0.67亿立方米，多年平均年径流量1.29亿立方米。多年平均含沙量31.8千克每立方米。据1993年张家口市水文局化验分析，河水适宜农业灌溉。

南洋河（山西段）

流域水旱灾害频繁，有些年份旱涝并生。1921年，上游降雨7～8天，大水冲毁京包铁路；1939年7月，水闸电流量达1 970立方米每秒，洪水冲毁农田、民房，灾情严重；1974年7月25日，洪峰流量1 180立方米每秒，冲毁护坝9 400米、农田380公顷，裕民渠首被毁，董家房村78户被水灌。清光绪十八年（1892年），大旱，春至秋落雨仅一次，县城发生抢米风潮；1928年，春至夏点雨未降，秋收不及二成，树皮草根剥剜殆尽；1949年后，1963、1980、1986、1987年均发生干旱，大面积农田受灾。

1978年，怀安县对南洋河实施统一规划、分段治理，李信屯至田家庄段按20年一遇洪水设计、50年一遇洪水校核、河宽100米进行整治。田家庄以下至东道沟沙河以西规划河宽130米，再以下河段规划河宽160米。到2005年，南洋河沿岸已治理12.7千米，成滩造地160公顷。

怀安县境内，多有沿河引水渠道。较大的为裕民渠，1959年建成，渠首在右岸董家房村西，干渠长11千米，灌溉面积200公顷。1965年，在干渠上建二级扬水站，总扬程32米，5组机泵。1966年，实施扩渠，底宽由2米增至4米，输水能力达到3立方米每秒。

纪　实

南洋河发源于山西阳高县下深井乡丰稔山村，源头称白登河。西北流，在贾峰村左纳下深井河。下深井河发源于阳高县下深井乡孙家港村，河长7.4千米，流域面积58.1平方千米，河道比降9.14‰。之后，入天（镇）阳（高）盆地，在桥头村左纳朱家窑头河。朱家窑头河发源于大同县巨乐乡麻地沟村，河长28千米，流域面积81.5平方千米，河道比降15.6‰。向北流，到王官屯镇小安滩村左纳上泉河。上泉河发源于大同县巨乐乡边墙村，河长25千米，流域面积139平方千米，河道比降6.98‰。转向东流，到北徐屯乡柳家泉村左纳黄水河。黄水河发源于阳高县长城乡范家窑村，河长35千米，流域面积150平方千米，河道比降16.4‰。继续向东流，到狮子屯乡吴家河村右纳吾其河。吾其河发源于天镇县赵家沟乡盆儿井村，河长31千米，流域面积132平方千米，河道比降5.48‰。东北流，在兰玉堡入天镇县，过范家庄、刘家庄，在廿里铺村左纳黑水河。黑水河发源于内蒙古自治区兴和县张皋镇白小山村，河长16千米，流域面积67.4平方千米，河道比降8.34‰。自此，始称南洋河。

继续东北流，在陈家伙房右纳三沙河。三沙河发源于天镇县南高崖乡姜后屯，河长39千米，流域面积301平方千米，河道比降10.5‰，上有孤峰山中型水库。经天镇县城、石佛寺（此处于2006年设水文站），至黄土崖折向东流，在逯家湾镇上湾村右纳朱家沙沟。朱家沙沟发源于天镇县米薪关镇谷大屯村，河长23千米，流域面积84.5平方千米，河道比降20.2‰。至永嘉堡村东，入河北省怀安县。

孤峰山水库

怀安县南洋河上段两岸多山，河道弯曲，形成许多凹凸岸，李信屯以下至柴沟堡段左岸与京包铁路并行，铁路部门对部分河岸进行了加固处理，右岸仍保留旧状。左岸的李信屯始建于明嘉靖十三年（1534年），城堡方圆1千多米，开一东门曰"镇安门"。在当年防止北方蒙古部落南攻中，起过举足轻重的作用。

沿河而下，右岸有"怀安八景"胜地之一的花山瀑布。花山海拔1514米，每逢农历四月，山上桃花、杏花、桑花及各种花草盛开，似七彩锦缎，遂名为花山。花山，属太古界桑干群变质岩系，山上白云缭绕，风光绮丽，飞瀑流泉，羊道盘旋。在万木葱茏的花山上，生长着500多种各类植物，其中草药材173种，还有100多种野生动物，偶尔还出现山狸、扫雪等稀有动物。沿着龙洞沟溯源而上，快到山底时，忽然听到"叮咚、叮咚"的响声。再往上走，可见悬崖峭壁处有一势若建瓴、飞流直泻的银带，这便是花山瀑布，也叫花山飞泉。瀑布分两级，上边一级岩高10多米，下边一级七八米。溪水清清，洁白如玉，形成一个水潭，俗称龙潭。花山瀑布，以它特有的自然景观，吸引着各地游客到此游览。

过花山后折向北流，经西湾堡东转东北，入柴沟堡盆地，由柴沟堡镇南、东流过，至米家房南左纳**西洋河**后，东北流，至第十屯北与东洋河汇合后入洋河。

3.4.2.2.1 西洋河
(Xiyang River)

南洋河左岸支流，古称延乡水，俗称小洋河。发源于内蒙古自治区兴和县苏木山，在河北省怀安县米家房入南洋河。地跨内蒙古、山西和河北三省（自治区），历史上曾作为*洋河*的第三源。

西洋河长61.2千米，流域面积934平方千米。流域内地势西北高、东南低，属河北西北山间盆地区，一般高程在1000～1100米，最高峰为1648米的大尖山。沿河两岸地形较为平坦，形成一块小盆地，属河流冲积平原。

流域属东亚大陆性季风气候区。春季干旱少雨；夏季炎热湿润，降水较多；秋季天气晴朗，温度下降快，降水明显减少；冬季严寒漫长，干燥少雪，盛行西北风。

据1963—2003年实测，流域多年平均年降水量413毫米，年际年内变化大，最大、最小年降雨量比值2.5，6—9月降水量占全年的70%；多年平均年径流量4400万立方米，最大为9900万立方米，最小为2500万立方米。据西洋河水库监测，水体年均含沙量36.5千克每立方米，年输沙量110万吨。据张家口市水文局1993年化验分析，水质为Ⅰ级。1974—2003年水资源评价成果表明，流域多年平均年水资源总量4400万立方米。

在山西、内蒙古境内有支流5条，在河北省怀安县接纳支流10余条，其中长10千米以上的有西坪山沟、瓦沟台沟、崛仑屯沟3条。

流域水旱灾害频繁，有些年份旱涝并生。清光绪五年（1879年）大水，柴沟堡镇东北角被水冲坏；民国7年（1918年）大水，柴沟堡镇西北城墙被水冲塌；1974年7月25日，洪水猛涨，郭家渠、复兴渠渠首被冲，河滩地淹没。旱灾也多有发生。清光绪十八年（1892年），大旱成灾，春至秋季落雨一次；民国18年（1929年）大旱，村民逃荒及行乞者达一万余人，饥毙者无数；1962年4—9月，降水仅152毫米，受旱

西洋河远眺

灾面积累计达3.8万公顷，成灾3.4万公顷。

流域灌溉史可上溯到清代。清乾隆三年（1738年）开筑西盛渠，渠长3千米，引水灌田800亩；嘉庆十五年（1810年），柴沟堡在河北岸修建了通成渠，渠长4千米，引水淤造良田3 000余亩；光绪二十五年（1899年），柴沟堡阮维熊和渡口堡梁万隆发起，在河北岸开挖天顺渠，至光绪三十年（1904年）建成，渠长15千米，引水灌田7 000余亩。民国20年（1931年），怀安县满州坡村在河南岸开成了和合渠，渠长5千米，浇田2 000余亩。

1973年，在怀安县渡口堡乡翁家湾村西建成**西洋河水库**（中型）；经过2003—2005年除险加固，总库容1 535万立方米，控制流域面积617.6平方千米。怀安县河段修建各种堤防工程9.75千米、干渠15条，有效灌溉面积2 800公顷。1983—2003年，累计治理水土流失面积117.81平方千米，占流失总面积的82%。

西洋河发源于内蒙古自治区兴和县苏木山森林公园，上源称银子川河，亦称苏木山河，河道平均比降18.2‰，有南湾河汇入。东北流，至南湾乡古城村东入山西省天镇县境内，汇合县北诸水，在新平堡镇北始称西洋河。

东流过平远堡，入河北省怀安县，即入西洋河水库。出库后东流，经景家湾北、渡口堡南、关帝庙北，至柴沟堡镇（怀安县城）北。柴沟堡镇有晋冀蒙三省区交界"金三角"之称，柴沟堡熏肉是其主要特产，已有200多年的历史，享誉全国。柴沟堡

柴沟堡熏肉

熏肉用柏木熏制而成，色泽鲜亮，爽淡不腻，味道独特。转东南流，于米家房南入南洋河。

3.4.2.2.1.1 西洋河水库
（Xiyanghe Reservoir）

西洋河干流上的中型水库，位于河北省怀安翁家湾村西，距县城柴沟堡镇18.8千米，总库容1 535万立方米，控制流域面积617.6平方千米，以防洪为主，兼顾灌溉。

库区地处河北省西北部，系小盆地西部山地丘陵区河谷地貌，下游为柴沟堡盆地，高程在1 000～1 100米。流域内地形起伏，北高南低，西高东低，由西北向东南倾斜。

工程于1971年开工兴建，1973年竣工，防洪标准为50年一遇洪水设计、500年一遇洪水校核。2003—2005年，进行了除险加固，坝顶高程由114.5米增至115.3米，大坝由1 583米延长为1 653米，防洪标准提高为100年一遇洪水设计、1 000年一遇洪水校核。年均入库径流量2 950万立方米。

工程由大坝、泄洪洞、灌溉洞组成。主坝为均质土坝，顶宽4米，最大坝高18米，坝长1 653米；方圆形无压泄洪洞位于大坝中部偏右侧，最大泄量515立方米每秒；圆形压力灌溉洞位于大坝右侧，洞径1.6米，最大泄量22立方米每秒。

1973—2003年，共拦蓄200立方米每秒以上的洪峰5次，100～200立方米每秒的洪峰22次，为保护怀安县城（柴沟堡镇）、京包铁路、110国道的安全发挥了重要作用。在灌溉方面，水库总供水量达3.1亿立方米，累计灌溉面积8.47万公顷。

水库水面开阔，坝前水面宽约800米，库区水面长约

西洋河水库

1 500米。水库北岸为怀安县西洋河村，向北远眺群山起伏。水库南岸为县道洋新线，是一条连接宣化洋河南和山西新平的二级公路。大坝下游是灌溉渠道和泄洪河道，沿河分布着农田和村落。

西洋河水库

3.4.2.3 清水河（张家口）
（Qingshui River in Zhangjiakou City）

洋河左岸支流，又名通桥河，古称宁川水。主源东沟发源于河北省崇礼县清三营乡桦皮岭，南北贯穿张家口市区，于宣化县清水河村入洋河。

河长139千米，流域面积2 360平方千米。地处河北省西北山区，北靠坝上高原，南邻洋河盆地，地势东北高、西南低。

流域属寒温带大陆性季风气候。多年平均年降水量401毫米，最大为674毫米（1959年），最小230毫米（1999年），降雨多集中在7—8月，约占全年的60%。多年平均年径流量8 200万立方米，最大1.53亿立方米，最小1 505万立方米。据张家口水文站实测，最大洪峰流量2 330立方米每秒（1975年）。洋河为多泥沙季节性河流，多年平均年含沙量36.4千克每立方米，多年平均年输沙量281.6万吨。

据史料记载，清代至民国（1644—1949年）共发生5次较大洪水灾害。1949年后，发生4次洪水灾害。1975年8月12日，崇礼县五十家乡杜林村13小时降雨450毫米，导致山洪暴发，洪峰流量达到2 330立方米每秒，洪水漫过张家口市解放桥、建设桥，冲毁河堤2 000余米，水冲沙压耕地133.33公顷，冲毁民房100多间；洪水入洋河干流后，还冲坏了洋河

清水河张家口市区段全景

下游部分堤防。1983年6月30日,崇礼县普降大雨,清水河最大流量为1 280立方米每秒,民房、农田、通信、输电、交通等受灾较重。

明万历年间(1573—1619年)当地群众就筑坝引河水灌溉农田。1949年后,经数十年的农田水利建设,现在清水河下游有通桥河大型灌区,是张家口市的"菜篮子、米袋子"基地。

截至2012年,规划在上游修建总库容1.59亿立方米的乌拉哈达水库,以防洪、城镇供水、农业灌溉为主,结合供水发电,现正在开展有关前期工作。

上游由东沟、正沟、西沟等支流组成,东沟为主源。正沟发源于崇礼县正北坝底村,由北向南流经2个乡20个村,河长57千米。正沟自北偏西向南至崇礼县中山村附近与东沟(河长86千米)汇流,形成清水河。西南又西偏北至乌拉哈达村附近朝天洼大桥,有西沟(源于崇礼县西部黄台坝,由西北向东南流经3个乡、16个村,河长51千米)汇入。

张家口市大境门

清水河掉头向南,从孤石流入张家口市境内,经东、西太平山之间,在大境门东侧入张家口市主城区。大境门位于清水河西岸,建于清顺治元年(1644年),居长城之要隘。清康熙十二年(1673年)平定"三藩之乱"、康熙三十六年(1693年)第3次北征噶尔丹,清军都是由大境门北出发的。大境门上匾额"大好河山"4个颜体大字,为最后一任察哈尔都统高维岳1927年所书。20世纪20年代,中国共产党早期领导人李大钊、何孟雄等在大境门内外展开革命活动。1945年8月,八路军解放张家口,开入大境门。1948年12月平津战役中解放张家口,解放军从大境门进入市区。1982年,被列为河北省文物保护单位。

由北向南穿越张家口市区,将张家口市主城区分为桥东、桥西两部分,河上有13座桥梁贯通东西。张家口市位于河北省西北部,是一座以发展冶金、能源、机械、轻工为主的工业城市,也是历史悠久的塞外名城。东、西、北三面环山,南邻盆地。市区红旗桥至纬三桥约10千米河段,经过2005—2008年整治,修建了16道橡胶坝,形成了102万平方米的城市景观水面,蓄水量达294万立方米。同时,在蓄水河段新建了通泰桥、商务桥、工业南桥3座造型独特的现代化桥梁,与河水形成了和谐靓丽的城市景观。两岸筑有浆砌石堤防,现河道行洪标准不足20年一遇。

穿过张家口市区后南流,经高庙、王安房、腰站堡、高家屯等16个村庄,沿途接纳小西沟、西沙河两条洪水沙沟,至清水河村西南2.5千米处入洋河。

3.4.2.4 响水铺水库

(Xiangshuipu Reservoir)

原名洋河水库,*洋河*干流上的中型水库,位于河北省宣化县站家庄村附近,总库容5 750万立方米,控制流域面积14 140平方千米,以防洪为主,兼顾灌溉、发电。

库区及坝址区多由火山岩构成,为丘陵河谷地貌,两岸地形略有起伏,出露和揭露的地层主要有侏罗系的中性火山岩及第四系冲洪积层。

工程于1970年开工,1973年底基本竣工,1974年3月落闸蓄水。1978、1983年,先后将泄洪洞和1号输水洞油压启闭机改建为卷扬式启闭机,续建了启闭机工作平台和机房。1993年,对泄洪洞进行了混凝土加固。2003—2006年,实施了除险加固;泄洪底孔工作闸门改为直升式平面钢闸门,动水启闭;改配输水洞工作闸门启闭机;配备自动控制系统。工程实施后,坝顶高程由591米提高到591.1米,100年一遇设计洪水位由585.1米提高到587.32米,1 000年一遇校核洪水位由589.4米提高到590.22米。

工程由主坝、副坝、泄洪底孔和输水洞等组成。主坝为混凝土重力坝,包括非溢流坝段和溢流坝段,总长273米,最大坝高25.5米,顶宽5米;溢流坝段长94米,上

响水铺水库

部设19个溢流堰孔,最大泄量1 258立方米每秒;黏土心墙副坝位于主坝右侧,长189米,顶宽5米,最大坝高15米;8孔泄洪底孔位于溢流堰下部,最大泄量2 080立方米每秒;2孔输水洞设在非溢流坝段下部,最大泄量20立方米每秒。

建库以来,水库保护下花园区、下花园发电厂、16.62万人口、1.08万公顷耕地的安全,还担负着下游铁路、高速公路、多条国道公路的防洪安全任务。

水库灌溉宣化县、下花园区、涿鹿县、怀来县1.07万公

顷粮田，年供水 8 500 万立方米，同时向水电站提供水源。

水库水面蜿蜒曲折，向上游延伸长约 5 000 米。北岸为丘陵区，南岸为黄羊山。北岸由于交通便利，正在开发旅游资源；南岸黄羊山过去是一片荒漠，近几年实施防风治沙工程后，生态环境有了很大改善，夏季一片翠绿。水库对改善下游生态环境、拦沙保护**官厅水库**起了重要作用。水库已淤积 1 000 万立方米。

3.4.3 官厅水库
(Guanting Reservoir)

永定河干流上的大型水库，坝址位于河北省怀来县官厅村附近官厅山峡入口处，是新中国成立后建成的第一座大型水库。1989 年大坝除险加固后，总库容为 41.6 亿立方米，控制流域面积 4.34 万平方千米，是防洪、灌溉、供水、发电等综合利用的水库。

概 述

库区跨河北省怀来县和北京市延庆县，位于官厅山峡以上宽阔的盆地，**妫水河**在此交汇，河面宽为 50～100 米，河床覆盖层厚 20 余米。坝址位于官厅山峡入口处的石灰岩地带，节理发育，断层交错，存在岩溶现象。

库区多年平均年降水量 426 毫米，多年平均年径流量 8.8 亿立方米，多年平均年输沙量 3 426 万吨。

工程于 1954 年 5 月 5 日竣工，当时的总库容 22.7 亿立方米。主要建筑物包括大坝、泄洪洞、溢洪道和水电站。大坝为黏土心墙土坝，坝顶高程 485.27 米，坝高 45 米，坝长 290 米；泄洪洞最大泄量 560 立方米每秒；溢洪道最大泄量 556 立方米每秒；水电站装机 3 台，装机容量 1 万千瓦。

水库投入运用后，根据 1963 年 8 月河北大水和 1975 年 8 月河南大水进行洪水复核结果，进行了多次改建扩建，主要内容是加高大坝和扩大溢洪道。至 1989 年 8 月，大坝坝顶高程达到 492 米，长 423 米，最大坝高 52 米，顶宽 10 米，相应库容 41.6 亿立方米；溢洪道最大泄流量 6 000 立方米每秒；设计洪水为 1 000 年一遇，洪峰流量 11 460 立方米每秒；校核洪水按可能最大洪水，洪峰流量 18 000 立方米每秒。

水库建成后，在防洪、供水、发电等方面均收到显著的效益。由于永定河流域暴雨集中，水土流失严重，洪水含沙量大。出官厅山峡进入平原，河道纵坡骤缓，泥沙沿途淤垫，形成地上河，历史上经常发生堤防漫溢、溃决，河槽游荡无定，洪灾严重，威胁首都北京的安全。官厅水库的建成，使放荡不羁的永定河真正变得"永定"。截至 2007 年，拦蓄了 8 次入库洪峰流量大于 1 000 立方米每秒的洪水，其中 1953 年洪峰流量达 3 400 立方米每秒，削减洪峰 75.6%，减轻了下游灾害。供水是官厅水库的又一重要效益。1955—2007 年，水库累计向下游供水 406 亿立方米，通过**永定河引水渠**向首都钢铁公司、石景山发电厂等 10 余家大型企业供水，也使京、津、冀一带 6.7 万余公顷的农田得到不同程度的灌溉，还为北京城市生活和河湖用水提供了水源。此外，在水库以下的官厅山峡内先后修建了下马岭、下苇甸两座梯级电站。截至 2007 年，包括水库电站在内的 3 座电站共发电 84 亿千瓦时，发挥了调峰、调相、负荷备用和事故备用作用。

在管理运用期间，曾出现坝址渗水塌坑、库周轻度浸没和塌岸、泥沙淤积、水污染等问题，针对问题的不同情况采取措施加以处理。对于坝址渗水塌坑，采取库内抛土、灌注浑水防渗和下游减压排水等措施，得到较好解决；对于库周浸没、塌岸，除给受害单位以经济补偿外，采取开沟排水、改种耐涝作物及部分村搬迁等措施加以解决；对于库区泥沙淤积，进行观测，采取了加高大坝增加库容、在"拦门沙坎"区挖出通道及扩大溢洪道的泄洪能力等措施，但问题尚未彻底解决；对于水污染，加强水质监测，查清污染来源，落实污水排放方案，得到一定程度解决，水库水质基本符合Ⅳ类。

水库建成蓄水后，淹没耕地 1.1 万公顷，上古郡郡治沮阳城遗址淹没水下，搬迁怀来老县城，迁移后靠自然村 136 个，涉及延庆、怀来两县移民 13 433 户、54 953 人。

官厅水库

纪 实

由永定河库区和**妫水河**库区两部分组成，是一座形似 V 形的分支型水库。官厅水库在 20 世纪 80 年代以前，每年入库水量 10 多亿立方米。但自 1984 年开始，年入库水量减少至 3 亿立方米左右，21 世纪的前 6 年每年入库水量只有 1 亿多立方米。至 2010 年，水库一直处于低水位运行，库面从 154 平方千米（高程 478.83 米）减至 50 平方千米（高程 470.48 米），水面辽阔浩渺的美景不再，令人堪忧。为了缓解北京市用水紧张状况，1984—2002 年，**白河堡水库**累计向官厅水库输水 15.21 亿立方米；2003—2007 年，连续 5 年从山西、河北两地向北京官厅水库集中输水，累计输水 2.94 亿立方米，官厅水库累计净收水量 1.80 亿立方米，有效缓解了首都水资源紧缺状况，对保障首都安全供水发挥了重要作用。

库区属延庆盆地，历史上水源丰沛，植被茂密，各族人民交融居住于此地，是中华民族的发祥地之一。在原始社会晚期，北方部落经常在此活动，炎帝与黄帝曾征战于此。《史记·五帝本纪》记载："轩辕与炎帝战于阪泉之野，三战，然后得其志。"据考证，阪泉位于水库西侧矾山镇。

坝址处山高谷深，原名合河口，历史上是进京的重要关口和军事要塞，明朝廷曾屯兵把守，建立衙门取名官亭，后演变为官厅。

官厅水库库区示意图

水库枢纽工程和大部分库区位于河北省怀来县境内，沿水库周边有怀来县的7个乡、镇。怀来县地势平坦，果业发达，盛产葡萄，如今已成为具有中国独特优势的葡萄

库区葡萄园

产区和葡萄酒产区，全县葡萄种植面积近1万公顷。

在妫水河库区有人们熟知的野鸭湖，此湖为水库蓄水后形成的湖沼湿地，面积达3 000余公顷，水草茂盛，为水禽和各种鸟类提供了优越的觅食繁殖场所，是候鸟南北迁徙的主要通道和水禽的重要栖息

野鸭湖

地，每年有十多万只候鸟在这里栖息。2000年12月，被批准为北京市湿地鸟类自然保护区。有科考报告显示，自延庆野鸭湖湿地自然保护区成立以来，观测到的植物种类从最初的380种增加到420种，观测到的鸟类从247种增至264种，有国家一、二级保护鸟类金雕、大鸨、灰鹤、大天鹅等16目42科150余种。

3.4.4 妫水河
(Guishui River)

永定河左岸支流，又名妫河、妫川河、清夷水。发源于北京市延庆县永宁镇上磨村东黄龙潭，在康庄镇大路村北入**官厅水库**，位于北京市延庆县境内。

概 述

干流始自黄龙潭，河长18.5千米，流域面积1 073.4平方千米。流域地势东高西低，北、东、南三面环山，穿越延庆盆地，西入官厅水库，主河道平均比降1.51‰。

流域属温带**半干旱、半湿润**大陆性季风气候，**多年平均**年降水量462毫米，年蒸发量1 645毫米，水资源总量1.97亿立方米。流域内旱灾频繁，洪涝灾害偶有发生，1949—2000年发生旱灾28次、洪涝灾害3次。

妫水河有9条支流，流域面积大于50平方千米者有新华营河、古城河、佛峪口河、蔡家河和邦水峪河。

流域开发治理历史悠久。明万历四十二年（1614年），胡思伸任怀隆（今怀来县、延庆县）兵备道时开发妫水河，引古城水，垦田5 000亩；引佛峪口泉，垦田千余亩；引蔡泉水，垦田4 000余亩。早在清朝时，黄龙潭下游有水运碾（磨）4座，用于轧油、磨面和碾压纸浆。

1949年以来，先后建成小（1）型水库2座、小（2）型水库1座、中型拦河闸1座、橡胶坝4座，总库容2 273万立方米。有扬水站162座，万亩以上灌区4处。

妫水河

20世纪80年代后，妫水河河道天然来水量逐年减少，生产、生活污水未经处理排入河道，致使河道水质下降。进入21世纪，为改善官厅水库和妫水河水质，保证向官厅水库安全输水，采取了关停污染企业、建设污水处理厂、对养殖场粪污进行无害化处理、控制化肥和农药使用量、治理河道及县城水环境等措施，河水水质有了明显的改善。

经过多年实施流域水土保持工程和京津风沙源治理，绿化美化、防风固沙、大面积营造防护林，"苍松做帽、花果缠腰、格田林网、梯田水浇"的格局基本形成。流域内有湿地面积7平方千米，改善了首都生态大环境。

20世纪末，流域有耕地面积2.94万公顷，有效水浇地面积2.3万公顷；有人口24.57万，农业人口人均占有耕地0.16公顷，占有水浇地0.12多公顷，粮食总产量13.33万吨。流域以农业生产为主，农民收入主要靠粮食、蔬菜和养殖业，农作物以玉米、小麦、高粱、谷子以及豆类为主，是北

妫水河秋色

京市的商品粮、菜、果和肉食品基地。

纪　实

妫水河发源于北京市延庆县黄龙潭。黄龙潭面积2 000余平方米，日涌水量1万～2万立方米，水源深浚，明万历年间（1573—1619年）在潭旁建黄龙庙，庙内正殿门上悬二匾，一书"神龙出途"，一书"黄龙古潭"。旧时，每年农历四月二十八日，远近商贾、艺人及田夫、蚕妇云集，帐篷相连，游人如织。现仍有庙会。

西南流至香村营，有古城河自右岸注入。古城河在汇流处建有香村营中型拦河闸，其上游建有**古城水库**，库内龙庆峡为国家AAAA级风景区。

黄龙潭

妫水河中游由延庆县城穿过，莲花池大桥上游建有水文站，下游建有3座橡胶坝，形成长10千米、宽150米、蓄水1 000万立方米的碧波长廊，以此为依托，建成美丽的夏都公园和妫水公园。南岸有妫水女雕塑和宝塔各1座；北岸有妫川广场和妫海远航船台。沿湖有数十尊中外雕塑，栩栩如生。县城内有妫水河森林公园、香水苑公园和三里河湿地公园，被誉为北京的"夏都"。

西流至延庆镇东屯村，有三里河从右岸注入。三里河发源于延庆镇唐家堡村，河长6.5千米，流域面积11.6平方千米，已成为城中河道。又西流至延庆农场，有蔡家河从右岸注入。

夏都公园东湖

蔡家河发源于张山营镇靳家堡村，河长8.5千米，流域面积79.5平方千米。蔡家河以东、妫水河以北的延庆农场内，建有国家蔬菜工程技术研究中心原种基地和北京市鲜花生产示范基地。

再西南流至卓家营村南，有佛峪口河注入。佛峪口河上游建有佛峪口水库。水库上游是松山国家级自然保护区，内有树龄500～600年、胸径1米、高10米的"松树王"；泉眼众多，有水温达42摄氏度、日出水40立方米塘子沟温泉，含有丰富的矿物质；有脊椎动物184种，其中国家重点保护动物16种，偶有金钱豹出没。

西流，即入官厅水库。

3.4.4.1　古城水库
（Gucheng Reservoir）

又名龙庆峡，古城河上的小型水库，位于北京市延庆县城东北10千米，总库容852万立方米，控制流域面积119平方千米，以防洪、灌溉为主，兼顾旅游。

概　述

坝址位于旧县镇古城村北，是典型的峡谷水库。库区山高谷狭，分水岭高程一般在1 000～1 200米，河谷宽仅数十米。出露岩层以石灰岩和花岗岩为主，溶洞裂隙发育，有裂隙泉多处，河道长年不断流。

库区属温带半干旱、半湿润大陆性季风气候，多年平均年降水量462.6毫米，多年平均年径流量964.4万立方米（1989—2000年），水质达到Ⅰ类。

工程于1973年10月动工，1981年12月竣工，主要由大坝、溢洪道、排砂泄水孔、灌溉管、导流管组成。大坝为混凝土双曲拱坝，坝长90.75米，最大坝高70米，顶宽3米，坝顶高程624米；溢洪道位于坝体中段，设泄洪闸5孔，最大泄洪量1 100立方米每秒；坝内设排沙泄水底孔1条，最大泄流量110立方米每秒；坝内设灌溉管1条。在大坝下游95米处建有高8米的低坝，人称二道坝，以防止溢洪时冲刷大坝坝脚。再向下游700米处建有高17米的浆砌石坝，人称三道坝，与二道坝共同构成两片水域。

流域开发历史悠久。明万历年间（1573—1619年），引古城河水，"浚渠由双营抵州城一十里，垦田五千余亩。"1951年，整修旧渠道继续受益，被誉为富民渠。水库建成后，每年为农田灌溉供水100万～300万立方米。水库的修建，使河道防洪能力由不足10年一遇标准提高到50年一遇标准。1996年8月20日，古城河洪峰流量达74.9立方米每秒，经水库调蓄，免除了对下游的灾害。

1984年后，利用库区的自然资源开展旅游，逐步发展成为国家AAAA级旅游风景区，名为龙庆峡旅游区。

纪　实

古城水库回水长10千米，水面宽一般20～40米，水面面积34万平方米，是一长条形的峡谷水库。水库坝址处两岸山峰高耸，崖壁陡峭，登坝入库区颇为困难。为此，在大坝左侧岩壁上建有长达258米的电动扶梯，形如巨龙，头下尾上，悬于峭壁。

乘船溯流而上，在长达7千米的游程中，仿佛徐徐展开一轴山水画卷，漓江的风韵和三峡的质感扑面而来，如在画境之中。举头仰望，两山对峙，刀削斧劈，诸峰环列，嶙峋多姿，

古城水库

大自然造化出千奇百怪的镇山如来、鹊桥石等景观30余处；俯览水景，碧波清澈，青山倒映，忽宽忽窄，九曲潆回。景色于雄浑壮观中不失清幽秀丽，古称"神峰列翠"，又名"古城九曲"，被誉为"塞外漓江"。

自坝顶乘坐465米的登山缆车，可到达距水库水面300余米高的神仙院和玉皇顶。神仙院耸立在群山围合、孤峰独峙之巅，明代初建，1998年重建。站在玉皇顶上极目远眺，南望妫川盆地辽阔沃野；西望海坨山群峰起伏，层峦叠翠，蔚然壮观；俯视龙庆峡深谷碧潭，峡水九曲如带。

位于库区下游的古城村，相传是辽代萧太后的花园行宫。村东一里许，存西汉时设置的夷舆县城遗址，王莽时

称朔调亭,东汉时废。明清时此处已是旅游胜地,明代人赵玑为"古城烟树"题诗:"杨柳夹堤晴雾合,桃花临水早霞明,凌云翠微三千尺,隔叶黄鹂四五声。"清代《延庆县志》赞赏古城河谷风光:"山环水复,别辟仙枢,若新阴欢夏,则碧峭摩天,翠屏开野,收清霭于衣襟,荡空灵于胸臆也。"

1987年起,每年冬季在下游坝脚处举办冰灯展。龙庆峡冰灯与罕见的冰瀑奇观被誉为"京郊一绝"。1986年,龙庆峡被评为北京新十六景之一的"幽峡流碧",2001年被评为国家AAAA级风景区。

3.4.5 清水河(北京)

(Qingshui River in Beijing City)

永定河右岸支流,因水体清澈故名。上有南北两源,分别为大南沟和大西沟,其中大西沟较长,两沟在塔河口汇合后称清水河,在青白口村附近入永定河。位于北京市门头沟区境内。

概 述

若以大西沟为源,清水河长49.5千米,流域面积558平方千米。流域内多高山峻岭,地势西北高、东南低,两岸沟回川折,地质构造复杂。沿岸出露火山岩和含煤层,因地壳抬升和河水切割形成宽浅谷地。

流域属暖温带半湿润大陆性季风气候,多年平均年降水量592毫米,最大洪峰流量1 840立方米每秒,多年平均年径流量2 940万立方米。上清水等地有泉水出露,流量约0.5立方米每秒,5—6月间潜入地下,雨季露出地面。

流域内坡陡土薄,极易发生旱情,造成农、林、牧各业经济损失和人畜饮水困难。山洪和泥石流灾害亦常出现。1950年8月3—4日,降雨量达166~287.4毫米,发生洪水和泥石流,使100余个自然村受灾,死亡95人,伤22人。

1949年以来,进行了大规模的水利开发治理。1974年,在清水河干流上建成斋堂中型水库,控制流域面积354平方千米,累计为工农业生产和生活供水近5亿立方米。水库辖斋军大渠,长15.72千米,引水流量1.5立方米每秒,控制灌溉面积533公顷。清水河沿岸开有燕李渠、燕梁渠、塔河渠等,灌溉沿岸农田。自20世纪50年代始,以整修梯田、闸沟垫地、修建塘坝、植树造林等为主要内容的水土保持和国土整治从未间断,取得良好效果。

2000年以前,流域内主要产业是农林业和采煤业。该地区产煤史逾数百年,且质优量大,素有"乌金之乡"美称。斋堂地区原有18个产煤村,年产煤炭约45万吨,2005年5月,经济转向旅游业、林果业和畜牧业。灵山、百花山、龙门涧、爨(cuàn)底下古村等都已成为旅游地。农作物主要有玉米、谷子、豆类和薯类,果品以核桃、山杏、苹果为主。

纪 实

干流以上有两条支沟。北支源于东灵山(北京俗称灵山)南麓,称大西沟,沟长21.5千米,流域面积107平方千米,有2座塘坝,常年有泉水注入。东灵山顶峰海拔2 302米,是北京的第一峰,集断层山、褶皱山为一体,奇峰峻峭,花卉无垠,既有暖温带植被,又有寒冷地带亲缘植被,生长着杜鹃、丁香、白桦林和榛子、黄花、玫瑰、金莲花和野韭菜等植物,尤以高山草甸著名。南支源于百花山西麓,称大南沟,沟长13千米,流域面积66平方千米,有6座塘坝。百花山总面积21 743公顷,为暖温带华北石质山地次生落叶阔叶林生态系

统为主的自然保护区,有高等植物131科485属1 100种、动物169种,特别是有国家一级保护野生动物褐马鸡,素有"华北天然动植物园"之称。两条支沟于塔河口汇合,始称清水河。

百花山

清水河东流至斋堂村西南有斋堂水库,长380米、高58.5米的大坝横断河谷,总库容5 420万立方米,水面浩瀚,水体清澈。大坝以下进入地形相对开阔的斋堂川,远处层峦叠嶂,近处多马兰黄土台地。

斋堂水库

小北沟在斋堂村西由左岸注入。沟内有中国历史文化名村——爨底下村。该村房舍院落依坡而建,层层升高,总面呈"元宝扇"形,错落有致,已有500年历史,是明清时期典型的四合院古建筑群,2001年被公布为北京市文物保护单位。斋堂川也是平西抗日根据地所在地,西斋堂有八路军挺进军司令部旧址,王家山村建有"双十二烈士纪念碑"。

向东流至军饷村东,有桑峪沟从左岸汇入。沟内有一民风古朴,文化底蕴深厚的山村——灵水村。该村因在清朝出过2名进士和22名举人而被誉为"京西举人村"。村中

爨底下村

有一水池,人称"龙池",池旁立墙上嵌有一块石碑,名"三禁碑",其文曰:"大清康熙岁次辛未(三十年,1691年)仲夏初旬,合村聚会。稽古龙池,灵水祥瑞。世久年深,砖损石坠。公议重修,捐工如队。石土灰泥,即时全备。仅月成功,皆欲书勒。庙前池边,禁止污秽。堆粪洗衣,鸣钟议罪;罚供祭神,使之警畏。凡我村居,均相劝海。刻铭于石,流传后辈。池内三禁:凶泼跳投,愚顽搅混,儿童汗溺。池台三禁:宰杀腥膻,饮畜作践,浆衣洗菜。"这实际上是古时保护水源

的村民公约。

清水河在青白口村附近入永定河。该处设有水文站,系华北水利工程局于1952年1月设立,初为汛期站,1965年改为长年站。

3.4.6 永定河引水渠
(Yongdinghe Channel)

引取**永定河**水供北京市工农业生产、生活和环境用水的人工渠道,是新中国成立后北京地区修建的第一个大型引水工程。1956年1月始建,1957年4月建成通水,引水流量30立方米每秒。经两次扩建,引水流量增至60立方米每秒。渠首位于北京市门头沟区三家店拦河闸上调节池,渠道途经石景山区、海淀区,至西城区西便门与**北京护城河**的南护城河相接,全长25.38千米。

概　　述

引水渠包括渠首枢纽和渠道两部分。渠首枢纽位于永定河山峡出口处,包括调节池、拦河闸和进水闸。调节池水面面积80余万平方米,最大调节库容200万立方米;拦河闸按100年一遇洪水5 000立方米每秒设计、1 000年一遇洪水7 700立方米每秒校核,共17孔,总净宽204米;进水闸过水流量60立方米每秒。渠道总长度近26千米。

渠道大部分为挖方,断面形状有两种,罗道庄以上为梯形断面,采用混凝土衬砌;罗道庄以下为复式断面,即正常水位以下为矩形、采用浆砌石或混凝土砌筑,以上为土质斜坡、铺以草皮。渠道沿线有节制闸2座、分水闸17座、跌水9座、桥涵50余座。此外,有引水倒虹吸1座、灌溉倒虹吸4座、隧洞1条,即模式口隧洞,长708米,洞宽、洞高均为4米,为钢筋混凝土衬砌无压隧洞;电站3座,即模式口电站、田村电站和玉渊潭电站,总装机容量7 940千瓦,其中模式口电站设计水头30米,利用流量12.5立方米每秒,装机容量为6 000千瓦。

引水渠沿岸有农业引水口8个、灌渠分水闸25座,最高时灌溉面积达到6.13万公顷。20世纪80年代末,修建东水西调工程,利用泵站管道将团城湖水输至引水渠2号跌水上游,以1号跌水至2号跌水之间的渠段作为调节池,在1号跌水处建泵站,提水入模式口水电站前池,壅高水位后倒流至高井节制闸,再送至京西工业区。

1999年,为实现城中心区河道通航,将**京密引水渠**昆玉段、永定河引水渠罗道庄以下河段及南护城河进行了清淤、护岸、绿化,美化了河坡,新建草白玉栏杆,成为花园式河道,并建成玉渊潭船闸,颐和园至南护城河可以通航,开展水上游览。

永定河引水渠

引水渠建成至2005年,总引水量达330余亿立方米。根据沿线工业用水户集中的特点,通过精心调度和重复利用,实际为用户供水、配水总量达300余亿立方米。其中,为冶金、电力、化工、造纸、印染、酿造等行业供水202亿立方米;为农田灌溉供水91亿立方米。此外,还向城市河湖补水和回灌地下水,极大地支持了北京的工农业生产和城市建设。

纪　　实

永定河引水最早见于《水经注》。《水经注》中记载三国魏镇北将军刘靖镇蓟城时,"使帐下丁鸿督军士千人,以嘉平二年(250年)立遏于水,道高梁河,造戾陵堰,开车厢渠",引㶟水(今永定河)灌溉蓟城北、东、南土地万余顷。以后历代不断尝试由永定河引水。金大定十一年(1171年),"自燕京之西麻峪村,分引卢沟一支东流,穿西山而出,是谓金口。"元初,郭守敬"凿金口,导卢沟水以漕西山木石。"元末,时为中书右丞相的脱脱,力排众议,再开金河,结果因"流湍势急,沙泥壅塞"而失败。据考证,永定河引水渠的引水口与历代的引水地点相去不远。

引水渠由三家店调节池引水东行至三家店村。三家店村建于辽代以前,因有三家客店而得名,古时是煤炭集散地,有

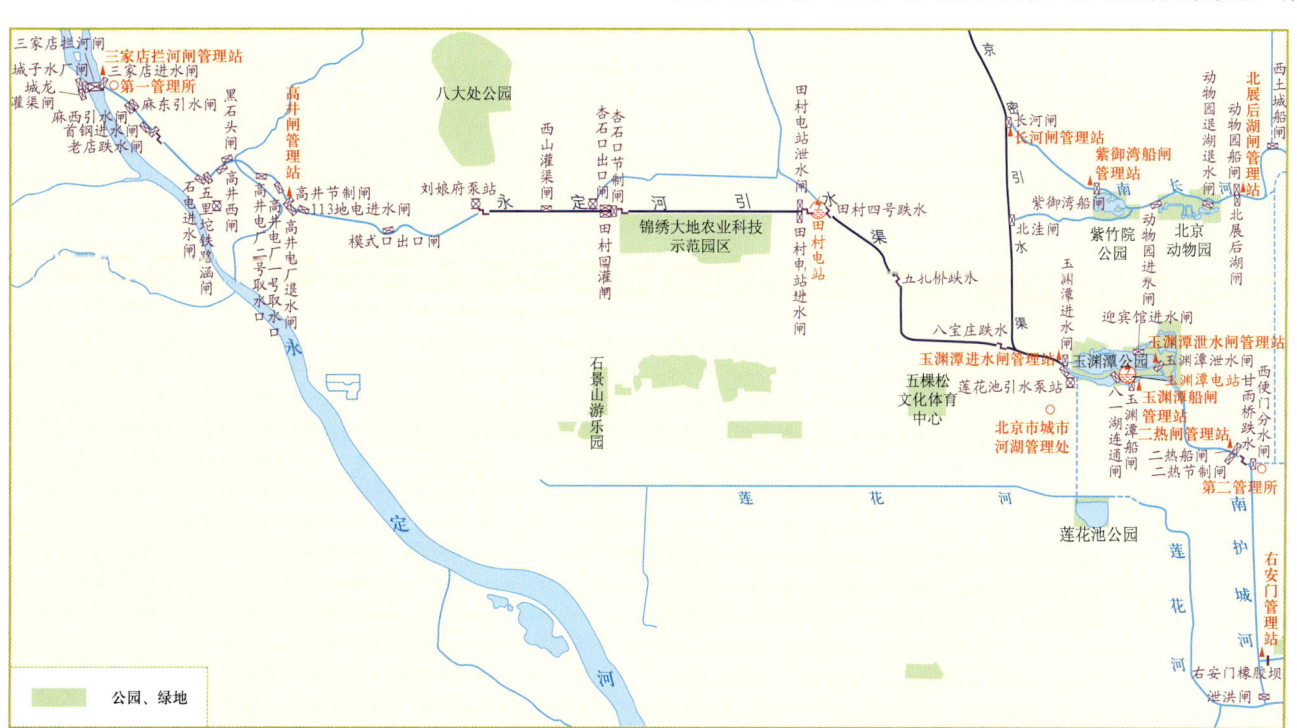

永定河引水渠示意图

煤厂二三十家。三家店地区修渠引永定河水灌溉农田历史悠久，初时名三家店渠，明代称兴隆坝，灌溉面积16公顷，在三家店村西龙王庙内的龙兴庵碑记中有该渠的历史记载。

过三家店村，入京西工业区。原首都钢铁公司、石景山热电厂、高井电厂等大型企业集中在这一地区，是引水渠负责供水的大户。原首都钢铁公司是在1919年修建的石景山炼铁厂的基础上发展起来的大型钢铁企业，到20世纪末年生产能力达到：生铁750万吨、钢800万吨、钢材700万吨，年工业总产值160余亿元。在老店村跌水上游渠道右岸有为首都钢铁公司分水的闸门和引水支渠，引水流量4立方米每秒。首都钢铁公司主体部分现已迁址至河北省唐山市曹妃甸。石景山热电厂是在1921年修建的石景山发电分厂基础上发展起来的大型电力企业，到20世纪末，装机容量达到80万千瓦。在引水渠铁路倒虹吸上游建节制闸抬高水位，于右岸设闸引水入热电厂，引水能力10立方米每秒，退水于模式口水电站下游入引水渠。高井电厂于1974年建成投产，总装机容量60万千瓦。在模式口隧洞上游建节制闸抬高水位，于右岸设闸引水入厂，引水能力为20立方米每秒，退水入永引渠。

出模式口隧洞后，沿翠薇山、蟠龙山麓东行，进入模式口电站，电站上游为东水西调调节池。在模式口村北的福寿岭南坡山岩上，有距今300万—100万年前的"冰川擦痕"，1957年被公布为北京市文物保护单位，1988年建成"中国第四纪冰川擦痕遗迹陈列馆"。与冰川擦痕遗迹毗邻的是法海寺。法海寺位于蟠龙山南麓，明正统四年（1439年）始建，八年（1446年）落成。原建筑有护法金刚殿、钟鼓二楼、天王殿、大雄宝殿、祖师堂等殿堂，多数殿堂有壁画，现仅存大雄宝殿壁画。大雄宝殿内有宫廷画师绘制的壁画10铺：前壁"云气图"，后壁"三大士图"，东西山墙"佛会图"，后墙门两侧"帝释梵天护法礼佛图"，总面积236.7平方米，共画有77个人物。其中，最大的壁画高3.2米，长9米，画中人物、禽兽、花草栩栩如生，是北京地区保存最完整的明代壁画。1957年被定为北京市文物保护单位，1988年1月被公布为全国重点文物保护单位。

中国第四纪冰川擦痕遗迹

东行至双槐树村附近，有双槐树村（又名田村）电站，电站处1957年建有双紫支渠向城区供水，1966年**京密引水渠**通水后上游段停用，下游段从北洼闸至紫竹院仍通水。电站下游

有南旱河由左岸汇入，设计流量相应增加为75立方米每秒。南旱河，起自香山脚下四王府，是清代疏挖导引香山一带山洪的排水河道，原河道途经双槐树村、罗道庄，穿过玉渊潭，在白云观附近入南护城河。引水渠修建时借用了南旱河这段故道。

法海寺壁画

东南行，过西四环路转东行，在罗道庄纳京密引水渠，继续东行到达玉渊潭。渠湖之间有水闸相连，用于补水和泄水，还可向**莲花池**补水。八一湖附近有中央电视台、电视塔、中华世纪坛等建筑。

白云观

至三里河路转向南，过木樨地立交桥再转向东行，在引水渠南岸有白云观。白云观是道教全真派著名道观，前身是天长观，创建于唐开元二十七年（739年），金、元两代先后重建，名太极宫、长春宫，明洪武年间（1368—1395年）改名为白云观。白云观规模宏伟，1984年被列为全国道教重点宫观，中国道教协会、中国道教学院均设在此。引水渠于白云观西墙外设闸为北京第二热电厂供水。北京第二热电厂1980年建成，年发电容量20万千瓦，最大供热能力为620百万大卡每小时，担负着长安街、前门大街沿线的中央和北京市重要部门及50多万居民的冬季采暖任务，总供热面积1200多万平方米，是北京市重要热源电厂之一。现改制成华电（北京）热电有限公司。

在白云观东北、西便门西，入南护城河。

五、大 清 河
Daqing River

3.5 大清河
(Daqing River)

海河水系主要支流之一，古称派水、界河，因河水较清，故称大清河。上源有南北两支，历史上称南支为赵王河水系，北支为白沟河水系。大清河干流河长110千米，始于**白沟河**与**南拒马河**汇合处，在天津静海县第六埠与**子牙河**汇流。南支以**白洋淀**为汇集区，若以**潴龙河**为上源，大清河从河源到第六埠的河长为409千米；若以北支**拒马河**为上源，大清河的河长为430千米。

概 述

流域范围 大清河流域西起太行山，东临渤海湾，北邻**永定河**，南界子牙河。流域面积43 060平方千米，位于东经113°39′~117°34′、北纬38°10′~40°102′，地跨山西、河北、北京和天津4个省市。其中，山区面积18 659平方千米，占总面积的43.3%；丘陵及平原面积24 401平方千米，占总面积的56.7%。

地貌 流域地势西高东低。其中，西部山区高程在500~2 200米之间，最高点为五台山东台，高程达2 759米；丘陵地区高程在100~500米之间，大致分布在京广铁路西侧10~40千米处；平原高程在100米以下，最下游的滨海地区高程约1米，主要是海河及其支流永定河、**滹沱河**冲积而成。由于受永定河、滹沱河、子牙河、南运河等河流变迁及洪水泛滥影响，两岸洼地众多，大洪水时常用于缓洪滞洪。

气候水文 流域地处温带半干旱大陆性季风气候区。春季干旱多风沙，夏季炎热多雨，秋季天高气爽，冬季寒冷少雨雪。年均气温7.6~13.1摄氏度。多年平均年降水量500~581毫米。降水年内分配极为不均，80%以上集中在汛期6—9月；年际变化很大，最大与最小年降水量的比值为3.3左右。降水的区域分布不均衡，山区降水量较大，其次是京沪铁路以东平原，路西平原降水量最小。区域暴雨中心南支在阜平、司仓附近，北支在紫荆关附近。

多年平均年输沙量975万吨，其中**唐河**最大，为249万吨，占全河系的25.5%；潴龙河为135万吨，占13.8%；南拒马河为128万吨，占13.1%。河水含沙量最大的是唐河，多年平均值为6.6千克每立方米；拒马河次之，为2.92千克每立方米。

水系 大清河支流繁多，河道多变。商周时期，有滱水（今唐河）、姜水（今龙泉河）、般水（今界河）、历虒水（今**府河**）、燕水（今**瀑河**）、涞水（今南拒马河）、绳水（今大石、白沟河）等，各河均直接汇入**黄河**。战国至西汉时期，黄河河道不断南移。西汉元封二年（公元前109年），黄河由章武入海后，大清河成为独立水系，直接入海。由于河水较清，两岸地势较低，晋代以后曾多次遭滹沱河、永定河夺道。直到清朝，滹沱河、永定河流势稳定后，大清河才成为现今格局。

现今的大清河中下游为白洋淀、东淀、文安洼、贾口洼构成的洼淀群，发挥着蓄滞洪区的作用。历史上，白洋淀（旧称西淀）与东淀相连，以张青口为界，分为东西两淀，凡入东淀者为北支，入西淀者为南支。

北支上源为拒马河，自张坊镇出山后分流成为南拒马河、**北拒马河**。南拒马河在北河店纳**中易水河**后，至白沟镇西与白沟河汇合；北拒马河在东茨村以上纳**大石河**与小清河后称白沟河，至白沟镇西与南拒马河汇合后称大清河，再东南流转东流，至霸州市王疙瘩村入东淀大清河。南支以白洋淀为汇集区，纳潴龙河、**孝义河**、唐河、**清水河**、府河、**漕河**、瀑河、萍河等支流，经白洋淀调蓄后，下接在赵王河故道上拓延的**赵王新河**入东淀汇入大清河。

水旱灾害 历史上，流域洪涝灾害频繁。自清代至新中国成立前的300多年中，大清河发生洪水无数次，其中有8年（1653、1654、1668、1801、1871、1890、1917、1939年）的洪水淹及天津城区。新中国成立后，1949—1979年统计资料表明，年均洪灾面积17.7万公顷。历史上影响范围广、损失大的洪水有1801、1939、1956、1963、1996年洪水。

1801年7月上旬至8月中旬，海河流域持续淫雨40多天，各河先后发生洪水，尤以永定、大清河为最。大清河北支拒马河紫荆关洪峰流量9 400立方米每秒，下游千河口洪峰流量18 500立方米每秒，为有历史记载中最大一次。《清代海滦河洪涝档案》记载："保定县因六月初旬连日大雨，兼之河水漫溢直灌入城，现在城内深五六尺"；天津"水淹城砖二十六级"。

1939年7月，南北各支先后于14—16日和25—26日出现最大洪峰，各河洪水漫过京汉铁路。据调查，唐河中唐梅7月15日洪峰流量11 700立方米每秒，为历史首位大洪水。白洋淀千里堤于7月底漫决，洪水进入文安洼。8月4日西堤决口，洪水直逼天津城区。8月20日，天津海河右岸地区几乎全被淹没，市内浸水面积占总面积的78%，深处水深达1.7米，沿街行船，被淹时间长达一个半月。

1963年8月上旬，发生了新中国成立以来海河流域最大的一场洪水，各河洪水猛涨，洪水总量达301.29亿立方米，虽经上游大型水库调蓄，但由于洪水峰高量大，各水库相继泄洪。大清河北郭村站实测洪峰流量5 380立方米每秒，白沟站洪峰流量3 540立方米每秒，加上平原涝水，各河中下游堤防相继溃决，大清河系在白洋淀、东淀充分滞洪运用的情况下，分洪入文安洼、贾口洼，三洼滞洪总量达73亿立方米。为减轻三洼洪水对天津市区的威胁，由津浦铁路二十五孔桥向团泊洼分洪，最大分洪流量2 880立方米每秒，同时扒开马厂减河两堤，使洪水在北大港以南、歧口以北导流入海，天津市才免遭洪水侵袭。全流域34个县市受灾，2 135个村庄、8座县城被洪水围困；2 388个村庄、6座县城进水；受灾耕地

3.5 大清河

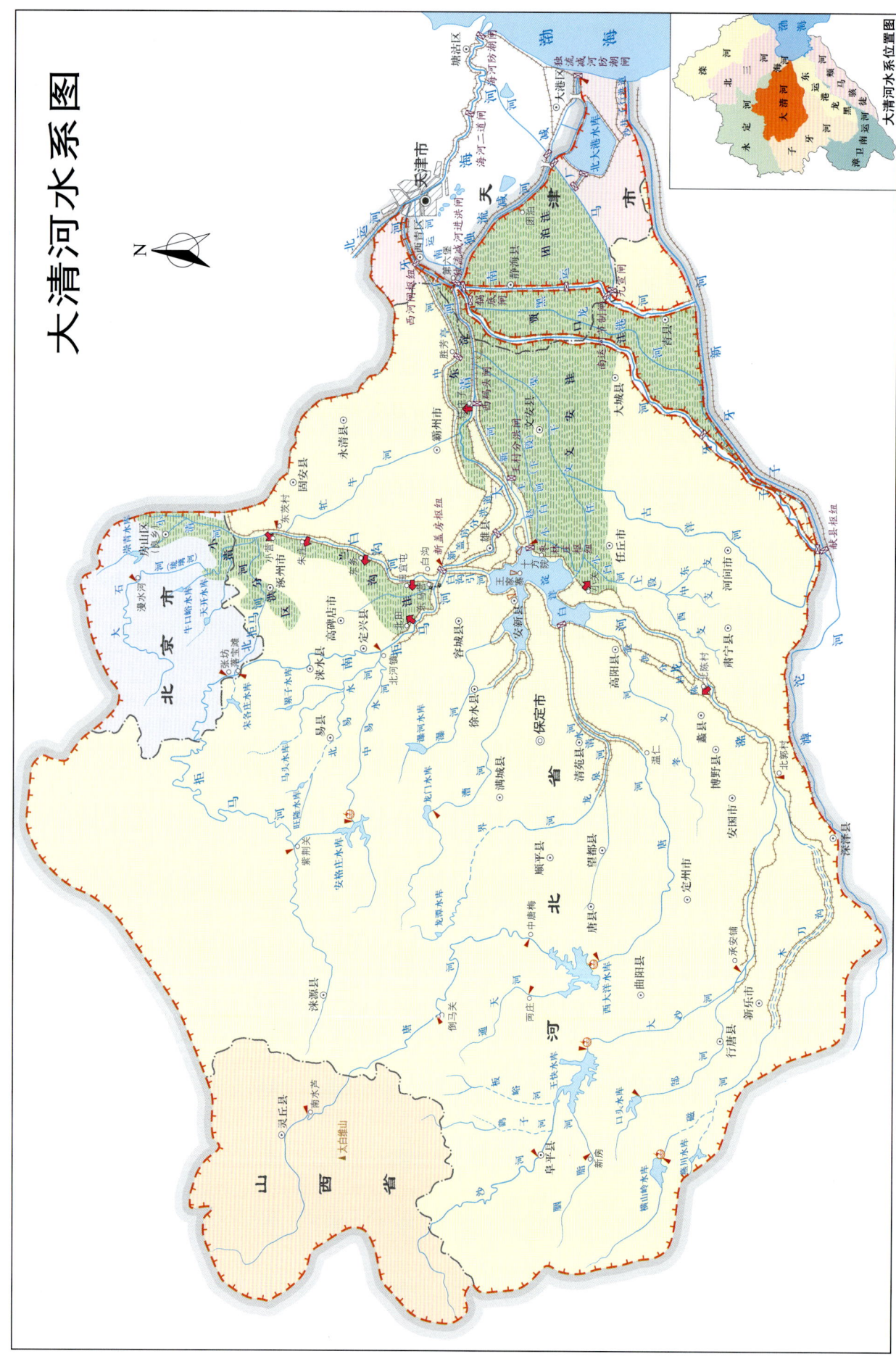

100万公顷，倒塌房屋328万间。界河上的刘家台水库溃坝失事，洪水冲毁京广铁路望都至于家庄段数十千米的路基，中断交通约半个月。

"96.8"洪水是继1963年洪水后发生的又一次较大洪水，暴雨中心安格庄最大降水量320毫米。拒马河张坊站最大洪峰流量1 720立方米每秒，白沟镇最大洪峰流量1 576立方米每秒；白洋淀最大入淀流量685立方米每秒，泄量495立方米每秒。进入东淀洪水总量22.25亿立方米。据统计，东淀淹没面积333平方千米，仅霸州市、文安县就淹没耕地2.17万公顷，14个乡镇56个村庄进水，68个村庄被水围困，倒塌房屋2.12万间，直接经济损失53.96亿元。

流域旱灾频繁，波及面积大，历史上有"十年九旱"之称。仅河北省范围统计，1469—1948年，旱灾发生的频率高达40%，其中以民国时期为最大，达54%。典型的特大旱灾年主要有1637—1643年、1875—1878年及1920年特大旱灾。

明崇祯十年至十六年（1637—1643年），流域连遭7年旱灾，保定一带"河水竭，水淀数百里尽涸，民种麦尽为鼠食"，特别是1640年"旱，蝗，大饥，骨肉相食，死者相继，十室九空"。1875—1878年，大旱灾持续4年，保定各州县"赤地千里，人苦饥馑"，天津"夏无雨，冬无雪，田地寸草不生"。新中国成立后，先后发生了1965、1972年大旱和1981—1987年、1999—2006年的连年干旱。1965年，保定地区29条河流中有23条干涸，受旱面积占耕地面积的一半以上。1980—1987年，由于连年干旱，白洋淀水位从1981年开始持续下降，1983年春彻底干涸。

社会经济 流域土地肥沃，物产丰富，交通便利，是我国的重要工农业生产基地。工业门类比较齐全，石油、电力、冶金、化工、纺织、机械、电子、建材、食品等较为发达，有华北油田、大港油田、燕山石油化工总公司及保定胶片厂等国家大型企业。

中下游主要河道堤防防洪区保护面积9 995.86平方千米，涉及河北、天津两省市。保护区内总人口827.83万，耕地面积54.64万公顷，有京广、京沪、京九铁路和京保、京福、京昆、津保等高速公路。

京昆高速公路

治理开发 大清河上游支流繁多，源短流急，汇流集中，峰高量大；中下游河道狭窄，宣泄不畅，尾闾受南运河、子牙河洪水顶托，难以下泄。历史上，流域北受永定河南侵、南遭滹沱河北袭的洪水威胁，沿岸群众除防大清河自身洪水外，还要同滹沱河北袭洪水作斗争。新中国成立后，国家对大清河的治理开发十分重视，兴建了一系列水利工程，开发利用水资源，防治洪旱灾害。

1. 防洪。新中国成立前，大清河几乎没有正规的防洪工程。

新中国成立初期，为了解决大清河泄流不畅问题，1952年河北省水利厅编制了《大清河流域规划草案》。之后，在下游首次开辟了大清河入海通道**独流减河**，白洋淀下口开挖了赵王新河，白沟河新辟了新盖房分洪道。20世纪50年代末及60年代初，根据《海河流域规划（草案）》安排，建成**王快水库**、**西大洋水库**、**横山岭水库**、**口头水库**、**龙门水库**、**安格庄水库**等6座大型水库及8座中型水库，除拒马河和界河外，一般河道均有水库控制，山区控制流域面积9 722平方千米，占山区总面积的58%。

1963年8月，海河南系发生特大洪水。1966年11月，编制了《海河流域防洪规划（草案）》，提出了"上蓄、中疏、下排、适当地滞"的方针，确定了海河南系按1963年型洪水（相当于50年一遇标准）、北系按1939年型洪水（相当于20年一遇~50年一遇标准）进行治理。按照上述规划安排，20世纪60年代末及70年代初，重点对中下游进行了大规模治理，并对上游大中型水库进行了续建、扩建，基本上形成了防洪工程总布局。南支，对潴龙河、唐河、赵王新河进行扩大治理，加高培厚白洋淀周边堤防，扩建白洋淀枣林庄泄洪枢纽。北支，对南拒马河、白沟河按10年一遇~20年一遇标准进行扩大治理，兴建新盖房分洪枢纽，新辟白沟引河，将北支小洪水引入白洋淀。在中下游，加固东淀北大堤和千里堤，扩建独流减河进洪枢纽，对独流减河进行扩挖；开辟东淀、文安洼、贾口洼蓄滞洪区。20世纪80—90年代，根据《海河流域综合规划》安排，对上游重点大中型水库进行除险加固，并对主要河道做了部分加固除险工程，形成了目前的防洪工程格局。

2005年，大清河上游共建有大型水库6座、中型水库8座、小型水库121座，总库容36亿立方米，其中6座大型水库总库容34亿立方米。规划保留蓄滞洪区6处，设计滞蓄洪水总量96.68亿立方米。

2. 灌溉。流域共有万亩以上灌区33处，其中大型灌区4处。

北支的灌溉历史可追溯到先秦时期。当时，在今涿州、高碑店一带，引清河（今拒马河、白沟河）水进行灌溉，这就是著名的"督亢水利区"。之后，该水利区曾因战乱几度荒废，加上永定河的多次冲淤，面积逐渐缩小，到明末仅有200顷，1644年后彻底荒废。新中国成立前夕，北支从拒马河引水的渠道有40多条，灌溉面积5 000多公顷。1955年，在此基础上兴建房涞涿灌区。20世纪50年代末和60年代初，陆续兴建易水灌区、胜利渠南北灌区等。到2003年，北支共有万亩以上灌区12处，其中大型灌区有房涞涿灌区和易水灌区2处。

南支灌溉渠系，有明万历年间（1573—1619年）修建的广利渠，引唐河水灌溉今唐县北罗、定州清风店一带农田1 700公顷。新中国成立后，随着西大洋、王快等一大批大中型水库兴建，南支农田灌溉面积迅速增加。1959年兴建唐河灌区，将广利渠并入其中。20世纪70年代，又以王快水库为水源兴建沙河灌区。到2003年，南支共有万亩以上灌区16处，其中包括沙河灌区和唐河灌区2处大型灌区。

除以上灌区外，20世纪70年代还在中下游地区兴建了以大清河干流和白洋淀为水源的中型灌区5处。

3. 水资源开发利用。历史上，大清河流域是海河流域水资源较丰富的地区。20世纪60年代以前，年均入海水量在20亿立方米以上，河道长年流水，白洋淀、东淀、贾口洼常年蓄水，河道通航可由天津大沽口直达保定市。70年代后，随着上游用水量增加和降水量的减少，中下游河道逐渐断流甚至

唐河灌区渠首闸

干涸。80年代后，流域地表径流量锐减，中下游河道及东淀、贾口洼彻底干涸，白洋淀经历了1984—1988年汛前的连续干淀和以后多次的干淀危机，通过采取上游水库供水、引岳济淀应急调水、引黄济淀应急补水等措施，才缓解了水资源短缺的问题。

据1956—2000年资料统计，大清河多年平均年径流量为32.6亿立方米。2005年大清河水量平衡分析结果，全年水资源总量为30.84亿立方米，总耗水量约46亿立方米，入海水量为0。

纪　实

白沟河与南拒马河在白沟镇西汇流后称大清河，向东入雄县境，行3.4千米至新盖房枢纽。新盖房枢纽建于1970年6月，包括分洪闸、分洪堰、引河闸、灌溉闸4座建筑物，其中分洪闸共7孔，与分洪堰联合运用，是骨干泄洪工程；引河闸共5孔，相机分泄洪水；灌溉闸原为泄洪之用，后因闸下河道淤废，改为引水灌溉之用。

过灌溉闸后向南行，经赵村、古贤，至南菜园折向东，经雄县县城西关、南关东流，至大阴折向东南，至杨家岭折向东行，到史各庄转向东北，经张青口，在潘庄子村向北入东淀。东淀为大清河南北两支汇合后的缓洪行洪区，也是清南、清北地区沥水容泄区，北靠中亭堤，南界千里堤，东有子牙河左堤，西以溢流洼与新盖房分洪道相接，总面积377平方千米，包括河北省霸州市、文安县和天津市静海县、西青区4个县（市、区）19个乡镇100个村庄，有人口11.88万、耕地2.54万公顷。

新盖房分洪道是大清河北支人工开挖的泄洪河道，起于河北雄县新盖房村东，向东南流，到张青口村北入溢流洼再进东淀，基本功能是分泄大清河北支即新盖房枢纽以上洪水。新盖房分洪道长31千米，堤距2 000～3 000米。地形平坦，自西北向东南略有倾斜，海拔高程14.4～8.0米。

入东淀后，继续东北行，经新镇至芦阜庄折向东，至北苑口转向东南，经苏桥镇至崔家坊折向东，在霸州市王疙瘩村与赵王新河汇合入东淀大清河。

赵王新河与大清河汇流后称东淀大清河东行约4千米，至西码头蓄水闸。西码头蓄水闸设闸门9孔，设计流量700立方米每秒。沿千里堤继续东行，经左各庄镇、安里屯村，在台头镇西2千米处入天津市。该段河道右岸为千里堤，堤外是文安洼蓄滞洪区。千里堤相传始筑于北宋时期，是沿河百姓逐年自发修筑而成的，西起无极县赵八村，东至文安县富官营，全长250千米，是潴龙河、白洋淀、赵王新河、东淀的主要堤防。文安洼蓄滞洪区是大清河洪水的分洪洼淀，也是清南地区沥涝水的天然滞蓄区，北靠千里堤，南至津保公路南线，东倚子牙河左堤，西接自然高地，总面积1 489平方千米，涉及河北省文安县、大城县、任丘市和天津静海县4个县（市）37个乡镇554个村庄，有人口59.4万、耕地8.35万公顷。该蓄滞洪区在1954、1956和1963年3次运用，特别是在1963年大水中滞蓄洪水45.57亿立方米，为保卫天津市的安全作出了重要贡献。

入天津市后，继续东行，穿台头镇，折向东北，行约6千米，折向东行，经老龙湾渡口到第六埠，在独流减河进洪闸前与子牙河汇流入海河干流。

3.5.1　拒马河

（Juma River）

大清河北源，古称巨马河，本名涞水，发源于河北省涞源县涞源镇，至涞水县铁锁崖出山，分为南、北拒马河，**北拒马河**的下游称**白沟河**，白沟河与**南拒马河**汇合后始称大清河。拒马河从源头到汇合口的河长为320千米，流域面积1万平方千米。

概　述

干流拒马河铁锁崖以上河长200千米，流域面积4 810平方千米，跨河北省、北京市的5个县（区）。北与**永定河**相邻，西南与**唐河**相邻。地势西北高，东南低。流域位于温带半干旱大陆性季风气候区，四季分明。多年平均年降水量627.7毫米，年径流量5.35亿立方米，多年平均年水资源总量6.31亿立方米。

拒马河支流众多，其中流域面积大于100平方千米的有北屯河、白涧沟、紫石口沟、艾河沟、西神山河、乌龙河、蓬头沟、青年水库沟、龙安沟。

旱灾是流域的主要灾害之一。《清代海河流域自然灾害史料》记载：明崇祯十二年至十五年（1639—1642年），发生特大连续旱灾，"春旱无麦，风伤禾，夏六月大旱，大饥，米大贵，人相食"。1949—1989年共发生旱灾25次，成灾面积在10万亩以上的有11年。

流域以农业为主，主要农作物有玉米、高粱、谷子、土豆、豆类。

20世纪50年代，拒马河治理主要是护岸修渠发展灌溉。50年代末至70年代末，兴修塘坝、引水工程。80年代末至90年代，发展机井建设，大搞截潜流、蓄引水工程。1958年，挖开拒马河、易水河分水岭，修建了五一渠，并在引水渠上先后修建了梯级水电站。1979年，在紫荆关高庄建橡胶坝。

纪　实

拒马河发源于河北省涞源县涞源镇的**涞源泉**，东流。涞源县域内分布有东团堡、涞源、走马驿3个盆地，涞源盆地是最大的一个。拒马河汇集涞源盆地诸小河及盆地内的众泉群，形成上源。

至西神山村，有西神山河从右岸汇入，再过石门水文站（1956年建）至马圈村，右岸先后有杜村沟、南屯沟、马圈沟汇入，左岸有北屯河自三甲村西南汇入。北屯河发源于涞源、蔚县分水岭，流域面积626平方千米。入峡谷地带，由东流折向东北流，过浮图峪村北，穿京原铁路桥，有浮图峪沟从右岸汇入。再过小河村北，有小河沟自右岸汇入；至王安镇北，右岸纳王安镇沟，至五十亩地再穿铁路大桥，左岸纳乌龙河。乌龙河发源于东团堡盆地，抗战时期（1940年9月）威震敌胆的东团堡战役就发生在此。聂荣臻曾说："东团堡之战，是以顽强对顽强的典型战例。充分显示了我军的战斗力，对敌人震动

拒马河水系示意图

很大。"

在东二道河至塔崖驿之间形成多个U形弯，连续穿越多座铁路大桥后，与铁路并行东去。过塔崖驿，至黄岩头，出涞源县。

在玉山铺入易县后，蜿蜒东流，经大盘石水电站，至紫荆关西，右岸有**安格庄水库**紫荆关引水枢纽（五一渠渠首）。引水枢纽引水能力25立方米每秒，下游接梯级电站5座，尾水入安格庄水库。紫荆

拒马河源

关因其漫山多紫荆树而得名，与居庸关、倒马关合称"内三关"，是我国名关之一，自古为兵家必争之地。过紫荆关水文站，继续东流，至前庄，有青源沟从左岸汇入，再至九源，其右侧是官座岭水电站引水口。此工程1979年建成，引水入北易水河支流旺隆沟，经官座岭电站，入**旺隆水库**。向东流，至高庄村一带，突转90°大弯，变北流，至南城司北，有北三沟从左岸汇入，北三沟上游建有南城司小（2）型水库。至北辛庄，出易县。

在店上村入涞水县，北行，至河北口村，有偏道子沟从右岸汇入。北行，至龙门口村北，有龙门西沟汇入。再行至白涧村，有白涧沟从左岸汇入。白涧沟发源于涿鹿县茶山，河长56.2千米，流域面积704.9平方千米。

继续北行，在河东村、平峪村有U形转弯，平峪水电站就建在这里。过电站，左岸相继汇入福山口沟、山神庙沟。继续北行至蓬头村东，有蓬头沟从左岸汇入。蓬头沟发源于涿鹿县杨家湖北，河长42.7千米，控制流域面积274.5平方千米。

由紫荆关至蓬头沟口，向北流，两侧山峰高耸，河道随山势蜿蜒曲折，左岸支流发育，沟渠林密，植被较好；右岸滩地平整，土地肥沃。河槽以砾石、卵石为主，夹有孤石，河床稳定，水流通畅。汛期之外，河水清澈。清末民初历史地理学家杨守敬描述为"水质清澈，透明见底，河水九曲十八弯，素常平静、温顺，涓涓流淌，平稳而过"。白涧沟下游的板城村，抗战时期一直是涞水县抗日民主政府所在地。

过蓬头沟口后向右急转90°，东流，河道变窄，入野三坡国家风景名胜区。野三坡之名源于清初，三坡人组织起来实行自治，并以武装保卫乡里，而被官方冠以"野三坡"之称。野三坡景区最负盛名的是由丰富多彩的地质遗迹所组成的独特自然景观，2004年被命名为国家地质公园。

东行，右岸即为野三坡著名景点百里峡，长105千米，群山巍峨，峡谷幽深，奇石耸立，绝壁千仞，集雄、险、奇、幽于一体，堪称"百里画廊"。过百里峡口，行5千米至上庄村，有紫石口沟从左岸汇入。紫石口沟，河长51.2千米，流域面积912.3平方千米，野三坡著名景点鱼古洞、龙门天关、白草畔、野山坡国家森林公园均在其中。

野三坡风光

过紫石口沟，南行25千米，入北京市房山区。拒马河宛如巨龙，左旋右盘，形成数个U形河弯，与公路相缠绕，而后至十渡入北京房山风景区。经九渡、八渡、七渡、六渡、四渡至千河口村出北京界，至沈家庵村复入河北省涞水县。

过张坊水文站至铁锁崖，有龙安沟从右岸汇入。龙安沟

十渡镇生态河道

拒马河（北京房山十渡镇段）

是拒马河最后一条支流，河长 26.5 千米，流域面积 124.8 平方千米。

过铁锁崖出山区，分为南拒马河、北拒马河两支。

3.5.1.1 涞源泉
(Laiyuan Spring)

拒马河源头，位于河北省涞源县城，泉域面积 100 余平方千米，水质良好，为重碳酸钙镁型水，矿化度 0.24～0.27 克每升。

泉水出露于涞源盆地地下水溢出带，由旗山泉、南关泉、北海泉、泉坊泉、杜村泉、石门泉、石门南泉 7 个较大泉群组成，形成拒马河的发源地。

旗山泉在旗山脚下，古称拒马河源；南关泉在县城南关，古称易水源；北海泉在县城东南，古称涞水泉源。三泉群东流，汇合其他四处泉群，形成拒马河干流。

北海泉 1958 年经人工开挖，由一个出泉点形成两个，泉水流量分别达 547.2 立方米每小时、712.8 立方米每小时。水心亭泉池建于 1930 年，长 113 米，宽 67 米，水深 3 米。池中有一凉亭——水心亭。亭为圆形，系木结构，亭顶为八角形。1946 年在凉亭建抗日烈士纪念碑。"北海第一泉"是当年抗日同盟军前敌司令方振武率部北上抗日驻涞源

涞源泉

时所题。兴文塔位于北海泉北面，为辽代所建，是全国重点文物保护单位，塔高 25 米，五层。此塔一层东侧檐下，镶有一块汉白玉石刻，上书"天宝三载置此塔"字样。经专家考证，此塔建造结构和风格属辽代特点。兴文塔矗立于 10 米高青砖高台上，与旁边的"北海第一泉""泰山宫"遥相辉映，构成一个完整的风景区。泰山宫有殿宇、山门、石牌坊，门前是数十层的石阶，大殿前两棵参天古松与塔东西对峙，名曰"东塔松涛"。

涞源县地处太行山、恒山、燕山交会处，东临紫荆关，南连倒马关，西接山西大同，北通张家口宣化，内长城横贯全境，地形险要，历代兵家必争。西汉初年，郦食其说高祖拒飞狐之口；汉文帝六年（公元前 174 年），"匈奴三万骑入上郡，三万骑入云中。以中大夫令免为车骑将军，屯飞狐"。抗日战争时期，八路军在涞源黄土岭一战，击毙日军阿部规秀中将，致"名将之花凋谢在太行山上"。

1988 年，涞源县开始开发旅游资源。1990 年，涞源泉被河北省列为省级重点风景名胜区。经十几年的建设，旅游接待能力显著提高。

3.5.1.2 南拒马河
(Nanjuma River)

拒马河至河北省涞水县铁锁崖一分为二后的南支，始于铁锁崖，经易县、定兴县，至高碑店市白沟镇与**白沟河**相汇成大清河。

概 述

河长 69 千米，流域面积 2 156 平方千米。南邻**漕河**、**瀑河**，北界**北拒马河**。地势西北高，东南低。多年平均年降水量 527.3 毫米，6—9 月降水量占全年的 75% 以上，年输沙量 128 万吨，主要支流有**中易水河**。

铁锁崖

流域旱涝灾害较重。据史料统计，明正统五年（1440 年）至 1949 年，有记载的较大旱灾 82 次，平均 6 年发生 1 次。涞水县 1949—1989 年，有旱灾的年份 25 年。另据《定兴县志》记载：1949 年后，南拒马河下游洪峰流量超过 1 000 立方米每秒的年份有 7 次，出现决口或分洪的年份有 6 次，洪灾加涝灾的年份有 6 次，单纯涝灾的年份有 14 次。暴雨中心紫荆关最大日降雨量 275.8 毫米，最大次暴雨量 674 毫米，北河店洪峰流量达 3 050 立方米每秒。

南拒马河

流域以农业为主，农作物以小麦、玉米、谷子及薯类居多。

引河水灌溉，始于明天启年间（1621－1627年），有义让沟、园子沟和互助沟。1946年，义让沟开挖成自然沟，又名房涞涿大渠。1958年，定兴县建成拒跃灌区。1959年，建成蔡家井灌区，引蔡家井水库和房涞涿灌区互助沟的水灌溉农田。20世纪80年代末至90年代初，房涞涿灌区（原控制灌溉面积8 560公顷）、蔡家井灌区（原控制灌溉面积1 400公顷）改造成为井灌区。拒跃灌区原灌溉面积2 330公顷，到80年代减为1 330公顷，1998年渠首橡胶坝建成后又恢复到2 330公顷。

1949年，两岸堤埝残缺不全，河道安全泄量仅500立方米每秒。1949—1953年，定兴县北关以下两岸堤防初步建成；1954—1969年，堤防陆续加长、加高，河道保证流量提高到2 800立方米每秒。1970年，下游段复堤，设计流量4 640立方米每秒。经多年治理，京广铁路以东形成了较完善的堤防。上游段工程尚不完善，达不到20年一遇防洪标准。

1958年，在支流东租沟建成蔡家井小（1）型水库，总库容725万立方米，控制流域面积64平方千米，是涞水县第一座水库。1974年，在蔡家井水库上游建成木井小（2）型水库，总库容73万立方米，控制流域面积2.9平方千米。

纪　　实

自铁锁崖向东，至涞水县落宝滩水文站（1954年建），再东南流，至王家碾。左侧是房涞涿灌区义让沟引水渠渠首。东南行，过板城、石亭，至东租村有东租沟汇入。东租沟长25.8千米，流域面积116.7平方千米。南行至涞水县城。涞水县是东晋祖逖、南北朝祖冲之故里。祖逖"闻鸡起舞""中流击楫""竞著先鞭"的故事世所熟知。首推圆周率到小数点后七位数的祖冲之，科研成就世所瞩目。

至涞水县城北，东折，至义安镇又南流，经白堡、高洛，至吴村入定兴县。由北向南，经吴村、田侯，至大田成村，折向东至县城西又向南。至北河村（京广铁路以西），中易水河从右岸汇入。

穿京广铁路和107国道，折向东南流，经北河店水文站（1951年建）。北河店以上南拒马河大部为地下河，宽100～200米。北河店以下两岸筑有堤防，高3～5米。向东南到西靳村北，1998年在此建橡胶坝。至北田村，此处北堤设有分洪口，可分洪入兰沟洼。兰沟洼蓄滞洪区是由南拒马河左堤和白沟河右堤围成的封闭区域，白沟河、南拒马河发生超标

祖冲之塑像

祖逖塑像

准洪水时可分流蓄滞。

南行，东拐，又南行，再东拐，至谭城村南入高碑店市。东行至东马营，有*兰沟河*通过倒虹吸下穿而过。至白沟镇西与白沟河汇合，以下称大清河。

3.5.1.2.1　中易水河
（Zhongyishui River）

南拒马河支流，又名白涧河、故安河，发源于河北省易县良岗镇西北山区，至定兴县东引村南左纳**北易水河**，东流2千米至北河店村北入南拒马河。

概　　述

河长86千米，流域面积1 979平方千米。位于拒马河、*瀑河*之间。上游为太行山石灰岩地区，群山连绵，下游为华北平原，地势平坦。多年平均年降水量510毫米，降水85%集中在7—9月三个月，枯水年河道11月至次年6月无基流，平水年4—5月也无基流。

河谷较宽，干流一般宽3～4千米，纵坡1/2 000～1/200左右，河床一般为砂卵石。支流较多，流域面积大于50平方千米的有富岗沟、金坡沟、黄沙口沟、何家沟、鸭子村沟、许村沟和**北易水河**，其中鸭子村沟和北易水河流域面积大于100平方千米。

流域春季干旱，夏季时常发生水灾。1558、1560、1636、1942年大旱，农作物无收成。1534、1554、1571、1917、1940年洪水成灾。1954年6月20日至8月底，中易水河暴涨3次，山洪毁梯田、地堾3 047道，倒塌房屋1 960间，淤地1 200公顷；1956年8月15—19日，中易水河水位超过两岸地面50厘米，600多户搬迁避险。

战国时期，燕国在北岸武阳台一带疏治河道，连通北易水河和中易水河，称运粮河，以通舟楫。唐代开元年间（713—741年），曾建水碾4座以冶金，至今尚有水冶村地名。

1956—1957年，右岸龙湾头至周任村修筑护村大堤，长6千米，高3米，宽5米，解决了龙湾头、周任村被洪水围困问题，还使千亩沙滩变成了水田；1977年10月至1978年5月，在西水冶村漫水坝至下游周任村段，开挖导流槽、复式河槽，全长21千米；2002年6—8月，在神石庄至周任村段的18千米，进行平整河道和加高培厚堤埝。

1958年在上游建成安格庄大型水库。同年，开挖紫荆关引水渠，引拒马河水入**安格庄水库**。同时，开始筹建易水灌区，在水库下游12千米西水冶村修建拦水溢流坝，右岸建总干渠及二干渠，左岸修建一干渠，有效灌溉面积2.13万公顷。1970年，以安格庄水库为水源修建胜利灌区，控制灌溉面积0.75万公顷。

南水北调中线工程，在罗村段以倒虹吸形式下穿中易水河。

纪　　实

中易水河发源于河北省易县良岗镇西北山区，向南后转东，至石岗有川角沟汇入，再至田岗村入安格庄水库。这一河段两岸高山起伏，河道纵坡大。

出安格庄水库，东行，经安格庄、尧舜口，至西水冶，过易水灌区引水溢流坝，再至白虹村。白虹村相传是燕太子丹为荆轲赴秦饯行的地方，"风萧萧兮易水寒，壮士一去兮不复还"即出于此。

东流过白涧、舍龙城至龙湾头，著名的燕下都遗址即在此处，位于中易水河、北易水河之间，是战国时期燕国都城之一。遗址东西长约8千米，南北宽约4千米，出土了大量珍贵文物，为研究战国时期政治、经济、文化、军事及城市建设

提供了极为丰富的资料和凭证。

东行至凌云册乡周任村入定兴县。经沽酒村、百楼村、仓巨村、河内村东，至东引村南左纳北易水河后东行2千米至北河店村北入南拒马河。

3.5.1.2.1.1 安格庄水库
（Angezhuang Reservoir）

中易水河上游的大型水库，位于河北省易县安格庄村西。总库容3.09亿立方米，控制流域面积476平方千米。以防洪、灌溉为主，兼顾发电和养鱼。

1958年始建，1960年完成主体工程并投入运用，1970—1973年续建，2001年进行除险加固改造，大坝加高0.5米。防洪标准为100年一遇洪水设计，2 000年一遇洪水校核。

主体工程有主坝、八里沟副坝、溢洪道、输水洞、水电站、紫荆关引水枢纽。主坝为黏土斜墙坝，两坝端与山坡连接段为均质土坝，坝长602米，顶宽5米，最大坝高49.4米；八里沟副坝为浆砌石重力坝，最大坝高6.9米，总长度25.8米；溢洪道位于大坝右岸500米处，为驼峰堰，净宽32米，最大泄量4 391立方米每秒；输水洞兼泄洪洞位于大坝右端，为圆形有压隧洞，长353米，洞径4米，最大泄量228立方米每秒；水电站位于大坝下游，3台机组，总装机容量9 600千瓦；紫荆关引水枢纽位于拒马河右岸紫荆关上游2千米处，由橡胶拦河坝、进水闸、冲沙闸、引水渠组成，引水能力25立方米每秒。

安格庄水库

水库建成后，拦蓄超河道保证流量的洪水3次。1963年8月特大洪水，入库洪峰6 350立方米每秒，经调节最大泄量499立方米每秒，削减洪峰92%，共拦蓄洪水2.18亿立方米。年均为易水、胜利两灌区供水0.88亿立方米，至2002年累计供水36.3亿立方米；1979—2002年，向白洋淀、雄县、天津供水3.07亿立方米。

水库上游紫荆关引水枢纽可跨流域引拒马河水补入，经易县紫荆关梯级电站后，入北支。水库淹没土地576公顷。由于库区接近清西陵，20世纪80年代后，增加了库区养鱼、游船观光、农家乐等旅游项目，移民收入增加，生活水平提高。

库区周边景点有"小桂林""凤凰山"。"小桂林"自然景观奇特，有仙人桥、仙人洞、仙人脚印。"凤凰山"树木茂密，苍翠欲滴，现存古庙更显人文气息。

3.5.1.2.1.2 北易水河
（Beiyishui River）

中易水河支流，古称濡水，发源于河北省易县龙华乡西云蒙山南麓，至定兴县东引村南汇入中易水河。

概　　述

河长56千米，流域面积789平方千米。地跨山区、丘陵区和平原区，地势西高东低，易县梁各庄以上河床为卵石，以下为沙夹卵石。从河源至河口，有20多条支沟先后汇入，流域面积大于100平方千米的有马头沟、累子沟。

流域春旱几乎年年发生，个别年份全年干旱。明嘉靖二年（1523年）至清光绪十八年（1892年）间，发生大旱灾31次。流域亦易发生洪灾。1954年6月20日至8月底，共降雨616.6毫米，北易水河暴涨4次，洪水漫过北岸，直奔县城，倒塌房屋1 960间，淤地1 150公顷。1963年，易县柴厂村发生泥石流，冲毁房屋20余间、耕地千亩，死10人，伤36人，冲走牲畜80头。

明景泰元年（1450年），在易州城外筑土堤以防洪水；明成化四年（1468年），引泉水入厂城西关，并在西关外筑土坝；明嘉靖三十八年（1559年），兴建厂城西关护城石堤；明万历十八年（1590年），重修并改为石闸，每闸二板，雨启晴闭。

1949年后，对大龙华至杨威城长41.25千米的河道进行综合治理，建护村坝、护地坝、护林坝、护滩坝，保护沿河20余个村庄及耕地800公顷、林地约70公顷、滩地200余公顷。1992年，在易河庄段左岸建浆砌石墙760米，右岸建浆砌石墙340米。1998年，在西关大桥至铁路桥段左岸修砌浆砌石墙750米，在厂城段左岸筑砂卵石坝800米，在徐家厂段左岸建浆砌石墙400米。

1957—1960年，上游支流上修建旺隆、莲花池、太宁寺、黄嵩、马头、累子6座中小型水库，总库容3 686万立方米。1958年，修建了北易水灌区，渠首在梁各庄村东黑山头，干渠长16.3千米，设计流量3.5立方米每秒，控制灌溉面积2 100公顷。1959年，挖开中易水河与北易水河的分水岭——孟津岭，跨流域引**拒马河**水入**安格庄水库**，同时分一部分水补给莲花池水库。1977年冬，在九源、君玉村附近开凿拒马河与北易水河的分水岭——官座岭隧洞，长1.5千米，1979年开通，引拒马河水经旺隆沟，入北易水河流域。

南水北调中线工程总干渠，在易县荆轲山以渡槽形式跨越北易水河。

纪　　实

北易水河发源于河北省易县龙华乡西云蒙山南麓，东流，沿途有刘家沟、泰宁寺沟汇入。至龙华，再流经龙泉庄、五道河。该段是清西陵所在地。清西陵位于永宁山下，距易县县城20千米，清代帝王陵寝之一，与河北省遵化县

清西陵

清东陵相对称，是世界文化遗产、全国重点保护文物单位。陵内埋葬着雍正、嘉庆、道光、光绪4位皇帝及后妃、王爷、公主、阿哥等，共有陵寝14座，还有附属建筑物行宫、永福寺。

从五道河向东，经太和庄、半壁店，转向北流，至梁各庄有旺隆沟自左岸汇入。旺隆沟上游建有**旺隆水库**。再向东南流，过夏庄，至荆轲山。荆轲山因荆轲塔而得名，荆轲塔又称圣塔院塔，位于北易水河南岸荆轲山上，八角十三层，高24

米，明清时曾供田光、荆轲、高渐离三义士牌位，四时享祭。

向东南流，从南侧绕过易县城区，进入平原。这一带山青水绿，民风淳朴，生态环境优美。易县因易水得名，史载商代有易氏部落在此居住，隋开皇十六年（596年）置易县，时称易州。易州古燕文化与邯郸赵文化共同构成"燕赵文化"。

过亢各庄、斗城，至长安城村西入定兴县。沿定兴与涞水边界东行，有马头沟、累子沟先后自左岸汇入。马头沟上游建有马头水库，总库容822万立方米。

荆轲塔

北易水河（河北易县城区段）

旺隆水库

累子沟上游建有累子水库，总库容933万立方米。再向东至石柱村东，折北入涞水县，过永乐村西复入定兴县。

向东南经沿村、东落堡、河内等至东引村南汇入中易水河。

3.5.1.2.1.2.1　旺隆水库
（Wanglong Reservoir）

原名狐仙楼水库，别名龙湖，**北易水河**支流旺隆沟上的中型水库，位于河北省易县城西15千米处。总库容1 275万立方米，控制流域面积37平方千米。以防洪、灌溉为主，兼顾旅游、发电、养鱼。

1958年动工兴建，1960年竣工蓄水，1962、1964年进行加固改建。防洪标准为100年一遇洪水设计，1 000年一遇洪水校核。

枢纽由主坝、副坝、溢洪道、输水隧洞、发电隧洞、电站组成。主坝为均质土坝，长268米，顶宽4米，最大坝高24.6米，坝顶有高0.6米的花岗岩防浪墙；副坝位于主坝左侧，长17.7米，坝高3.5米，溢洪道在主坝右岸，为岸边正槽式宽顶堰，宽22米，最大泄量590立方米每秒；输水隧洞2座，在主坝两端，坝下埋钢筋混凝土管，最大泄量9立方米每秒；发电隧洞在主坝左岸，设计最大流量4.32立方米每秒。

水库建成后，减缓了洪水对下游梁各庄镇及易县县城的威胁。1963年，北易水河发生大洪水，经水库调节，削减洪峰37%。水库是北易水灌区的主要供水水源，设计灌溉面积1 000公顷。1998年以来，电站年发电量100万千瓦时。1984年，旺隆沟上游官座岭跨流域引水工程完工，**拒马河**水可引入旺隆水库。1990年，官座岭建成水电站1座，由于发电引水，旺隆水库水源有了充分保证。

水库上游多高山，库区内渐入丘陵区。流域内多砂壤土，植被状况良好。水库具有优美的自然景观，"龙湖夕照"是易县十景之一。

水库位于崇陵小流域中，周边水土流失治理主要依附崇陵小流域治理。崇陵小流域内有土地资源47.12平方千米，水土流失面积23平方千米，植被以天然灌草和人工乔木林为主。水库以上属片麻岩土石山丘区，山高坡陡，土层较薄，水土流失严重，土壤侵蚀方式以水蚀为主。坡面侵蚀以鳞片状面蚀为主，沟道两侧伴有沟蚀。2003年，完成治理面积23平方千米，保护了自然环境。

水库毗邻国家重点文物保护单位、世界文化遗产、国家AAAA级旅游区——清西陵，水库下游2千米即是清西陵中的崇陵。1978年后，当地政府招商引资，开发水库旅游资源，在库区周围共建宾馆7座；清西陵陵区村庄发展具有满族特色的农家旅游，旅游业带动了地方经济的发展。

3.5.1.3　北拒马河
（Beijuma River）

拒马河在河北省涞水县铁锁崖一分为二后的北支，《水经注》称督亢沟，自铁锁崖至涿州市刁窝乡小柳村北入**白沟河**。

概　述

河长67千米。西界**南拒马河**，南邻兰沟洼，北邻**永定河**。西部为丘陵区，东部地势平坦，多低洼地。

流域位于温带大陆性季风气候区，多年平均年降水量607毫米，年际、年内分布不均，春易旱，秋易涝。1949年8月3—9日，涿州市境内连降大雨，山洪暴发，普利坝、里池坝决口，洪水进入县城北门，全市204个村受灾，受灾农田1.87万公顷。1963年8月6—13日，连续7天大雨，拒马河水位暴涨，洪峰流量4 070立方米每秒，堤岸多处溃决，登城相望，一片汪洋，村庄难辨。

流域以农业为主，作物主要为冬小麦、玉米、棉花、花生等。

房涞涿灌区位于南、北拒马河畔。据史料记载，明天启年间（1621—1627年）灌区上游以卵石筑拦河透水坝，开渠引水灌田。清光绪三年（1877年），涿州市始筑普利庄村南的浆砌卵石坝，至1939年3次冲毁3次复修。

新中国成立后，建立了房涞涿渠道管理委员会，其后在拒马河上游共规划建成渠道3条，即从南拒马河左岸王家碾村西引水的义让沟，从北拒马河左岸引水的石槽沟，从北拒马河南支左岸引水的三岔沟。1958、1964、1981年，分别对东莲池村北拒马河右岸险工进行治理。1964、1974、1982年，对右岸董家坟险工进行加固。1964年对右岸大柳村段险工修建石护坡并加固堤脚，1974年又建石丁坝6个，1982年又做丁坝2个。

1958年完成幸福渠建设，自流灌溉刁窝、豆庄、高官庄等耕地10万亩。1990年，修建刁窝橡胶坝。1991—1992年，对原幸福渠进行开挖清淤，修建3座倒虹吸、2座节制闸、5座交通桥、12座支渠进水口、11座支渠尾水闸。

纪　实

北拒马河自铁锁崖东流，经北京市房山区白岱、蔡家庄、塔照等村，至镇江营，又分为南北两支。两支在河北省涿州市北坛村复合。南北支相分相合的区域，河道变浅，水流分散，地势低洼，形成所谓"千河套"。

涿州历史悠久，素有"天下第一州"的美誉。涿州对水利开发利用较早，魏晋时已有记载。元郝经在诗中说："涿州之水清如玉……下种稻粳高种粟。"三国蜀汉昭烈帝

北拒马河

刘备、宋太祖赵匡胤、北魏地理学家郦道元，皆出于此。

北拒马河恢弘缭绕，向东北穿永济石桥、永乐铁路桥东流。永济桥（俗称大石桥）位于涿州城北1.5千米，始筑于明，修葺于清，是北拒马河上唯一的古代建筑物，为全国重点保护文物单位。

东行至向阳乡张村西南，有胡良河自左岸汇入。胡良河长20.3千米，流域面积205平方千米。东流至刁窝橡胶坝，右侧是涿州市幸福渠引水口。再东流至小柳村北，左岸有**大石河**汇

永济桥

入。再东行2千米，有小清河自左岸汇入，以下称**白沟河**。

过铁路桥后至大柳村段，右岸有堤长9.45千米，堤外有刁窝套。左岸无堤，外侧依次是胡良套、张村套、涿全套。"套"均为低洼易涝之地。

北拒马河与大石河、小清河交汇处有中央电视台涿州拍摄基地，占地125.73公顷，建有唐城、汉城及太液池等。

这一带是小清河蓄滞洪区。小清河蓄滞洪区是为接纳永定河分洪同时遭遇北拒马河洪水而设置的，面积204.3平方千米，蓄滞洪量3.38亿立方米，最大蓄滞洪水深

涿州影视城汉城

3～4米。

3.5.1.3.1　大石河
(Dashi River)

北拒马河支流，古名绳水、圣水、石子河、龙泉河，清宣统三年（1911年）后称大石河，因出山后约8千米河床被砾石、卵石覆盖，河水潜入地下而得名，下游又称刘李河、琉璃河。发源于北京市房山区霞云岭乡堂上村西北白草畔（亦作百草畔），在河北省涿州市码头镇入北拒马河。

概　述

河长129千米，流域面积1 280平方千米。发源于山区，沿途有10余条支流汇入。流域内地貌类型多样，由西北向东南依次为高山、中山、低山、丘陵、岗台地及平原。山区泉水丰富，有泉数十处，较大的有万佛堂泉、马刨泉、河北泉、黑龙关泉等。

流域属于暖温带半湿润大陆性季风气候。多年平均年降水量506毫米，7~9月三个月降水量占全年的85%。多年平均年径流量1.56亿立方米。山区河段水质较好，平原区河段污染比较严重。

流域内水旱灾害比较严重。民国32年（1943年），大旱。1949—1990年间，有25年干旱较重。1939年，大石河洪水40天不退，淹房毁田，人畜死亡无数。1963年，全流域暴雨，8月8日漫水河水文站洪峰流量达1 280立方米每秒，堤防决口51处，洞城、董家林、琉璃河等11个村庄被水包围，积水深2米左右，受灾面积1.13万公顷。

流域内农业以小麦、玉米种植为主，蔬菜和养殖业也比较发达。蕴藏有丰富的煤炭、石灰石、大理石、铁、铜、方铅、铝土等矿产资源。

古代，京城至南方的驿道经过琉璃河镇，此驿道与琉璃河相交处有桥，原为木桥，常被洪水冲毁。明嘉靖二十五年（1546年），建9孔连拱石桥，桥长165.5米，宽10.3米，高8米，造型优美，气势雄伟，结构坚固，是北京现存最完整的明代石桥之一，被列为北京市文物保护单位。最迟到辽金时期，大石河下游段曾用于水运，商船由天津驶至琉璃河镇，泊来食盐、百货，运走煤炭等物。

1949年后，山区先后建成牛口峪中型水库和天开、丁家洼、鸽子台等5座小型水库，控制流域面积300余平方千米，总库容3 005万立方米。在流域上游综合治理了龙门台、四马台等10余条小流域，治理水土流失面积300余平方千米。山前地区修建了漫水河引水渠、坨里丰收渠、周口店万米渠和城关东干渠，灌溉面积达5 400公顷。20世纪末，对平原河段进行了综合治理，疏挖河道27.6千米，筑堤46.9千米，建排涝泵站21处，使大石河防洪能力提高到20年一遇的标准，沿岸8 700公顷农田达到日降雨200毫米不积涝的标准。

纪　实

大石河发源于北京市房山区霞云岭乡堂上村西北白草畔。白草畔是百花山的主峰，海拔2 035米，面积19.2平方千米，林木覆盖率为82%，山势挺拔，异石林立，草木丰盛，泉水甘洌，动物成群，共同构成了

白草畔

独具风采的生态环境。

下行，经王家台至霞云岭段，两岸峰峦起伏，树木茂盛，松林如海，有霞云岭国家森林公园。继续下行至贾峪口村，有大堰台沟汇入。沟内分布有14洞、6峰等名胜及建于隋唐时期的"圣米石塘"遗址。沟内建有大窑小型水库。

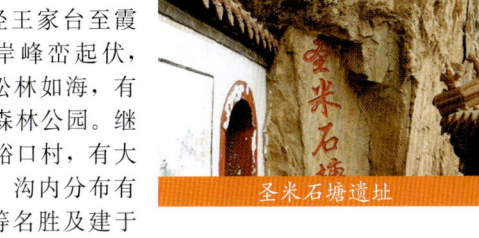
圣米石塘遗址

蜿蜒东流，进入佛子庄乡和河北镇段，为岩溶地貌区，分布有大小溶洞100余个，著名的有石花洞、银狐洞、孔水洞等。石花洞，又名潜真洞、石佛洞，多层多支，宏伟壮观，明正统十一年（1446年）被云游僧人圆广法师发现，是中国四大名溶洞之一，被列为国家地质公园。银狐洞因洞内有形似银狐的丝绒毛状晶体而得名，是我国北方最大的水陆一体的大型溶洞群。孔水洞又称万佛堂泉，汛期日均出水量可达8万立方米，旱季有时断流；洞旁有万佛堂，创建于唐玄宗时代，明万历年间（1573—1619年）重建，为无梁建筑，内壁镶嵌有32块汉白玉高浮雕文殊、普贤、万菩萨法会图，生动精美，万佛堂被列为北京市文物保护单位。

石花洞

石花洞

于坨里镇辛开村出山入平原，直至城关镇马各庄，形成长8千米、宽2~3千米的行洪滩地，河床被砾卵石覆盖，河水潜入地下。南流至三岔口村附近，有周口店河汇入。周口店河流域内龙骨山上有北京猿人遗址、新洞人遗址和山顶洞人遗址。此遗址被联合国列为世界文化遗产。

万佛堂

继续南行，有夹括河汇入。夹括河长27.5千米，流域面积215.3平方千米，是大石河最大的支流，上游上方山上有九洞十二峰七十二禅院。早在东汉末年，就有僧人在此开山建寺。区内峰奇山秀，

西周时期燕国古城址

古树参天，春季山花烂漫，夏季清爽宜人，秋季红叶满山，1992年被列为国家森林公园。

入琉璃河镇境内，此区域地势低洼，有立教洼、兴礼洼、芦村洼等洼地。昔日河网纵横，水鸟群集，风景秀丽。宋朝诗人范成大赋诗曰："陡起寨帷揩病眼，琉璃河上看鸳鸯。"琉

周口店北京猿人遗址

璃河镇董家林村附近发掘出西周时期燕国古城址，城墙黄土夯筑，已知墙体长度1 400余米，是北京地区年代最早的古城遗址，出土了大量的青铜器、陶器等文物，对研究燕国早期历史及文化有重要价值。此遗址被列为全国重点文物保护单位。

东行转南行，于祖村附近出北京市界，于河北省涿州市码头镇入北拒马河。

3.5.1.4　白沟河

(Baigou River)

大清河北支主要行洪河道，名称始见于《水经注》，自**北拒马河**在河北省涿州市刁窝乡小柳村东北左纳小清河后为起点，于高碑店市白沟镇西与**南拒马河**汇流成大清河。

白沟河

概　述

河长53千米。西邻封闭的兰沟洼，东为清北平原，地势平坦。多年平均年降水量568.4毫米，年最大径流量、年最大洪峰流量分别为1956年的25.49亿立方米、2 870立方米每秒。20世纪80年代后，径流量明显减少。

河道为复式河槽，主槽宽150~250米，平均纵坡约1/5 000。两岸有堤防，左堤长54.45千米，为2级，右堤长48千米，为3级。

上游支流繁多，源短流急，峰高量大，历史上经常发生堤防决口、漫溢，致使河槽改道。据《新城县志》和《清代海滦河洪涝档案》等史料分析：1644—1948年，共发生水灾82次，其中洪灾63次。清光绪十九年（1893年），"六月大水，平地丈余，房屋坍塌无算，入冬住窝巢者尚多；孟良营堤决，东南乡民皆病"。1939年，拒马河大水，加之**永定河**卢沟桥下游决口，最大流量2 580立方米每秒，洪水进小清河入白沟河，造成白沟河中下游两河段8.5千米改道。1946年，下游魏庄、辘轳把右堤决口，改道5千米。新中国成立后，发生洪涝灾害5次（白沟河3次决口，2次分洪）。1956年，东茨村

最大洪峰流量2 870立方米每秒，在右堤西孟良营、东务、田宜屯分洪，高碑店市受灾面积3.8万公顷，受灾人口27.3万，倒塌房屋2.8万间。

1644—1948年间，发生旱灾22次。《新城县志》记载：清乾隆二十四年（1759年），"春大旱，无麦，闰六月二十四日始雨"。从20世纪60年代开始，季节性干旱不断出现；80年代后，旱情加剧，以春旱为主，时有夏秋连旱。

据汉代史料记载，今白沟河一带是古督亢区，当时已设置屯田，引水灌溉，为有名的水利区。新中国成立后，1958年高碑店市在十九堡村西南修建引水涵洞，自流灌溉面积2 000公顷。1976年，固安县建太平庄引水闸，灌溉固安、霸州、永清3县（市）4.73万公顷耕地。1980年，高碑店市在平辛庄村西建引水涵洞。

白沟河河道弯曲、狭窄，堤防矮小、单薄，上游固安县宫村以上无左堤，下游与南拒马河汇流处的东马营一带无右堤，以致洪水经常泛滥成灾。20世纪50—60年

龙湾险工右堤

代，主要实施河道展宽、裁弯取直、堤防加固等工程。1970年，按10年一遇防洪标准对白沟河实施复堤工程，行洪能力达到3 000立方米每秒。

1992年以后，按照《白沟河治理工程初步设计》进行治理，完成了所有险工和穿堤建筑物的除险加固。

纪　实

白沟河始于河北省涿州市刁窝乡小柳村东北北拒马河与小清河汇流处。

南流，到佟村水位站。再过西苇坨，行2千米，至东茨村大桥。此处堤距不足300米，为白沟河最窄处。东茨村大桥上游设有东茨村水文站，建于1951年，是白沟河的控制站。过桥后，沿涿州、固安边界继续南流，过望海庄、白马庄，右岸建有代屯排水闸，清代初建，现闸为6孔，系20世纪60年代重建，以排苍上河沥水。东茨村以下堤距一般在500米左右。

过代屯，河道渐宽，堤距加大，至李胡庄堤距已达1 700余米。两堤内还有李胡庄等12个村庄1.16万人未能搬出，大水年份村民需向堤外转移。李胡庄处河道宽阔，缘于1939年洪水流量过大改道所致。

南流，入高碑店市。高碑店市原称新城县，春秋战国时为燕国督亢地。高碑店豆腐丝是闻名全国的土特产，源自宋天圣年间（1023—1031年），已有近千年历史。在高碑店市纵贯南北，经东双铺头、王佐营，继续南流，堤距

高碑店豆腐丝

逐渐变窄，至许家营缩窄到600米，再至东务村堤距540米。东务村南右堤上，有向兰沟洼分洪的临时分洪口门。兰沟洼位于白沟河与南拒马河之间，是一个缓洪滞沥洼地，涉及涿州、高碑店和定兴3县（市）的13个乡（镇），曾于1956、1963

年两次运用。

过东务村分洪口后，改向西南流，河道渐宽，堤距加大，行2千米，至安仁村南堤距扩展到3 000余米，为白沟河最宽处，亦缘于1939年洪水改道。过十九堡，西南流，堤距缩窄，至南、北蔡各庄只有700余米。再至十里铺，只有600米。

过十里铺，折向东南，经田宜屯，至高桥河道渐宽，堤距1 000～1 600米，再至白沟镇。宋代，白沟河为宋辽、宋金边界。现今白沟河两岸一些地名亦与当时屯兵有关，如兀术营、韩村营等。白沟镇历

箱包交易城

史久远，白沟市场初步形成于三国时期，盛行于宋、元、明、清。20世纪80年代以后，市场规模进一步扩大，箱包、小商品等十大专业市场近千个花色品种的产品不仅销往全国各地，还远销欧美、澳大利亚等30多个国家和地区，已成为区域特色经济的支柱产业。

过白沟镇，与南拒马河相汇成大清河。

3.5.2　赵王新河

（Zhaowangxinhe River）

1949年后人工开挖扩挖的河道，为**大清河**南支中下游行洪排沥通道。始于**白洋淀**出口枣林庄枢纽，在河北省文安县崔家坊西南与东淀大清河相接。

河长38.43千米。北界大清河、东淀，南临清南平原。由枣林庄分洪道、赵王新河、赵王新渠三段组成，统称赵王新河。穿行在大清河系中下游的百草洼、东淀之中，沿河两侧形成多个封闭型洼地。

历史上，白洋淀尾闾不畅，洪沥水仅靠赵王河故道下泄，远为不足。清同治十二年（1873年），河道总督叶伯英由赵北口以西烧车淀起，穿十二连桥（今枣林庄枢纽溢流堰位置），至百草洼东南，顺千里堤内壕开挖新河，至苟各庄村东入赵王河故道，在舍兴村北汇入大清河，成为白洋淀唯一的泄洪河道。

1965—1968年，枣林庄枢纽建成，结束了白洋淀洪沥水自由下泄的历史。枣林庄枢纽由25孔泄洪闸、4孔节制闸、船闸和赵北口溢流堰4座建筑物组成，设计流量2 700立

枣林庄水闸枢纽

方米每秒。枣林庄分洪道，起于任丘市枣林庄村南，1965年按设计流量2 000立方米每秒开挖，上接枣林庄枢纽，下至苟各庄村北入赵王新河，全长8.015千米，分左右两槽，左槽为主槽，右槽为赵王河故道。1970年，又扩挖分洪道，设计流量提高到2 300立方米每秒。

原赵王河河槽窄小，百草洼内苇田和杂草丛生，泄水不畅。20世纪50—60年代，对赵王河进行了几次较大规模的疏浚治理：一是疏浚赵北口老滩至苟各庄段赵王河；二是在百草洼内上起枣林庄分洪道下至赵王新渠泄洪闸（王村泄洪闸），开挖了赵王新河，时称百草洼赵王新河，全长10.68千米。

赵王新渠初辟于1956年，起自韩各庄村西北，至崔家坊西南入东淀，全长22.54千米，渠首建有赵王新渠泄洪闸（即

王村泄洪闸），设计流量880立方米每秒。1969—1970年，赵王新渠扩建，渠首由王村泄洪闸处改至史各庄大桥以上750米处，东至崔家坊西南接东淀大清河，全线疏浚，设计行洪能力提高到2 700立方米每秒，河底宽400～530米，左右堤距635米。改道后的赵王新渠长18.43千米。

赵王新河基本上是西东走向，自枣林庄枢纽起东行，经任丘市古州、将庄、王各庄村北，至苟各庄村西北与老赵王河汇流，又东行，经小龙华村西，入文安县。

沿千里堤左侧东行3.5千米，至兴隆宫镇。兴隆宫镇是塑料产品生产基地，其交易市场享誉全国。又东行至王村东，有王村泄洪闸，是向文安洼分洪的分洪闸。再东行至秦各庄村北，有史各庄水文站，为赵王新河防汛调度的控制站。

继续东行，在西羊疃穿京九铁路，沿千里堤，经高头镇，过毕家坊，至崔家坊西南与东淀大清河相接。

3.5.3 白洋淀

(Baiyangdian Lake)

位于**大清河**中部，古称白羊淀、西淀，华北平原最大的淡水湖泊，《魏都赋》《水经注》均有记载，是本淀、藻杂淀、马棚淀诸淀的统称。位于东经115°45′～116°06′、北纬38°44′～38°59′之间，地跨河北省5个县（市）。

概　述

白洋淀在水位10.5米（大沽高程，下同）时，水面面积366平方千米，容积10.7亿立方米。

东有千里堤，北为新安北堤，西邻障水埝和四门堤，南为淀南新堤，堤防总长202.6千米。下游建有枣林庄枢纽，是白洋淀出口的控制性工程。

白洋淀由大小143个淀泊和3 700多条沟壕组成，67公顷（1 000亩）以上的淀泊31个，其中白洋淀本淀面积1 133.33公顷，为诸淀之首。淀内西高东低，淀底高程最低5.0米，一般5.5～6.0米。淀内长年有水，平时水深2～3米。低水位时，各淀泊轮廓分明，淀泊间有沟壕相通。高水位时各淀相连，一片汪洋。诸淀一般位置明确，但其间并无精确界线。

上游流域面积2.07万平方千米，跨山西、河北、北京三省（直辖市）。承纳大清河南支**潴龙河**、**孝义河**、**唐河**、**府河**、

白洋淀

漕河、**瀑河**、**萍河**和北支白沟引河洪沥水，经调蓄后由枣林庄枢纽控制下泄。年蒸发和侧渗损失水量约1.5亿立方米。20世纪50年代以来，由于上游修建了大量拦蓄水工程，再加上工农业用水量增加，地下水大量开采，产汇流条件变化很大，入淀径流越来越少。十方院水位超过保证水位10.5米、威胁千里堤安全时，有计划地破除周边堤防分洪，1949—1963年先后分洪7次。1963年8月，海河流域发生特大洪水，十方院水位达到11.58米，白洋淀及周边地区滞洪量41.72亿立方米，淹没面积1 270平方千米。

白洋淀俯瞰

白洋淀始于第三纪晚期，成于第四纪，是河北平原北部古湖盆地的一部分。至晚全新世，气候干旱，淀水变浅，古淀开始解体、收缩而局部干涸。据统计，1081—1948年的800多年中，白洋淀发生过4～5次干涸或缩小，平均每100多年出现1次。从1909年到20世纪80年代，发生干淀6次，其中1983—1987年连续5年干淀。1988年，白洋淀重新蓄水。1992—2005年，利用上游水库补水6.2亿立方米，较好地恢复和维持了白洋淀的水生态环境。

淀内有纯水村36个，约10万人。水生动植物资源丰富，广阔的水面和芦苇荡成为各种鸟类、野生动物的栖息地。目前，鱼类有17科54种，鸟类有180多种，灰鹤、天鹅等国家级保护鸟类有1 000多只，浮游植物有9门142属406种、27变种。其中，鳜鱼、鲤鱼、素虾、河蟹、元鱼远近闻名。全淀

白洋淀水系示意图

有芦苇1.13万公顷，芦苇质地柔软，苇席畅销国内外。此外，莲子、藕、菱角、芡实、野菇和鸭鹅遍布，食用价值很高。养鱼和植苇是淀区村民的主要经济来源。

20世纪60年代中期以前，白洋淀上下游皆通航。船只经府河可上通保定，经赵王河、大清河下达天津，并与南运河、**子牙河**航线连通，津保水上航线成为当时沿线人民日常用品、生活物资的主要运输线。1965年以后，水源逐渐减少，先是保定到白洋淀之间断航，随后白洋淀到天津之间断航。

引淀水灌溉农田，宋代即有记载。明清和民国时期，兴建水闸，开挖渠道，引水溉田。1949年后，为淀边排水和灌溉，在周边堤上修建扬水站26座，总提水能力162立方米每秒；建小型引水、排水闸涵28座，过水能力366.95立方米每秒。淀边农田灌溉面积曾发展到3.08万公顷。20世纪80年代以来，因蓄水严重不足，淀边工农业用水已全部停用淀内水源。

为抵御穿淀河流的洪沥水，北宋时期淀边州县便相继筑堤。任丘县在淀东侧筑围堤，古称唐堤，即今千里堤。淀北侧，安州城北筑有古堤，至此白洋淀始有堤防环绕。元明时期，由于太行山水土严重流失，造成下游河道淤塞，注淀淤积、退缩，以致湮没，明弘治元年（1488年）之前已淤成平地。后潴龙河决入，始成泽国，使白洋淀再度成为积水淀泊。淀内地形极为复杂，沟壕弯曲，深浅不一，宽窄各异，有多处高埝（高地）阻水带，加之芦苇密集，洪沥水行进十分不畅，行洪标准低。入淀洪量较大时，淀东与淀西水位可相差1～2米。

新中国成立后，对白洋淀进行了大规模的治理与开发。1950—1964年，新筑了淀南新堤，对千里堤、新安北堤、四门堤、障水埝等进行了大规模的培厚加高、堤防植树等工程，使白洋淀能够抵御一定标准的洪水。1965年，修建枣林庄4孔节制闸，结束了千百年来白洋淀洪水自由下泄的历史。1970年，建成枣林庄25孔泄洪闸、船闸和赵北口溢流堰，连同4孔节制闸，统称为枣林庄枢纽，为白洋淀出口控制工程，设计流量2 700立方米每秒。为统一管理白洋淀的水资源，1988年成立了河北省白洋淀管理处。1993年，白洋淀（含周边地区）被国家确定为蓄滞洪区，设计标准20年一遇，设计蓄洪量19.17亿立方米，淹没面积988.6平方千米。1995—2000年，为解决淀内泄洪不畅问题，在25孔泄洪闸闸前实施三期除茬和淀内开卡两项工程，扩宽和加深了淀泊间的行洪通道。

白洋淀

以赵北口为中心建有桥梁11座和玉碑亭1座，号称"十二连桥"，淀水皆由桥下东流，后因修建枣林庄枢纽相继拆除。

抗日战争时期，白洋淀"雁翎队"威名远扬，使日寇闻风丧胆。著名作家孙犁的《白洋淀记事》，形成了我国文坛上的"荷花淀"流派，《新儿女英雄传》《播火记》《小兵张嘎》等作品更使白洋淀令人神往。解放战争时期，朱德总司令曾在白洋淀指挥了清风店战役和解放石家庄战役。

白洋淀地理位置优越，处于北京、天津、石家庄、保定之间，交通方便。淀内建有许多旅游景点，如"荷花大观园""白洋淀文化苑"等，向社会展示水乡的自然景观和历史文化、生态文化、民俗文化。夏秋季节，宽阔的水面上，游船穿梭在芦苇荡中，游客心旷神怡。白洋淀是我国AAAA级旅游风景区，年接待游客近百万人次，已成为我国北方著名的内陆水乡风景区和民俗度假胜地。

白洋淀秋色

白洋淀风光

白洋淀荷花

3.5.3.1 萍河
（Pinghe River）

大清河南支之一，古称平水、萍泉河、范水，因河中自然生长浮萍而得名。发源于河北省定兴县西南部南幸村，南流经久安庄、北庄头，出定兴县，在南庄头村入徐水县。南庄头村东北2千米处，有南庄头遗址，是全国重点文物保护单位，为中国北方年代最早的新石器时代遗址。

东南流，于田村铺西北穿京广铁路桥。而后东南流经郑庄、东史端、北营，至下河西村北，有鸡爪河汇入。鸡爪河长20千米，流域面积174.6平方千米。在下河西村南穿津保公路，经徐庄村东，转向东流，入容城县，东南流经黑龙口入安新县。

再东南流至王庄，入**白洋淀**的藻杂淀。

河长30千米，流域面积440平方千米。北邻**中易水河**，南界**瀑河**。地势西高东低，有局部洼地和陡坎。多年平均气温12.5摄氏度左右，多年平均年降水量532毫米。

流域春旱频繁，明崇祯年间（1628—1644年）连续4年

纪　　实

白洋淀风光诱人，河淀相连，沟壕纵横，村庄田园交错，苇地星罗棋布，既有小桥流水人家，又有水天一色，一年四季，景随时移，各有千秋。"春时淀染新绿，夏日红莲出水，秋来芦苇泛金，冬至冰橇穿梭。"历代文人墨客曾留下很多赞美白洋淀的诗句。明代高阳县孙敬宗的《白洋太湖歌》写道："白洋太湖浪拍天，苍茫万顷无高田，鼋鼍隐见蛟龙走，菰蒲参差菱荇连。"将白洋淀比做太湖一样美丽。

战国时地处"燕南陲，赵北际"的赵北口（即唐时唐兴口、宋时赵堡口）历史悠久，为古时驿道，水陆交通要冲。明清时，

大旱，徐水县志有"二月风霾，是岁秋蝗食禾几尽"的记载。1949年，萍河漫溢决口，淹地数万亩；1954年，萍河沿岸遭受严重涝灾，积水深0.4～1.0米，持续时间达半月之久。

流域内有申庄、大庄两处小型灌区，设计灌溉面积266公顷。1949年后，对萍河进行了多次治理，主要是清淤、扩宽、复堤、河道改线。

3.5.3.2 瀑河
(Baohe River)

大清河南支之一，又名鼋河、鲍河，《水经注》称南易水，发源于河北省易县狼牙山东麓，至安新县寨里村入**白洋淀**。

概　　述

河长73千米，流域面积545平方千米。东北与**萍河**相接，西南与**漕河**为邻。地势西北高，东南低，西部为太行山丘陵区，东部为冀中平原。流域多年平均气温12.5摄氏度左右，多年平均年降水量537毫米，6—9月降水量占全年的80%以上。多年平均年径流量0.59亿立方米。瀑河水库最大洪峰流量为1963年的2 280立方米每秒。

流域春旱频繁。明成化二十年（1484年）至1990年，有记载的大旱灾62次。1951年，徐水县旱灾面积达2.05万公顷，局部有蝗灾。1980—1983年，连旱4年，地下水水位持续下降，河道断流。水灾多发生在7月下旬至8月上旬。1954—1956年，连续3年遭水灾，瀑河多处决口，淹地10万亩。1958年在上游建成瀑河水库，基本控制了该河的洪水。

流域以农业为主，作物主要为小麦、玉米、花生、棉花、蔬菜等。其中，西部山区以林果种植为主，主要有柿、枣、核桃等。

宋代即挖河修渠，引水灌溉。《宋史·河渠志》记载："引鲍河水分注沟中，地高则用水车汲水灌溉。"1949年后，相继修建了于庄、曲水、利民3处灌区。1984年后，水库不能正常蓄水，河道断流，灌区水源无保证，基本停灌。

1951年3月，徐水县整治瀑河，加固处理险要堤段。1954年，挖河展堤提高泄洪能力，同时重修汉口滚水石坝。1956年，对于庄至葛村以下左右堤进行部分复堤加固。1957年，对瀑河大因闸以东马村埝进行复堤。1958年，修建瀑河水库。1959年，疏浚京保公路桥至安新县寨里村河道。1989年，治理前营大坑险工。1990年，治理南张丰村北、村西及大修厂西3处险工。

流域有瀑河中型水库、曲水小（1）型水库，总库容9 911.7万立方米，控制流域面积288平方千米。1966年，在大因村东修建泵站，装机5台，排水能力4立方米每秒，控制流域面积51.75平方千米。

纪　　实

瀑河源出河北省易县狼牙山东麓西山北乡杨树岭。狼牙山是河北省爱国主义教育基地、省级森林公园。群峰状似狼牙，直刺云天，山上既有石棋盘、老君堂等历史遗迹，又有棋盘坨上为狼牙山五壮士修建的五勇士纪念塔。

东南流，经娄山村，至林泉村转向东北流，经南河北村、武庄、榆林庄，至东城阳村有漯水沟自左岸汇入，其后折向东南，经尉都、孝村，从曲城出易县，入徐水县。徐水，战国时为燕之南陲，汉初置县，其后有新城、新昌、遂城、安肃等名称，民国初始改为徐水县。

由北向南流，至瀑河水库。出水库后，南流，经解村，至赤鲁村有曲水河从右岸汇入。纳曲水河后，折向东行，经大庞村、遂城，至石桥，有西屯庄河自左岸汇入，并开始有堤。

遂城镇酿酒业历史悠久，有800年历史的刘伶醉烧锅遗址，已被列为全国重点文物保护单位。

再至东张丰村，过京广铁路至滚水石坝（建

狼牙山

于清乾隆二十九年，即1764年）后，分为南北两支。北支称北瀑河，现已干涸，河道下游于容城县并入萍河。南支现称瀑河，经徐水县城区、于庄、北贺寿营至葛村西，有黑水沟自西汇入。黑水沟发源于徐水县辽村，河长10千米，流域面积113.5平方千米。

又东南流，经迪城村北出徐水县，再东行至安新县寨里村南入白洋淀的藻杂淀。

3.5.3.3 漕河
(Caohe River)

大清河南支之一，原称曹河、曹水，后演变为漕河。发源于河北省易县与涞源县交界处的五回岭，在安新县迪城村东入**白洋淀**。

河长120千米，流域面积800平方千米。上游是侵蚀构造形成的深山区，中部是由剥蚀和堆积形成的浅山丘陵区，下游是由冲积形成的平原区。林木覆盖率低，水土流失比较严重。

流域属大陆性季风气候区，多年平均年降水量606.7毫米。历史上，多洪涝、干旱灾害。1950年8月后半月，降水390毫米，漕河、白草沟、界河下游决口，沿河1 480公顷农作物遭灾。1952年8月，降水仅56毫米，伏旱加秋旱。1954年7月，全流域发生特大洪沥灾害，漕河5处决口。1963年8月，漕河大水，堤防多处漫溢、决口，受京广铁路路基阻滞，泛滥洪水向西涌入保定城区。

错金博山炉

1960年建成龙门大型水库，1970年建成龙门灌区，沿河建扬水站点58处。1975—2003年，对两岸进行过5次较大规模的整修和加固，左右堤顶平均加高0.7米，顶宽加到3米，由原来安全行洪258立方米每秒提高到400立方米每秒，并新筑堤2 400米，治理险工400米，复堤43.2千米。

自发源地东南流，经桥家河镇、坡仓镇，至甘河村，转向南流，至狼牙山南侧南管头村东，有六里地沟从右岸汇入，转向东流。经周庄、岭东，从狼牙山南侧绕过，至独乐乡团山，入**龙门水库**。

过龙门水库，入满城县。满城县，唐以前先后称北平、永宁、永乐，唐天宝元年（742年）改称满城，有全国重点文物保护单位——中山靖王墓，以出土"金缕玉衣""错金博山炉"

等珍稀文物享誉中外。

金缕玉衣

龙门水库

南流,入龙门峡谷。《保定府志》称"又南转石门山,俗谓之龙门,飞流直下,声振峡谷"。从龙门东南流,经水峪至神星岗头,有马连川河从右岸汇入,再东流至大册营村出山。过南水北调中线漕河渡槽。

出山后一直东去,经南宋村、东留马,至北楼村入徐水县。在左岸相继接纳泥河沟、六各庄排干,复经于坊、空城过南留橡胶坝。至此,两岸设有堤防。至漕河村,保定名吃驴肉火烧就出于此,内软外脆,浓香沁肺,令人回味无穷。

穿京广铁路桥,东南行经高桥至迪城村东入白洋淀的藻杂淀。

3.5.3.3.1　龙门水库
(Longmen Reservoir)

漕河中游的大型水库,位于河北省满城县龙门村北。总库容1.267亿立方米,控制流域面积470平方千米。以防洪为主,兼顾灌溉、养殖。

1958年,按中型水库兴建。1959—1960年6月,实施扩建,库容增加到1.17亿立方米,成为大型水库。1970年,扩建溢流坝,增建泄洪洞。1974—1977年,翻修主坝,降低十八坡副坝顶高程作为非常溢洪口门。2002—2005年,实施除险加固工程,拆除十八坡溢流坝及坝下泄洪洞,改建为泄洪闸,将十八坡副坝非常溢洪口门恢复为副坝。防洪标准为100年一遇洪水设计,2000年一遇洪水校核。

枢纽工程主要由主坝、4座副坝、泄洪闸、溢洪道、输水洞组成。主坝为均质土坝,长539米,顶宽6米,最大坝高40.5米;副坝4

十八坡泄洪闸

座(龙门、沙江、李庄、十八坡),全长2 236米,坝顶高程均为131.8米;泄洪闸8孔,堰顶高程120米,净宽80米,为挑流消能,最大泄量5 204立方米每秒;溢洪道位于十八坡副坝左岸,宽90米,堰顶高程125米,无闸门控制,上设自溃式土埝,埝顶高程127.2米,最大泄量1 632立方米每秒;输水洞2孔,洞径2.5米,最大泄量82.5立方米每秒。

水库主要功能是拦洪削峰。除1963年外,有7年在上游来水超过300立方米每秒时,下泄流量控制在300立方米每秒以内,使下游免受洪水灾害。1970年龙门灌区建成,设计灌溉面积7 700公顷。到2005年底,累计灌溉面积总计4.65万公顷。

水库初建时,淹没耕地70.4公顷,需迁建3个村部分移民1 346人。1959年扩建为大型水库,淹没耕地增至1 129.07公顷,移民人数增至5 384人。1984年后,移民工作由搬迁、救济、补助变为组织联户兴办乡镇企业、推广蔬菜种植和建设高效农田,移民生产、生活条件得到改善。

库区位于龙门峡谷以上,前端是太行山东麓北段低山、丘陵区盆地。库区为低山环抱,高程较低,受地形限制,只能在环山卡口筑坝,故水库有1座主坝及4座副坝。库区地层主要是震旦系沉积岩。

水库上游植被较差,水土流失严重。2000年以后,进行了小流域综合治理,自然环境得到了较大改善。

3.5.3.4　府河
(Fuhe River)

大清河南支之一,本名清苑河,《水经注》称沈水,明洪武元年(1368年)建保定府后,因河在府城南门外流过,始名府河。发源于河北省满城县一亩泉村,至清苑县木锨庄入**白洋淀**。

府河

概　述

河长47.1千米,流域面积643.2平方千米。属太行山山前冲积平原区,地势西高东低,没有明显的起伏变化。多年平均年径流量0.59亿立方米,最大1.74亿立方米(1956年),同年最大流量110立方米每秒。

流域内水灾主要是当地沥水所致,以夏涝为主。1949—1988年,受灾面积百万亩以上的有1954、1956、1963年。1963年8月7日,南关水位16.53米(黄海高程),超保证水位4.7米,保定市区顿成泽国,大面积被淹。旱灾以春旱为主,301—1988年有记载的旱灾225次。

明嘉靖十六年(1537年),清苑县青阳村至安新县老河头河段,筑堤19千米。清康熙四年(1665年),"重修,堤高至一丈，宽至一丈三尺"。清乾隆九年（1744年），吏部尚书刘于义、直隶总督高斌勘察直隶水利，修建刘守庙、下闸、连环闸、膳马庙、李庄5座水闸，积水以利航行。

安州船闸

李鸿章任直隶总督后，清同治十年（1871年）动工疏浚一亩诸泉和府河"一百九十余里"（到清河口），上游建蛮子营闸，下游建莲花闸等7座石闸。

历史上，府河是一条重要的航运河道，保定南关至刘守庙是水陆码头，客货运输舟楫往上经百草沟达满城县方顺桥，下经白洋淀大清河通天津，连通南北运河。1949年后，府河航运仍很兴盛。结合防洪排沥，曾多次疏浚府河。1959年，从刘守庙至臧家湾疏浚裁弯45处。1960年，开挖府河新道，从连环闸以下经小望亭村南、东安村西、南北刘口村中间至三角堤会漕河，后于建昌入藻杂淀。1965年后，因多年超采地下水，泉水断流，商船不行。1975年，对焦庄以下河道全部进行疏浚，并改建船闸。1978年，修建安州和焦庄两座船闸。

纪　　实

府河发源于河北省满城县城东一亩泉村，上源称一亩泉河。

一亩泉河向东入保定市区，经南奇村，至贾庄西南纳联宝泉、鸡距泉，向东南流，至大车辛庄东右纳城西之水，后穿环堤河、防洪堤闸，又东行，经崔闸、水碾头村后折向东南流，经西大园，过京广铁路，至保定市第八中学折向南流，分出一支向北为护城河。主流在动物园西侧有百草沟汇入，以下称府河。

直隶总督署

保定市位于河北省中部，与京津呈三足鼎立之势。西汉置城，宋淳化三年（992年），李继宣知保州（今保定），废马庄西故城，建新城于今址。金贞祐元年（1213

直隶总督署

年），蒙古军屠保州，城毁殆尽，徙州治于满城。金正大四年（1227年），蒙古军河北东西路都元帅张柔从满城移驻保州，

重建保州城。保定是全国历史文化名城，蕴含深厚的文化底蕴和光荣的革命传统，境内有全国十大名园之一的**古莲花池**和直隶总督署等全国重点文物保护单位，以及大慈

大慈阁

阁、保定陆军军官学校旧址等一大批河北省文物保护单位。

经保定南关，东流，至刘守庙与护城河相会，后经下闸，出保定市。东流至清苑县仙仁桥，左岸纳黄花沟，再东南流，至连环闸下，有环堤河、新金线

木锨庄桥

河交汇后从右岸汇入。再经御城、望亭、刘家口，至木锨庄入白洋淀的藻杂淀。

3.5.3.4.1　一亩泉
（Yimu Spring）

又称尚泉，位于河北省满城县一亩泉村，水自地下涌出，阔约一亩，因此得名，原为*府河*源头。

一亩泉水，为界河潜流，在一亩泉村承压涌出而成泉，古称此地域为西塘泊。泉水清亮透明，味甜性软，冬季热气上升，入水不寒，水滨杂草四季常青。周围35平方千米内，溪泉脉流连绵，密布如网，是保定市水源地之一。试用一杆插入地内，拔出杆后泉水随即从洞涌出。一亩泉附近尚有较大泉27处，如鸡距泉、黑风泉、五花泉，泉水蕴藏量非常丰富。

历史上，当地曾引泉水种稻。明代时，满城县营田，取一亩、鸡距诸泉水灌溉农田。清雍正六年（1728年），大兴营田，引泉水灌溉稻田者不可计数。

1956年11月，一亩泉及附近诸泉流量尚达0.6立方米每秒。20世纪50年代后，因地下水开采量逐年增加，地下水水位逐年下降，到60年代一亩泉及附近诸泉相继断流、干涸。保定胶片厂在此选址的重要原因之一就是因一亩泉水质符合要求。

史载，泉旁曾建有楼台，水楼相映。《满城县志略》记载："泉正北有龙母宫，建筑壮丽，前有曲径回廊，南有沛然亭，亭建水上……泉外有石桥七，西北有三角泉。居民掘濠栽荷，依堤种柳，红绿掩映，水波澄漪，景致幽雅，莫与伦比。"一亩泉曾是满城县八大景点之一，素有"名泉"之誉。每当春夏季节，荷红杨绿，溪水潺潺，稻香鱼游，风景颇为优美。

3.5.3.4.2　古莲花池
（Gulianhuachi Lake）

位于河北省保定市区中心，历史上几经损毁，经历代再建和修葺，现已成为北方一处著名的城市园林景观，总面积3

万余平方米，其中池水面积7 900平方米。

池水引自城西北部鸡距泉和**一亩泉**。元代著名文学家郝经所著《临漪亭记略》中曾有"鸡水控山而东，穴保而入，激为流，疏为渠，潴为陂，浸而为溪，析而为塘"的记载，临漪亭即为古莲花池的水心亭。20世纪60年代后，西北诸泉相继干涸，**府河**断流，遂改用地下水为源。

古莲花池

以中心岛为界分为南北两塘，有蜿蜒屈曲的东西二渠将两塘沟通。南塘呈半月形，外围峭壁环峙，松柏滴翠。北塘呈不规则矩形，四周叠石堆岸，杨柳垂丝。水心亭居其中。

古莲花池自古就环水置景，以水为胜，因荷得名。园中诸景建制小巧玲珑，优雅别致，拙中见巧，朴中有奇，造园艺术与大自然融为一体，汇集了中国南北古建筑园林风格的精华，前人曾用"几疑城市有蓬莱"形容。

古莲花池始建于金正大四年（1227年），原名雪香园，1289年地震震毁。但因水清池深、荷花不衰，明代以后的志书就称为"莲花池"。明朝后期，知府查志隆进行了较大规模的整修和扩建，调整了建筑布局，并把莲池作为一面"水鉴"，令人增建一门，上悬"水鉴公署"四字横匾，以激人励己。从此，莲池成了达官贵人云集的场所，"水鉴公署"也成了莲池的别称。

清雍正十一年（1733年），在莲池北部建直隶省最高学府莲池书院。书院院长多为学识渊博之士，如章学诚、祁韵士、张裕钊、吴汝纶等，开设西文（英语）、东文（日语）学堂，招收外籍留学生，聘请外籍教师等。学院声播四方，吸引着"四方贤隽担簦负笈受业门下者，趾踵相接"，培养出一批经世致用的人才。1952年11月22日，毛泽东主席莅临莲池游览，曾说："莲池之所以有名，关键是莲池书院有名，莲池书院在清末可称为全国书院之冠。"

清乾隆年间（1736—1795年）又辟为行宫，皇帝多次出游驻跸，几经修建，达到了极盛。园内琼楼玉阁、典籍文物、珠玑珍玩以及奇花异卉、仙禽灵兽、画舫楼船、芙蕖香荷，尽托于山山水水之间，交织成画，交织成诗。山、水、楼、台、亭、堂、庑、榭参差错落，组成了著名的莲池十二景。

1900年10月，英、法、德、意联军侵入保定，纵兵大抢三天，莲池古园珍贵文物被抢劫一空，亭、台、楼、阁化为灰烬。浩劫以后，虽经修整，却难以恢复原貌。新中国成立后，屡经修缮，莲池才逐渐恢复了妩媚绚丽的风光。

"莲叶托桃"是园中亭顶的独特造型。绿色翻卷的大莲叶正中，托着一只大红桃，这一构制新奇而又自然。传说八国联军进北京时，慈禧太后连夜出逃。有一位老工匠，便在莲池设计了"莲叶托桃"的亭顶样式，谐"连夜脱逃"之音，意在揭露慈禧太后丧权辱国的丑行。慈禧太后到莲池，看到"莲叶托桃"，恼羞成怒，当即传旨查办。老匠人为了不连累他人，挺身而出壮烈就义。人们为了纪念这位爱国匠人，就把行宫和御苑的亭顶都改建成了"莲叶托桃"的造型。直至今日，这种亭顶造型在莲池仍然可见。

莲池藏石刻可谓一大景观，有唐、宋、元、明、清各代、民国年间以及新中国成立后的书法名家书写的碑刻140余通，成为莲池景观的重要组成部分。清嘉庆十八年（1813年），直隶总督那彦成将珍藏的褚遂良《千字文》、颜真卿《千福碑》、怀素《自叙帖》、米芾《虹县诗》、赵孟頫《蜀山图歌》、董其昌《云隐山房题记》和《书李白诗》等7种真迹和旧帖镌刻在49方石头上，定名为《莲池书院法帖》，赠送给莲池书院，为莲池碑刻的发端。至今，仍可欣赏到这些格调高逸、技法超绝的书法瑰宝的永恒之美。2001年7月，古莲花池被列为全国重点文物保护单位。

3.5.3.5 唐河
(Tanghe River)

大清河南支之一，周以前称呕夷水，西汉时称滱水，《水经注》亦称滱水，唐河之名最早见于唐代。发源于山西省浑源县抢风岭，在河北省安新县入**白洋淀**。地跨河北、山西10个县（市）。

概　述

河长273千米，流域面积（清苑县东石桥以上）4 990平方千米。地势西高东低，西部为高峰耸立、群山连绵的石质山区，东部为广袤千里、地形平坦的平原。

流域位于温带大陆性季风气候区。多年平均年降水量520毫米，一般集中于7—9月。唐河长年有基流，多年平均流量6.94立方米每秒。1963年8月，最大洪峰流量7 940立方米每秒，洪水总量达9.02亿立方米。

沿途有大小河流10余条汇入，其中流域面积大于100平方千米的有赵北河、华山河、大东河、上寨河、干峪河、南马庄河、银坊河、通天河和**清水河**。

流域干旱、洪涝频繁。清光绪元年至四年（1875—1878年），持续大旱，清苑"赤地千里，人苦饥馑"，定州"大旱岁饥，有人相食者，饿殍满路"。清乾隆五十八年（1793年），唐河在奇连屯决口直入小清河。唐河干流在清苑境内时而左滚，时而右移，屡分屡合。由于下游白洋淀水位顶托，泥沙淤塞，温仁以下、四门堤以西地带长年积水，盐碱横生，形成有名的"唐河泛区"。1917、1939年，流域内洪水淹地面积达10万多公顷。1954—1956年，唐河连续3年泛滥，农田受灾面积达8万多公顷。

唐河灌区渠首进水闸枢纽

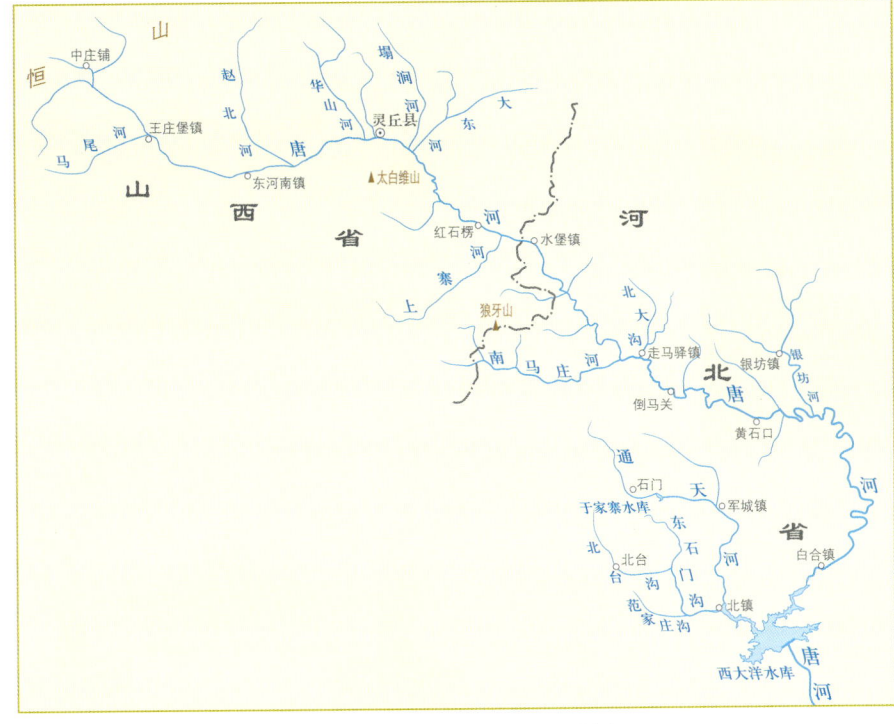

唐河西大洋水库以上水系示意图

流域以农业为主，作物主要为小麦、玉米、棉花、花生等。山区矿产资源丰富。

流域灌溉历史悠久。金泰和六年（1206年），唐县在凤山脚下开渠，引水灌溉农田数千亩。明万历年间（1573—1619年），对原有渠道进行修复，续建为广利渠，浇地面积增加到1.9万亩。1949年后，灌溉面积进一步扩大，1958年发展到1.38万公顷。随着西大洋水库的建成，到1988年底，唐河灌区有效灌溉面积2.8万公顷，多年平均年灌溉面积2.6万公顷。

1946年，修筑温仁村至东闾村约12千米的右堤。1960年，修筑上自清苑县北邓村、下至保沧公路的两堤，并对下口进行了初步整治。1963年，进一步加固两堤。1965年，完成唐河进白洋淀入口的开卡工程，解决了淀水顶托问题。1966年，开辟唐河入淀新道，两岸筑堤，在东石桥村以下、牛角村以上沿两堤内侧分别开挖了引河。1973—1974年，对牛角村以下新河道进行了续建。1977年，完成新河道污水库工程。1979—1999年，对高保公路以上两堤进行过4次较大规模的整修和加固。特别是1999年，采取复堤和改造原沙堤措施，使右堤温仁至东石桥堤段由原来安全行洪300立方米每秒提高到800立方米每秒。

1959年在上游建成**西大洋水库**，为下游河道的治理提供了有利条件，其后又陆续建成小型水库25座，总库容11.71亿立方米，总控制面积4 424平方千米。在干流和西大洋水库上，建成北城子、泉厂背、西大洋水库3个装机容量500千瓦以上的电厂。唐县还在左岸建成较完整的革命大渠灌区。

纪 实

山区段 唐河发源于山西省浑源县抢风岭牛星堡村附近，自西南向东北流，到龙嘴转向东南，经王庄堡镇前右纳马尾河，至汤头村。汤头温泉是全国为数不多的氡泉，早在北魏时即有官员到此沐浴治病。《水经注》记载："滱水又东合温泉水，水出西北暄谷，其水温热若汤，能愈百病，故世谓之温泉也。"至西会村，出浑源县。

入灵丘县后，由西向东经蔡家峪、古树等村，在南地村接纳赵北河。赵北河发源于南兑沟村，河长38千米，流域面积329.4平方千米，河道纵坡22.4‰。在五里碑接纳华山河，华山河发源于麻黄沟，河长25千米，流域面积119.2平方千米，河道纵坡24‰。以下穿过城头会泉域，到达灵丘县城。灵丘是个古邑镇，西汉时设置，汉高祖十一年（公元前196年）大将周勃奉命讨伐陈豨于恒山之阳武灵之丘，是年始建灵丘县。灵丘县城以南有古水（今唐河），战国时赵武灵王死后葬于此地，故取名"灵邱"，后改名灵丘。在县城东南的北水芦村，有大东河从东北汇入。大东河发源于龙池山西麓义泉峪，河长33千米，流域面积273.13平方千米，河道纵坡21.3‰。之后一路东南行，经觉山村，有北魏觉山寺砖塔。至上北泉村，有上寨河汇入。上寨河发源于太白山碾盘岭，河长33.7千米，流域面积184.19平方千米，河道纵坡8.9‰。至下北泉村，有干峪河从左岸汇入。干峪河发源于云彩岭脚下，河长23.3千米，流域面积100.32平方千米，河道纵坡34.3‰。之后，由灵丘县东南水堡镇入河北省涞源县。

入河北省后，呈西北—东南流向，在涞源县南部穿越。涞

唐河峡谷段（山西省境内）

白石山国家地质公园十瀑峡

白石山国家地质公园白石山云海

青虚山

源，秦属代郡，西汉始置县，几经易名，有广昌、广屏、飞狐之称，1914年改广昌县为涞源县。涞源地处群山之中，气候独特，盛夏月份平均气温仅21.7摄氏度，是夏日避暑的好去处。县南部有白石山国家地质公园，海拔2 089米，云海浩邈，气象万千，怪石装点，花草满目，辅以十瀑峡、花岗岩瀑布群和拒马源构造泉群等地质遗迹，有"小黄山"之称。涞源也是抗日英雄王二小的故乡。

一路东南行，经龙家庄、龙门、独山城，至走马驿镇西村有南马庄河从右岸汇入。南马庄河发源于山西省灵丘县上寨乡道八村，河长33千米，流域面积230平方千米。下行，到新城庄，行程34千米，出涞源，入唐县。此段河道天然落差246.1米，现有泉厂背、北城子水电站。水堡镇、走马驿镇、银坊镇是涞源南部的稻米之乡。唐县为古唐侯尧之封地，其名肇于上古，是华夏民族的发祥地之一。抗日战争时期，伟大的国际主义战士白求恩、柯棣华在这里工作、战斗并以身殉职。建有晋察冀烈士陵园和白求恩、柯棣华纪念馆。

向东南流，经倒马关及建于1958年的水文站，再过川里、黄石口，绕过聂家台向北流，左岸是革命大渠引水口。再向东南流，至花塔，有银坊河从左岸汇入。银坊河发源于涞源县银坊镇营尔村，河长34千米，流域面积256平方千米。

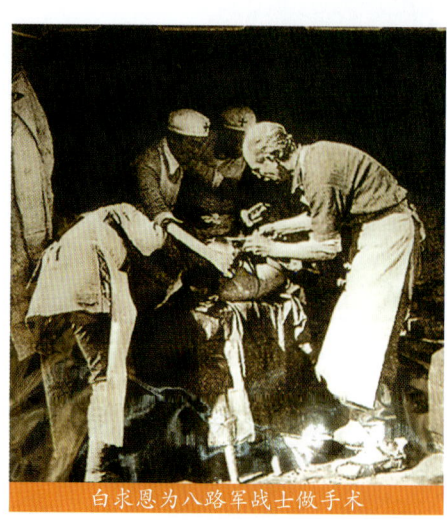
白求恩为八路军战士做手术

至苑家会村东北，转南，由二道河入顺平县，绕经刘家沟、王家庄村南，至北洪城，复入唐县，至南洪城，再入顺平，又经富有、南盘，至业里村再入唐县。

经中唐梅水文站，至歇马村东，右岸有来自青虚山的歇马沟汇入。青虚山又名葛洪山，位于齐家佐乡，是河北省道教圣地。青虚山多为石灰岩，久经风雨溶蚀，形成了"如青笋、似狼牙、像箭镞、直刺云天"的奇峰峻岭。据传，晋代著名道学家葛洪"披荆斩棘而入，攀藤扶葛而上"，来到青虚山修炼，发展信徒，兴建观庵。到清末，这里的各种寺、庙、观、庵达100多处。

经白合，过明伏村、大长峪村，至西大洋村南入西大洋水库。于罗庄乡十八渡村，有通天河注入水库。通天河发源于唐县石门乡大茂山林场，河长56千米，流域面积626平方千米。

丘陵、平原段 出水库后，折向东南流，纳来自曲阳县境内的马泥河，经唐县钓台村南，入定州市。定州为古国都市、华北重镇，战国时中山国在此定都。北魏皇始二年（397年）置安州，设行台；北魏天兴三年（400年），改安州为定州。民国初废州改为定县，1986年撤县改为定州市。定州历史底蕴深厚，有中山汉墓、开元寺塔、定州贡院等古迹。

定州贡院

经西潘、东坂、奇连屯，过京广铁路，北岸为著名的清风店战役发生地。1947年10月，人民解放军晋察冀野战军将从石家庄出发增援徐水的国民党第三军围歼于此，为攻克石家庄先期消灭了敌人守城主力，朱德总司令有"为援保定三军灭"的诗句。

经唐城、北鹿庄、北李家庄，至泉邱村北入望都县。望都以盛产优质辣椒而闻名，已有400多年历史。

定州市开元寺塔

经周家庄、北柳絮村，出望都。在顾家营村西北入清苑，著名的冉庄地道战遗址即位于此地，1961年3月被列为全国重点文物保护单位，1994年8月被列为河北省爱国主义教育基地，2003年9月被河北省政府、省军区命名为省级国防教育基地。

向东至温仁村东，折向东北经北辛店水文站、高庄、纳贤，过东石桥，有清水河汇入。

清苑县冉庄地道战遗址

再至安新县牛角村，经唐河新道入白洋淀。

3.5.3.5.1　西大洋水库
(Xidayang Reservoir)

唐河中游的大型水库，位于河北省唐县西南西大洋村。总库容12.58亿立方米，控制流域面积4 420平方千米。集防洪、供水、灌溉和发电等多项功能为一体。

概　述

工程于1958年兴建，1960年竣工。1970—1972年续建，1992—1994年除险加固。2005年再次除险加固，2008年年底完工。防洪标准为500年一遇洪水设计，10 000年一遇洪水校核。

西大洋水库

枢纽工程由主坝、副坝、正常溢洪道、非常溢洪道、泄洪洞、输水洞、电站、电厂取水口组成。主坝为均质土坝，坝顶高程153.0米（黄海高程，下同），最大坝高56.15米，顶宽7米，坝长1 812米；副坝4座，总长2 975米，最大坝高25.95米，六轴坡副坝顶宽7米，其余宽5米；正常溢洪道位于主坝右侧，为开敞式实用堰，堰顶高程130.45米，净宽90米，最大泄量15 128立方米每秒；非常溢洪道位于坡上一副坝南端，为固定口门自溃式，堰顶高程136.85米，宽80米，最大泄量7 260立方米每秒；泄洪洞位于主坝左侧，为圆形压力洞，长199.9米，洞径4.7米，最大泄量249立方米每秒（限开3米），泄洪洞尾部有一支洞与电站相接；输水洞位于主坝左侧，为圆形压力洞，洞径4.0米，最大泄量204立方米每秒，经此向保定市日供水17万立方米；电站装机容量3×3 000千瓦+1×3 200千瓦；国华定州电厂取水口位于主坝左侧，竖井与输水洞连通。

据入库水文站1952—1982年资料统计，唐河多年平均年径流量7.75亿立方米，最大14.3亿立方米（1959年），最小1.6亿立方米（1972年）；最大流量7 940立方米每秒（1963年8月），最小日均流量仅1.55立方米每秒。

水库建成后，共拦蓄超下游河道安全泄量500立方米每秒的洪水18次，除1963年外，均未超过500立方米每秒，共调节水量191亿立方米，累计防洪效益13亿元。1963年8月，最大入库洪峰7 940立方米每秒，最大泄量1 670立方米每秒，削峰79%。

水库为唐河灌区提供充裕水源，累计灌溉252.53万公顷次。2000—2005年，累计向保定市供水3.35亿立方米。

1965—2005年，累计发电66 735万千瓦时。2002年前，向白洋淀补水5次共2.84亿立方米。

水库淹没面积48.6平方千米，其中耕地2 846.7公顷，移民3万多人。移民多为就地上靠。水库蓄水后，兴建引水渠道灌溉梯田，并修建通往水库管理处和大洋移民区的两条公路；1974年，建成通往副坝的环山公路。20世纪80年代后，移民发展养殖业、加工业，生产、生活条件有了很大变化。

纪　实

库区原为一广阔盆地，北起北大洋，南至坝址附近的老虎脖子山、黑风山，东至蔡庄，西到上河村、朱家庄一带，地势平坦，土地肥沃，盛产稻麦，加上唐河主干入库处，明伏村以上为一狭长盆地，呈东北—西南向；在通天河入库口南镇附近形成一盆地，呈西北—东南方向，形成面积54平方千米的小盆地。水库大坝就建在唐河出山口最窄处。

水库上游水土保持工作主要是小流域综合治理。1957—2003年间，唐县累计治理水土流失面积151.5平方千米，有效减少了河道输沙量，保护了水质。

每当风和日丽时，上百只小船在水面上捕鱼捞虾，穿梭忙碌，与青山倒影、荡漾水面、雄伟大坝交相辉映，温馨而和谐。2003年，水库网箱养鱼过多，水体受到严重污染。为保障保定市用水安全，开始禁止养鱼，先后清除各类网箱23 508个，使水质明显好转。同时，上游唐县、曲阳、涞源三县矿山的整治力度逐年加大。近年来，水质一直保持在Ⅱ类水平，符合国家饮用水标准。

3.5.3.5.2　清水河
(Qingshui River)

唐河支流，旧称阳城河，又名界河、龙泉河，《水经注》称博水。发源于河北省易县白银注，在清苑县东石桥入唐河。

概　述

河长112.75千米，流域面积2 122.4平方千米。流域内依次分为山区、丘陵区、平原区。干流由源头至京广铁路，称界河，沿途依次有其河、蒲阳河、七节河、曲逆河、运粮河汇入。自京广铁路桥到清苑南林水，称龙泉河，主要支流有新九龙河、新开河。南林水以下称清水河，在东石桥汇入唐河。流域多年平均气温12.3摄氏度，多年平均年降水量571毫米，多集中在7、8月份，占全年的63.3%。

流域水旱灾害频繁，春旱突出。明万历三十七年（1609年）、清光绪三年（1877年）、民国9年（1920年）为大旱年份，"庄稼无收，百姓逃荒，饿殍载道"。新中国成立后，1951、1965、1972、1992年，年降水量均小于300

清水河

毫米，为大旱年份，山丘区大部分农田绝收，农村饮水困难。1949年后，流域内大水灾有1963年和1989年。1963年为全流域暴雨洪水，暴雨中心在司仓（顺平县），7日最大雨量1303毫米，最大日雨量704毫米，各河洪水漫溢，刘家台水库垮坝，损失惨重。1989年属局部暴雨洪水，暴雨中心在顺平县白云乡，最大日雨量563毫米，顺平县各河漫溢，曲逆河堤防决口98处，洪灾损失1.8亿元。

1957年，满城县修建灌溉渠道，渠首位于岭西东大地。

1960年，又将渠道延伸至好善庄西，干渠全长37.5千米。清苑县1974—1977年修建大魏庄灌区，1978年修建白城灌区。1974—1983年，修建龙潭灌区。

1957年，开挖月牙河，导曲逆河、蒲阳河、界河水从京广铁路桥下入龙泉河。1963年，疏浚运粮河。1964年，恢复中游左右堤，局部实行裁弯取直。1965年，加固堤防，疏浚河道，完成界河左堤和龙泉河引河施工。

全流域建有中型水库1座、小型水库4座，总库容1 344.5万立方米，控制流域面积78.7平方千米，控制灌溉面积393.40公顷。

纪　实

涛水河发源于河北省易县东部白银洼，向南流，经三岔口，入涞源县，再向南，过后依岭，入顺平县。顺平是尧帝故乡，春秋战国时置曲逆县，唐武则天时称北平县，金贞元二年（1154年）名完州，明洪武二年（1369年）降州为县称完县，1993年改名顺平县。

入顺平县后，东南流4.5千米，至石家庄村有**龙潭水库**。出水库后东行，至百福台村，有其河汇入，再至杨家台，东北折，于灰岭村东入满城县。

东行，经车厂村，至刘家台东，有慈家台沟从左岸汇入，这里是刘家台水库遗址。刘家台水库1958年兴建，总库容4 054万立方米，1963年洪水时垮坝，溃坝瞬时流量2.8

刘家台水库遗址

万立方米每秒，下游易县、满城、完县（今顺平县）39个村遭灭顶之灾，死亡937人，冲毁房屋6.77万间。

向东流，经高士庄、好善庄、过岭西、纳水峪西沟、河滩增宽，抵土门村西，此河一般年份潜入地下。过石井村，至渝河村，转南流，过永安庄、章村，经玉山店出山，复入顺平县，至腰山镇。腰山镇文化底蕴深厚，有清代民居建筑——腰山王氏庄园，始建于清康熙五年（1666年），占地面积50公顷，建筑面积1.5万平方米，房屋300多间，规模宏大，是河北省最具规模的一座地主庄园，2001年被列为全国重点文物保护单位。

过保（定）阜（平）公路后始有左堤，高3.5米，长17千米。至新兴村东，有蒲阳河从右岸汇入。再至子城村北，有七节河汇入。至南固店村，复入满城县，南行1千米，有曲逆河从

腰山王氏庄园

右岸汇入。至方顺桥，又有运粮河从右岸汇入。

穿京广铁路后，东南流，经孔村、许村、三恩庄入清苑界。至南辛庄，有新九龙河从右岸汇入。其后东流，至南林水右侧，有新开河来汇，以下称清水河。东流，穿保（定）衡（水）公路桥，过北辛店水文站，至冉河头，转向东北流，与唐河并行。

至东石桥村东北汇入唐河，左堤建有6孔闸（1975年改建），可向**府河**分流80立方米每秒。

3.5.3.5.2.1　龙潭水库
（Longtan Reservoir）

又名龙潭湖，**清水河**上游界河上的中型水库，位于河北省顺平县龙潭庄西。总库容1 178万立方米，控制流域面积50平方千米。以防洪、灌溉为主，兼有养鱼、旅游功能。

上游河道两岸山势陡峭，河宽50～80米，纵坡约1/70。水库周边地质处于燕山隆褶带涞易隆褶区南段。地层以震旦系白云岩为主，局部出露花岗片麻岩，风化明显。

龙潭水库

水库于1971年始建，1974年完成输水洞和大坝，溢洪道底高程挖至263米，宽27米。1978年10月至1981年底扩建，溢洪道引渠底宽由27米扩至40米，溢流堰堰顶宽45.4米。1991年，续建输水洞出口弧形工作门。防洪标准为100年一遇洪水设计，1 000年一遇洪水校核。

主体工程包括大坝、溢洪道和输水洞兼泄洪洞。大坝为黏土心墙坝，长303米，顶宽4.0米，坝高47米；溢洪道位于大坝左岸，为河岸开敞式宽顶堰，堰宽45.4米，最大泄量1 047立方米每秒；输水洞兼泄洪洞位于**大坝右岸**，为钢筋混凝土有压圆洞，洞径2.5米，长414.8米，最大泄量63.5立方米每秒。

水库建成后，遭遇了1988、1996年两次较大洪水，入库洪峰流量分别为340、130立方米每秒，经水库调节后下泄流量都控制在40立方米每秒以下。水库设计灌溉

云梯沟

面积1 400公顷，由于总干渠漏水和支渠配套不完善，现状灌溉面积仅200公顷。

水面面积43公顷，水深30米左右，库区长达3千米，湖

水清澈，水温适中。湖边林草丰茂，鸟语花香，湖面波光粼粼，荡舟湖上可浏览山湖美景。湖内有一聚仙岛，三面环水，西边与库岸相连，岛上树木茂密，遮天蔽日。湖南面有紫竹山，其上紫气旋绕，多奇峰异石，阴晴雨雪，气象万千。1993年建成龙潭湖旅游区；2006年，增加两座水上浮动码头，旅游环境日趋完善。

北龙峡

仙界峡

龙潭湖旅游区地处太行山深处，山势险峻，景色宜人，有龙潭湖、云梯沟、北龙峡和仙界峡4个景区，景点80余处。云梯沟、北龙峡和仙界峡等景区亦各具特色。当年杨成武将军曾在云梯沟痛击日军，沟口还留有杨成武将军亲笔题写的"梯子沟突围纪念碑"。

3.5.3.6　孝义河
（Xiaoyi River）

大清河南支之一，又名大西章河。始于河北省安国市马家庄，经高阳县拥城入**白洋淀**。

孝义河

河长77.2千米，流域面积1 262平方千米。地势西高东低，两岸无堤防，排沥标准5年一遇，设计过水能力29～95立方米每秒。

孝义河承担着**潴龙河**、**唐河**分洪或决口后的泄洪任务，因而洪涝灾害时有发生。民国6年（1917年）7月，孝义河漫溢，与潴龙河决口之水汇合，蠡县、高阳两县受灾严重。1954—1956年，连续3年发生水灾，安国、博野、蠡县、高阳4县受灾严重，淹地达4万公顷。1963年全流域性特大洪水中，决口117处，博野、蠡县、高阳3县耕地全部被淹，大量房屋倒塌。

流域以农业为主，作物主要为小麦、玉米、棉花、花生等。定州蔬菜、望都辣椒、安国中药材、博野苗木花卉、蠡县皮革、高阳纺织业，都形成一定规模。

1951年，从蠡县万安村向东改道，沿四门堤东流，经高阳县境，入马棚淀；1955年，从万安口门至高（阳）任（丘）公路，挖河筑堤；1957年，对中上游按照1日暴雨111毫米、5日排出的标准进行治理，并裁弯取直；1964年，疏浚河道，主干底宽6～34米，设计流量29～95立方米每秒；1965年，下游各县再次深挖子槽，排沥标准达到5年一遇。

上游分南北两支，于安国市马家庄东北汇合后称孝义河。安国市自宋代以来，药市独擅华夏，以药材种植、饮片加工、药材交流闻名遐迩。药王庙是全国重点文物保护单位，经历代扩建修葺，汇集了宋、元、明、清各代建筑特点，是我国为数不多的纪念医药界历史名人的庙宇。

东行，至大西章，入博野县。经小西章、祝村，有城东排支从右岸汇入。再向东，至阎庄南，有阎谭排支从左岸汇入，至北陶墟村，入蠡县。在蠡县，先后纳林堡排支、郑村排支，东流，至潘营村南，有月明河从右岸汇入。月明河为一排沥河道，主要排泄安国城南、博野城南、蠡县城西沥水，设计流量35～45立方米每秒，长21.85千米。

东北流，至万安村西北入高阳县。高阳县历史悠久，西汉高祖六年（公元前201年）始置。高阳素称"纺织之乡"，纺织业始于明末，兴于晚清，盛于民国初。

经南路台、斗洼村，沿四门堤，绕高阳县城南、东，过任高公路，东北流，至拥城入白洋淀的马棚淀。

3.5.3.7　潴龙河
（Zhulong River）

大清河南支主要行洪河道，又名蟾河、杨村河、布里河，传说是上古时期猪化为龙而成河，故名猪龙河，后称潴龙河。沙河为其主源，古称㴬河，俗称大沙河。发源于山西省灵丘县太白山碾盘岭北麓，于河北省安国市军诜（shēn）村右纳磁河后称潴龙河，跨山西、河北两省14个县（市），北入**白洋淀**。

概　述

河长314千米，流域面积9 430平方千米。北以唐河、孝义河为界，东与**小白河**相邻。地势西北高、东南低，西部太行山区群山林立，沟谷狭窄，高程2 300～700米（黄海高程，下同）；**王快水库**以下属浅山、丘陵区，高程700～100米；京广铁路两侧为山前洪积平原，高程100～30米；潴龙河段地形平坦，高程为30～10米，为平原河道，复式断面，右堤为主，左堤次之，蠡县陈村以上平均河宽1 650米，以下平均河宽990米，河底平均纵坡1/4 380。

流域处于温带半干旱大陆性季风气候区，年降水量500～700毫米，主要集中在6—9月。20世纪80年代以来，潴龙河已成为季节性河流，只在丰水年份才过流。

沙河段中下游主流不稳，河道善徙。清顺治十五年（1658年），新乐段北移。清朝后期，又南移故道，即现今河道。1917—1924年，定州段河道3次北移。1917—1963年，曲阳县产德村段3次改道。河北省境内流域面积在150平方千米以上的支流有7条，依次为：北流河、鹞子河、板峪河、胭脂河、平阳河、曲河、**郜河**。前5条为常流河，后2条为季节河。据历史洪水调查，上游山西省三楼断面1892年洪峰流量达2 840立方米每秒。最大洪水发生在1917年，三楼断面洪峰流量达1 890立方米每秒，阜平县城则高达7 420立方米每

3.5.3.7 潴龙河

潴龙河水系示意图

秒。1963年8月，阜平水文站实测洪峰流量3 380立方米每秒。上游山区经常发生泥石流，阜平县1937—1995年有记载发生的泥石流有13次之多。旱灾也是流域的主要灾害。明崇祯十三年（1640年），定县"风霾亢旱，煮粥赈饥"。民国9年（1920年），曲阳县春夏大旱，颗粒无收。新中国成立后，由于各地开展农田水利建设，开渠引水，打井浇地，大大减轻了灾情。

潴龙河段上宽下窄，洪水稍大即堤防漫溢、决口。1840—1948年，干流中下游地区发生水灾37次，曾有"河水滥，陆地通舟，禾稼荡尽，官居民舍漂没几尽"的记载。1950、1954、1955、1956、1963年发生5次大洪水。1963年8月初，上游连降暴雨，*滹沱河*北大堤决口，洪水入侵潴龙河，北郭村水文站洪峰流量高达5 380立方米每秒，超过河道保证流量2 380立方米每秒，造成左堤3处决口和陈村分洪道19处决口，沿河两岸损失惨重。流域春季少雨多风，易成旱灾。清光绪元年至四年（1875—1878年），蠡县连续3年大旱，受灾严重，乞讨者甚多。

流域地处冀中平原，土地肥沃，交通便利，工农业发达。农业以小麦、玉米、谷子、棉花种植为主，山区盛产大枣、核桃、鸭梨，阜平、行唐大枣享誉国内外。曲阳县的石雕、定州市的蔬菜、安国市的药业、安平县的丝网、蠡县的毛纺及皮毛皮革和高阳县的纺织业都非常有名。

早在春秋战国时期，曲阳县就开始引河水灌溉。清末至民国时期，沿岸各村截河引水或提井水浇地已较普遍。1943—1944年，阜平县新修渠道25条，总长50千米，扩大水浇地2 500亩。1941—1947年，曲阳县修建抗战渠（又名荣臻渠），控制灌溉面积4 670公顷。20世纪50年代，流域有2处万亩灌区，即曲阳县跃进渠灌区和行唐县群众渠灌区。1959年修建沙河灌区，将抗战渠（荣臻渠）、跃进渠纳入。沙河灌区设计灌溉面积10万公顷。80年代后，由于水源不足，灌溉面积日趋减少。

新中国成立后，上游相继建成一大批水库，中下游洪水基本得到控制。20世纪60—70年代，新乐、定州两市河段统一按20年一遇标准划定治导线宽度，依此筑堤，建丁坝，清树障，使主河槽基本得到控制。

河北省境内，建有王快、口头2座大型水库，红领巾中型水库以及小型水库28座，总控制流域面积210.9平方千米；建有大型灌区1处，万亩规模的中型灌区1处；到2005年，阜平、曲阳两县共建水电站14座，总装机容量33 475千瓦。山西省境内，建有牛帮口小水电站及13.4千米护村护地坝。

潴龙河段左右堤防，修筑年代不一。右堤（千里堤）原为防御滹沱河水北犯所修，到清同治年间（1862—1874年）逐渐将堤埝连成一体，并加高培厚，形成了现今的千里堤。清康熙至嘉庆年间（1662—1820年），是潴龙河两堤修筑的高峰期。康熙三十七年（1698年），下游高阳县修筑堤防52千米；嘉庆五年至七年（1800—1802年），博野县修筑宋村段（千里堤）堤防31千米。1949年后，多次对潴龙河进行固堤、治险、清障、开卡、河道疏浚等。1955年春，兴修下口改道工程，开挖新河3.3千米。1957年，废止北绪口临时分洪口，另辟陈村分洪道。1965年，对千里堤加固，并对潴龙河进行部分整治，北郭村设计流量达到3 000立方米每秒，陈村分洪道以下达到1 500立方米每秒。1990—2005年，对千里堤工程实施了以展堤、复堤、险工防护、穿堤建筑物加固为主的除险加固，设计标准为20年一遇，北郭村设计行洪能力达到4 200立方米每秒。

纪　实

沙河段　沙河长242千米，流域面积5 560平方千米。发源于山西省灵丘县太白山碾盘岭北麓，自河源西流，穿行在峡谷之间，至古路河村折向西南流，至冉庄村折向南流，在三楼村有独峪河从东北汇入。独峪河发源于太白山碾盘岭南麓，河长38千米，流域面积140.94平方千米，河道纵坡11‰。于花塔村南，出山西省。沙河源头处为黑鹳青羊国家自然保护区，总面积13.47万公顷。区内群峰拱翠，山泉成溪，林壑优美，山清水秀，时常可见国家一级保护珍禽黑鹳、国家二级保护动物青羊以及珍稀树种青檀等。在流域西北部的灵丘西桥沟一带有第一批全国重点文物保护单位——平型关战役遗址。1937年9月，日军由广灵进攻灵丘、平型关一线，八路军一一五师配合国民党第二战区加入战斗。当25日拂晓日军4 000多人进入埋伏圈时，八路军战士发起猛攻。经过一天激战，歼敌3 000多人。平型关战役是抗日战争爆发后国共两党两军第一次联手阻击日军并取得胜利的著名战役。在独峪河北岸曲回村有珍贵的唐代石雕组群遗址——曲回寺石像冢，为全国重点文物保护单位。石像冢始建于唐天宝十年（751年），以曲回寺为中心依山势分布，总面积约20平方千米。

百草坨

于不老台村北，入河北阜平县。东南行3千米到周家河村，再行3千米有吴王口温泉。温泉水温78摄氏度，富含多种微量元素和矿物质，当地称为"神水""圣水"。温泉之侧尚有冷泉，温泉旁建有疗养院。在此河段，先后有青羊口河、下关河汇入。下关河流域内杨庄村，有白求恩特种外科医院旧址。

至百亩台村，有北流河自右岸汇入，继续向东南流，经大柳树村、东漕岭，至法华村。该河段为深山区，河床呈V形，覆盖物为大块石和砂砾石，两岸皆岩石，几乎无台地，河底纵坡5.3‰。法华村以下河谷宽阔，河道较为顺直，河床为粗砂、卵石，为U形复式河床，一般河宽500米左右。

过阜平县城，城南有阜平水文站（1958年建）。之后，在方太口村东、王林口村东左岸先后纳鹞子河、板峪河。鹞子河源出山西省灵丘县梨园，河长44.8千米，流域面积268平方千米；板峪河源出河北省阜平县炭灰铺，河长39.9千米，流域面积256平方千米。

入王快水库。在库区西南侧有胭脂河汇入，北侧有平阳河汇入。胭脂河源出阜平县青竿岭，河长60.7千米，流域面积372.9平方千米；平阳河源于阜平县大茂山，河长39.9千米，流域面积256.6平方千米。

阜平县被誉为"深山里的香格里拉"，城西天生桥是国家地质公园和国家森林公园，总面积50平方千米，有中国北方最大的瀑布群和片麻岩天生桥天然地质奇观，其中的著名景点有冰洞、百草坨、双峰山等。阜平县办是革命老区，胭脂河畔城南庄是中国敌后抗日根据地——晋察冀边区政府的所在地，解放战争时期毛泽东主席等转战陕北后入冀，至城南庄，再至西柏坡，晋察冀边区政府及军区司令部旧址现为全国重点文物保护单位。

冰洞

出王快水库，入曲阳县。曲阳县石雕工艺名闻遐迩，誉满中外，曾有"南青田、北曲阳"之说，如今产品销往世界80多个国家和地区。

入浅山、丘陵区，经党城村西，至南雅握，急转南下，左岸卧羊沟有沙河灌区总干渠引水口。产德村以下，河道豁然开阔，河宽一般为2 000~3 000米，最宽达4 000米以上。右岸大川村东南有行唐县群众渠引水口。

过大川村入行唐县，沿曲阳、行唐边界东南行。左岸张家庄村西北有原"荣臻渠"渠首。1941年3月，聂荣臻元帅亲自带领边区人民修渠引水灌溉农田，命名为"荣臻渠"，新中国

晋察冀军区司令部旧址

成立后改名"抗战渠"，后纳入沙河灌区。右岸，行唐县北高里村东有部河汇入。

在南养马村西穿朔黄铁路，出曲阳县，入新乐市。

入平原后，河道纵坡变缓，河宽一般3 000~4 000米，河床为细沙覆盖。

东南行过木村，穿京广铁路桥于渔砥村折向东北流，经小吴村、陈村，入定州市。定州有5 000年的历史，汉时为中山国国都，是省级历史文化名城，有定县开元寺塔（料敌塔）、定州贡院、汉中山

天生桥瀑布（一瀑）

王墓等7处全国重点文物保护单位。定州文庙博物馆馆藏丰富，藏品1.8万余件，其中240余件为国家一、二级文物。

在定州南部东西横穿全境，过怀德、子远后河道逐渐变窄，一般宽500米，至张谦村分为两支。北支为主流，经邵村、西留春、马阜才等村；南支系沙河故道，经李亲顾村东、东湖村西、子位村。两支至安国市大李庄复合。安国古称祁州，素有"药都"之称。千百年来，这里商贾云集，以中草药材交易为中心，逐渐发展成为北方规模最大的中药材集散地，有"北祁州、南亳州"之说。城区有始建于东汉的药王庙，现"药王庙"匾额为清乾隆年间（1736—1795年）大学士刘墉书写，该建筑已被列为全国重点文物保护单位。

过大李庄后继续东流，至北章令村，有发源于曲阳县的孟

良河自左岸汇入。右岸自铁路桥至定州市李亲顾村有堤；左岸由铁路桥至定州市马阜才村有堤。

至军诜村，右纳发源于灵寿县的**磁河**后称潴龙河。

潴龙河段

自军诜村东流1千米，右岸入安平县，沿安国、安平边界东北行，自此主槽摇摆不定，时而折向左堤，时而转向右堤，形成多处险工。此段

双峰山

药王庙

有北郭村水文站（1950年建）。主槽过南流罗村，北行，过南北沙庄出安平县，入博野县。

在博野县东南通过，从南北板桥转向东北，经夹河村，至宋村。宋村乃千里堤重要险工，民国6年（1917年）7月决口，殃及潴龙河以南，直泄文安洼。

出博野县，入蠡县。蠡县，盖取西汉原蠡吾县之首字为名，以"地近瀛海，污下多虫"，故谓蠡。东北行，穿朔黄铁路，下行3千米，左岸建有陈村分洪道分洪口门。陈村分洪道辟于1957年，长28千米，设计分洪流量1 500立方米每秒，是分泄潴龙河洪水的一项重要工程，1963年8月曾运用，最大分洪流量1 040立方米每秒。分洪道左堤外梁家庄，是当代著名作家梁斌和著名画家黄胄故里。

过陈村分洪道口门，主槽蜿蜒曲折，由宽变窄。经孟尝、赵庄、东五夫，向北流，到东侯佐村，折向东流，至马家佐村。堤外留史镇是蠡县皮毛、皮革加工中心，有"天下皮毛第一都"之称。沿蠡县、高阳县界，至绪口，堤距只有400米，是潴龙河最窄处，因下泄不畅，经常发生洪水漫溢、堤防决口。

在庞果庄出蠡县，入高阳县。经盐场、骆驼湾两处险工继续向东北流，过辛桥1千米，至布里村。布里村南有创建于1917年的"布里留法工艺学校旧址"，是全国重点文物保护单位。该校是当时留法勤工俭学运动中的第一所预备学校，先后培养留法学生200多名，其中有中国共产党早期领导人和工人运动领袖蔡和森。右堤外北辛庄村有高蠡暴动烈士陵园，属河北省文物保护单位。1932年8月27日，高阳、蠡县爆发了以农民为主体的大规模武装起义，30日在北辛庄成立了高蠡地方苏维埃政府，并成立了河北省红军游击队第一支队。因敌我力量悬殊，9月4日高蠡暴动失败，暴动领导人宋洛曙等17人牺牲，但它在河北人民革命斗争史上写下了光辉的一页。

继续向东北流，经殷家庄，至博士庄向北流。潴龙河右堤系著名的千里堤上段，是冀中平原防洪屏障，原为挡滹沱河水而建。历史上，千里堤起自深泽县，经安国、安平、博野、蠡县、高阳、任丘，于文安县富官营止，全长约250千米。新中国成立后，进行了综合治理，形成了现今的千里堤，即从北郭村至**子牙河**左堤，总长189千米，为1级堤防。潴龙河左堤始自安国市张乡村，系3级堤防。

穿高（阳）任（丘）公路后，入白洋淀。

3.5.3.7.1 王快水库
（Wangkuai Reservoir）

潴龙河上源沙河上的大型水库，位于河北省曲阳县郑家庄村西。总库容13.89亿立方米，控制流域面积3 770平方千米。以防洪为主，兼顾灌溉和发电。

工程于1958年始建，1960年竣工并投入运用。1969年续建，1972年竣工。1975年坝基防渗工程动工，采用混凝土连锁井，1977年竣工。1978年上游坝坡加固，1981年竣工。2002年9月至2005年9月，再次除险加固，主要项目有溢洪道扩建、大坝下游护坡、坝前铺盖补强、泄洪洞和发电洞更换闸门和启闭机。防洪标准为500年一遇洪水设计，10 000年一遇洪水校核。

王快水库电站

王快水库拦河坝

主要建筑物有大坝、溢洪道、泄洪洞、电站。大坝为黏土斜墙坝，坝顶高程215.5米（大沽高程，下同），最大坝高62.5米，坝顶长1 281米，顶宽7米；溢洪道位于大坝右侧，为开敞式驼峰堰，顶高程192米，8孔，总净宽120米，最大泄量21 490立方米每秒；泄洪洞为坝下埋管式圆形半有压洞，长277米，洞径4.5米，最大泄量311立方米每秒，兼作输水洞；电站两处共设3台机组，总装机容量2.35万千瓦，最大引水流量59.5立方米每秒。

水库下游防洪保护范围涉及河北省18个县（市）450万人口、40万公顷耕地，有京广、京九、京沪、朔黄四大铁路干线，有京深高速公路等交通干线和华北油田等国家重要基础设施。建库以来，拦截较大洪水多次，削减洪峰90%~100%，防洪效益总值130亿元。下游有沙河灌区和群众灌区，1961—2005年共引水130.05亿立方米，累计灌溉面积563万公顷。1973—2005年，电站发电13.34亿千瓦时。

水库淹没耕地2万亩，迁移2万多人。至20世纪80年代

末，库区移民生产生活条件得到改善，修建了公路，发展了种植业、养殖业，移民生活水平得到提高。

库区内王快村原名王槐村。相传，清代皇帝康熙沿沙河去五台山进香拜佛，行经王槐村时，面对波涛滚滚的大沙河诗兴大发，吟出"王到王槐王快乐"的上联求对，后行至龙泉关寺，寺院住持以"龙到龙泉龙泉清"相对。后来人们才把王槐村改为王快村。

水库流域内河流众多，水土流失面积1 626平方千米，截至2005年已治理502.4平方千米。建库以来，库区绿化发展缓慢，近年来库区治理加快。2004年，植树2.4万多棵，绿化面积66公顷，退耕还林面积66公顷，更新树木33公顷；2005年，上游库区5 733公顷被纳入太行山流域治理规划；2006年，栽植各类树木7万余棵，库区生态环境有所改善。水库蓄水以来，多年保持着20余平方千米的宽阔水面，粼粼碧波与四周青山相互映衬，形成一幅壮阔的山水画面。

3.5.3.7.2 郜河
（Gaohe River）

潇龙河上源沙河支流，发源于河北省行唐县九口子乡墨斗村，流经县内9个乡镇，于行唐县北高里村东汇入沙河。

河长69.4千米，流域面积496.5平方千米。口头以上为石质山区，岸坡陡，沟壑多，洪水汇流快，河床覆盖卵砾石。口头以下至上碑为丘陵区，上碑以下为平原区。流域属大陆性季风气候，多年平均年降水量533毫米，90%左右集中在6—9月。多年平均年径流量3 000万立方米，大部分集中在7—8月。

历史上，有记载的洪水共5次，其中1958年以来有3次：1963年8月，入**口头水库**洪峰流量933立方米每秒；1971年7月下旬，洪峰流量1 685立方米每秒；1996年8月，入口头水库洪峰流量404立方米每秒。

20世纪60年代初，上游建成口头大型水库。堤防工程属4级，保护着20多万人的安全。1974—1977年，当地治理郜河，口头—秦台段扩宽至30米，秦台—上碑江河入口宽80米，上碑江河入口—西关沟宽100米，西关沟以下宽120米。1992年，在县城段修建部分排险工程，按一般城市与一般堤防的设计标准（20年一遇）进行了治理，全长4.5千米。

升仙桥

牛王寨生态自然风景区

郜河流经行唐县城。坐落于行唐县城内西关的升仙桥，建于隋代，为省级文物保护单位。上游有牛王寨原生态自然风景区。上游是林果区，盛产红枣、核桃、柿子、苹果、梨等，其中红枣闻名全国，是行唐县特色产业。

行唐红枣

3.5.3.7.2.1 口头水库
（Koutou Reservoir）

原名五一水库，**郜河**上游的大型水库，位于河北省行唐县口头镇附近。水库坐落在孔雀山下，又称孔雀湖。总库容1.056亿立方米，控制流域面积142.5平方千米，为防洪、供水、发电综合利用的水库。

水库于1958年5月开工兴建，1964年10月主体工程竣工。1970年，修建正常溢洪道。1971年，修建发电站。1982年，修建非常溢洪道，使水库防洪标准由1 000年一遇达到2 000年一遇。1988年，对非常溢洪道进行扩建。1998年，更换输水洞工作闸门及启闭机。2000年，安装水库水情自测系统。2005年，实施第二次除险加固，输水洞工作闸门改造为2.5米×1.8米，更换螺杆式启闭机1台，正常溢洪道闸门更换止水、启闭机，增设配电及控制设备，新增150千瓦柴油发电机1台，安装水位自测仪器等。防洪标准为100年一遇洪水设计，2 000年一遇洪水校核。

水库主要由主坝、副坝、正常溢洪道、非常溢洪道、输水洞组成。主坝为黏土心墙坝，长596.5米，顶宽8米，坝高30米，防浪墙高1.2米；

口头水库

2座黏土心墙副坝位于主坝两侧，长759.44米，顶宽8米，最大坝高17.5米；开敞式驼峰堰正常溢洪道位于主坝西侧，堰顶宽10米，最大泄量386立方米每秒；明渠式非常溢洪道位于主坝西侧，堰顶宽27米，溢洪道设有土埝，最大泄量327立方米每秒；输水洞位于主坝与正常溢洪道之间，为钢筋混凝土有压圆洞，长151米，最大输水流量43立方米每秒。

水库建成后至2004年底，入库洪峰超过下游河道安全下泄流量300立方米每秒的有1963、1972、1996年。1963年8月，入库洪峰1 865立方米每秒，削峰96.6%；1996年8月，入库流量404立方米每秒，泄量123立方米每秒，削峰70%。1963—2001年，水库向口东、口西灌区累计供水6.77亿立方米，平均年供水量1 830万立方米。1977—2003年，水电站累计发电471.13万千瓦时。

兴建水库时移民2 697人，淹没耕地595公顷。政府采取多项措施改善移民生产、生活条件，累计投资1 180万元，打井30眼，修防渗渠道14千米，建扬水站18处，建果园6.67公顷。自1995年开始，国家每年给予库区优惠粮食款50.5万元。

3.5.3.7.3 磁河
(Cihe River)

潴龙河主要支流，古名滋河，《水经注》称资承水，下段亦称木刀沟。发源于河北省灵寿县五岳寨北麓，于安国市军诜村汇入潴龙河，地跨河北省9个县（市）。

概　述

河长179千米，流域面积2 100平方千米。地势西北高，东南低，岔头村以上山峦起伏，高程1 000～500米（黄海高程，下同），植被较好。自山门口村进入丘陵地带，高程300米以下。行唐县宋营以下为平原，高程为150～30米。流域地处暖温带大陆性季风气候区，山区多年平均年降水量700毫米，平原500毫米，降雨多集中在6～9月，占全年的80％。

河源高程1 730米，入潴龙河口高程24米，河道总高差1 706米，河底平均纵坡9.5‰。上游横山岭等大中型水库建成后，河道时常断流，成为季节性河流。有大小30余条支流，流域面积均在100平方千米以下。

上中游纵坡很陡，源短流急，常致洪灾。《新乐县志》记载，清顺治十年（1653年）夏决堤，新乐县境内赵门、化皮等村农田几为沧海，民居庐舍尽遭波流。木刀沟自1801年磁河改道后至1963年，发生水灾20多次。1950年8月，河水猛涨，藁城与新乐交界处漫溢，牛家庄、寨里15个村被淹，北乔寨12户村民的房屋全部塌入河中。旱灾是另一个主要灾害。《河北省水旱灾年表》记载："明宣德三年（1428年）五月，藁城、无极、灵寿、行唐、新乐……自去年十月至今夏不雨，麦苗枯死无收。"民国《正定府志》记载："清乾隆八年（1743年），夏六月亢旱，高邑、藁城、无极、深泽、灵寿等县死人甚众。入夏不雨，日烈如火，禾苗尽槁。"1949年后，由于大力开展水利建设，上游建设水库蓄水调洪，中下游修渠打井发展灌溉，有效减轻了旱情。

流域以农业为主，主要有小麦、谷子、玉米、花生、棉花等作物，行唐县的红枣和新乐市的大棚西瓜远销全国各地。山区的灵寿县矿产资源丰富，已探明各类矿藏49种，其中白碎云母储量1 340万吨，储量、产量、出口量均居全国第一。

明万历十八年（1590年），典史赵延珍率民浚河；万历二十三年（1595年），知县赵璇组织采石构闸，引水种稻植莲养鱼，教民做水斗戽水溉田。民称木刀沟为"赵泽河"。清乾隆四年（1739年），深泽县修筑磁河右堤，西起深泽、无极县界，东至段庄入安国境，即冀中平原有名的老千里堤上段。1938年，深泽县抗日政府组织群众修筑木刀沟南北堤。目前，流域共修建堤防118.46千米，护岸坝127条25.61千米。

干流上建有横山岭大型水库和磁左、磁右两处灌区。支流上建有燕川中型水库，总库容0.47亿立方米，控制流域面积40.8平方千米。另有小型水库23座。

纪　实

上游　发源于河北省灵寿县西北山区五岳寨北麓的草房子村西北。五岳寨因有五座山峰并立，同时兼具"五岳"之美，故而得名。这里气候凉爽，水量充沛，有"晴天不见太阳，雨天不湿衣裳"之誉，为国家森林公园、AAAA级景区。

东南流，经大地村、魏家湾，穿行于峡谷之间，至窑沟，有李家沟从左岸汇入。继续东南行，河底陡峻，为砂卵石河床。过团泊口以下，左岸麒麟院村北有幽居寺塔，北齐天保八年（557年）所建，为全国重点文物保护单位。至任家庄，河槽渐宽，至西湾，左纳新开河，过陈庄，入**横山岭水库**。

陈庄，抗日战争时期，贺龙于此指挥八路军一二○师歼灭日伪军1 500余人，即有名的陈庄歼灭战。

出水库后东南流，于东岔头折向南，经桥塘沿、山门口村进入丘陵地带。再至北伍河，有燕川河从右岸汇入，过慈峪，继续东南行，入行唐县。

沿灵寿、行唐两县边界东行，河宽50～500米不等，河底纵坡渐缓。在伏流村西穿朔黄铁路，过宋营村，入平原地带，在常香村南始称木刀沟。

中游　1801年磁河洪水泛滥，改道入木刀沟。木刀沟河宽500～1 000米，为宽浅式沙质河床，纵坡平缓。新乐市城北4千米处，有人文圣地——伏羲文化台，又称人祖庙，每年都有数以万计的炎黄子孙来此拜祖、观光。

沿新乐、正定、藁城边界蜿蜒前行，在东阳穿京广铁路，继续向东南流，出苏仙庄，入无极县。至县城北，折向东北流，在侯村入深泽县，经留王庄、西内堡，至七汲入定州市。过东内堡，又入深泽县，在段庄东北复入磁河故道。

在京广铁路以东有堤埝，堤距600～1 500米。左堤自新乐市陆桥至定州市东内堡，长66.2千米；右堤自新乐市赵门村至深泽县留村防洪闸，长62.4千米。

下游　在深泽县向东北流，主槽宽20～30米，只有右堤，即千里堤上段。经赵八村，有永济桥。永济桥修建于明万历九年（1581年），桥面两侧有石栏板，桥头两侧有旋鼓石，造型别致，气势壮观。永济桥北端东侧的赵八烈士纪念塔，建于1945年，以纪念1938年2月15日八路军对日截击战中牺牲的烈士。

过永济桥，向东北过留村防洪闸，向东进入安国市，经西崔章，至伍仁村。伍仁村因伍仁桥而得名。相传在宋辽边战时期，宋朝一大将被辽军追赶至河边，因河水上涨，无法通行，危难之时，村中5名义士搭成人桥，保将军安全渡河。为纪念这一壮举，村人在此建桥，村名亦改为伍仁村。现河上有一座5孔石拱桥称伍仁桥，又称"贵妃桥"，建于明万历二十六年（1598年），系全国重点文物保护单位。

关汉卿画像

伍仁村是我国著名的元代戏曲作家关汉卿（约1225—1300）的出生地。在关汉卿故里东北500米处有关氏陵墓。相传村西北角为关宅遗址，俗称"关家园"，现存"蒲水威观"石匾，传为关汉卿手迹。关汉卿墓于1986年由政府拨款重修，现为直径10米、高3米的砖基大墓，四周遍植松柏，墓前树碑，碑刻"伟大戏剧家关汉卿之墓"。关汉卿纪念馆设在安国市城区的药王庙附近。

穿石拱桥，过伍仁村，至军诜村北汇入潴龙河。

3.5.3.7.3.1 横山岭水库
(Hengshanling Reservoir)

磁河上游的大型水库，位于河北省灵寿县冯沟村附近。总库容2.43亿立方米，控制流域面积440平方千米。为防洪、灌溉、发电、养殖综合利用的水库。

工程于1958年6月动工兴建，1960年竣工，1970—1973年扩建，1980—1984年续建，1992年完成溢洪道除险加固。防洪标准为100年一遇洪水设计，2 000年一遇洪水校核。

工程包括主坝、副坝、正常溢洪道、非常溢洪道、泄洪洞、输水洞。主坝为黏土斜墙土砂混合坝，最大坝高41米，坝顶长490米，坝宽5米；副坝3座，一号、二号为混合土石坝，三号为均质土坝，最大坝高25.7米，坝顶总长606米，顶宽5米，坝顶高程246.2米；正常溢洪道位于主坝左侧，两孔，净宽15米，最大泄量1 353立方米每秒；非常溢洪道位于主坝左侧，净宽78.5米，最大泄量2 907立方米每秒；圆形有压泄洪洞，洞径2.5米，最大泄量73立方米每秒，洞中建有支洞（主要为发电及磁右灌区引水）；圆形有压输水洞，洞径2.5米，最大流量58立方米每秒。

横山岭水库主坝、溢洪道

水库建成后，遭遇致灾洪水6次，其中以1963年8月洪水最大。1963年8月3—9日，最大入库洪峰达3 200立方米每秒，最大出库流量1 020立方米每秒，削峰68%。

陈庄歼灭战纪念碑

截至2008年，共拦蓄洪峰流量400立方米每秒以上洪水13次。1964—2006年，提供灌溉用水19亿立方米，发电2 230万千瓦时，渔业产量达300万千克。

水库淹没耕地626.67公顷，迁移927户3 674人。当地政府扶持移民发展生产，实行优惠政策，使移民生活稳定，经济得到发展。

2000年以后，以水库为依托建设了横山湖景区。景区东起横山岭，西至陈庄镇七祖院，全长6千米，四周群山叠翠，山峰连绵；湖内水清质洁，烟波浩渺，湖边沟汊纵横，杨柳依依。湖区东岸有爱国主义教育基地，耸立着贺龙元帅亲自指挥的陈庄歼灭战的纪念碑和无名烈士墓群。陈庄歼灭战历时6天5夜，毙敌1 500余人，是继平型关大捷之后抗日战争中取得的又一次重大胜利。湖区西侧建有陈庄抗大二分校纪念馆，陈列40多件实物、300多幅珍贵照片。

3.5.4　小白河
(Xiaobai River)

清南地区骨干排沥河道，起自河北省深泽县赵八村，于文安县里东庄村南入东淀，涉及河北省10个县（市）。小白河几经修治，变化较大，现虽为一河，实为不相连的上下两段。

概　述

河长172.46千米，汇流面积1 705平方千米。流域位于千里堤以南，**滹沱河**以北。地处冀中平原，地形平坦，属半湿润半干旱大陆性季风气候区。在河间市张庄桥以上纵坡1/3 500，以下1/8 000。下游任丘、文安沿河一带形成很多封闭洼地。

由于排水不畅，流域内沥涝、盐碱灾害十分严重。1949年以前，由于**潴龙河**洪水经常漫溢、决口，滹沱河洪水时常入侵，流域洪涝灾害频繁发生。清乾隆五十九年（1794年）七月至八月，"滹沱河与潴龙河水连成一片。河间至任丘大道水深四五尺不等"。民国2年（1913年），"滹沱河决，蠡县潴龙河南大水"。民国20年（1931年）7月24日，"潴龙、赵王两河开口。8月上旬，潴龙河在安平县决口"。每到潴龙河与滹沱河洪水泛滥，地处下游的文安、任丘一带常常汪洋一片。《文安县志》记载，文安县从清顺治元年（1644年）到民国37年（1948年）的305年间发生水灾150次。

1949年后，由于小白河的开挖、疏浚以及沟系的配套，涝灾日渐减少，一般年份得以避免。丰水年份，中上游灾情较轻，下游涝灾仍然十分严重。1977年，流域内连续降雨，上游大量沥水涌入文安洼，总量达9.2亿立方米，仅文安县积水面积就达5.7万公顷，158个村被水围困。

1953年，对肃宁、河间、任丘境内45.5千米小白河进行疏浚，下口与大清河南排水渠衔接，小白河中段得到初步治理。1965年，按3年一遇除涝标准对肃宁县刘屯至任丘市后赵各庄村51.5千米河段进行治理，设计流量34～55.1立方米每秒。其间，上游安平等县（市）也将所辖河段进行了扩挖。1974—1975年，按5年一遇除涝标准进行治理。

1965年后，由于降水偏少，流域旱灾呈上升趋势。但是，通过打井灌溉，大大减轻了干旱损失，加之由于排水系统的完善和健全，盐碱地已大大减少。

纪　实

小白河西支为主源，起自河北省深泽县西北赵八村，沿磁河右堤（千里堤）东北行，于东固罗村东入安国市，经南娄底、南郭村入安平县。

过徘徊村、秦王庄后，在庞家庄入博野县，继续东北行，在杜田庄出博野县，于南刘佐村南入蠡县境。东北行，至洪善堡。杜田庄至洪善堡一带，地势低洼，历史上多盐碱，经多年改造，昔日的盐碱洼注变成了沃土良田。

在泊庄折向北流，在李岗又转东流，在白牛堤村西入肃宁县。过刘屯村，向北，穿朔黄铁路，至尚村。皮草业在肃宁县历史悠久，尚村是国内有名的生皮、裘皮原材料生产和交易市场。

于大史堤村入高阳县，经大团丁村南，继续东北行，至河间市张庄公路桥与小白河东支汇合。

沿高阳、任丘市边界东北行，河道渐宽，经高阳县庞口镇，入任丘市。任丘始置于北齐年间（550—577年），已有1 400多年的历史。任丘市是冀中平原的经济强市，石油和天然气资源丰富，已成为我国重要的石油生产基地。向东北流，沿**白洋淀**千里堤东侧，在后赵各庄村西入**任文干渠**。

下段起自白洋淀千里堤外的梁沟洼，过领军，向北流，在鄚州镇东北折向东行。鄚县，战国赵邑，汉置县，北宋熙宁六年（1073年）废入任丘。现在的鄚州镇为古鄚县县城遗址。鄚州是神医扁鹊（秦越人）故里，镇北有为纪念扁鹊而修建的庙宇，又名"鄚州大庙"。

向东流，左岸建有古州、苟各庄两座排水闸和两座排涝泵站，再行 2.5 千米，至任丘、文安县界，右有十字河（又称古洋河）汇入后，进文安县。文安，汉高祖五年（公元前 202 年）设置，至今已有 2 200 多年的历史，县城现仍保存部分明代城墙。由于县城位于文安蓄滞洪区的中心，1986 年建起长 12.5 千米的围城防洪堤。

自任丘、文安县界向东流，河道顺直，行 10 千米，下穿京九铁路小白河特大桥，继续东行，过广陵城节制闸，再行 4 千米，在里东庄村南入排干二渠，再入东淀。

3.5.5　任文干渠
（Renwen Main Channel）

清南地区人工开挖的主要排水渠道，始自河北省任丘市大树刘村南，至文安县滩里扬水站入东淀。

渠长 47.78 千米，汇流面积 2 648 平方千米。1951 年始挖，之后多次扩挖，于 1974 年形成现状规模。1978 年，与干渠连接的**白洋淀**十二孔闸引渠开挖后，干渠保持了引水灌溉和排沥除涝功能。干渠设计渠底纵坡 1/15 000，设计排水标准 5 年一遇，设计排水流量 129～187 立方米每秒。

1949 年后，流域内发生洪涝灾害 19 次，比较大的年份有 1954、1956、1963、1964、1977、1979 年。在此期间，干渠发挥了非常重要的排沥除涝作用。干渠还与其他引水支渠配套，实施灌溉供水，其范围已扩展到任丘市中部、南部和东部的 20 多个乡镇，有效灌溉面积约 2.5 万公顷。

干渠从任丘市大树刘村南七孔闸起，向东偏南行，在下游 1.4 千米处有十二孔闸引渠汇入。十二孔闸引渠开挖于 1978 年，主要作用是把白洋淀水引入干渠。

向东南流，行 4.0 千米，至天门口北、任丘市后赵各庄村西有**小白河**上段汇入。

继续东行约 14.5 千米，至东庄店村东北与古洋河故道汇合后，转东北行，于东大坞穿京九铁路，至阎家务节制闸前纳古洋河。古洋河是清南排沥骨干河道之一，河长 61.6 千米，汇流面积 864 平方千米。过阎家务节制闸，入文安县。在邹庄村北与任河大（任丘、河间、大城）干渠相汇，入排干一渠，再入东淀。

3.5.6　独流减河
（Duliujianhe River）

大清河下游由人工开挖的行洪河道，因源于独流镇附近而得名。始于天津市西青区第六埠村独流减河进洪闸，至独流减河防潮闸入海，地跨天津静海、西青、津南、滨海新区 4 个县（区）。

概　　述

河长 68.8 千米，闸下入海口岸线 2 千米，汇流面积 511 平方千米。地势总体上南高北低，西高东低，自西南向东北微倾。地形平坦开阔，为典型的低平原，由冲积平原和滨海平原组成，平均地面高程 4 米，坡降约 1/20 000。

据史志记载，大清河下游开辟入海减河，从清朝已有设想。清雍正四年（1726 年），怡亲王允祥提议在独流镇开挖减河。清乾隆五年（1740 年），在静海县岳家园子北兴建滚水石坝，"泄涨溢洪水，下入宽河"，因地处独流镇取名独流河。1925 年，顺直水利委员会在《顺直河道治本计划报告书》中规划了开挖独流减河。1932 年春，国际联盟派水利专家 3 人考察华北水利，建议独流减河不直接入海，应在天津市东南改入**海河**下段汇流入海。1935 年，华北水利委员会制定了独流入海工程计划。由于 1937 年日本入侵，这项计划未能实施。

独流减河

1939 年，海河流域发生特大洪水，南运河多处决口，天津市大都被淹，损失惨重。日伪统治者为保护其在津的利益，不得不采纳华北水利委员会制定的独流减河入海规划。1941 年，伪建设总署天津工程局负责筹建独流入海减河事宜。1942 年开工，由于施工难度大，工程进展缓慢。后因劳力、资金短缺，1944 年春被迫全线停工。日本投降后，华北水利委员会将日伪时期的计划加以修改，于 1947 年重订独流入海减河计划，但未能实施。

新中国成立后，水电部工程总局于 1951 年编制了《独流入海减河工程 1951 年度计划》。1952 年 7 月，完成《独流减河工程初步设计》。同年 10 月开工，1953 年 7 月底完成，项目包括：开挖独流减河、南运河上下改道以及兴建进洪闸、上改道节制闸、船闸、下改道进水闸、三箱涵洞、桥梁等。从此，独流减河穿**马厂减河**进入北大港，由南、北围堤（最大宽度距离为 17.2 千米）控制漫流入海。南围堤自原增福台，西南行马圈引河、刘岗庄、沙井子等村，南行折向东，切断杨家河子直抵歧口北大槐树；北围堤起自万家码头村东三号房子，向正东经上古林村南至高沙岭（今滨海新区滨海浴场附近）。此时减河主河道全长 43.3 千米，左堤长 44.24 千米，右堤长 43.58 千米，设计当第六埠水位 6.56 米时相应流量 1 020 立方米每秒。

为提高泄洪能力，1966 年秋至 1969 年 6 月，河北省和天津市实施减河扩建和开辟入海通道工程，主要项目包括兴建新进洪闸和独流减河挡潮闸（原工农兵挡潮闸）、扩挖深槽、展堤复堤等。扩建后，主河道宽度自进洪闸至管铺头泵站由 400 米扩到 850 米，管铺头泵站至万家码头为 1 020 米，万家码头至东千米桥为 5 千米（最宽处），东千米桥至挡潮闸为 1 064 米，左深槽长 67.07 千米，右深槽长 69.92 千米；河道全长延伸到 68.8 千米，设计流量 3 200 立方米每秒。从此，彻底打通了独流减河直接入海的通道。

随着天津地区经济的发展，特别是天津滨海新区的开发建设，加上该河道又是天津市防洪的南部防线，1969 年后，国家和地方投入大量资金对险工险段、堤顶、护坡以及控制性工程进行了不断的加固改造。1993—1994 年，对独流减河防潮闸进行了改建，设计流量 3 200 立方米每秒；2004 年 7 月至 2007 年 7 月，对独流减河南、北进洪闸进行除险加固，设计流量 3 600 立方米每秒。

1953 年建成后，经历了 6 次大洪水和特大洪水的考验，共泄洪 341 亿立方米。1954 年，最大泄洪流量 1 307 立方米每秒（8 月 29 日），共泄洪 72 亿立方米，为上游 7—8 月来水总量的 46％。1956 年，最大泄洪流量 1 190 立方米每秒（8 月 8 日），共泄洪 78.1 亿立方米，为上游 7—8 月来水量的 44％。1963 年发生特大洪水时，由于独流减河出口严重淤积，为保证天津市的防洪安全，在右堤扒口 3 处向团泊洼分洪；9 月 5 日独流减河进洪闸最大泄量达 1 220 立方米每秒，超过设计流量1 020立方米每秒的泄洪标准，下泄入海洪水总量为26.62亿立方米，约占海河流域1963年泄洪入海总量172.92亿立方米的15.4％。在"96.8"大洪水中，独流减河防潮闸安全运行45天，提闸146次，泄洪13.03亿立方米，为保卫天津市城区和京沪铁路以及大清河、*子牙河*中下游地区农田、人民生命财产安全起到了巨大作用。

纪　　实

独流减河始于天津市西青区第六埠村独流减河进洪闸。左岸有上辛口乡，北宋景德年间（1004－1007年），沧州横海军在此设当城寨、沙窝寨，当城村西有红土岗战国遗址和宋代当城寨遗址；明初，移民占田立庄，编户十九里，其中一里曰"新口里"；明嘉靖二年（1523年），改"新"为"辛"；清初，分为上、中、下三个辛口村；天津西青区东淀都市现代农业示范区就在此地。右堤起于历史名镇独流镇。

独流减河进洪闸南闸

东南流1千米，有104国道新线跨河公路桥。续流6千米，穿过1908年建成的铁路京沪线良王庄铁路大桥。又流10千米，有京沪高速公路西琉城大桥。再续流15千米左右，有津文公路小卞庄桥。小卞庄桥下游约5千米，右岸有团泊洼蓄滞洪区，内建**团泊洼水库**。团泊洼蓄滞洪区西靠南运河，南邻马厂减河，是一个三角形封闭洼淀，原是大清河、子牙河洪水汇聚西三洼后超量洪水的分洪场所；西南高，东北低，设计蓄滞洪水位4.44米时淹没面积684.22平方千米，运用概率为100年一遇；涉及天津市静海县和滨海新区的19个乡镇，196个村庄，人口28.43万，耕地3.02万公顷，有著名的大邱庄、可居住10万人的团泊新城。目前，团泊洼形成了以粮食生产为主的天津市副食品生产基地和正在建设中的旅游休闲基地。

在团泊镇北1千米处，建有跨独流减河的津团公路大桥，建设中的津汕高速公路团泊大桥就在其下。左岸王稳庄乡，金元之际便有居民聚落。明初，因大规模移民于此，逐渐形成村庄，隶属丁河间府静海县。清代，分隶于静海县大泊、小韩庄两地。经济以农业、渔业为主，粮食作物以高粱、水稻为主。渔业已有近百年历史，是天津市重要的水产品基地。

西千米桥

继续东南流3千米，有唐津高速公路跨河大桥和港黄铁路大桥。续流约1千米，有西千米桥，205国道在此经过。大桥下游300米，为独

大港世纪广场

流减河与马厂减河交汇处，有万家码头。在此附近，过第一道贝壳堤（距今3 500年前）。右岸1千米左右，有姚塘子泵站引水闸。之后，入行洪道。右岸附近，隔堤建有**北大港水库**。

独流减河防潮闸

继续流，过大港。大港地处天津滨海新区南部，有世纪广场、文化乐园、学府园、望海山、临潮湖等人文景观，2009年并入滨海新区之前，大港区曾先后获得国家环境保护模范城区、国际可持续发展实验区、全国创建文明城市工作先进城区等称号。区内石油、天然气和地热资源丰富，已探明石油储量8.87亿吨、天然气储量360.5亿立方米、地热分布面积62平方千米；有可利用的国有荒地10万亩；有大港油田集团公司、天津石化公司、中

第二道贝壳堤

石化第四建设公司、人港发电厂、中建八局一公司等国有大型企业。丰富的资源优势和雄厚的工业基础，使大港区成为全国重要的石油和石油化工基地。

继续流，滞洪区出口建有东千米桥（即东风大桥）。在此附近，过第二道贝壳堤（距今2 000年前）。左岸，建有两座大型热电厂（即石化发电厂、大港发电厂），年发电量85亿千瓦时。河口，建有防潮闸（原工农兵闸），闸上500米有海防路大桥，闸下800米有环渤海高速公路大桥。在此，过第三道贝壳堤（距今700年前）。

出防潮闸，入渤海。

3.5.6.1　团泊洼水库
（Tuanbowa Reservoir）

因靠近团泊洼村而得名，*独流减河*上的大型平原水库。位

于天津市静海县东部、独流减河右侧，距县城约 11 千米。主要功能是提蓄当地沥水和独流减河汛期弃水，为静海县自备水源。

团泊洼水库

概　述

团泊洼原属波水洼和秋漠洼边缘，略呈菱形，大部分面积被南运河、**马厂减河**及独流减河围成封闭洼地。地貌类型属海相沉积的滨海洼地，表层土壤含盐量高，地下水埋藏很浅，并且矿化度较高。库区内地形平坦，地势北低南高，地面高程 2.4～3.2 米。多年平均年降水量 496.5 毫米，多年平均年蒸发量 1 888.4 毫米。

水库于 1977 年 10 月动工兴建，设计主坝全长 33.36 千米，最大坝高 3.8 米（大沽高程，下同），设计水位 4.5 米时相应库容 0.98 亿立方米，1978 年春季完工并投入使用。1993 年，围堤加高 1.5 米，中心向库区内偏移 6 米。水库增容后，最大坝高 5.3 米，坝顶高程 8.5 米，正常蓄水位 6.0 米，总库容 1.8 亿立方米。为防止风浪对迎水坡面的冲刷破坏，1996—1998 年对东、南、西三堤部分迎水坡面进行浆砌混凝土块护坡。

枢纽主要工程包括围堤、输水闸涵、扬水站三部分。围堤总长 33.22 千米，其中北围堤长 7.29 千米、为独流减河右堤一部分，东围堤长 9.83 千米，南围堤长 3.51 千米，西围堤长 12.59 千米。坝体为亚黏土均质土坝，坝顶设计宽度 10 米，主坝顶面均为混凝土路面。输水涵闸共 5 座，分别为小团泊泵站 1 号涵闸、胡连庄引水闸、大邱庄泵站的机蓄闸、**管铺头泵站**的机蓄闸、管铺头低水引水闸，丰水年可将独流减河弃洪引入管铺头泵站枢纽中。配套泵站 3 座，分别为大邱庄泵站（建于 1978 年）、小团泊泵站（建于 1995 年，排灌两用，机提与自流相结合，既能引独流减河水入水库，又能引水库水或独流减河水灌溉）和管铺头泵站（建于 1978 年，适时为水库蓄水）。

库区内有湖心岛一处，占地面积 0.3 平方千米。围堤外侧设有水库隔渗沟，与青年渠相通。

水库适时引蓄西系来水及境内沥水，为静海的农业抗旱、排涝、水产养殖等发挥了很大作用。1989 年静海电厂建成后，水库又成为电厂供水水源地。1981—1983 年，天津市引黄济津时，团泊洼水库为调蓄水库。1978 年建成后，累计调蓄入库水量 11.32 亿立方米，出库水量 3.8 亿立方米，多年平均水位 4.6 米，历史最高水位达到 6.0 米（1996 年）。

纪　实

水库中心建有集居住、休闲、娱乐、餐饮为一体的湖心

岛，是天津市重要的风景区之一。围绕水库，建有高尔夫球场、泰达足球训练基地、国内首个摩托车试验场、天津大学仁爱学院等。

水库东为团泊镇。团泊镇总面积 54.6 平方千米，下辖 6 个自然村，总人口 6 300 人，被誉为天津市"前花园"。该镇具有储量丰富的地热资源，一

团泊新城

般出井口水温在 82 摄氏度以上；盛产优质水稻和名特优新水产品，共有精养鱼塘 1 330 多公顷，年产量 5 000 多吨。"文革"时期，文化部的五七干校就设在团泊乡。1975 年 9 月，诗人郭小川于此完成了《团泊洼的秋天》，后收录于《郭小川诗选》。

水库南部紧靠大邱庄。大邱庄镇占地 7.24 平方千米，人口 3 万，辖尧舜街、万全街、津美街和津海街。全镇形成以钢铁加工业为主体，以机械、化工、电器为骨干的工业生产格局。镇工业区被列为"全国乡镇企业示范区"。

水库四周是天津团泊自然保护区，也是国家湿地自然保护区。该区是亚洲东部候鸟南北迁徙的必经之地，每年春秋两季成千上万的候鸟在此路过停歇。1995 年，建立

水鸟

了市级团泊鸟类自然保护区，总面积约 60 平方千米。其中，有鱼类 19 种，底栖动物 16 种，软体动物 6 种，寡毛类动物 3 种，甲壳动物和其他动物各 1 种，昆虫 10 目 64 科 207 属 256 种，大型植物 31 科 120 多种，水体浮游植物 19 种。天然植被以芦苇为主，其次是香蒲和荆三菱等挺水植物群落。水下沉水植物，以狐尾藻和眼子菜为主。有国家一级重点保护鸟类 5 种，分别是丹顶鹤、东方白鹳、黑鹳、白尾海雕和大鸨；国家二级重点保护鸟类 21 种，有珍禽海鸬鹚、大天鹅、疣鼻天鹅、鸳鸯、灰鹤等。

3.5.6.2　北大港水库
(Beidagang Reservoir)

独流减河上的大型平原水库，位于天津市滨海新区大港内，设计蓄水库容 5 亿立方米，是天津市主要水源地之一。

概　述

水库东临渤海湾，北倚独流减河行洪道，西及西南侧靠近**马厂减河**和青静黄排水渠，东南以穿港公路为界。库区东西平均长约 20 千米，南北宽约 800～8 000 米，地面由西南向东北倾斜，平均高程 3.5 米，最低高程 2.8 米。地层地质为新生界第四系全新统 Q_4 松散沉积物。

库区属温带半湿润大陆性季风气候。多年平均气温 11.1～12.3 摄氏度，多年平均年降水量 586.1 毫米、年蒸发量

1 927毫米。水源主要来自南运河和**大清河**，前者经**马厂减河**自流入水库，后者经独流减河通过泵站提水入库。库区东南侧水体氯化物含量较高，而西北部含量较低。

水库围堤总长54.51千米，堤顶设计高程9.5米，堤顶宽10米，占地面积164平方千米，蓄水面积149平方千米，平均水深3.5米，设计水位5.5米，设计蓄水库容5亿立方米。主要配套建筑物有姚塘子泵站、马圈进水闸、十号口门过船调节闸、排咸闸及库周9处闸涵和虹吸管放水口门。

姚塘子泵站

水库为海进海退盐碱荒芜的潴水之地。清雍正年间（1723—1735年），北大港洼淀名为"秋漠洼"，后来又被称为"津南泡水洼"和"卫

北大港水库堤防

南洼"，是历史上冲淤形成的古潟湖。1920年，为分泄南运河和马厂减河的汛期洪水，在马厂减河右堤修建洋闸，使洪水经北大港漫流入海。

1953年开挖独流减河时，修筑北大港西南围堤和北围堤，从而将西至马厂减河右堤、东至海大道和南、北围堤内约446平方千米的土地辟为行洪滞洪区。1954年，修筑北大港东围堤工程（即由上古林至歧口的海大道），形成咸淡分家。1958年，在海大道上修建了1座泄洪闸，北大港的功能由过去的行洪、滞洪变为滞洪蓄水。1968年冬至1969年春，在北大港内从马圈引洞到独流减河右堤修筑1条8千米长的西堤，从此北大港有了东、西、南、北（独流减河右堤）4条围堤，形成独立的蓄水区，在功能上变为大型引蓄式平原水库的雏形。1974—1980年，马圈闸、十号口门调节闸、姚塘子泵站工程及水库供水口门配套工程陆续竣工，成为具有蓄泄功能的大型平原水库。

北大港水库口门

水库建成后，不断进行改扩建，主要有围堤裂缝处理及加固。1976年唐山地震时，围堤出现大量裂缝，采取灌浆及开槽回填法进行处理。2005—2008年，实施北大港水库除险加固工程，对四围堤进行堤防加高加固、堤顶路面改造并将未护砌的林台迎水坡全部进行浆砌石护砌。

1949、1953、1954、1955、1963年海河大洪水时，均通过北大港行洪、滞洪、分洪。1963年海河流域发生特大洪水时，利用北大港分洪、滞洪，使绝大部分洪水从北大港分洪入海，解除了洪水对津浦铁路和天津市的威胁，使天津市免遭巨大损失。港区改建为水库后，汛期实行河港联合运用蓄洪、泄洪；或和**团泊洼水库**一起，采用一河一港一库联合运

用，不仅引蓄南系、西系来水，也为调蓄引黄来水发挥了很大作用。1973—2005年，累计蓄水48.12亿立方米，对外供水25.93亿立方米，其中居民生活供水23.15亿立方米、农业供水2.78亿立方米。

纪　实

水库被称为天津市南部大水缸。截至2007年底，环库大堤共栽植树木20余万株、紫穗槐等灌木18万余墩，宜绿化面积120公顷，已绿化面积90公顷，形成一道天然堤防保护屏障。

与南围堤接壤的是大港油田，地跨津、冀、鲁三省市的25个区（市、县），总面积1.86万平方千

南塘古建筑遗址

米。油田已建成投产15个油气田、24个开发区，年产原油430万吨、天然气3.8亿立方米。

库区西南芦苇荡里保存着南塘古建筑遗址，2008年初，经天津市文物处专家考察论证，南塘古建筑遗址为唐代遗存。这一发现填补了天津市南部地区历史上没有唐代古建筑遗存的空白。

水库属浅水型平原水库，底坡平缓，底质为泥质，一般水深1~2米，最大水深达4米，水生植物覆盖率占90%以上，有沉水植物11种、浮水植物2种、挺水植物7种，隶属于9科15属，加上库边湿生及中生植物共30科100余种，其中芦苇、杏蒲群落分布最为广泛。鱼虾种类繁多，主要鱼类有鲫鱼、鲤鱼、草鱼等10余种。每逢节假日，人们或水边垂钓，或岸边倘徉。

北大港湿地自然保护区

水库为北大港湿地自然保护区的一部分，约占保护区总面积的40%以上。春秋两季，从东北亚飞往澳大利亚的候鸟都会途经此处觅食歇息。库区有苍鹭、天鹅、东方白鹳、凤头麦鸡、雁、白骨顶等数千只国家级保护鸟类，约100种。宽阔的水面及丰富的水生生物为大量迁徙鸟类提供了栖息和觅食环境，是候鸟重要栖息地及繁殖地。

3.5.7 中亭河
(Zhongting River)

清北平原的主要排沥河道，又名新挑河、栲栳圈河。始于河北省雄县陈家柳村东，于天津市西青区西河闸以西553米处入**子牙河**。

概 述

河长67.4千米，汇流面积2 994平方千米。地势低洼，河道东西向隔开清北平原与南面溢流洼、东淀。清北平原沥水均通过骨干河渠导入中亭河，主要有雄固霸新河、牤牛河、王泊3条自流河渠和高各庄、台山、王泊、胜芳、小庙、杨芬港等10余条提排河渠，还有部分沥水通过34座扬水站排入中亭河。

清北平原历来水旱灾害频繁，下游霸州市更是"十年九涝"。最为严重的有1517、1553、1890、1915年大水，"湮没田庐，禾稼尽伤"。清咸丰八年（1858年），大水围困

西河闸

霸州城数月。旱灾也是本流域的主要灾害，且具有连续性。新中国成立后，各地开展农田水利建设，修渠打井，扩大水浇地面积，大大减轻了干旱灾害。

清雍正六年（1728年），霸州引河水在鱼厂村、高各庄、徐各庄等处以官田营治稻田。雍正十一年（1733年），发展到台山、十间房、平口等村，建闸

中亭河闸

筑围，共营治稻田50顷。康熙、乾隆年间，数次浚治中亭河。如清康熙三十八年（1699年），河臣王新命开挑中亭河，上接十望河，下入台山河，分减玉带河（今**大清河**）水势。清雍正三年（1725年），怡亲王允祥开胜芳河8.5千米，并疏浚中亭河20余千米。

1950年，利用**永定河**金门闸取水，修建了大型灌区——金门灌区，1964年后永定河断流，灌区废弃。1984年，霸州引**赵王新河**水，用于农田灌溉。

自20世纪50年代起，流域内开挖、疏浚多条排沥骨干河渠，并在左岸先后修建高各庄等34座扬水站，用于排水和灌溉。如今，流域已建成自流排水和动力排水相结合的较为完整

的除涝体系，其中自排能力达311立方米每秒，机排能力达215立方米每秒。1969—1974年，多次对中亭河进行扩挖、疏浚，对9处河段、堤防进行裁弯取直，排水能力达200~

中亭河

230立方米每秒，左堤按20年一遇防洪标准加高培厚，新筑右堤（滩地护麦埝），结束了中亭河只有左堤而无右堤的历史。

建有高各庄和胜芳2座蓄水闸，在主要支流牤牛河上建有金各庄和河口2座节制闸，在雄固霸新河河口建有1座节制闸。

纪 实

中亭河始自河北省雄县陈家柳村东。雄县、永清、霸州三县（市）已探明地热面积583平方千米，热水储量大，埋藏浅，温度高，水质好。其中，雄县地热面积320平方千米，到2005年底已开发地热井26眼，被中国矿业联合会授予"中国温泉之乡"的称号。经初步考证，永清、雄县的宋辽地下古战道区东西长约65千米，南北宽约25千米，面积约1 600平方千米。地下洞体结构既有掩体、闸门等军事设施，又有气孔、置灯台、土炕等生活设施，堪称宋辽史上的"地下长城"，其中永清县的边关地道遗址被列为全国重点文物保护单位。

永清边关地道遗址

东行，至梁庄村北入霸州市。霸州始建于五代后周显德六年（959年），历史上上接西淀（**白洋淀**），下连**海河**，境内港汊交错，淀泊相连，宋辽之际是北宋防御辽国的边防重镇。

东行，在老堤村东穿京九铁路，至前卜庄，左岸有雄固霸新河汇入。雄固霸新河源于高碑店市许家营，河长42.5千米，汇流面积627平方千米。再东行至栲栳圈，左有牤牛河汇入。牤牛河源于固安县宫村，河长51.8千米，汇流面积751.9平方千米。过栲栳圈后，中亭河右有藏庄伙引水渠连接大清河。过藏庄伙引水渠东行，右堤外已入东淀。东淀东西长约40千米，南北宽约7千米，总面积（含溢流洼）377平方千米，是大清河中下游重要的蓄滞洪区。

向东南流，至高各庄折向东北流，至崔庄子村又折向东南，到胜芳镇。胜芳镇建于战国时期，原名堤头村，北宋嘉祐年间（1056—1063年）改名胜芳。胜芳地处东淀北缘，历史上有"胜水荷香"之称，是北方有名的经济重镇。

过胜芳后折向东北流，经辛章、杨芬港出河北省，沿途有清北干渠、辛章干渠、小庙干渠、杨芬港干渠相继汇入。

过天津市武清区清北闸，至西青区西河闸以西入子牙河。

胜芳古镇

六、子　牙　河

Ziya River

3.6　子牙河
（Ziya River）

海河水系主要支流之一，又名沿河，《畿辅通志》记载："子牙河者，以太公（姜子牙）游钓得名。"子牙河有两源，一为**滹沱河**，一为**滏阳河**，两河在河北省沧州市献县八里庄汇流后称子牙河，干流河长175千米，于天津大红桥与**北运河**汇流后入海河干流。流域位置东经112°16′～117°11′，北纬36°19′～39°25′，地跨山西、河北、天津3省（直辖市）8个地区71个县（市）。

概　述

流域范围　子牙河若以滹沱河为上源，则从河源至大红桥的长度为762千米，流域面积46 868平方千米。流域西起太行山，东临渤海湾，南邻**漳卫南运河**，北界**大清河**，其中山区面积31 248平方千米，平原面积15 620平方千米。

地形地貌　流域地势西南高，东北低，兼有山地、丘陵、平原等地貌，西部为太行山，最高峰五台山海拔3 058米；东部为平原，地面高程45～20米；沿海最低处高程15～1.5米。流域平均坡降3.18‰。

气候水文　流域地处半湿润半干旱区，属暖温带大陆性季风气候，四季分明，降水集中，极易成灾。冬季干冷，雨雪稀少；春季多大风，降雨不多；夏季湿润，降水量大；秋季天高气爽，降水量减少。流域多年平均气温11.8～12.9摄氏度，7月温度最高（月均气温26摄氏度以上），1月最低（月均气温−4摄氏度），全年无霜期180～220天。

流域多年平均年降水量540毫米，地区分布差别较大，其中滹沱河山区620.7毫米，滏阳河山区621毫米，太行山迎风坡朱庄、獐獏吴家窑一线水量丰沛（约700毫米）；滹沱河平原地区507.7毫米，滏阳河平原地区548毫米，衡水及沧州一带为河北平原干旱中心，年均降水量约500毫米。流域降水量年际变化很大，年内分配也极不均匀，全年降水量的80%左右集中在7—9月。子牙河多年平均年径流量42亿立方米，占河北省各河总径流量的17.5%，滏阳河、滹沱河上游部分河段水质可达Ⅲ类，中下游河道近年来主要承纳沿河污水，水质多劣于Ⅴ类。

子牙河（河北段）

河流水系　子牙河由滏阳河和滹沱河汇成。滏阳河发源于太行山东麓磁县西北的釜山，流经磁县县城穿过京广铁路，至张庄桥下由支漳河分洪道经莲花口闸泄洪入永年洼。永年洼沥水通过借马庄闸排入留垒河，由留垒河下泄入大陆泽，至环水村北由北澧新河下泄入宁晋泊，至艾辛庄由**滏阳新河**下泄。艾辛庄以下滏阳河不承担高标准洪水的泄洪任务，只相机分洪，主要承担滹滏区间的排沥任务。滏阳新河，主要承泄艾辛庄以上各支流的洪水，配合滏阳新河中游洼地滞洪工程，使洪水安全下泄。滹沱河发源于山西省繁峙县境内的泰戏山（五台山北麓），流经代县、原平及忻定盆地，在盂县阎家庄流入河北省，**岗南水库**以下右纳最大支流**冶河**，经**黄壁庄水库**穿京广铁路，向下流经石家庄、衡水两市，在饶阳大齐村入献县泛区，至献县八里庄与滏阳河汇流。

水旱灾害　历史上，流域洪涝灾害极为频繁。1368—1948年，发生与1963年洪水相近或更大的洪水约20次，平均29年1次，洪水间隔时间最长的为68年、最短的仅4年，给流域造成了严重的灾害。《河北省水利志》记载，明隆庆三年（1569年）特大洪灾，滹沱河洪峰流量达1.35万立方米每秒，**洺河**临洺关洪峰流量6 680立方米每秒。

子牙河防洪演习（天津段）

新中国成立后，海河流域"56·8""63·8""96·8"三次大洪水及特大洪水，暴雨中心均出现在子牙河流域。其中，"63·8"洪水，邯郸、邢台、衡水、沧州、天津等7个专区共101个县（市）遭受了不同程度的洪灾，300多万公顷农田被淹，倒塌房屋1 265万间，受灾人口2 200多万，水利工程、工矿企业、交通、电信均遭受了极其严重的破坏，仅河北省合计直接损失59.3亿元、间接损失13亿元。另据水文资料统计，"96·8"洪水子牙河洪量为52.84亿立方米，且洪峰流量大、来势迅猛，邯郸、邢台、石家庄、衡水、沧州5个市的49个县（市、区）463个乡镇受灾，受灾人口927万，死亡454人，损坏房屋78万间，冲毁耕地19.73万公顷。洪水冲毁交通干线2 800千米，石太、邯长等铁路中断121小时，水利工程特别是中小工程在拦洪、削峰、行洪、排水等方面发挥了巨大作用，同时也遭受了不同程度的破坏。此次洪灾直接经济损失346.8亿元。

大旱大涝多发生在连旱连涝中。618—1985年，共发生旱灾300多次。1980年后，几乎年年有旱情，时有春旱连秋旱，

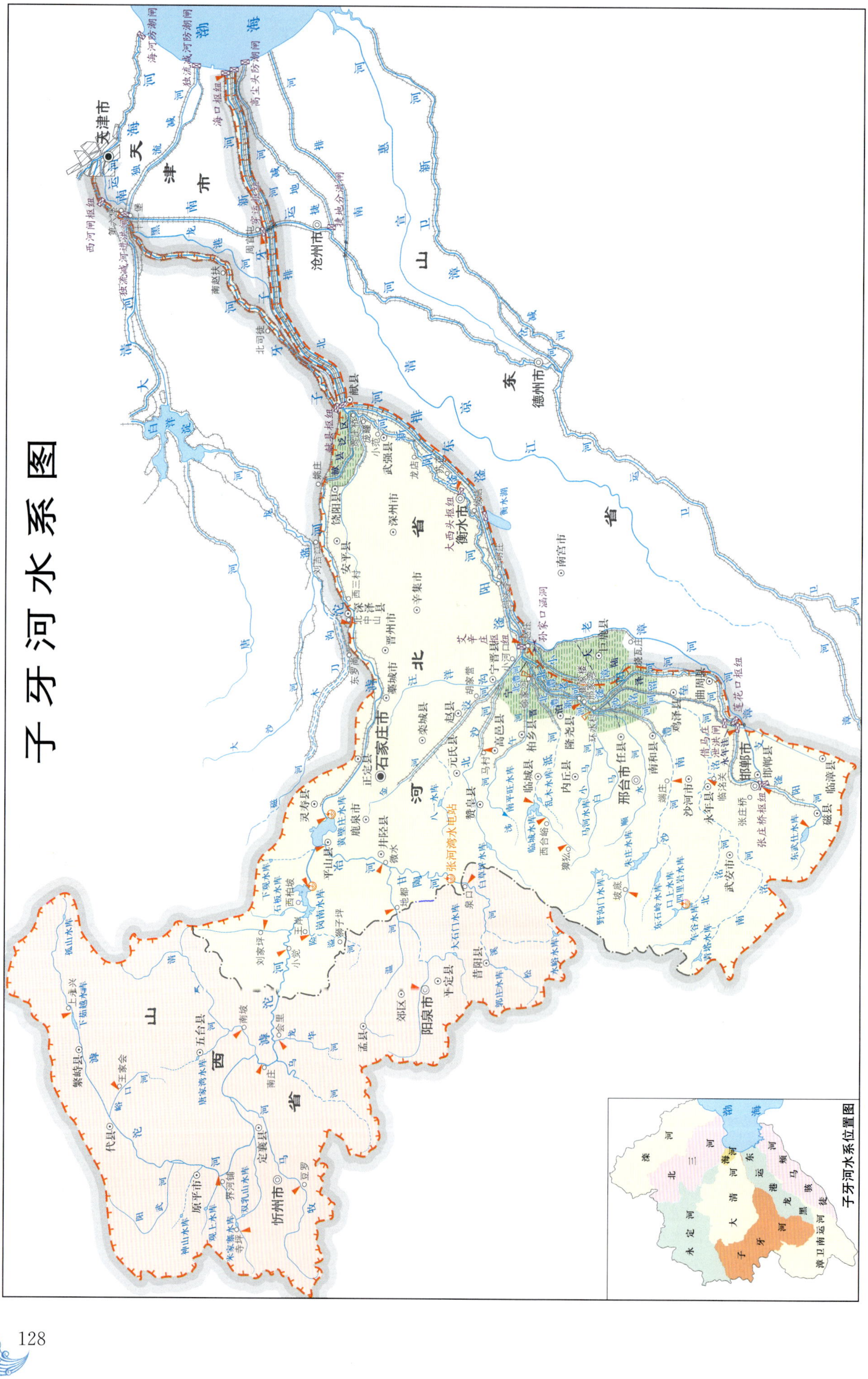
子牙河水系图
子牙河水系位置图
天津市
石家庄市
沧州市
德州市
衡水市
邢台市
邯郸市
阳泉市
忻州市
原平市
河北省
山西省
山东省
渤海

甚至汛期无汛，河道断流，干旱缺水情况十分严重。

经济社会 流域上游山区煤炭、铁矿等资源丰富，经济以煤炭开采、电力、冶金为主；中下游平原土地肥沃，耕作业发达，农作物以小麦、玉米、棉花、谷子、豆类为主。流域物产素有"三黑"（煤、铁、石油）"两白"（小麦、棉花）之称。2005年，流域人口约2000万，耕地230多万公顷；交通干线，有京广、京九、津浦、石太、石德等铁路以及京深、石黄、衡德等高速公路。流域社会经济发展迅速，有众多大型工矿企业，化工（医药）、冶金、建材、机械等为支柱产业。

献县枢纽示意图

治理开发

1. 防洪。新中国成立初期，流域内河道堤防防洪能力很低，遇有较大洪水则漫溢决口、泛滥成灾。1953年开始流域查勘和防洪规划设计工作。1954年汛后，水利部北京勘测设计院与河北省水利厅勘测设计院先后提出子牙河系邯郸市防洪、永年洼滞洪及上游水库兴建等规划设计文件。1964年，水利部海河勘测设计院提出《子牙河防洪规划（草案）》，以后陆续完成了各项工程设计文件。2002年10月，河北省编制完成《子牙河流域防洪规划报告》。50多年来，流域上游大搞水土保持，兴建水库；中游治理注淀，加固堤防，整修河道，修建节制、扬水闸（站）；下游新辟入海尾闾，扩大入海能力，使洪、涝、旱、碱等灾害均得到初步治理。

流域内山区建有大型的**东武仕水库**、**临城水库**、**朱庄水库**、岗南水库、黄壁庄水库，中型水库26座，小（1）型水库69座；新辟或疏浚了滏阳新河、**子牙新河**、留垒河、北澧新河、**沧河**等泄洪排水骨干河道工程；新筑和加固东围堤、北围堤、滹沱河南北堤、滏阳新河和子牙新河等主要堤防；兴建以调洪、供水为主的重要水利枢纽22座，其中有莲花口、艾辛庄、献县、穿运及海口5座大型枢纽；整治和利用永年洼、大陆泽、宁晋泊、千顷洼、献县泛区及贾口洼6个蓄滞洪区。子牙河的设计泄洪入海能力由20世纪50年代初期的477立方米每秒提高到6300立方米每秒，全河系二级支流至干流能够防御20年一遇~50年一遇洪水。子牙河系已基本形成较完整的防洪工程体系。

2. 灌区。子牙河流域建有万亩以上灌区51处，其中灌溉面积2万公顷以上的大型灌区6处，即滹沱河灌区、冶河灌区、绵河灌区、石津灌区、朱野灌区和滏阳河灌区。按河系划分，滹沱河流域有4处大型灌区，即滹沱河灌区、冶河灌区、绵河灌区、石津灌区；滏阳河流域有2处大型灌区，即朱野灌区和滏阳河灌区；滏阳河、滹沱河汇流后，有1处引子牙河水灌溉的中型灌区——子牙河灌区。

纪 实

子牙河干流始于河北省献县枢纽，上有两源，北为滹沱河，南为滏阳河。献县枢纽由子牙新河深槽进洪闸、滩地溢流堰和子牙河节制闸组成，主要担负子牙河系的防洪任务。

子牙河自献县枢纽北流，至乐寿镇臧桥村。臧桥既是地名，亦为桥名。臧桥坐落在臧桥村西，京大公路和子牙河交叉处；始建于清代初年，已有三百多年的历史，多次修复重建，皆为木桥，1963年改建为钢筋混凝土大桥。臧桥以南有献县天主教堂，建于清同治二年（1863年），宏伟壮观，号称"华北第一教堂"。献县又是金丝小枣之乡。过臧桥，转向东北流，至十五级乡，再至中营节制闸，至郭马坊村西出献县。

子牙河于盖庄村西入河间市。河间古称瀛州，其名始于东周，历代均在此设郡、建州、置府，东汉科学家张衡曾任河间相，宋代包拯做过知州，境内束州（今束城）为春秋齐国宰相鲍叔牙封地，东武垣旧址（行别营村）为汉武帝宠妃钩弋夫人故里。

献县天主教堂

子牙河北流，经康宁屯村东，至谢家村东南折向东北流，至沙河桥镇。沙河桥镇乡镇企业发达，是有名的电缆之乡。穿沧保公路，经三岔埝扬水站，至念祖桥，再至北司徒乡。再东北流，过杨张各庄蓄水闸。

子牙河经马户生村，入大城县。大城历史悠久，西汉置县称平舒，五代时改为大城；在大城境内由南而东北贯穿，经九高庄、留各庄、望帆长、毕道口，至毕演马节制闸，于十里湾折向东流；过贾村、白洋桥，向东北流，过南赵扶，至泊庄蓄水闸。

于辛庄子村东北入天津市静海县，东流，至东子牙村。再经王口桥，至八堡，纳黑龙港河，至十一堡，与南运河相汇。

北流，至天津市西青区第六埠**独流减河**进洪闸，与大清河相汇后折向东北流，于大红桥与北运河汇流后入海河干流。

3.6.1 滹沱河
(Hutuo River)

子牙河两源之一，古称恶池、滹池水。发源于山西省繁峙县五台山北麓泰戏山，在河北省献县八里庄与**滏阳河**汇流后称子牙河。

概　述

流域范围　滹沱河河长 587 千米，流域面积 24 774 平方千米。流域东经 112°16′～116°15′，北纬 37°27′～39°25′，地跨山西省、河北省；北界**大清河**、**永定河**流域，西依云中山，南沿太行山与滏阳河流域相邻。

地形地貌　流域地势西高东低，呈阶梯状倾斜。上游山峦重叠，地形复杂。自山西省五台县东冶穿太行山峡谷东行，河道弯曲，地貌为中山、低山、丘陵、盆地、河谷相交错。山前黄土丘陵区为山地与平原间过渡带，冲沟发育，沿河多宽滩。至河北省鹿泉市**黄壁庄水库**以下进入平原。

滹沱河（山西段）

气候水文　流域地处半湿润半干旱地区，属温带大陆性季风气候，四季分明，寒暑悬殊，多年平均年降水量 400～600 毫米，高值区一是上游的五台山达 874 毫米，二是岗南水库上游狮子坪附近达 730 毫米；年内降水主要集中于 7—8 月。流域多年平均年径流量 23.3 亿立方米（黄壁庄站），7—9 月径流量占全年的 60% 左右。1980 年后，黄壁庄水库以下河道常年干枯无水或只在汛期有少量流水。流域内植被较差，水土流失严重，黄壁庄站多年平均年输沙量 1 960 万吨。由于淤大于冲，河道滩地多高于堤外地面。

河北省 2006 年水质监测结果表明，上游水质较好，可达Ⅲ类或Ⅳ类；黄壁庄水库以下均劣于Ⅴ类。

滹沱河（河北平山县段）

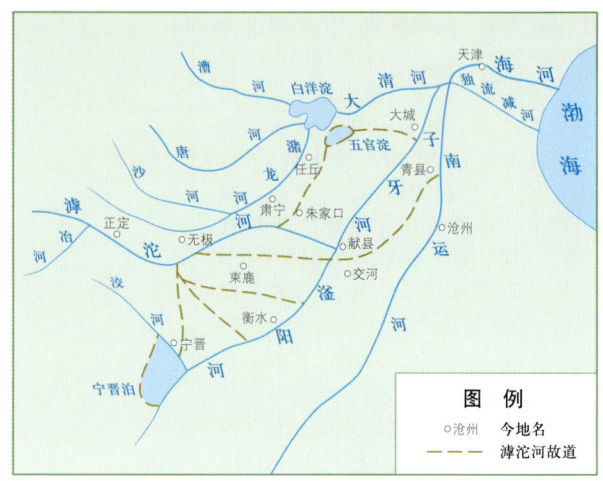
滹沱河变迁示意图

水系　滹沱河有大小支流 72 条，其中流域面积 100～1 000 平方千米的 52 条，以**冶河**最大，**清水河**次之。岗南水库以上各支流呈羽状，至黄壁庄水库区间支流分布呈扇形。

水旱灾害　历史上，流域水旱灾害频繁。西汉河平元年（公元前 28 年）至 1987 年间，有记载的旱灾 261 年次，其中较大干旱 52 次，连年干旱时常出现。《华北东北五百年旱涝史料》记载，清咸丰七年（1857 年），"自上年八月至是年六月，久旱不雨。晋县、无极、深泽等县旱蝗。民大饥，饿死者甚众。"民国 9 年（1920 年），春夏少雨，晋县、无极、藁城、平山、灵寿亢旱，"夏麦既歉，秋禾复槁，民变产外出度荒，有卖儿鬻女或冻馁死亡"。1960、1972、1980 年大旱，大面积农田受灾。

洪灾多发生在夏秋季，大暴雨引发河洪泛滥，冲荡无羁。明永乐四年（1406 年）至 1949 年，发生洪灾 108 次。1949 年后，1953、1954、1956、1963、1966、1987、1995 和 1996 年发生过较大水灾。据调查，清光绪十九年（1793 年）大洪水，黄壁庄洪峰流量达 2 万～2.75 万立方米每秒，是滹沱河 200 年来的最大洪水，有"水灌府城、平地行舟、秋收无望"等记载。1996 年 8 月上旬，山西省忻州、原平、昔阳、和顺、左权县及河北省太行山区发生特大暴雨，泉口（昔阳）水文站次降水量达 474 毫米，河道超标准行洪，特大洪水造成严重水灾，以左权、和顺、昔阳最为严重；河北省正定至深泽多处漫溢，护岸工程多处冲毁，下游献县泛区滞洪，最大水深 3 米以上，泛区南堤饶阳县决口，103 个村进水，淹没耕地 1.37 万公顷。

社会经济　流域山区煤、铁等矿产资源丰富，平原耕作业发达，是河北省重要粮棉产地。交通便利，有京广、京九、津浦、石太、石德等铁路干线和京深、石黄等高速公路。

治理开发　流域内，商代便开挖灌溉水井，西汉时建成太白渠引冶河水灌溉，唐代疏凿大唐渠和礼教渠，金代定襄县建成滹水渠，宋代沿河各县实施引洪淤灌，明清两代定襄、原平、新乐、正定一带广泛凿泉引水、发展农灌。民国时期，上游兴建了民生渠、兴民渠、大同渠和仁寿渠等。1949 年后，灌溉事业蓬勃发展，增产效益显著，粮棉产量稳步上升，因地下水长期超采，地下水位逐年下降。早在东汉永平十年（公元 67 年），河道即通漕船。民国时期，沿河船舶多达 500 余只。20 世纪 60 年代后，河道断流，不再通航。

1949 年后，开始对滹沱河全面规划和治理。20 世纪 50 年代，河北省在山区先后修建岗南、黄壁庄两座大型水库和一批中小型水库；在平原疏浚河道，加固堤岸，巩固河槽；在下

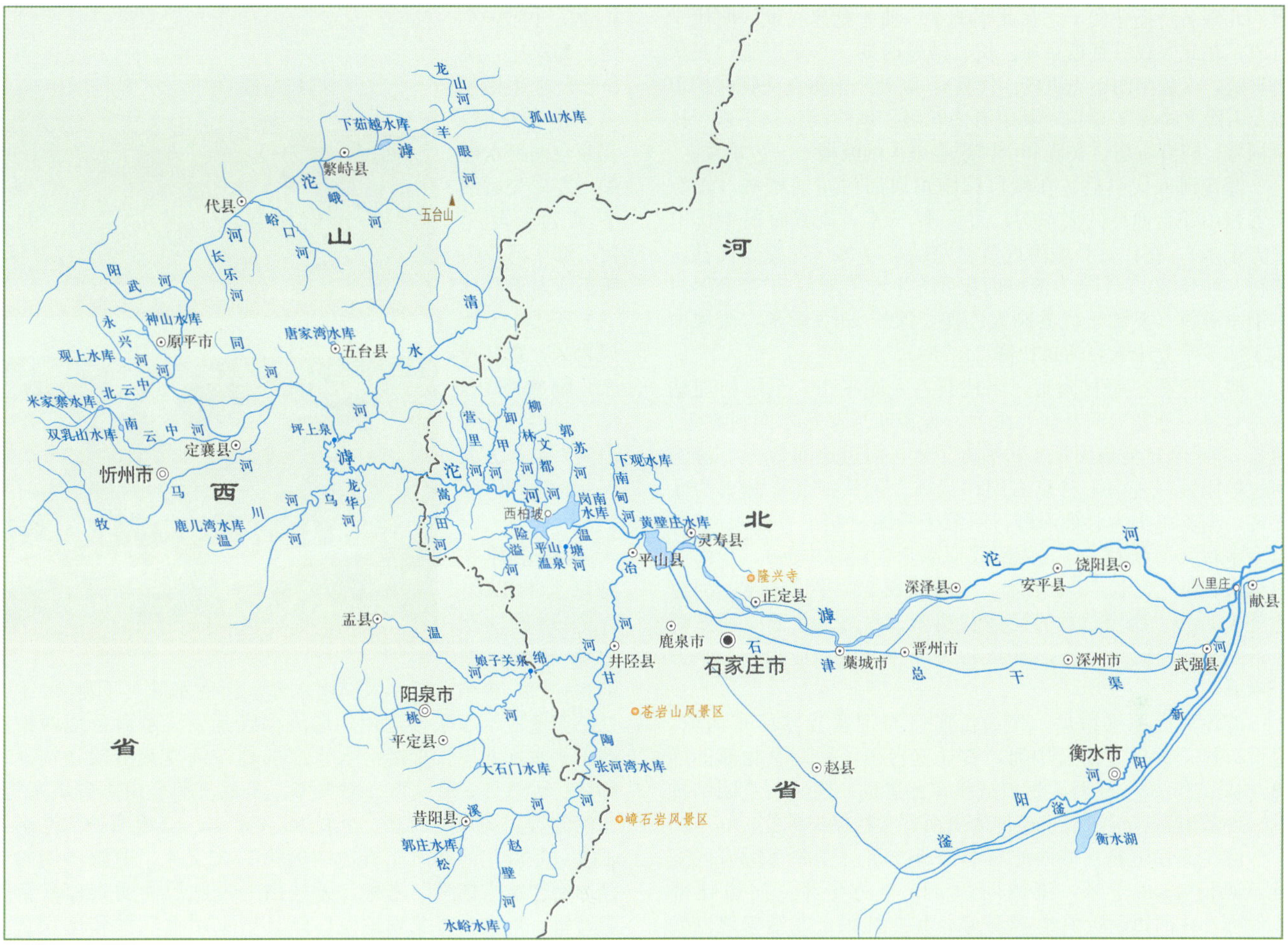

滹沱河水系示意图

游献县泛区开挖行洪道。1966年后，按照50年一遇防洪标准修筑、加固北堤和南堤，干流黄壁庄以下规划实施1.6千米宽治导线整治工程；通过开挖引河和修建丁坝、堵坝、柳坝、导流排、护坡等控导工程和险工防护工程，河床大体上趋于稳定。20世纪80—90年代，实施水库和堤防除险加固、险工治理、河道清障、蓄滞洪区安全建设等，进一步提高了河道行洪能力。

全流域，河北省共建成岗南、黄壁庄两座大型水库，下观、石板和张河湾3座中型水库，80座小型水库，总库容30.91亿立方米；万亩灌区13处，灌溉面积12.8万公顷；水电站85座，总装机容量7.85万千瓦。山西省共建成中、小型水库67座，总库容1.66亿立方米，其中中型水库11座，总库容1.96亿立方米；建成万亩以上自流灌区20处，有效灌溉面积8.22万公顷，其中十万亩以上大型灌区3处。建成水电站28处，装机49台，总装机容量11 856千瓦。2000年，流域总取水量8.35亿立方米，其中地表水4.57亿立方米，地下水3.78亿立方米；工业用水量2.6亿立方米，农田灌溉用水量4.58亿立方米，城镇生活用水量0.37亿立方米，农村生活用水量0.57亿立方米，林牧渔用水量0.23亿立方米。流域现状年水土流失面积122.33万公顷，累计治理面积51.8万公顷。

纪　实

上游　滹沱河发源于山西省繁峙县五台山北麓泰戏山桥儿沟，称孤山河，《山海经》云："泰戏之山滹沱之水出焉，尺波寸浪，波涛汹涌，故谓滹沱河矣。"东山至辛庄之间建有孤山水库（库容1 100万立方米，1972年建成）。干流在南河会村、北河会村之间与虎山河（源于繁峙县红花沟，流域面积106.2平方千米）汇合后始称滹沱河；西流至郝家湾村潜入地下，当地有"四十里潜流"的说法。

西流，至下汇村右纳龙山河（源于应县长才沟，流域面积156.87平方千米）；西南流，在安吉左纳羊眼河（发源于五台山东台望海峰脚下，河长34.3千米，流域面积214.45平方千米，河道比降32.9‰）；续流，在上永兴村东，纳双井河（源于应县河蛟村，河长20千米，流域面积103.99平方千米）。

至上永兴村滹沱河潜流钻出地面，过下茹越村，穿繁峙县城西南，入代县。代县是国家历史文化名城，春秋属晋，战国属赵，隋开皇五年（585年）改称代州，明洪武二年（1369年）改为代县，清雍正二年（1724年）升为直隶州，民国元年（1912年）又改代州为代县。代县南部属五台山脉，北部属恒山山系，雁门关居其间，北踞塞外高原，南屏忻定盆地，素以关山雄固、军事要冲而闻名于世。赵国名将李牧，据险保卫赵国江山。隋炀帝被围代州，召李渊救驾。唐代郭子仪、薛仁贵，转战代

雁门关

州。北宋名将杨业父子，在此唱响了一曲千秋忠义歌。明代李自成，在此大战后直抵京城。抗日战争时期，八路军雁门关伏击日寇，夜袭阳明堡飞机场。代县有45处全国重点文物保护单位及省级文物保护单位，其中有内长城、雁门关、赵杲观、杨家祠堂、阿育王塔、文庙和全国现存最大的鼓楼——边靖楼。

滹沱河入代县后，在峨口镇南留属旧村左纳峨河（发源于五台山北台西侧的大东沟，河长47千米，流域面积400.31平方千米），在代县县城附近贾村左纳峪口河（发源于代县白草村，河长39.7千米，流域面积375平方千米），于张家堡村东纳中解河（发源于代县高太乙庄，河长29.3千米，流域面积137.5平方千米，河道比降24.7‰）。

滹沱河在小寨村附近，出代县，入原平市，至匙村左纳苏龙口河。苏龙口河又名长乐河，发源于原平市木图村附近，河长22千米，流域面积179平方千米，河道比降24‰。滹沱河过崞阳镇，在南阳村东右纳阳武河。阳武河北支源头为龙宫河，南支源头为长梁沟河，两源于马圈村相汇后称阳武河；至上申村又一分为二（北为阳武河故道，南称中河），于南阳村再次相汇，河长72.6千米，流域面积972平方千米，河道比降11.8‰。南流，在界河铺右纳北云中河。北云中河发源于忻州市忻府区大岭底，河长49.6千米，流域面积458平方千米。

滹沱河出原平市后，作为忻府区与定襄县界河东南流，过忻口村。忻口左倚云中河，右托五台山，是太原北部的屏障。1937年10—11月，忻口战役在此爆发，国共两党团结抗日，歼敌逾万。忻口战役遗址为山西省文物保护单位。

滹沱河在定襄县城西北右纳南云中河（发源于忻府区安杜，河长48.9千米，流域面积415平方千米，河道比降2.7‰），在河边附近右纳**牧马河**，在东社附近左纳同河（发源于原平市东岔，河长39.7千米，流域面积270.63平方千米，河道比降6.4‰）。

此后，滹沱河出定襄县，入五台县，在槐荫村纳小银河（发源于五台县殿头村，河长32.5千米，流域面积224.6平方千米，河道比降13.6‰）；过永安村，村内有共和国元帅徐向前故居，1992年8月开放，被列为青少年爱国主义教育基地。干流于甲子湾入太行山峡谷区，在坪上村纳清水河，汇口处河谷中有**坪上泉**；过边家庄返回定襄县，过南庄入盂县，在枣院村右纳**乌河**；在会里村右纳龙华河（发源于盂县上王村，河长53.8千米，流域面积498.74平方千米）；干流过梁家寨等村庄，在阎家庄后出山西省。

滹沱河东流，入河北省平山县。平山县为革命老区，地处山西台地与华北平原过渡地带，铁矿石、大理石、花岗岩等矿产资源丰富，盛产核桃、花椒、柿子等土特产品。1948年5月，毛泽东率领中共中央和解放军总部移驻西柏坡，在此组织指挥了辽沈、淮海、平津三大战役，召开了中共七届二中全会，在中国革命史上留下了光辉的一页，现在西柏坡已成为著名的革命纪念地和国家重点风景名胜区，被列为全国重点文物保护单位。河道两岸，峭壁对峙，河谷深切，绕弓形大弯，至讲理村，右岸有蒿田村

西柏坡纪念馆

汇入；再经小觉、郏家庄，绕S形大弯达秘家会，建有小觉、秘家会两处水电站，左岸先后纳营里河、卸甲河。卸甲河源头附近有避暑胜地——驼梁自然风景区，森林茂密，幽峡如画，瀑布成群，气候凉爽，被誉为太行山上的绿宝石。

驼梁自然风景区

青龙观祖师堂

滹沱河在秘家会村以下河谷开阔，至建都口村，左纳柳林河，再东南流，入岗南水库。岗南水库与下游28千米处的黄壁庄水库联合运用，形成梯级开发。革命圣地西柏坡即位于水库北岸。直接汇入水库的滹沱河支流有险溢河、文都河、古月河、甘秋河、郭苏河。险溢河源自山西省石灰沟，在河北省拦沟入平山县，全长62.4千米，流域面积425平方千米，是滹沱河在河北省境内的第二大支流，中游西侧的天桂山有"北方桂林"之称。天桂山上古刹原为明崇祯皇帝归隐行宫，后改为青龙观道院，颇具皇家园林气派和道家宫观风采，2002年被确定为国家重点风景名胜区。

干流出岗南水库后东流，左岸西岗南村是《没有共产党就没有新中国》的创作者、著名音乐家曹火星的家乡；再东流，有温塘河从右岸汇入，温塘河东岸温塘镇有**平山温泉**，面积7公顷左右，水温60～90摄氏度，含有氡、硫等30多种化学物质。

再东流，有南甸河从左岸汇入，后折东北流，至单杨村，右纳最大支流冶河，再东流，入黄壁庄水库。库区北岸有古中山国都城遗址，出土文物多为稀世珍宝，具有很高的考古研究价值，属全国重点文物保护单位。

中下游 滹沱河出黄壁庄水库后进入平原区，河床开阔，宽6～7千米，沿灵寿县、鹿泉市边界东流，有松阳河、渭水河从左岸相继汇入。灵寿县以产灵寿木得名，黄金、铁矿、石材等资源丰富，旅游资源得天独厚，有五岳寨国家森林公园、漫山自然保护区、横山湖、三梦山、北齐幽居寺等风景名胜。灵寿县也是革命老区，抗日战争时期晋察冀边区政府、边区造币厂、抗大二分校都曾长驻于此。鹿泉市原称获鹿县，地处晋、冀交通咽喉，自古为兵家必争之地；县城西郊抱犊寨，古时称为草山，最高峰海拔580米，山峰四周悬崖绝壁，山顶平坦开阔，异境别开，草木繁茂，恍如世外桃源，被誉为"天下奇寨"，这里还是汉淮阴侯韩信

三梦山

五岳寨秋色

"背水一战"的古战场。

干流在北白店村西入正定县,南流而折向东南,至大孙村,然后沿正定、石家庄市区边界东行,下穿京广铁路,有太平河从右岸汇入;再东流,下穿京深高速公路,到大丰村,出正定县。正定县从汉至清,历为真定国、恒山郡、常山郡、真定府治所,曾与北京、保定并称"北方三雄镇",1994 年被列为"国家历史文化名城",现存文物古迹众多,素有"九楼四塔八大寺,二十四座金牌坊"之称,又有"古建筑宝库"的美誉。隆

漫山自然保护区

北齐幽居寺

隆兴寺钟鼓楼

兴寺最为著名,被誉为"京南第一名刹",始建于隋开皇六年(586 年),占地面积 8.25 万平方米,气势恢弘,是我国现存年代最早的古建筑群。正定县是三国时期名将赵子龙的家乡,也是曹雪芹先祖曹彬的故里。1986 年,为拍摄电视剧《红楼梦》,在城区搭建了荣国府仿古建筑群,已成为一大景点。

河北省省会城市石家庄市与正定古城隔河相望,是河北省政治、经济、文化中心。明清两代,石家庄还是一个小村庄,20 世纪初,平汉铁路(今京广铁路)和正太铁路(今石太铁路)相继修建,并在此交汇,石家庄逐渐发展起来。市内的华北烈士陵园内有伟大的国际主义战士白求恩和印度友人柯棣华、爱德华大夫的陵墓。

滹沱河入藁城市后,东流偏南,至南只照村,有周汉河从左岸汇入。周汉河源自正定市西汉村,全长 39 千米,流域面积 275 平方千米,是流域内唯一一条平原河流。滹沱河横穿藁城中部,过东四公村,折向东北流,右岸仍为藁城市,左岸为无极县。藁城市境内有台西商代遗址、九门古城址、元代古墓群等。藁城市耿村被称为中国民间故事第一村,明朱元璋时就有"北有京津,南有耿村"的说法,南来北往的商人把他们听到看到的奇闻趣事讲给耿村人,耿村人也把自己的故事、笑话讲给他们听,久而久之,形成了丰富的耿村民间口头文学。2006 年"耿村故事"被列入我国首批非物质文化遗产名录。

滹沱河继续东北流,至教公村后,流淌于无极县、晋州市之间。无极县是传统农业大县,种植业、畜牧业发达,县城西 3 千米处东朱村是滹沱河北大堤起点,北大堤属国家 I 级确保堤防。晋州市是唐代名相魏征的故里,境内地势平坦,土质肥沃,是有名的"鸭梨之乡"。

滹沱河过龙泉固,入深泽县,河道渐窄,东南行 8 千米,先过北中山水文

魏征公园

站,再到深泽县城南,过城南转东北流 4 千米,到高庙、西三村段,河宽仅 1 千米;右岸西三村是滹沱河南大堤的起点。

干流继续东北流,在西李庄入安平县。安平县是闻名遐迩的"中国丝网之乡"。明弘治八年(1495 年),就开始了以头发、蚕丝为原料的罗绢生产。清光绪二十一年(1895 年),以铜丝为原料生产的丝网技术传入,开始了金属丝丝网时代,目前已成为中国最大的丝网集散地。干流在安平县自西南略偏东北流,横贯全境,河床渐宽至 3~4 千米,沿岸于 1978 年实施了生物治河工程,共布设杨各庄、郎仁、高佐等 9 处柳坝群护岸工程,在"96·8"洪水中发挥了明显的防冲固滩护岸效果。

滹沱河东流,于耿各庄北入饶阳县。饶阳县位于冀中平原腹地,是河北省粮棉油主产区之一,地下蕴藏丰富的石油、天然气、地热水、黏土等矿产资源,饶阳杂面是当地有名的特产。干流入饶阳县后东流,经罗屯村、张池村,穿京九铁路,东行 4 千米,而后折东南流,过饶肃公路,入献县泛区。

献县泛区旧称"四十八村",清光绪年间被划为"钦定泛区",泛区现为河北省重要蓄滞洪区,西起饶阳县大齐村,东至滏阳河,南北以滹沱河南、北堤为界,东西长22.5千米,南北宽12.5千米,涉及饶阳、武强、献县3县105个村,面积312平方千米,当滹沱河来水超过400立方米每秒时泛区启用。

滹沱河自饶阳县大齐村南行,后东南流,至富庄村入献县;再东流,经南张村、古今庄,至八里庄,与滏阳河汇流后称子牙河。

3.6.1.1　牧马河
(Muma River)

滹沱河支流,古称牧马水,亦称七里河。发源于山西省阳曲县白马山五庆沟,经忻府区,在定襄县河边村入滹沱河。

概　　述

牧马河河长118.3千米,流域面积1 498平方千米。上游属石质山区,中游属黄土丘陵区,下游由中细砂组成。中下游地势平坦,土地肥沃,是忻府区粮、菜主要产区。

流域属大陆性季风气候。流域多年(1956—2000年)平均年降水量462毫米,年内降水主要集中在汛期(6—9月);多年平均气温8.7摄氏度,年蒸发量1 718.9毫米,年径流量4 024万立方米,年输沙量约115万吨。

牧马河属季节性河流,为格子状水系。上中游水土流失严重,经治理生态植被有所改善;下游为冲洪积平原区,地下水资源丰富,河渠纵横,灌溉便利。中、下游河坝属砂土型,由于人为取砂,堤坝的抗冲刷能力较弱,河床稳定性差。

流域属北方干旱地区,年年春旱。下游一带盐碱化和次生盐碱化严重,总面积约1 370公顷,经大规模排盐改碱,土壤盐碱化问题大有改善。流域包括阳曲县、忻府区、定襄县的229个村庄,耕地面积3万公顷,人口34.8万。农作物以玉米、高粱、杂粮及经济作物为主。

流域内建有河井双灌的牧马河中型灌区和两座水库。正常年份引用地表水200万~800万立方米,开采地下水4 400万~5 000万立方米,基本满足灌溉要求。

纪　　实

牧马河发源于山西省阳曲县的白马山五庆沟,源头处由西北向东南流,过六固村后改为东北流,在安家庄下游出阳曲县入忻府区。忻府区是忻州市政治、经济、文化中心,区内有清代秀容书院、纪念元好问的遗山祠和明代城楼。

入忻府区后,过牛尾庄、宋家庄,在井沟村接纳马川沟,在峪口村接纳马圈沟,在三交镇接纳土岭沟;转东南流,过西岁兴水库,从西社村出山后一路向东,过庄磨镇,到下曹庄接纳平社河(发源于阳曲县何庄,河长11.2千米,流域面积120.6平方千米);再向东不远处即到向阳村新石器时代遗址,过向阳村后,由东转向东北流即到豆罗村。豆罗村是山西省著名的建筑用砂——豆罗砂的主产地,人为采砂使河道两岸堤坝抗冲刷能力

元好问像

减弱,影响了河床的稳定性。此处于1956年1月建有豆罗水文站。

牧马河过豆罗村转为东北流并直达韩岩,韩岩村是中国金代文学家、史学家元好问的故乡,他写有"问世间情为何物,直教生死两相许"等佳句,在我国文学史上影响颇大。在韩岩村东南有禹王洞景区,该洞为石灰岩溶洞,已探明部分深约2千米,洞内石花、石柱、石瀑、石塔、石笋等造型奇特,具有较高的欣赏价值。过韩岩村,有田村河从西岸汇入。河东有中国古代四大美女之一貂蝉的故里——木芝村,村内建有貂蝉陵园。

牧马河东北流,过曹村,在安邑村东出忻府区入定襄县。定襄境内的系舟山北侧有七岩山摩崖石刻;城西不远的西河头有保存完好的西河头地道战遗址,是

阎锡山故居

中国人民为争取解放而英勇奋战的历史见证;城东北30千米处的五仙山上有建于明嘉靖年间(1522—1566年)的白佛堂石窟。经智村、董村、定襄县城、蒋村等,即到河边镇。河边镇有阎锡山的故居,现被建为当地的民俗博物馆。

牧马河于河边村附近汇入滹沱河。

3.6.1.2　清水河
(Qingshui River)

滹沱河左岸支流,发源于山西省五台县五台山西北方向的东台沟,在坪上村入滹沱河,因其上游有镇海寺、观海寺等圣刹,又被尊称为"佛国圣水"。

概　　述

清水河河长113.2千米,流域面积2 405平方千米,河道比降21.2‰。源头及上游为土石山区,表现为构造剥蚀断块高中山地,从五台山的五个台顶往下主要为石山区;面积1 852平方千米,高程1 000~1 500米,峰峦重叠,山高坡陡,河谷呈V形,植被相对较好,多属天然林或牧坡。中游为黄土丘陵沟壑区,分布在河谷两岸的半坡阶地上,面积522平方千米,地形切割较深,纵坡一般大于25度,主沟呈U形,支沟呈V形,高程1 000~1 300米。下游为冲积湖积平原区,面积31平方千米,高程900~1 200米,地势平坦,土地肥沃,是流域内主要农耕区。

流域多年平均年降水量450毫米,年水面蒸发量1 000毫米,多年平均气温6.9摄氏度,一年四季多干旱;多年平均年径流量2.02亿立方米,清水流量2.78立方米每秒。结冰期为12月至次年3月,冰厚0.7米;多年平均年输沙量410万吨,年输沙模数1 000吨每平方千米。

流域自然灾害以旱灾为主,春旱尤重,3—5月降水量不到全年的15%,基本上每年都发生春旱,局部洪涝灾害时有发生。河水的主要污染源是城市污水和化肥厂的工业废水。

21世纪初,流域内共有466个村庄、19.75万人、3.26万公顷耕地(其中水浇地1 000公顷),主要农作物有玉米、高粱、薯类等,其次是糜谷、豆类及莜麦等小杂粮。

流域水力资源理论蕴藏量3万千瓦,可开发量1.8万千瓦。21世纪初,已建有4处无调蓄小水电站(李家庄、坪上、

清水河源头

胡家庄、马头口），装机7台，容量876千瓦；中型水库1座（唐家湾），小型水库1座（圈马沟），小型机电灌站63处。2008年在入滹沱河处附近开工兴建西龙池抽水蓄能电站，额定水头640米，位居全国第一、世界第二。

纪　　实

清水河发源于山西省五台县五台山东台（高程2 795米）西北方向的东台沟。源头处为五台山草地自然保护区。五台山是国家重点风景名胜区，方圆250千米，跨五台县、繁峙县、代县、原平市、定襄县，因东、西、南、北、中五峰如五根大柱般拔地而起，巍然屹立，峰顶平坦如台，故名五台，2009年被联合国教科文组织列入世界文化遗产。

五台山属太行山脉，其中北台顶叶斗峰海拔3 058米，是华北地区最高的山峰，有"华北屋脊"之称；又因山上气候多寒，盛夏不知炎暑，称为清凉山，别称"清凉圣境"。五座主峰，东台望海峰可看云海日出，南台锦绣峰是花的海洋，西台挂月峰可赏明月娇色，北台叶斗峰尽览群山层叠，中台翠岩峰可见巨石如星；更有天造奇观热融湖、冰胀丘、石海石川、龙翻石、写字崖、佛母洞等美景不时呈现。山上有野生动物百种、奇花异卉万枝，是美丽的高山自然公园。

五台山是历史悠久、中外驰名的佛教圣地，雄居我国四大佛教名山之首，是我国唯一汉传佛教和藏传佛教并存之山，也是我国佛教名山中寺庙建筑最悠久、建筑规模最宏大、保存最完整的一座；荟萃了我国元魏以来各个时代的建筑特色，融汇了印度佛教、藏传佛教、汉地佛教、民间宗教、儒教、道教和三晋文化的精华。寺庙大都依山就势，错落有致，以台怀寺庙群为中心，向五座台顶辐射，形成了一个与自然景色和谐统一的具有古刹风韵的梵宇华宫。山区的南茹村是抗日战争时期八路军总部所在地，周恩来、朱德等老一辈革命家

五台山风光

曾在此战斗过，抗战历史上有名的平型关大捷、夜袭阳明堡日军机场等战役就是在南茹村指挥的。

清水河由东北向西南流，接纳源自中台（高程2 894米）东侧的另一小支流，到台怀镇；过杨柏沟、白头庵、金岗库，在石嘴接纳铜钱沟。铜钱沟发源于五台县红庵村，河长20.3千米，流域面积162平方千米，河道比降26.4‰。清水河流经化桥，在狐峪口接纳孤月沟，转向西南流，过门限石、红崖、松岩口等村。松岩口有国际共产主义战士——白求恩工作过的模范病室旧址（现建有白求恩纪念馆）。清水河在河西村接纳殊宫寺沟，经耿镇，在照吞口接纳屋腔沟，在河口村接纳泗阳河。泗阳河发源于五台县小北沟，河长31千米，流域面积174.2平方千米，河道比降14.8‰。

清水河东南流，过张家村、柏板口村后，在环椿坪接纳滤滤河（发源于五台县岭底村，河长43千米，流域面积370.3平方千米，河道比降11.9‰），在南坡村接纳移城河（发源于五台县鹞子沟，河长25.7千米，流域面积153.8平方千米，河道纵坡21.5‰）。清水河下游的李家庄村东南0.5千米处有座鱼洞山。鱼洞山是一绝壁，有两个泉眼，其中一泉在山脚下，一泉在离地面三四米高

清水河（山西五台县段）

的石崖上，两泉相距100多米。平时只见清泉涌流，每年清明前三日，从上面泉眼里流出的鱼脊梁上有一条金线，从下面泉洞里流出来的鱼脊梁上有一条黑线。出窟之鱼，长不达尺，重为足斤。时过三日，终年不见只鱼片鳞，泉流如故。曾有诗曰："不许鹰鹤渡，谁知鲸鲤来。冲风疑破壁，激水自生雷。"该泉现已干涸。

清水河经罗家庄、耿家会等村庄，在坪上村汇入滹沱河。

3.6.1.3　坪上泉

(Pingshang Spring)

出露于山西省五台县**滹沱河**与**清水河**汇合口上下游河谷中，泉水出露处有一村庄名坪上，以村名泉。位于山西五台县城南约30千米处，泉域面积3 035平方千米。

坪上泉以分散的泉群形式出流，呈线状分布，因滹沱、清水两河切出岩溶含水层的区域隔水底板而溢流成泉，属侵

坪上泉

蚀、接触、全排型溢流泉，到21世纪初仍基本保持泉水出流的原始状态。

泉域主要在五台县甲子湾以南、胡家庄以西到定襄县戎家庄以东的滹沱河、清水河河道内，以清水河流域为主体，大部分在五台县境内，小部分属定襄县。泉域属中山地形，间夹山间盆地、河流谷地，总体上地势北高南低。泉域岩溶水含水岩组主要是奥陶系中统下马家沟组和寒武系上、中统，以寒武系最为普遍，其中以下马家沟组及寒武系上统最强、中统次之。

坪上泉共有大小泉眼221个，构成4个泉组：滹沱河干流上的甲子湾、水泉湾、段家庄3个泉组，清水河干流上的李家庄泉组（含胡家庄、耿家会、李家庄及坪上散泉群），另有定襄境内孤立出流的大湾泉。泉水出露高程：

坪上泉眼

甲子湾泉组710.9～713.3米，水泉湾泉组639.9～699.7米，段家庄泉组672.8～678.8米，李家庄泉组659.4～699米，大湾泉组700米。泉水多年（1956—2003年）平均流量为4.90立方米每秒。泉水水质优良，属重碳酸钙镁型，总硬度187～300毫克每升。泉域内主要有降水入渗和河流渗漏两种补给方式。泉水主要供周边地区城镇生活及工业用水。泉域上游区人民生活、生产用水活动对泉水有一定影响。

坪上泉出露区

坪上泉地处滹沱河山西段下游，五台与定襄两县交接地段。流经此处的滹沱河干流从定襄县东北经河边镇，入五台县西南部建安与永安（徐向前故里）之间，向东南

坪上泉

穿行过神西至坪上村，接纳清水河。在此，干流90度大转弯折向西出五台县，后再度入定襄县，至戎家庄后又一个90度拐弯向南入盂县北部，自西向东经梁家寨至北峪口出山西省入河北省。

3.6.1.4　乌河

（Wuhe River）

滹沱河右岸支流，发源于山西省阳曲县两岭山，至盂县枣院村入滹沱河。

乌河河长64千米，流域面积1 174平方千米，中低山区地貌，有部分山间盆地和黄土丘陵区，地势南高北低，南北高差1 165米。流域地处温带大陆性季风气候区，多年平均气温8.7摄氏度，1月平均气温4.6摄氏度，7月平均气温24.3摄氏度。流域多年平均年蒸发量1 202毫米，多年（1956—2000年）平均年降水量537毫米。降水年际变化较大，最大年降水量791.5毫米（1963年），最小年降水量237.5毫米（1972年）；年内降水主要集中在7—9月。乌河上游为季节性河流，下游从李家庄开始为长年性河流，多年平均年径流量0.77亿立方米。21世纪初期统计，流域内有人口7.6万、耕地7 300公顷，建有高灌站10处、塘坝1座。

普济寺（乌河总寺）

乌河发源于山西省阳曲县两岭山，至凌井店村转向东北流，过湾里村东北行，过东郭湫村，出阳曲县入盂县。盂县是山西历史上最古老的县名之一，为春秋晋国大夫盂丙之邑，其治所在今阳曲县大盂镇。县境四周环山，中部平坦如砥，地形如"盂"状，因此得名，后屡废屡置，至今已有千余年历史。乌河流域是盂县古代社会政治、经济、文化的中心区域，这里寺庙林立，古迹众多。位于侯庄的普济寺有"乌河总寺"之称。该寺建于大唐初年，宋、元、明各朝均有增建，但其基本造型是依照始建时模式修建，因而直到今天仍保有唐代建筑风格，是今人研究古代佛教史和建筑工艺史的重要实物资料。

乌河沿盂县西部北上，过南蒋、西梁等村，在西烟村接纳寺耳河继续北行，过岭南、泉子、李庄等村，在尧子坪村接纳温川河。温川河发源于阳曲县小五台山，流域面积339.5平方千米。

经均才、庄头等村庄，在枣院村入滹沱河。

乌河

3.6.1.5 岗南水库
(Gangnan Reservoir)

滹沱河干流上的大（1）型水库，位于河北省平山县西岗南村。总库容 17.04 亿立方米，控制流域面积 15 900 平方千米。工程以防洪、供水功能为主，兼顾发电效益。

概 述

坝址以上河长 352 千米，支流繁多，呈羽状分布于中上游山区。流域多年平均年降水量 485 毫米，干流长年有水。受季风气候影响，80%的年内降水量集中在 6—9 月，洪水一般由暴雨产生，多出现在 7—8 月。水库与下游 28 千米处的**黄壁庄水库**联合运用，形成梯级开发利用，可基本控制滹沱河的山区洪水，不仅担负着石家庄市和下游铁路、公路、华北油田及冀中平原的防洪保安任务，还担负着石家庄市工业、生活供水和石家庄、衡水、邢台部分县市农田灌溉供水的任务。

水库于 1958 年 3 月开始兴建，1959 年拦洪蓄水，1962 年停工待建，1966 年 10 月续建，1969 年底基本按原设计要求竣工，防洪标准达到 100 年一遇洪水设计、1 000 年一遇洪水加 10%校核。1978 年，进行第一次除险加固，新建一座 8 孔溢洪道，并初步加固了正常溢洪道和非常溢洪道，1990 年 4 月完工，使工程达到了 5 000 年一遇洪水校核的标准。经多年运行，水库仍存在防洪标准偏低、工程及管理设施老化严重等问题。2004 年 1 月，水库除险加固工程开工，竣工后防洪标准为 1 000 年一遇洪水设计、10 000 年一遇洪水校核。

水库工程由主坝、副坝、输水洞、泄洪洞、正常溢洪道、非常溢洪道、新增溢洪道、电站、调节池组成。主坝为黏土斜墙坝，长 1 701 米，最大坝高 64 米，顶宽 8.5 米，顶

岗南水库

高程 210.5 米（大沽高程，下同）；副坝位于主坝两侧，为均质土坝，共 16 座，全长 4 579 米。输水洞位于主坝右岸，洞径 6 米，最大泄流量 382 立方米每秒；泄洪洞位于主坝右侧，洞径 6 米，长 698 米，设计泄流量 468 立方米每秒；正常溢洪道位于主坝左侧，为开敞式溢流堰，共 4 孔，泄流量 5 876 立方米每秒；非常溢洪道为开敞式溢流堰，固定口门上设爆破引冲式自溃坝，泄流量 3 644 立方米每秒；新增溢洪道位于正常溢洪道右侧，为开敞式溢流堰，泄流量 9 590 立方米每秒。电站位于输水洞下游，共 3 台机组，装机容量 4.1 万千瓦，设计年发电量 8 500 万千瓦时。调节池位于主坝下游 2.5 千米处，为黏土斜墙坝，长 280 米，设计库容 400 万立方米；调节池左侧下游有一座小型电站，装机容量 1 600 千瓦，左右肩分别建有北跃渠、大川渠引水洞。

水库建成后，共拦蓄较大洪水 5 次，其中超过下游河道防洪标准的洪水 3 次，分别为 1963、1996、1999 年，拦蓄最大洪峰分别为 4 390、7 010、4 460 立方米每秒。尤其是 1996 年，削减洪峰 94%，为保护黄壁庄水库及下游地区起了决定性作用，充分发挥了水库拦洪、错峰、削峰和蓄水作用，防洪效益达 100 多亿元。

在城市供水方面，1996 年后，岗南、黄壁庄两库先后开始向西柏坡电厂、石家庄市地表水厂和石家庄市环境工程提供用水。截至 2005 年年底，水库为石家庄市生活、电厂及生态用水累计供水 3.33 亿立方米，为改善石家庄市生活用水质量、提高城市品位、促进经济发展起到了重要作用。在农业供水方面，直接为引岗渠、大川渠和北跃渠供水，与黄壁庄水库联合为石津灌区、灵正渠和计三渠供水，水库年均供水量 7.6 亿立方米，有力地促进了石家庄、邢台、衡水三市农业的稳产高产和经济社会的发展。

水库年均提供发电用水 7.8 亿立方米，累计发电 6 000 万千瓦时。养鱼水面 3 900 公顷，相应水位 190 米，水质良好，适合鱼类生产。1961—1995 年，鱼虾等水产品总量 1.46 万吨。1999 年，为保证供水质量，取缔了网箱养鱼，但自然野生鱼虾肉质更为细腻、鲜嫩，成为人们追求的绿色水产食品。

水库上游水土流失严重，大量泥沙淤积到水库中，减少了对下游的危害，平均年淤积 831 万立方米，累计达 2 亿立方米。

水库淹没耕地 2 684 公顷，迁移人口近 3.6 万。西柏坡中央旧址亦被淹没，1970—1985 年在原址北面山坡上复原重建，1982 年被国务院确定为全国重点文物保护单位。

纪 实

岗南水库坝址以上滹沱河上游植被薄弱，两岸黄土砂砾沉积，水土流失严重。20 世纪 70 年代后，国家进行植树造林。1993 年，实施太行山绿化工程，面积达 12.67 万公顷，森林覆盖率从 35.4%上升到 41.3%。1998 年，实施以岗南、黄壁庄库区生态建设为主要内容的冀西滹沱河流域生态建设工程，规划面积 0.67 万公顷，建设期 3 年。通过治理，库区周围水土流失治理面积达 96.93 平方千米，绿化面积达 65.47 平方千米。由于环境的改善，野鸭、鹳、白鹭等多种珍稀禽类呈增多趋势，每年冬天有近百只天鹅到水库越冬，给水库增添了一道美丽的风景。

库区群山环绕，水面辽阔，青山秀水，佳景万千。远望大坝，横卧如龙。登上坝顶，四处眺望，东南树海葱郁，楼阁房舍掩映错落，湖塘田畴历历在目；西北峰峦岩壑，千姿百态，景色动人。革命圣地西柏坡掩映在群峰之间，水库大坝是通往西柏坡的必经之路。

3.6.1.6 平山温泉
(Pingshan Hot Spring)

出露于**滹沱河**支流温塘河河谷中，位于河北省平山县温塘镇温塘村西，东距石家庄市区 60 千米。

温塘河东西两侧为低山丘陵，均为太古界震旦系岩化片麻岩，山形多为浑圆状，中间有西北方向浅层岩，基性辉绿岩穿插侵入，表层长期风化侵蚀，下伏基岩被各种片麻岩挤压，深处的高温热水沿基岩破碎带上升到地表。热水埋深超过 40 米，1976 年前能自流出地表。温泉范围长 1 千米，宽 0.5 千米，面积 0.5 平方千米，水温 69 摄氏度，呈弱碱性，为氯化物硫酸盐高热氡泉，含有锌、锂、锶、硒等多种物质，对疥、癣皮肤病及风湿性关节炎疗效显著。

温泉原涌水量曾达 69.5 立方米每小时。1976 年后，先后钻井 10 眼，开发地下水，日采水量 2 500 立方米，年取水量 80 万立方米。因过量开采，目前地表已无水可出，只能凿井取水。

经过 20 多年的开发建设，温泉周边建有现代化宾馆 10 家、度假村 10 个，每日游人近千。温泉历史悠久，据考证已达 2 000 多年，附近有革命圣地西柏坡和天桂山、驼梁等旅游区。

3.6.1.7 冶河

(Yehe River)

滹沱河右岸最大支流，古称绵水。上有两源，一为**绵河**，一为**甘陶河**，两河在河北省井陉县北横口村汇流形成冶河，干流河长 37 千米，于平山县北贾壁村东入滹沱河。两汉时期这一带是制造兵器、铠甲和生产工具的重要冶金地，河亦因此得名。

概　述

冶河若以甘陶河为上源，则从河源至北贾壁村河口的长度为 187 千米，流域面积 6 420 平方千米。河床一般宽 300～500 米，威州、孙庄、洛阳等河段最宽达上千米，河北井陉段年均流量 15 立方米每秒，最枯期流量 5～7 立方米每秒，最大瞬时流量 1.26 万立方米每秒（1996 年 8 月 4 日）。

流域多年平均年降水量 600 毫米左右，主要集中在 7—9 月。流域内绝大部分为黄土区，植被贫乏，夏季雨量集中，多暴雨，含沙量一般较大。

流域多洪灾，井陉县 1985—2004 年间发生水灾 7 次。1996 年 8 月 2—4 日，3 天降雨 485 毫米，比 1963 年洪水还多 83 毫米，张河湾水库最大 608 毫米，冶河瞬时最大流量 1.26 万立方米每秒，比 1963 年多 4 000 立方米每秒。罕见的洪水冲垮梯田，漫过县城、村庄，损失巨大。县城水深超过 2 米，最深处达 10 米，两座医院被淹，1 700 多家商店、600 多家商户被冲毁，4 座桥梁被冲垮，冲毁街道 77 万平方米和供水、排水管路 25 千米。春旱较多，近 20 年发生 6 次大春旱，造成大面积农田受灾。

1957 年，相继建成兴民渠、大同渠、南跃渠，引河水灌溉农田。1958 年，兴建南跃、绵右、人民渠 3 个万亩灌区。1986 年，建设西跃渠。2002 年，在井陉县元村修建冶河配水枢纽工程。1952、1956、1961 年，对河道右岸实施堤防加固，共修堤防 2.4 千米。1974 年春，修复平山县医院到西村庄段大堤，长 1.5 千米。2003 年，修复平山县范西冶村险段，建 4 条丁坝共 430 米。

冶河（河北井陉县孙庄村段）

冶河水系示意图

纪　实

干流始于河北省井陉县北横口村，由绵河、甘陶河汇流而成。

北流，至井陉县城微水镇西，有金良河从右岸汇入。金良河发源于井陉县金柱岭，河长 23 千米，流域面积 102 平方千米。再向北流，经威州镇西，至北防口，有小作河从左岸汇入。小作河发源于山西省平定县大有庄，河长 48 千米，流域面积 329 平方千米。

冶河北流，至平山县南西焦村，河床渐宽，到王母村处达 500 米，至刘家会处最宽达 1 千米；在平山镇南，有马家河从左岸汇入。马家河发源于平山县南罗圈村，河长 28.4 千米，流域面积 120 平方千米。

冶河继续北流，中穿平山镇，经冶河水文站，向北偏东流，至北贾壁村东入滹沱河。

3.6.1.7.1 绵河

(Mianhe River)

冶河两源之一，古名绵水。上有两源，一为**桃河**，一为**温河**，两河在山西省平定县娘子关镇磨河滩村汇流后称绵河，干流河长 120 千米，于河北省井陉县北横口村与**甘陶河**汇流形成冶河。

绵河若以桃河为上源，则从河源至北横口村与甘陶河汇流处河长 200 千米，流域面积 2 736 平方千米，河宽 200～500 米。流域属暖温带大陆性季风气候，多年平均降水量 500～650 毫米。降水年内分配不均，7—9 月降水量占全年的 65%。雨季时有台头沟、单家沟、狼窝沟、南张村沟、旧关沟等支流洪水汇入，年均流量 12 立方米每秒，最枯期流量 4～5 立方米每秒；最大瞬时流量 5 600 立方米每秒（1956 年 8 月 3 日）。绵河除雨水补给外，泉水也是重要的补给来源。流域多年平均年径流量 9.62 亿立方米，封冻期一般在 12 月至次年 3 月。

绵河（山西娘子关段）

流域内旱灾突出，主要有春旱、初夏旱、伏旱和秋旱，旱情导致粮食减产，饮用水短缺。洪涝灾害多因暴雨引起，来势既猛又快，均发生在7—8月，造成的损失极大。

流域涉及山西省平定、河北省井陉两县，为山地丘陵区，水资源贫乏，以草地作物为主。为了发展农业生产，建有多座小型水库及各种护岸堤坝工程。

绵河（河北井陉县城关镇段）

绵河始于桃河与温河汇流处，自西向东，经平定县娘子关、苇泽关流入河北省境内，石太铁路和307国道与河道时而并行时而交叉；东流1千米，在地都村有地都1号公路大桥跨过；向北偏东流1千米拐向东流至南峪镇，镇北西梁洼村有龙王凸风景区。

继续东北流，至张家洼村折向东南，至乏驴岭急转向北绕过百华山主峰雪花山，又向东南蜿蜒流1千米转向北行，至教场村急转南流1.5千米至天长镇。

天长镇建于宋代，具有千年历史，有著名的河东坡窑区遗址。窑区位于天长镇河东坡村，西临绵河，东为台地，面积21万平方米，现今被居民区、公路叠压，街上瓷片随手可得，文化层厚度在1～3米以上，暴露遗迹有瓷片堆积、窑炉、作坊、矸子井等，采集标本有各种瓷片、匣钵、垫圈、石堆、炉条等。尤其是1995年出土的12件印花模子极为珍贵，12件模子均属覆碗（盘）式无柄内模，表面绘刻的图案主题无一相同，分为碗模4件（图案为四季花卉纹、缠枝莲花纹、菊心莲芝纹、菊心重瓣纹）、盘模4件（图案为鸳鸯戏水纹、鹭凤穿花纹、龟鹤图纹、把莲纹时花）、碟模3件、盏模1件。模子瓷胎厚重，质地细密，十分耐用。1998年7月，又发掘窑7座、澄浆池1组、作坊1处、灰坑14个，获得完整或基本完整瓷器400余件以及一批典型标本。窑炉主要为晚唐和五代出土的遗物，分为晚唐、五代、宋金3个时期。1999年11月，发掘了河东坡区第五号印花窑炉，发掘面积62平方米，这是井陉窑发掘以来较完整的一处窑炉，分出灰口、火堂、窑床、焰道。2000年10月，对河东坡小学所在地进行了抢救性发掘，发掘面积180平方米，清理出3处作坊和烘坯子炕1处、窑炉3座，出土瓷器189件，并发现国内仅见的点彩戳印戳模1件。通过这次发掘，井陉窑被确定为河北四大窑址之一。

天长镇南，石太高速公路与307国道相连。之后，河流转一个90度弯一路向北2千米，再转向正东流1.5千米，沿山势曲折向东南流4千米至北张村，先向北后向东，在铺上村向南转一个圈至翟家庄。

绵河东北流，于北横口村与甘陶河汇流形成冶河。

3.6.1.7.1.1　温河
（Wenhe River）

绵河两源之一，古名永谷水。源头称秀水河，另一较大支流为阴山河，两河在山西省盂县温池村汇流后称温河，经阳泉，在平定县娘子关镇磨河滩村与**桃河**汇流形成绵河。

河长70千米，流域面积1 143.5平方千米，河床较为稳定。流域的北侧狭长地带为小起伏的石灰岩溶蚀低山，南侧为黄土覆盖的砂页岩丘陵，其余为砂页岩山地区。

流域属暖温带大陆性季风气候，封冻期一般在12月中旬至次年3月中旬。多年（1956—2000年）平均年降水量514.7毫米。降水年内分配不均，6—8月降水占年总量的65%；年蒸发量1 202毫米，属半干旱地区。

温河（山西盂县段）

流域内旱灾突出，主要有春旱、初夏旱、伏旱和秋旱，一经形成，粮食减产，饮用水困难。洪涝灾害多因暴雨引起，来势既猛又快，均发生在7—8月，所造成的损失极大。河流下游为阳泉市工矿业发达地区，河水污染严重。

流域涉及山西省盂县、阳泉市郊区、平定县，人口35.35万，耕地3.01万公顷。流域为山地丘陵区，水资源贫乏，以草地作物为主。流域内建有小型水库5座（岔口、青岩岸、岳家庄、龙门、油瓮）及各种护岸堤坝工程42千米。

秀水河发源于盂县西南管村西的方山东麓，河长20千米，流域面积109.7平方千米。

秀水河向东北流，过南娄村、下南庄村后从县城东南部穿越而过。盂县县城北关建有"藏山别祠"——大王庙，始建于金大定十二年（1172年），以后历代均有修缮扩建，为盂县历史最悠久、保存最完整的建筑。

过盂县县城后蜿蜒东流，在大吉村接纳香河。香河发源于盂县后榆沟，流域面积139.1平方千米。在乌玉村接纳招山

秋染藏山

河后,在温池村纳入从北向南曲折而行的阴山河。阴山河发源于盂县西麻河驿村附近的虮蜉垴东麓,河长15千米,流域面积155.9平方千米。两河汇流后称温河。

温河东南流,过赵家垴村在小河村出盂县入阳泉,过大河北村入河底镇,该镇下章召村有明代以前的建筑禅智寺。继续东南流,过韩庄、冯家庄等村庄,在辛庄入平定县。

温河曲折东流,在巨城镇左纳盆口河(发源于盂县凤凰山下的白土坡,流域面积156.9平方千米),续流,在娘子关镇磨河滩村与桃河汇流形成绵河。

藏山滴水岩冬景

3.6.1.7.1.2 桃河
(Taohe River)

绵河两源之一,古名绵蔓水,又名阜将水、回星水、太平河、洮水。发源于山西省寿阳县东部的土径岭,在平定县娘子关镇磨河滩村与**温河**汇流形成绵河。

概 述

河长80千米,流域面积1 310.7平方千米。位于山西东部的太行山区,呈东西向长方形状,南北宽约25千米,东西长约52千米,西高东低,主流偏于流域北侧,支流均位于南侧。河流蜿蜒,河床较为稳定。乱流村以上为主要支流汇集区,河床较宽阔(300~500米),两岸高山峻岭,河流湍急,为砂页岩土石山区,流域内阳泉煤矿采掘区因采矿造成地貌破坏严重,属水土流失重灾区;乱流以下无较大支流汇入,属石灰岩山区,河道横切太行山屋脊,切割深达数十米到100多米,两岸岩石裸露,绝壁悬崖,河流弯曲湍急。

流域属温带大陆性气候。多年(1956—2000年)平均年降水量537毫米,主要集中在7月和8月,占全年的50%~60%;多年平均年水面蒸发量1 202毫米,多年平均年径流量0.61亿立方米,多年平均年输沙量2 948万吨。

流域洪水多为暴雨所致,来势凶猛,峰高流急,历时短,一般为几小时至一两天,平均约每3~4年发生一次致灾性洪水。旱灾是流域内主要灾害,占旱、洪、雹、风四大灾害的41.2%,发生频率高。桃河地处阳泉市重点工矿生产区,上游水污染轻,市区水污染严重。

流域矿产资源丰富,尤以煤、铝矾土、硫铁矿储量大及品质优、易开采而闻名,是山西省重要的煤炭能源、化工、建材生产基地之一。21世纪初期,有耕地2.48万公顷、人口34.9万,农作物种植面积2.02万公顷,以玉米为主。

流域内建有中小型水库13座,其中中型水库1座(大石门水库)。干流及其支流上建有堤防工程144千米,在桃河市区段建有高标准浆砌石堤防28千米。

桃河秋色

纪 实

桃河源头段称为太平河,源出方山国家森林公园。从土径岭南流,过翟家垴、太平村,从尹灵芝镇东部折向东流。河西有尹灵芝村,原名赵家垴,1970年为纪念烈士尹灵芝而改名。尹灵芝(1931—1947),女,16岁加入中国共产党,是人民解放战争时期面对敌人铡刀大义凛然、英勇就义的革命烈士。1965年3月,山西省人民委员会追认尹灵芝为"刘胡兰式的英雄";同年,寿阳县政府筹建了"尹灵芝烈士纪念馆"。

东流,经大山南村右纳泉寺河。泉寺河发源于寿阳县虎神庙岩,河长16千米,流域面积109.2平方千米,河道比降15.3‰,建有山南水库。太平河纳泉寺河后称桃河,过晓庄村出寿阳县。

桃河入阳泉市,过旧街、辛兴、赛鱼等村入阳泉市区。阳泉市中心,过去是一片乱石滩,旧称"沙巷口",因有多处漾泉,后取其谐音叫阳泉。阳泉市是我国主要的无烟煤生产基地。市区东南的狮脑山森林公园内建有百团大战纪念碑。百团大战是1940年8月,晋察冀军区129师、120师在八路军总部统一指挥下发动的以破袭正太铁路(石家庄至太原)为重点的战役。战役发起第三天,参战部队已达104个团,故称"百团大战"。狮脑山地处龙海山自然生态景区,景区占地面积万余亩,自然风光秀丽,历史遗存丰富,人文积淀深厚,分布有玉帝登天、炎帝布粮、五谷食(故石)、韩信粮道、百团大战将军台等景点。

桃河继续东流,入平定县。历史上,平定县以陶瓷和砂货闻

桃河(山西娘子关段)

药林寺冠山自然保护区

名于世。砂货生产已有1 300多年的历史，史载清康熙皇帝曾赐平定砂壶为"龙字壶"。在"五四"运动影响下，活跃在20世纪20年代北京文坛的石评梅就是平定人。平定县的南部，有药林寺冠山自然保护区。冠山风光秀丽，集儒、道、释文化于一山，尤以创建于元代的崇古冠山书院著称，明末清初医学家、书画家傅山在此隐居过。东边的石门口长国寺存有北齐天保六年（555年）摩崖造像碑及淮阴侯庙。

至乱流村，右岸有南川河汇入。南川河发源于平定县端岭、七千寨、潘峪一带，河长26千米，流域面积307平方千米。乱流村内有开河寺，寺内现存北魏永平三年（510年）石窟造像；东南有浮山，相传为女娲氏炼五色石补天的地方。

桃河过乱流村转向东北流，过岩会、下盘石等村，在磨河滩村与温河汇流形成绵河。

3.6.1.7.1.3 娘子关泉
(Niangziguan Spring)

古称泽发水，又称毕发水、阜浆水、妒女泉、飞泉、水帘洞等，今名娘子关泉，位于山西省平定县城北45千米处娘子关附近。相传唐高祖李渊的三女儿平阳公主曾领兵驻防于此，因其军队大部分为女兵，故称娘子关，泉水以关命名。

泉域面积7 217平方千米，地跨**海河**、**黄河**两大流域，出露于**桃河**与**温河**汇流段，涉及阳泉市的平定县、盂县、城区、郊区，晋中市的榆次区、寿阳县、昔阳县、和顺县、左权县，太原市的小店区等。

泉域从地质构造上看，处于沁水凹陷的北端，为一北东向翘起的大向斜。出露地层自东向西、由北向南、由老到新。**绵河**对地表的下切塑造，使得娘子关一带从地形上构成泉域的最低点。岩溶水接受大气降水、河道渗漏以及其他（如泉域范围的水库渗漏等）形式的补给溢出地表，形成泉水。由隔水底板阻水形成的泉水，基本为全排型泉。泉群由坡底泉、程家泉、坡西泉、五龙泉、石板磨泉、滚泉、河北村泉、桥墩泉、禁区泉、水帘洞泉、苇泽关泉11个主要泉群组成，分布在自程家村到苇泽关村约7千米长的河漫滩及阶地上，出露高程360～392米，多年（1956—2003年）平均流量为10.6立方米每秒，是我国北方最大的岩溶泉水。

水帘飞瀑

阳泉是全国煤炭、电力、化工、冶金等重工业区之一，泉水是该区最重要的工农业及城镇生活用水水源。从20世纪60年代开始，泉水出露量呈现减少趋势。1980年后，水位较高的程家泉、水帘洞泉干涸，1980—2003年的平均流量比1956—1979年下降35.2%，2007年仅为6.25立方米每秒。该泉水在平定—盂县—娘子关三角区受污染较重。为保护水源、改善水质，2007年阳泉市启动了娘子关泉保护工程。

主要出露于娘子关附近温河、桃河汇流地带的河床沟谷，11个泉群中尤以水帘洞泉、五龙泉为盛。水帘洞泉也叫"水帘洞瀑布""娘子关瀑布"，位于娘子关城东500米妒女祠下、绵河南岸，落差30多米，宽10余米，沿悬崖绝壁倾斜而下，

水上人家

响声震耳，水雾弥漫。因瀑布所在崖面上有许多天然溶洞，水流由洞前飞泻而下，散落似珠，形成水帘，故称"水帘洞瀑布"。这种水帘洞瀑布在我国北方仅此一处，为我国十大水帘洞瀑布之一。五龙泉位于磨河滩（又名冒河滩）村，围绕泉水建有五龙泉公园，园中有"观海亭"，亭下有一水洞，这个水洞就是著名的"大海眼"，泉水从深层的岩石洞中溢出后从5个泉眼喷出，像五龙喷水，故称"五龙泉"。

流泉飞瀑成为娘子关的特色景致，泉水合流汇成小溪后，沿街过巷，穿家入户，形成了"人在水上住，清泉屋下流"的独特风光，而今"水上人家"已成娘子关一景：泉水在村子里蜿蜒流淌，忽明忽暗，入家过户，洗物浇地，人居地上，水走其下。历代诗人对娘子关泉颇多赞誉：金末诗人元好问游娘子关时写到"只知晋阳城西天下稀，娘子关头更奇崛。"在元好问看来，泉水瀑布比晋祠难老泉还要壮美奇特。明王世贞有诗赞道："喷玉高从西极下，擘崖雄自巨灵来。"出生于平定的一代才女石评梅曾赞叹家乡美景"苍崖中裂银河飞，空里万斛倾珠玑。"1965年，一代文豪郭沫若浏览娘子关留下诗篇："娘子关头悬瀑布，飞腾入谷化潜龙。茫茫大野银锄阵，叠叠崇山铁轨通。回顾陡惊溶碧玉，倒流将见吸长虹。坡地二十六万亩，跨过长江待望中。"

位于山西、河北两省交界的平定县境内娘子关，扼晋冀之咽喉，一直是兵家必争之地。据史料记载，娘子关的军事历史至今已有1 800多年，名称几经更改，先后有董卓

娘子关

垒、苇泽关、承天军、娘子关多种称谓。1937年10月，日军从河北井陉向娘子关进犯，国人在此展开了娘子关保卫战，抗日战士的浴血奋战给保卫太原赢得了时间；1940年8月，百团大战在此打响，经过八路军战士的奋勇作战，夺回了被日军占领三年的娘子关。

3.6.1.7.2 甘陶河
(Gantao River)

冶河两源之一，山西省境内称松溪河，古有松水之称。发源于山西省和顺县李阳镇南山村附近，于河北省井陉县北横口村与**绵河**汇流形成冶河，地跨山西、河北两省。

概　述

河长150千米，河道蜿蜒，流域面积2 564平方千米，东西宽，南北窄，地势西高东低，山多川少，崎岖不平，海拔一般800～1 300米。东部沟谷深，山石矗立，基岩裸露；中部切割较浅，山势缓和，支沟发育，呈现为黄土覆盖丘陵地貌；

西部切割轻微，丘多坡缓开阔，呈现为山垄地形。流域多年平均年降水量559毫米，7—9月降水量占全年的64.1%。河道封冻期为12月至次年3月。

甘陶河（河北井陉县秀林镇段）

流域主要自然灾害为旱灾，春旱、伏旱和秋旱均有出现；洪灾时有发生。流域中游西部有丰富的煤炭矿产资源，昔阳县城内有工矿企业，部分河段被废水污染。

流域内，山西省建有中型水库两座（郭庄、水峪），小型水库20座，控制流域面积514平方千米，总库容0.63亿立方米；还建有数以千计的小塘坝、高灌站、机电井、小型自流渠道等水利设施。

张河湾水库

甘陶河在河北省井陉县干流上建有中型的张河湾水库，水库功能以防洪发电为主，兼顾灌溉、养殖、旅游，控制流域面积1879平方千米，总库容8330万立方米；防洪标准为100年一遇洪水设计，1000年一遇洪水校核。枢纽由挡水坝、泄水表孔、泄水中孔、泄水底孔、排沙孔、输水洞等组成。1976年11月动工兴建，1979年缓建。2003年12月，张河湾抽水蓄能电站动工兴建，张河湾水库作为蓄能电站的下库续建工程同时展开。水库抽水蓄能电站设计年发电量16.75亿千瓦时。1996年8月4日，井陉县发生特大洪水，入库洪峰5700立方米每秒，洪水总量4.33亿立方米。4日20时，水库水位高过坝顶2.5米，超过溢流坝5.5米，全部开启南泄洪闸门大流量泄洪，同时破开西跃渠渠墙泄洪。5日凌晨5时，洪水回落到467.65米高程，到18时回落到464.7米高程。水库发挥了较好的缓洪效益，削减洪峰20%。水库地处太行深山区，群山环绕，峰峦叠翠，植被完整，空气清新，夏季气候凉爽，为避暑休闲的极佳场所。库区呈S形，弯曲狭长，游人或沿两岸浏览，或乘舟水中观光，或爬山登高俯瞰，都给人一种北国漓江的感觉。水库养殖业发达，银鱼是近10年成功引进的太湖特有品种，出口日本、韩国等。

纪　实

甘陶河发源于山西省和顺县李阳镇南山村附近。东南流，经榆圪塔、石勒等，在石岩坪流向转北，从凤凰庙出和顺县，在杨家坡入昔阳县。昔阳县现存清代以前古建筑200多处、古遗址80多处，其中以山西省文物保护单位石马寺、悬空溶洞卧佛寺较具代表性。石马寺是一处石刻造像与寺庙建筑相结合的宗教建筑群，始建于北魏永熙三年（534年）；所有石刻造像均分布于3块巨石的7个崖面上，共有3个石窟、178个佛龛、1300多尊造像，佛像最大的5米、最小的5厘米，造型优美，刻工洗练，被中外石窟专家称为"石窟艺术的小家碧玉"。卧佛寺地处一宽36米、深34米、高20米的天然岩洞，洞后壁凿一卧佛，身长5.2米，肩宽1.4米，螺纹内髻，面相方圆，高鼻大耳，身着袈裟，右臂上曲托头成卧状。

甘陶河向北过杜庄，入郭庄水库。郭庄水库于1958年8月开工兴建，1960年7月蓄水运用，1988、1990、1993、1997年先后进行加固，总库容1352万立方米。

甘陶河出郭庄水库，与大寨村擦肩而过。大寨村是20世纪60年代我国国民经济陷入困境时，党中央、国务院树立的农业战线上自力更生、奋发图强的典型。大寨精神的核心代表人物是陈永贵（1914—1986），他带领大寨人自力更生，艰苦奋斗，创造了令世界惊叹的大寨精神。20世纪90年

郭庄水库

大寨新貌

代，大寨村开发建设旅游观光项目，现有大寨展览馆一处，陈列内容为大寨发展历史和国内外名人到大寨参观学习情况。一代文豪郭沫若逝世后也安葬于此。

甘陶河至昔阳县城北，接纳城西河（发源于沾岭东麓闹岭庄附近，河长26千米，流域面积153.5平方千米）；至南界都村，接纳赵壁河（又名水峪河，发源于和顺县杨坡庄附近，河长35.4千米，流域面积492平方千米）；过东冶头镇，至葱窝接纳杨赵河（发源于昔阳县南庄村，河长38千米，流域面积260平方千米）。转东北流，至刀把口（丁峪）接纳刀把口河（又名三教河、丁峪河，发源于昔阳县长条堰村附近，河长25.8千米，流域面积115平方千米）；于王寨村西流出山西省，入河北省井陉县后，经沿庄、测鱼、南孤台、南障城、孙家峪、神堂寨，于北横口村与绵河汇流形成冶河。

3.6.1.8　黄壁庄水库
（Huangbizhuang Reservoir）

又名中山湖，**滹沱河**干流上的大（1）型水库，位于河北省鹿泉市黄壁庄镇附近，总库容12.1亿立方米，控制流域面积2.34万平方千米。水库以防洪为主，兼顾供水、灌溉、发电效益。

概　述

水库周边地处河北鹿泉、灵寿、平山三县市交界处，西部为低山，东部紧接华北大平原。流域内大暴雨主要由台风和西来槽大气系统形成，常发生在太行山迎风坡，如1956、

1963、1996年，实测三日最大雨量分别为747毫米、800毫米、670毫米。根据1918—1990年不连续天然径流系列计算，水库多年平均年径流量21.5亿立方米，年均悬移质输沙量1785万吨。1958和1989年实测库容曲线表明，入库淤积总量1.51亿立方米，年均入库淤积量486万立方米。

水库于1958年动工兴建，1959年拦洪，1960年建成蓄水。1963年特大洪水后，1965—1968年实施了主副坝加高、增建非常溢洪道工程。由于坝体质量差、设计标准低，水库一直处于带病运行状态，20世纪80年代被国家列入首批43座病险水库之一。1999年3月水库除险加固工程全面开工，至2005年12月竣工，除险加固后防洪标准达到1000年一遇洪水设计、10000年一遇洪水校核。水库与上游**岗南水库**联合运用，控制流域面积占滹沱河总面积的95%。

黄壁庄水库

水库枢纽由主坝、副坝、重力坝、正常溢洪道、非常溢洪道、新增非常溢洪道、电站重力坝、灵正渠电站组成。主坝为均质土坝，顶宽8米，顶长1757.63米，顶高程128.7米，最大坝高30.7米。副坝位于主坝右侧，为均质土坝，顶宽6.5米，顶长6907.3米，顶高程129.2米，最大坝高19.2米。重力坝位于副坝左端，为常态混凝土坝，顶宽6.5米，顶长136.5米，顶高程128米，最大坝高28米，从左至右设灌溉洞1孔、引水洞1孔、发电洞两孔，石津总干渠渠首处建有电站1座、装机容量1.6万千瓦。正常溢洪道位于主坝右端，为开敞式实用堰，8孔，堰顶高程113米，净宽96米，最大泄流量10867立方米每秒；泄洪底孔位于大坝左侧，两孔，最大泄流量400立方米每秒。非常溢洪道位于主坝左侧，为胸墙式宽顶堰，11孔，堰顶高程108米，净宽85.8米，最大泄流量1.27万立方米每秒；新增非常溢洪道位于非常溢洪道与主坝之间，为胸墙式宽顶堰，5孔，堰顶高程108米，净宽60米，最大泄流量8980立方米每秒。灵正渠首位于主坝左侧，为坝内圆形涵管，管径1.45米，出口处为坝后引水式电站，装机容量800千瓦。

水库建成后，先后抵御较大洪水6次，其中特大洪水两次。1996年，最大入库洪峰流量1.26万立方米每秒，最大出库流量3656立方米每秒，削峰71%，共拦蓄洪水3.89亿立方米，减少下游损失近150亿元。

水库下游有**石津总干渠**、灵正渠、计三渠3条引水干渠，总引水流量126立方米每秒，设计灌溉面积18.2万公顷，平均年引水量6亿立方米。1998年5月，开始向石家庄市**民心河**补水；1998年9月，开始向石家庄市水厂供水，合计年供水量达1亿立方米。灵正渠电站、石津渠首电站分别于1970、1974年投入运用，截至2005年累计发电3694万千瓦时。

水库从1961年开始养鱼，年均捕鱼80万千克。1998年，开展了大银鱼养殖，年产量20万千克，为周边移民脱贫致富创造了条件。为保护水源，1998年后停止了水上旅游活动，1999年全部取缔水库网箱养鱼。

水库迁移居民点96个、4.66万人，淹没耕地3067.2公顷。1999年除险加固时，又永久征地32.13公顷，同时结合工程开挖填洼造地26.67公顷。

纪　实

1997年起，开展大规模休闲环保景区项目建设，10千米的大坝、占地16.67公顷的生态园和10公顷四季园按园林标准设计建造。中山湖湖面开阔，南北长达15千米，东西宽达10千米，面积70平方千米，是集山水风光、水利工程、园林建筑、科普知识为一体的综合性大型旅游风景区。湖区西、北、南三面太行群峰环绕，下游则为一望无际的沃野。景区内建成景点20个，分为马鞍山主题观光、主坝生态休闲、副坝四季游览和工程建筑4个功能景区。2005年，被水利部评为国家水利风景区。

3.6.1.9　石津总干渠
（Shijin Main Channel）

滹沱河上的大型引水灌渠，渠首位于**黄壁庄水库**引水洞，至深州大田庄，长134千米，以下经退水渠入**天平沟**再入**滏阳河**。位于河北平原中南部的滹沱河与滏阳河之间的冲积平原上，以输水灌溉为主，兼顾分洪、发电。

石津总干渠灌区地处半干旱温带季风气候区，降雨量较少且年内、年际丰枯悬殊，历史上旱涝频繁。

灌渠是在日伪时期开挖的石津运河基础上

石津总干渠渠首

整修而成的。晋藁灌区、石津灌区于1953年合并后统称石津灌区。1957年，修建渠首工程、支渠及配套建筑物。1958年，进行大规模扩建，总干渠渠首引水流量由20立方米每秒增大到114立方米每秒。骨干工程控制面积4144平方千米，耕地面积29万公顷，设计渠灌面积16.67万公顷，最多年效益面积曾达到18.4万公顷。20世纪60—70年代，灌区东部开挖了明渠排水系统，共有排水干沟、分干沟、支沟443条，全长2612千米，部分盐碱严重的地区还开挖了斗、农沟和条田沟，有效解决了排水不畅造成的沥涝及次生盐碱化问题。

黄壁庄水库副坝全景

3.6.1.9 石津总干渠

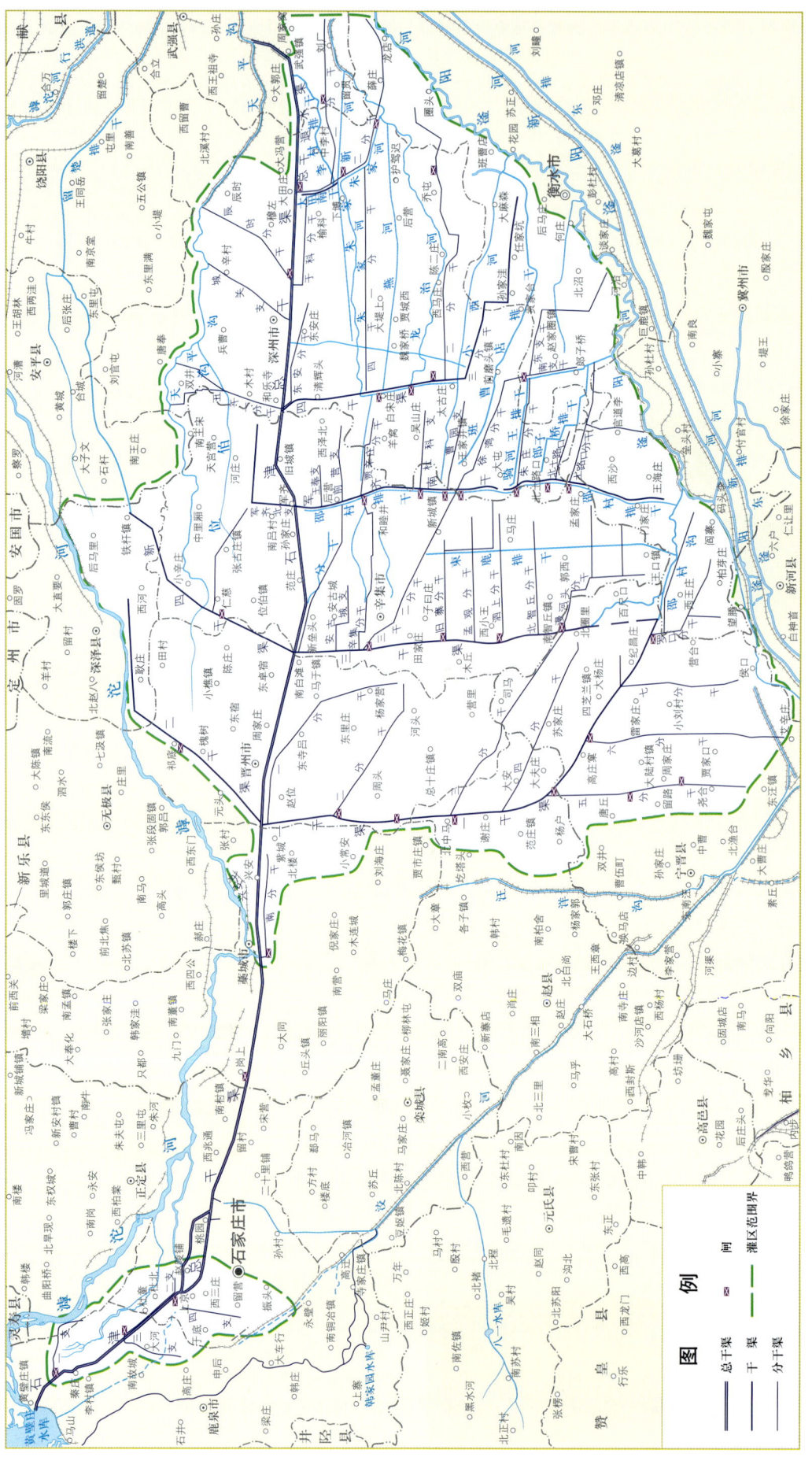

石津总干渠示意图

石津总干渠

1997年后，灌区实施11个年度的节水续建配套项目，完成干渠以上渠道防渗158千米，新建、改建建筑物391座，恢复和改善灌溉面积930平方千米，渠系水有效利用系数平均提高了0.05，年节水量2300万立方米。1949—1995年间，累计灌溉面积437.5万公顷。

总干渠沿程有5条干渠、30条分干渠、221条支渠、1762条斗渠、1.2万多条农渠、1.38万座闸、涵洞建筑物，以及两座电站和5座大型节制闸、进水闸。

毗卢寺

总干渠量测水设施齐全、配套，2002年建成管理自动化系统。

50多年来，总干渠向石家庄市供水76亿立方米。1960—1984年，灌区年均农业供水6.52亿立方米。近10年来，由于市区工业和生活用水增加，灌区年均农业供水减至3.35亿立方米。此外，石津总干渠还将作为南水北调中线向石家庄、衡水、沧州输水分干渠的备选方案之一，承担重要的输送水任务。

总干渠渠首位于黄壁庄水库引水洞（鹿泉市），向东南，经秦庄，至杜童，再至田庄，建有两座电站，总装机容量8750千瓦。坐落于干渠左侧上京村的毗卢寺，建于唐天宝年间（742—755年），是中国佛教临济宗的一座古老庙宇，以存有珍贵的古代壁画而闻名。

过赵陵铺，折向东流，北绕石家庄市区，经正定县、藁城市，再入晋州市，至紫城。一干渠自紫城进水闸向南，长50千米，引水能力35立方米每秒，设计灌溉面积2.33万公顷，主要受益县为宁晋县和赵县。

东流，至南白滩村南，南侧有三干渠引水闸。三干渠向南，长28千米，引水能力23立方米每秒，设计灌溉面积

深州蜜桃林

2.23万公顷，主要受益区为辛集市。东流入辛集市，经孙家庄，折向东北流，至军齐镇，南侧有军齐进水闸。军齐干渠自此南穿沧石公路，长29.7千米，引水能力40立方米每秒，设计灌溉面积3.28万公顷，主要受益区为辛集市、深州市、冀州市。

过旧城向正东入深州市，至和乐寺。四干渠自和乐寺进水闸向南，长17千米，引水能力30立方米每秒，设计灌溉面积2.29万公顷，受益区为深州市。深州市是国家重要的粮、棉、林、果主产区，其中深州蜜桃已有近两千年的栽培史，明清两代作为"贡桃"进京，以皮薄肉细、汁多而甜蜚声国内外。

东流，至大田庄，大田干渠自此向南，全长4.8千米，引水能力4.9立方米每秒，设计灌溉面积0.57万公顷，受益区为深州市。

东流入武强县，至武强镇西向北，入天平沟，后入滏阳河。

3.6.1.9.1 民心河

(Minxin River)

为改善石家庄市区环境而修建的大型生态工程，位于河北省石家庄市市区。河长56.9千米，平均宽20米，水源为**石津总干渠**引**黄壁庄水库**水，年引水量3058万立方米。

民心河于1997年9月动工，1999年9月通水。2003年，实施沿河亮化工程；2004年，实施东、西两线重点地段改造，更新了草坪、乔灌木；2005年，实施世纪公园亮化、欧韵公园改造、法制公园改建项目；2006年，实施河道北线改造和东、西线清淤。

工程由东、西、南、北、中5个河段首尾相连。东线，北起于石德铁路，南至塔塚村东北角，长8.05千米，可向世纪公园补水，水面面积13.8万平方米，绿地面积14.7万平方米。西线，北起北防洪

民心河

堤，南至南泄水渠，长16.6千米，水面面积27.5万平方千米，绿地面积18.6万平方千米。南线，西起长丰路，东至体育大街，长7.17千米，水面面积14.3万平方米，绿地面积4.5万平方米。北线，沿石津灌渠，西起田庄涵洞，东至土贤庄，长14.15千米，水面面积28.75万平方米，绿地面积10.6万平方米。中线，位于城乡街东侧，长1.66千米，水面面积2.4万平方米，绿地面积8.2万平方米。

民心河总水面面积250万平方米，绿地面积40万平方米，使石家庄市人均绿地面积增加了3平方米。据测算，民心河生态工程区每天能吸收140.4吨二氧化碳，放出93.6吨氧气，滞尘19.5吨以上。同时，民心河有效改善了城市小气候，缓解了市区"热岛效应"，涵养了地下水源。两岸

民心河

绿化带花红草绿、秀木成荫，有小桥流水、瀑布小溪，又有花坛水榭、楼台亭阁；建有22座公园、游园，设有花坛、喷泉、雕塑以及照明、环卫、健身、休憩等设施。

尼泊尔王国经济委员会重大项目考察组曾评价民心河："中国的民心河，为发展中国家开辟了一条改善环境、治理环境的新路，是一条有价值的成功探索。"

3.6.2 滏阳河
(Fuyang River)

子牙河两源之一，古称滏水，因流经滏阳城（今磁县）而名。发源于河北省峰峰矿区和村镇，在河北省献县八里庄与**滹沱河**汇流后称子牙河。流域地理位置东经113°45′~116°15′，北纬36°19′~38°13′，流经河北省19个县（市、区）。

概　述

河长413千米，流域面积21 737平方千米。地处子牙河流域南部，东与**黑龙港运东地区诸河**相邻，西起太行山，南临漳卫河，北界滹沱河。

流域地势西南高，东北低。上游为太行山余脉丘陵区，地面纵坡1/400~1/1 000；京广铁路以下为冲积平原和冲积扇平原区，平坦开阔，地面纵坡1/2 500~1/4 000。由于河流泛滥和改道，形成许多缓岗、微斜平地和低洼地。

流域属暖温带大陆性季风气候区，多年平均年降水量540毫米，域内分布差异较大，太行山迎风坡的朱庄、獐獏一线约700毫米，衡水及献县一带仅500毫米。流域多年平均年径流量4.09亿立方米，20世纪70年代后呈减少趋势。自20世纪50年代后期，水质逐渐恶化；据2005年水质监测，只有上游部分河段可达到Ⅲ类水体，磁县以下均为超Ⅴ类。各支流含沙量大，如沙河朱庄站多年平均年含沙量为5.99千克每立方米。

滏阳河支流繁多而集中于左岸，为典型的不对称扇形河系，左岸有大小支流20多条，但直接入滏阳河的仅有7条。艾辛庄以上，直入滏阳河的有**北滏河**和**洺河**；艾辛庄以下，直接入滏阳河的有**汪洋沟**、**天平沟**、**留楚排干**和邵村沟4条平原河道。其中，北滏河为滏阳河的最大支流，流域面积10 574平方千米，占滏阳河流域面积的近一半。北滏河自南向北汇纳了多条西南而来的山区河流，在任县水村纳留垒河、**洺河**、**南滏河**，在邢家湾纳**马河**，在宁晋县曹家台纳**泜河**。1968年新开挖的**滏阳新河**在宁晋县小河口村与北滏河相连，成为与滏阳河并行的主要分洪河道，但在艾辛庄枢纽以下才有明确的滏阳河和滏阳新河之分。

流域降水具有连续丰枯的特点，且大旱大涝多发生在连旱连涝之中。618—1985年间，共发生旱灾331次。1980年后旱情几乎年年有，时有春旱连秋旱，甚至汛期无汛，河道断流，干旱缺水十分严重。

支流大多源短、坡陡、流急，遇洪水极易溃决成灾。明成化十一年（1475年）至1948年，共发生洪涝灾害155次，平均每3年一次，其中重大洪涝灾害36次、平均每13年一次。1949年后，1956、1963、1996年发生过较大规模的水灾。1963年8月上旬，以内丘县獐獏为中心降特大暴雨，艾辛庄6天洪量71.2亿立方米，3座中型水库被冲垮，京广铁路以东各支流堤防溃决达数百处，永年洼、大陆泽、宁晋泊三洼连片，遍地行洪，京广铁路中断交通28天，石德铁路中断交通46天，淹没农田127万公顷。1996年8月上旬，洺河、南滏河、北沙河等十几条支流同时暴发山洪，多处漫决，各河越过京广铁路的叠加流量达1.7万立方米每秒，大陆泽、宁晋泊滞蓄洪水10.6亿立方米。

滏阳河流域物产丰富，人口密集，工农业比较发达。西部丘陵地区煤炭、铁矿资源丰富；中下游平原土地肥沃，耕作业发达，农作物以小麦、玉米、棉花、谷子、豆类为主。邯郸、邢台和衡水市是重要的轻工业城市。域内交通便利，铁路干线有京广、京九、石德线，公路交通四通八达。

历史上，滏阳河四季水流不断，源头泉流量常年在8立方米每秒以上。明万历年间（1573—1619年），在河上修建了州西、马头、罗城头、柳林、苏里等拦河闸，节制水流以灌溉两岸，至新中国成立前可灌溉土地6.4万公顷。滏阳河同时又是一条航运河道，从明代起就是贯穿河北、天津的南北大动脉。史志记载，明成化十八年（1482年），"征民役，疏河道，以通舟楫"。新中国成立后，航运部门多次整治河道，改建桥梁、码头等，开展水运。20世纪80年代后，河道常年干涸，全线断航。

抗日战争时期，当地抗日民主政府就着手治理滏阳河道。1940年，开挖小漳河作为行洪道。1949年后，开始进行大规模有效治理和开发。上游山区兴建水库，调蓄洪水，发展灌溉；中游整治洼淀，修建蓄滞洪工程，实施城市防洪工程，疏通扩大支漳河、留垒河、北滏河；下游开挖滏阳新河分泄洪水。上述工程的实施，使流域防洪能力有很大的提高。1958年，上游修建**东武仕水库**；60年代后，西部山区相继兴建一批水库灌区，如朱庄、临城、野沟门灌区等，另外还有直接引用泉水和河水的中型灌区如贾庄、百泉灌区等。除大型的滏阳河、朱野灌区外，共有中型灌区15处。

流域内，现有东武仕水库、**朱庄水库**和**临城水库**3座大型水库，12座中型水库，217座小型水库，总库容13.68亿立方米，总控制流域面积4 660平方千米。

纪　实

上游　滏阳河发源于河北省邯郸市峰峰矿区和村镇白龙池，有清乾隆五十三年（1788年）碑刻"此即滏河河源"。南流至彭城北，转东流，有广盛泉、元宝泉、晋祠泉、**黑龙洞泉**等泉群纳入，形成滏阳河长年水源。石鼓山是流域胜景之一，山间有响堂山石窟寺，1962年被列为第一批全国重点文物保护单位。

东流至磁县，入东武仕水库；出水库向东穿京广铁路，绕磁县城南、东，转北流。磁县，春秋时为晋地，战国归赵，隋开皇十年（590年）始置磁州；有煤、石英石、大理石、上水石等丰富的矿产资源，宋代就以出产瓷器著称。磁州窑为中国古代北方著名的民间瓷窑，留下了灿烂的"磁州窑文化"，现有古窑址8处，被列为全国重点文物保护单位。

滏阳河（河北邯郸市区段）

滏阳河水系示意图

滏阳河（河北衡水市区段）

北流，过马头镇东北流，至石桥村，左纳牤牛河。马头镇是1945年10月30日国民党政府第十一战区副司令长官、新八军军长高树勋发动邯郸前线起义的地方。新中国成立后，高树勋曾任河北省人民政府副省长。

中游 滏阳河北流入邯郸市郊，在张庄桥枢纽有支漳河分洪道，河长30.6千米，可向东分洪直接入永年洼，设计行洪标准200立方米每秒。张庄桥枢纽由滏阳河干流节制闸和支漳河分洪闸组成，是邯郸市防洪的主要屏障。

北流，过邯郸市区。邯郸是一座历史名城，始建于春秋时期，战国时是赵国都城，汉代为全国五大都城之一，已有3 000多年的历史，名胜古迹颇多，学步桥、赵王城、武灵丛台、回车巷、黄粱梦吕仙祠、曹魏三台（即金凤台、冰井台、铜雀台）

响堂山石窟

武灵丛台

永年洼

冀州古城址

竹林寺

东北流，从枣驼村北出隆尧县入宁晋县；北流，至史家嘴东北有北澧河汇入，改向东流，于小河口村南纳洨河，再东流到艾辛庄枢纽。艾辛庄枢纽是宁晋泊出口，1968年建成，由滏阳新河左堤节制涵洞和滏阳新河深槽橡胶坝组成。滏阳新河开挖后，艾辛庄以下滏阳河主要承担排沥任务，相机泄洪。

下游 出艾辛庄节制涵洞，与右侧滏阳新河、**滏东排河**并行而下，于东曹庄左岸纳汪洋沟，再沿新河县北东流至车张闸下游，入冀州市。冀州市曾为古冀州州治所在，境内古迹甚多，主要有前冢、后冢等古墓、冀州古城址、竹林寺等。北燕开国者冯跋、北魏文成帝皇后、隋代经学家及天文学家刘焯均为冀州人。

艾辛庄节制涵洞

等久负盛名。

滏阳河出邯郸市区，在苏里村西北纳沁河、输元河。东流入永年县，从西大慈到田堡近10千米流程中，左岸建有8座灌溉闸，称西八闸，均为明嘉靖年间（1522—1566年）所建，以石、砖、灰为主，结构严密，工程坚固，属河北省重点文物保护单位。

滏阳河东流，至莲花口枢纽，左岸为永年洼蓄滞洪区。莲花口枢纽是蓄滞洪区进口控制工程，可调节支漳河分洪道和生产团结渠来水。洼内的永年古城，亦称广平府，是杨式、武式太极拳的发祥地。

滏阳河过永年洼东流入曲周县；北流，于旧成营入鸡泽县，鸡泽县是有名的"辣椒之乡"。当地的羊角椒久负盛名。

滏阳河北流，入平乡县。平乡县阎庄建有分洪闸，滏阳河可通过阎庄分洪闸向留垒河分洪。再北流，至油召桥出平乡县。历史上的"巨鹿之战"即发生在今平乡镇一带。在重义疃村西北入任县。西北流，经辛兴庄、边庄，到邢家湾，穿邢南（邢台—南宫）公路，折东流，再北流，入隆尧县。

隆尧县白家寨、马栏一带，是1966年邢台大地震的震中区，地震纪念碑建在隆尧县城内。这一带地势低洼，属大陆泽、宁晋泊滞洪区，以邢南公路为界，南为大陆泽，北称宁晋泊，统称滏阳河中游洼地。滏阳河中游洼地南北长69千米，东西宽39千米，北、东均有围堤，涉及10县区、116万人，总面积1770平方千米，可接纳滏阳河及其支流11条河道来水，最大滞洪水量54.4亿立方米，是海河流域第一大滞洪区、全国第三大滞洪区。巨鹿县古称"大麓"，因大陆泽得名。战国末年，吕不韦编写《吕氏春秋》，把大麓写成巨鹿。巨鹿是东汉末年黄巾起义的策源地，张角弟兄均为巨鹿人。

滏阳河北流，经白家寨、牛家桥，至千户营村西，折向

滏阳河东流，至码头李，纳邵村沟。至骑河王，转向东南流，入衡水市。衡水是一座古老城镇，西汉时为桃县，隋开皇十六年（596年）始置衡水县。衡水是京九铁路京南第一大站，近年来工业发展迅速，"冀派"内画鼻烟壶在国际上享有盛誉，与侯店毛笔、宫廷金鱼并称为"衡水三绝"。衡水老白干酒历史悠久，声名远扬，被赞为"隔壁三家醉，开坛十里香"。市区南10千米处的**衡水湖**（又称千顷洼），被列为国家级自然保护区。

滏阳河流至侯庄，右岸建有侯庄闸，可通过引

冀派内画鼻烟壶

渠与滏阳新河、滏东排河、千顷洼相连。穿石德铁路，经大西头枢纽，至沟里王，左纳排沥河道小西河（河长32.67千米，汇流面积280平方千米）；在孟家村入武邑县，东北流，于赵桥附近纳白马沟；再北流，入武强县。武强以生产年画驰名，是我国民间木版年画五大生产基地之一，1993年被文化部命名为"木版年画艺术之乡"。

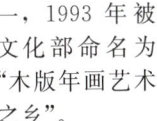
武强年画

滏阳河于西岔河村纳排沥河道龙治河（发源于深州中部，河长56千米，汇流面积639平方千米）；过武强

献县进洪闸

县城区，有排沥河道天平沟注入。北流，经武强、献县边境，于双村纳留楚排干入献县泛区；向东再向北，与滏阳新河相汇；行2千米，与滹沱河在八里庄汇流后称子牙河。

3.6.2.1 黑龙洞泉
（Heilongdong Spring）

*滏阳河*主源，位于河北省峰峰矿区神麇、南鼓两山对峙处，因绝壁下有一天然石洞名黑龙洞，洞下之泉则称黑龙洞泉。

泉群由大小70余个泉点组成，泉域总面积2 404平方千米。泉域西连太行山地，东接华北平原，是太行山区地下河水流向地面的一部分。《水经注》记载："泉源沸腾，滚滚如汤，其水冬暖夏凉。"清泉从岩缝、石洞喷射而出，犹如群龙吐水，其中大泉20余眼，水质清甜可口，黑龙洞便是最大的喷水泉口。除黑龙洞泉外，尚有元宝泉、晋祠泉、广盛泉等大小70余泉，众泉汇流，形成滏阳河上源，东流入*东武仕水库*。

风月关位于神麇、南鼓两山对峙的"滏口陉"处，风月关之上的庙宇建筑群称"滏口祠"，坐落在一条东西长数十米的石券之上，券西口石上刻有"风月关"三字。院内坐南向北建有卷棚式歇山顶、深宽各三间的黑龙庙，庙内有黑龙爷塑像。庙东有始建于唐代的昆山明月阁，具有浓厚的民族风格。

鼓山南麓，现有响堂山石窟7座，其中千佛洞最为壮观，窟顶微隆，雕有莲花和八尊伎乐飞天，堪称佳作，是目前我国现存的几处大石窟之一。

黑龙洞珠泉

3.6.2.2 东武仕水库
（Dongwushi Reservoir）

*滏阳河*干流上游的大型水库，位于河北省磁县东武仕村西，总库容1.62亿立方米，控制流域面积340平方千米，是防洪、供水、发电、养殖综合利用的水库。

1958—1959年，按中型水库建设；1970—1974年，扩建为大型水库；1993—1999年，实施大坝加高培厚、主坝右岸延长等7项除险加固工程；防洪标准为100年一遇洪水设计，2 000年一遇洪水校核。

东武仕水库

水库枢纽由大坝、副坝、泄洪洞、溢洪道、电站组成。大坝为均质碾压土坝，顶高程112米，顶宽6米，长2 646米，最大坝高34.1米；副坝两座，总长405米，顶宽6米、5.75米，最大坝高4.8米；泄洪洞3孔，最大泄流量837立方米每秒；溢洪道位于大坝右侧，为开敞式宽顶堰，最大泄流量760立方米每秒；非常溢洪道为开敞式无底坎梯形宽顶堰，最大泄流量2 817立方米每秒；电站位于泄洪洞出口处，装机容量6 400千瓦。

水库自1959年建成至2004年年底，入库洪峰超过下游河道安全泄流量（200立方米每秒）的有9年，经水库拦蓄调节，减免了下游洪水灾害。1963年8月，入库洪峰流量1 920立方米每秒，水库下泄流量152立方米每秒，削减洪峰92%。

水库承担着滏阳河灌区、邯郸市8个大型企业和50万城市人口生产生活用水任务。1962—2003年，水库累计供水122.14亿立方米，其中工业供水37.89亿立方米，农业供水84.25亿立方米。电站1975年开始发电，至2003年累计发电2.86亿千瓦时。

水库下游的滏阳河灌区距今已有500多年的灌溉历史。新中国成立前，由于缺乏统一管理，仅能浇地6 000多公顷。新中国成立后特别是水库建成后，利用跃峰渠"引漳济滏"，引水入东武仕水库，大大缓解了灌区水源不足的问题，确保了滏阳河灌区4.3万公顷农田用水。灌区内有马头的大米、永年的大蒜、鸡泽的辣椒等闻名国内外的农产品。

水库涉及磁县、峰峰矿区20个自然村约1.68万人，淹没耕地1 033.8公顷，拆除房屋23 493间。建库后，对移民进行了妥善安置。到2000年，打配农用井27眼，修防渗渠38千米，建扬水站22处、塘坝2座（蓄水能力6万立方米）和果园20公顷。目前，移民村粮食亩产平均500千克。同时，国家还在用电、吃粮、教育等方面给予政策倾斜。水库管理处和库区周围移民还利用水面发展了网箱养鱼，促进了当地经济的发展。

水库上游的太行山麓，从磁山文化遗址到邢台大象化石出土以及《诗经·商颂》中"陟坡景山，松柏丸丸"的描述，说明太行山远在远古直至殷商时代曾是

磁山文化遗址

一个森林茂密的地方。随着人口增长和生产活动日益加剧，自然植被遭受人为破坏，加重了土壤侵蚀，造成严重水土流失。

1979年后，以小流域为单元的综合治理全面展开，形成了一批小流域治理典型，如水库上游峰峰矿区的王看小流域1993年被海委列为重点小流域，治理前流域总面积24.37平方千米，水土流失面积12.19平方千米。通过采取兴建塘坝、水池、水窖、挖鱼鳞坑、修梯田等工程措施和植树、种草、种植农作物等生物措施结合，到2004年流域内水土流失面积得到全面治理，生态环境得到很大改善。

3.6.2.3　北澧河
(Beili River)

滏阳河左岸支流，始于河北省任县环水村南，下至宁晋县史家嘴东北入滏阳河，是连接大陆泽、宁晋泊两个蓄滞洪区的通道。

北澧河河长41.3千米，流域面积10 574平方千米，设计流量300立方米每秒。其中，自任县邢家湾桥至隆尧县张家口又分成两河：西为北澧新河，设计流量225立方米每秒；东为北澧老河，设计流量75立方米每秒。

北澧河上游有**朱庄水库、临城水库**两座大型水库和多座中型水库，干流上有范庄、旧城、曹家台3座重要闸涵。

北澧河自环水村南，东北流；在环水村闸接**南澧河**，还纳留垒河、洺河、顺水河、牛尾河。留垒河起自永年洼借马庄闸，联结永年洼蓄滞洪区和大陆泽蓄滞洪区，分泄滏阳河洪水，河长65千米，流域面积697.2平方千米。洺河发源于邯郸、邢台交界处太行山区，河长209千米，流域面积3 122平方千米。顺水河发源于邢台县西侯峪，河长70千米，流域面积593平方千米。牛尾河发源于邢台西石井岗，河长47千米，流域面积246平方千米。

北澧河至邢家湾西，有**马河**从左岸汇入；过邢家湾，分为两河，基本平行，向北偏东于崔家楼入隆尧县，在隆尧县

范庄节制闸

北澧河

中东部贯穿，至张家口两河合一入宁晋县；东北流至曹家台，有**泜河**从左岸汇入；经冯家台，至史家嘴东北入滏阳河。

3.6.2.3.1　洺河
(Minghe River)

北澧河支流，古称浸水，后称洺水，元代改称洺河。上有两源，一为南洺河，一为北洺河，两河在河北省武安市永和村汇流后称洺河，于任县环水村入北澧河。

概　述

洺河河长（含南洺河）209千米，流域面积3 122平方千米。域内京广铁路以西为山区、丘陵区，面积2 318平方千米；铁路以东为平原区，面积804平方千米。

流域属暖温带大陆性季风气候，四季分明，多年平均气温13摄氏度，年无霜期190～200天。流域多年平均年降水量580毫米，降水年内分布不均，多集中于汛期。洺河临洺关站多年平均年径流量1.13亿立方米，平均含沙量3.72千克每立方米，年输沙量40万吨。

1913、1917、1924、1939、1942、1956、1963、1982、1996年，流域均发生过大洪水或特大洪水，其中1913、1917和1963年临洺关洪峰流量均在6 000立方米每秒以上。尤其是1963年8月6日，临洺关洪峰流量达1.23万立方米每秒，京广铁路大桥被冲毁。

流域也时常遭遇干旱。《武安县志》记载："明崇祯十五年（1642年）始，四岁奇荒，颗粒无收，有地无人，有田无耕，全县原编一万三十五户死绝者八千二十八户，原编人丁二万三百二十五丁逃死者一万八千四百五十丁。"

流域内，山区蕴藏丰富的煤、铁以及其他有色金属矿藏，

青塔水库

煤炭、冶金、电力等工业蓬勃发展；铁路以东平原区，土地肥沃，农业发达，主要农作物有小麦、玉米、谷子、棉花、高粱、红薯等。

1949年后，上游先后建成青塔水库、车谷水库、**口上水库**、**大洺远水库**、四里岩水库5座中型水库（总库容12 721万立方米），小（1）型水库8座（总库容2 919立方米），小（2）型水库43座（总库容1 172万立方米）；兴建和改建了口上、车谷、青塔、贾庄4处万亩以上灌区，控制灌溉面积2.47万公顷；建成口上、活水、四里岩、车谷4处小型水电站，装机容量4 187千瓦，年发电量595.4万千瓦时。下游的任县、南和县分别于1956、1963年大水后实施恢复工程，1969年进行全线疏浚，1977年又进行全线清淤和复堤，使河道行洪标准达40立方米每秒，但行洪能力上游大下游小的矛盾仍未解决。

四里岩水库

纪　实

洺河在河北省武安市永和村以上有南洺河、北洺河两支。南洺河为主源，源于武安市列江乡荒庄村北，至永和村长95千米，流域面积1 237平方千米。北洺河主要由门道川、常社川、白云川相汇而成，至永和村，长62.3千米，流域面积513.5平方千米。南洺河左岸的武安市磁山镇，有中外瞩目的磁山文化遗址，自1972年以来相继发掘出土文物5 000余件。武安市清化、北安乐两乡的枣尖渠修建于明代，现仍可灌溉农田266.67余公顷。

南、北洺河汇流后东北行，至武安市赵村东北有马会河和淤泥河两支汇入；东北流，经南田村东、北安乐镇东，于娄里村入永年县；再经石北口镇南，至临洺关（永年县城），穿京广铁路；继续东流，经讲武镇南、杨庄北，转向东北流，至曲陌村东。自南、北洺河汇流处至此，长44.5千米，槽状沙滩，宽窄不一，最宽达800多米，最窄仅150米左右。

洺河在普高村南入鸡泽县，鸡泽县是中国北方"辣椒之乡"；北流，经东柳村、城隍镇至沙阳村西，于丁庄入南和县；再北流，经霍庄北出南和县；至骆庄入任县后，一直北流至环水村入北澧河。

洺河（河北鸡泽县段）

3.6.2.3.1.1　大洺远水库
（Damingyuan Reservoir）

洺河上游南洺河上的中型水库，位于河北省武安市大洺远村北；总库容3 299万立方米，控制流域面积1 047平方千米。水库功能以工农业供水为主，兼顾防洪和城市生态供水。

1957—1959年初建，完成拦洪大坝、输水渠道、溢洪道和临时溢洪道及附属工程。大坝为均质碾压土坝，长760米，最大坝高30米，总库容6 800万立方米。由于施工质量偏低，在1963年特大洪水中被冲毁。1970—1973年再次施工，完成溢洪道和溢洪道上部公路桥、拱式输水洞、溢洪道下游消力池等工程。大坝仍为土坝。由于防洪标准偏低，加上资金不足，半途停工，形成"半拉子"工程。1997—2005年，进行第三次建设。2004年8月，兴建引漳入武注洺工程，即通过跃峰渠二分干将**漳河**水引入武安，再修建输水渠道入水库，同时通过这条输水渠道把上游万年煤矿、南洺河铁矿及附近小煤矿、铁矿的疏干水截引到水库。

大坝长330米，防洪标准为50年一遇洪水设计、1 000年一遇洪水校核。水库正常蓄水深度17米，水源主要为汛期拦洪和引蓄上游煤矿疏干水，并通过跃峰渠引漳河水。水库可向武安市提供工业用水815万立方米、农业用水315万立方米，年均调节水量1 689万立方米。

大洺远水库

大坝位于大洺远村北的南洺河谷、武安市城区南2千米处。库区水面宽阔，被称为武安市"南湖"。湖区规划面积450公顷，其中水面面积330公顷。规划项目有环湖公路、南湖宾馆、水上世界、儿童乐园、自然生态园、湖滨浴场、古典园林区、别墅度假区、运动健身区、森林休闲区、水上活动区、生态湿地等。各景区的建成将大大改善武安城区生态环境，丰富城市自然景观，给当地人民提供旅游观光、度假健身的良好生态环境。

3.6.2.3.1.2　口上水库
（Koushang Reservoir）

又名京娘湖，**洺河**支流北洺河上游的中型水库，位于河北省武安市口上村北；总库容3 208万立方米，控制流域面积138.7平方千米。水库功能以灌溉为主，兼顾防洪、发电、养殖、人畜饮水、工业用水等。

1966年开工建设，1969年竣工。1976—1980年进行扩建加固，2002—2004年完成水库除险加固工程。防洪标准为100年一遇洪水设计、500年一遇洪水校核，水库下游7千米处有与之相串联的四里岩水库（中型）。

水库工程由大坝、泄洪洞、灌溉发电洞等组成。大坝为浆砌石重力坝，坝顶长185米，坝高81.3米，顶宽10.5米。泄洪洞位于大坝右侧，泄流量122立方米每秒。发电洞位于大坝右侧，泄流量15立方米每秒，电站总装机容量925千瓦。水库设计灌溉面积7 666.67公顷。

水库建成后至2000年，共拦蓄超过100立方米每秒以上的较大洪水9次（1973、1976、1982、1988、1989、1991、1993、1996、2000年）。2000年7月，上游地区降大雨，入库洪峰流量975立方米每秒，被全部拦蓄在库内。1985年，水库基本达到设计灌溉面积，解决了11个乡镇62个村庄生活用水及部分工业用水问题。电站1981年建成，多年平均年发电量133.6万千瓦时。1991年四里岩水库建成后，两库联合调度，日供水能力 5.4 万立方米，从根本上解决了武安市的工业和居民生活用水及部分乡村的人畜饮水问题。

水库位于太行山东麓，两岸山势陡峭、河谷狭窄，基流长年不断，平水年枯水季基流尚可达 0.6 立方米每秒左右。

由于自然和人为因素影响，库区上游的山场林场一度遭到严重破坏，水土流失十分严重。当地先后在水库附近的常社川、门道川开展了小流域水土保持试点，治理水土流失面积达 85% 以上。水库周围荒山为国有林场，宜林面积 494 公顷，已造林近 470 公顷，植树 520 万株。

水库上游 10 千米、地处摩天岭脚下的艾蒿坪村自建村以来，村民少病绝癌，世代长寿，多在 85 岁以上，故称"长寿村"。村边山崖旁，一股清冽甘纯的泉水从山岩中喷涌而出，汇成小溪，汩汩流淌，村民们常年饮用，少病益寿，故称"长寿泉"。水库下游 5 千米处的活水米醋、香醋采用地下甘泉水，用古老传统手工艺酿造，为当地名优产品。

口上水库

京娘湖因明代文学家冯梦龙编著的《警世通言》记载赵匡胤"不恋私情不畏强，独行千里送京娘"故事而得名。库区层峦叠嶂，群峰竞秀，波光粼粼，林木茂盛，有"太行三峡"之称。从湖心码头上岸，沿石阶到山顶公园，极目远眺，奇峰怪石，形影万变，山环水绕，烟雾云海。京娘湖风景区于 2005 年被水利部评为国家水利风景区，年接待游客 30 万人次，带动了当地经济的发展。

3.6.2.3.2 南沙河

(Nanli River)

北沙河支流，古称沙水、泜水，发源于太行山东麓河北省邢台、沙河、内丘二市（县）西部山区，至河北省任县环水村入北沙河。

概　　述

南沙河干流长 40.5 千米，流域面积 1 830 平方千米，**朱庄水库**以上为山区，支流较多；出库后为丘陵区，称沙河；过京广铁路为平原区，入南和县后称南沙河。流域地处半湿润半干旱暖温带大陆性季风气候区，多年平均年降水量 500～600 毫米，年内降水主要集中在 7—9 月。

流域地势西高东低，洪水多挟泥沙，下游淤积严重，历来水旱灾害频繁。自唐元和十二年（817 年）至 2000 年，有记载的大洪水 50 次；元代有"顺德沙河，东至古任城，失其故道，淹没民田一千三百余顷"的记载。新中国成立后，发生较大洪水的年份有 1956、1963、1978、1996、2000 年。

上游主要水利工程有大型的**朱庄水库**和中型的野沟门水库、东石岭水库，对南沙河防洪发挥着巨大作用，并有效缓解山区、丘陵区灌溉和人畜饮水的困难。野沟门水库控制流域面积 518 平方千米，总库容 5 040 万立方米；东石岭水库控制流域面积 169 平方千米，总库容 6 840 万立方米。

野沟门水库

下游河道善徙、善淤，历史上多次进行治理。元代郭守敬曾建议开河，但未实施。清雍正四年（1726 年），始挖南、北沙河，将任县大陆泽之水北泄宁晋泊，但行洪能力很低，一遇洪水即漫决成灾。1946 年，对任县马庄段削滩、裁弯取直。1948 年，将原南沙河河道西移，从南和县城东改道于岗上村西、任县单杜科村东，裁弯加大河道比降。1956 年，修复任县 8.45 千米水毁工程，自南和城东至任县五孔桥南筑东遥堤，安全泄流量扩大至 300 立方米每秒。1956 年后，对五孔桥以下河道按泄流量 300 立方米每秒陆续治理。

南沙河

纪　　实

上游（沙河段） 有四源，是邢台、沙河、内丘深山区的 4 条川。将军墓川发源于邢台县冀家村，东南流，至将军墓，与宋家庄川（发源于内丘县白鹿角）汇于野沟门水库；出库后南流，至河下村与浆水川（发源于邢台县浆水）汇合；再东南流，至柏脑村东，与路罗川（发源于邢台县白岸）汇合，入朱庄水库。

过朱庄水库，至邢台县西坚固村，和渡口川汇合。渡口川下游曾有佐村水库（中型），在 1963 年 8 月 4 日大洪水中垮坝，瞬时流量达 1.84 万立方米每秒，冲毁京广铁路桥及褡裢镇

前南峪抗大纪念馆

至端村路基，水进沙河县城，围困南和县城。

向东偏南流，沿邢台县、沙河市边界东流，经东坚固南、西苏庄北，到沙河市大油村北，分流。分流后，主支（北支）向东偏南，在端庄南过京广铁路、京珠高速公路；南支入永年县，经鸡泽县，与**洺河**相汇，1960年后不再过水。

中国人民抗日军事政治大学（即"抗大"）旧址，位于沙河上游浆水、前南峪、河东、安庄、桃树坪等村。"抗大"1939年迁至晋东南，次年移至此地，1943年返回陕北。前南峪建有抗大纪念碑和陈列馆。沙河上游文物古迹还有明长城、唐代名相宋璟碑、紫金山、老爷山等。

宋璟碑

中下游 沙河过京广铁路和京珠高速公路后，向东偏南流，经西杜村北折向东北流，过郭龙庄南，于西宋村西入南和县，始称南澧河。澧水石桥碑，位于南和县

明长城

城北2千米南澧河侧，因立于隋，又名隋碑。此碑记载了澧水的水灾和建桥的经过，为后世留下宝贵的水利和交通资料，而且有较高的书法艺术价值，1958年曾建碑楼，1976年重建木结构八角碑亭，1990年重修，使历时1 400余年古碑以得完好保存。

南澧河东北流，经南王庄东，至县城东，有西来浪沟河、溜子河汇入；再东北流，经巩庄东、丰化庄西，至苏庄东，始沿南和、任县边界东侧向北流，至任县骆庄南入任县大陆泽蓄滞洪区。大陆泽在北宋以前是与宁晋泊连在一起的大洼淀，常年积水，到明代洼淀中部淤高脱水，形成两个互不相连的洼淀，南部称大陆泽，北部称宁晋泊。今大陆泽东西宽10千米、南北长15千米，是省级蓄滞洪区，蓄滞洪量3.89亿立方米。

南和县澧水石桥碑

经过多年治理，大陆泽一般中小水年份不淹或少淹，水大才出河槽滞洪。

北流，经谢庄西，至环水村入北澧河。

3.6.2.3.2.1 朱庄水库
(Zhuzhuang Reservoir)

南澧河上的大型水库，位于河北省沙河市朱庄西北；总库容4.16亿立方米，控制流域面积1 220平方千米。水库功能以防洪为主，兼顾供水、灌溉、发电、养殖、旅游。

水库以上地势西高东低，坝址处河床狭窄，宽仅100~200米，两岸阶地高程200米以上，阶地以上向两侧地势渐高。坝址上游河床略开阔，一般500米以上，下游河床渐加宽。

1971年动工修建，1981年完工，1985年竣工验收。水库建成后，分为初期运用和正常运用两个阶段：1976—1989年，为初期运用阶段，其间经历了1982、1988年较大洪水考验；1990年汛期正式转入正常调度运用阶段。水库防洪标准为100年一遇洪水设计、1 000年一遇洪水校核，遇10 000年一遇洪水时溢流坝可加大泄洪。

水库工程由大坝、溢洪道、泄洪底孔、输水洞、放水洞、电站组成。大坝为浆砌石混凝土重力坝，最大坝高95米，坝长544米，顶宽6米；溢洪道为坝顶溢流式，堰顶净宽84米，最大泄流量9 950立方米每秒；泄洪底孔3孔，为弧形钢闸门控制，最大泄流量724立方米每秒；混凝土有压圆管输水洞位于大坝左侧，洞径4.1米，下端

朱庄水库

分两支，一洞径1米，一洞径1.4米，最大流量12.6立方米每秒；马蹄形明流放水洞位于大坝溢流段底部，最大泄流量80.3立方米每秒；电站位于坝后左岸，装机3台容量4 200千瓦，设计年发电量636.65万千瓦时。

水库建成后，南澧河上游洪水基本得到控制，1982、1988、1989、1996、2000年5次拦洪，效益显著。水库是朱庄南、北灌区主要供水水源，设计灌溉面积1.56万公顷，常年实际灌溉面积2.67万公顷。2001年建成引朱济邢供水工程，2004年正式通水，引水口在主坝右端，管线全长43千米，设计年引水量5 000万立方米。

水库移民迁建分两次进行，1971—1979年，远迁2 168人，后靠4 529人；1986—1989年，主要解决后靠村人口多、耕地少的矛盾，迁出1 370人。

水库上游主要是邢台县、内丘县山区，建有野沟门水库（中型）。1996年后，当地积极实施水土保持生态自我修复试点，大力开展小流域综合治理，有效减少了水库淤积。

3.6.2.3.3 百泉
(Baiquan Spring)

位于河北省邢台市区东南，由**北澧河**支流顺水河流域百泉坑、葫芦套、黑龙潭、达活泉等15个泉群组成。泉水来源于西部太行山区，泉域北界内丘县小马河，南界永年县**洺河**，西至冀晋省界，东至邢台—内丘大断裂，总面积3 800平方千米。

由于受降水影响，泉区涌水量有年际与季节性变化，一

般年份平均6.4立方米每秒，丰水年如1958年高达9.8立方米每秒，偏枯年份如1977年只有4.5立方米每秒。

20世纪80年代后，由于降水减少，加之上游大量开采地下水，百泉流量以年均0.6立方米每秒的速率递减。1982年6—8月，出现历史上第一次断流。1986年6月第二次断流，且持续到1996年春季。1996年8月后，泉水复出，最大流量4立方米每秒，持续两年后再次干枯。

百泉有南北两个大泉群，泉域出露面积16平方千米，其内均有几十个至几百个大小不等的泉眼。历史上，诸泉飞珠抛沫，奔流倒泻，各具特色。或金屑飘洒，取名紫金泉；或玉盘倾珠，取名珍珠泉；或黑龙搅水，以黑龙为名；或白沙翻滚，以白沙为名。南部泉群有百泉、黑龙潭、葫芦套、葫芦头、狗头泉、珍珠泉、和尚泉、华庄泉、银沙泉、赵家滩泉、洛泉等，泉水汇入七里河（顺水河上游段）；北部泉群有达活泉、紫金泉、白沙泉、野狐泉等，泉水汇入牛尾河（顺水河左侧支流）。

达活泉

郭守敬雕像

百泉灌区历史悠久。据邢台县志记载，元代著名科学家郭守敬，曾在此筑渠引泉，灌溉农田。明万历年间（1573—1619年），泉水灌溉更趋发展，当时开渠建闸多达30多处，可灌农田5万亩。1949年后，对旧渠道进行整治、扩建，实行专管、群管相结合的灌区管理制度。1975年后，百泉灌区改为井灌。

3.6.2.3.4　马河
(Mahe River)

北澧河左岸支流，任县刘屯以上称白马河。发源于河北省邢台县北小庄乡郝庄村北，至任县邢家湾入北澧河。

河长70千米，流域面积1 081平方千米，有小马河、李阳河两条支流。20世纪50—60年代，对马河进行过4次较大治理：1956年，实施整治、改线，修筑左右遥堤，改道、开新河，马河始有固定线路，河槽泄量有所增加；1958年，疏浚河道8.2千米；1963年，修复水毁堤埝；1964年，改造马河尾段，自西马河桥起向东至老河

马河

马河水库

头入北澧河。1977年，又改为从西马河桥入邢南公路南侧，再至邢家湾入北澧河。

位于小马河上游内丘县柳林乡近郎村的马河水库（中型），曾于1963年8月4日大洪水时失事，溃坝洪峰流量7 500立方米每秒，导致河流改道。1965—1966年重建，1997年进行加固，现防洪标准为1 000年一遇。

白马河出源后南流，经石槽村东转东南流，经北小庄村南、张安北村东转东北流，入羊卧湾水库（小型）；出水库，转向东北流，至内丘县东青山村南转东南流，折回邢台县境内，经东沙窝、王家村南转东北流；至东石村北入任县，至刘屯西左纳小马河、李阳河后称为马河。

马河向东流，至西桥村东折向东北流，沿大陆泽蓄滞洪区西北边缘，经刘家庄、王村，至邢家湾西入北澧河。

3.6.2.3.5　泜河
(Zhihe River)

北澧河左岸支流，古称泜水、南泜水，发源于河北省任丘、临城两县西部太行山区，于宁晋县曹家台入**北澧河**。

河长98千米，流域面积945平方千米。流域地处华北平原南部，属半湿润半干旱暖温带大陆性季风气候，多年平均年降水量500～600毫米，年内降水主要集中在7—9月，占全年的70%。

泜河

季节性河流，平时基流很小或断流，汛期暴雨时河水陡涨陡落、历时短、流量大。河道宣泄能力上游大下游小，历史上洪水常在下游隆尧、宁晋等县泛滥成灾。

乱木水库

新中国成立后，进行了数次整治。1956年，修复水毁工程580米；1958—1960年，修建**临城水库**；1958—1959年，修建乱木水库；1963年汛后，大范围修复水毁工程；1971—1972

年，实施泜河扩大治理工程 45 千米；1996—2004 年，上游临城、内丘两县加大山区治理力度；2004—2006 年，实施泜河右堤隆尧段除险加固工程，长 14 千米。

上游分二支。北支发源于临城县赵庄乡石安，于北三岐村北入临城水库，河长 34.5 千米，流域面积 190 平方千米；南支发源于内丘县獐狐乡黄岔，于临城县鹿庄北入临城水库，河长 38.9 千米，流域面积 194 平方千米。

出水库后，河水东北流。经西竖镇南，折向东流，过东竖村北，有赛里川汇入。赛里川发源于内丘县南赛，河长 15 千米，河上建有乱木水库（中型），1963 年 8 月 4 日大洪水时被迫扒副坝泄洪，口门冲宽至 60 米、深 18.4 米，导致河流改道，1966 年重建，现防洪标准 1 000 年一遇。

泜河东流，至临城县白云山南端，有崆山白云洞位于其上。过白云山，东流，至临城县东柏畅村北进入灰岩区，地表流量明显减少；到澄底村南，地表流量全部漏入灰岩区，直到射兽又复出，澄底因此得名。射兽村东有邢窑遗址，邢窑是唐代制瓷业七大名窑之一，也是我国北方最早烧制白瓷的窑场。

临城县天台山

齐全，联合国教科文卫组织地质公园顾问专家和评审委专家称天台山是"野外沉积岩博物馆"，称小天池是"野外实验室"。

过临城县东南流，穿京广铁路、107 国道、京珠高速公路，至隆尧尧山。尧山是太行山余脉，平地突起。尧山庙会很有名气，全年 6 个庙会节日，以农历四月初一最盛，会期达 20 余日。隆尧县盛产小麦、玉米、谷子、高粱等作物，是全国优质小麦基地县。

泜河继续东流，至隆尧县城西。县城东南隅，有隆尧碑刻群和邢台地震纪念碑。北绕县城后东北流，入宁晋县，至徐家河乡南关帝庙纳*午河*，在曹家台入北澧河。

3.6.2.3.5.1　临城水库
（Lincheng Reservoir）

*泜河*上的大型水库，又名岐山湖，原名三岐水库，位于河北省临城县境内；总库容 1.7 亿立方米，控制流域面积 384 平方千米。水库功能以防洪为主，兼顾灌溉、发电、养鱼。

水库于 1958 年 8 月开工兴建，1960 年 8 月主体工程完工。1990—1991 年除险加固后，防洪标准为 100 年一遇洪水设计、2000 年一遇洪水校核。

工程由大坝、输水洞、泄洪洞、溢洪道、电站组成。大坝为黏土斜墙坝，顶宽 5.5 米，最大坝高 33 米，总长 1 428 米；圆形压力输水洞位于大坝北端，洞径 1.8 米，为平板钢闸门，最大泄流量 30 立方米每秒；两孔矩形有压底洞泄洪洞位于大坝南端，洞径 3 米×2.5 米，为平板钢闸门，最大泄流量 252 立方米每秒；第一溢洪道位于大坝右侧，为开敞式非真空实用堰，堰顶净宽 80 米，最大泄流量 3 015 立方米每秒；第二

邢窑遗址

临城县城坐落于泜河河口处，遏水南转东流。县城西护城石堤全长 800 米，高 3 米，宽 2.4 米。明嘉靖十五年（1536 年）筑土堤、植柳，隆庆三年（1569 年）修石堤五十二丈五尺，万历七年（1579 年）筑石堤一百九十三丈五尺，万历二十五年又将旧堤加高三尺、加厚四尺，并于堤内建凉亭，取名息波亭，俗称八卦亭。2005 年，临城县被评为国家地质公园，园内有崆山白云洞、天台山、岐山湖、小天池等景区，集山、水、洞、林、文物为一体，境内深山、丘陵、平原等地貌

崆山白云洞

临城水库

溢洪道位于第一溢洪道右侧,为开敞式宽顶堰,堰顶净宽150米,最大泄流量1 623立方米每秒;第三溢洪道位于第二溢洪道右侧,为开敞式宽顶堰,堰顶净宽80米,最大泄流量916立方米每秒;电站位于大坝北端输水洞后,装机3台,容量共500千瓦,年最大发电量71万千瓦时。

水库建成后,在防洪、灌溉、发电等方面均发挥了较大作用。拦蓄了1963、1996年大洪水,起到了削减洪峰的作用。1963年,入库洪峰流量5 565立方米每秒,经水库调节,削减洪峰56%。1996年,入库洪峰流量4 113立方米每秒,经水库调节,削减洪峰74.5%。水库设计灌溉面积0.53万公顷,最大灌溉面积0.8万公顷,累计向灌区供水7亿多立方米。水质优良,当地群众利用水面发展水产养殖,促进了当地农村经济发展。

1990年,水库开发旅游业,将景区命名为岐山湖景区,是临城县崆山白云洞风景区的一个景点。景区内建有商周古城、中华名塔园及一批水上游乐项目。崆山白云洞形成于5亿年前中寒武纪,是我国北方难得的岩溶洞穴景观,集山、水、洞为一体。1990年7月,崆山白云洞正式对外开放,同年被河北省人民政府列为省级风景名胜区;2002年,被评为国家重点风景名胜区。景区年接待中外游客数10万人次,游览线路长4千米,最大洞厅面积约2 170平方米,有主要景点200多处。

3.6.2.3.5.2 午河
(Wuhe River)

泜河左岸支流,起自河北省柏乡县赵家庄,至宁晋县徐家河乡南入泜河。

干流河长88千米,流域面积1 115平方千米。流域地处太行山东麓,地势西高东低,山丘区河床由卵石、砾石组成,平原区冲积扇规模较小、狭窄。流域属半湿润半干旱暖温带大陆性季风气候,多年平均年降水量500~600毫米,暴雨集中在6—8月,占全年降水总量的63%~70%。

河道时常干涸,夏秋易泛溢为灾。由于坡陡流急,洪水来势凶猛,加之河形浅狭,河道上宽下窄,难以容泄,常溃决成灾。清同治十年(1871年)、光绪二十年(1894年)、民国6年(1917年)、民国28年(1939

午河

年),均发生大的洪涝灾害。

1949年后,在民埝的基础上,逐渐加高培厚、裁弯取直,建成了完整的午河堤防。上游修建中型水库1座、小型水库20多座,建成万亩以上的平旺灌区。干流行洪能力达到80立方米每秒,但洪灾仍时有发生。1956年8月2日,山洪暴发,决口20余处。1963年8月2—9日,暴雨历时8天,最大洪峰流量2 300立方米每秒,上游西会水库溢洪道被冲刷至与河底平,下游铁路桥被冲断,高邑县境内河道普遍漫溢,柏乡县大面积被淹。"96·8"洪水时,在韩村站以下至柏乡县城之间决口漫溢多处,淹没区水深0.5~2米。

午河上游有南、北两支。北支泲河为主源,源于赞皇县南部。赞皇大枣栽植历史悠久,明清时曾被定为贡品,有"御枣"之称。泲河先后纳麻子峪、西会川,入南平旺水库,出库后又纳营儿河、位昌川,向东穿高邑县,入柏乡县,至赵家庄,与南支相汇。柏乡县有一株汉代牡丹,距今已有2000多年的历史,花开时"枝高七八尺,花发大如莲"。南北两支汇流后,始称午河。

赞皇大枣

午河东流,经潘庄,入隆尧县,右岸有霸王营,据传是项羽与刘邦大交兵时扎营的地方;继续东流,至北鱼乡入宁晋县,再至徐家河乡南入泜河。

柏乡汉牡丹

3.6.2.4 洨河
(Xiaohe River)

滏阳河左岸支流,古称洨水,又名肥水。发源于河北省鹿泉市五峰山,至宁晋县小马村附近与北沙河汇流后入滏阳河。

概 述

洨河河长85千米,流域面积1 658平方千米。流域位于太行山东麓,河源高程893米(黄海高程,下同),地势西北高东南低,自鹿泉市西龙贵以下,地势渐趋平缓,其中山区373平方千米,丘陵台地145平方千米,平原1 140平方千米。鹿泉市寺家庄以上干流河床有砂砾,以下为黏土。

流域地处半湿润半干旱地区,属暖温带大陆性季风气候,多年平均年降水量500~600毫米,年内降水集中在6—8月,占全年降水量的63%~70%,西北部山区降水明显多于东南部平原。上游地区森林植被丰富,源头水流清澈,输沙量很少。

流域历史上水旱灾害频繁,有些年份旱涝并生。129—

洨河

赵县柏林寺

2000年，发生水灾66次。1963年8月3—9日，流域连续降雨，上游小水库相继垮坝失事，最大洪峰流量1 290立方米每秒，加上区间流量，致使洨河决口63处；赵县堤防基本冲毁，县城水深2～5米；宁晋城被水围困。1996年8月3日晚至5日早，连续35小时降雨，洨河发生特大洪水，栾城县京广铁路13孔桥最高洪水位64.21米（100年一遇洪水位65.5米），境内西大堤30千米全部漫溢冲毁，东堤800多米漫堤，决口7处，溃堤300多米。由于流域降水集中在夏秋两季，冬春降水稀少，可谓"十有九春旱"，1972、1986、1987年的大旱使大面积农田受灾。

宋咸平五年（1002年），河北漕臣转运使耿望"开镇州常山南河入洨河至赵州以利漕"；明嘉靖初，"有鬻薪者以航运至桥下"。由于河道水流时多时少，近代不再通航。

1949年后，开始进行连续的有效治理。流域内，建成数座中小型水库及塘坝，可蓄水9 720万立方米。从1951年开始，多次进行扩挖、修堤，并在主河槽上修建多座桥梁、闸涵及小型发电站。1963年特大洪水后，将冲毁堤防按原标准复堤，修建7处过堤涵洞。1968年，按照12年一遇防洪设计标准进行全面治理，基本解除了洪涝对石家庄市西宁庄、京广铁路及沿河农田的威胁。在河源区进行封山育林治理，实施了羊角庄、西郭庄、南寨3个小流域治理，中下游植树固堤，大大改善了流域的生态环境。如今，洨河主要承担防洪排水和石家庄市工业废水、生活污水的排放任务。由于河水污染，水生态环境有所恶化，污水治理有待加强。

纪　实

洨河发源于河北省鹿泉市上寨乡梁家庄村西五峰山，过梁家庄，至上寨村东有南北两小支流汇入，河面变得开阔，于北故邑村南折向东流。坐落在故邑的窦王城，相传为唐朝窦建德兴兵起义所建的城邑。沿河而下，有小（2）型的羊角庄水库，1974年投入使用，设计库容43万立方米。东流，于西龙贵村西有封龙河（当地称小沙河）汇入，上有**韩家园水库**（又名龙凤湖）；穿寺家庄、东营，至平南村附近，有蒲莲河、金河、南泄洪渠汇入。鹿泉市旅游资源丰富，有抱犊寨、龙凤湖、森林公园、封龙书院、宝泉寺等。

赵县陀罗尼经幢

汇诸水后东南流，入栾城县，在彭家庄村与京广铁路交叉，于汪家庄村有东明渠汇入。东南行，在梅家村有沙河汇入，京深、青银高速公路在此跨过。经沿村、郭家庄、宿村，于石板桥村有潴龙河（又称泥河）汇入，上有中型的**八一水库**（又名蟠龙湖）。栾城境内，有牛庄沟、明水河、小沙河、沿村沟、小磨头沟和龙门沟6条排水沟道汇入。

过栾城县龙门村，入赵县。赵县古为赵郡、赵州，有与赵州桥并称姊妹桥的永通桥、盛誉"华夏第一塔"的陀罗尼经幢、名播海外的千年古刹柏林寺等；赵县还是有名的"雪花梨之乡"，雪花梨以果肉细嫩、洁白如玉、似霜如雪而誉满海内外。

洨河东南流，穿轮城、三相、宋村，到达闻名中外的赵州桥。赵州桥又名安济桥，俗称大石桥，建于隋代，由著名匠师李春设计建造，是世界上年代最久、跨度最大的单孔敞肩型石拱桥，为第一批全国重点文物保护单位、第十二处"国际土木工程历史古迹"。由于赵州桥横跨在洨河上，为了保护历史文物，1994年在河道北侧开挖一条分洪道，使污水绕桥流行，至下游又并入洨河。

赵县雪花梨

赵州桥

在赵州桥北有冶河（又称运粮河）汇入，东南流至边村入宁晋县；沿宁晋泊北围堤东南流，在小马村西北与发源于赞皇县的北沙河汇流后于小河口村入滏阳河。

3.6.2.4.1　韩家园水库
（Hanjiayuan Reservoir）

又名龙凤湖，**洨河**支流封龙河上的小（1）型水库，位于河北省鹿泉市铜冶镇南韩家园村西。水库总库容410万立方米，控制流域面积9平方千米，主要功能是防洪、灌溉和旅游。

水库于1958年初建，1978年扩建。1980年，回填旧溢洪道，开挖临时溢洪道。1985年，进行加固除险。2005年，进行清淤、溢洪道下游河道拓宽，防洪标准为50年一遇洪水设计，300年一遇洪水校核。

水库工程由主坝、副坝、输水洞、溢洪道组成。主坝为均质土坝，最大坝高24米，坝顶长500米，顶宽5米；溢洪道位于主副坝之间，为开敞式宽顶堰，最大泄流量25.2立方米每秒；预制钢筋混凝土圆形有压输水洞位于主坝右侧，洞径0.9米，长105米，最大泄流量2立方米每秒。

水库建成后经历了1963和1996年的洪水考验，起到了削减洪峰和拦蓄洪水的作用；累计为灌区提供灌溉用水7 560万立方米。

韩家园水库

水库距石家庄市15千米，近年来旅游业发展很快，已成为石家庄市群众休闲度假的主要场所。北岸是青龙山，南岸是凤凰山，"两山夹一湖"，因此水库又名龙凤湖。青龙山上有龙角石、风动石、小石林、石龟驮崽等自然景观，凤凰山如彩凤展翅，钟灵毓秀。水库水域面积40余万平方米，远望天蓝水绿、烟波浩渺，近看碧波荡漾、波光粼粼。

3.6.2.4.2　八一水库
(Bayi Reservoir)

又名蟠龙湖，**洨河**支流潴龙河中游的中型水库，位于河北省元氏县境内。水库总库容7 387万立方米，控制流域面积139.1平方千米，主要功能为防洪、灌溉、水产养殖、旅游。

蟠龙湖

水库上游为浅山区，坝址区绝大部分为第四纪松散岩层，覆盖在老岩层之上，古老的岩层仅在坝两端露出。

水库于1958年建成。1964年，进行扩建，大坝加高0.4米，溢洪道开宽加固，改建输水洞进口闸门，增设出口工作闸门及消能设施。1975年，进行大坝垂直防渗处理。2003年，实施水库除险加固，完成溢洪道启闭机更新、溢洪道两侧山体锚喷、溢洪道左岸护坡、大坝灌浆、大坝背水坡整修、测压管翻新、大坝路拓宽、水情自测报系统调试安装等，防洪标准为100年一遇洪水设计，1 000年一遇洪水校核。

工程由拦河坝、溢洪道、输水洞、电站组成。大坝为均质土坝，顶高程126.8米，坝高28.4米，顶宽6米，长645米，防浪墙高1.2米；溢洪道位于大坝右岸，为岸边正槽式，最大泄流量1 253立方米每秒；输水洞位于左岸，为钢筋混凝土圆形有压洞，最大泄流量27立方米每秒；电站位于左岸，装机容量2×250千瓦。

水库担负着下游元氏县城和元氏、赵县、栾城3县部分村镇30万人口、4.67万公顷耕地的防洪任务。水库建成后，减免了下游洪水灾害，保障了元氏县城及京广铁路的安全。1963年8月2—9日，降雨920毫米，洪峰流量912立方米每秒，水库下泄流量121立方米每秒，削峰87%。1996年8月3—5日，连续降雨463毫米，水库洪峰流量高达965立方米每秒，最大泄流量416立方米每秒，削峰57%。1959—2006年，水库累计向灌区供水5.9亿立方米。

水库建设及扩建涉及东阳村、西阳村、侯村、王村、南苏村、北苏村6个自然村1 086户5 600人，房屋1.13万间。1980年后，库区实行开发性扶持移民政策，打井18眼，修建防渗渠道24千米，兴建扬水站15座，发展生态果园1.5万公顷，每年发放粮食补助20余万元，大大提高了库区移民的生产生活水平。

水库南岸紧依蟠龙山，所以又名蟠龙湖。蟠龙湖景区被太行山三面环抱，东面为广阔的大平原。湖水清澈，水面宽阔，能开展大型水上活动。游客在

蟠龙寺

这里可以划船、垂钓、游泳。岸上有沙滩浴场、沙滩排球场和大型冲水滑梯。南岸有蟠龙寺，寺院占地3 000多平方米。1996年，蟠龙湖风景名胜区被评为省级旅游度假区。

3.6.2.5　汪洋沟
(Wangyanggou River)

滏阳河左岸支流，起于河北省藁城市北席、水乡之间，在宁晋县东曹庄入滏阳河。

汪洋沟沟长96.40千米，汇流面积1 392平方千米；北至石德铁路，南至宁晋泊北围堤和滏阳河，西与**洨河**流域接界，东邻郝村沟。流域地形属山麓平原和倾斜平原，地势西高东低，地面坡降西部1/200～1/1 200，东部1/2 000～1/4 000；属暖温带大陆性季风气候，四季分明，多年平均年降水量504毫米，6—8月降水量占全年的60%。地下水径流通畅，矿化度低，没有盐渍害的威胁。

流域位于潴、滏两河的夹道，是历史上发生沥涝灾害较为频繁的地区，受**滹沱河**数次泛滥的影响，形成岗、坡、洼交错的复杂地貌。河道行洪能力低，沥水排泄无出路，每遇暴雨洪水，洪沥交互为害，涝灾严重。1954、1956、1963、1964年，流域沥涝面积分别为0.72万、1.54万、2.95万、0.95万公顷。经过历年治理，排涝效益有了很大提高。除1996年外，基本未出现沥涝灾害。

流域的排水问题从1954年大水后日渐突出。1964年，进行局部清理和疏通。1965年后，潴滏地区开始修建系统排水

汪洋沟（河北宁晋县段）

工程，汪洋沟除涝标准接近 3 年一遇，过水流量 35 立方米每秒。1973 和 1974 年，赵县、藁城两县又分别进行了大规模疏浚。

汪洋沟起于藁城市北席、水乡之间。藁城，西汉元鼎四年（公元前 113 年）置县，1989 年建市，地形平坦，地下水丰富，农业综合实力列河北省第一。

东南流经贯庄，入赵县；南流经宋城，至镇南，西折而南，经李家町，入宁晋县。宁晋县，《尚书尧典》中称杨纡，唐称宁晋，寓意"安宁晋福"，有地方特产泥坑白酒、水晶梨等。

续东南流，至东南汪，西接洨河故道，再过小马村，向东流，于小河口、铺头之间纳滏宁渠。滏宁渠是修筑宁晋泊北围堤时沿堤开挖的一条排河，渠长 12 千米，最大泄水能力 35 立方米每秒。

汪洋沟流至东曹庄入滏阳河。

3.6.2.6 天平沟
(Tianpinggou River)

滏阳河支流，起自河北省辛集市小章排沟和百福排沟汇合处，于武强县小范镇入滏阳河。

沟长 67.26 千米，汇流面积 1 120 平方千米。位于河北省衡水市北部，在**留楚排干**以南、**石津总干渠**以北。地势西南高，东北低，微地貌比较复杂，古河床和低矮沙丘、岗坡相互交错，有多处条带状封闭洼地，自上而下先后有 15 条支渠汇入。

原为滹沱河故道。《深州风土记》记载：清乾隆四年（1739 年）、道光五年（1825 年）和咸丰元年（1851 年），几经整治。光绪二十年（1894 年）秋，武强县进行过治理。1949 年后，进行了多次治理。1954 年，对深州柳庄至武强邵庄段疏浚；1965—1968 年，分别治理深州栗村至柳庄段、安平县周大转至张刘乡段、武强县梅庄至小范段；1976 年冬至 1978 年春，又进行第三次疏浚。经过 3 次治理疏浚，形成了一个完整的排水体系，排水标准达到 5 年一遇，排水能力 16～86 立方米每秒。

天平沟

上游接辛集市小章排沟和百福排沟两分支，汇流后称天平沟。

天平沟自周大转村入安平县，向东流，经南王庄镇北，折向东北流，至张刘乡北向东流，入深州市，在安平县有南王庄支渠汇入。

入深州市后，自大贾村

天平沟节制闸

向东流，在耿村折向东南流，经双井开发区、兵曹、辰时、大冯营 4 个乡镇，至柳庄入武强县；在深州市，有魏伯沟、里满灌渠、城关支渠、西留分干、溪村排干、辰时分干、辰时排干 7 条支渠汇入。

入武强县后，向东偏北流，经北代乡、街关、武强 3 个乡镇，至天平沟节制闸。天平沟节制闸位于武强县小范镇东北滏阳河左岸，建于 1971 年，为钢筋混凝土开敞式，1 孔 6 米×8.7 米钢闸门，4 孔 3.5 米×5.7 米钢筋混凝土闸门，设计流量 86.5 立方米每秒。在武强县，天平沟有曹庄引渠、西五引渠、总干退水、反修渠、旧天平沟、肖庄排干、旧朱家河 7 条支渠汇入。

天平沟过天平沟节制闸，入滏阳河。

3.6.2.7 留楚排干
(Liuchu Main Drainage Channel)

滏阳河支流，滹滏（**滹沱河**、**滏阳河**）区间主要排涝干渠，始于河北省饶阳县京堂镇李家庄京堂分干下口，在武强县庞町村入滏阳河。

干渠长 44.2 千米，汇流面积 1 032 平方千米。地处滹沱河以南，**天平沟**以北。地势西南高，东北低，属冲洪积、冲湖积平原，古河床与沙丘岗坡交错，带状分布，形成许

留楚排干

多封闭洼地。干渠涉及深泽、安平、饶阳、武强 4 县，原为滹沱河故道，自上而下有 15 条支渠汇入。

1965 年，在原滹沱河故道基础上开挖排涝渠道，始名留楚排干；1967 年，开挖了饶阳县常庄—武强县合平闸段、李家庄—常安村段；1969—1970 年，结合修筑滹沱河南堤开挖了西崔村—武强县庞町段；1975 年，扩挖了李庄—大邵村段。经过 4 次治理，形成了一个完整的排水体系，排水标准达到 5 年一遇，排水能力 40～120 立方米每秒。

始于河北省饶阳县京堂镇李家庄京堂分干下口，向东至王庄北折向东南流。至大邵村北，转东至留楚乡东九吉村南，折东南入武强县。在饶阳县先后有里满灌渠、马庄分干、城关分干、幸福渠、留吾分干、杨各庄排干、屯里分干、召什分干、五公排干等汇入，在武强县先后有合立排干、反修渠、沙洼排干、栗庄排干、旧天平沟、肖庄排干等汇入。

东南流，经田沙洼南，折向东北流至朱家庄北，沿献县

泛区南缘东北流，经彭刘庄北至庞町村北入滏阳河。

3.6.2.8 滏阳新河
（Fuyangxinhe River）

滏阳河主要人工行洪河道，位于滏阳河右侧，为别于滏阳河称滏阳新河。始自河北省宁晋县小河口村，在献县城西与滏阳河相汇。

河长132千米，控制流域面积14 877平方千米。地势西南高，东北低，为冲积平原和冲积扇平原区，平坦开阔，河滩高程26～13米。流域属暖温带大陆性季风气候，多年平均年降水量500毫米，地区分布差异较大。流域内物产丰富，人口密集，土地肥沃，耕作业发达，是河北省粮棉油重要产地，域内有京九、石德等铁路干线，石黄、青银、衡德等高速公路。

滏阳新河

滏阳新河主要承担宣泄洪水的任务，近30年间过水年份很少，过水量也不大。上游支流源短、峰高、流急，遇洪水时堤防极易溃决成灾。

滏阳新河于1967—1968年开挖，为滏阳河上游及其支流的洪沥水主要出路。沿河建有左右大堤、新河县北陈海穿堤涵洞、冀州市东羡穿堤涵洞、西羡闸（已废弃）、北小魏橡胶坝、桃城区侯店穿堤涵洞、康洼橡胶坝。另外，下游有武强县后庄穿堤涵洞，还有沧州市泊头冯庄穿堤涵洞、献县杨庄穿堤涵洞等。治理后，滏阳新河更便于调水、灌溉等；1999年后对部分堤防进行了除险加固。

滏阳新河左堤始于宁晋县小河口村南，与宁晋泊北围堤相接，右堤始于宁晋县赵庄，深槽自小河口村南起。

艾辛庄枢纽是宁晋泊出口的控制工程，1968年修建，由滏阳河穿滏阳新河左堤节制涵洞和滏阳新河深槽漫水橡胶坝组成，节制涵洞最大流量150立方米每秒，滏阳新河深槽过水能力250立方米每秒。

由宁晋县北官庄东流6千米，入新河县，右堤建有北陈海穿堤涵洞与**滏东排河**相连。经新河县城北，过郗宋闸入冀州市。冀州境内，右堤建有东羡穿堤涵洞，深槽上建有北小魏橡胶坝。

向东绕经千顷洼以北至桃城区，有康洼橡胶坝和侯庄穿堤涵洞，把滏阳新河、滏东排河和千顷洼相连接。在侯庄转向东南流，下穿京九铁路和石德铁路入

东羡穿堤涵洞

武邑县。经武邑城西，于虎赵庄入武强县。武强县建有后庄穿堤涵洞与滏阳河相连接，是滏阳河向滏阳新河的分洪入口；在后庄转东北流入献县，其右堤在泊头市建有冯庄穿堤涵洞。

滏阳新河在献县城西与滏阳河相汇。

3.6.3 子牙新河
（Ziyaxinhe River）

子牙河水系人工开挖的主要泄洪河道，起自河北省献县枢纽进洪闸，至天津市马棚口入渤海。

献县枢纽进洪闸

概　述

河长143千米，地处子牙河下游，左与子牙河相邻，右与**北排河**并行，上与**滹沱河**、**滏阳河**两大支流相接；于1966年5—10月人工开挖而成，以平、立交相结合的工程形式穿南运河，是子牙河径直东流入海的新道。

流域属半湿润半干旱暖温带大陆性季风气候，四季分明，温差变化较大。春季降雨稀少，蒸发强烈，干燥多风；夏季有时炎热干旱，有时暴雨倾盆，易受涝灾；秋季天高气爽，少雨易旱；冬季寒冷干燥，降雪较少。流域多年（1956—2000年）平均年降水量558毫米，年内80%的降水量集中在6—9月；降水量年际变化悬殊，最大年降水量1 471.3毫米，最小186.6毫米。运东（南运河以东）地区多年平均径流深为90毫米，运西（南运河以西）区仅20毫米。旱灾是主要灾害之一。1967—2000年，局部旱灾年年有，全流域范围发生旱灾6次，较大的是1968、1992和1997年。干旱，直接影响农业产量，制约经济发展，而且加剧了地下水开采，造成地下水位大幅度下降。

子牙新河建成后至2000年，超过主槽泄洪标准600立方米每秒以上的洪水发生过2次：1977年8月10日，主槽过流

子牙新河

683立方米每秒，个别滩地埝溢流、冲开，滩地低洼处过水。1996年8月3—5日，子牙河上游连降暴雨，太行山区山洪暴发，滹、滏两股洪水汇合，形成了1963年以来的特大洪水，经献县泛区滞洪调蓄后，8月7日到献县枢纽，经新河主槽下泄；8月9日，自新河开挖以来滩地首次过水；8月12日，出现最大洪峰流量2 020立方米每秒，滩地水深2～2.5米；8月18日，滩地断流，洪水归槽。

子牙新河开挖后，不断进行河道整治。20世纪70—80年代，主要是堤防整修，包括1975年河间段堤防整修，1976年献县—河间段堤防包胶，1977年献县、河间、青县段堤防整修，1981年河间王刁段大堤修戗，1982年回填青县南柳大队取土坑，1984年沧州地区对200千米大堤全面整修。1996年8月子牙河发生特大洪水后，沧州市对新河进行了较大规模的维修加固。新河左堤为Ⅰ级堤防，是河北省防汛抗洪必保防线之一，针对"96·8"行洪期间出现的险情，1998—2003年对险堤、险段和病险建筑物进行了全面维修加固。

子牙新河上建有泄洪、防潮作用的大型枢纽工程3座，运西及运东各有蓄水橡胶坝1座，中型扬水站3座，总装机容量1 465千瓦，设计排灌面积6 800公顷。

纪　实

运西段　子牙新河从献县枢纽进洪闸至穿运（穿越南运河）枢纽，为运西段。新河设计行洪流量6 000立方米每秒，校核流量9 000立方米每秒，南北两堤平均距离为2 500米，复式断面。献县枢纽位于献县城西北5千米，包括新河主槽进洪闸、滩地溢流堰、京开公路桥、子牙河节制闸。进洪闸位于新河入口，6孔，每孔净宽10米，高12米，为直升式横拱钢闸门，高6.5米，宽8米。新河深槽靠北侧，设计流量300立方米每秒，校核流量600立方米每秒，超过600立方米每秒时滩地行洪。

子牙新河向东北流，经东付庄南、垒头西、赵马坊东，至献县、河间市边界。献县在战国及秦代属赵地钜鹿郡，汉、魏、晋时为河间国乐成县，隋置乐寿县，金、元时升献州、寿州，明洪武八年（1375年）改名献县，沿用至今。位于县城东1千多米的张家庄天主教总堂，是天主教原直隶东南教区首府，有"华北第一堂"之称。抗日民族英雄马本斋1901年出生于献县东辛庄，回族，参加过东北军，1932年毅然返乡组织回民抗日义勇队，1938年率部参加八路军，加入中国共产党，先后任回民教导队队长、回民干部教导总队队长、八路军回民支队司令员兼冀鲁豫军区三分区司令员，1940年8月率部参加了百团大战，1944年2月在山东莘县病逝，党中央在延安为他举行了追悼会，毛泽东主席写下了"马本斋同志不死"，周恩来副主席写下了"民族英雄，吾党战士"的挽联。

子牙新河入河间市转向东北流，贯穿河间市东南部，经沙河桥镇东、故仙东、西留庄东，至东羊庄南，折向东，入廊坊市大城县。在河间市，新河左堤长25.02千米，右堤长23.835千米，堤距2 370～2 310米。河间，1948年为支援平津战役军运，开辟了冀中运河。在大城县东南部边缘区偏掠一角，仅左堤4.65千米经大城县后入青县，右堤则由河间市直入青县。

在青县基本上向东略偏北流，经西冯村南、木门店北、孙家楼南，至穿运枢纽主槽涵洞。此段左堤长24千米，右堤长23.25千米，堤距2 470～2 370米。新河主槽涵洞，是用于解决新河主槽与南运河立交、下泄新河洪水的工程，为井柱钢筋混凝土涵洞，30孔，高5米，宽5米。涵洞上部为南运河过流渡槽，涵洞和渡槽南侧为南北向穿新河滩地的低埝，在新河超过涵洞过水能力时扒埝行洪。青县建制久远，春秋战国时称清国，五代改宁州，宋为清州，元为清宁府，明洪武八年因南运河决口改"清"为"青"，

子牙新河穿运枢纽

称青县，沿用至今。据史料记载，自传说中的禹凿龙门下播九河至南宋，黄河多次流经青县向北或东折入海，流经时间约2 400余年。

运东段　子牙新河自穿运枢纽至入海口为运东段。出主槽涵洞，仍在青县境内东北行，经上伍南、罗庄子北、康庄子北，至清水白南，东入天津市滨海新区大港。青县境内左堤长19.49千米，右堤长约20千米，堤距2 470～2 370米。在清水白村西北有觉道庄青云观，观内有殿堂15座，供奉80尊神像，是华北历史悠久的道观。相传，老子李耳弃周出行，曾至此隐居，传经布道，民众由此相聚而居，形成村落，起名道德庄；至元初，道号为"觉道"的张核大师来此，在原老君讲经处造起青云观，随后道德庄亦改名为觉道庄。

左堤入天津滨海新区大港后，行3千米入黄骅市。黄骅市是以革命先烈黄骅的名字命名的。黄骅（1911—1943），湖北阳新人，1929年加入中国共产党，1930年参加红军，1940年任鲁西军区三分

青云观

区司令员，1941年任冀鲁边军区副司令兼115师教导六旅旅长，1943年6月在河北新海县赵家村被叛徒杀害。为纪念黄骅烈士，边区政府将新海县改名黄骅县，后撤县建市，名称不变。左堤在黄骅市行10千米，至闫辛庄复入天津滨海新区大港，东行32.6千米，至海口挡潮闸。

右堤出青县后直接入黄骅市，东行10千米，至翟庄子亦入天津滨海新区大港；东行34.9千米，至海口挡潮闸。海口挡潮闸是新河海口枢纽的组成部分，由主槽挡潮闸、滩地泄洪闸、滩地溢洪堰、北排河以及青静黄排水渠挡潮闸组成，较小洪水时由主槽下泄（主槽设计流量600立方米每秒），大洪水时由长1 020米的溢洪堰宣泄。

子牙新河过挡潮闸，入渤海。

海口挡潮闸

七、漳卫南运河

Zhangweinan Canal

3.7 漳卫南运河

(Zhangweinan Canal)

海河水系南系主要支流，河源有二，一为**漳河**，一为**卫河**，两河在河北省馆陶县徐万仓汇合后至山东德州市武城县四女寺枢纽段河道称卫运河，自四女寺枢纽至天津市三岔河口段称南运河，南运河与**北运河**汇流后入海河干流。地理位置东经112°～118°、北纬35°～39°，地跨山西、河南、山东、河北和天津5省（市）。

概 述

流域范围 河长1 050千米（以浊漳南源为源，至天津三岔河口），流域面积37 584平方千米，位于太行山以东，**滏阳河**、**子牙河**以南，**黄河**、**马颊河**以北。地跨山西、河南、河北、山东及天津市的15个地级市、67个县（市、区）。

河流水系 历史上，漳河曾是独流入海河道。公元前2100年左右，禹导黄河北流，漳河成为黄河下游最大的一条支流。王莽始建国三年（公元11年），黄河南徙后漳河归属为清河支流。东汉建安九年（204年）曹操开白沟，建安十八年（213年）开利漕渠沟通白沟与漳河。到北魏时，漳河与洹（今河南安阳河）、易、涞（又名**拒马河**）、**滹沱河**、沽（今**潮白河**）同归于海。隋代开凿永济渠后，漳河作为南运河的支流，纳入了海河水系。唐代以来，漳河变迁改道比较频繁，大致有南、中、北道之分。1942年漳河自魏县南尚村改道由徐万仓汇入卫河形成现在的态势。

漳卫南运河

地质地貌 流域地势西南高，东北低，大致分山地、平原两种地貌。山区位于邯郸、安阳、辉县、焦作一线以西以北，海拔100～2 200米，地面起伏较大，相对高差500～1 200米，地势自太行山山脊分别向西北和东南倾斜，主要为基岩裸露的山地，其次是第四纪松散物覆盖的盆地。平原区位于邯郸、安阳、辉县、焦作一线以东以南，海拔100米以下，除个别地段有基岩出露外，绝大部分为第四纪松散物覆盖。

气候水文 流域地处温带半干旱半湿润季风气候区，多年平均气温在14摄氏度左右，多年平均年降水量608.4毫米。四季分明，春季干燥多风，夏季湿润多雨，秋季天高气爽，冬季寒冷少雪。

全年降水量的60%～80%集中在6—9月。1956—2000年多年平均年降水量为549毫米，其中徐万仓以上为589毫米、下游为523毫米。最大、最小天然径流量之比为4～6，变差系数为0.4～0.5，多数测站最大、最小天然径流量之比为8～10，变差系数为0.6～0.7。流域连续枯水情况非常明显，特别是20世纪60年代中期以来，由于地表水被大量开发利用，河川径流量急剧减少，中下游河道相继枯竭断流。1960—2000年，除1960—1964、1970、1990、1991年等年份外每年都有断流，其中1966、1974、1978—1982、1992、1996、1999年断流天数都在100天以上，1974年断流时间最长，达207天。

浊漳河多年平均含沙量10～30千克每立方米，年输沙模数1 000～2 000吨每平方千米。**清漳河**、卫河多年平均含沙量一般小于10千克每立方米，**淇河**新村站多年平均含沙量1.83千克每立方米，年输沙模数小于450吨每平方千米。

1956—2000年多年平均年地表水资源量51.63亿立方米，地下水资源总量63.71亿立方米，多年平均年水资源总量102.14亿立方米。

水旱灾害 历史上，流域洪涝灾害频繁。据文献统计，1607—1911年间，漳河发生洪水大约55次，平均约5～6年一次；卫河发生大洪水约106次，平均约3年一次；卫运河发生大洪水约60次，平均约5年一次。新中国成立后，1956、1963、1982、1996年曾先后发生大洪水。

流域内旱灾具有连续发生、范围广和季节性强的特点。远在3 700多年前的商汤时期，即有"汤有七年大旱"之说（商汤十八年至二十四年，公元前1766—前1760年）。此后的历代史料中时有"大饥""大旱"的记载。新中国成立后，流域几乎年年有旱灾，有些河道甚至出现断流，典型干旱年有1965、1978—1982年等。

经济社会 根据2004年资料统计，全流域总人口4 982.85万，其中农村人口3 870.2万，城镇人口1 112.65万。

流域为粮棉产区，粮食作物以小麦、玉米等为主，经济作物以棉花、花生、芝麻等为主。域内煤炭、石油资源丰富，主要工业有煤炭、石油、钢铁、发电、纺织、造纸以及各类工业等，交通干线有京广、京九、京沪、德石等铁路，京广、京福、青银、京沪、济邯高速公路及104、105、106、107国道等。南水北调工程东中线、引黄穿卫济冀工程从本流域穿过。

3.7 漳卫南运河

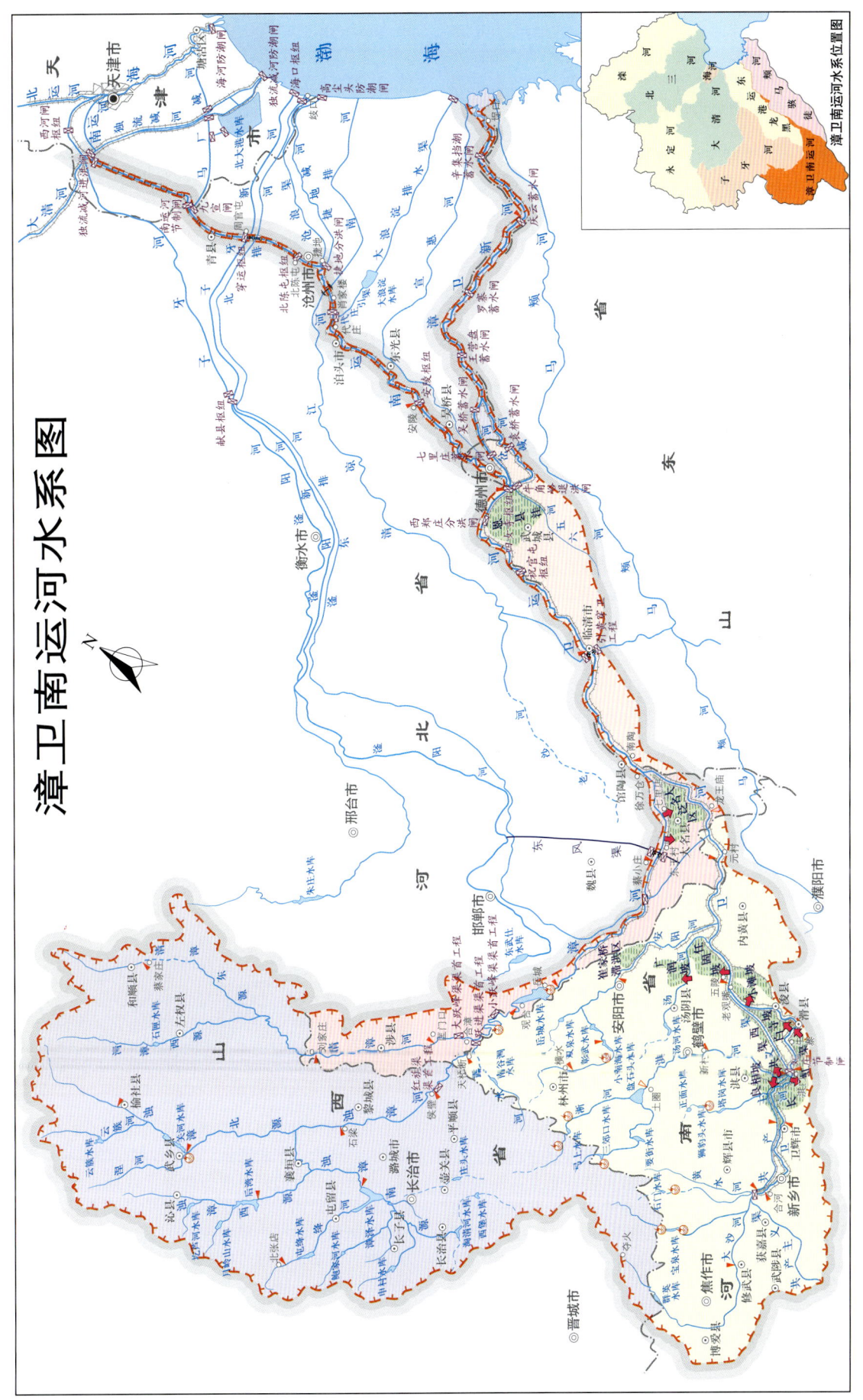

漳卫南运河水系图

治理开发

1. 河道整治。东汉末年,曹操"遏淇水入白沟"开辟漕运航道,隋代开凿永济渠,元代贯通京杭运河,明、清两代在南运河上开辟多条减河。受当时条件的限制,历史上的河道治理工程主要是为了漕运的需要,始终未能改变"每岁必决"的局面。

新中国成立后,流域于1956、1957—1958、1971—1976年进行了3次大规模治理,1978—1982年,又对卫河干流进行了扩大治理。"96·8"洪水后,1996—2000年对漳河进行了整治,主要治理措施包括开挖疏浚河道、修建控制性枢纽工程、退堤、切滩、裁弯、复堤、修建护岸工程等。通过治理,结合岳城水库调度运用,设计防洪标准达到50年一遇。

2. 灌溉。战国时期,魏国邺令西门豹在漳河上建有引漳十二渠,是我国历史上有文字记载以来最早的多首制大型引水渠系工程。20世纪60年代,河南林县以漳河为水源,修建了闻名世界的红旗渠灌区。之后,随着岳城水库的兴建及民有灌区的扩建,灌溉面积迅速扩展。到2004年,流域有大型灌区36处(漳河14处、卫河22处),万亩以上机电灌溉站17处(漳河3处、卫河14处)。

3. 枢纽工程。全流域共有大中小型水库近340多座,总库容38.44亿立方米,控制面积36 474平方千米。在中下游干流上,建有多座大中型水利枢纽和拦河闸,其中共产主义渠上有刘庄节制闸;卫运河上有临清引黄穿卫枢纽、祝官屯枢纽、四女寺枢纽;漳卫新河上有七里庄、袁桥、吴桥、王营盘、前罗寨、庆云、辛集拦河蓄水闸;南运河上有安陵枢纽、捷地分洪闸、北陈屯枢纽、子牙新河穿运枢纽、九宣分洪闸、南运河上改道闸等。

4. 供水。为了解决本流域水资源的不足,在通过对本流域现有水库、拦河闸和水利枢纽进行优化调配、充分利用有限水资源的基础上,还采取"引黄济津""引黄入卫(济冀)"等跨流域调水的办法,为沿河城市及工农业供水。

水资源利用 2004年,漳卫南运河总供水量124.63亿立方米,其中地表水54.08亿立方米,地下水70.33亿立方米,其他0.22亿立方米。

在漳河、卫河上游山区,还利用水能资源建设了许多小型水电站。

纪　实

卫运河段 发源于山西省长子县、河长460千米、流域面积19 537平方千米的漳河和发源于山西省陵川县、河长394千米、流域面积16 373千米的卫河于河北馆陶县徐万仓汇合后至山东德州市武城县四女寺枢纽河段称卫运河,河长157千米,沿山东、河北两省边界向东北流。卫运河是一条蜿蜒型河道,复式断面,半地上河,滩地与河底的高差一般7~10米,河槽宽70~200米。新中国成立后,经过1957—1958、1972年两次扩大治理,现设计行洪能力4 000立方米每秒。

卫运河自徐万仓向北,经秤钩湾险工转向东北,流淌于河北馆陶县与山东冠县之间。馆陶因春秋战国时期赵王过陶山置馆舍得名。历史上,汉代有4位皇帝之女被封爵为"馆陶公主",留下了驸马坟、驸马渡、黄花台等古迹;王莽代汉建立新朝后,为保其祖冢,在境内开挖了一条"王莽河"。

右岸自王庄起进入山东临清市境内后转向正北,左岸自河北临西县尖庄险工折向正东,经引黄穿卫枢纽后转向正北进入临清市城区。引黄穿卫枢纽为华北地区跨流域、跨省的大型调水工程——引黄入卫工程的组成部分,坐落在临清市南郊卫运河主槽中心线桩号58+300处,设计输水流量75立方米每秒;1993年10月开工,1994年11月主体工程完工,1995年5月全部竣工。该枢纽的作用是将由位山引黄闸、位山引黄干渠引来的黄河水由底部穿过卫运河送入河北省,解决天津市、河北省东南部地区的缺水问题。

馆陶县驸马坟

临清是中国运河经济文化的典型代表城市之一。明清之际,临清凭借优越的地理位置与运河漕运之盛,成为当时闻名全国的工商重镇、长江以北五大商埠之一。临清钞关是国内仅存的一处运河钞关遗址,明清时税收一度位居全国八大钞关之首。鳌头矶坐落在临清市中区会通河分汊处,始建于明永乐十五年(1417年),占地面积1 200平方米,是明代北方地区典型的木结构建筑群。明清两代,运河漕运鼎盛之时,文人骚客常登临楼阁寄情怀古,赋诗唱和。位于城北卫运河东岸的舍利塔建于明万历三十九年(1611年),为仿木结构的砖塔,塔身八角九层,通高53.44米,与通州燃灯塔、杭州六和塔、扬州文峰塔并称"运河四名塔"。

卫运河出临清城区后转向东北,右岸自临清市的二十里口子村流入夏津县境内,左岸自河北临西县孟庄进入清河境内,成为山东夏津县、河北清河县的界河。清河旧称清河郡,因地处永济渠畔,唐朝时屯集了江南、河南等地的大量钱粮,以供北方边镇的需要,有"天下北库"之称。左岸油坊镇境内(堤防桩号87+788~89+255)有一处新中国成立前建成的老险工,全长1 119米,为浆砌石和浆砌砖结构。

清河老险工

卫运河在山东夏津县管辛庄入武城县,在清河渡口驿入故城县,成为山东武城县、河北故城县的界河;自临清、经武城、至故城一段的河道曲折蜿蜒。武城县境内卫运河右堤以东、陈公堤以西、平武公路以北的碟式自然洼地,是漳卫南运河流域最后的一个滞洪区——恩县洼滞洪区,总面积325平方千米。恩县洼古称"高鸡泊",隋末农民起义军领袖窦建德在此揭竿而起。陈公堤为宋时滑州太守陈尧佐为防黄河西决所筑,南北走向贯穿武城县全境。在滞洪区的西北部边缘、卫运河堤防上建有西郑庄分洪闸,设计流量1 200立方米每秒,是恩县洼滞洪区的进洪口门;恩县洼的东北部边缘、四女寺减河堤防上建有牛角峪退水闸涵,设计流量378立方米每秒,是恩县洼滞洪区的退水口门。新中国成立后,曾于1954、

1955、1963年向恩县洼分洪。在武城县祝官屯村西南的卫运河主槽上建有祝官屯枢纽，由节制闸和船闸两部分组成，主要作用是当卫运河水量不足、处于低水位状态时，抬高上游水位，解决临清至祝官屯区间的复航问题，同时便于上游沿河涵闸引水。

卫运河出祝官屯枢纽下行49.2千米至四女寺枢纽。四女寺枢纽工程坐落在山东武城县四女寺村，与故城县袁庄乡河北涯村、德城区黄河涯镇耿杨李村相邻。四女寺枢纽上承卫运河，下接南运河和漳卫新河，是漳卫南运河中下游河道上的一座以防洪为主，兼有排涝、通航效益的大型水利工程。工程于1957—1958年兴建，1972—1973年扩建，主要建筑物包括南进洪闸（老减河）、北进洪闸（岔河）、节制闸和船闸（南运河），设计总泄洪能力3 800立方米每秒，强迫行洪5 000立方米每秒。

四女寺是一个远近闻名的千年古镇。隋代南北运河开通后，四女寺成为运河上的重要码头，商贾云集，非常繁华。历朝官府设漕运、盐铁、税收、商业等多个管理机构于此，故有"恩县衙门在寺上"之说。四女寺的名称源自一个美丽的历史传说。相传汉代有一对老年夫妻，膝下只有4个女儿。四女皆至孝之人，个个抱定终身不嫁侍奉双亲。后世之人为彰四女孝德，建起四女祠，其村也改名四女寺。明永乐十年（1412年）为分泄卫运河洪水曾于此挑挖四女寺减河，清光绪年间（1875—1908年）全部淤废。

南运河段 出四女寺枢纽节制闸后到天津市三岔河口称南运河，是典型的蜿蜒型河道。四女寺枢纽节制闸控制的泄洪流量为300立方米每秒。南运河至天津静海县十一堡上改道进水闸入子牙河，为一级行洪河道；自下改道进水闸至市区金钢桥上游的三岔河口的南运河不再承担防洪任务，只作为排沥河道。

南运河左岸自山东德州市德城区八里庄乡叶园村东进入河北景县，右岸自南向北穿过德州市区后，于第三店村北入河北沧州市吴桥县。四女寺到第三店之间45千米河道蜿蜒曲折，有明显弯道32处，平均每1.5千米即有一处弯道，"九望德州"之说即由此而来。德州段运河原为汉屯氏河、隋永济渠的一段。自元至元十九年（1282年）始开通济州河、会通河后称大运河。德州段运河河道自隋、唐兴起，北宋时被黄河夺流，黄河改道后一度使"御河湮灭，失馈运之利"。金代由于战乱，运河或通或塞，只有德州段通运，金天会七年（1129年）在德州置将陵仓。元代时，德州段运河已成为全国漕运沟通南北的大动脉，将陵仓改为陵州仓，并在此设直捕盗司、达鲁花赤、监运大使等，运河上常常是"舳舻首尾相衔，密次若鳞甲"。明代初到清朝中期，运河中兴并达到鼎盛，德州成为京杭运河的一个重要码头，并逐渐成为南北水运、漕粮转运的咽喉要地和开展商贸的重地，有"九达天衢、神京门户"之称。明永乐十五年（1417年），苏禄国（今属菲律宾）东王巴都葛叭哈喇取道运河回国，途经安陵（今河北吴桥县安陵镇）时不幸病故，葬于德州北郊，永乐皇帝亲撰碑文，刻石以志其事。苏禄国东王墓成为我国唯一的一座外国王陵，被列为全国重点文物保护单位。

清雍正十二年（1734年）夏，鉴于运河洪水流行态势，在今德州城西北6千米处开挖哨马营减河，该河东行5千米后沿沟盘河故道向东北至吴桥县玉泉庄汇入四女寺减河，至清嘉庆年间（1796—1820年），哨马营减河逐渐淤废。清咸丰五年（1855年），黄河在河南兰考铜瓦厢决口改道后运河淤废，至清光绪二十八年（1902年）漕运全线停止。其后至20世纪60年代，德州以南至临清段运河，虽河道弯曲，水势迂缓，依然可以通行舟楫。自20世纪70年代起，由于沿河工农业用水迅速增长，尤其是上游建成岳城水库后，航运水源逐渐枯竭，河道经常干涸，航运因此终止。

景县古称景州，南北朝时有高氏、封氏两大名门望族，其中高氏家族曾先后出过6代皇帝，现存封氏、高氏墓群及景州舍利塔均为全国重点文物保护单位。吴桥是著名的杂技之乡，小马厂村出土的南北朝东魏时期的古墓壁画上就描绘着倒立、肚顶、转碟、马术等杂技表演形象；新中国成立后，吴桥杂技艺术多次在国内外杂技表演、比赛中荣获大奖，吴桥也因此赢得了"中国著名杂技之乡""世界杂技艺术摇篮"的美誉。

南运河沿吴桥、景县边界向北至吴桥县安陵镇西北3千米处建有安陵枢纽，于1973年5月建成，由节制闸、船闸、公路桥组成，具有行洪、灌溉、航运、供水等综合功能；出安陵枢纽，向东北方向入东光县境；继续北上，自连镇入阜城县，从刘八里乡十二里口村入南皮县；至后七里口村入我国著名的"鸭梨之乡"泊头市，向北又于常庄乡后满庄再次入南皮县，至店子镇北口村入沧县。

南皮县代庄村北1千米处南运河上建有代庄节制闸，5孔，设计过闸流量300立方米每秒。该闸是大浪淀水库蓄水工程的一个重要组成部分，也是南运河阶梯蓄水规划的一个重要调蓄建筑物，更是引黄工程、南水北调工程东线的必经之路。沧县捷地镇西南南运河上建有捷地枢纽，是南运河历史最久的一座枢纽工程。《沧县志》记载："明弘治三年（1490年）开挖<u>捷地减河</u>时，即于减河上口建桥设闸；清雍正四年（1726年）挑通减河，设五孔闸，总宽八丈，分水情况良好；清乾隆三十六年（1771年）改闸为坝。"

南运河过捷地分洪闸，入沧州市区。沧州是历代南北交通要冲，京杭运河开通后，沧州市商贾云集，成为南粮北运、北盐南运的水运码头。位于沧州市东南20千米沧州旧城内

四女寺枢纽

165

（今沧县旧州镇东关）的沧州铁狮子，铸于后周广顺三年（953年），重约50吨，具有极高的历史科学和艺术研究价值，是国务院公布的全国第一批重点文物保护单位。

南运河由南向北穿过沧州市区后，在药王庙与北陈屯两村之间建有北陈屯枢纽工程，该枢纽于1976年5月建成，由节制闸、船闸组成，具有防洪、灌溉、航运、供水等综合功能；出北陈屯枢纽，入青县。明成化三年（1467年）于青县城南17.5千米处开挖兴济减河，至清末逐渐淤废，1963年大水后，兴济减河被子牙新河取代。青县城南9千米兴济镇北，建有子牙新河穿运枢纽工程，其主要作用是根据子牙新河和南运河洪峰流量及两河河底高程相差比较悬殊的特点，按照大小洪水分别对待的原则，采用了平立交结合的方案，即滩地平交、主槽立交，以解决子牙新河和南运河的泄水问题。工程主要包括子牙新河穿运涵洞、南运河节制闸、**北排河**穿运涵洞、南运河改道段（包括子牙新河滩地平交部分）和导流堤五部分。青县在历史传说中曾是盘古开天辟地的地方，地方戏哈哈腔被确定为国家级非物质文化遗产。

南运河行至青县李右屯流入天津静海县，绕行了一个大S弯之后入九宣闸。九宣闸位于天津静海县靳官屯**马厂减河**首端，初建于清光绪六年（1880年），当时称靳官屯大闸。九宣闸为5孔浆砌条石结构，每孔宽6.08米，总宽41.03米，为叠梁式闸门，无启闭机，设计流量150立方米每秒；1936年改建，增设木结构机架桥；1982年将木板闸门改为直升钢闸门，对闸墩做了灌浆处理。初建时的石质5孔大桥闸以及时任清直隶总督的李鸿章为此闸书写的碑文，现保存基本完好。

南运河出九宣闸后，继续以S形向偏东北方向延伸，至唐官屯险工后开始转向正北，河道略显顺直，南北贯穿静海县城后，过独流镇。独流镇乃千年古镇，始建于宋辽对峙期，明永乐

杨柳青年画

二年（1404年）大兴土木、渐成集镇，素有"酒醋酿造之乡""建筑之乡"的美誉，义和团"天下第一坛"就设于此。到达十一堡南运河改道节制闸，出节制闸后与子牙河汇合，下行至第六埠经南运河下改道进水闸折向北流，至杨柳青镇。杨柳青开埠建镇1000多年来，积淀了悠久的运河文化、大院文化和年画文化。正在开发修葺之中的北方乡绅建筑群有200多个院落，仅石家大院就有套院18个，占地1万余平方米。有着近千年历史的杨柳青年画位居中国四大木版年画之首。2008年12月，杨柳青镇以其独特的生态文明、文化魅力与经济活力荣膺"中国历史文化名镇"称号。杨柳青段的南运河曾在1972年被填平建路，2002年由西青区政府投资2.2亿元进行重新规划、改造，该段河道长4.1千米，开口40米，两侧浆砌石护坡，堤外各有20米的绿化带。

南运河出杨柳青镇经中北镇至密云桥、西营门街小园村入天津市区，城西岸边的水西庄为清康熙年间（1622—1722年）大盐商查日乾所建，后历年增建，成为天津最为著名的私家园林，近代以后，水西庄逐渐衰落。

南运河经天津市南开区、红桥区，与北运河汇流后入海河干流。

3.7.1 漳河

(Zhanghe River)

漳卫南运河两源之一，古称降水（绛水），亦称漳水、衡漳。漳河从源头到合河口称浊漳南源，合河口以下至合漳村称浊漳河，合漳村左纳**清漳河**后以下称漳河。发源于山西省长子县方山东麓，于河北省馆陶县徐万仓与**卫河**相汇后称卫运河。漳河从源头到徐万仓，河长460千米，流域面积19 537平方千米，地跨山西、河南、河北、山东4省。

概　述

漳河地势西南高，东北低，在河北省磁县观台镇以上为太行山区，自观台至**岳城水库**为丘陵地带，岳城水库至徐万仓为平原。

漳河第一弯

流域属暖温带半湿润半干旱大陆性季风气候，多年平均年降水量570.4毫米，时空分配极不均匀，汛期（6—9月）降雨量占全年的70%，且经常出现连续丰水或连续枯水现象，其中浊漳河多年平均年地表径流8.76亿立方米，最大49.42亿立方米，最小1.11亿立方米，极值比达44.5。

历史上，上游地区十年九旱，下游洪涝频繁。1607—1911年间，漳河共发生洪水55次，其中重大洪灾17次。民国时期，发生3次特大洪涝灾、两次大旱灾。新中国成立后，1956、1963、1996年遭遇较大洪灾，以1963年最为严重；典型干旱年有1965、1978—1982年。1963年大水，漳河溃决，淹安阳县北部及东部。1996年，漳河上游普降暴雨，岳城水库入库流量达到8 620立方米每秒，下泄流量1 500立方米每秒，下游堤防多处出现险情。

由于该河段地处晋、冀、豫两省边界，20世纪50—70年代，随着水资源的短缺和用水量的增加，上游山西与河北、河南三省群众为局部利益，常常引发争水争滩矛盾。

新中国成立后，加强了对漳河的治理开发，先后建成了大批水利工程，其中大型水库4座，总库容19.97亿立方米；中小型水库150多座，总库容5.6亿多立方米；提水工程（包括扬水点）766座，引水工程约490处。水利工程在防洪、灌溉、供水、发电等方面均发挥了重要的作用，促进了两岸社会经济发展。

纪　实

浊漳南源段　浊漳南源发源于山西省长子县方山（高程1 646米）东麓、发鸠山（高程1 285米）以西的圪洞沟，源头处称岳阳河，位于上党盆地西侧。源头泉眼水量丰富。泉

漳河水系示意图

子县因尧帝封长子丹朱于此而得名，2007年被联合国地名专家组中国分部评为"千年古县"，成为山西省第一个进入千年古县行列的县。在这片神奇而古老的土地上，孕育和流传着神农氏教民耕种的故事，县东南羊头山顶有千古传颂的神农城和五谷畦遗址，山上有神农泉、神农井；在仙翁山发现有2.5亿年前的树化石群落以及被誉为中华国宝的法兴寺、崇庆寺。

出长子县入长治县，支流陶清河流域有全国重点文物保护单位正觉寺和山西省文物保护单位玉皇观、丈八寺塔、八义窑址等；向北经高河、高村和南北津良出长治县入长治市郊区，在杨暴村东北接纳岚水河。岚水河，又名岚河，《水经注》称蓝水，发源于屯留县海拔1 573.7米的盘秀山东麓的桥华沟和沙则沟，河长58.4千米，流域面积463.4平方千米。

浊漳南源在北寨村西，接纳石子河。石子河，古名壶水，发源于壶关县盘马池村东，河长49千米，流域面积385.3平方千米，建有中型的庄头水库。从北寨到临漳、交漳河段为1959年兴建的**漳泽水库**库区；在库区的东司徒村南纳绛河。绛河，《水经注》称陈水，分南、北两源，南源始于屯留县张店镇烟火沟；北源亦称庶纪河，始于沁县里庄村北的官道沟和西沟村北，在屯留县张店镇汇合，河长84.9千米，流域面积876.7平方千米。

出水库后，蜿蜒北流，在黄碾西北出长治郊区入潞城市，经曲里、宋村、韩村、曹家沟等出潞城，入襄垣县，在甘村左纳西北来的**浊漳西源**；过仓上，到襄垣县城，县城附近有崇福寺、永惠桥等著名古建筑；纳阳泽河后向东北流，有仙堂寺风

申村水库

仙翁山2.5亿年前的树化石群落

源附近建有灵泉庙，也叫灵湫庙，庙中供奉着"精卫填海"传说中的主人公女娲的神像，女娲被当地人尊称为"漳河之神"。明朝乐律家朱载堉《羊头山新记》记载："发鸠山，山下有泉，泉上有庙。宋政和年间，祷雨辄应，赐额曰'灵湫'，盖浊漳之源也。庙中塑如神女者三人，旁有女侍，手擎白鸠，俗称三圣公主，乃羊头山神之女，为漳水之神。漳水欲涨，则白鸠先见，使民觉而防之，不致暴溺。羊头山神指神农也。"浊漳南源古为长子县旧八景之一，称"浊源泻碧"，河水从山脚下流出，一片碧绿，湍流直泻，西流东往。若人夜宿灵湫庙，静夜时能听到山下汩汩泉水的响声，妙不可言。

源流从圪洞沟向东，经太皇宫、老圪倒流至平泉村与北来的关家河沟小河汇合，改向东南流，经洪珍村到岳阳后，转向东流，再经石哲、申村入上党盆地。整个南源上游水系呈扇状分布。河源除发鸠山圪洞沟为正源外，尚有中源（始于石哲镇房头庙）和南源（始于石哲镇大西沟口），两源先在晋义村东南合流，后经乱石河转向东流，在石哲村西南汇入浊漳南源，此处建有中型的申村水库。

在申村水东，西堡头河从右岸汇入。出山区后，向东流至长子县交里村，沿途苏里河、小丹河（发源于长子、高平两县交界的琉璃山即丹朱岭北麓，河长18千米，流域面积120平方千米）依次从南岸汇入，然后转向东北，过西王内、漳河神、东王家堡，在北李末村南接纳南来的陶清河。陶清河，古名陶水，《水经注》称淘水，又名陶金河，发源于壶关、陵川两县交界附近的壶关县西马安村北，河长78.7千米，流域面积735.2平方千米。

陶清河汇入后浊漳南源出长子县。长

灵湫庙

法兴寺

景旅游区，区内重峦叠峰，迴绕起伏，似九龙汇集，危崖千仞，高耸入云，如铸如削，雄伟壮观，山因建于山腰的仙堂寺（山西省文物保护单位）而得名。仙堂寺为明清建筑，正面为三佛殿，佛座前各有一泉，殿外有两口井，故又名"五泉寺"，相传，出生于襄垣的东晋高僧法显（335—420年）曾在此坐堂讲经。

浊漳南源穿过景区后至合河口。

浊漳河段 在合河口浊漳南源接纳从西北流来的**浊漳北源**拐向东南流，始称浊漳河。

浊漳河入黎城县，在石板村西南纳平头河（亦称马岩河，发源于武乡县小窝铺村北的黄纪脑，河长21.5千米，流域面积104.9平方千米）；至渠村，建有黎城县漳北渠渠首（1958年兴建，灌溉面积1300公顷）；过吴家庄，在上遥村北0.6千米处纳原庄河（发源于潞城市张家河村，河长17.5千米，流域面积110.1平方千米）；过柏峪，在北马成为黎城、潞城的界河，《水经注》称此段为潞川；经石梁（1952年始设水文站），在赵店村南接纳小东河（源于黎城县东阳关镇老金峧，河长20.8千米，流域面积215.6平方千米，河道比降10‰）。浊漳河在黎城县境内穿过

玉皇观主殿

崇庆寺

正觉寺二门

中央山自然保护区，区内广志山山势险峻，峰头高耸，山腰有始建于五代十国后周显德五年（958年）的老君殿。从此地向上攀登，穿林莽约1千

中央山自然保护区峭壁

米即达峰巅。峰分为二，相距20米，中间有9米高的天桥相接。1939—1947年，八路军总部曾驻扎于此。

浊漳河从赵店村附近开始，沿黎城、潞城两县交界继续东南行，进入辛安泉出露区，其间在潞城市辛安村接纳平顺河（又称百里滩河、西沟河、南大河，源于平顺县大门道村与壶关县交界处一带的深山区，河长49千米，流域面积677平方千米）；再南流，有**辛安泉**泉水汇入；至辛安出潞城入平顺县。

浊漳河（山西平顺县段）

自合河口至辛安河段，长46.5千米，河道比降3.6‰。

浊漳河入平顺县后，经北耽车、阳高，到侯壁，著名的河南林州市**红旗渠**渠首在此，红旗渠是20世纪60年代河南省林县人民在太行山上建成的大型"引漳入林"灌溉工程；再向东行，穿群峰、过峡谷，跌落在峭壁之间形成浊漳河峡谷。峡谷西起实会乡，东至王家庄乡，长54千米，面积约300平方千米，河道急弯多，落差大（250米）；两侧山峰海拔多在1200米以上，山高坡陡，湿润温暖，宜于多种植物生长，山水林草诸景诱人，主要自然景观有浊漳河瀑布、平湖、泉水

仙堂寺风景旅游区仙堂秋韵

和赤壁五龙洞、大禹峡、紫云洞等数十处。

浊漳河至石城镇，在镇西的龙门山腰有全国仅存的五代木构建筑悬山式殿宇龙门寺，该寺创建于北齐年间，宋、元、明、清朝均有局部修葺增建，集五代后唐、宋、金、元、明、清六朝建筑于一体，为中国现存文物中唯一有此特色的建筑，属国家级文物保护单位。平顺县南部有保存比较完整的宋、元古建筑群——九天圣母庙，为山西省文物保护单位，现存正殿、配殿、献亭及戏楼等67间，其中7间舞楼建于北宋元符三年（1100年），是中国古建筑和戏曲研究的宝贵实物资料。平顺县境东南部有三晋第一碑、虹梯关铭、明惠大师塔等文物。

浊漳河大峡谷

浊漳河过石城镇，从马塔村东出山西省，入河南省林州市，有AAAA级国家水利风景区——红旗渠景区；东流经天桥断，在河北省涉县合漳村有清漳河从左岸汇入，形成漳河干流。涉县古有"三槐九景十八峪"之称，又有"露天博物馆"之誉，是河北省八大风景名胜区之一。其中，娲皇宫被称为河北古建筑十大奇观之一，是神话传说中女娲氏"炼石补天、抟土造人"的地方，始建于北齐天保年间（550—559年），主体建筑位于峭壁之上，悬空而置。八路军129师司令部旧址位于县城西北5千米的赤岸村，由司令部旧址、将军岭、陈列馆等组成，抗日战争时期，刘伯承、邓小平、徐向前等老一辈无产阶级革命家在这里战斗、生活了6年之久，使涉县成为华北抗战的一个战略要地。

漳河干流段 干流在丁岩村东出涉县，入磁县。磁县古称磁州，是著名的中国磁州窑文化发祥地，现存磁州窑观台遗址面积最大、地层最丰富、保存最好。磁县漳河小三峡位于磁、涉两县交界处，长20余千米，两岸青山气势雄伟，陡峭挺拔，风光绮丽；著名历史遗迹插剑岭位于吴家峡峡口，相传当年曹操曾在这里调兵遣将，大败袁绍。

干流经都党、新合村，至观台水文站。在新合村有小跃峰渠取水口，主干渠顺山势蜿蜒于峡谷之中，渠上建有华北跨度最大的险峰渡槽，单孔拱，全长210米，高32.3米。

干流出观台向北流，复向东南，至岳城水库；出库继续东南行，经时村营，至讲武城。讲武城一带的北朝古墓群，多为东魏、北齐皇室王公贵族墓群，发掘出土的陶俑、壁画展示了当时雕塑和绘画艺术的独特风格，属国家级文物保护单位。

马鞍峡

干流过讲武城出磁县，入临漳县。临漳县因临漳河而得名，古称邺，素称"天下之腰脊""河北之襟喉"，历来为兵家必争之地。全国二十大遗址之一的邺城遗址位于县城西南，横跨漳河两岸，面积约20平方千米。自齐桓公筑邺城，临漳居黄河流域政治、经济、军事、文化中心长达4个世纪之久，至今还传诵着"西门豹投巫治水"、曹孟德筑邺城建"三台"（铜雀、金凤、冰井）"铜雀春深""文姬归汉"等历史佳话。

向东北复折向东南，至称钩镇出临漳入魏县，汉高祖十二年（公元前195年）设魏郡、置魏县，出现了盖宽饶、张公瑾、崔述、裴香斋等一批影响较大的历史人物；继续东南再折向东北，至东风渠穿漳涵洞。东风渠又称东风总干渠，是引卫河水穿漳河北上以供邯郸东部灌溉的大型引水渠。

东北流，至沙口集镇南北拐村出魏县，入大名县，大名历史悠久，北京大名府遗址位于大名镇东北2.5千米处，被誉为"畿辅八府之首"，大名历史典册里记录下了人人皆知的孙膑、狄仁杰、寇准、卢俊义、燕青等历史名人和轶事；下行，至大名蓄滞洪区。大名蓄滞洪区包括漳河行洪道、魏县东王村分洪口门以下的分洪区和蓄滞洪区（即大名泛区）三部分，处于卫河与漳河汇流的三角地带，承担本地区洪沥和漳河洪水的滞洪任务，是漳卫南运河水系综合防洪体系的重要组成部分。

干流过蓄滞洪区继续东北流，至崔庄南有小引河汇入，向北至周庄，入馆陶县。馆陶县战国时隶属赵国，因城西北七里处有陶丘，赵国驿馆于其侧而得名；汉置馆陶县，汉景帝、汉武帝等4位帝王之女曾封馆陶公主。

过周庄，至徐万仓与卫河相汇形成卫运河。

3.7.1.1 漳泽水库
(Zhangze Reservoir)

漳河上游浊漳南源上的一座大（2）型水库，位于山西省长治市区以北20千米的交漳村与淹村之间。水库总库容4.27亿立方米，汇水面积3 176平方千米，功能以工业和城市供

龙门寺院内全景

水、灌溉、防洪为主，兼顾养殖和旅游业。

概　述

水库地处太行山西侧、上党盆地腹部，库区全部为沉积物所覆盖。库区处于大陆性季风气候区，四季分明，降水主要集中在6—9月，占全年的70%以上，多年（1956—2000年）平均年降水量615.4毫米。

1959年11月开工兴建，1960年4月竣工蓄水投入运用，1989年10月至1995年6月进行除险加固改建。水库设计年供水能力1亿立方米，防洪标准为100年一遇洪水设计、2 000年一遇洪水校核。

水库枢纽主要由大坝、溢洪道、泄水洞、输水洞组成。大坝为均质土坝，全长2 514米，最大坝高25米，坝顶高程908.8米，坝顶宽7米。溢洪道位于大坝右端，为胸墙式正槽溢洪道，全长304米，设4孔9.2米×6.6米的弧形钢闸门，出口堰顶高程为895.8米，出口为挑流消能，最大泄流量为2 100立方米每秒；泄水洞为坝内无压涵洞，洞长86.6米。输水洞分七一灌区引水口和史回灌区引水口，分别位于大坝的左右两端，七一灌区引水口设计引水流量0.51立方米每秒，史回灌区引水口设计引水流量2.4立方米每秒。

水库上游已建成6座中型水库（屯绛、鲍家河、申村、陶清河、西堡、庄头）和39座小型水库，总控制流域面积为1 551平方千米。水库下游防洪保护范围11.5平方千米，包括长治郊区、潞城市、襄垣县下辖的5个乡镇16个村庄的8 200人和880公顷耕地，以及长（治）太（原）公路约10千米路段。

漳泽水库是山西省最大的平原型水库，灌区灌溉形式主要为提水高灌，即以水库为水源地直接从水库提水的泵站灌区，泵站有台上、壁头、南岗、史回4处。从壁头干渠提水的中型灌区有寨上、青春、老顶山3处，另有七一灌区是本区内唯一的自流灌区，从水库左岸坝下游直接取水。以上8处灌区总控制灌溉面积1.33万公顷，受益范围涉及长治郊区、潞城、屯留、平顺4县（市、区）。

漳泽水库是山西境内众多水库中经济效益最好的大型水利工程，承担着为长治钢铁厂、漳泽发电厂、王曲发电厂等工业企业供水的任务。1960年至21世纪初，累计向长治地区工业生产、城市生活供水15亿立方米，农业灌溉供水2亿立方米，提供商品鱼972万千克，拦蓄了1962、1971年等6次较大洪水。

2005年开始采用信息化管理系统，使大坝溢洪道、进水塔闸门实现了手动、触摸屏、计算机和远程计算机4种控制方式，对水情遥测、洪水预报调度、大坝安全监测等单机版进行数据整合，实现了信息资源共享。2006年，漳泽水库管理局被水利部评为"国家一级水利工程管理单位"。

纪　实

漳泽水库所在地长治因地处太行、太岳两大山系之间，地势居高，与天同党，故有"上党"之称，水库因其风景秀丽被誉为"上党明珠"。长治自古为兵家必争之地，有"得上党而望中原"之说。东汉建安十一年（206年），曹操不畏路途艰难，率兵北上进入太行上党潞州，征服袁绍外甥高干。抗日战争时期，中共中央北方局、八路军总部先后在水库附近的故县北府村驻扎，指挥全国的抗日战争；1945年，著名的上党战役在这里打响。

漳泽水库是在浊漳南源北流进入上党盆地，在长治北郊与绛河、岚水河、杜家河、石子河、陶清河会合后形成的一处天然湖泊基础上建成的，上统八方来水，下关岳城安危。库区大坝上25米高的进水塔，犹如一颗绿色宝石镶嵌在万顷碧波之中；4孔巨型闸门，每当放水时水鸣浪啸、白雾排空，气势壮观。水面24平方千米，因处于长治市区之西，当地人也称西湖，与东面百谷山统称为"东山西水"，是长治市着力开发的旅游区之一。乘飞机俯视上党大地，在群山环抱之中，漳泽水库就像一面巨大的明镜镶嵌在平畴绿野的怀抱里。库旁茂密的林带郁郁葱葱，大坝上耸立着飞檐斗角的亭阁，登台观望，烟波浩渺，碧水荡漾，水鸟竞飞，鱼翔浅底。亭台周围群芳争艳，芳香馥郁。

漳泽水库夕照

库区湿地总面积45平方千米，生物丰富，种类繁多。细弱的苔藓小草、密集的芦苇香蒲，低矮的灌木、高大的乔木，静静的天鹅、飞翔的海鸥，追逐的鱼虾、鸣叫的青蛙……春夏秋冬，风霜雨雪，朝晖夕阴，气象万千，构成了迷人的生态景观和湿地风光。湿地具有保持水源、净化水质、蓄洪防旱、调节气候、美化环境和维护生物多样性等重要生态功能，漳泽水库库区湿地成为长治这个国家园林城市的重要组成部分。2007年，漳泽水库被山西省授予"省级水利风景区"称号。

3.7.1.2　浊漳西源

(Zhuozhangxiyuan River)

漳河主要支流之一，古名铜鞮水，亦名小漳水、西漳水，俗称西河。发源于山西省沁县漳源镇老牛沟一带，在襄垣县甘村附近入浊漳南源。地跨山西沁县、襄垣、屯留、长治郊区、潞城5县（市、区）。

概　述

河长80千米，流域面积1 669平方千米。地势北高南低，东西两边高，中部河谷低。上游漳源村河床高程1 000米左右，中游栋村、夏店河谷高程900米左右，与浊漳南源汇合处河床高程850米。河床两岸一、二级台地是沁县和襄垣县的主要耕地，河床内沙丘密布，河势变化迅速，主流变化频繁，迁

漳泽水库

浊漳西源

浊漳西源源头自然保护区

度,最大冻深72厘米;多年(1956—2000年)平均年水资源总量1.86亿立方米,其中河川径流1.53亿立方米。河流结冰期从"小雪"开始,"惊蛰"解冻,一般为3个月,多年平均年输沙量134万吨。

流域自然灾害主要为旱灾和洪涝灾害。上游(沁县县城以上)及各支流水质良好;沁县县城段生活污水和工业废水污染了河道;下游**后湾水库**水污染较重,经过治理1998年恢复为Ⅲ类水。

经济以农业为主,工业有采煤、煤炭深加工、机械、食品等。

20世纪末期,治河以疏浚河道和堤防建设为主,部分下湿地得到改造。截至2005年,流域内建有大型的后湾水库和中型的圪芦河水

大云院全景

库和月岭山水库,其中位于支流白玉河上的月岭山水库大坝是国内最早采用水中倒土法施工建设的土坝;小型水库12座,其中漳源水库、梁家湾水库、西湖水库位于后湾水库上游浊漳西源干流上。已建水库控制流域面积1 443平方千米,占全流域的86%。

纪　实

发源于山西省沁县漳源村,源头处称西河,属沁河、浊漳河源头自然保护区,植被茂密,气候宜人。漳源村中建有漳河庙,又称张仙庙、通玄先生庙。《沁州志》记载,此地为八仙之一张果老栖隐处:"先生隐中条山,往来汾沁间,时止漳源。"庙前有泉水出露汇入西源,当地群众习惯以此为浊漳西源源头。浊漳西源古称"漳源泻玉",有诗赞道:"石罅涌灵泉,清漳纪别派。奔流初出山,昼夜声澎湃。雷雨起灵湫,良田资灌溉。坐视清人心,飒飒闻天籁。"

源流出漳源村,跨漳源水库,在口头村北纳景河,东南流再过梁家湾水库在沁县县城西纳迎春河。迎春河,发源于沁县西部的罗卜港村伏牛山东麓,河长17.4千米,流域面积132.9平方千米,流域内有全国重点文物保护单位大云院以及普照寺、洪济寺等。沁县城西南笔峰山上有南涅水石刻造像,又名二郎山北魏石刻陈列馆。石刻造像上自北魏永平元年(508年),下至北宋天圣九年(1031年),集北魏、东魏、北齐、隋、唐、宋6朝民间石雕艺术珍品近千件,题材大多以佛教活动为主。石刻分为碑文石刻、造像石塔、个体造像三大类型,造型具有不同时代特征,是我国石雕艺术的珍宝。该馆还藏有被列为"中华之最"的清朝康熙皇帝亲笔书《千字文》碑刻和闻名全国的陶渊明手

徙不定,是典型的山区河流。

流域位于东部季风区、暖温带半湿润区,多年平均年降水量576.4毫米,汛期占全年的70%,年水面蒸发量1 546.9毫米;全年日照时数2 600小时左右,多年平均气温8.9摄氏

浊漳西源水系示意图

书"拟古杂诗"12 首玉石刻。南涅水石刻造像是研究我国历史、文化、佛教、民俗的佳品，具有很高的观赏价值，为山西省文物保护单位。

北魏石刻陈列馆

干流从沁县县城西侧流经泊村、段柳，在白家沟村北接纳圪芦河（发源于沁县西部杨家铺与新庄村一带，河长 26.9 千米，流域面积 151.8 平方千米）；南流，过小王村在红花沟接纳徐阳河。檀山、王朝等 10 多个自然村盛产"沁县黄"小米。"沁州黄"颗粒圆润，晶莹明亮，色泽金黄，被当地人称为"金珠子"，其脂肪含量与可溶性糖类含量都高于普通小米，被称为"谷米之王"，古为皇宫贡品，久负盛名。

干流在南池村东，纳白玉河。白玉河发源于沁县泊村，河长 32 千米，流域面积 280.8 平方千米，河道比降 5‰。白玉河上的徐村有吴琠墓。吴琠（1637—1705），字伯美，沁县人，清康熙中期的治世贤臣，一生恪尽中和之

沁州黄小米

美，集"直悫、宽厚、平和、持己清洁"等诸多品质于一身，因本领超人，功绩卓著，清康熙三十九年（1700 年）皇帝手书"风度端凝"榜恩赐他，并亲临米芾书以赠之。书曰："吴琠宽厚和平，持己清廉，先任封疆，军民受其实惠。朝中之事，百折廷诤，能得其正，朕甚重其能得大臣之体。"

干流在虒亭岭出沁县入襄垣县，建有后湾水库，库区有郭河汇入。郭河，沁县段称杨安河，屯留县段称郭河，发源于沁县韩庄村西的坟上沟，河长 33 千米，流域面积 285.6 平方千米，河道比降 2‰。干流出水库后经河口、桥头等村庄，在东李村纳淤泥河。淤泥河发源于屯留县杏树脑村西南，河长 27 千米，

连氏宗祠

南罗山东岳庙

流域面积 114.4 平方千米，河道比降 15‰，有 3 处著名的文物古迹：连氏宗祠、南罗山东岳庙及李卫公庙。

浊漳西源继续曲折东流，在甘村附近入浊漳南源。

3.7.1.2.1 后湾水库
（Houwan Reservoir）

浊漳西源上的一座大型水库，位于山西省东南部襄垣县城西北虒亭镇后湾村北侧。总库容 1.303 亿立方米，汇水面积 1 267 平方千米，具有防洪、灌溉、发电、养殖等功能。

库区为侵蚀剥蚀中低山地貌，发育有一级堆积阶地和二级基座阶地，高程 890～1 000 米，河谷宽约 200～500 米。地层主要为三叠系砂页岩及新生界第四系堆积物，区域地质构造稳定。

后湾水库

1959 年 11 月开工兴建，1960 年 3 月竣工。1965—1966 年配套兴建后湾灌区，1976—1978 年进行工程改造，1992 年开始进行扩建改造。防洪标准为 1 000 年一遇洪水设计，2 000 年一遇洪水校核。

水库由大坝、溢洪道、输水洞组成。大坝为均质碾压土坝，筑有防浪墙，上游干砌石护坡，下游碎石护坡，坝长 300 米，最大坝高 26 米，坝顶高程 926 米。溢洪道位于大坝左岸，为宽顶堰型式，泄槽底板为钢筋混凝土，长 206 米，侧墙为混凝土重力式挡土墙，尾部用挑流消能，最大泄量 705 立方米每秒。输水洞为钢筋混凝土压力管道，浆砌石进水塔高 11.5 米，设平板钢闸门，人工启闭，直径 1.4 米，洞长 60 米，最大输水能力为 7.5 立方米每秒。水电站是浊漳西源仅有的一处水电站，系结合灌溉放水发电的坝后式电站，装机容量 2×200 千瓦，年发电量 114 万千瓦时。

水库建成后，多次拦蓄洪水，最大一次洪水发生在 1993 年 8 月 4 日，入库洪峰流量 498 立方米每秒，溢洪道泄量 144 立方米每秒；配套兴建后湾灌区，可灌溉农田 1.33 万公顷（其中自流灌溉 2 700 公顷）；年供工业或城市用水量 180 万立方米；水产养殖水面 640 公顷，年捕捞成鱼 270 万千克。水库上游建有两座中型水库和 7 座小型水库，总控制流域面积为 652 平方千米，所以后湾水库从建库到 1990 年底淤积量仅为 700 万立方米，是山西省境内淤积量最小的大型水库。

水库位于丘陵山区，库区范围从沁县、襄垣交界处到虒亭镇后湾村。虒亭镇原名"虎亭"，晋朝大夫羊舌赤来此为官，因忌讳"羊入虎口"便筑亭镇虎，并将"虎"字改为虒（si）字。虒为古兽名，似虎，头上有角，能在水中行走，后一直沿用至今。虒亭地界开阔，为交通要道，自汉代起就为驿站。汉高祖七年（公元前 200 年）秋十月，刘邦在此击败韩王信，韩王信因此亡走匈奴。

大坝北侧有一座东北至西南走向的大山，因山石呈紫色，故名紫岩山，海拔 971 米。山中有寺名宝峰寺，所以该山又称

宝峰山，当地人称后湾水库为宝峰湖。宝峰寺相传是东晋高僧法显最初出家修行的地方，在抗日战争时毁于日军之手。该山上还有一古洞，人称"麻衣祖师洞"。明代文学家李思诚有诗曰："虒亭遗址在，仙洞古踪留。"相传麻衣祖师法济大师曾在此洞中创研了《麻衣相术》，后此洞成了历代百姓祈雨圣地。名闻中外的上党战役主战场之一的"土落截击战"遗址，即位于水库附近的土落村，如今是爱国主义教育基地。

3.7.1.3 浊漳北源
（Zhuozhangbeiyuan River）

漳河主要支流之一，古名武乡水、小漳河，又名北漳河、榆社河、关河（河段之称）。发源于山西榆社县上白鸡岭，经武乡县，到襄垣县入浊漳南源后称浊漳河。

概　述

河长116千米，流域面积3 797平方千米，河道比降0.44‰～3.63‰。域内群山环绕，山峦起伏，沟壑纵深，梁峁连绵，地势北高南低，东西两翼高中部低，地貌形态大体可分为四类，即丘陵与河谷平川区、土石山区、石山区、灰岩区。大部分石山区杂草丛生、灌木较多，北部和西部山区分布有较多的森林区，土石山区中间有少量的杂草和零星灌木。上游为土石山区，黄土、红土覆盖于河谷两岸的低山地带，河床稳定性差；下游河床组成以砂卵石或粗砂为主，偶有基岩出露，穿行在基岩U形河谷中。

流域多年平均年降水量539.5毫米，多集中于6—9月，占全年的70%，降水随地形变化，由西北部、北部向东南部、南部逐渐减少。流域多年平均气温8.8摄氏度，极端最高气温37摄氏度（1961年），极端最低气温−24摄氏度（1958年）；年无霜期176天，年水面蒸发量1 716.4毫米。流域十年九旱，旱涝交替相伴。一年中多为春旱秋涝，涝中有旱。

流域包括榆社、武乡、襄垣3县792村，有耕地面积6.2万公顷、人口40万。农作物以玉米、高粱、黄豆、谷子为主，工业以火电、采煤、焦化、加工业为主。

21世纪初期，建有大型的**关河水库**、中型的云簇水库和双峰水库，故城万亩灌区；进行了干支流河道整治与堤防工程建设。

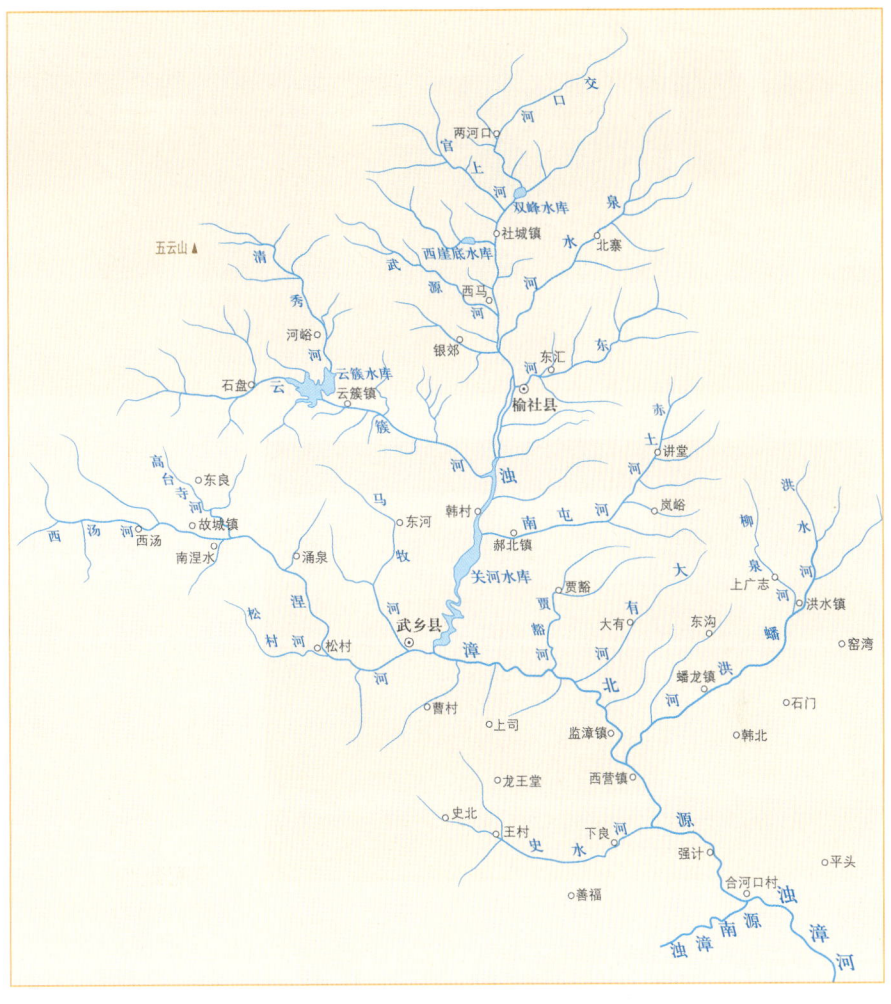

浊漳北源水系示意图

纪　实

发源于山西榆社县上白鸡岭，南流至两河口左纳由三县垴发源的交口河，之后一路南下；经道陆，在双峰右纳官上河；过社城，在西马村右纳武源河，在河底村西南左纳泉水河（发源于榆社县郭家社附近，河长36千米，流域面积203.4平方千米）；经石栈道（设有水文站，设立于1957年）到榆社县城，在榆社县城西南，左纳东河（又称仪川河，发源于榆社县铺上村分家沟，河长19千米，流域面积134.3平方千米，河道比降21.6‰），南流至南马会右纳云簇河。云簇河，俗称西河，亦称云竹河，发源于榆社县西部海拔2 023.5米的四县垴东麓，河长38.5千米，流域面积484.9平方千米，是浊漳北源最大支流之一，建有云簇

云竹湖（云簇水库）

恐龙谷

榆社县古脊椎动物化石（大唇犀、三趾马）

水库。

干流过韩村，在常银村西南左纳南屯河（发源于榆社县后建华村石门沟附近，河长30千米，流域面积199平方千米，河道比降13.1‰）；在郝北镇关园村出榆社县，入关河水库。榆社县地处太行山深处，四周群山环绕，中以丘陵山地为主，山水相间，风景美丽。境内蕴藏着大量的古脊椎动物化石，尤以新生代第三纪哺乳动物化石而闻名，其数量多、种类全、地层连续时间长，为世界之最，故有"哺乳动物化石宝库"的美称，已成为研究新生代地理环境、气候变化和生物进化的重要基地。1961年，榆社县被国务院确定为"古脊椎动物化石重点保护区"，建有山西省唯一的一座县级化石专题博物馆，共展出各类化石1 000余件，包括一级品85件，二级、三级品915件，其中榆社剑齿象、大唇犀、三趾马、剑齿虎等都是该县独有、闻名全球的珍品。另外，还广泛分布着文物古迹，其中仅云簇水库周围就有岩良福祥寺、下赤峪资福寺、海银山造像、庙岭山石窟、南村造像、杨家沟石塔、崇圣寺大殿等地的佛像、石刻，对研究隋唐文化和佛教艺术有重要价值。

干流出关河水库，在下游约1千米处右纳涅河（古称涅水、甲水，发源于武乡县五里铺村，河长48千米，流域面积

庙岭山石窟

696.7平方千米）；继续向东，至里庄左纳贾豁河。贾豁河，源头分为两支，一支源于武乡下细坦村南，另一支源于武乡大坦村南，在贾豁村南汇合，河长19千米，流域面积104.3平方千米。

浊漳北源在峪口左纳大有河，南流经临漳，在西川下游出武乡县。武乡县境内分布有多处文物古迹，仅涅河流域就有北良侯村造像、大云寺等，其他如北齐石佛、千佛塔、洪济院、会仙观、石勒城、离相寺、真如寺等极具代表性。武乡还因哺育了一批抗日将士而著称，武乡的山山水水到处都有抗日战争和解放战争时期留下的大量革命遗迹，如八路军总部旧址、中共中央北方局和八路军总政治部旧址等。仅八路军总部旧址就有义门、马牧村、王家峪、砖壁等多处。名震中外的"百团大战"就是1940年秋天由彭德怀元帅和左权将军在土家峪八路军总部旧址部署和指挥的，百团大战的胜利沉重地打击了日本侵略者，提高了中国共产党和八路军的声威，鼓舞了全国人民抗战必胜的信心。武乡县建有八路军太行纪念馆，它是全国第一座系统反

崇圣寺

北齐石佛

武乡八路军纪念馆

映八路军总部、中共中央北方局和八路军野战政治部以及朱德、彭德怀、左权、任弼时、刘伯承、邓小平、罗瑞卿、杨尚昆等老一辈革命家在太行山革命根据地八年抗战的伟大革命实践和太行山根据地人民斗争事迹的综合纪念馆，是我国青少年爱国主义教育基地。

干流入襄垣县后，在南漳村附近左纳蟠洪河。蟠洪河，又称洪水河，上游分左、中、右三支，左支源自武乡县后沟村，中支源自左权县神凹村，右支源自榆社县甲堰沟，

杨家沟石塔全景

河长40千米，流域面积525.6平方千米，河道比降2.3‰～11‰。干流在西营建有勇进渠渠首，在西邯郸村西约1千米处右纳史水河（发源于沁县水凹村，河长27千米，流域面积190.8平方千米）；经强计等村，在合河口南入浊漳南源形成浊漳河。

3.7.1.3.1 关河水库
(Guanhe Reservoir)

浊漳北源（又称关河）上的一座大型水库，位于山西省武乡县城东2.5千米丰州镇关河峡口处。总库容1.399亿立方米，汇水面积1745平方千米，具有防洪、供水、灌溉、养殖、旅游等功能。

关河水库

库区主要出露三叠系砂页岩、第四系黄土及松散堆积物。坝址区河谷左岸为黄土岸坡，右岸为基岩岸坡。地质构造主要受燕山运动影响，稳定性较好。

1958年8月开工兴建，1960年9月竣工蓄水，是浊漳北源干流上的控制性枢纽工程。防洪标准为100年一遇洪水设计，2 000年一遇洪水校核。

关河水库由大坝、溢洪道、排沙泄洪洞、输水洞、水电站组成。大坝为水中倒土均质坝，坝高33米，长687米，设有1.6米高的浆砌石防浪墙，坝顶高程为996.4米。溢洪道位于坝左岸500米处，堰宽45米，设有3孔12米×7.6米弧形闸门，最大泄流量1 518立方米每秒。泄洪洞位于坝左侧，为竖井式无压涵洞，最大泄流量382立方米每秒；输水洞位于大坝右岸，洞径2米，洞长274米，最大泄流量10立方米每秒。

水电站为坝后引水式季节性电站，1960年12月建成投产，装机容量3×700千瓦，年发电量315万千瓦时。

通过水库调蓄，可使100年一遇洪峰流量由3 330立方米每秒降低为1 420立方米每秒，并可年灌溉农田4 800公顷。1962年7月15日，上游发生洪水，入库流量达2 450立方米每秒，经水库调蓄后，出库流量降为160立方米每秒，削减洪峰流量93.4%，保障了下游人民生命财产的安全。

太行龙洞

此地，浊漳北源两面高山耸峙、峡谷幽深。昂车关是武乡县的北大门，也是晋中、上党之间的雄关锁钥、咽喉要地，东北有石会关，与昂车关互为犄角。昂车关自古为兵家必争之地，唐会昌三年（843年）四月，昭义军节度使刘稹叛唐，派唐良全占领武乡，据守昂车关。唐武宗派河东节度使刘沔领兵夺关，双方在此展开一场恶战，史称昂车关之战。

库区水面碧波荡漾，山峡倒映，鸟语花香，杨柳垂岸，白云迎日，渔舟唱晚。为发展旅游业，建起了游泳池、旱冰场、跳水台、钓鱼台，在不远处的山间还建有僻静优雅的别墅，与分布在库区周围的八路军总部纪念馆、凤凰山、千佛塔、太行龙洞等共同组成了自然风光和传统教育为一体的旅游胜地。太行龙洞位于武乡县东南部，是华北地区已发现的最具南方溶洞特色的多层溶洞之一，就单层溶洞之景色齐全而言，观赏价值及考察价值属华北之首。与此相对应，当地人也称关河水库为龙湖。每逢夏秋时节，龙洞外面山花烂漫、蝴蝶成群，成为花的海洋、蝶的世界。

3.7.1.4 辛安泉
(Xin'an Spring)

出露于山西省平顺、潞城、黎城3县（市）交界处的浊漳河干流左右两岸。泉域面积10 950平方千米，包括长治市武乡县、襄垣县、沁县、黎城县、潞城市、平顺县、壶关县、长子县、屯留县、长治县、长治市城区、郊区和晋中市榆社县部分地区。

辛安泉是山西省和华北地区第二大泉，水量丰富，水质优良，以泉群形式出露，呈散流状分布，属侵蚀溢流型泉水。泉域北部、西部以浊漳河与*汾河*及*沁河*的地表水分水岭为界；南部为浊漳河和沁河与丹河的地表水分水岭，自西向东基本是长治与晋城的行政边界；东部从陵川西马安，过壶关到平顺西安里北、杏城、寺头、虹梯关、阳高、黎城宋家庄、洪井、上遥、仟仟、左权申家峧、榆社红崖头东、人头山。

辛安泉由王曲、实会两大泉群组成。辛安村以上有林滩、西流、王曲、南流等泉组，统称王曲泉群，出露高程643～615米，流量占总流量的86%；辛安村以下有实会、安乐、车流、北耽车等泉组，统称实会泉群，出露高程615～600米，流量占总流量的14%。两大泉群流量大于0.10立方米每秒的泉组有13处，多年（1956—2000年）平均流量9.64立方米每秒。王曲泉群的出露地层为奥陶系灰岩，实会泉群出露地

辛安泉

层为寒武系中统厚层鲕状灰岩，这两大泉群是浊漳河干流清水流量的主要水源。

辛安泉是长治市工农业和城市生活的主要供水水源。20世纪80年代后，长治市对辛安泉水进行了较大规模的开发利用，在排泄区相继建成了山西化肥厂（即天脊煤化工集团）水源地、长治市辛安泉引水工程。到21世纪初期，建成供水能力2立方米每秒的长治市辛安泉引水一期、二期工程，年取水能力达1.32亿立方米。由于降水减少、采煤漏失等因素影响，辛安泉已经出现了泉水流量减少、岩溶泉域地下水位下降、地下水质受到影响等问题。1994年长治市成立了辛安泉域管理处，对泉水进行合理开发、节约使用、科学保护，以促进泉域水资源的可持续利用。

浊漳河因泥沙含量多而得名，但浊漳河一路夹沙带石，行至辛安泉出露地段遭遇辛安泉群后，则锋芒尽敛，无论河水涨至多高，始终不淤泥沙。辛安村附近大小泉点有170多个，或大如碗口，咕咕咚咚，喷涌而出，谓之"涌泉"；或小如蝼蚁，连片成群，谓之"筛泉"；或不显不露，无声无息，从地下渗出，谓之"隐泉"。最神奇和最有韵味的当数"响泉"，此泉闻声而涌，声息而偃，声音越大，泉涌越高。时至今日，这些泉群虽然水量有所下降，但依然是清波荡漾、日夜奔流，涌入浊漳河。

1982年12月，泉域内潞河村发掘出一大墓葬，出土文物500多件，经鉴定为西周时期一个诸侯级墓。1986年，该墓群被列为山西省文物保护单位。从潞河村

天台庵主殿

沿浊漳河西南行即到西流村，这里水若汪洋，风景优美。每逢夕照之时观赏水面，环山倒映，霞辉粼波，踔影群舞，似神仙临流，千帆竞渡，十分奇妙，古为潞城八景之一，称"西流晚渡"。从西流村继续东南行，河东岸王曲村有著名的天台庵。该庵始建于唐天祐四年（907年），仅存正殿一座，院东矗立一座唐碑，因风雨侵蚀，字迹已模糊不清。大殿为单檐歇山顶，筒板布瓦，琉璃脊饰。殿内梁坊规整，结构紧凑，屋坡平缓，四翼如飞，呈唐建风貌，是全国仅存5座唐代木结构建筑之一，为全国重点文物保护单位。

浊漳河继续前行，即到南流村，此处四周芦苇青青，水稻飘香，鱼跃鸭游，一幅江南景色；再南流是富家湾，这里两岸绿树成荫，草木繁茂，微风徐来，波光粼粼。冬季由于南流泉水的注入，河面从不封冻，成了天鹅、鸳鸯等禽类的天然栖息地，尤其在冬雪降临之时，景色更加优美。继续南流到实会村的山坳里，又有全国重点文物保护单位五代建筑"大云禅林"。寺院后有一孤山，形似圆珠，四周有9条山脉直捧寺院，可谓"天降宝

大云院壁画

珠落寺院，招来九龙共环抱"，人们习惯称为"九龙戏珠大云院"。寺前路旁辛安泉群的72股倒流水尽收眼底。顺河而下的黄花沟，有一宋代寺院，亦属珍贵古建筑，四周高山矗立，苍松翠柏，于破落中尚存余韵。

3.7.1.5　红旗渠
（Hongqi Channel）

在太行山上修建的一项"引漳（河）入林（州）"大型水利工程。1960年2月开工，1965年4月总干渠竣工通水，1965年5月至1969年6月先后完成干、支、斗渠配套，灌区面积3.6万公顷，总干渠全长70.6千米。

渠首位于山西省平顺县石城镇侯壁断面以下。首段20千米从石城经王家庄至河口位于山西省境内，均行于浊漳河右岸的陡峭山腰上；入河南林州市后，绕露水河左岸向南，于白家庄穿露水河西支，至南谷洞水库大坝下跨露水河，与南谷洞水库的引水渠汇合，并沿露水河右岸向北，绕过回山角，经任村达分水岭后分为3条干渠。总干渠设计引水量为25立方米每秒，保证引水量20立方米每秒，为矩形断面，底宽8米，渠墙高4.3米。其主要任务就是引*漳河*水入林州，配合原有水库和灌区工程，共同担负林州的灌溉用水任务。

灌区主要水源为浊漳河水。据渠首下游20千米处的天桥断水文站统计，浊漳河多年（1965—1998年）平均年来水量（含红旗渠引水量）8.94亿立方米。同期统计资料表明，红旗渠从浊漳河年均引水量为2.58亿立方米，年最大引水量4.57亿立方米，年最小引水量为0.99亿立方米。

红旗渠

红旗渠为无调节河道引水，主体工程包括溢流坝、进口隧洞、进水闸和冲沙闸四部分。溢流坝横卧河槽，长95米，最大坝高3.5米，设计最大流量为7 000立方米每秒；进口隧洞位于溢流坝以上浊漳河右岸，长105米，洞后经55米长的引水渠至进水闸；进水闸设计流量20立方米每秒；冲沙闸在进水闸前引渠左侧，退水入浊漳河。枯水时，溢流坝抬高水位后，将浊漳河水引入总干渠。洪水时，除引水外，余水分别由溢流坝和冲沙闸泄入坝下游。总干渠所经之处在太行山背斜轴部附近，大部分为古老岩石，按地层年代分为前震旦系、寒武系（∈$_1$）、寒武系（∈）、灰岩系、奥陶系5种类型。

渠道建成通水至2007年，总引水量85亿立方米，累计灌溉农田533.33万公顷次。由于红旗渠引水量有限，在灌溉高峰季节，只能采用3条干渠轮流灌溉方式满足实际需要。在汛期或上游来水较大时，需将红旗渠水引入沿渠各个小型塘堰中蓄积起来备用。

红旗渠修建在太行山悬崖峭壁上，工程美学价值较高，仅干渠以上建筑物就有722个，其中十大著名工程为红旗渠源、青年洞、空心坝、南谷洞渡槽、

青年洞风景区

总干渠分水闸、桃园渡桥、红英汇流、夺丰渡槽、曙光洞、曙光渡槽，均可作为一级旅游资源进行开发。1991年，建成红旗渠风景区。

红旗渠景区以太行山为依托，以红旗渠为主景，以爱国主义教育为内涵，包括青年洞景区和红旗渠纪念馆两大主要景观，总面积26平方千米，水域面积6.2平方千米。通过多年开发，红旗渠景区已经在国内外闻名遐迩，年均接待国内外游客数百万人次，先后创建为"国家重点风景名胜区""全国爱国主义教育示范基地""全国中小学爱国主义教育基地""国家AAAA级旅游区""国家水利风景区""中国旅游知名品牌"。红旗渠已经从造福林州人民的水利工程演变成林州的旅游品牌，是林州人民的又一聚宝盆。

3.7.1.6 清漳河
（Qingzhang River）

漳河的最大支流，因相对于浊漳河而言含沙量小，故称清漳河。发源于山西省昔阳县沾岭山，上源称清漳东源，在左权县上交漳村南右纳**清漳西源**后称清漳河，在河北省涉县合漳村入浊漳河后称漳河。河长146千米，流域面积5 339平方千米。

概　述

河道蜿蜒曲折，河边坡度较陡。流域内多山，主要是石山区和土石山区，地势险峻，山峦起伏，沟壑纵横。地势西北高，东南低。

流域属温带大陆性气候，多年平均年降水量554毫米，年内降水主要集中在汛期，且多以暴雨形式出现。上游清水流量平均0.33立方米每秒，多年平均年输沙量27.1万吨。霜冻、冰雹、风害时有发生，干旱现象比较严重，有"十年九旱"之说，常出现的旱情有春旱和"卡脖子"旱。流域内污染

清漳河（山西左权县下交漳村上游段）

主要来源于工业废水、矿渣以及生活污水。

域内农作物以玉米、谷物、大豆及小杂粮为主。

浊漳西源上建有中型的石匣水库，小水电站60处，总装机容量4 889千瓦，其中500千瓦以上水电站有石匣水电站（900千瓦）、粟城水电站（500千瓦）和干流上的下交漳水电站（765千瓦）、九腰会水电站（960千瓦）、小南山水电站（640千瓦）。

纪　实

上游段　上游段即为清漳东源，发源于山西省昔阳县沾岭山，系砂页岩地区。源头处也称张翼河，河长23.5千米，流域面积146平方千米，由南向北流，至漳槽村180度大转弯折向南流，过西寨、直峪寺村，在祁家沟出昔阳县入和顺县。和顺县地处山西省东陲，是全国畜牧重点县、林业基地县，平均海拔1 300米，多年平均气温6.3摄氏度，昼夜温差大，夏无酷暑，清凉宜人。云龙山灵溪胜境、合山泉神奇倒流、走

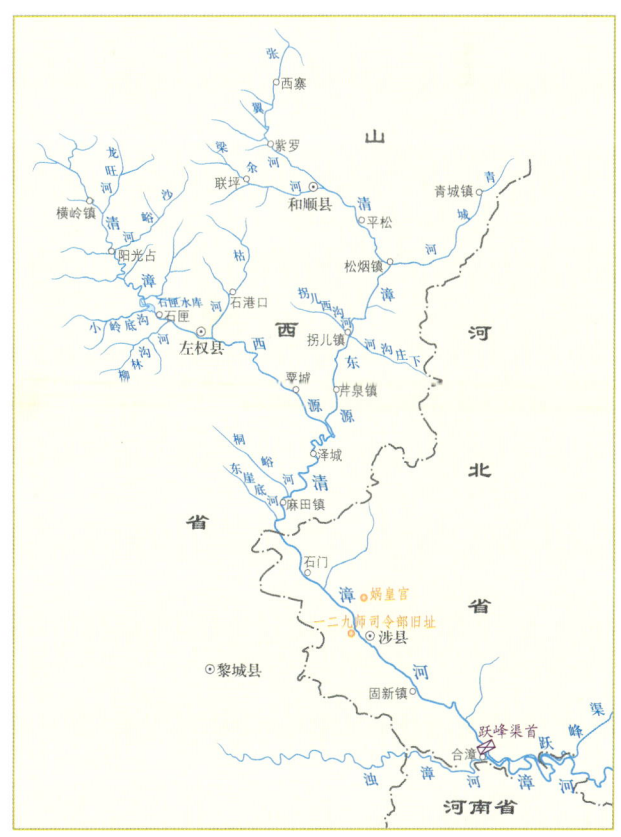
清漳河水系示意图

3.7.1.6 清漳河

合山奇泉

马槽太行风光、阳曲山登高望远等，是观光旅游、消夏避暑的好去处。中国文联和中国民间文艺家协会曾组织专家实地考察，发现和顺县以天河梁为中心、方圆 20 千米范围内有许多与"牛郎织女"故事相关的古地名与景物名称，如牛郎沟、牛郎洞、牛郎庙、天河池、织女庙、南天门、金牛洞、老牛口、牛头山、相思背、喜鹊山、八仙洞、哪吒塔、驴打滚、磨簪石等，还有已毁圮的王母娘娘庙、李天王塔遗址等；村民们的劳作方式、叙事方式以及方言用语与传说中的故事情节有很多相似之处，因此专家最后认定："这个传说的发源地在太行山附近、山西和顺县与河北邢台县接壤一带的天河山。" 2006 年 12 月 27 日，和顺县被中国民间文艺家协会命名为"中国牛郎织女文化之乡"。

清漳东源从和顺县沿东南方向过恋思、紫罗、科举、梳头等地，直抵县城。县城有兵宪牌坊，俗称石牌坊，是明朝末年巡按山西监察御史刘弘光为其老师药济众所立，气势宏伟，结构精巧，引人观瞻。出县城东南流，至蔡家庄有梁余河汇入。梁余河，古名梁榆水，发源于和顺县石猴岭，河长 23.5 千米，流域面积 183 平方千米。梁余河源头位于铁桥山自然保护区，风景秀丽，景色壮美，有原始森林和种类繁多的野生动物。两河汇流处设有蔡家庄水文站（1958 年 5 月设立）。

继续东南流，经平松乡从石灰岩地区入石英砂岩地区。合山村有始建于宋代的懿济圣母庙，周围青山环绕，绿树茂密，气候温凉，环境优美。圣母庙前有合山奇泉，每逢夏季泉水溢出，先闻水声，后有水出，流 40 分钟后，泉水自动缩回泉眼中，之后循环往复、周而复始，为国内罕见奇泉之一。

过平松乡直奔松烟镇，在松烟镇西有阳曲山，1943 年 5 月八路军抗击日军的阳曲山保卫战就发生在这里；在松烟镇左纳松烟河（又称青城河，发源于昔阳县白羊山，河长 40.5 千米，流域面积 203 平方千米）；然后折向南流，过许村，在乔庄、龟山两村间出和顺县。

入左权县向南流，过骆驼岩、路家庄，在拐儿镇接纳下庄沟河（发源于左权县竣极关，河长 17 千米，流域面积 112.5 平方千米，河道比降 11‰）；在东五指村纳拐儿西沟河（发源于左权县大堡岩，河长 15 千米，流域面积 105.3 平方千米，河道平均比降 39‰），过芹泉镇，在上交漳村附近清漳西源汇入后即称清漳河。清漳东源河长 111.5 千米，流域面积 1 060 平方千米。

下游段 清漳西源汇入后，清漳河即进入高山峡谷段，河道狭窄而弯曲，至九腰会村出峡谷，经泽城，过东岭口、西崖底、麻渠沟，在上口村有桐峪河汇入，桐峪河发源于左权县土门豁，河长 21 千米，流域面积 116 平方千米，河道平均比降 27‰；继续南下即到麻田镇。左权县旧称辽县，位于太行山主峰西侧，为晋、冀、豫三省要隘，向称"晋疆锁钥，山西屏障"。从 1940 年开始，八路军总部、中共中央北方局等重要机关进驻武军寺村及麻田一带达五年之久，度过了敌后根据地抗战极端困难时期。老一辈无产阶级革命家朱德、彭德怀、刘伯承、邓小平、杨尚昆都曾在这里生活、战斗过。麻田八路军总部纪念馆就建立在清漳河畔，1986 年被列为全国重点文物保护单位，是全国爱国主义教育示范基地和 100 个红色旅游经典景区之一。抗日战争期间，八路军前方总部，野战政治部、后勤部等，中共中央北方局，新华社华北分社，鲁迅艺术学校以及 129 师司令部等 150 多个党、政、军首脑机关移住麻田及其周围，麻田因此被誉为太行山的"小延安"。左权将军是八路军抗日战争期间牺牲的最高指挥官，将军殉难处就在清漳河以东不远处的太行山十字岭上，为纪念左权将军，晋冀鲁豫边区政府将辽县改名为左权县。麻田，是中国现代史上闪闪发光的地名，是一块革命先辈用鲜血染红过的热土。

在南窑村南出左权县，入黎城县。黎城，是山西省境内少见的远古地名之一，范文澜所著《中国通史》记载：远古时代九黎族是南方的一个部落，由九个部落联盟组成，蚩尤是九黎族的首领。九黎族进入中原后与炎帝族发生战争，驱逐炎帝族于涿鹿，后炎帝族联合黄帝族又打败九黎族，并杀死了蚩尤。九黎族一部分回到南方长江流域，形成战国时的荆楚和今天的苗族；一部分人则留居北方来到黎城一带定居下来，同炎帝一起建立了黎国。商汤灭夏建立商王国后，封其族人于黎，建立了黎国。《后汉书·郡国志》记载："壶关有黎亭，故黎国"，即此。黎城人民纯朴、敦厚、勤劳、善良，在长期对敌斗争中，孕育了许多留存青史、催人奋进的不朽精神，如"黄崖洞精神"。黄崖洞位于黎城上赤峪村西的峡谷中，曾是抗战军工圣地，又是黄崖洞国家森林公园。1939 年 7 月，八路军军工部将原建在榆社县韩庄村的兵工修械所搬迁到黄崖洞，将此处扩建成为前线八路军提供作战武器的兵工厂，年产武器可装备 16 个团，是八路

黄崖洞

军的主要兵工基地。1941年11月11—19日，日军5 000余众，陆、空联合进犯黄崖洞。八路军总部特务团900余名指战员凭借天险与敌血战八昼夜，歼敌千余人，粉碎了日军妄图摧毁我军工生产的阴谋。新中国成立后，当地把黄崖洞作为爱国主义教育基地，并开辟成一处红色旅游景区。

入黎城县后流程不远，在看后村附近右纳东崖底河（发源于黎城、武乡两县交界分水岭黎城县一侧的狮子垴，河长19千米，流域面积118.7平方千米，平均纵坡24‰）；仅穿越县境约20千米至下清泉村即出山西省。

入河北省涉县后，继续在高山峡谷中向东南流，行9千米，在刘庄桥折正南流，行10千米至曲里村，附近的石门村有中朝第一座朝鲜义勇军专题纪念馆——朝鲜义勇军烈士纪念馆。1942年5月，侵华日军3万余人对太行山抗日根据地发动大规模的军事扫荡，八路军副参谋长左权、朝鲜义勇军领导人石正、陈光华等中朝抗日将领在战斗中壮烈牺牲。同年10月10日，由晋冀鲁豫边区政府主持兴建的"晋冀鲁豫抗日殉国烈士公墓"在涉县石门村莲花山落成。朝鲜义勇军烈士纪念馆内部陈列分为4个单元，全面记述了中朝抗日烈士并肩作战、共同抗敌的光辉历史。晋冀鲁豫抗日殉国烈士公墓是我国第一座安葬中朝抗日烈士的墓园。

过曲里村转向东南流，行4千米下穿邯长铁路，后经小会村、桃城村至索堡镇，行程8千米。距索堡镇3千米的凤凰山有著名景点——娲皇宫。娲皇宫距涉县城西北10多千米，因古代神话故事中的女娲炼石补天于此而得名，始建于北齐天保时期（550—559年），至今已有1 400年历史。娲皇宫俗称"奶奶顶"，据说是中原唯一祭祀女娲的宫殿。凤凰山下，清漳河水流潺潺，河石似卵，固纹色彩斑斓，石呈青蓝红白紫五色。相传这五色石是当年女娲补天时

娲皇宫

剩余下来的碎渣儿，在清澈的河水映衬下，五色石显得更加玲珑剔透、晶莹味玉。娲皇宫建在山势陡峭、地势险峻的山腰上，翘首仰望，石崖高耸、玉宇琼楼、重檐飞阁，嵌于绝壁，实有"耸峰危阁与天齐，俯瞰尘寰处处低"的感觉。娲皇宫共有四组建筑，山下最前边是朝元宫，山坡上有停骖宫和广生宫；向上绕行古道十八盘，便是主体建筑娲皇宫；娲皇宫有"吊庙""活楼"之称，也叫"娲皇阁"，是这里最富特色的建筑，四层楼阁，高23米，长16.8米，进深13.6米，背北朝南置于悬崖石坎上，紧紧靠百尺绝壁凌空而起，重重飞檐彩木宛如凌空欲飞之凤翼。北面山崖八根铁索盘石而系，把楼阁缚在绝壁上。每逢游客云集，阁即前倾，铁索伸展，绷如弓弦，游人无不敬叹，拍手叫绝。钟鼓楼、迎爽楼、梳妆楼、六角亭分筑两侧，琉璃瓦顶，画栋雕梁，雄伟壮观。整个建筑倚山就势，构筑严谨，巧夺天工。登阁远眺，太行群峰叠翠，景色宜人。阁外山崖上，有北齐摩崖石刻《法华经》《深密解脱经》《妙法莲花经》《盂兰盆经》《十地经》等十部真经，13万多字，面积达157平方米，字迹工整，字体挺拔秀丽，距今已有1 400余年。其年代之久、字数之多，堪称"中华之最"，因而被誉为"天下第一壁经群"、国家瑰宝，对研究历史、古代书法及佛教等具有很高的价值，在国内享有盛名，在世界佛教文化史中也极为珍贵。

继续东南行3千米至下温村，拐向正东，行2千米又折南偏东流，附近有晋冀鲁豫边区政府旧址和九龙槐风景区；继续南偏东流10千米至涉城镇中原村，河床变宽，有的地方一分为二，最宽处有500米，从涉县城西侧直达城南端延续8千米又恢复原样。河南店镇的赤岸村是八路军129师司令部所在地，现在是129师司令部旧址爱国主义教育基地，由129师司令部旧址、将军岭和129师陈列馆三部分组成，占地面积20公顷，为全国重点文物保护单位。抗日战争时期，涉县是边区根据地的腹心地、首府县，地处华北抗战前哨，为华北抗战战略要地，八路军129师在刘伯承、邓小平等师首长率领下，运筹涉县赤岸村，浴血千里太行山，打响了抗日战争中长生口、神头岭、响堂铺和解放战争中上党、平汉等著名战斗、战役，曾有110多个党、政、军、财、文等机关单位在涉县驻扎长达六年之久。129师司令部旧址由上、下、后3个具有北方民族风格的农家四合院和一个防空洞组成，现存有司令部会议室、军政办公室、作战处办公室及刘伯承、邓小平、李达、李雪峰、赖若愚等师首长的宿办室和警卫室、伙房等旧居及原物陈列。下院有当年师首长刘伯承、邓小平、李达亲手栽种的丁香和紫荆树。1996年11月，129师司令部旧址被国务院公布为全国重点文物保护单位；1997年，

129师司令部旧址

司令部旧址被中宣部公布为全国百个爱国主义教育示范基地。将军岭位于司令部旧址西北角百米处，1986年以后刘伯承、黄镇、徐向前、李达、王新亭、袁子钦、赵子岳7位将帅的灵骨陆续安放在山上，从此庙坡山改名为"将军岭"。1990年10月，邓小平亲笔为"将军岭"题写了岭名，为"刘伯承元帅纪念亭"题写了亭名。129师陈列馆位于将军岭北侧山坳，属全国百个爱国主义教育示范基地，建于1996年，1998年12月正式开馆，依山就势建为两层，占地面积13 340平方米，展馆建筑面积2 252平方米，由1个序厅、5个展室和1个半景画馆组成。展览内容丰富、形式独特、手段先进，参观路线为一条龙回环式结构。整个陈列布展内容以时间为序，从1937年抗日战争爆发到1945年抗日战争胜利八年时间分为六个部分，从不同角度和侧面向广大观众形象地再现了129师将士当年在太行山战斗和生活的精神风貌。

涉县历史悠久、文化灿烂，是中华文明的发祥地之一，相传为远古时女娲"炼石补天、抟土造人"之所。早在30万年前就有人类繁衍生息，境内的赵简子城、新桥等遗址和李

涉县固新村古槐

清漳河（山西左权县下交漳村下游段）

清漳西源（山西左权县城段）

家巷、北关等古墓群，蕴含了大量的仰韶、龙山及战国时期和汉代文化。

过涉县城南，在南庄村下穿309国道和长邯高速公路；继续东南行，过茨村、东坡至青风寨桥，行程8千米，南岸有佛教景点清泉寺。清泉寺位于涉县城东南7.5千米的石岗村南。寺东有泉水，出自石壁间，原有二泉，一名甘露，一名玉液，甘美清香，因名清泉寺，现为河北省文物保护单位。从石岗村往清泉寺路旁的崖壁上，刻有"唐代叫□化寺，梁、宋叫清碧寺，明清叫清泉寺"。寺建于半山，寺周有围墙，山门朝南，自南北中轴线向里，依次有水陆殿、毗卢殿、荷池、大雄殿和雷音殿。中轴线两侧为厢房，寺西北角有藏经殿、仙镜台，东南部有伽蓝殿。20世纪80年代，清泉寺毁于大火，但其基础尚存。

再东南行6千米，南岸有千年古槐。古槐位于涉县固新村，相传"植于秦汉，盛于唐宋"。据中科院古植物保护专家鉴定，树龄至少在2000年以上，树高20米，树粗17米，故有"固新老槐树，九搂一屁股"之说，是我国已知的树龄最长的槐树，又有"天下第一槐"之美誉。民间流传有"明末灾荒，古槐开仓，以槐豆树叶拯救饥民。昼采夜长，茂然不败"的说法，当时古槐"枝繁叶茂，延伸四方，覆盖数亩"。经2000多年风雨，现在古槐仍然年年发芽吐绿、开花结果。

出固新村至东坪上村转成东偏南流向，过5千米至匡口，急转北上不到2千米又急转南下，继续东南流，行9千米到达西达镇；再行9千米在合漳乡合漳村与浊漳河汇流形成漳河。

3.7.1.6.1 清漳西源

(Qingzhangxiyuan River)

清漳河一大支流，又称西漳水，古称轕阳水。发源于山西和顺县八赋岭，在左权县上交漳村入清漳东源形成清漳河。

概　述

河长106.5千米，流域面积1570平方千米，沿途有13条支流汇入，年径流量5726万立方米。流域地势自西北向东南倾斜，除河流两侧及支流内有少量的第四系覆盖层外，其余为基岩山区，地势高峻，峰峦起伏，高程1100~1200米。流域分为石山区、黄土丘陵沟壑区、砂页岩土石山区以及河谷台地4种类型，沿河两岸有岩石出露，河床相对稳定。

流域内气温差别较大，左权县多年平均气温7.4摄氏度，7月气温最高，平均21.4摄氏度，年无霜期110~160天，多年平均年降水量549.1毫米，汛期降水占全年的70%左右。自然灾害频繁，春旱尤为严重，常发生洪涝灾害。21世纪初期，河水开始被污染，左权县城河段污染较重。

流域包括和顺与左权两县，除和顺县一部分外，大部分在左权县境内。左权县有186个行政村约9.7万人和近1万公顷耕地面积，农作物主要有玉米、谷物、大豆和小杂粮。

流域内，已建有石匣水库（中型）、高庄水库（小型）、水电站以及高灌站、机电井、人字匣等水利工程。石匣水库控制流域面积753平方千米，坝高34米，总库容5400万立方米，设计灌溉面积1400公顷，电站装机容量900千瓦，具有防洪、灌溉、发电和养殖等综合效益。

纪　实

清漳西源发源于山西省晋中市榆次区、和顺县交界处的人头山（高程1791.2米）南麓（属和顺县界）。该处为砂页岩地区，到官上村初见河形，之后沿和顺县西南部蜿蜒南流，过石拐、横岭，至阳光占左纳沙峪河。沙峪河发源于和顺县牛家沟，流域面积146平方千米，源头地处铁桥山自然保护区，境内崇山峻岭，沟谷绵延，山上林茂草盛，山下溪流潺潺，风光十分秀丽，可谓"春天桃花娇艳，夏天群山含黛，秋天红叶似火，冬天苍松映雪"，四季如画，季季美景。

过阳光占，即出和顺县入左权县，进入石灰岩地区，过长城、川口，在竹宁村北纳下交河（发源于左权县神家庄，河长19千米，流域面积103.8平方千米）；过石匣水库，两岸有石匣水库风景区，右纳小岭底沟；过石匣村，在马厩与西长义两村庄间右纳柳林沟河（发源于左权县祁家岩，河长17.5千米，流域面积113平方千米）；继续东南流，即进入抗日战争期间八路军129师活动的中心区域，此处建有129师司令部旧址、左权烈士陵园；再向西南即到左权县城，城东南的辽阳镇有国家重点文物保护单位——文庙大成殿。

继续东南行，在蛤蟆滩村附近接纳祜河（发源于和顺县后仪岭，河长87千米，流域面积239.4平方千米）；转向东流，到苏亭村附近进入石英砂岩地区。此段河流两岸为左权县孟信垴自然保护区，区内集北国雄风与江南秀色于一体，以神奇峻秀著称。特别是地处西源南部的龙泉公园，犹如一幅精美的自然画卷，号称"太行大画廊"，公园内山、水、林、洞俱全，自然风情与地方民俗相融，不同高度带有不同的植物，羚羊、褐马鸡等稀有动物时有出没，国家非物质

左权县文庙大成殿

文化遗产——左权小花调曲调悠扬自在，缭绕在天地之间。

过瓦窑、马家楼到粟城乡，在上交漳村入北来的清漳东源形成清漳河。

3.7.1.6.2 跃峰渠
（Yuefeng Channel）

清漳河上的引水渠道，位于河北邯郸市中西部。总干渠起于涉县台庄引水枢纽，止于武安市流泉村北，涉及涉县、磁县、峰峰矿区、武安市、邯郸县。

概 述

工程建设分三期：一期工程1975年3月至1976年9月，建设引渠、渠首、总干渠上段；二期工程1975年12月至1976年9月，建设分水枢纽、总干渠下段、一分干上段、二分干；三期工程1977年2月至1979年10月，建设一分干下段和三、四、五分干。工程大部分流经山区、丘陵，地形复杂，沿线穿过54座山峰、跨越49道沟壑，是邯郸人民自力更生、艰苦创业的杰作。

总干渠全长83.6千米，设计灌溉面积4.29万公顷，张二庄分水枢纽以下有5条分干渠，总长135.2千米；分干渠以下有支渠181条，斗渠1 113条。渠系建筑物共1 500座，较大的有683座，其中大型建筑物有渠首枢纽、跃峰洞、飞跃渡槽、十里洞等。总干渠在磁县西山村北老刁沟南岸有节制闸，泄水通过宿凤河至三河底入**滏阳河**，再入**东武仕水库**。

截至2000年底，累计向东武仕水库输水21.17亿立方米。1978—2000年，提供灌溉用水4.51亿立方米，累计灌溉面积10.4万公顷。渠上先后建起了9座水电站，总装机容量1.35万千瓦，到2000年底累计发电2.4亿千瓦时。

纪 实

水源工程 总干渠引水有二源：一为在涉县台庄总干渠渠首直接引清漳河水；二为通过引渠引浊漳河水入清漳河，再入总干渠。

引浊漳河水有两条引渠：一条引渠渠首位于涉县浊漳河左岸天桥断，盘山东下至涉县白芟村东拐嘴，长13.2千米；另一条引渠渠首在天桥断下游8千米的四里坡，长4.55千米。两条引渠汇合于白芟后，经合漳村，于台庄电站退水入清漳河，长8.3千米。

总干渠上段

跃峰渠

从台庄总干渠渠首至张二庄分水枢纽，为总干渠上段，长35.2千米，位于中低山区。

总干渠沿漳河北岸东行，经郂口、石梯，在太仓乡槐丰村进入长1 768米的跃峰洞，出洞后过单跨99米的飞跃渡槽，到西郊口村北，沿丁岩村北穿马鞍绝洞，至张各台对岸，过滚沟、三绝沟、青桐沟，穿1 156米长高峰洞，入寿益沟。在五合村南离开漳河北岸，拐向东北，入磁县。在磁县白土镇上寨村南穿5 168米长的十里洞，再过群英洞，跨险峰渡槽，至张二庄分水枢纽。

一分干渠自张二庄分水枢纽分水闸向东，入峰峰矿区，至磁县马水洞村东分出南北两支，灌溉面积7 190公顷。峰峰矿区具有悠久的历史文化。宋元

飞跃渡槽

时期北方著名的民间瓷窑——磁州窑，位于磁县与峰峰矿区境内，是我国古代北方民窑的杰出代表，历史上曾有"南有景德，北有彭城"的美誉。响堂山石窟位于峰峰矿区鼓山，始凿于北齐时代，隋唐宋明各代均有续凿，石洞幽深，洞中谈笑拂袖能发出铿锵之声，故称响堂山石窟，为全国重点文物保护单位。峰峰矿区煤炭贮量大、质量好，已成为当地的支柱产业。

总干渠下段 张二庄分水枢纽至武安市流泉村北，为总干渠下段，长48.4千米。

总干渠沿磁县、峰峰矿区边界北行，至峰峰矿区和村镇北，折东，至二分干渠引水口。

二分干渠由此向北，至武安市铺上村，长20.67千米，灌溉面积5 240公顷；转向东南，在二社村北转向东北，过鼓山五一洞、鼓山洞，到西佐村三分干引水口。

三分干渠向东南，到林峰村南止，长23.04千米，设计灌溉面积4 820公顷；再北行，过寺堂村、庄里村，至大社北四分干渠引水口。

四分干渠向东，经武安、磁县、邯郸县，复入磁县赵拔庄，长20千米，设计灌溉面积8 330公顷；于大社北入武安市，向东北，至流泉村北五分干渠引水口。

五分干渠到邯郸县林村南止，长20.8千米，设计灌溉面积6 850公顷；建成后未通水。

3.7.1.7 岳城水库
（Yuecheng Reservoir）

漳河干流上的大（1）型水库，位于河北省邯郸市磁县与河南安阳市安阳县交界处。总库容13亿立方米，控制流域面积18 100平方千米，具有防洪、供水、发电等功能。

概 述

水库是个不完全年调节的大型水利枢纽工程，1958年7月开工，1970年11月竣工，设计最大坝高53米，库容10.9亿立方米；1987—1992年底，对大坝进行加高加固，总库容达13亿立方米。

水库由大坝、溢洪道、泄洪洞、水电站组成。大坝为均质土坝，主坝长3 603.3米，最大坝高55.5米，大副坝坝顶长2 693.4米，最大坝高32.5米，大坝坝顶筑有1.8米高的防浪墙，坝顶宽7.1米。溢洪道位于主坝左侧，设计最大泄流量12 820立方米每秒；泄洪洞为坝下埋管式，设计最大泄流量3 370立方米每秒。水电站位于泄洪洞消力池右侧，装机为单机组1.7万千瓦，1970年竣工发电，年均发电量5 460万千瓦时。

水库建成后，共经历了1971、1976、1982和1996年入库洪峰流量超过下游河道安全泄量1 500立方米每秒的洪水，经水库调节削峰，使出库流量分别减少50%～98%，除1963年

岳城水库

特大洪水外,其余4年水库下泄流量均在下游河道安全泄流量以内,大大减轻了下游的洪水灾害损失。水库从1961年开始蓄水,承担着向河北**民有渠**灌区和河南漳南渠灌区供水的任务。自20世纪80年代开始,正式承担了向河北邯郸市和河南安阳市工业和居民生活用水的供水任务。截至2006年,累计向邯郸、安阳供水166.5亿立方米,向下游放水180亿立方米;结合洪水调度、灌溉用水等,累计发电6.5亿千瓦时。

纪 实

水库位于漳河干流出山口处,库区淹没区涉及河北邯郸市磁县岳城镇、黄沙乡、观台镇、白土镇和河南安阳县伦掌乡、安丰乡等乡镇,淹没区为肥沃河川平原。库区西倚太行山,东接华北平原,南北为绵延起伏的丘陵地带,地势东高西低。

水库以上漳河为山区河流,河槽窄深,无堤防,地貌分为黄土丘陵沟壑区、土石山区、河川区和平原区。**清漳河**流域植被条件较好,尤以清漳东源最好。浊漳河流域,植被条件较差,土质丘陵区及盆地黄土覆盖深厚,耕垦指数较高,群众性水土保持措施初步控制水土流失面积一半左右,对拦截泥沙和发展生产都起到了积极作用;该地区水土流失严重,是漳河泥沙的主要来源。漳河经河北磁县观台冶子村(观台水文站)后注入水库。水库淹没区是太行山东麓的黄土丘陵地,深厚的第四纪黄土台地上纵横多条沟壑,西达旱河、都党河、黄沙河等产生的径流直接注入水库。

历史上,水库上游地区曾有茂密的森林。三国时,漳河水清澈碧透,可以载木行舟,曹操建水寨操练水军于漳河河畔——讲武城(今河北邯郸市磁县讲武城镇);至20世纪60年代,漳河上仍能见到船帆舟楫。

水库以上流域内,建有**漳泽水库、关河水库、后湾水库**三座大型水库,总库容6.97亿立方米;中型水库12座,小型水库140多座,总控制面积7400平方千米,约占水库以上流域面积的41%;后湾、屯绛、申村、漳泽、勇进、漳南、漳北、漳西、大跃峰、小跃峰、红旗、跃进等万亩以上灌区,实际灌溉面积约10.67万公顷。

水库以下漳河为平原河流,河槽宽浅,承接上游来水和水库泄水的能力不足,建有堤防。

水库地区是我国农业文明开发较早的地区,远古时期就有人类活动。磁山文化在此有丰厚的文化遗存,安阳殷墟、商王朝都城遗址等为世界文化遗产,春秋战国时期的引漳十二渠就建在大坝下游,三国时期曹丕曾以邺城(今河北邯郸市临漳县邺镇)为都,库区上端磁县观台镇有宋代磁州窑遗址,"西门豹投巫"的故事就发生在水库一带。

库区以下灌区是我国粮棉主要产区,粮食作物以小麦、玉米等为主,经济作物以棉花、花生、芝麻、辣椒等为主。水库保护区是我国重要经济区,有较丰富的煤炭、石油资源,主要有煤炭、石油、钢铁、发电、纺织、造纸以及各类加工业。

3.7.1.7.1 民有渠

(Minyou Channel)

漳河干流上的引水渠道,位于河北省邯郸市境内,起自磁县岳城镇西**岳城水库**,尾水于馆陶县刘齐固退入漳河,涉及磁县、临漳、成安、魏县、广平、肥乡、曲周、大名、馆陶9个县。

概 述

民有渠灌区地势西南高,东北低,京广铁路以西为洪积扇,重黏壤土;以东为冲积平原,砂质壤土;多年平均年降水量580毫米,主要农作物为小麦、玉米、棉花、花生。

始建于清康熙年间(1662—1722年),名公益渠;清光绪二十六年(1900年),渠道东延,更名天顺渠;1913年继续东扩,1931年定名民有渠。1960年,引水口移至岳城水库。灌区设计灌溉面积16万公顷,为河北第二大灌区,总干渠长103.14千米,引水能力100立方米每秒。灌区渠道系统包括总干渠1条、干渠3条、分干渠1条、支渠102条、斗渠349条和各类建筑物2317座。

民有渠

民有渠灌溉效益显著。1959—2003年,共引水106.7亿立方米,年均引水量2.48亿立方米,累计灌溉面积207.198万公顷。从1958年开始,民有灌区通过三里屯泄水渠将水调入**滏阳河**向邯郸市输水,到2003年共向邯郸供水20.16亿立方米,保障了邯郸市城市生活用水及工业用水的连

民有渠首

3.7.2 卫河
(Weihe River)

漳卫南运河两源之一，三国时称白沟，隋代称永济渠（俗名御河），宋、金、元代称御河，明清两代因流经古卫国、出口在天津卫而称卫河。上源称大沙河，发源于山西省陵川县夺火镇南岭，于河北省馆陶县徐万仓与**漳河**相汇形成卫运河，地跨山西、河南、河北、山东4省。

概 述

流域范围 河长394千米，流域面积16 373平方千米。北接漳河，西北靠太行山，西南临丹河、沁河、**黄河**，东南与金堤河、**马颊河**流域相接。流经山西省陵川县、壶关县，河南省焦作、新乡、鹤壁、安阳、濮阳5个省辖市的13个县（市）和河北省魏县、大名县、馆陶县以及山东省冠县，地跨4省、9市、19县（市）。

地形地貌 流域地势西高东低、南高北低，呈西南、东北走向。西北部为山区和丘陵区，东南部为黄河冲积平原。左岸支流发源于太行山麓，如梳齿状平行汇入。地貌类型以山区、丘陵、平原、洼地为主。山丘区以黏质砾土为主，部分地区兼有壤土及砂壤土。太行山区多为灰岩，裂痕溶洞发育，地下水很深，坡度陡，土层薄。上游山区有一定林区覆盖，浅山丘陵区土层较厚，耕垦指数高，植被差，水土流失严重，历来是严重缺水地区。左岸山洪冲积平原以砂壤土为主，并分布有砂丘和分散的黏质土。流经濮阳市境段总体是平原，局部有沙丘起伏或沙洼相连。

气候水文 流域属温带大陆性气候，气温由南向北、由平原向山区递减。冬季寒冷，干燥少雪；春季气温回升快，蒸发量大，往往形成干旱天气；夏季比较湿润，气温高，降雨量多。年均气温约在13～15摄氏度，以1月气温最低，为－21.1摄氏度；7月气温最高，为41.7摄氏度。最大风速20米每秒，年无霜期201天。

多年平均年降水量山丘区约800毫米，平原区约600毫米。降水量年际变化很大，旱年有的地区降雨仅200毫米，涝年可达1 000～1 400毫米。多年平均年径流量9.59亿立方米。实测泥沙资料表明，卫河合河站年输沙规模为58.6吨每平方千米，多年平均年含沙量为0.96千克每立方米，汛期最大含沙量为98.8千克每立方米（1959年）。

水质为超Ⅴ类，高锰酸盐指数、生化需氧量、氨氮、挥发酚超标严重。

水系 上源大沙河于河南省焦作市闫庄出山，流经博爱、焦作、武陟、修武、获嘉、辉县，在新乡西永康北与共产主义渠（引黄灌渠）汇流。合河以下称卫河，左岸主要支流有**峪河、石门河、淇河、汤河、洹河**（又名安阳河）等；右岸主要支流有西孟姜女河、东孟姜女河、长虹渠、浚内沟、硝河、志节河等。

续性。

磁县是民有渠的始发地，至1900年灌区实际灌溉面积200公顷。1913年春，组成河北最早的水利股份制企业——裕华水利股份有限公司，沿渠22个村组成代表订立契约，30年后收回开凿费，渠道即归沿渠诸村共有。至新中国建立前，渠道已交由沿渠诸村群众管理，名曰"民有渠社"，工程控制面积达3 700公顷。新中国成立后，民有渠历经扩建，1957年建立邯郸专区民有渠管理委员会，1961年建立专署水利局民有渠管理处。1984年，民有渠、滏阳河两大灌区合并，称漳滏河灌区。

纪 实

民有渠起于磁县岳城镇西岳城水库，向东，至南白道村，出磁县。渠首同时有一干渠，向东于三里屯出境入临漳县，继续东行入成安县，至钟楼寺枢纽止，长52.87千米。

过临漳县有阁刘枢纽，自杜油房村出境，向北在郑家庄入成安县。临漳县在春秋战国时为邺县，魏文侯时（公元前422年），邺令西门豹开凿十二渠，引漳水灌溉民田，取得重大效益。东汉建安九年（204年），曹操大力经营邺城，在西门十二渠基础上，修筑天井堰，重建并发展了原有灌区。

过成安县钟楼寺枢纽，向东由北马庄出境，于北罗营村入魏县。在钟楼寺枢纽有二干渠引水口。二干渠由此向北入肥乡县，于大河道村入曲周县，至白小营村入支漳河，长44.8千米。

在魏县经过北张庄枢纽，于邵村东北出境，于西赵村入大名县。在北张庄枢纽有三干渠引水口。三干渠由此向北经广平县、肥乡县，至曲周县赵寨，退水入东风渠，长28.3千米。

经大名县杨桥枢纽，于龙化村出大名县境，于南孙店入馆陶县，向东北至刘齐固入漳河。

北张庄枢纽

3.7.2 卫河

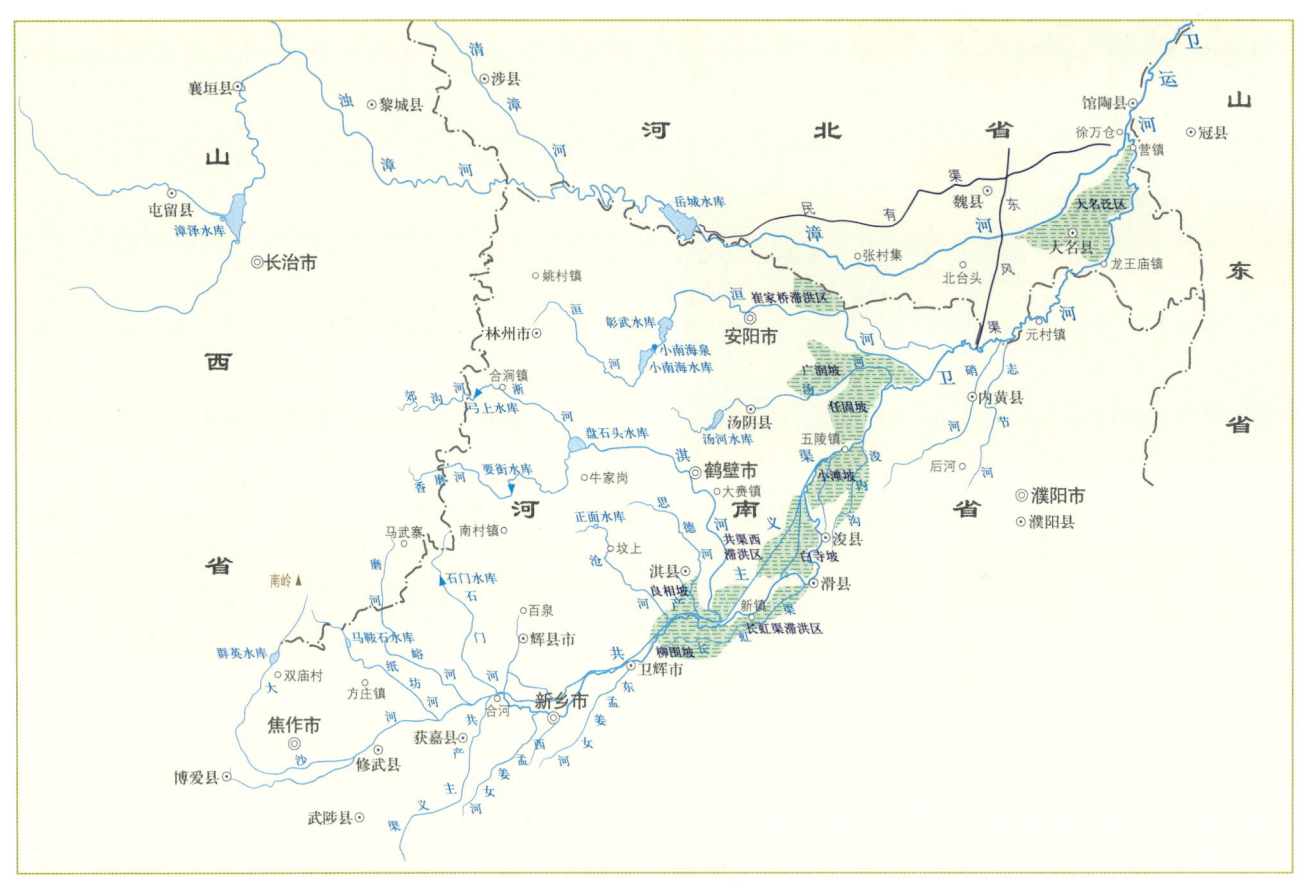

卫河水系示意图

东汉之前，黄河尚未形成北堤系统。丹河与淇河之间发源于太行山区的河流和山前倾斜平原的地表水，直接泄入黄河。随着黄河河床的逐年淤高和古阴北堤的形成，阻断了太行山丹河、淇河两河之间诸河和平原沥水直接入黄通道，迫使丹河、淇河之间诸河与黄河平行东流，至卫辉小河口村与淇水汇合，从黎阳宿胥口（今浚县地壕村）再次流入黄河，因河水清澈透明，故名清水。这就是早期形成的卫河。东汉建安九年（204年），曹操北征袁尚，为了运粮，在淇水上（今浚县东枋城村）用大枋木筑堰止清水入黄河，向东北流，改清水入白沟（古黄河故道），又凿渠引漳水入白沟，以通漕运。隋大业四年（608年），开挖永济渠，形成了卫河由黄河水系改为海河水系的现状。

水旱灾害 流域洪灾频繁。1450—1949年间，共发生水灾213次，其中大灾47次、特大灾6次；旱灾264次，其中大灾52次、特大灾4次。1950—2006年，发生较大水灾的年份有1953、1955、1956、1963、1970、1971、1975、1976、1982、1996年；典型的干旱年份主要有1965、1978—1982年。1956年，发生特大洪水，堤防漫决，良相坡、柳卫坡、长虹渠、白寺坡等滞洪区一片汪洋，内黄县城被洪水围困半月之久；受灾面积40.6万公顷，死伤349人，塌房16万余间。

社会经济 流域内，煤炭、电力、钢铁、化工、建材、纺织、电子等行业已成为区域经济发展的支柱产业。京广、石太、新焦、新菏等重要的铁路干线，107、106国道及（北）京珠（海）、大（庆）广（州）高速公路越境而过，省道、县乡公路四通八达。其中，河南省总人口1 073.73万，耕地面积63.33多万公顷。农作物以小麦、大豆、玉米为主，经济作物有花生、棉花等，是河南省粮、棉、油重要生产基地。

治理开发

1. 航运。历史上，卫河航运发达，有"运粮河"之称。航运最早始于曹操"遏淇水入白沟，以通粮道"的白沟水运；隋大业四年（608年），为保障长距离通航，诏发河北诸郡男女百万开凿永济渠，贯通九河；隋大业十四年（618年），在河内一带（今沁阳、博爱、修武、获嘉等县）修筑灌渠，浇地数千顷，使清水上游水源濒于断流，漕运多赖永济渠；唐代，在大名"置楼百余间，以储江淮之货"，天宝十四年至宝应元年（755—762年）的安史之乱使永济渠漕运遭到很大破坏；后周显德六年（959年），对永济渠加以疏浚，终因水源不足而成效不大；宋、金时永济渠仍为内河重要漕道，到明代却只能局部通航；清顺治二年（1645年），户部奏定："漕粮数量每年四百万石，大部由卫河运往北京。"清末，卫河航运四季畅通，来往于天津、新乡的货船达700余艘。清光绪三十一年（1905年），平汉、道清铁路建成，河运货源减少，航运走向萧条。民国年间（1912—1949年），仍有大批煤油、纸烟、火柴、布匹等由天津经卫河运往内地，同时运回小麦、小米、花生、芝麻等农副产品，大名的金滩镇、龙王庙最多时停靠货船上百艘，称"水旱码头"。1937年华北地区沦陷后，卫河船民多改就他业，仅存旧船百余艘。新中国成立初期，新乡只有民船30只，道口镇以上航运基本停滞。

1950年，中央政府设立华北内河航运局，在天津、新乡设办事处，专管冀、鲁、豫内河航运。平原省也设立内河航运公司，驻地新乡。1952年，引黄灌溉工程人民胜利渠通水后，卫河水源得以补充，百吨货轮可频繁来往于新乡、天津之间。1956年，冀鲁豫3省内河航运实行分管，卫河航运隶属于河南省交通厅内河航运管理局，新乡设管理处，有机船6艘、职工 100 余人，所辖船民 6 300 余人。1958 年共产主义渠建成后，卫河航船增加到 1 700 只。为适应船运需要，新乡市区京汉铁路以东河上大小桥梁均建拱桥。1959 年，在牧村、白小屯码头修建下河线铁路支线，开展水陆联运，卫河航运达到鼎盛。引黄入卫促进了卫河航运的发展，但由于黄河水含沙量大，卫河河道淤积严重，加上天气长期干旱及上游大兴水利、拦蓄水源，致使卫河枯竭，航运中断。

2. 河道整治。隋至清代，历代均有治河之举。明代，治河多以疏浚河道、开展航运为主。清顺治十三年（1656 年），修筑堤防；雍正乾隆年间（1723—1795 年），汤阴县与邻县多次修筑堤防，兴建涵洞。民国时期，制定过修复卫河堤防计划，因战乱并未实施。

1949 年 5 月，浚县和汲县培修险堤。1950 年春，开始修建引黄灌溉济卫工程，1952 年 6 月正式放水。1955—1956 年春，河南省对薄弱堤段进行培修。1956 年大水后，从当年冬至 1957 年春在右岸修建长 59.2 千米的二道防线。为保证新乡市防洪安全和工业生活用水，1957 年冬在新乡县合河镇修建拦河闸 2 孔，设计下泄流量 100 立方米每秒。

1957 年，对长虹渠滞洪区进一步改善，并发挥白寺坡（浚县境内）自然滞洪的作用，做土方 400 万立方米。人民胜利渠和共产主义渠多年来引黄大蓄大灌，泥沙大量沉积，排涝不畅，盐碱、沼泽化面积发展到 30.93 多万公顷。1962 年，完成新乡县合河镇至汲县下马营清淤工程。1966—1969 年，对卫河淇门至老观嘴河道进行清淤，并实施 3 处裁弯取直。1972—1976 年，3 次经卫河引黄济津，共引水 5.14 亿立方米，输水后卫河淤积较重。1978—1979 年对西孟姜女河口至小河口河道进行清淤。1978 年，治理浚内沟口至徐万仓段长 117 千米，设计排涝标准为 3 年一遇，由冀鲁豫 3 省组织施工，开挖水下土方长 68.85 千米，裁弯 13 处，缩短河长 23 千米，修堤 123 千米。1981—1982 年，又经卫河向天津送水 3.75 亿立方米，引入沙量 477 万吨。1982 年 6 月，对西孟姜女河口至老观嘴河道进行清淤。

1990、1991、1999 年先后 3 次对卫河堤防进行整修。1994 年 3—9 月初，对西孟姜女河入口至东干道桥下河道进行综合治理。1994 年 3 月至 1995 年底，分别在西孟姜女河入口下游和人民胜利渠总干入口上游建成 2 座节制闸。1987—2000 年，先后进行滑县寨墙加固、堤防护坡、固基、裂缝处理、浸漏处理、翻修等，共清除隐患 37 处，除险工程长 10 620 米。

人民胜利渠

人民胜利渠渠首

3. 闸涵除险加固。淇门以下，共产主义渠刘庄闸以下共有穿堤建筑物 502 座，多建于 20 世纪五六十年代。按照《漳卫南运河穿堤闸涵除险加固工程规划大纲》要求，河南省于 1992—1995 年对卫河穿堤闸涵逐年实施除险加固，共安排涵闸 164 处。

纪　实

大沙河段　自山西省陵川县夺火镇南岭至河南省新乡市合河镇，称大沙河，河长 120 千米。夺火镇以下，西南流，河形时隐时现，上游散泉、潜流很多。

山西省境内以石质山区为主，重峦叠嶂，沟壑纵横，山大沟深，林草茂密，森林覆盖率在 65% 以上。各支流两边，从山顶到坡脚灌木丛生，人工林与天然林交错生长，形成较好的植被覆盖。

锡崖沟风光

河势坡陡流急，水力资源丰富。山西省陵川县是国家确定的农村电气化试点县。由于地处深山区，开发利用难度很大，目前流域水力资源开发利用率不到 5%。流域有举世闻名的锡崖沟挂壁公路，是陵川县独特的人文景观。锡崖沟在陵川县的最东端，晋豫两省交界处。这里群峰环列，沟壑万丈，沟里人世代生活在几乎与世隔绝的大山里，交通不便，经济发展落后。从 1962 年起，锡崖沟人历经 30 年苦干，终于在悬崖峭壁上硬凿出一条"之"字形"挂壁"公路，打通了与外界的交通"生命线"，创造了人间奇迹。

入河南省境内，继续西南流，在修武县双庙村附近建有群英水库。出水库后，在崇山峻岭中流淌，于焦作市闫庄出山。出山后不远处，转向东流，经博爱县、焦作市、武陟县、修武县、获嘉县，在辉县市王范村东南有纸坊河从左岸汇入。纸坊河发源于山西陵川县庙凹村，经修武县西北山区至羊圈村出山，在赤庄南入辉县市境内，河长 44 千米，流域面积 180 平方千米，上游有举世闻名的**云台山瀑布**和**马鞍石水库**。继续东流，在新乡市境内有峪河从左岸汇入。下行，在新乡市西永康北与共产主义渠汇流。续东流，在新乡市凤泉区有石门河从左岸汇入。

卫河段　自新乡县合河镇至河北馆陶县徐万仓与漳河交汇处，该段河长 274 千米。流域西北部为太行山区，最高峰在辉县市凤凰岭（海拔 1 655 米）。西南部和南部为山丘区，山前冲积倾斜平原和黄河冲积平原。辉县市苏门山下的**百泉**是百泉河的源头，百泉河为季节性河流，流域面积 279 平方千米，在辉县市南云门与刘店干河汇流，1957 年后与共产主义渠汇流。

卫河东北流，在新乡市城关有西孟姜女河从右岸汇入。西孟姜女河发源于武陟县木栾店，流经获嘉、新乡县，河长 45 千米，流域面积 320 平方千米。下行，在卫辉市司湾有东孟姜女河从右岸汇入。东孟姜女河发源于新乡市小河村西，流经延津县，河长 40 千米，

卫河

流域面积 386 平方千米。下行,有沧河从左岸汇入。沧河河源有二,北支起于林州市的石岩水村南,西支起于辉县市的横岭村东,两支在卫辉市西拴马汇合流向东北,经龙卧岩、正面又折向东南流,经狮豹头、塔岗于口头村出山,流至三皇庄以下,又先后分为三支入卫河,干流河长 70 千米,流域面积 370 平方千

浚县大伾山景区

浚县浮丘山旅游区

米。卫辉市是河南省历史文化名城,自然、人文景观交相辉映。国家级重点文物保护单位殷太师比干庙,被称为天下林氏根;望京楼是全国最大的石构无梁殿建筑;香泉寺被誉为豫北最早的佛教寺院;民国总统徐世昌家祠保存完好;小店河建筑群是河南省现存规模最大、原有风貌最完整的清代民居建筑群。

从新乡县合河镇到卫辉市小河口,地表岩性多为淤泥质、亚黏土、亚砂土,含水层多为中砂和中细砂、亚砂土;卫河以南、古阳堤以北,岩性表现为细颗粒沉积,多为中细砂、粗细砂、亚砂土、亚黏土等。西曲里以上两岸均有堤防,西曲里以下左堤向东与共产主义渠右堤相连,形成一堤两河,使卫、共分开,直至卫辉市区以下陆续分离,通过刘庄节制闸入浚县。下行,在浚县新镇镇淇门村以西新小河口有淇河汇入,上游建有**盘石头水库**。浚县历史悠久,文物荟萃,古迹众多,1994 年被国务院命名为国家级历史文化名城,已发现新石器时代至夏商周时期的古文化遗址 21 处;有国家文物保护单位 1 处 10 项,省级文物保护单位 10 处;有国家 AAAA 级旅游区大伾山旅游区和省级旅游景区浮丘山旅游区;古庙会闻名遐迩,成为人们娱乐、交易的场所。

卫河东北流又折向东南流,在滑县道口镇有长虹渠汇入。长虹渠始于卫辉市徐家堤,干渠长 45 千米,集水面积 350 平方千米。下行,在内黄县大刘村有竣

南乐县仓吉陵

内沟汇入。竣内沟始于浚县角场营,干流长 26.3 千米,流域面积 186.3 平方千米。东北流,在内黄县西元村有汤河汇入。转向东流又东北流,在内黄县范羊口有洹河汇入。

继续东北流,出内黄县入清丰县,先后有硝河、志节河从右岸汇入。硝河发源于清丰县苏堤,干流河长 45 千米,流域面积 499 平方千米。志节河发源于内黄县小宿,干流河长 40 千米,流域面积 229 平方千米。清丰县阳邵村堤西有晁氏之墓。晁氏,名

南乐县仓吉庙

晁迥,北宋太平兴国五年(980 年)进士,博通文史,历任大理评事、工部尚书、礼部尚书、太子少傅等职。真宗在东宫时,常称其学行,即位后擢右正言直史馆,献《咸平新书》五十篇、《理枢》一篇,进翰林学士。著有《翰林集》三十卷,《道院集》十五卷,《法藏碎金录》十卷,《耆知全书》《随因纪术》《昭德新篇》各三卷,并传于世。

下行,出清丰县入南乐县梁村乡,这里是"字圣"仓颉故里。吴村有仓颉陵、仓颉庙和造书台。相传,仓颉"始作书契,以代结绳"。一天,仓颉外出巡游,来到阳虚山玄扈洛汭之滨,见一大龟,背有青色花纹,近似物体形状,激起他创造文字的兴趣。经过细心研究,他描摹绘画,造出各种不同的象形图画,这就是汉字的雏形。

自南乐县流出河南省,在北善村入河北省魏县。沿魏县和南乐县界东北行,经第六店、南英封,至南辛庄村东,行程 15.9 千米,出魏县复入南乐县。魏县,汉高祖十二年(公元前 195 年)设魏郡置魏县,曾出现过盖宽饶、张公谨、崔述、裴香斋等一批影响较大的历史人物。鸭梨种植是魏县的传统特色产业,早在北宋就大面积栽培,南北朝著名科学家贾思勰在《齐民要术》中作过详细描述。

再东北行,由北张集入大名县。大名有悠久的历史,春秋时有"五鹿城",唐有"罗城",后唐称"东京""邺都",至宋成为"陪都北京",历史上演绎了不少名人轶事,如战国孙膑庞涓之斗、唐狄仁杰抗契丹、宋寇准拒辽使等。大名府故城遗址是第六批全国重点文物保护单位。大名"小磨香油"名扬全国,创始于清光绪年间(1875—1908 年),如今年产香油 4.5 万吨,占全国香油产量的 1/4。

大名府故城遗址

经未店,至龙王庙折向北流,再至窑厂向东,到娘娘庙复向北,过金滩镇、营镇、周庄,在与山东省冠县交界的河北省馆陶徐万仓与漳河相汇形成卫运河。

3.7.2.1 群英水库

(Qunying Reservoir)

又名孤山水库,**卫河**上游大沙河上的中型水库,位于河南

省焦作市修武县境内，距焦作市城区25千米。总库容为2 000万立方米，控制流域面积165平方千米。以灌溉、防洪、供水、旅游为主，兼顾发电与养殖。

1968年11月动工兴建，1971年7月建成蓄水，归焦作市水利局管辖。水库原设计坝高95米，1976年按"75·8"洪汝河雨型校核，加高非溢流面5.5米，坝高增到100.5米。大坝是目前世界上最高的砌石重力拱坝，已载入《中国拱坝大全》。

水库由大坝、溢洪道、输水洞、水电站组成。大坝顶长130米，顶宽4.5米，底宽52米，坝体浇筑有混凝土防渗体，紧连防渗体下部设有帷幕灌浆，坝后坡脚处设有观测廊道；坝顶中部设有7孔8米宽的非真空溢流堰，溢流段总宽65米，净宽56米，堰下末端设鼻坎挑流消能；输水洞位于左岸，分上、下两级，一级输水洞在拱座基岩上，洞长55米，二级输水洞设在拱端基岩上，洞长45.7米；1982年，在大坝左岸一级输水洞下游130米处设坝后引水式水电站，装机容量2×500千瓦，后经改造扩容至2×750千瓦，年均发电100万千瓦时。

群英水库

峰林峡风景区

水库投入使用后，不仅使焦作市高新区的防洪标准由10年一遇提高到50年一遇，大大减缓了洪水对下游地区的安全威胁，而且是焦作市城市用水、2 000公顷群英灌区用水的主要水源地，年均供水800万立方米。同时，水库的运用也减少了下游河道淤积，但库容逐年减少。

库区内崇山峻岭，村庄稀疏。水库地处灰岩区，海拔450~1 360米，强烈的地表径流侵蚀使峡谷切割较深，河床坡降陡峻，两岸悬崖峭壁，岩溶裂隙比较发育。

水库所在地是一处地理位置优越、自然风光独特的近郊山岳水体型风景名胜区。1992年以水库为中心成立焦作市群英湖风景名胜区，2001年被评为国家AA级旅游区，2002年被评为国家水利风景区，2003年更名为峰林峡风景名胜区。

3.7.2.2 马鞍石水库
(Ma'anshi Reservoir)

卫河支流纸坊河上游的中型水库，位于河南省修武县县城西北35千米的岸上乡东仓村附近，因水库左侧山峡中有一长20米、宽6米巨大红石形如马鞍，故名马鞍石水库。总库容1 033万立方米，控制流域面积90平方千米。以防洪、灌溉、供水为主，兼顾旅游、养殖和解决山区人畜饮水。

1966年2月开工建设，1972年5月停工，1977年开工续建，1982年6月基本建成运用，此后进行了多次整修加固。

水库由4种坝型、1个蓄泄节制闸、2个输水洞组合而成。主挡水坝为浆砌石单曲拱坝，坝顶高程424.3米（黄海高程，下同），最大坝高65.1米，左、右两端各建一高25.6米和25.1米、宽22米的浆砌石重力墩。浆砌石溢流坝位于左重力墩左侧，坝顶高程415.7米，最大坝高15.5米，上设8孔蓄泄洪闸和1座交通桥。溢流坝段以左为浆砌石斜墙干砌石挡水坝，坝顶高程424.3米，最大坝高10.1米。右挡水坝为浆砌石重力坝，坝顶高程424.3米，最大坝高24.1米。大坝全长250.6米，其中拱坝顶弧长57.6米，拱坝左右重力墩各长13米、左挡水坝长75米、右挡水坝长45米、溢流坝长47米。输水洞分两级，一级洞底高程383.2米，二级洞底高程402.2米，两洞直径均为1米。

马鞍石水库

1968年开始向下游灌区供水，1995年开始向中州铝厂供水，至今已累计供水4.06亿立方米，为当地国民经济的迅速发展作出了巨大贡献。同时，有效地减轻了下游防汛压力，提高了河道下游沿岸村镇的防洪标准。

由于大坝建于"文革"期间，工程质量难以保证，水库投入运行以来坝体各段存在不同程度的渗漏。为此，1986年，对拱坝上游进行了环氧树脂砂浆勾缝；1988年4月至1989年8月、1992年3—9月，分两期在左挡水坝前进行坝基帷幕灌浆；1993年6月至1994年4月，对拱坝中部右侧、右重力墩和右重力坝进行坝体帷幕灌浆；1999年4—7月，对拱坝中部1994年灌浆帷幕线的终点向左至左重力墩进行了坝体帷幕灌浆。虽经多次除险加固，但由于受资金、工期等条件限制，每次处理都不彻底，水库仍存在严重的质量隐患。2003年11月7日，修武县水利局组织专家对马鞍石水库大坝进行安全鉴定，鉴定结果：马鞍石水库现状防洪标准未达到500年一遇校核洪水标准，防洪安全性为C级。2003年12月10日，水利部大坝安全管理中心同意该水库三类坝的鉴定结论意见。

水库地处太行山系的高山区，处于修武县云台山河谷水景地带的核心区域，水面东西宽200米，南北长4千米，平均水深50米，浩渺碧波，风光秀美，珍禽戏游。2003年，这里发现了水中"国宝"桃花水母。坝址上游7.1千米处是云台山瀑布，水库管理处依靠位于云台山的区位优势，大力发展水利旅游。2002年9月，云台山被水利部命名为国家水利风景区。

云台山瀑布位于河南省焦作市云台山风景区老潭沟内。云台山风景区拥有两个世界级的称号："世界地质公园""世界自然遗产"。

老潭沟又名泉瀑峡，全长3 000多米，是一处以华夏第一高瀑为标志、以深潭幽涧为特色的深谷，形成于距今5.4亿~

3.7.2.3 峪河
(Yuhe River)

卫河左岸支流，上源称磨河，发源于山西省陵川县八都岭，至河南省新乡市吴村镇三河口分南北两支，分别于峪河镇东淹沟和占城镇沟西庄附近入卫河，地跨山西、河南两省。

云台山红石峡

峪河源头

峪河河长92千米，流域面积672平方千米。峪河口以上为深山峡谷区，占全流域面积的85%，两岸山势陡峻，河谷狭窄。陵川县爽底村以上，阶地不发育，林木茂密，植被良好；爽底村以下，阶地发育，有较为开阔的马圪垱和潭头两个小盆地。潭头村以上河底高程600～800米，比降1/50～1/100，河宽20～100米，河长44.3千米；潭头村以下河道陡然跌落，形成跌差达265米的潭头瀑布，以下至峪河口，河长10千米，河谷深切，基岩大部裸露，河底高程150～300米，比降1/100～1/200，河宽40～150米。峪河口以下进入平原，河床开阔，河宽30～150米，比降1/200～1/1 500，河长37.7千米，毛庄、小作村以上为卵石河床、以下为砂质河床。

流域属大陆性季风气候，受季风影响而形成的地形雨较多，多年平均年降水量800毫米，且年际差异大。1963年多达1 375毫米，1965年仅有437毫米。降雨量年内分配也极不均匀，一般7—9月降雨占全年的70%～80%。河道径流受降雨影响变化甚大，多年平均流量4.4立方米每秒，1963年达10.6立方米每秒，1966年为1.61立方米每秒；洪峰流量1963年达2 240立方米每秒，1965年仅6.45立方米每秒。一般枯水期流量1～3立方米每秒，下游河道断流。

峪河发源于山西省陵川县八都岭，在薄壁镇平甸进入河南省境内，流经新乡市的薄壁、吴村、冀屯、峪河、占城5个乡镇。主要支流有洪水河、古郊河、凤凰河、东沟、西寨沟等。

红石堰是峪河南北支分流控制性建筑物，位于吴村镇三河口村北约500米处，始建于1832年，1879年重修，长1 700米，高3～5米，顶宽2.5～3米，底宽4.5～5.5米，为

云台山瀑布

4.9亿年的寒武纪时期。当时，华北大地一片汪洋，云台山地区在广阔的浅海环境下，沉积了厚达500米的白云岩、灰岩、砂岩、泥岩地层，后经多次地壳运动，演变为陆地。2 300万年以来，长期的流水侵蚀、搬运和重力崩塌，使海拔800～1 200米的古夷平面局部强烈下切，形成了长3千米、深400米的峡谷。这里有鲕粒灰岩、羽状交错层理、垮塌岩块堆积体、大型波痕等地质遗迹。游览老潭沟，让人仿佛回到史前世纪，洞察那威力巨大的地质演变。

老潭沟内山雄水秀，峰高瀑急，青山四合，如同仙阁，沟壁和谷底有多处清泉流出，奇石、山泉、花香、飞瀑交相辉映，令人心旷神怡。幽潭宽3～15米，长300余米，两侧奇石耸立，泉源密布，水帘千丝万缕，相互交织，水声清脆悦耳，不禁使人想起唐代大诗人白居易的"大弦嘈嘈如急雨，小弦切切如私语"和"嘈嘈切切错杂弹，大珠小珠落玉盘"的诗句。潭中崖壁右侧有一处泉眼四季长流，泉水清凉甘甜，名叫"长生泉"，与潭瀑峡的不老泉遥相呼应，合称为"长生不老泉"。多孔泉是在崖壁上流出的一淙清泉，它是有8处小泉眼汇集而下形成的，周围青苔相连，珠帘倒挂，泉水顺水而下冲击到底端的岩石上溅起飞花碎玉，甚为壮观。

老潭沟的尽头，是一处三面环壁、一面开放的围谷，断崖高达300～360米，崖墙陡峭，造就了雄冠九州的大瀑布——云台山瀑布。"云台天瀑"落差314米，瀑宽约5～7米，是云台山景观之最，也是中华之最。它上吻蓝天，下蹈石坪，犹如擎天玉柱；凌空飘落，携雨抚风，其声震耳欲聋，其势磅礴如虹，"飞流直下三千尺，疑是银河落九天"的诗句用于此处非常贴切。

与天瀑遥遥相望的对面山上，有"观瀑台"，此台为看水景的最佳观赏点。观瀑台边有一组山瀑挂壁，瀑上青苔恰似孔雀落壁，被美称为"孔雀泉"。另外，沟内还有"五老峰""独秀峰""双秀峰""路功""七品芝麻官""仙渡""孔雀泉""私语泉""波浪石坪"等景点。沿路登临山顶，便是豫晋两省分界处。

峪河

浆砌石包砌夯实填土结构，衬砌石料为石英砂岩。"96·8"洪水水毁严重，1997年5月重修、翻修250米。堰北侧即为北支主河槽，南侧至南支主河槽30余米，中间为滩地，滩地高出河槽3~5米不等。

北支河堤长18千米，保护人口1.09万、耕地1 400公顷，防洪能力为5年一遇，安全泄量为300立方米每秒；南支河堤长20千米，防洪能力为5年一遇，现有泄洪能力为500立方米每秒，保护人口1.51万、耕地2 200公顷，流经吴村、峪河两乡镇。

3.7.2.4 石门河
(Shimen River)

卫河左岸支流，发源于山西省陵川县东南进头窑，在上八里镇松树坪村西北入河南省，向东南经上八里、洪洲、赵固、冀屯、占城等乡镇，至占城镇东樊村东与**黄水河**汇流后入新乡市凤泉区，汇入卫河。

石门河河长54.1千米，流域面积493平方千米。出山口以上，河道坡降介于1/5~1/100，为西北—东南走向，两岸山高坡陡，树木生长茂密，植被良好，沿级山坡平缓处有自然村庄，比较分散。出山口至赵固乡大沙窝村，河道进入山前冲积扇区，为西北—东南走向，纵坡由陡逐步变缓，坡降介于1/100~1/1 000，水流携带沙石能力急剧减小，河床及滩地堆积了大量的沙石，宽达200余米的河道主槽被地势切割成3~4条宽度不一、深浅各异的河沟，最大的河沟宽约30~60米、深1~3米，河道及滩地宽达数百米，两岸地势北高南低、西高东低，河道两侧未修建河堤，依靠地势约束洪水。大沙窝村以下进入平原区，河道为土质河床、南北走向，纵坡进一步变缓，坡降介于1/1 000~1/2 000。

八里沟

石门水库

流域属大陆性季风气候，受季风影响，地形雨较多，豫北地区暴雨中心之一的关山即位于流域内。多年平均年降水量778毫米，年内分配极不均匀，7—9月雨量占全年的70%左右。河道平均基流0.5立方米每秒，最枯流量0.15立方米每秒。主要支流有茅草庄河、王村河、马头口河和鸭口河等。

流域上游有石门水库、龙门水库，下游河道有堤防21千米。防洪能力为5年一遇，安全泄流量为400立方米每秒。

3.7.2.5 百泉
(Baiquan Spring)

又称百泉湖，位于河南省辉县市西北2千米的苏门山南麓，南流在辉县市南云门与刘店干河汇流，至新乡县合河村北入**卫河**（1957年后与共产主义渠汇流，再入卫河）。

百泉之名，最早见于《荀子·儒教》篇，武王伐纣"朝食于戚，暮宿于百泉"。百泉湖开凿于商朝，至今已有3 000多年的历史，因湖底泉眼无数、泉道百通而得名，著名的有珍珠泉、涌金泉、喷玉泉等。众多的泉水汇成百亩巨池，与苏门山相映生辉，素有"中州颐和园""北国小西湖"的美誉。

虽然大沙河作为卫河上源，是目前比较统一的认识，但也有卫河源于辉县百泉之说。苏岭北峙，卫水南流，山水辉映，景美如画。首次记载"御河源"的史书是《宋史·河渠志》：

卫源庙

"御河源出卫州共城（今辉县市）百门泉"，以后历代相传。《明史·河渠志》记载："卫漕者即卫河，源出河南辉县，至临清与会通河合，北达天津。"清代《大清会典》记载："卫河旧名御河，源出河南辉县苏门山，东北会洪、漳诸水。"当代的《辞源》和有关地图集等都沿称辉县百泉为卫源之说。

泉水甘洌，清澈见底，志书上有"甘泉之父"的称谓，面积3.4万平方米。历代名人在此游览、隐居，留下了无数赞美百泉的诗词歌赋。魏晋时期的孙登，北宋时期的哲学家邵雍、大文学家苏轼，元朝王磐，明末清初孙奇逢以及清乾隆皇帝，留下啸台、安乐窝、饿夫墓、三碑亭、清晖阁、卫源庙、孔庙、邵夫子祠等名人遗址。

百泉历经开凿，规模日渐扩大。清乾隆十五年（1750年），绕岸砌石，形成一长方形泉湖。湖中心有一条青石板铺成的小径，曲曲折折，将湖中的亭阁小桥连在一起。漫步在亭阁之间、小桥之上，看着湖中的泛舟轻轻地滑过水面，听着鸟儿在枝头歌唱，闻着花儿吐出的芬芳，心中的感觉十分惬意。钓鱼亭、湖心亭、南大厅、下马亭、课桑亭、涌金亭、喷玉亭、灵源亭错落有致地点缀在湖畔，独具匠心地亭立在湖间，玲珑秀丽，煞是好看。

百泉

百泉

今日的百泉湖，风光绮丽，景色宜人，湖水碧波荡漾，水质清澈纯净。湖畔喷玉、灵源、放鱼、下马诸亭沿湖而立。北宋文学家苏轼在涌金亭中挥毫疾书"苏门山涌金亭"6个大字。湖心亭中高矗立着"人民百泉"碑，为著名爱国将领冯玉祥于1928年所建,镂刻着百泉饱经沧桑的经历。始建于元朝的清晖阁,原是元朝郭子忠的花园,阁周古柏环绕,绿柳婆娑。

3.7.2.6 淇河
(Qihe River)

卫河左岸支流,古称淇水,俗名山河、响河、清水河,山西省境内称香磨河。发源于山西省陵川县东部的棋子山,经河南省辉县市、林州市、鹤壁市区、淇县、浚县、卫辉市,在浚县新镇镇淇门村西的小河口村(卫辉市)入卫河。

淇河

概　述

淇河河长176.65千米,流域面积2259平方千米。属于山区河道,地势从西北向东南逐步降低。上游地处深山区,坡陡、流急,从河源到李家寨一段河谷窄陡。李家寨村到五龙镇花地村,因流经临淇盆地,河床平缓,易发生水灾;两岸多为村庄、耕地,泉水较多,有欠十步泉和梨林泉等。下游流经豫北平原,河势平缓,每遇暴雨,洪水来势迅猛,加上河道下泄不畅,极易造成洪涝灾害。

流域属温带大陆性气候,多年平均流量10.9立方米每秒,多年平均水资源量1.27亿立方米。最大流量发生在1892年,达到7080立方米每秒。1963年8月8日13时30分,新村站洪峰流量达5590立方米每秒。1996年8月4日8时,出现洪峰流量2790立方米每秒。

为充分利用充沛水源,当地修建了一系列水利工程,主要有辉县市的陈家院水库、三郊口水库和要街水库,林州市的弓上水库、石门水库和淇河灌区拦河坝,鹤壁市的**盘石头水库**等。石门水库原为小(1)型水库,始建于1958年,1973年扩建成为中型水库,总库容1095万立方米,兴利库容895万立方米,为淇南灌区的主要补给水源;同时,可削减洪峰95%,减轻了防汛压力。

林州市淇河灌区拦河坝全长213.38米,汛期拦蓄洪水,旱季补充两岸的淇南、淇北灌区水源,设计灌溉面积6667公顷,有效灌溉面积4800公顷。

纪　实

淇河发源于山西省陵川县棋子山,先东南流后折向东北流,经六泉乡、沙场村、东双脑村,出山西省。棋子山,又名谋棋岭、谋棋山,相传是世界围棋的发源地,位于陵川县城东15千米处的冶头、古郊、侯庄3乡交界地带,海拔1488米,面积25平方千米,森林覆盖率在95%以上,盛夏气温一般不超过24摄氏度,气候凉爽宜人。

入河南省辉县市后,东北流,入陈家院水库(总库容1370万立方米)、三郊口水库(总库容2297万立方米)。

三郊口水库

出水库后,向东南流,经孙石窑村、雁翅口村,至店沟折向东流,在莲花村入要街水库(空库运行)折向北流。下行,在要街村出辉县市。

淇河天然太极图

入林州市后,在枪杆村折向东南流,经李家寨村,至苇涧村和杨村之间转了一个大S形弯北流,经岭南村,至荷花村有湘河从左岸汇入。湘河发源于河南省林州市原康镇柏尖沟村,河长25千米,流域面积125平方千米。下行,经小庄村,至河头村西有淅河从左岸汇入。淅河发源于山西陵川县岭后底村,山西省境内称郊沟河,河长55千米,流域面积584平方千米,上有支流石坡河从左岸汇入和中型的弓上水库(总库容3191立方米)。石坡河发源于山西壶关县石坡乡盘马池村,河长22千米,流域面积120平方千米。淇河东流,经磨村、花地村,在黄花营村出林州市。林州境内淇河两岸山势平缓,森林植被茂密,河道随山势蜿蜒曲折。在林州市与辉县市交界处建有淇河灌区引水枢纽工程,两岸有淇南、淇北灌区和多处提灌站及机井。在距林州市城南60千米的支流欠十步沟上,建有石门水库。

入鹤壁市后,从将军墓村曲折东流,在盘石头村建有盘石头大型水库的拦河坝,库区尾水到淅河口。淇河过坝后至黑连沟,折向东南流,在许沟村成为鹤壁市区和淇县的界河。继续东南流,经淇滨乐园折向南流、东南流,至花窝村出淇滨区。下行,成为浚县和淇县的界河,至

鬼谷洞

浚县后公堂村后曲折南流，在淇县方寨村折向西南流，至枣园村转向东南流，出淇县。入鹤壁市后，河面宽阔，水势平稳，清流澄澈，水质优良，"水影山

中华古代第一军校

光，胜过桃园"，被誉为"北国的漓江"，又被当地称为清水河。两岸有花窝、大赉店新石器文化遗址，刘庄仰韶文化遗址、辛村龙山文化遗址；有殷商四代帝都朝歌（今鹤壁市淇县）、西周康叔卫国都城朝歌和战国时期七雄之一的赵国早期国都中牟（今鹤壁市淇滨区）；有狮跑泉战国货币窖藏、鹿楼战国与汉代冶铁遗址、鹤壁集唐代至元代古瓷窑遗址、宋代采煤遗址。这里，还哺育出了众多的名士英杰，传颂着许多美丽的神话传说。相传，盘古、伏羲、女娲、神农、周文王、鬼谷子、

鬼谷子像

罗贯中等在此留下过生活足迹，《白蛇传》故事的原型来源于淇水河畔的民间传说。2 000多年前的《诗经》中就有39篇（处）对淇河风光的描述，所以说淇河是一条名副其实的史河、诗河，其历史文化底蕴之深厚为世人罕见。鬼谷子王诩为纵横家鼻祖，常入云梦山（在淇县境内）采药修道。《战国策》记载，凭三寸不烂之舌合纵六国、配六国相印的苏秦与凭谋略和游说技巧将六国合纵土崩瓦解的张仪，同为鬼谷子最杰出的弟子。传说，孙膑与庞涓亦为其弟子（《孙庞演义》）。"智用于众人之所不能知，而能用于众人之所不能"，潜谋于无形，常胜于不争不费，为《鬼谷子》精髓所在。云梦山战国古军庠是鬼谷子隐居授徒之地，被中国人民解放军军事科学院确定为"中国古代军事思想研究基地"，中华第一古军校内有孙膑、庞涓、苏秦、张仪、毛遂等战国时期兵家、纵横家的纪念性构筑物和演兵岭、八卦阵、蟠龙阵等古代兵阵遗址，是我国最古老的古代军校遗址。

当地特产淇河鲫鱼、缠丝鸭蛋、冬凌草被誉为"淇河三珍"，为历代皇宫贡品，被人们视为上等珍品而享誉海内外。

下行，在浚县前坊村折向南流成为浚县和卫辉市的界河，在新镇镇淇门村西的小河口村（卫辉市）入卫河。

云梦山

3.7.2.6.1 盘石头水库
(Panshitou Reservoir)

淇河中游的大（2）型水库，位于河南省鹤壁市淇滨区大河涧乡，东距鹤壁市山城区15千米。总库容6.08亿立方米，控制流域面积1 915平方千米。以防洪、供水为主，兼顾农田灌溉、发电、水产养殖、旅游等。

盘石头水库

2000年4月开工建设，2005年10月工程全部完工，2007年6月实现下闸蓄水，是豫北地区最大的水利枢纽工程。设计洪水标准为100年一遇，校核洪水标准为2 000年一遇，地震设防烈度为Ⅶ度。主要建筑物有拦河坝、溢洪道、泄洪洞、输水洞和电站。大坝为混凝土面板堆石坝，最大坝高102.2米，坝顶长606米，坝顶宽8.0米，最大坝底宽320米；泄洪洞布置在右岸鸡冠山下，共有两条：一条为永久泄洪洞，另一条前期作为导流洞、后期改为龙抬头式永久泄洪洞，100年一遇设计洪水时相应泄流量2×1 139.5立方米每秒，2 000年一遇校核洪水时最大泄流量2×1 187立方米每秒；溢洪道位于左岸，选用非常溢洪道为低实用堰4孔闸，当水库遭遇100年一遇洪水时启用非常溢洪道泄洪，溢洪道宽度50米，每孔闸宽12米；输水洞位于左岸，主要向鹤壁市提供工业和城市用水，并向下游已建成的4个灌区提供农业灌溉用水，并结合供水发电，其中1号输水洞装机容量2×1 250千瓦+1×630千瓦、2号输水洞装机容量2×2 500千瓦+1×1 250千瓦。

通过盘石头水库调蓄，可以有效控制淇河洪水，削减淇河洪峰60%左右，将卫河防洪标准从20年一遇提高到50年一遇、卫河中游坡洼运用机遇由3年一遇提高到10年一遇，保护鹤壁、新乡、安阳三市288万亩农田及京广铁路、京珠高速公路、107国道的安全，缓解河北、山东、天津三省市的防洪压力；可以每年向鹤壁市提供工业、生活用水1.35亿立方米，年供水效益10 720万元；可以为下游50万亩灌区补充水源，年灌溉效益19 660万元；可以结合供水、灌溉发电，年发电效益780万元。同时，还可以利用水库发展水产养殖和旅游业。由于库区移民搬迁安置尚未完成，水库至今无法按设计正常运行。2011年，水库汛限水位235.6米，汛后蓄水至247米，城市生活及工业供水可以达到设计水平，而农田灌溉面积只有10万亩，灌溉保证率仅60%。

水库傍依著名的风景名山鸡冠山，因富有传奇色彩的原盘石头村中拒洪磐石而得名。上游两岸峭壁陡立，峡谷幽深，上溯24千米至林州与著名的太行大峡谷相接。库区生态、人文资源非常丰富。国家一级保护动物白鹤、二级保护动物灰鹤以及野鸭、野獾、鸬鹚等栖息出没；辉泉沟、野猪泉、将军

墓等多处泉眼涌流，甘甜可口；镇山之宝省级文物保护单位元代双塔和镇水之宝盘石塔（小姑塔）东西遥望。另外，还有窦健王血铸将军墓和"姑嫂修塔""磐石拒洪"等历史典故。

3.7.2.7 汤河
(Tanghe River)

卫河左岸支流，古称荡水、汤水，内黄县段又叫牝牛河。发源于河南省鹤壁市孙圣沟，流经汤阴、安阳，在内黄县西元村入卫河。

汤河河长73.3千米，流域面积1 287平方千米。西临**淇河**，南接卫河，东北以**洹河**为界。地势西高东低，京广铁路贯穿其中。铁路以西基本上属山丘地区，流域面积约620平方千米，占全流域面积的48%；铁路以东，除火龙岗环绕其东南界外，基本属平原地区，面积约650平方千米。

汤河为一条间歇性河流，平均流量很小，约为0.5立方米每秒，洪水期最大流量为2 100立方米每秒。较大支流，左岸有羑（yǒu）河在四伏厂汇入，右岸有永通河在双石桥汇入。流域内，有伏通坡、万亩坡、基店坡、方庄坡、广润坡等洼地。

汤河风光

京广铁路以西无堤防，铁路以东右岸有堤防、左岸于周流东开始有堤防。左堤顶宽2米，右堤顶宽2～3米，堤高2～2.5米。汛期，当洪水满槽后，在周流以西向北自然漫溢入广润坡滞洪区。双石桥左岸留有导洪口门，1956、1963年均在此扒口，洪水直入广润坡。目前，干流排洪能力为150立方米每秒。上游建有汤河水库、中张贾水库。

羑里城遗址

汤阴县文王庙

汤河发源于河南省鹤壁市孙圣沟村，东南流，经后罗村、罗村、大湖村，至故县村转向东流几经曲折，入汤河水库。汤河水库位于汤阴县西南7千米，兴建于1958年，总库容6 180万立方米，是一座以防洪、灌溉为主，兼顾养殖、旅游的综合利用的中型水库。东北流，至部落村折向东南流，经汤阴县城。县城北4千米处，有周文王演周易的羑里城遗址，北距羑河约1千米，南距汤河约2.5千米。遗址南北长106米，东西宽103米，面积10 918平方米，高出地表5米许。《史记》《水经注》等典籍记载，商末殷纣王曾将西伯侯姬昌囚禁于此7年，使这里成为我国历史上有文字记载的第一座国家监狱。原址早已荡然无存。后世根据这些记载在原址上修建了文王庙，建有大殿及塑像、观景台、玩占亭、洗心亭和刻有"文王之声"的大钟等。

汤阴县还是民族英雄岳飞的故乡。县城内西南街建有岳飞庙，表达了后人对英雄的景仰和纪念。岳飞庙原名精忠庙，亦称宋岳忠武王庙，始建年代无考，今址是明景泰元年（1450年）重建，以后历代屡有增建。如今，岳飞庙已经逐渐成为一处完整的古建筑群。庙坐北朝南，外廓呈长方形，内有正殿、精忠坊、施全祠、碑林、肃瞻亭、观光亭、御碑亭、贤母祠等，现有殿宇建筑近百间，面积4 000多平方米。正殿是岳飞庙的主体

岳飞塑像

建筑，门楣上方悬挂"百战神威""忠灵未泯"匾额，分别为清光绪皇帝和慈禧太后所题。殿内岳飞塑像端坐正中，塑像上方"还我河山"贴金巨匾，相传是岳飞手书。精忠坊建于明正德七年（1512年），是一座建造精美的木结构牌楼，由六根大木柱托起五间屋顶，在古建筑学上称为"三间六柱五楼柱不出头"式，两侧壁间镶嵌的"忠""孝"石刻大字为明万历年间（1573—1619年）彰德府推官张应登所题。岳飞庙碑林中存放着明、清两代官员及文人学士所题的诗词歌赋和修庙纪实，现存200余通，其中有明太祖、清乾隆皇帝、徐达、董其昌、海瑞、何绍基等人的碑刻，是一处弥足珍贵的文学书法艺术宝库。

出汤阴县城东北流，经后湾张村、河岸村，至后高汉村西有永通河从右岸汇入。永通河发源于河南省鹤壁市东柴厂村，河长37千米，流域面积353平方千米，上有琵琶寺中型水库，总库容2 024万立方米。继续东北流，经菜园镇、石辛庄村，入安阳县，在四伏厂有羑河从右岸汇入。羑河发源于河南省鹤壁市鹤壁集，河长50千米，流域面积625平方千米。羑河支流洪水河发源于安阳县马投涧乡郭家村的浅山丘陵地带，自西向东从安阳市区南侧穿过，在高庄乡的汪流屯入羑河，河长32千米，流域面积232平方千米。下行，在北高城村南折向东流，经东小庄村、北庄村，至南和仁村先转向东南流后折向南流、西南流，在内黄县西元村入卫河。

3.7.2.8 洹河
(Huanhe River)

卫河左岸支流，古称洹水，又名安阳河。发源于河南省安阳市林州市姚村镇水河村西林滤山东麓，于内黄县东庄镇

马固村西北入卫河。流经河南省林州市、安阳县、安阳市区、内黄县和河北省临漳县。

洹河

概　述

洹河河长 164 千米，多年平均年径流量 3.76 亿立方米，流域面积 1 920 平方千米。西临林滤山，北临*漳河*，南临*淇河*、*汤河*。地势西南高，东北低。最高海拔 1 632 米（林州市城西四方垴），最低海拔 50 米（内黄县入河口处）。流域内，有山区、丘陵、平原等地貌。流域形状呈上宽下窄的葫芦形。

流域属温带季风性气候，冬季寒冷干燥且多风沙，夏季多暴雨，冬长春旱。年降水量平均值为 641 毫米，有连续干旱和连续丰水的特点。

流域水旱灾害频繁。1794—1987 年，共发生洪水灾害 21 次，平均约 10 年出现 1 次。其中，致使河道决口、房屋冲毁、人畜死伤、大片土地淹没、百姓流离失所的大水灾有 4 次，平均 50 年 1 次。干旱也是流域最主要的自然灾害，历史上"十年九旱"。商代文丁三年（公元前 1110 年）至 1981 年间，共有旱灾 102 次，平均 31 年 1 次，其中造成"人相食""死者枕藉"的特大旱灾有 14 次，平均 226 年 1 次。新中国成立后，发生的主要洪水有：1956 年大水，崇义至冯宿桥段决口漫溢 43 处，长 2 759 米；杜固、西柴村、高村、杨家堂等处堤防决口 46 处，长达 2 千米。1982 年，洪峰流量达 1 700 多立方米每秒，超过郭家湾安全泄量的两倍多，超过洹南渠首安全泄量的 5 倍，两岸共决口 69 处，全长 2 148 米。1996 年，流域降雨强度大、历时长，雨区集中，山洪暴发，导致平原内涝，横水站出现 1 270 立方米每秒的洪峰。

新中国成立后，流域进行了堤防建设、河道整治，兴修了各种水利工程，发展了灌溉、水电、水产、供水、旅游、航运等水利事业。流域内，共建有各类水库 57 座，其中大型水库 1 座（小南海水库）、中型水库 2 座、小型水库 54 座，控制流域面积 1 258 平方千米、占全流域面积的 65%，总库容 1.2 多亿立方米；在干支流修筑堤防 87.9 千米，多为浆砌石或干砌护岸。1991—2005 年，安阳市累计投资 1.85 亿元进行分期综合治理，市区段河道防洪标准基本达到 50 年一遇，提高了安阳市的防洪减灾能力。

河道航运自古皆有。民国前期，河道水深槽宽，商船来往便利；后期由于日本侵略、国内战争影响，航运逐渐萧条。新中国成立后，当地政府恢复航运，到 1963 年，日发船只超过百艘，最大船吨位可达到 80 吨，年均运量 1 万～2 万吨。1964 年后，由于上游截流蓄水，中下游流量越来越小，航运停止。

此外，还利用水力资源冶铁、磨碾等。水磨使用，一直延续到新中国成立后。20 世纪 50 年代起开始修建水电站，现有中小电站 121 个，总装机容量 35 841 千瓦。

纪　实

洹河自林滤山东麓东南流经武家泊村，至林州市陵阳镇南陵阳村北有黄华河从右岸汇入。黄华河发源于河南省林州市城郊乡四方脑，河长 17 千米，流域面积 102 平方千米。沿林州盆地边缘向东南流，经水磨山村，至横水镇桥东村有桃园河从右岸汇入。桃园河发源于山西平顺县杏城镇背泉村，河长 32 千米，流域面积 246 平方千米。继续东南流，经西下洹、东下洹村，在丁家沟村入安阳县。

下行不远处，折向东北流，过**小南海水库**、**小南海泉**到东滩村折而北行。小南海风景区位于安阳城西南 25 千米处。这里，群山环抱，群泉争涌，汇成巨潭，因位于古邺城之南，故称小南海。南岸突起一座牛头山，势如饮水，山顶古柏两株，苍劲挺拔，婀娜多姿。山腰绝壁上有"南海古庙"，创建于唐代，玲

石板岩风光

珑雅秀，古色古香。由于大自然的鬼斧神工，这里还形成了"络丝潭""龟蛇斗""珍珠泉""三磊虹桥""小脚岭""长春观""万人泉""雪不落"等名胜景。此处，不仅风光旖旎，而且文化灿烂。小南海原始人洞穴遗址（省级）、宋代石羊（县级）、北齐石窟造像（国家级）、南海古庙（县级）、楼上村瓷窑遗址（省级）和灵泉寺石窟（国家级）等被列入各级重点文物保护单位，吸引着众多的国内外游客。

下行，入**彰武水库**。出水库后，几经曲折，至曲沟镇西下寒村北有粉红江从右岸汇入。粉红江发源于河南林州市河顺镇路家脑村，河长 45 千米，流域面积 219 平方千米。东南流，至安阳市区。殷墟遗址的中心殷王宫殿区，坐落在南岸和小屯村北一带。在小屯村西，发现有一条人工挖成的大壕沟，全长 1 750 米，宽约 7～21 米，深为 5～10 米，两端与洹河的弯曲部位相连，壕沟和河道构成了一个长方形的防御设施，南北长 1 000 多米，东西宽 600 多米。这里被后人称为"水城"，或称"护城河"。同时，从殷墟出土的甲骨文记载看，不仅有 12 代殷王的名号和他们的活动记录，而且还有城垣的记载。环绕中心区的四周，在洹河南岸的孝民屯、四盘磨、王裕口、后岗和北岸的大司空村等地，发现有密集的居民点、墓葬和大批的手工业作坊遗址。在王宫、贵族和平民的住房附近，还发现了许多水井、道路、储藏物品的窖穴等。作为 3 000 多年前的殷都，不仅有文字可考，而且有丰富的实物印证。

在大司空村转南流，再折向东流、东北流，至安阳桥，左岸有省级文物保护单位"袁林"（即袁世凯墓），为仿帝陵建筑。南首有一堵背水横亘照壁高墙，墙北有 11 米宽的神道通往墓地。北行先越小石桥后登大石桥，便会看到袁林主体建筑群。墓区第一座建筑是牌楼门。牌楼北的神道由青白石铺成，东西两侧分别矗立六角望柱，上刻花纹图案，而后有石马、石虎、石狮和文武翁仲，形象逼真。神道北为碑亭，内伏卧一只

重达20余吨、张口吐舌的巨型石雕，背驼大墓碑，高达5.5米。亭北是景仁堂，呈长方形，垂脊飞檐，四坡歇山，是祭祀袁世凯的地方。袁世凯墓台四周环沿着青石方柱贯以铁链。墓前有五供石桌一堂，石桌过去沿台阶而上，即是袁世凯墓冢。墓冢为圆形，内由钢筋混凝土浇筑封闭，外由三层石块砌成，高约8米，周长约60余米。墓冢周围全为西洋建筑风格。整个袁林规模宏大，建筑布局紧凑，且遍植苍松翠柏。

殷墟甲骨文

安阳市袁林

下行，经南漳涧村，至杏花村又入安阳县。过西于曹村转向东南流，在中行村折向东流，至高村有梨园沟从左岸汇入。梨园沟发源于河南安阳县安丰乡北李庄，河长25千米，流域面积213平方千米。东流，经河北临漳县境，又至河南安阳县西韩化折向南流，在谢奇村又折向东南流，经北贤孝、辛村镇，在南伏恩、东伏恩之间入内黄县，又东南流在东庄镇马固村西北入卫河。

3.7.2.8.1 小南海水库
(Xiaonanhai Reservoir)

洹河上唯一的大型水库，因离下游**小南海泉**不远，故名。位于河南省安阳县善应镇张二庄村东、后驼村南，下距安阳市约35千米。总库容1.07亿立方米，控制流域面积850平方千米。主要功能有防洪、灌溉、供水、水产养殖、旅游等。

概 述

库区两岸主要由碳酸岩类组成，分布广泛，坝址区主要为岩浆岩，表面多风化裂隙，局部充填高岭土、方解石；两岸岸坡一般50～70度，多为V形河谷，堆积阶地在河流凹岸断续出露。本区位于太行山复背斜与华北拗陷的过渡地带，南北向构造和新华复系构造分布全区。本区有新构造地质现象，距河北磁县地震中心较近，采用地震烈度Ⅵ度设防。库区溶蚀裂隙和溶洞发育，渗漏量较大。

库区地处太行山浅山区，上游开阔平坦，为林州盆地。山势嵯峨，岗峦起伏，沟谷交错，山顶高程一般为400～500米，至坝址附近渐降至250米左右，地面高程140米左右。植被稀疏，水土流失较为严重。坝下游1千米即为小南海泉，10千米处为**彰武水库**，两库之间为丘陵地貌，一般地面高程115米左右。

水库来水是洹河和红旗渠退水，水库及库区以上主要支流有横花沟、小河、赵家河，多年平均年径流量9293万立方米。

1958年5月开工建设，1961年完成。因初期认为库区属喀斯特地质存在漏水的不利条件，故未安设闸门，直到1967年才设闸门下闸蓄水。之后，多次续建、扩建。1989—1994年进行除险加固，总库容达到1.07亿立方米，防洪库容0.53亿立方米，兴利库容0.44亿立方米。

水库由拦河坝、溢洪道、输水洞组成。大坝为黏土斜墙堆石坝，坝长370米，坝高51.3米，坝顶宽6米，坝上筑防浪墙高1.2米；左岸溢洪道最大泄流量6481立方米每秒；输水洞长235.5米，内径3.5米，最大输水量124立方米每秒。其兴建目的主要是滞、蓄洪水，与下游彰武水库联合运用，对控制洹河洪水十分有效。水库兴建以来，经历了3次较大洪水，和下游彰武水库联合运用，分别削减洪峰86.7%、54.5%、64%，使安阳市的防洪能力由5年一遇提高到20年一遇、京广铁路的安全标准由10年提高到30年，保障了下游的安全。水库还为安阳市生活和工农业生产用水提供水源，担负着安阳钢铁厂、安阳电厂、安阳化肥厂、安阳永兴钢铁厂等省市重点企业的生产供水任务和下游万金灌区1.33多万公顷农田的灌溉用水任务。此外，水库还具有生态、水产、旅游等综合效益。

纪 实

库区地形为狭长形河床式，蜿蜒于山峦之间。回水长度约10千米，干流段平均宽度不足500米，系山区河道型水库，正常蓄水位坝前水深33米，每年汛前5月底水位降至防洪限制水位160米，如来水充沛至9—10月才充蓄至正常蓄水位。正常蓄水位时，水库面积2.68平方千米。

小南海水库

水库建成后，上游库区水位抬高，其抬高幅度以坝址处为最，1994年除险加固后约为33米左右，往上游抬高水位的程度逐渐减少，至回水末端与天然水位持平。按水库水位抬高和河道变化的情况，可将库区划分为两段：坝址至大平段，长约4.5千米，大平村以下河道变宽，宽度在400～600米，河道边坡较缓，为主要汇水区，亦为上游冲刷推移质的主要淤积区，平均淤积量为37.47万立方米每米（1991年库区淤积测量值）；大平至龙尾岗段，长约5千米，河道行于峡谷，最窄处不足200米，河谷深狭，岸坡陡峭，库容占总库容的比例较小，相应淤积量为6万～12.77万立方米每米。

库区内有小南海风景区，由小南海泉、南海古庙、善应松涛、北齐石窟、小南海水库、长春观、黄龙洞以及山里众多风景点组成。水库下游1千米的山腰绝壁之上，在翠柏之中掩映一组群体古建筑，即为南海古庙和小南海泉。泉上为庙，庙下是泉，不知泉因庙得名，还是庙因泉得名，泉下有潭名"络丝潭"。古庙红墙绿瓦，金碧辉煌，飞檐重楼，精巧玲珑。远观群山，近看潭水，美不胜收，如入画中。古代，泉水宏大，舟船如梭，水运十分发达，至今还有村庄叫装货口。庙后山顶有株古柏，生于岩石之间，与翠柏掩映的群体古建筑"南海古庙"一起称"小南海"。"善应松涛"为安阳八大景之一，相传山上以前到处都是松树，远望像波涛一样此起彼伏，故得名"善应松涛"。小南海北齐石窟坐落于规模宏大的灵山寺旧址，仅有石窟3座，始凿于北齐天保元年（550年），是佛教极盛时期的产物。长春观又名"口寺"，位于南海大坝北200米处半山腰之间，建于南北朝时期，后毁于战乱，20世纪80年代重建，为省级文物保护单位；观内有玉泉井，始建于唐代，历代皆用之，泉水因出于白玉山上，故取名为"玉泉井"，井位海拔267米，井深3.7米，泉水旺盛，取之不尽，所出矿泉水含有多种矿物成分，具有较高的疗养价值。黄龙洞位于库区内右岸小泰山里，传有黄龙出现于此得名。

小南海泉

1960年4月在修建水库开山取石过程中，发现一天然原始人洞穴。洞口向东，洞口前为开阔地，东南距水库大坝500米左右。洞向西南延伸，深约56米，宽4米，高3米。从考古发现的各种石器和动物化石测定，此洞为旧石器时代晚期人类居住，与北京周口店"山顶洞人"时期相当，距今约2.2

北齐石窟

古人类洞穴遗址

万～1.1万年。郭沫若将这种发现于小南海洞穴、反映华北地区旧石器时代晚期以小型石器为主要特征的文化现象称为"小南海文化"。

3.7.2.8.2 小南海泉
(Xiaonanhai Spring)

出露于河南省安阳市区西南25千米的安阳县善应镇*洹河*河谷中，多年平均年涌水量为1.3亿立方米，是河南省的人泉之一。泉域面积934.6平方千米，涉及林州市、安阳县15个乡镇。

泉域北部以浸入岩隔水边界为主，东部以地层阻水边界为主，南部以地下分水岭边界为主，西部以地表分水岭（断层隔水）边界为主。泉域内含水岩层多为奥陶系中统灰岩，西部山区及林州盆地为补给区，中部低山区为径流区，东部南海庙附近洹河河谷为排泄区（涌泉区）。

地下水类型分为松散岩类孔隙含水岩组、碎屑岩类孔隙含水岩组、基岩裂隙含水岩组及碳酸盐岩裂隙含水岩组4种类型。其中，碳酸盐岩裂隙岩溶水为主要补给来源。泉域内的岩溶水从裸露区和覆盖区以不同方式补给，补给来源主要为大气降雨面状渗入与河流线状渗漏，其次为渠道渗漏及农田灌溉回渗。

早在3000多年前，甲骨文就有"洹泉"二字的记载，而且很早就用泉水灌溉农田。当地碑文记载："大清道光十七年十一月四日，安阳儒学生王□□（碑文不清）曾派劳工掏泉一次。"《安阳县志》记载："洹水逢横而入，逢善而出，愈远愈浩，经过此处深不可测，俗称为络丝潭。""泉水汇流东泄，迄高平村，设闸分水，灌溉田亩，利益雄厚。"

史载，小南海泉还是林州市洹河与安阳河的分界点，以上在林州市境内称洹河，以下在安阳境内称安阳河，小南海泉是安阳河的源头。2004年安阳市政府印发《洹河管理办法》，将上游洹河与下游安阳河统称为"洹河"。

泉域群山环抱，植被覆盖率40％以上。新中国成立后，当地政府治理荒山4 667公顷，森林覆盖率达17％～20％，人造梯田2 667公顷，兴建谷坊70余座。排水沟道有马家沟、龙山沟、黑峪沟，总长60千米。

2004—2005年，安阳市组织完成3.7千米的主泉区河道清淤、护砌以及白玉沟、石羊沟、黑玉沟三沟水保治理，建设溢流堰2座、拦砂堰7座。经过综合治理，涌泉区水面增加20万平方米，涌水量明显增大，生态环境得到恢复，主泉区面貌焕然一新。

小南海泉是安阳市的重要水源地，与*小南海水库*、*彰武水库*共同承担着在安阳市国民经济和社会发展中占有重要地位的安阳钢铁厂、安阳电厂、安阳化肥厂3家大型骨干支柱企业的供水任务，并提供市区居民生活用水，被称为安阳市的"生命泉"。同时，它的历史积淀和文化底蕴十分丰厚，被称为安阳古八大景之一，旅游资源丰富，极具开发价值。

3.7.2.8.3 彰武水库
(Zhangwu Reservoir)

*洹河*干流上的中型水库，位于*小南海水库*下游10千米、安阳市西20千米处，因水库坝址位于河南省安阳县水冶镇北彰武村附近，故名彰武水库。总库容7 800万立方米，控制流域面积970平方千米，两库区间控制面积120平方千米。以调节径流、兴利为主，兼顾工业供水、农业灌溉、水产养殖、发电、旅游等。

库区丘陵地貌，岗峦起伏，沟谷交错，岗地高程变化在250～140米，一般地面高程115米，地势西高东低，呈阶梯状展布。流域上宽下窄形似倒葫芦状，库区左岸是岩石，为剥蚀二级台地，高出河床35米左右，为红色砂岩夹薄层页岩，质地松软，裂隙发育；右岸为缓和一级阶地，高出河床20米左右。入库径流丰富，主要接纳小南海水库泄水、小南海泉水、南海—彰武两库区间的来水及降雨等。

1958年5月动工兴建，1959年10月续建，1960年大坝合龙蓄水，1992—1994年进行除险加固。因地理位置重要，河南省按大型水库管理。主要建筑物有大坝、灌溉洞、溢洪道、电站等。大坝为均质土坝，最大坝高27.5米，坝长730米，坝顶宽5米，坝上筑防浪墙高1米（副坝位于主坝西，与主坝相连，高8米，长608米）；溢洪道设在大坝东侧，上建5孔钢丝网混凝土弧形闸门，孔宽12米，最大泄流量4 200立方米每秒；输水洞位于溢洪道西侧，进口高程为112.5米；电站位于主坝脚北侧，装机容量2×1 600千瓦。水库设计灌溉面积3.3万公顷，可养殖水面200公顷。

彰武水库

水库建成后，主要经历了3次较大洪水，通过与上游小南海水库联合运用，分别削减洪峰86.7%、54.5%、64%，使安阳市的防洪能力由5年一遇提高到20年一遇、京广铁路的安全标准由10年一遇提高到了30年一遇，保障了下游的安全。水库还是安阳市工农业生产的主要水源地，也是安阳市区生活用水的重要后备水源。电站装机2×800千瓦，年均发电332.3万千瓦时。

水库建成后，上游库区水位抬高，其抬高幅度以坝址处为最，1994年除险加固后约为16米左右，往上游抬高水位的程度逐渐减少，至回水末端与天然水位持平。彰武水库至小南海水库区间为低山丘陵区，先后经过安阳县善应镇、天喜镇和安阳市龙泉镇。库区及周围有众多国家重点文物保护单位和自然人文景观，如小南海文化、长春观等。

3.7.2.8.4　珍珠泉

（Zhenzhu Spring）

洹河支流珠泉河源头之一，古称珠溪，又叫柏门泉，由8组泉水汇集而成。因泉水上涌状似串串珍珠，故名珍珠泉。位于河南省安阳县水冶镇西1千米处，平均年涌水量4 457.8万立方米，泉域面积250平方千米。

泉域北界在安阳县铜冶镇、林州阴家寨、王家沟一带，西界为林州河顺、黄龙垴一带，南界在二龙山、九龙山、谢家庄一带，东界水冶镇。泉水汇集面共有拔剑泉、马蹄泉、心字泉、少白泉、卧龙泉、五四泉、五八泉、六零泉8支泉组成。泉口高程134.76米，水域面积1 300多平方米。

泉域西、北、南三界为山区，向东为丘陵平原过渡带。自西向东，岩层地质分别以奥陶系灰岩、白云质灰岩及二叠系的砂质岩分布为主，其中奥陶系灰岩、白云质灰岩裸露面积150平方千米，占泉域

珍珠泉

面积的60%。灰岩岩溶发育，断裂破碎，是珍珠泉的主要含水层。泉区东缘为高角度正断层，其地层为石炭二叠系砂质岩，含水层的灰岩和不透水层的砂质岩直接整体接触，形成阻水边界，使裂隙承压水自西南、西、西北方向流至两断层交汇处上涌，形成珍珠泉。

泉水补给主要靠大气降水，粉洪江等沟河侧渗也可补给部分泉水。涌水量随季节变化和渗透补给变化有所增，冬春季节水量较大，夏秋次之。平均年涌水量4 457.8万立方米，最大年涌水量6 285万立方米，最小年仅680万立方米。水质属$HCO_3-Ga-Mg$型，矿化度为0.25克每升，泉水温度17摄氏度。

泉水开发利用较早。早在后魏时，当地百姓就利用泉水进行鼓风冶铁。北魏登国元年（386年），仆射高隆之从阜城筑堰修渠引泉水东流灌溉农田260余公顷，即今广遂渠。清咸丰年间（1851—1861年），改泉水四周土岸为石岸，竣修群泉，水流畅通，灌田打磨均受其益。民国17年（1928年），爱国将领冯玉祥拨款5 000大洋，修建了泉池石栏，开拓砌筑了马蹄泉池，在泉群区修建了石拱小桥、冯公亭等建筑；水冶镇天池村徐昭杰邀集士绅集资修建民生渠，可灌天池、阜城、姬家屯、古庄、段村、北彰武等村农田860余公顷。民国22年（1933年），由水冶镇北关珠泉河北岸修广济渠引水灌田800公顷。新中国成立后，经对珍珠泉多次维修护砌、扩渠挖泉，并于1954、1958、1960年分别组织开挖了"五四泉""五八泉""六零泉"，增加了涌水量，形成了今日八泉盛景，使灌区最大引水量达2.55立方米每秒，正常年引水1.8立方米每秒，可灌水冶、蒋村两乡镇36个村农田，最大灌溉面积3 600公顷，保证灌溉面积2 867公顷，成为河南灌溉效益最好的灌区之一。

珍珠泉为铜冶镇重要的生活水源地，同时通过渠系供水灌溉农田。气候连续干旱和人类不合理的开矿、采石、打深井等行为，造成珍珠泉于1986、1989、1992、1997和2002年五度枯竭。

珍珠泉区地势西高东低，北岗南坡，沟壑辐射，气宇风雅，远眺西山似九龙相向而卧。这里，古柏参天，树阴蔽日，风景秀丽，早在宋元明清时就享有盛名。珍珠泉源上

珍珠泉柏门

涌，明若珠玑，或似鲤鱼翻花，或似喷珠吐玉。串串银珠滚滚涌出，错落吐艳，好像万簇礼花夜空奔放，五光十色，璀璨夺目。泉中建有水心亭，亭前古柏两株，相距1米，高1.7米以上合为一株，自成圭门，又称骑门柏，门楣各外出一干，俨然成为隶书体"W"字，游人可从圭门而过，堪称奇特有趣，与泉水相映，古人美其名"柏门珠沼"。每至春夏，古柏参天，塔山倒影，鸟语花香，绿树成荫，绕廊金辉荡漾，映照五光碧透，是一处休闲避暑游乐的佳地。近几年，当地政府在泉区建造了围墙，对泉池周围实施了绿化、美化，建有拱桥、石栏、亭台、楼阁、金碧泉廊，更有双龙戏水和雄狮吐雾。泉东建成珍珠泉公园，内有游泳池及高台跳水、滑水等游乐设施，这里已成为人们日常休闲旅游的好地方。

3.7.3 漳卫新河

(Zhangweixinhe River)

漳卫南运河右岸的一条入海通道,是在原四女寺减河基础上疏浚扩挖而形成的一条人工河道,以承泄上游卫运河洪水和沿岸排涝为主,兼有蓄水功能。始于山东省武城县四女寺枢纽,于无棣县大口河入渤海,地跨河北、山东10个县市区。

岔河减河汇合处

概 述

漳卫新河河长257千米。位于河北、山东两省交界处,保护面积约5 000平方千米,保护人口约240万。流经地区大部属于冲积平原,下游边庄以下为冲积海积平原。地势由南西向北东微倾,坡降一般为1/10 000左右。区内发育巨厚的第四系松散堆积物,属华北断陷带的东部,地震基本烈度Ⅵ区,地下水主要埋藏于砂壤土及黏性土裂隙中。

地处半湿润半干旱地区,属暖温带大陆性季风气候,四季分明,冬季寒冷干燥,夏季温暖多雨。多年平均气温12.3摄氏度,多年平均无霜期196天。多年平均年降水量593毫米,多集中在汛期(6—9月),汛期降水量约占全年的70%。据四女寺枢纽水文站1973—2002年资料统计,多年平均年径流量3.63亿立方米,最大年径流量为19.78亿立方米(1996年)。又据辛集闸1973—2003年资料统计,多年平均年入海量为2.23亿立方米,河口入海径流量有年内集中在汛期下泄、年际变化大的特点。水质均为劣Ⅴ类,主要超标污染物为氨氮、高锰酸盐指数、挥发酚,超标指数多为10~20。

河道所经地带主要种植小麦、玉米、棉花、大豆等粮食、经济作物。吴桥县、东光县、宁津县、乐陵县、无棣县为全国棉花生产百强县。区内有大量枣、梨等果品生产基地。2002年,两岸共有耕地43.18万公顷,粮食产量21.8亿千克,农林牧渔产值106亿元,工业总产值达148亿元。特别是滨海地区的经济发展已经成为该区经济发展的新热点,是河北、山东两省对外开放的重点地区之一。作为晋煤外运新通道的国家大型工程——黄骅港已初具规模,河口两岸广阔的滩涂已经开发成盐场和水产品养殖场,是化工原料和水产品的生产基地。

新河的前身是开挖于明永乐十年(1412年)的四女寺减河,其下段沿用了《尚书·禹贡》所载"禹播九河"中的鬲津河(老黄河)故道。四女寺减河挑挖成河后,明清两代曾多次整修,但主要集中在河头的滚水坝工程,河道整修只限于上游约5千米,其下游200千米不设堤防,任河水漫流,起不到减河作用。清光绪年间(1875—1908年),河道全部淤废。

新中国成立后,1951年重新疏浚河道,采取临时防洪措施,设计分泄流量55立方米每秒;1956年再次进行治理,挖河、筑堤206千米,设计洪水流量达400立方米每秒;1957—1958年又一次进行治理,修建四女寺枢纽,挖河、筑堤完成土方4 121万立方米,设计洪水流量达850立方米每秒,校核流量达1 230立方米每秒。1971—1976年,再次对四女寺减河进行大规模治理,自四女寺枢纽北进洪闸沿原钩盘河故道新开挖一条岔河,至河北吴桥县大王铺与四女寺减河汇合。治理后,将四女寺减河、岔河及汇流以下的河道统称为漳卫新河(1976年后,为与岔河区别,在工程设计、规划中常将由四女寺枢纽南闸至大王铺段称为老减河),设计排涝流量1 180~1 250立方米每秒,设计行洪流量3 500立方米每秒。1993—1995年,对新河老减河段进行清淤。1999年开始再次对新河进行大规模治理,至2007年已完成了辛集闸上10.6千米河道主槽清淤,岔河、老减河部分河道主槽扩挖、堤防加高及防渗处理,辛集闸等6座拦河蓄水闸维修加固改造及部分堤防险工治理,部分穿堤建筑物维修重建等工程项目。

新河主槽断面除老减河段20世纪70年代扩大治理时在原主槽基础上开挖子槽、为双复式断面外,其他河段均为单复式断面。河槽浅宽,河道微曲。河道上,建有七里庄、袁桥、吴桥、王营盘、罗寨、庆云6座蓄水闸和辛集挡潮蓄水闸,交通桥梁61座,穿堤小涵闸、涵管及扬水站420余座。左岸海丰至大口河、右岸孟家庄至大口河均未筑堤防。

纪 实

始于四女寺枢纽,上承卫运河,在河北吴桥大王铺以上分为两支。一支出自四女寺枢纽南进洪闸,向东13千米流经德州市黄河涯乡。《德州市志》记载,黄河涯曾是古黄河入海流经之地,至今仍沿用古村庄名。之后,逐渐转向东北。经行26千米入德州市德城区袁桥乡,建有袁桥拦河蓄水闸,闸体为5孔开敞式,以蓄水、控制水

袁桥拦河蓄水闸

流量、排涝为主,1974年建成,设计泄洪流量1 500立方米每秒。出袁桥拦河蓄水闸入河北吴桥县,经行50千米至大王铺。另一支出自四女寺枢纽北进洪闸,向东于河道10千米处的陈公堤口入德州市城区。此段河道于1971年10月在原钩盘河故道的基础上开挖而成。历史上,德州是通往北京的水路要冲,素有"九达天衢""神经门户"之誉。明永乐年间(1403—

吴桥拦河蓄水闸

1424年），德州"车舟所会，名士所经，食货集散"，成为全国33个著名的工商城市之一。京沪、德石、济邯3条铁路在这里交汇，5条国道、14条省道在境内纵横交错。京福高速公路贯穿南北，济聊、青银高速公路穿境而过。岔河进入城区之后转向东北，在距德州市城区3.5千米处建有七里庄拦河蓄水闸，闸体为14孔开敞式，设计泄洪流量2 000立方米每秒，主要功能是控泄洪水、排涝，兼顾蓄水灌溉。岔河出七里庄拦河蓄水闸22.6千米以下入河北吴桥县。吴桥是我国著名的杂技之乡，杂技历史源远流长，杂技民俗丰富多彩。在河道37.1千米处建有吴桥拦河蓄水闸，闸体为8孔开敞式，设计泄洪流量2 000立方米每秒。

王营盘拦河蓄水闸

两支于大王铺村汇流后继续流向东北，入河北东光县，河道顺直，坡降平缓。东光铁佛寺原名普照寺，始建于北宋开宝五年（972年），其中大雄宝殿内释迦牟尼佛高8.24米、重48吨，是我国最大的座式铸铁佛像。河道62.2千米处建有王营盘拦河蓄水闸，1973年建成，闸体为12孔开敞式，设计泄洪流量3 500立方米每秒。

罗寨拦河蓄水闸

出王营盘拦河蓄水闸入山东省乐陵市。乐陵市是著名的金丝小枣之乡，"乐陵小枣"的栽培历史可以追溯至商周时期，距今已有3 000多年的历史。乐陵还是民族英雄宋哲元的家乡。河道95千米处建有罗寨拦河蓄水闸，1980年建成，闸体为9孔开敞式，设计泄洪流量3 500立方米每秒。

自罗寨拦河蓄水闸继续流向东北，自寨子镇肖桥村西入河北南皮县。此处由西南向东北倾斜，河流流速平稳。在河堤98.9千米处的大商村西南流入河北盐山县。盐山县地处河北冲积平原与滨海平原过渡带，中西部属冲积平原，东部、东北部属滨海平原，自西南向东北缓慢下降。《盐山县水利志》载有：县域近海，地势洼下，传系禹疏"九河"下梢。史载，无棣、鬲津、屯氏等许多河流穿境入海。

在河堤134.9千米处的卞家进入山东庆云县。庆云县地近

庆云拦河蓄水闸

渤海，古为"九河入海"之区。自古以来，河渠较多。地势起伏较大，排洪舒畅，水流湍急。庆云县境内河道上建有庆云拦河闸，1972年建成，以蓄水灌溉为主，闸体为13孔开敞式，设计行洪流量3 500立方米每秒。

出庆云后张村以东，经严务、崔口、齐周务等村于155千米处入山东省无棣县。左堤165.12千米处建有新河上最后一座拦河闸——辛集挡潮闸。该闸闸体为12孔开敞式，设计行洪流量3 500立方米每秒。右堤于167.4千米以下入无棣县。无棣县地处历史所称"九河"末梢，史籍中有"其地丰饶，可以安人"之说。无棣县境内碣石山（又名无棣山、盐山、马谷山、大山）系73万年前火山爆发喷出而形成的锥形复合火山堆，是国内罕见的第四纪火山中最年轻的山体，也是华北平原地区唯一露头的火山。碣石山距新河右堤南北直线距离10千米，海拔63.4米，方圆0.39平方千米，属于历史上的九河之域，是大禹疏通九河的入海处，《清史稿·地理志》有："鬲津河经马谷山入海"的记载。无棣县北部、渤海西南岸分布着两列古贝壳堤，贝壳质含量几乎达到100%，是目前世界上发现的三大古贝壳堤中纯度最高、规模最大、保存最完整且唯一新老堤并存的贝壳堤岛。

在左堤147.2千米以下入河北海兴县。右堤198千米、左堤189.5千米处以下未设堤防，河道宽漫。当河道水流量较大时，水流将漫流至大

辛集挡潮蓄水闸

河口入渤海；当水量较小时，水流将沿着若干窄深的水沟流至大河口入渤海。

3.7.4 捷地减河
(Jiedijianhe River)

漳卫南运河右岸的人工分洪河道，因起于河北省沧县捷地镇而得名，至黄骅市高尘头挡潮闸入渤海。

概　述

捷地减河河长85千米。地处暖温带大陆性季风气候区，多年平均气温12.2摄氏度，多年平均年降水量573毫米。

最初开挖于明弘治三年（1490年），开挖后不久便发生堵塞。清雍正三年（1725年），南运河溢决13处，怡贤亲王允祥奉命查修水利，并"亲临相度，于沧州之砖河建石坝一座，

开挖引河长一百二十里……分泄水势，注之海港"（《畿辅河道水利丛书》），即续修捷地减河。之后，又于清乾隆十七年（1752年）至清光绪十七年（1891年）先后11次对减河整修疏浚。清道光二十四年（1844年），进行裁弯取直，河道略改如今。

1963、1965、1967和1972年，对捷地减河进行4次大规模加固堤防和疏浚扩挖，将堤顶加高至1963年洪水位超高1.0米，又按180立方米每秒在分洪口下游南运河上修建了北陈屯节制闸，以抬高水位，利于减河分洪。

目前，减河上建有6座拦河蓄水闸，正常蓄水量1300万立方米，最大蓄水量1988万立方米；两岸有小型闸涵及穿堤工程114座，排灌站71座；下游有南大港、黄灶

捷地减河分洪闸

水库2座，蓄水量1.266亿立方米。这些工程提高了减河行洪能力，同时每年可灌溉沿河田地。20世纪70年代中后期，南运河出现断流，河道来水量不大，减河输沙基本上沉积于河床和灌溉渠中，灌溉效益受到影响。20世纪90年代后，随着引黄济冀及引黄济津的实施，减河又注入了新的活力，恢复了往日的生机。

捷地减河

纪　　实

捷地减河西起于河北省沧县捷地镇南运河右岸捷地分洪闸。该闸始建于清雍正四年（1726年），五孔，净宽八丈，墩宽五尺。清乾隆三十六年（1771年），改闸为坝。清宣统三年（1911年），将滚水坝改成溢流堰。1933年，又改成8孔开敞式泄洪闸，至今。1958年，为充分利用洪水发电，在分洪闸南侧修建1座电站涵洞。2005年，拆除电站涵洞，重建分洪闸，由6孔改为3孔，设计流量150立方米每秒。

捷地分洪闸北侧，立有乾隆碑1座，是清乾隆三十六年（1771年）乾隆皇帝由御河（今南运河）乘船南下在此观看水闸后决意改闸为坝、为志此事而修立的。石碑阳面，刻有乾隆亲笔题词，基石底面刻有"皇恩浩荡"4个大字。2004年，捷地闸管理所以乾隆碑为背景，建成了捷地"御碑苑"风景点，内有"历史长廊"，刻有浮雕，图文并茂，记载了枢纽简介、运河历史、诗文传说等。

向东南流，经张家场，折东北，至施家堤，继续东北行，过大白头蓄水闸，至保庄子闸北出沧县。沧县是著名的"中国金丝小枣之乡"，小枣色泽鲜红、皮薄、肉厚、核小、味道甘美清香，具有较高的营养价值。因干枣剥开时有金黄丝相连，入口甜如蜜，外形如珠似玑，故称金丝小枣。

捷地减河于夏庄子南入黄骅市。黄骅物产丰富，尤以冬枣闻名，是中国冬枣的发源地。冬枣果实富含多种营养成分，维生素C含量极高，被称为"维生素丸"，是保健上品。著名的聚馆原始冬枣林，位于齐家务乡聚馆村，距今

聚馆原始冬枣林

已有600余年历史，现存600年以上古冬枣树198株、200年以上古冬枣树1000多棵，已被列为国家级重点保护文物。

一路向东北，至新立村蓄水闸。新立村蓄水闸共10孔，设计流量180立方米每秒。其南侧不远有南大港湿地。南大港湿地为滨海湿地类型，是河北省自然保护区。

继续东北行，经歧口，至高尘头挡潮闸。高尘头挡潮闸有二：老闸9孔，设计流量100立方米每秒；新闸位于老闸南侧，3孔，设计流量105立方米每秒。闸南4千米处，有世界三大古贝壳堤之一的黄骅古贝壳堤，是目前世界上保

黄骅古贝壳堤

存最为完整的古贝壳堤，发育规模、时间跨度和所包含的地质古环境信息为世界所罕见，在国际第四纪地质研究中占有十分重要的位置。

过高尘头挡潮闸，入渤海。

3.7.5　马厂减河
（Machangjianhe River）

漳卫南运河右岸的人工分洪河道，原名新官屯减河。始于天津市静海县九宣闸，横贯天津市南部，在滨海新区塘沽新城西关闸入海河干流。

概　　述

马厂减河河长75千米。流域位于天津市南部，地处南运河下游，南有青静黄排水渠，北有**独流减河**和**海河**干流，西有南运河、**子牙河**。流经之地属于海积冲积平原区，地势西南高东北低，地面高程低于5米（大沽高程，下同）。

清光绪元年至六年（1875—1880年），淮军总兵周盛传率马步兵在津南区小站镇一带屯田，分段挑浚开挖了自新官屯至入海河干流口（以下简称入海口）的马厂减河，引用"石水斗泥"的南运河水浇

洋闸

地，以期达到灌田改土治碱的目的。1881年，在减河河口建成石质5孔双料大闸桥，取名九宣闸，经过多次改造，现为钢筋混凝土结构和电动启闭装置的钢板直升闸门，设计流量120立方米每秒；并在烧窑盆、大十八户、弯头和潮宗桥等村分别建有济运闸、开诚桥、惠丰桥和潮宗桥。1896年，盛军将西小站的富民闸拆移至小站东1千米处（今东闸村），扩建成5孔闸。1920—1921年，在减河右堤马圈村附近修建"洋闸"（今马圈闸），并在闸下开挖了西北—东南走向的15千米新减河（今马圈引河），通北大港。

九宣闸

1953年春，独流减河工程告竣，马厂减河被独流减河分割成上下两段，北台至万家码头段的堤防被铲除，只留深漕。上游段自九宣闸至

马厂减河

独流减河右堤南台尾闸，长40.34千米；下游段自独流减河左堤万家码头至新城西关闸入海河口，长33.75千米。1970年，在万家码头新建万家码头首闸，设计流量35立方米每秒。1983年，在南台北台村之间的独流减河南堤建成以引蓄为主、适量调洪、小流量反向引水灌溉的减河尾闸，设计流量50立方米每秒。2006年12月至2007年年底，对减河津南区段进行清淤护砌，清淤长度27.45千米，护砌长度8 300米，恢复了河道功能，提高了泄洪能力。

入海口曾有西沽、新城、刘庄子3处，西沽入海口建有东安闸，新城入海口建有稽康闸，刘庄子入海口建有南开闸。1971年，在新城西关建节制闸，名西关闸，设计流量32立方米每秒，现通过西关闸入海河干流。

减河开挖，一是"分泄南运河盛涨洪水入海，免至全注天津三岔河口，壅遏为患"；二是"涤积卤"，为开荒种稻奠定基础；三是加强了海防局势。减河的兴建，对减杀南运河洪水作用明显，但南运河"石水斗泥"成为减河淤积主要原因。为发挥减河防洪效益，开挖马圈引河，对减少灾害作用明显。1956年汛期，减河最大泄量为100立方米每秒；1963年8月，九宣闸过闸流量达193立方米每秒，超设计标准运行25天，缩减了洪水对南运河下游的压力。

减河还是调水济津的主要输水河道。20世纪50年代，为维持小站稻出口，由河南人民胜利渠和共产主义渠引黄河水经卫运河、南运河、减河向天津小站和团泊洼地区送水种稻。60年代，由王快、西大洋、横山岭、岗南、黄壁庄、岳城诸水库给天津供水中，曾经南运河和减河河道输水。1972—2005年，天津9次引黄济津，南线输水线路就是经减河入北大港水库，或经减河过南台尾闸而后入海河干流。

纪　实

马厂减河始于天津静海县九宣闸，李鸿章书《南运减河靳官屯闸记》刻石碑立于九宣闸北。

出九宣闸，东偏南流，右岸有河北省青县马厂镇，减河由此得名。再东北流至马圈闸，此段河道历史上常发生洪水泛滥，1963年8月海河大水，在此炸开口门33道，最大泄量达3 048立方米每秒。马圈闸南是马圈引河，下通北大港水库。继续东北流，过赵连庄节制闸、西闸、潮宗桥至南台减河尾闸，经1 000米宽独流减河进入下游段。

穿津港运河和李港铁路到万家码头，在此与洪泥河相交。洪泥河开挖于清光绪年间（1875—1908年），北接海河干流，南通独流减河，全长25.8千米，是引灌排沥调水的主要河道，又是联系北大港水库、马厂减河及海河干流的主要航道。

东北流，至北中塘。民国初年张敬尧在此一带收买荒地，挖河灌排。1958年，利用部分老河进行拓宽改造，建成北接海河干流、南接减河全长19.9千米的幸福河。

继续东北流，到会馆村，有新农寺。寺由泉神庙改成，内有盛军屯田会馆。每年农历三月二十八前后和七月二十八前后，做庙会7天，为屯区的贸易、娱乐场所。清光绪十一年（1885年），新农寺兼作周公祠，以祭祀淮军将领周盛传。

再向东北流，至小站镇。清光绪元年（1875年），淮军将领周盛传奉命率领部队在此练兵。之后至1920年，胡燏棻、袁世凯、张之洞、段祺瑞又在这里练兵。小站练兵，揭开了清军编练近代化的序幕，在中国近代军制史上是一个重大的转折。小站，因此成为当时中国先进的军事基地。

小站练兵

葛沽泵站

周盛传小站练兵时，采取"寓兵于农"的策略，挑河挖渠，建闸修桥，沟通了南运河与海河干流，以运河水刷咸涤碱，使百里荒芜斥卤之地尽成肥沃良田，建成阡陌纵横、河网交织、咸淡分流的小站垦区。据统计，军民开垦稻田达1.33万公顷。后人在此基础上发扬光大，培育出驰名中外的小站稻。小站稻米粒椭圆形，晶莹透亮，垩白极少，洁白有光泽，蒸煮时有香味，饭

粒完整、软而不糊（黏）,食味好,冷后不硬,清香适口。

出小站 1 千米,至东闸村。东闸村以位于小站东的石闸而得名。清光绪二十二年（1896 年）,盛军将减河西小站的富民闸移至此处,当地俗称东大闸。至今,东闸仍基本保持石闸原貌。

出东闸东北流,过西花园、东花园到东大站,在左岸与双桥河相交。引滦入港管线由此穿减河为大港区供水。双桥河由盛军于清光绪四年（1878 年）开挖,新中国成立后在连海河干流处建双桥河北闸,在通减河处建双桥河南闸,实现双桥河连通海河干流和马厂减河。

东北流穿过铁路,转东流过森林公园调节闸、石闸村到稻地村西南折向北流,与大沽排污河相交。再北流至新城西关闸,入海河干流。

3.7.6　津河
（Jinhe River）

天津市中心城区的景观河道。2000 年,为改善中心城区水环境,天津市将西墙子河、红旗河、复康河、废墙子河 4 条人工河进行改造,连通后命名为津河。始于南运河右堤三元村涵闸,河道大致成 L 形,在光华桥处入海河干流,河长 15.8 千米。

西墙子河建于清咸丰十年（1860 年）正月二十六日,为加强防务,由驻防天津的统兵大臣僧格林沁亲王主持,在天津城外挖濠筑墙,在墙外形成护城河,俗称"墙子河"。上段从南运河右岸三元村涵闸向南沿青年路至长江道,河长 4.7 千米,宽 8 米;向下至王顶堤立交桥的河段,原为红旗河,1959 年开挖建成,河长 3.5 千米,宽 25 米;再下行至八里台立交桥的河段,原为复康河,河长 2.15 千米,宽 5～20 米;津河末段（原废墙子河段）自八里台立交桥至海河光华桥,河长 4.8 千米,宽 12 米。废墙子河前身是贺家口引河,是为屯田种稻于明天启三年（1623 年）开挖的。津河下口通过长 700 米暗涵穿解放南路和湘江道流入海河干流。

天津义和团纪念馆

"铁牛 40"轮式拖拉机

1948 年以前,天津市排水方式大多是雨污合流,就近排入市区内河道,大量污水排入河道使水质变坏,危害人民身体健康。1949—1958 年,修建了废墙子河、卫津河截污排水管道系统,污水经纪庄子排水系统排入大沽排污河,实现雨污分流。1970 年,配合修建地铁工程,填平墙子河南开五马路至梁家园段,修建大型方涵干管取代原河身,大雨时排水入海河干流,污水仍排入大沽排污河。1977 年,配合光华桥建设,填平废墙子河解放南路至海河干流段,在原河床内修建排水方涵,建成湘江道。1984 年 3 月,在改造卫津河的同时,疏浚了废墙子河。1990 年 2 月,进行了复康河清淤。经过治理,上述河道状况有所好转。但是,由于 1997 年后连年干旱,西墙子河、红旗河、复康河、废墙子河臭气熏天,夏季蚊蝇孳生,恶劣环境再度显现。

2000 年,天津市对市区河道实施重点改造,其中津河治理项目包括三岔河口建泵站、三元村连通涵建设和津河河道治理三部分。三岔河口明珠泵站设计流量为 5 立方米每秒,其作用是扬海河水到南运河,以保证津河有足够水源;泵房外形呈球状,为轻钢网架结构,外敷蓝色玻璃帷幕。三元村连通涵采用直径 2 米的钢管,涵长 245.9 米,配 5 吨电、手两用螺杆启闭机控制。河道实施清淤、碎石垫层、浆砌石护坡。津河尾闾建有光华桥泵站,将津河尾水排入海河干流。津河改造后,碧波荡漾的河水宛如玉带环绕津城,形成集储水、排沥、休闲观景、改善生态环境等于一体风格独特的景观河道。

两岸有大量的名人古迹和文化遗存。紧临明珠泵站的右前方耸立着"引滦入津工程纪念碑",碑文为邓小平手书,碑顶端为汉白玉雕成的妇女抱婴塑像。自三元村行至芥园道,有天津义和团纪念馆,是天津义和团运动的重要遗址,1982 年被列为全国重点文物保护单位。下行到西营门,是天津战役西线前沿阵地,1949 年 1 月 14 日人民解放军第 38 军

津河

朱启钤故居

津河夜景

攻破西营门，会师金汤桥。

与红旗路平行南流，西岸有著名的天津拖拉机制造厂，1958年中国自己制造的第一台轮式拖拉机"铁牛40"在此诞生。在王顶堤立交桥折向东流，拐弯后在左岸建有亲水平台和假山飞瀑。东流与复康路平行，北岸有南开大学和天津大学。再东流至八里台立交桥与卫津河平交，过吴家窑大街平行东流至马场道。马场道是天津有"万国建筑展览馆"之称的五大道之一，北洋政府代总理朱启钤故居就在南岸马场道164号。清康熙年间（1662—1722年），诗人童葵园在津河南马场道一带隐居，因"童"与"佟"谐音，后这一带便称佟楼。又东流过广东路转向东北流，在隆昌路转东南流至大沽路、解放南路。解放南路347号是天津市第二棉纺厂，前身是1918年北洋军阀倪嗣冲投资建立的裕元纱厂，当时是天津规模最大的民族企业。

穿过湘江道暗涵，经光华桥泵站提升入海河干流。

3.7.6.1 水上湖
(Shuishang Lake)

位于天津市南开区，是由天然湿地经人工整治而形成的湖泊，是城市休闲娱乐设施水上公园的核心景点。

水上湖示意图

原址是烧窑取土遗留下来的大水塘，苇草丛生，地荒人稀，一片沼泽，称青龙潭。新中国成立后，天津市决定进行整修，以此为基础建设水上公园。1950年8月开工，1951年7月竣工，并对外开放。湖水面积89.3公顷，由东湖、西湖、南湖三部分组成，3湖相互贯通，水深2～3米，系淡水湖，水质达到Ⅳ类。

原以雨洪水和地下渗水为水源。1982年凌庄水厂扩建时，在水上湖西侧兴建了一座泵站，通过津河抽引南运河水为水厂水源，南运河水成为水上湖的主要补给源头，还是天津市人民生活用水应急水源地。水上公园建成后，又进行多次改建。1966年，将东湖水中深坑整平，形成浅平湖底，湖底高程1米（大沽高程，下同），水深1.3米。同时，修建排污管道，解决了污水出路。

水上湖水面广阔，芦苇茂盛，自然天成，野趣横生，成为天津唯一的以水景为特色的自然景观。园内的3湖、9桥、9岛由甬路相互连接，把公园的各区域连成一体。水上公园湖水为公园绿地和园林灌溉可靠水源，园内花草和沿湖垂柳、水中莲藕、岛上林荫道边白蜡、国槐、合欢、法桐得以茁壮成长，形成天津市内难得的一块绿洲。盛夏时，公园气温比市中心区低3～4摄氏度，空气相对湿度可达70%，负氧离子比闹市区多1～2倍。湖中眺远亭坐落在翠亭洲上，北见周邓纪念馆，东望415.2米高的天津广播电视塔，南瞰全国七大动物园之一的天津动物园和天津奥林匹克中心。目前，水上公园已成为天津市知名旅游胜地，吸引着国内外大量游客，年游人量约500余万人次，节假日人流高峰期日游人量达15万人次。

水上湖

1990年1月5日，天津市地名委员会命名水上公园为"津门十景"之一，谓之"龙潭浮翠"。红学家周汝昌1988年春游水上公园时，盛赞："六云双翠九瀛洲，落落亭台树影浮。千顷湖烟笼弱柳，何须艳说瘦扬州。"园中烟沽渔唱亭楹联："晴里飞云半湖雨涤去三百五日辛苦，忙中生暇一钩丝牵来七十二沽烟霞，"形象地描绘了水上公园的社会功能。

八、黑龙港运东地区诸河

Rivers of Heilonggangyundong Area

3.8 黑龙港运东地区诸河
(Rivers of Heilonggangyundong Area)

黑龙港运东地区西部与*滏阳河*为临，南接漳卫河流域，北部以子牙新河右堤为界，东临渤海，总面积 22 211.8 平方千米。全区行政区划包括河北省邯郸、邢台、衡水、沧州 4 个市的大部、山东省德州市一部分及天津滨海新区大港的几个村庄。其中，河北省 22 035.1 平方千米，占全区总面积的 99.2%。流域内，南运河自山东省德州市至河北省青县南北纵贯，将全区分为运西、运东两部分，其中运西地区 15 058 平方千米、运东地区 7 153.8 平方千米。

黑龙港地区地势上陡下缓，地貌较复杂，古河床、沙丘、岗坡呈条形分布，中间形成许多封闭洼地，地面高程为 3.5～3.6 米。运东地区东临渤海湾，地势低洼平缓，地貌除孟村、盐山县黄河故道带较复杂外，其余平整，一般海拔高程变化在 2～5 米。

本地区地处半湿润半干旱地区，属温带大陆性季风气候，四季分明，多年平均气温 13 摄氏度左右，多年平均年降水量为 450～600 毫米，降水量年际、年内变化悬殊，年内降水多集中在 6—9 月、约占全年降水量的 70% 左右。

历史上，本地区洪、涝、旱、碱、淤五害并存，尤以洪涝灾害最重。治理之前，该区域排涝标准偏低，有的地区不到 3 年一遇，沥涝造成的灾害频繁发生。黑龙港地区内河北省有耕地 200.6 万公顷，约占全省平原耕地面积的 1/3。1965 年以前，主要受*子牙河*、南运河决口的影响，最严重的洪灾有 4 次，即 1953、1954、1956、1963 年。之后，先后开挖了*滏阳

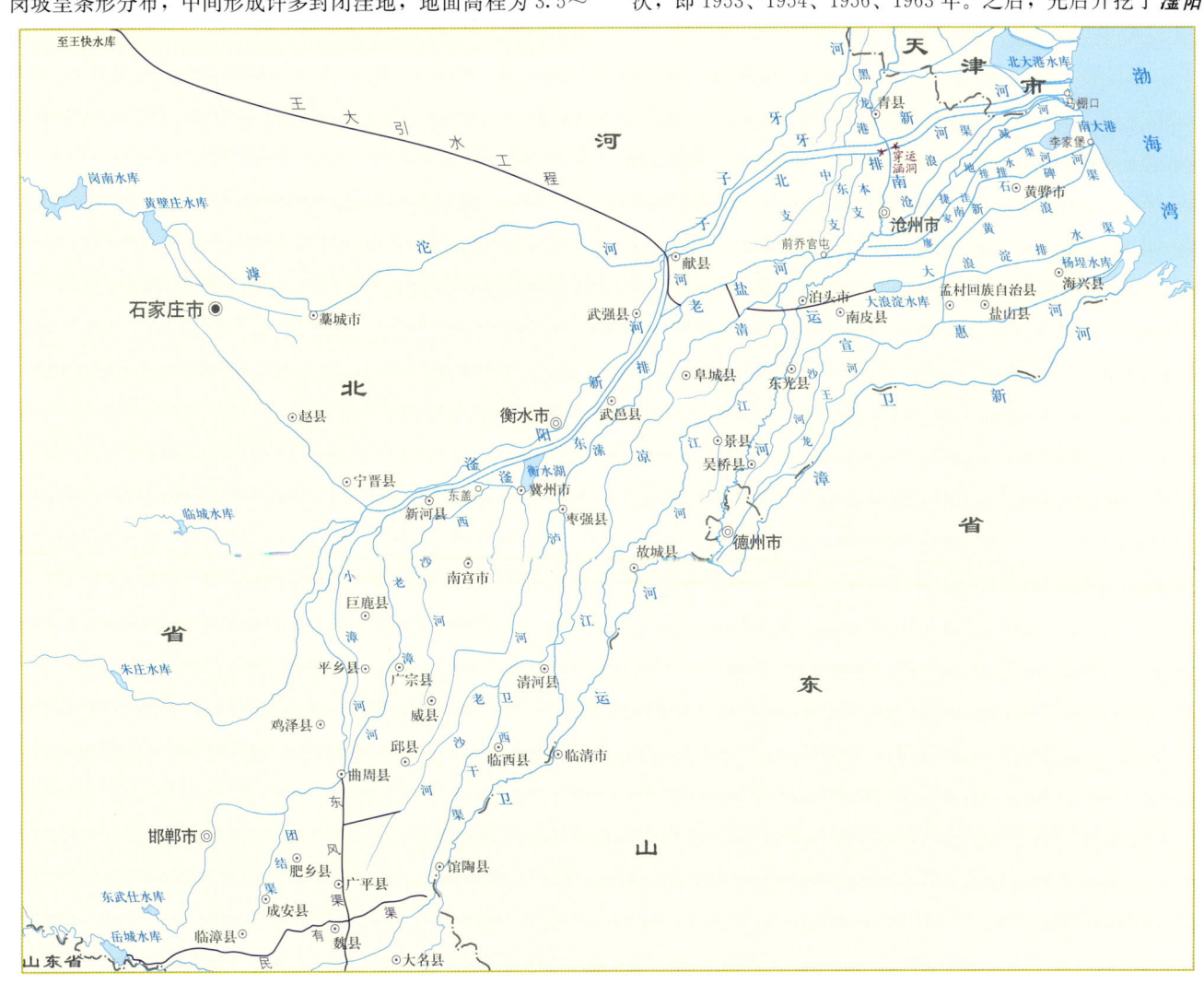

黑龙港运东地区水系示意图

新河、*子牙新河*、*漳卫新河*等防洪河道，基本消除了中低标准外来洪水对本地区的威胁，同时也减轻了沥涝灾害，多年平均涝灾面积由治理前的15万公顷减少到治理后的6.7万公顷。

本地区为重要粮棉产区，主要农作物有小麦、玉米、谷类、棉花、大豆、花生等。工业方面主要有电力、化工、钢铁、纺织等行业；交通方面有京广、京九、津浦、朔黄等重要铁路，京深、京福、京开、京沪等高速公路，107、106、105、104、205、307等国道。

黑龙港河是*漳河*、*滹沱河*故道，清朝以前是该地区最大的排水河道，有东支、中支、西支、本支之分。自清乾隆五年（1740年）开始，黑龙港河的最大支流*黑龙港河本支*才逐年修建堤防。1967年开挖子牙新河后，将黑龙港河截成上下两段，上段汇入*北排河*，下段仍入子牙河。流域内，河道交叉纵横，因洪水凶猛，河流改道频发。经过多年治理，该流域建成了较为完整的排水体系，较大的排水河道有*滏东排河*、*南排河*、*北排河*及运东地区独流入海的*沧浪渠*、*廖家洼排水渠*、*新石碑河*、*大浪淀排水渠*、*宣惠河*。区域内，还有一条引黄入冀、引黄济津的专用输水工程，由现有的排水沟渠、河道整修连接而成，自临西县刘口涵洞至沧县东关闸，流经河北省14县（市），1994年正式投入使用。

由于地势低洼，本区内形成不少大小不等的常年有水洼地，如*衡水湖*（又名千顷洼）、*杨埕水库*和*大浪淀水库*，都是在原有洼地基础上修建的蓄滞水工程。

3.8.1　北排河
（Beipai River）

黑龙港运东地区人工开挖的主要排沥河道，起自河北省沧州泊头市冯庄节制闸，上承*滏东排河*，至天津市滨海新区大港马棚口入渤海。

概　　述

河长161.5千米，汇流面积1 328平方千米。排水区域在*滏阳新河*以东，*子牙新河*以南，*南排河*以北。

流域历史上受*黄河*、*海河*泛滥影响，地形高低交错，总趋势西南高、东北低，地面坡降1∶10 000。有数片彼此分割的低洼地带，较大的有梅庄洼、欢留洼、崇仙洼、于二庄洼等。

流域内多年平均年降水量600毫米，6—9月降水量占全年的80%，易春旱秋涝，涝后又旱。年际间降水量不平衡，丰枯之比达8。

流域涝渍为主要灾害。1950—1966年，年均涝渍灾害面积达3.3万公顷，占耕地的40%，平均每年绝产面积2.9万公顷。遇大涝年份，地下水位下降缓慢，冬小麦播种亦受很大影响。按5年一遇标准开挖后，因标准较低，涝渍灾害仍较频繁，年均涝渍面积1.4万公顷，1974、1977年仍有一半以上耕地成灾。

河道是1966年冬至1967年春，结合填筑子牙新河右堤取土开挖而成的。初挖成时，由于标准偏低，1977—1980年进行了扩大治理。扩大治理后，加上渠系配套和机井提水灌溉，在除涝、防渍、治碱及蓄水灌溉等方面发挥了显著的效益：一般年份地下水埋深均在3～4米，基本上解除了渍害威胁。河上5座蓄水闸蓄水能力达3 399万立方米，可灌溉面积9 200公顷。

纪　　实

北排河起自河北省沧州泊头市境内滏东排河上的冯庄节制闸，沿滏阳新河右堤北流，经杨庄、张铁房，流程5.3千米，出泊头市。

在隋庄南入献县，仍沿滏阳新河右堤北流，经南河头、砖瓦窑，流程14.3千米，到达*滹沱河*、*滏阳河*、滏阳新河汇流处的献县枢纽。在献县枢纽折向东，经大陈庄、尹店到野马，折东北经垒头西、张祥，至西苑各庄入河间市。献县有3处泄水汇入口。黑龙港河西支起源于献县城关，长62.7千米，排水面积391平方千米，原由河间市华家务村西汇入北排河，目前献县境内已于野马、垒头、张祥3处开挖西支通往北排河的连接渠，将西支涝水分段就近导入北排河。

在河间市东北流，经前西里埋、方雅表、双塔、梁郭庄、东留庄、南新河、冯寺至沙河，转东流至华家务，有河间段黑龙港河西支汇入，再向前3.6千米出河间市。

单桥

在野兀屯西入青县，东流经苏太州到后吴召村，有黑龙港河中支从右岸汇入。黑龙港河中支又名朱家河，起于献县淮镇，经沧县、青县，长44.5千米，排水面积211平方千米。经木门店到后景村，有黑龙港河东支从右岸汇入。东支又名陈圩河，有新陈圩河、老陈圩河和策白渠三源，均起于沧县，于青县孝子墓汇合后称黑龙港河东支，长36.8千米，排水面积132平方千米。再经前景、杨辛庄到四窝头村，有*黑龙港河本支*汇入。

继续向东流，至北排河穿运涵洞。北排河穿运涵洞是北排河与南运河立交排沥工程，属子牙新河穿运枢纽的一部分，为井柱钢筋混凝土涵洞，10孔，每孔高5米、宽4.2米，上有南运河过水渡槽。过穿运涵洞，东北流经冯官屯、小许庄、大王庄、罗庄子、集贤屯、老河头、鹁鸽留，至康庄子，流程20.3千米，出青县。

于大麻沽西入黄骅市，东流经王化庄、齐家务至闫辛庄，流程12.6千米。

于翟庄子西入天津市滨海新区大港，东流再经窦庄子，流程30.3千米至北排河入海枢纽挡潮闸入海。

3.8.1.1　黑龙港河本支
（Heilongganghebenzhi River）

*北排河*支流，简称港河本支，原为*漳河*、*滹沱河*故道。上起河北省泊头市乔官屯闸，下至青县四窝头村入北排河，流经泊头市、沧县、青县。

1967年开挖*子牙新河*后，黑龙港河本支被截成上下两段，上段汇入北排河，下段仍入*子牙河*。今港河本支即为黑龙港河上段，长35.5千米，设计流量310立方米每秒，流域面积210平方千米。流域内年降水量550～600毫米，年内分配不均。

自清乾隆五年（1740年）开始，才逐年修建堤防。抗日战争时期，冀中行署曾组织治理上游堤防，但下游青县、静海河段未疏浚，仍不能解决青县、大城县一带沥水排泄问题，每到雨季河水四溢，两岸受害。

1954年对港河本支进行了首次疏浚，1976—1977年进行了第二次治理。经过治理，港河本支与**南排河**联合运用，共同排泄黑龙港地区沥水。港河本支及南排河设计排水流量共910立方米每秒，其中南排河600立方米每秒、港河本支310立方米每秒。港河本支建有节制闸1座、排水闸2座、支渠口建筑物22座、扬水站26座，已成为排水、蓄水、引水相结合的综合利用河道。

起点乔官屯闸所在的泊头市是一座较古老的城镇，原属交河县，1983年建县级市，有"铸造之乡"之称。

东北流穿越贺庄子乡，流程3.2千米，至桃园入沧县。清乾隆年间（1736—1795年）《四库全书》总编纂纪晓岚的墓地在崔尔庄镇北，墓前石碑刻有"皇清太子少保协办大学士礼部尚书纪文达公神道碑"。墓地在"文革"期间遭到严重破坏，现仅存残碑10余块，最近又出土了由纪晓岚撰文，刘墉、董浩、翁方纲等书写的墓志铭3块，据考证埋于地下的墓志铭还有若干。

北流，经泗河高、李三桥、山呼庄、南小营、新开路、田家庄、大渡口，至陈辛庄村北，有滹沱河故道从左岸汇入。继续向北300米，至杜林节制闸。杜林节制闸共5孔，设计过水能力310立方米每秒，设计蓄水量600万立方米。距杜林闸900米，有坐落在杜林村中心滹沱河故道上的登瀛桥，又名杜林石桥，建造于明万历二十二年（1594年），距今已有400多年的历史。石桥桥体分为三大拱、两小拱，拱顶有探出的石雕龙头、狮子头和神水兽头，桥身造型美观，别具一格，为河北省文物保护单位。

杜林节制闸至青县四窝头村，为港河本支下段。过杜林节制闸，经苗码头、高家场、赵官营，至郭家沟村北出沧县，于陶官营入青县。

登瀛桥

北流，经陈码头、吴码头、史庄子、小牛辛、小流津，至四窝头村入北排河。

3.8.2 南排河
(Nanpai River)

黑龙港地区主要排沥河道，因位于河北省沧州市以南，故名。上有**老盐河**和**清凉江**，两河于河北省泊头市文庙北汇流至乔官屯始称南排河，至黄骅市李家堡入渤海。

概 述

河长99千米，汇流面积13 707平方千米，是为排泄黑龙港地区沥水而于1960年开挖的排沥河道。排水区域在**滏阳新河**以东，南运河以西，**滹沱河**故道以南。

流域地势西南高、东北低，中上游地区历史上受**黄河**、**漳河**、滹沱河等决口、改道冲淤影响，古河床和沙丘呈带状分布，形成较多的封闭洼地，下游平缓，地势低洼。

流域处于太行山冲积平原区，属半湿润半干旱地区、温带大陆性季风气候，多年平均气温12～14摄氏度。多年平均年降水量450～550毫米，约90%的降水集中在夏秋季。

黑龙港流域上游支流繁多，河道狭窄，汛期宣泄不畅，历史上是洪涝灾害多发区。

南排河

1960年开挖南排河时，设计排水泄量为110～130立方米每秒。1964年冬，进行了续建。1965年6月，又进行扩大治理，入海尾闾的设计流量提高到552立方米每秒，校核流量达950立方米每秒，在设计水位情况下每天能排泄0.5亿立方米的水量，加上兴建田间配套工程，遇5年一遇3日暴雨130毫米、7日暴雨180毫米可免除涝灾。但运东段黄骅市刘家堡至海口设计水位高于两侧滩地，汛期在上游沥水较大情况下，当地无法排涝。1966年扩建后，1969年遭遇第一次超过设计流量552立方米每秒的较大沥涝，水情相当于10年一遇的标准，实测流量631立方米每秒。1977年是南排河扩建以后第二次大沥涝，实测流量858立方米每秒，接近20年一遇。

沿岸建有中小型闸涵51座、中小型扬水站46座，总装机容量3 599千瓦。

排蓄水系统在排涝、治碱、蓄水灌溉等方面发挥了显著的效益。排沥方面：1962—1979年，累计排水69亿立方米，其中邯郸、邢台、衡水3地区排水37亿立方米，大大减少了上游农田受灾面积。治碱方面：1964—1979年，累计排盐量339万吨，使上游10万公顷盐碱地变为良田，两岸1千米范围内2.7万公顷盐碱地全部脱盐。灌溉方面：利用南运河水源向南排河及黑龙港河本支调水，使泊头市、沧县、黄骅市、临港经济技术开发区、南大港管理区沿岸农田受益。

纪 实

运西段 清凉江与老盐河于河北省泊头市文庙北汇流，向东至乔官屯，始称南排河。泊头市清真寺始建于明洪武年间（1368—1398年），后几经修葺，成为规模宏大的建筑群。

东流，穿越泊头市东北部贺庄子乡，至吴家洼南入沧县。泊头火柴厂是我国大型火柴厂之一，已有百年历史。泊头还有"鸭梨之乡"的美称，泊头鸭梨历史悠久，早在西汉时期这里就开始了鸭梨栽培。

入沧县后，东流经王英庄、李二庄、大白洋桥，至肖家楼穿运倒虹吸下穿南运河。肖家楼穿运倒虹吸是南排河与南运河的立交工程，22孔，设计流量552立方米每秒。肖家

泊头鸭梨

楼穿运倒虹吸工程的建成，第一次实现了将运河以西的水径直排入渤海。

运东段 过倒虹吸，东流经小朱庄、北蔡庄、孙佛庄、马士庄、高庄子、高辛庄至旧州东关，然后转东北流至小韩庄东北出沧县。在旧州镇东关有举世闻名的"沧州铁狮子"，铸

造于后周广顺三年（953年），重约50吨，1961年被列为国家重点文物保护单位。

南排河（河北沧县段）

于高代庄入黄骅市。黄骅市古为兖州之地，春秋为齐、燕所属，秦置柳县，至宋为清池、盐山分辖，1935年后为新海县、新青县，1945年为纪念抗日战争牺牲的黄骅烈士易名黄骅县。

东北流至西道安南，下穿神黄铁路，再至留老人村西，转东流至王庄子出黄骅市。

从王庄子入沧州市，左岸为南大港管理区，原为南大港农场；右岸为临港经济技术开发区，原为中捷友谊农场。

至扣村又转东北流，临近入海口再入黄骅市，至李家堡村南入渤海。

3.8.2.1　滏东排河

（Fudongpaihe River）

起自河北省宁晋县孙家口，至泊头市冯庄闸分南北两支分别入**南排河**和**北排河**。

概　　述

河长113.3千米，汇流面积4 409平方千米。上接**老漳河**、小漳河沥水，沿途纳**老盐河**故道及区间沥水。流域内地形平坦开阔，地势西南高东北低，微地貌比较复杂，低矮沙丘、岗坡相互交错，形成许多条带状封闭洼地。流域地处暖温带大陆性季风气候区，多年平均年降水量530毫米。土壤肥沃，农业比较发达，是河北省粮、棉、油、林果等农副产品主产区。

排河开挖后，沥水较大的年份有1969、1974、1977、1984年，虽经历过超河道标准行水，但未造成决口。20世纪80年代以来，连续干旱年份甚多，汛期无汛，1968、1972、1975年干旱严重。

1978年，对排河上段孙家口至衡水湖大赵闸间56.6千米河段进行了扩建；1980年，对下段大赵闸至冯庄闸间56.7千米河段进行了扩建。扩建后，上段河底宽50～73米，设计流量432立

滏东排河

方米每秒；下段河底宽60～70米，设计流量540立方米每秒，相当于10～20年一遇排沥标准，基本解除了沥涝灾害。

纪　　实

上起河北宁晋县孙家口，沿滏阳新河右堤向东偏北流约2千米，入新河县，再至挽庄节制闸。挽庄节制闸建于1978年，设计流量432立方米每秒，设计蓄水量1 650万立方米。

东北流，过挽庄，由小寨村入冀州市。冀州历史悠久，汉高祖六年（公元前201年）建县，古墓、古遗址、古碑刻、古塔、古石雕遍布境内；晋朝"竹林七贤"之一山涛曾为冀州刺史，颇有功绩；"头悬梁"的典故出于冀州汉代孙敬。至东羡村冀码渠引水闸，冀码渠为沟通滏东排河和**衡水湖**的引水渠道。过引水闸，下游500米有东羡节制闸，东羡节制闸始建于1976年，扩建于1978年，设计流量432立方米每秒。

至良心庄，入衡水市桃城区，沿衡水湖大堤向东北流，至大赵常村西有衡水湖泄水的大赵常退水闸，退水闸建于1966年，设计流量138立方米每秒。东北流，至五开河节制闸。五开河节制闸是蓄水节制工程，始建于1975年，1991年扩建，设计流量432立方米每秒，设计蓄水量1 020万立方米。

出桃城区，于顺河庄入武邑县，至杨庄节制闸。节制闸建于1976年，设计流量225立方米每秒，设计蓄水量781万立方米。再至田村节制闸，节制闸建于1995年，设计流量540立方米每秒，设计蓄水量715万立方米。

入武强县。武强县是"木版年画之乡"，起源于元代以前，明初形成规模，清乾隆、嘉庆年间进入全盛时期，同天津杨柳青、山东潍坊、江苏桃花坞、四川绵竹并为我国民间木版年画五大生产基地。

于闫五门村入泊头市，行约3千米有冯庄节制闸。冯庄节制闸建于1966年，设计流量100立方米每秒。

冯庄闸以下，分为南北两支。南支向东经联接渠入老盐河，再入南排河；北支即称为北排河，仍沿滏阳新河右堤，经献县枢纽向东偏北入渤海。

3.8.2.1.1　老漳河

（Laozhang River）

滏东排河右岸支流，始自河北省曲周县东水町村，于宁晋县孙家口入滏东排河。

河长65.7千米，汇流面积1 897平方千米。流域多年平均年降水量510毫米。流域洪涝多发，旱灾频繁。1949—1985年，有洪涝17年、干旱16年。1985年后，干旱年份甚多，汛期无汛，河道断流，缺水十分严重。

老漳河原为漳河故道，清康熙年间（1662—1722年）漳河入卫后成为排沥河道，下游于宁晋县孙家口村西入宁晋泊。抗日战争时期，宁晋县抗日政府组织治河，由孙家口村向东改道，入**滏阳河**。1964年，又重新改线，在新河县刘庄村南入滏阳河。1966年开挖滏东排河后，老漳河与小漳河在孙家口汇流后过孙家口涵洞入滏东排河。

1949年后，先后进行过7次治理，排水能力提高到300立方米每秒。

始自河北曲周县东水町村东南，北流约2.5千米，即入平乡县。东北流，至阎庄拦河闸。拦河闸建于1984年，设计流量300立方米每秒，蓄水量213万立方米。《读史方舆纪要》中记载："平乡县左舒右缩，广衍坦荡，滏水绵亘境上，沙洺下达河海"。

过阎庄入广宗县，东北流过烧瓦庄，左岸有沙丘平台遗址，即古沙丘宫所在地，赵武灵王饿死在该宫，秦始皇东巡亦驾崩于此。

阎庄闸

北流过板台拦河闸。板台拦河闸与阎庄闸同时建成,结构尺寸亦相同,蓄水量160万立方米。

出广宗入巨鹿县。据传,五千年前唐尧在此禅位于舜;秦代设巨鹿郡,为三十六郡之一;秦末刘邦、项羽巨鹿之战,东汉末黄巾起义,清末景廷宾起义等均发生于此。

最后入宁晋县,至孙家口有小漳河汇入。小漳河南

广宗县板台拦河闸

沙丘平台遗址

起曲周县流上寨,经平乡、巨鹿、隆尧至孙家口入老漳河,河长84.2千米。

过孙家口涵洞,入滏东排河。

3.8.2.2 老盐河
(Laoyan River)

南排河支流,始自河北省威县侯贯乡,于泊头市文庙与**清凉江**汇流向东至乔官屯入南排河,流经河北7个县(市、区),当地习惯以石德铁路桥为界,上段称索泸河、下段称老盐河。

河长184.2千米,汇流面积2 182平方千米。上段索泸河古称索泸水,因北魏太和十二年(498年)在今枣强县北置索泸县得名。老盐河下段古称清河,为**老漳河**北支流,后**漳河**南徙,北支断流,渐成排沥河道。

流域地处暖温带大陆性季风气候区,四季分明,多年平均年降水量500毫米左右,7—8月降水量占全年的60%左右。洪涝多发,水旱相间。1949—1965年,水灾多于旱灾,大水年份有1956、1961、1962、1963年。其后,旱灾多于水灾,80年代后干旱更趋严重,大旱年份有1972、1980、1985年。

流域农业发达,是河北省粮、棉、油、蔬菜、林果主产区。

历史上,索泸河—老盐河河床宽浅,排沥能力很低,过水能力最大55立方米每秒。1954年和1965年进行了两次治理,排涝标准达到5年一遇,河道设计流量91～218.5立方米每秒,衡水市枣强县段曾于20世纪90年代进行多次清淤疏浚。

老盐河起自河北省威县侯贯乡。威县是史学界公认的义和团运动的发源地,义和团首领赵三多是威县沙柳寨人,现存有"义和团议事厅"。

威县河段长5.5千米,于孟村西入南宫市。南宫市西汉初年置县,距今已2 100多年。南宫是革命老区,抗日战争时期是冀南根据地政治、军事中心,一批老一辈革命家都曾在这里生活和战斗过。

南宫河段长23.5千米,北流至明化镇入枣强县,流1千米复入南宫,又流1千米后入冀州市,北流4.5千米又入枣强县。

北流至全庄蓄水闸。全庄蓄水闸建于1997年,设计流量106立方米每秒,设计蓄水量289万立方米。过全庄,东北流至张庄蓄水闸。张庄蓄水闸建于1990年,设计流量129立方米每秒,设计蓄水量253万立方米。

入衡水市桃城区,北流至石德铁路桥。东北流,入武邑县至黄村蓄水闸。黄村蓄水闸建于1999年,设计流量163立方米每秒,设计蓄水量205万立方米。至李村入泊头境内,过富镇至董敬屯,有滏东排河联接渠汇入。

其后,东北流62千米至文庙与清凉江汇流向东至乔官屯入南排河。

3.8.2.3 清凉江
(Qingliang River)

南排河支流,始自河北省曲周县安寨村,于泊头市文庙与**老盐河**汇流向东至乔官屯入南排河,当地习惯将清凉江分成上下两段,威县牛寨以上称老沙河,以下称清凉江。

概 述

清凉江长271千米,流域面积3 894平方千米。原为古**漳河**和**黄河**故道。明代以前长年有水,一度为运粮河。清康熙四十五年(1706年),漳河上流尽塞,清凉江断流,成为季节性河流。

流域历史上受黄河、漳河洪水泛滥影响,既多高地,又多低洼,自西南向东北倾斜,河道呈宽浅状,一般河宽300～500米。

流域属暖温带大陆性季风气候,四季分明,多年平均年降水量507毫米,年内分配极不均匀,70%～80%的降水集中在6—9月,易发生沥涝灾害。年际降水量变化很大,蒸发能力

清凉江

强,约为年降水量的3～5倍,是造成流域内土地干旱和盐碱化的主要原因。

流域水旱灾害频繁。1470—2003年间,旱年、偏旱年共178年,涝年、偏涝年共148年。1949年后,较严重的干旱年份有1965、1968、1972、1976、1986年,较大的洪涝灾害年份有1953、1956、1961、1962、1963、1964、1973、1984年。

流域内土地资源丰富,地方经济发展很快。农作物以小麦、棉花、花生、红薯、玉米、豆类、蔬菜为主,粮、棉、油产量居全省前列。

1949年后,1954、1956、1965年进行过疏浚,1975年扩挖。其中,1965年后的两次治理和配套工程的实施,使其排沥能力达到20年一遇标准,设计流量247～907立方米每秒。1993年,对南宫张二庄闸至泊头八里庄闸139.9千米长的河段进行了整修,作为引黄入冀总干渠的一部分,过水能力462～510立方米每秒。

纪 实

上游（老沙河段） 始自河北省曲周县安寨闸，通过引水渠接东风渠来水。东风渠是穿漳河引卫河水的大型引水渠道，全长17.6千米。安寨闸建于1987年，设计流量247立方米每秒。

出安寨闸向东北流，穿呈孟闸，至邱县。呈孟闸建于1983年，设计流量291立方米每秒。其后，再过邱城闸、小屯闸。邱城闸、小屯闸建成于1978—1979年，设计流量分别为291立方米每秒、243立方米每秒。后至西留善固，出邱县。

在胡杨街南入威县。经成志庄，至白果村有蔡寨闸。蔡寨闸建于1977年，设计流量402立方米每秒。后至常庄，有牛寨闸。牛寨闸建于1977年，设计流量446立方米每秒。至桑园乡大河村出威县。

张二庄闸

中游 入清河县，境内河长27.32千米，有丰收渠汇入。丰收渠原名清临渠，民间多称"官道沟"，始挖于明弘治年间（1488—1505年），全长20.01千米。

北流，至李家村西南，入南宫市，境内河长25.1千米。北流，至张二庄闸，上游有新清临渠汇入。张二庄闸建于1976年，设计流量462立方米每秒，最大蓄水量400万立方米。引黄入冀干渠在闸上游汇入，其下即利用清凉江输水，直至泊头市八里庄闸止。

入故城县，至张稳村入枣强县（左岸为枣强县，右岸为故城县），其中枣强河段长55.3千米，故城河段长38.3千米。东北流，至枣强油故节制闸和油故倒虹吸。油故节制闸建于1978年，设计流量490立方米每秒。油故倒虹吸建于1996年，是衡水市"清污分流"工程，设计流量31立方米每秒。节制闸上游约60米左堤上有小油故引水闸，**衡水湖**引蓄黄河水即由此入，至衡水湖尚有56千米。

沿枣强、故城县界流，至朱往驿节制闸，其后全部在枣强县境内。朱往驿节制闸建于1977年，设计流量490立方米每秒。

过朱往驿节制闸，北流，穿王庄闸（亦称西裴庄闸），至刘吕木村北入武邑县。王庄闸建成于1977年，共7孔，每孔净宽8米，设计流量494立方米每秒。

南北纵贯武邑县，至柴王村西入景县，境内河长12.4千米。景县自秦置县，有闻名全省的景州塔（舍利塔），景州塔始建于北魏，宏伟挺拔，巍巍壮观，盘旋而登，一城之景尽收眼底。再东北行至徐沙节制闸。徐沙节制闸建于1976年，设计水位18.7米，设计流量504立方米每秒。

过徐沙节制闸，沿武邑县同景县、阜城两县交界流，在大白塔村东入阜城县。继续向东北流，穿连村节制闸，至刘村东又

景县舍利塔

成为阜城县与泊头市界河，在王过庄村西复入阜城县，再至石官村北出境，入泊头市。阜城县河段长28.72米。连村节制闸建成于1976年，设计流量510立方米每秒。

下游 出阜城县，自秦村入泊头市。泊头是驰名中外的鸭梨之乡，年产鸭梨40万吨，远销30多个国家和地区。东北流，至交河镇八里庄节制闸。八里庄节制闸建于1976年，共7孔，每孔净宽8米，设计流量510立方米每秒，设计蓄水量1100万立方米。在节制闸上游200米右侧有绘彩于引水闸，引

朱往驿节制闸

小园闸

黄入冀时由此闸入清南连渠，再经杨圈闸入南运河。过八里庄闸至三岔河村，有**江江河**汇入。再至齐桥镇小园村南，有小园闸。小园闸建于1977年，设计流量655立方米每秒，设计蓄水量1400万立方米。

过小园闸，至文庙村与老盐河汇流后向东至乔官屯入南排河。

3.8.2.3.1 江江河
（Jiangjiang River）

清凉江右岸支流，起于河北省故城县大杏基村，在泊头市三岔河村入清凉江。

河长118.5千米，汇流面积2410平方千米。流域内地形大体平坦，局部起伏，自西南向东北缓缓倾斜。属暖温带大陆性季风气候，多年平均年降水量507毫米，70%～80%降水集中在

江江河

6—9月，易发生沥涝灾害。年际降水量变化很大，丰枯比达4以上。

流域地处南运河和清凉江之间的狭长地带，形成景县、阜城一带的低洼易涝区。1949年后，较大的洪涝灾害年份有1953、1954、1956、1961、1962、1963、1964、1973、1977、1984年，较严重的干旱年份有1965、1968、1972、1979、1980、1981、1983、1986年。

清代，进行过几次疏浚和修筑堤岸。民国时期，只有1946年进行过一次复堤。新中国成立后，经1954年疏浚、1964年局

部复堤、1965年疏浚和1966年扩挖等几次治理,排沥标准提高至5年一遇。2002年10月《黑龙港流域防洪除涝规划报告》对江江河排沥标准重新计算,规划设计流量为49～219立方米每秒。

江江河始自河北省故城县大杏基村,东北流,经房庄、里老等7个乡镇至赵鲁屯,出故城,境内河长26.3千米。

自江江村入景县,经吴庄,穿石德铁路,向东北流至张龙岗,转向西北流,经关河,折向东北流,至王名寨,纳跃进渠。跃进渠始自南运河左岸李门楼跃进闸,长46千米。至邢庄,有惠民渠汇入。惠民渠起于故城县牛卧庄,长45.5千米。北流,至祁店节制闸,祁店节制闸设计过闸流量112立方米每秒;再至杨庄闸,杨庄闸设计过闸流量210立方米每秒。

景县跃进渠

周通闸

继续向东北流,至樊桥村,入阜城县,至张桥节制闸。张桥节制闸建于1975年,设计过闸流量120立方米每秒,蓄水170万立方米。再至小漫河村东,小洛河汇入,其后北流,在周通庄西汇入湘江河,交汇处下游建有周通节制闸。周通节制闸始建于1968年,1972年和1988年两次改建,设计流量300立方米每秒,最高蓄水位11.26米,蓄水可供阜城县东部1.33万公顷耕地灌溉。

过周通闸,入泊头市。北流,至簸箕张西,有泽河汇入。泽河长25千米,大树闫—簸箕张段及江江河张帆庄—簸箕张段成为引黄输水干渠的一段。

至缴桥节制闸以北约9千米处的三岔河村入清凉江。

3.8.3 沧浪渠

(Canglang Channel)

河北省沧州市东部区域主要季节性排水渠道,因1950年开挖时主要为排泄沧县浪洼积水,故称沧浪渠。起自河北省沧州市新华区顾官屯,至黄骅市歧口镇入渤海。

渠长68千米,设计流量100立方米每秒,汇水面积706平方千米,年最大入海水量5960万立方米。

下游原在杨家庄子向东入**捷地减河**,1955年改为在先锋村向北入青静黄排水渠。1967年开挖**子牙新河**,将青静黄排水渠下段切断,以南的渠段则向东独立入海。

1969—1970年进行了扩建,1970—1978年,治理了支流、沟渠和实施了田间配套工程。经过历次治理后,多年平均年减少受淹绝收面积3360公顷,改良盐碱地面积9540公顷。

沧浪渠(河北沧县段)

沧浪渠起于河北省沧州市新华区顾官屯村西南,东北流,经4千米入沧县,至南堤村出沧县。

在官庄入黄骅市,流经该市北部。经大闫台、吕郭庄、小孙庄等村庄,入天津滨海新区大港太平村镇,再至黄骅市歧口镇入渤海。

3.8.4 廖家洼排水渠

(Liaojiawa Drainage Channel)

河北省沧州市东部区域直接入海的排水干渠,起自河北省沧县张官屯乡刘成庄西,至黄骅市李家堡入渤海。

渠长86千米,汇流面积673平方千米。排沥范围,南至南排河,北至捷地减河,西起沧县,东至黄骅市。地势西南高、东北低,属滨海平原区,一般地面高程2～8米,沿河两岸地形平坦。

廖家洼排水渠(河北沧县段)

廖家洼排水渠开挖于1958年,未挖到设计标准,排水不畅。1965—1966年,按3年一遇除涝标准进行扩大治理,1967年全部完成支流配套工程。经过治理后,设计流量达68.7立方米每秒,控制面积增大到673平方千米,可减轻流域内3.33万公顷耕地的沥涝灾害,使8200公顷盐碱地得到改良。

廖家洼排水渠西起河北省沧县张官屯乡刘成庄西,向东流,经七里淀、楚庄子,至旧州镇北关村。北关村是古沧州城所在地,村南500米有"镇海吼"铁狮子,为全国重点文物保护单位。

沧州铁狮子

东北流,经郭村、东庞河,至大白家村,出沧县。于杨春庄南入黄骅市，向东北，经滕庄、孔店、三虎庄，从王徐庄入南大港管理区。南大港管理区原为建于1958年的南大港农场，是滨海平原的一部分，地势低洼，土地盐碱，村落稀疏，旱涝交替为害，经过50余年的开发建设已发生了巨大变化。管理区内还有**南大港湿地**。

自西向东穿南大港管理区，至黄骅市李家堡入渤海。

3.8.4.1 南大港湿地
（Nandagang Marsh）

河北省省级滨海湿地和鸟类自然保护区，位于沧州市南大港管理区内。

湿地面积1.6万公顷。历史上曾是**黄河**和石碑河流经的地方，现在是地下深层淡水漏斗区，埋深在170～250米，从西向东逐步加深。土壤以沼泽土、潮土为主，土质黏重。

湿地位于渤海西岸，世界现存的三大古贝壳堤之一纵贯其中。古贝壳堤发育规模、时间跨度和所包含的地质古环境信息世所罕见，在第四纪地质研究中占有重要位置。

新石碑河

南大港湿地

湿地属于典型的滨海湿地类型，海拔最高5.4米，最低2.9米，分为潟湖洼地、浅槽型洼地、岗地和高平地等，90%的植被为芦苇。湿地是候鸟南北迁徙带与东西迁徙带的交汇点，已发现168种鸟类，其中国家一级保护鸟类8种、二级保护鸟类39种，如丹顶鹤、白鹤、白头鹤等，每年还可看到大批白天鹅到此栖息。有陆生哺乳动物12种，两栖爬行类6种，鱼类27种，昆虫291。植被类型以水生和盐生植被为主，有237种，其中苔藓类2种、蕨类5种、双子叶植物173种、单子叶植物57种。

3.8.5 新石碑河
（Xinshibei River）

河北省沧州市东部区域重要季节性排水河道，因开挖时利用了部分原石碑河故道，故称新石碑河。起于河北省黄骅市滕庄子乡大浪白村西，至黄骅市赵家堡村北入渤海。

河长52千米，汇流面积523.5平方千米，设计排水标准3年一遇，设计流量70.2立方米每秒，年最大入海水量1700万立方米（1995年）。

新石碑河是1948年共产党领导下实施的水利除涝工程。1959年进行了扩建，渠道由40千米达到52千米，设计标准为3年一遇。1965年开展扩大治理，1967年进行清淤。1973年开挖黄北排干，在武帝城西入新石碑河，汇流面积增加了150平方千米。经过历次治理后，减少涝面积1500公顷、盐碱地面积4320公顷。

新石碑河起于河北省黄骅市滕庄子乡大浪白村西，向东北流，经刘月庄、岭庄、东道安至留老人庄，转向东流，傍南排河右侧东行，流程31千米，至王肖庄出黄骅，入临港经济技术开发区。临港经济技术开发区建立于2003年，原为建于1956年的中捷友谊农场，是一片滨海平原，土地盐碱，村落稀疏，交通闭塞，旱涝多灾。经过50多年的开发建设，这里已成为沧州东部沿海最大的化工园区。

在临港经济技术开发区北部东行，流程21千米入渤海。

3.8.6 大浪淀排水渠
（Dalangdian Drainage Channel）

河北省沧州市东部区域主要排水渠道，起自河北省南皮县冯家口镇车官屯，至海兴县半趟河入渤海。

渠长86.8千米，排涝面积1263平方千米，设计标准3年一遇，设计流量143立方米每秒，沿途有12条支流汇入，年最大入海水量3090万立方米（1996年）。

1958年开挖时，始起大浪淀东侧，在曹庄子附近入**宣惠河**，长39.2千米，设计流量19立方米每秒。经1962年扩大治理、1965—1972年第二次扩大治理后，达到现有规模。排水渠建成后，年均减免受淹绝产面积5600公顷，改良盐碱地1.3万公顷。

大浪淀排水渠起于河北省南皮县冯家口镇车官屯村东，向东连通一、二、三、四号干沟，排泄宣惠河以北的沥水，行程14.4千米，于肖官屯南入沧县。

再东行，穿大浪淀东淀至李家铺村南，行程13.5千米，出沧县在小代庄南入孟村回族自治县。孟村回族自治县古属兖州，春秋为齐、燕交界，秦属济北郡，1955年建立孟村回族自治县。近年来，孟村回族自治县经济发展很快，已建成较大规模的管道弯头生产、机械铸造集散地，畜牧养殖业有很大发展。

在孟村县东行经正南庄、小赵庄至李留舍，东入黄骅市，行程18.5千米。在黄骅市行7千米，自小王庄村出境入海兴县。

再东行33.2千米，至半趟河入渤海。

3.8.6.1 大浪淀水库
（Dalangdian Reservoir）

原为平原洼淀，后建成为向河北省沧州市供水的大型平原水库，位于河北省沧州市区东南22千米，是近期引黄入冀和南水北调规划中的重要蓄水工程。

大浪淀的治理，始于金大定四年（1164年），为排泄淀内积水，在狼儿口开挖排水河。金、元代以后，实行驻军屯田，又强行堵塞河口。

1955—1970年，开挖**新石碑河**、**大浪淀排水渠**，以解决积水排泄问题，同时筑起100多千米大浪淀围埝。水库于1995年5月动工，1997年10月竣工，设计库容1亿立方米，相应水面面积16.74平方千米，设计兴利库容9 566万立方米，死库容464万立米；围堤总长16.61千米，堤顶宽8米。

水库一期工程主要由引渠、围堤、进水枢纽、供水枢纽、泄水枢纽等组成，配套建筑物有倒虹吸4座、桥梁26座和穿津浦铁路涵洞1座。工程建成蓄水后，结束了沧州市区60万居民长期饮用高氟水的历史，有效缓解了沧州水资源的紧张状况。截至2006年，共引蓄水4.29亿立方米，实供2.65亿立方米。

水库有两条水源供给工程：一是引黄入淀工程，即河北省引黄总干渠，起于临西县卫运河左岸刘口涵闸，至泊头市八里庄枢纽，长182千米；二是王大引水工程，起自潴龙河上游王快水库，经曲阳、定州、安国、博野、蠡县、肃宁、献县、泊头，至八里庄枢纽，长220千米。两条引水工程在泊头市八里庄枢纽上游相汇，其下均通过清南连渠—南运河—代庄引渠输水入大浪淀水库，此段输水工程总长61千米。

大浪淀分东西两淀，东西长，南北窄，似葫芦状，总面积100平方千米。今大浪淀水库位于其西淀部分。《沧县志》记载：大浪淀是徒骇河故道，西汉时称屯氏河，永光五年（公元前39年）屯水涸，遗积水，即今大浪淀。至20世纪50年代，东西二淀统称大浪淀。

库区水面开阔，有丰富的水生动植物，周边种植数百亩苜蓿和十余万株各类树木，每年在这里营巢繁殖的候鸟有数十种、上万只。

3.8.7 宣惠河

(Xuanhui River)

河北省沧州市东南部主要季节性排沥河道，起于河北省吴桥县桑园镇王指挥庄，至海兴县常庄入渤海，流经吴桥、东光、南皮、孟村、盐山、海兴6个县。

概 述

河长155千米，汇流面积3 031平方千米，北至**大浪淀排水渠**，东南至**漳卫新河**，西至南运河。最初开挖于清乾隆五年（1740年），为宣示清廷治水以利民惠民，取名宣惠河。沿途有13条主要支流河渠汇入，年最大入海水量5 340万立方米（1996年）。

流域洪涝灾害主要是河堤漫决或洼地沥涝，以中下游地区为多。民国12年（1923年），宣惠河在南皮县小吴家村南决口；1963年7月，东光、南皮、孟村、盐山4县发生沥涝，平地水深0.5米，洼地1米以上，沥涝面积达8万公顷。旱灾多为春旱、秋旱。清光绪四年（1878年），沧州、东光、盐山大旱3年，饥疫交加；民国10年（1921年）春至夏，沧县、东光、交河等县大旱，颗粒不收。

上中游平原区土壤肥沃，耕作业发达，农作物以小麦、棉花、玉米、豆类为主。下游沿海地区，发展养殖业和原盐生产。

宣惠河

宣惠河主要是排水河，兼有引水灌溉功能。1975年，兴建了吴桥邢家注、东光陈桥、南皮龙堂、孟村高姚、盐山大吴5座节制闸，汛期蓄水，春秋灌溉。

1949年后，进行了几次大规模的治理。1950年，渤海行署（设在今德州市）组织全线疏浚；1953—1955年，对东光、南皮、盐山、海兴分段疏浚治理；1964—1965年，对干流扩大治理；1973—1975年，清淤扩挖河道，建桥66座。经过多次扩大治理后，干流达到5年一遇排涝标准。

纪 实

宣惠河起自河北省吴桥县桑园镇王指挥庄，东北流经桑园、安陵，流程24千米，在赵辛入东光县。吴桥县地处沧州市最南端，享有"杂技之乡"的盛名，杂技艺人足迹遍及全国和欧、亚、非、拉四大洲，"吴桥杂技大世界"景区规模宏大，接待来自全国各地和世界五大洲的宾朋。

在东光县向北偏东，流程33.4千米，过连镇、南霞口、于桥等乡村，在于桥乡后孙村东出境入南皮县。铁佛寺原名普照寺，位于东光县城内，始建于北宋开宝五年（972年），大雄宝殿正中的释迦牟尼铁佛高8.24米，重48吨，是我国最大的座式铸铁佛像。

入南皮县后，向东流，成为东光、南皮两县的界河，两侧俱为洼地。清朝中后期，宣惠河多次在此溃决，造成洪水横流、田庐淹没、禾稼荡尽。南皮河段长26.6千米，

铁佛寺

经高桥、刘夫青、龙堂，至西璋壁入盐山县。

在盐山西璋壁分为老宣惠河、新宣惠河，经西宋村北俱入孟村县南部，东流复入盐山县，于王庄南汇合，东流至义合村东南出境。千童城位于盐山县城西南25千米，据说是公元前210年秦方士徐福东渡扶桑的始发地。这一历史在《史记》《汉书》《水经注》《元和郡县图志》中均有记载，当今国内外诸多专家、学者将这一历史现象概括为"徐福千童文化"，并将盐山称为中日文化交流的源头。

由大黄村西入海兴县。海兴县1965年建县，取"靠海而兴"之意。随着漳卫新河、宣惠河和大浪淀排水渠等骨干河道的治理以及近年海堤工程等建设项目的完成，旱、涝、潮、碱得到综合治理，生产条件得到了很大改善，县域经济有了较快发展。

东北流经大黄、程村、甘草庄、青先农场等村，过**杨埤水库**北侧，自常庄入渤海。

吴桥杂技大世界南门

3.8.7.1 杨埕水库
(Yangcheng Reservoir)

位于河北省海兴县**漳卫新河**与**宣惠河**入海口之间的中型天然洼淀，并兼作平原水库，主要功能是防洪、蓄水、灌溉。

水库面积 2 400 公顷，最大蓄水能力 3 600 万立方米。1957 年始建，1969—1978 年进行 3 次续建，达到现有规模。水库工程主要由引渠、围堤、引水泵站、进水涵洞、供水泵站和泄水闸等组成。其中，围堤总长 12.08 千米，设计堤顶高程 10.5 米；引水泵站主要由进水闸、前池及泵房、穿堤涵洞、出口涵闸等组成；进水涵洞主要由调压池、穿堤涵洞、下游连接段组成；供水泵站主要由进水塔、穿堤涵洞、泵站前池、进水池等组成，供水管线共 3 条；泄水闸为穿堤涵洞式，两孔，闸孔净宽 3.1 米。水库建成后，周边生态环境有很大改善，年均提供灌溉用水 2 400 万立方米，可灌溉农田 1.33 万公顷。

由于水库多年存蓄水源，芦苇等湿地植物大量生长，为水鸟的栖息繁殖提供了极大的空间。同时，库区生态环境不断得到保护和改善，近年被定为省级鸟类自然保护区。

海兴湿地

水库属于典型的滨海湿地类型，资源丰富，风景优美，沼泽型动植物种类繁多，形成草甸、沼泽、水体、野生动植物多种生态系统环境。

库区有古贝壳堤，证实了水库原为海退地的史实。水库西北约 2 千米的刘阳汉墓群为河北省文物保护单位。刘阳，汉高祖刘邦嫡曾孙，公元前 125 年被封为康侯，死后葬于此。

3.8.8 衡水湖
(Hengshui Lake)

原名千顷洼，位于河北省衡水市区以南 10 千米，蓄水面积 75 平方千米，蓄水量 1.88 亿立方米，既是河北省中部的大型平原洼淀，又是一座大型平原蓄水工程。

概　述

湖区原为缓洪滞沥洼地，史称千顷洼，是由**黄河**、**古漳河**及**滹沱河**、**滏阳河**等长期冲积而成的。据记载，公元前 602 年，黄河向北改道，冲积形成一长条形浅碟状洼地，即广阿泽，包括任县的大陆泽和宁晋县的宁晋泊，千顷洼亦为其一。千顷洼古与盐河相通，由北沼、海子和尉迟潭三部分组成，又称三海。因其面积达十万余亩，故称为千顷洼。

周围地面高程 22.5～23 米，湖底高程 18～19 米（黄海高程，下同），周边围堤总长 32.6 千米。湖中有一南北向隔堤，将全湖分为东、西两湖，西湖面积 32.5 平方千米，东湖面积 42.5 平方千米。东湖又分大、小两湖，北部东大湖面积 32.4 平方千米，南部东小湖面积 10.1 平方千米。

作为缓洪滞沥的内陆湖泊，地表水主要有以下来源：一是承接湖区南部 1 654 平方千米流域沥水；二是引蓄滏阳河系来水和**岗南水库**、**黄壁庄水库**、**岳城水库**调水；三是引蓄卫运河、黄河水；四是南水北调工程实施后的引江水。卫千渠是衡水市于 1985 年为给衡水湖增加水源而开辟的一条引水渠道，渠首在故城县卫运河左岸和平闸，在衡水湖王口闸入湖，全长 74 千米，设计流量 31 立方米每秒。

1965 年后，衡水湖流域连年干旱，1973 年出现了以"冀、枣、衡"为中心的地下水下降漏斗区，面积达 3 500 平方千米，占全区总面积的近 40%。由于多年干旱，水源难以补充，湖区生态平衡遭受不同程度的破坏，湿地面积呈逐年减少的趋势，1992—1993 年曾连续干湖。1994 年后，每年对衡水湖大量补水，借以维持水生动植物的可持续繁衍最低标准。

古代，千顷洼一是用于农田灌溉，二是宣泄得利，三是维护生态。千顷洼曾呈现过"渔船如屋闲游处，泛泛只疑天上行"和"中有鲤鱼长尺半，为郎伴作解酒羹"的佳境美景。隋朝州官赵炅曾主持修建赵炅渠，唐代冀州刺史李兴曾利用赵炅渠引千顷洼之水灌溉农田。尤其是清代冀州知州吴汝纶，凿渠通滏，大兴水利，开辟水渠 30 余千米，引低地积水入滏阳河，并建桥 8 座、涵洞 8 座，设立闸坝，按时开关，当地称为"吴公渠"。

新中国成立初，衡水湖区总面积 120 平方千米。1958 年，

衡水湖

水鸟在飞翔

治理衡水湖,从原冀州城北关向北筑隔堤,在桃城区吴杜村西接吴公渠西堤,隔堤以东辟为衡水湖,次年开始蓄水,时称千顷洼蓄水工程。由于工程不配套,湖周边土地出现严重沼泽化和次生盐碱化,1962年停蓄还耕。1965年,兴建**滏阳新河**和**滏东排河**,切去了湖区东北角,使其东部由原来的60平方千米缩小为42.5平方千米。1972年大旱,为蓄水灌溉,顺吴公渠右岸南起冀州南关、北至冀州王口村修堤1道,建成东湖小库,面积10.1平方千米。1974年,重建千顷洼蓄水工程,将西围堤(中隔堤)重修加高,北围堤延至良心庄,堤顶加高至22.5米,先后兴建了东羡枢纽,使滏阳新河、滏东排河来水可以引入衡水湖。1985年,又兴建了东由卫运河引水西入衡水湖的卫千引水工程。2000年,建成西线应急引水工程,维修加固了大赵退水闸。2005年,实施了衡水湖蓄水恢复加固工程,重建南关进水闸。

至此,衡水湖引、蓄、灌、排、供条件和功能基本完善,成为一座具有较完整引蓄体系的大型平原蓄水工程。

纪　　实

衡水湖湖面开阔,一望无际,水天一色,波光粼粼,朝晖夕阴,气象万千,云飘雾散,瞬间万变,泛舟其中,回味无穷。湖区内具有沼泽、草甸、滩涂、水域、林地等多种环境,有植物370种、昆虫194种、鱼类32种、两栖爬行类20种、鸟类286种、兽类17种,还有浮游动物174种。在众多的野生动物中,鸟类资源尤为突出。其中,属国家一级重点保护鸟类的有丹顶鹤、白鹤、黑鹳、东方白鹳、金雕、大鸨、白肩雕7种,属二级重点保护鸟类的有大天鹅、小天鹅、灰鹤等44种。每年,在此营巢繁殖的候鸟有数十万只,以须浮鸥、黑翅长脚鹬等为主;越冬的灰鹤有3 000多只,雁类上万只,遮天蔽日的灰椋鸟更形成一道蔚为壮观的风景线。

南岸的冀州古城建于汉高祖六年(公元前201年),史有"天下分九州,冀州为首"之称。汉明两代城墙、众多汉古墓、石碑、李三娘石磨、竹林寺飞天传说,以及抗日时期发生在衡水湖畔枣强县肖家镇的"平原枪声"等故事令人神往。

近年来,衡水湖以其独特的自然景观及保护对象的典型性、稀有性和特殊性引起社会各界的广泛关注,2003年6月,经国务院批准成为国家级自然保护区。2004年6月,衡水湖被水利部评为国家水利风景区。

滦河及冀东、鲁北沿海诸河

Luanhe River and Rivers in the Coast Area of East Hebei and North Shandong

7.4 滦河

(Luanhe River)

独流入海的河流，古称濡水，唐代后称滦河。发源于河北省承德市丰宁满族自治县大滩镇孤石村，于唐山市乐亭县兜网铺入渤海。位于东经115°20′～119°10′、北纬39°10′～42°35′，地跨河北、内蒙古、辽宁3省（自治区）。

滦河（河北乐亭县段）

概 述

流域范围 滦河河长888千米，流域面积4.48万平方千米，北、东以苏克斜鲁山、七老图山、努鲁尔虎山及松岭为界，与**西拉木伦河**、**老哈河**、**大凌河**、**小凌河**、**洋河**相邻；西南以燕山山脉为界，与**潮白河**、**蓟运河**相邻；南临渤海。

地貌 流域北高南低，分为高原、山地、平原三大地貌类型。高原分布于流域北部，高程1 400～1 600米（大沽高程，下同）；山地及丘陵、山间盆地，分布于高原、平原之间；平原分布在流域南部，属山前倾斜平原。山地高原占流域面积的98%，平原占2%。

气候 流域地处中纬度欧亚大陆东部，由东南向西北依次为湿润、较湿润、半湿润、半干旱的大陆性季风气候，季风显著，四季分明，雨量集中，雨热同季。春季空气干燥，多大风；夏季温热多雨，冰雹较多；秋季天晴气爽，降雨减少；冬季天寒干燥，晴朗而少雨雪。

水文水资源 流域多年平均年降水量563.7毫米，季节分配极不均匀，冬季占1%～2%，春季占9%，夏季占67%～76%，秋季占11%～19%；年际变化大，丰枯相差1.7～3.5倍。多年平均年水面蒸发量950～1 150毫米；多年平均年径流量41.92亿立方米，最大值为129.14亿立方米（1959年），最小值为11.05亿立方米（2000年）；据1956—1997年水文资料统计，多年平均年水资源量46.7亿立方米。

滦河多泥沙，大部分产于汛期，主要来自高原、山区的冲刷侵蚀。**潘家口水库**和**大黑汀水库**修建前，泥沙量几乎全部入海，滦县水文站多年平均年悬移质输沙量1 960万吨，平均含沙量4.12千克每立方米；两库建成后，蓄浊泄清，下游河道泥沙量减少，潘家口水库泥沙淤积已超过1亿立方米。

水系 据有关资料验证，滦河在出山至进入平原间的河道曾发生过10多次重大变迁。约在晚更新世之前，下游由大黑汀南流，经照燕州、南观、崖口，循今**还乡河**，于河北省丰润县披霞山出山，入丰润、玉田平原。晚更新世以后，自迁西东流与清河相汇，于迁安县印子峪、西峡口一带南流，循今**沙河**、小青龙河，于雷庄东入平原，在柏各庄一带入海。晚更新世末期，再次改道，由迁安县爪村一带改向东流，与**青龙河**相汇后南流，于滦县、昌黎之间的横山出山，即现今的滦河。

在平原区亦数次改道。元泰定元年（1324年）至清道光二十二年（1842年），滦河东移乐亭，经汀流河、庞各庄、新寨、古河，于捞鱼尖入海。1915年，再次改道，又经过1938年特大洪水，形成现在的位置。

沿途汇入的长年有水支流约500条，其中长20千米以上的一级支流33条。一级支流中，流域面积大于1 000平方千米的有9条，依次为**小滦河**、**兴州河**（亦作兴洲河）、**伊逊河**、**武烈河**、**老牛河**、**柳河**、**瀑河**、**澚河**和**青龙河**。

水旱灾害 流域水灾大部分发生在下游。据史料记载，1470—1988年，发生不同程度水灾208次。1949年后，大灾年份有1949、1958、1959、1962、1964、1984和1994年。1949年7月24日和8月15日，全流域普降大雨，滦县水文站洪峰流量2.52万立方米每秒，滦河下游王家法宝决口180米；

海 河 卷　　　7.4 滦河

滦河及冀东沿海诸河水系图

迁西、迁安、滦县、滦南、乐亭等县大水围城，各河相通，漫流入海。1962年7月24—26日，流域普降大暴雨，滦县水文站出现有水文记载以来最高水位29.6米，洪峰流量3.4万立方米每秒，承德地区1 976个村受灾，冲淤耕地39.33万公顷，倒塌房屋2.46万间，死亡210人，京承、锦承8处铁路桥被冲断；唐山地区的滦县、滦南、乐亭、昌黎、卢龙、迁安、迁西等县共淹没耕地19.73万公顷，淹没村庄1 236个，倒塌房屋667万间，死亡96人。

旱灾，明代51次，清代42次，民国时期11次。新中国成立后，主要旱灾发生在1961、1963、1968、1972、1980—1984年。1972年罕见大旱，承德地区春夏连旱，受灾面积19.07万公顷，成灾15.67万公顷；唐山地区300余座小水库、塘坝干涸，3 900眼机井无水，500多个村庄40万人饮水困难。1980—1984年，流域连续干旱，承德地区成灾面积累计63.53万公顷，唐山地区受旱面积累计84.93万公顷。1997—2005年，流域连续干旱，潘家口水库存水不足，造成2000—2001水利年度分3次动用死库容向天津市供水。

社会经济 全流域内有汉、满、回、蒙古、苗、朝鲜、壮、达斡尔、俄罗斯、锡伯等20多个民族。汉族人口最多，分布最广。少数民族中，满族、回族人数较多，承德地区尤为集中。农业以种植业为主，粮食、经济作物种类比较齐全。矿产资源有煤、铁、金、铝、锌等，工业有电力、水泥、冶金、陶瓷等。下游地区铁路、公路交织成网，交通发达。

治理开发 历史上，利用滦河向南运输漕粮，"自板城澈河一带，泛舟滦河……而以俔城为栖粮之所"。民国26年（1937年），《滦县志》记载："唐开元二十八年（740年）析卢龙、石城两县，置马城县，以通水运。"滦河水运，元朝尤为发达。忽必烈至元十九年（1282年），敕令"造船于滦州""造大小船两千艘，以备漕运"；至元二十八年（1291年），大臣姚演奉敕疏浚滦河，漕运上都，备用船只500艘，有水手1万名、纤夫2.4万名。明朝为了沟通长城内外及供应军需，继续发展滦河漕运。清光绪十八年（1892年），北宁铁路修到滦州，在横山脚下修建滦州火车站，使这里成为水陆两用码头。辛亥革命后，孙中山的《建国方略》谋划在滦河口建造"北方大港"，因军阀混战，未能实施。

堤防工程始于元代。《元史·河渠志》记载：曾于滦河右岸马城东北张家庄、龙湾头筑堤，以防洪水。清光绪二年（1876年）重修的《永平府志》记载，明永乐四年（1406年）修乐亭鲁家套河口，明嘉靖年间（1522—1566年）在滦河筑堤，万历四十年（1612年）在迁安县城北龙起庄筑堤。清代，在武烈河狮子沟口至旱河入口处修筑砌石防洪大堤，同时还对旱河、石洞子沟、狮子沟等行洪沟道进行整治，修筑了浆砌石固岸工程。滦河下游在汉代就有屯田之制。元代设永平（今卢龙县）屯田总管府，管理农田水利。明万历十二年（1584年），尚宝司少卿兼监察御史徐贞明到永平屯田，"开垦营田三万九千亩"。清雍正四年（1726年），怡贤亲王允祥主理京畿水利，设营田四府，在水源条件较好的滦州（今滦县）等地，疏浚圩岸，建闸开渠，垦田治河，引泉灌溉。

新中国成立后，滦河进行了综合治理与开发。河道治理主要在下游平原，措施包括旧堤加固、新堤建设、险工处理、控导护岸、中水槽治理、河道清障和河势顺导等。到2005年年底，平原河道建成防洪大堤56.2千米、防洪小埝193.9千米、控导护岸丁坝481座。大堤防洪标准50年一遇，小埝防洪标准3年一遇，丁坝防洪标准3 000～5 000立方米每秒。

到2005年，全流域共建成大型水库4座（即**庙宫水库**、**桃林口水库**、潘家口水库和大黑汀水库），中型水库11座，小型水库160多座，总库容达46.17亿立方米。有万亩以上灌区13处，总灌溉面积134.74万公顷，其中滦河下游灌区为大于2万公顷的大型灌区。有水电站166座，总装机容量21.78万千瓦，其中1万千瓦以上的4座。

20世纪70—80年代，在迁西县境内滦河干流上兴建了大型跨流域引水工程，包括潘家口水库枢纽、大黑汀水库枢纽和引滦分水枢纽。1983年引滦入津工程通水，1984年引滦入唐工程通水。截至2005年，累计向天津市供水123.54亿立方米、向唐山市供水177.5亿立方米。

引滦枢纽闸输水干渠

纪　实

上游 滦河发源于河北省丰宁满族自治县大滩镇孤石村，至内蒙古自治区多伦县大河口村为上游，河长226千米。上游称闪电河，因蜿蜒流淌、形似闪电而得名，位于海拔1 300～1 400米的坝上高原。丰宁县大滩镇，地处内蒙古高原南缘和燕山山脉末端，气候凉爽，视野开阔，水草繁茂，景色宜人，通称"京北第一草原"，是驰名京华的塞北草原旅游避暑胜地。向西流入孤石水库（总库容315万立方米），出水库后向西北流，入张家口市沽源县。此间，右岸先后接纳二道河（河长22千米，流域面积109平方千米）、骆驼场河（河长20千米，流域面积156.3平方千米）后，河谷展至2～3千米，河宽一般3～5米。

辽代萧太后梳妆楼

滦河入沽源县后，在三旗镇西南左纳五女河；再向西北2.5千米，入中型的**闪电**

闪电河（河北沽源县段）

河水库；出水库后，沿沽源县东部北流，河谷开阔，河道宽 8～9 米，砾石河床。水库下游左岸南沟村，有辽代萧太后梳妆楼，历千年沧桑，至今仍存，形如蒙古包，青砖砌筑，平面正方，边长 9.3 米，喇嘛塔座形制。

滦河流至县城东北 10 千米处，有至今保存较完整的辽、金、元、清各代行宫及马场遗址等；北流，经马神庙，至榆树沟子东，有沙井子河从右岸汇入。沙井子河发源于丰宁县鱼儿山镇，称乔家营川，河长 20 千米，流域面积 659.9 平方千米。

滦河过榆树沟后，河谷不明显，河宽 9～12 米，砂质河床，水深变浅。再北流，至黄土湾北，出沽源县，入内蒙古自治区正蓝旗，河谷逐渐开阔，一般宽 4～7 千米，河道比降 1/700～1/1 000，河槽宽 7～20 米，深 0.5～2.0 米，河底由中砂和细砂组成；北流，经小马场转东北流，至正蓝旗政府所在地上都镇，形成向北的大弓背，沿岸有大片湿地。此段河道，因流经元代开平府即上都城，当地又称上都河。

滦河东北流，入双山水库，出水库后转东南流，入多伦县，河谷更为开阔，宽 5 000～10 000 米，河漫滩有湖泊和沼泽湿地分布。多伦历史悠久，有清雍正皇帝敕建的仿故宫中和殿的善因寺、康熙北征得胜敕建的仿承德护国寺的汇宗寺，两者均属全国重点文物保护单位，还有山西会馆、清真寺、三官庙、娘娘庙等古建筑。多伦旧称"多伦淖尔"（蒙古语为 7 个湖泊），多伦淖尔镇旧称"喇嘛庙"，历史上既是旅蒙商贾聚集的"漠南商埠"，又是兵家必争的军事重镇。

滦河流至白城子村，有从北来的**黑风河**汇入，水量增加，河宽 20 米。白城子村有建于元代的忽必烈避暑狩猎行宫，明洪武二十七年（1394 年）在此设驿站，现存城墙遗址 300 余米。东南流，有*小河子河*从右岸汇入；再东南流，至大河口村北有**吐力根河**自东北汇入；大河口村以下，又进入山区，河道极度弯曲，河谷缩小为 1～3 千米，河宽 40～80 米，深约 1.5 米。纳吐力根河后，继续东南流，进入中游河段，始称滦河。

中游 自大河口村至河北省迁西县罗家屯镇南为中游，河长 527 千米。由北向南，滦河穿行在峡谷中，谷宽约 1 千米，最宽处 1.5 千米，最窄处仅 0.2 千米，河宽 40～200 米，河道比降较大，砂质河床，河漫滩较宽，局部有沼泽湿地和盲河，沿途先后接纳沙河等 7 条支流。在多伦县西山湾，建有锡林郭勒草原上规模最大的水利枢纽工程——西山湾水利枢纽，库容 9 900 万立方米，1998 年开工，次年 9 月蓄水，控制流域面积 9 000 平方千米，水面面积 1 586.67 公顷；电站装机容量 3 200 千瓦，2000 年 7 月并网发电，年发电量 701 万千瓦时，可灌溉下游农田 4 666.67 公顷，可为拟建的正蓝电厂提供可靠的水源。

红旗营子以下，滦河折向西南流，至骡子沟口。此段河道通过内蒙古高原与阴山山脉连接带，水面宽 20～300 米，河谷宽约 1.5 千米，谷内树木丛生，沿途接纳支流 13 条，较大的有小菜园沟、松木沟、骡子沟等；过骡子沟口，复入河北省丰宁县；至外沟门乡外沟门村，

滦河（河北丰宁县苏家店段）

右纳槽碾西沟。槽碾西沟发源于丰宁县万胜永乡，河长 30 千米，流域面积 323.5 平方千米。再南流，至四岔口乡头道河村，右纳四岔口沟。四岔口沟发源于四岔口乡缸房营，河长 33 千米，流域面积 441.2 平方千米。

滦河穿行于山间盆地，两岸山地高耸，谷坡陡峭，林木茂密，至四岔口乡永利村，有丰宁电站水库。水库总库容 7 199 万立方米，控制流域面积 1.02 万平方千米，防洪标准 100 年一遇洪水设计、1 000 年一遇洪水校核，电站装机容量 2 万千瓦。

滦河东流，经小梁东、苏家店、五道河子，在漠河沟村西北入隆化县；至郭家屯镇西屯村，左纳小滦河，郭家屯镇有头道河水文站，设立于民国 22 年（1933 年），是承德地区最早的水文观测机构；东南流，至鱼亮子村北，鱼亮子北沟从左岸汇入。鱼亮子北沟发源于碱房乡马道村，河长 18.1 千米，流域面积 232 平方千米。

滦河经大对山、小对山，转南流，又折东，先后 4 次急剧改变流向，又向南，河谷除旧屯一带稍宽外，其余约 0.5 千米，多悬崖峭壁，河宽 20～30 米，局部有沙岛；过太平庄满族乡后东南流，至兴隆庄出丰宁县境。

滦河入滦平县后，先东南流，过夹皮沟转南，至西沟满族乡，有大河西水电站（装机容量 3×250 千瓦）；至山前村，有山前水电站（装机容量 2×800＋300 千瓦）；至荒地以下，进入山间盆地，河宽 40～80 米，河谷宽 2～3 千米，最宽 4 千米，谷坡较陡，植被稀疏，边滩发育，沿河多为一岸有堤；至张百湾镇北，右纳兴州河；过四道河，东南流，河宽 80～90 米，谷宽 0.5 千米以下，坡陡流急，河床多砾石，局部有边滩

丰宁电站水库

双塔山

和沙洲，两岸光山秃岭，植被很差，在六道河处建六道河水电站（装机容量 4×1 000 千瓦）。

滦河东南流入承德市双滦区，于滦河镇左纳伊逊河；自双塔山镇南开始直到偏桥子镇东小贵口村，为滦平县、承德市区的界河，在承德市双滦区左岸，有双塔山，是 300 万年前燕山地壳运动中形成的一处奇观，南峰高约 30 米，宽 8 米，基座长 11.8 米；北峰更高约 35 米，宽约 9 米，基座长 25.5 米。经双桥区大石庙镇秋窝村，有光大水电站（装机容量 2×1 000＋630 千瓦）；东南流，至滦平县化育沟东，有王营子川从右岸汇入。王营子川发源于滦平县长山峪镇，河长 30 千米，流域面积 257.2 平方千米。

滦河经大石庙镇鼋神庙村，有武烈河自左岸汇入，中国历史文化名城承德市就处于武烈河汇入滦河处的三角地带，市区中心部分位于南北走向武烈河的东、西两侧；在石门子村入承德县，向东再东南，于上板城镇白河南村，右纳**白河**；过上板城镇，右岸有上板城电站（装机容量 200 千瓦）；再经头道沟、胡杖子、漫子沟，至下板城镇，有老牛河从左岸汇入；南流，经乌龙矶、辛家庄，至八家乡彭杖子，左纳暖儿河后出承德县。暖儿河发源于满杖子乡，河长 40.5 千米，流域面积 230.8 平方千米。

滦河入兴隆县后西南流，转东南，经大杖子乡、蘑菇峪乡，有柳河从右岸汇入，随后进入潘家口水库库区。

滦河在清河塘村入宽城满族自治县后，河道弯弯曲曲，总体东南流，至塌山乡瀑河口村，左纳瀑河。经独石沟、梓罗台、孟子岭 3 个乡，在西卜子村出境，入唐山市迁西县。

三忠祠

滦河出潘家口水库后南流，两岸山势渐低，局部陡峻，谷宽多在 2 千米，至潵河桥镇北，有潵河从右岸汇入；过潵河桥镇，入大黑汀水库库区，水库下游建有引滦分水枢纽，是引滦入津和引滦入唐工程的咽喉。引滦总干渠底宽 8 米，全长 725 米，设计流量 140 立方米每秒，下口分别与**引滦入津渠**引水隧洞、**引滦入唐渠**引水明渠相接。

滦河在大黑汀水库以下向南流，至迁西县城北折向东，至九山村南，有**长河**从左岸汇入。迁西县是中国著名的京东板栗之乡和黄金大县。县城西北 15 千米处有景忠山，明初于山顶建三忠祠，祭祀诸葛亮、岳飞、文天祥；明嘉靖二年（1523 年），蓟镇总兵马永重修三忠祠，增建碧霞宫，香火日渐兴盛；1956 年，被列为河北省文物保护单位。著名的长城要塞喜峰口，位于县城北 40 千米处滦河岸边，元称喜逢口，明永乐年间（1403—1424 年）改为喜峰口。1933 年，国民革命军第 29 军曾在这里给入侵的日寇以沉重打击，令其哀叹"明治大帝造兵以来之皇军名誉，尽丧于喜峰口外"。

滦河东流，至罗家屯镇南。

下游 自罗家屯镇南至入海口为滦河下游，河长 135 千米。河流下行至迁安市大崔庄镇侯台子村，左纳清河。清河发源于宽城满族自治县见草沟，河长 41.5 千米，流域面积 363 平方千米。转东南流，至西马兰庄入山前平原区，河谷渐展达 10 千米，河面宽 100～300 米，砂质河床，局部有砾石，迁安城西有堤防，沿河多成片树林或疏林；在迁安市境内有刘皮庄沙河、隔兰河、三里河汇入。迁安市（县级市），古属孤竹国，春秋时为山戎令支国，战国时属燕，明清两代属永平府；矿产资源丰富，铁储量最大，有"铁迁安"之称。市区西侧，2003 年开工修建了滦河生态防洪工程，包括高标准防洪大堤、6 千米长防洪撤退路、6 道蓄水橡胶坝，形成 240 公顷的黄台湖水面、黄台山公园，集防治洪水、园林绿化、旅游开发和城市建设为一体，使迁安城区防洪标准提高到 50～100 年一遇。

滦河东南流，至花庄南，始沿迁安、滦县边界而流，穿行在低丘中；至石梯子沟村东入滦县，同时纳东北来的青龙河；过石梯子沟村，沿滦县、卢龙县边界，西南流约 20 千米，过京山铁路桥。滦县，古称滦州，为交通要冲。秦始皇三十二年（公元前 215 年）东巡，曾经此而临碣石。清光绪二十年（1894 年），建成滦河大桥，即京山铁路老桥，为著名工程师詹天佑以"压气沉箱法"建成，曾经 1962 年 3.4 万立方米每秒洪峰冲击而安然无损（现桥已经弃用，作为爱国主义教育基地仍存）。今滦县旧城即原滦州城，作为辛亥革命运动重要组成部分的滦州起义就发生在这里。1912 年 1 月 8 日，王金铭、施从云等策应武昌起义，在此率领起义，成立北方革命军政府，后在清军围攻及叛徒破坏下失败。1976 年地震后，县城迁建至坨子头镇。卢龙县城是一座有 3 000 年历史的文化名城，商代是孤竹国国都，逊让君位的伯夷、叔齐故里就在此地。春秋战国至秦、汉，属辽西郡，西汉名将李广曾在此地驻守，"箭穿石虎"故事就发生在这里；正式命名为卢龙县始于隋，辽金时改称平州，元时改称永平府，其后一直是京东地区的政治、经济和文化中心，有"京东第一府"之称。

滦河过京山铁路后，进入山前平原，沿滦县、昌黎县边界南流。昌黎县西汉时设置，县城北有历史名山——碣石山。碣石山连绵起伏，主峰仙台顶顶

碣石山

尖呈圆柱，远望如楬似柱，直插云霄，因名"碣石"，因主峰特征明显，又临大海，远古时即被予为重要的地理坐标，载入名著《山海经》和《尚书·禹贡》。秦始皇、汉武帝先后到碣石山祭祀求仙。东汉建安十二年（207 年），曹操东征归来，在此写下"东临碣石，以观沧海"的诗句。与仙台顶毗连的西五峰山，有为祭祀唐朝大文学家韩愈而建的韩文公祠。

滦河流至滦州镇，镇南 4 千米有岩山，右岸有岩山渠首引水工程，包括进水闸和节制闸，主要任务是向唐海、滦南、乐亭、滦县等县农业灌溉及渔副业生产供水，年平均供水 8 亿立方米；过岩山渠首后转东南流，经法宝、庄寨，于大王庄入滦南县境（右堤），沿滦南、昌黎县边界东南流。滦南县，因位

曹妃甸港区

闪电河水库

于滦县以南,故称。滦南县文化底蕴深厚,诞生了评剧创始人成兆才、皮影大王张绳武、乐亭大鼓表演艺术家靳文然等大师级艺术家。县政府驻地倴城,为历史古城,县城南63千米处是正在建设中的曹妃甸港区。曹妃甸,原是滦南县南部海域中一带状沙岛,因岛上建有曹妃殿而得名,相传唐太宗李世民爱妃随军东征,病殁于此。曹妃甸岛距离大陆岸线约20千米,甸前深槽达36米,是渤海最深点,深槽向渤海海峡延伸,有一条27米深的天然水道,通黄海,可建设30万吨级泊位的天然良港,经填海造地,曹妃甸岛面积现已成倍扩大,并与大陆相连。

滦河续流,经马城、长凝两镇,自昌黎县西庄寨西南,又成为乐亭、昌黎两县界河,转东流;乐亭县面临渤海,背倚滦河。《乐亭县志》记载,近百年来滦河在境内多次改道变迁。乐亭县是革命先驱李大钊的故乡,李大钊纪念馆位于县城,1997年8月落成;李大钊故居位于县城东15千米大黑坨村,为典型的冀东穿堂院,是李大钊幼年成长和婚后长期居住的地方,1988年被确定为全国重点文物保护单位。

李大钊故居

滦河自铁路桥以下至入海口,河防工程体系较为完整,两岸建有防洪大堤、防洪小埝、护岸丁坝,其中大堤56.2千米、防洪小埝193.9千米、丁坝481座;东流至乐亭县东铺,转东南流;至老杜庄,转东流,至乐亭县城东32千米入海口,入渤海。入海口长4.5千米,左岸系由泥沙淤积形成的河口三角洲,面积约10平方千米。除向南的主流河口外,还有向东、向北的两处河口,逐渐淤浅,但仍与海相通,洪水期亦可分流。

7.4.1 闪电河水库
(Shandianhe Reservoir)

滦河上游闪电河上的中型水库,位于河北省最北部沽源县黄土坑村与蒙古营村之间。水库总库容4 260万立方米,控制流域面积890平方千米;以防洪为主,兼顾灌溉、养殖和生活供水。

水库以上河长53千米,多年平均年径流量1 950万立方米。

水库1958年10月始建,1968年4月续建,1971年9月完建。2006年,又进行除险加固,主要是解决坝基渗漏等问题。防洪标准为100年一遇洪水设计,1 000年一遇洪水校核。

枢纽工程由大坝、溢洪道、灌溉洞、输水洞组成。大坝为均质土坝,最大坝高12.6米,防浪墙高0.4米,坝顶长2 836米,宽4米;溢洪道

闪电河水库

位于大坝左端,为高低堰结构,宽30米,最大泄流量449立方米每秒;灌溉洞位于大坝东端,为浆砌石拱涵,最大泄流量6.4立方米每秒;输水洞位于大坝西端,为混凝土涵管,最大泄流量2.5立方米每秒。

河西灌区经多次续建改建,灌溉面积873公顷;东灌区灌溉面积4 333公顷。

水库和石头城水库、青年水库、库伦淖、水泉淖共同形成了旅游网。水库周边,建有度假村和塞外庄园。盛夏秋初,在这里可以领略塞外草原风光,观赏"风吹草低见牛羊"的景色,仰望蓝天白云,极目绿水青山,欣赏"鹰击长空,鱼翔浅底"的自然景观。

7.4.2 黑风河
(Heifeng River)

滦河左岸支流,又称慧温高勒。发源于内蒙古自治区正蓝旗桑根达来苏木毛哈尔布拉格以北1千米处,在多伦县上都河乡入滦河。

概　述

黑风河河长77.2千米,集水面积1 618.28平方千米。流域内地域辽阔,地形多样,上游位于浑善达克沙地,属沙漠型草原类型;中下游属低山丘陵区,河谷宽阔,分布有草甸草原,海拔在1 300米左右;土壤为盐化灰色草甸土、风沙土等,草地资源丰富,森林覆盖率8.5%,树种有沙地榆、红柳、黄柳、山杨等。

流域属中温带大陆性气候,多年平均气温1.5摄氏度,最低气温-33.6摄氏度,最高气温35.4摄氏度,年无霜期106天,年日照时数3 123小时,年均风速4.7米每秒,多年平均年降水量370.7毫米,主要自然灾害有旱灾、风灾、雪灾、冻害等。

沿途主要支流有蛇皮河、乃仁高勒、一家河等。

流域内主要矿藏有硅石、金、铁等，其中硅石探明储量1 000万吨，褐煤6.5亿吨。流域所在地区有草原、森林、沙漠、湖泊、文物古迹等丰富的旅游资源和察哈尔蒙古族风情。主要旅游景点有元上都遗址、金桓州遗址及金莲川、乌尔沁敖包等。黑风河自然保护区，位于上都镇东北20千米处，山美水秀，树奇花艳，有许多与之相连的草原湖泊，水鸟云集，是旅游的好去处。正蓝旗奶食品系列制作独具匠心，曾是元代宫廷贡品。

流域经济以畜牧业为主，是国家商品牛和优良畜种基地，优良畜种有扎格斯台牛、草原红牛、上都高勒马、内蒙古细毛羊、双峰驼等；以山杏、沙柳、沙棘等为主的既有经济效益又有生态效益的经济林产业发展较快；农作物主要有玉米、马铃薯、蔬菜、油料等。工业经济初具规模，形成了以煤电为主的能源工业，以煤化工、工业硅等深加工为主的化工业，以采矿为主的矿产品加工业，以乳品加工为主的农畜产品加工业和以水泥、粉煤灰、石材制品开发为主的建材业。城内交通干道有集通、桑锡、桑蓝等铁路，有国道207和省道105、308等公路。

流域所处地区为锡林郭勒盟南端，是距离首都北京最近的草原牧区，是北京市最重要的生态防线，两地直线距离270千米。2003年后，国家大力投资开展京津风沙源治理工程，先后兴建水土保持工程多处，使水更美、山更绿，成为护卫首都的绿色屏障。

纪　　实

黑风河发源于内蒙古自治区正蓝旗桑根达来苏木毛哈尔布拉格以北1千米处。上中游段位于沙地草原，地形和缓，无明显河床，丰水期河水在草地低洼地形成多个湖泊，自上而下有巴嘎诺尔、扎格斯台诺尔、浩力图诺尔、巴嘎浩力图诺尔和热木图诺尔等。这些与河水相连的草原湖泊，当地人称为"淖尔"。淖尔里，芦苇茂密，鱼虫丰富，引来群群水鸟在这里筑巢做窝，繁殖后代，在宁静、宽阔的水面上，天鹅、大雁、鸿雁、野鸭、河鸥悠闲地游戏、梳洗；岸上，一对对灰鹤翩翩起舞，姿态优美；森林深处的绿草丛中，洁白的蒙古包是牧民的夏营地，每到傍晚，日落牧归，炊烟袅袅，晚霞辉映，秀丽迷人。

黑风河风景区

分布在河道两侧的众多湖泊，对上游来水起到调蓄作用，一般年份不下泄，大水年份流入中下游河道，形成相对独立的闭流区。由于湖泊众多、水草丰美，被划定为金莲川森林草原自然保护区。金莲川，河长60千米，沿岸每逢7月盛开着一种半个手掌大的黄花，此花午后绽开花瓣，傍晚16—17时又合拢为花蕾，次日午后复开，持续1个月。忽必烈大汗在此定都时，将这种花命名为金莲花，这片草原亦因此得名金莲川。

和热木图嘎查以下，河道均有清水，河道逐渐明显。慧温苏莫嘎查以下由北向东流，至优热勒图北嘎查河段为正蓝旗与多伦县的界河，以东为多伦县，以西为正蓝旗。东南流，在蛇皮河村北有蛇皮河从左岸汇入。蛇皮河发源于多伦县青龙背村南营子西，河长26千米，流域面积213平方千米。下行，在黑风河村南折向西南流，有乃仁高勒从右岸汇入。乃仁高勒，为黑风河右岸最大的一级支流，发源于乌和尔沁敖包林场（海拔1 674米），河长46千米，流域面积386平方千米，自河源由西北向东南流，于五一种畜场查干陶勒盖嘎查入黑风河。该河次生林及草原草甸发育，1999年被确定为县级草原草甸保护区，保护面积13.93万公顷。

黑风河又下流入多伦县，在白城子村有一家河从左岸汇入。一家河为黑风河左岸较大支流，上游发源于蔡木山（海拔1 493米），河长31千米，流域面积252平方千米，自东向西流，上游山区次生林木茂密；下游建有引水灌区，从黑风河引水，引水流量为2立方米每秒，设计灌溉面积1 000公顷。

黑风河在多伦县上都河乡汇入滦河。

7.4.3　小河子河
(Xiaohezi River)

滦河右岸支流，清代称厄尔腾河，明代称耗来河，又称多伦河。发源于内蒙古自治区多伦县东南水泉沟山北麓，于多伦县大仓乡河槽子村入滦河。

小河子河河长71.7千米，流域面积1 295.02平方千米，位于内蒙古自治区多伦县，地处阴山山地北坡，内蒙古波状高原南缘。流域地势南高北低，西高东低，为半圆形倾斜盆地；海拔1 150～1 800米，呈低山丘陵地貌，其中低山丘陵占26.31%，河谷洼地占31.45%，倾斜平原和高平台地占20.84%，沙丘占21.50%；森林面积14.45万公顷，森林覆盖率为2.76%。

流域属亚干旱型北温带大陆性气候。多年平均气温2～3.4摄氏度，年无霜期100天，年均风速3.6米每秒，年结冰期3～4个月；多年平均年降水量407毫米，水能蕴藏量7 943千瓦；主要自然灾害有干旱、大风、冰雹和霜冻。

小河子河主要支流有七里河、骆驼场河、马莲河、南沙口林场河和元宝山河等，流量一般在0.5～1.5立方米每秒，最大洪峰流量400立方米每秒。

流域内，经济以农业为主；已开发利用的矿产有煤、铁矿石、石灰石等；建有小型的沙布楞水库。

小河子河发源于内蒙古自治区多伦县东南水泉沟山北麓。上游段称水泉沟，为间歇水，坡陡流急，属阴山山脉北麓山地，左岸为大北沟镇；东北流至新边墙营子村，以下长年有清水；又东北流，有七里河从左岸汇入；之后，河道和缓，左岸为耗来沟乡，右岸为黑山嘴乡；于多伦诺尔镇胜利村有骆驼场河从右岸汇入，骆驼场河发源于河北省丰宁县草原乡和顺店村，河长34千米，流域面积213平方千米；再东北流至马莲滩村后，有马莲河从左岸汇入；继续东北流，于多伦诺尔镇新民村有南沙口林场河从右岸汇入，南沙口林场河发源于多伦诺尔镇团结村，河长32千米，流域面积126平方千米；又东北流，左岸为多伦县县城所在地。该县辖1镇10乡，人口10.34万，工业以煤炭、制酒业为主，有蒙古、汉、回、满、达斡尔等民族。

小河子河过多伦县城关镇，东北流入滦河。

7.4.4 吐力根河
(Tuligen River)

滦河左岸支流，又称图鲁根河。发源于内蒙古自治区赤峰市克什克腾旗鸡毛林山顶，于多伦县骡子地村西 3.5 千米处入滦河。

吐力根河河长 316 千米，流域面积 1 816 平方千米。流域地势东北高、西南低，呈长条形。地貌属低山丘陵，地形平缓，土壤有机质含量高，适合农作物及牧草生长；林木以天然次生林居多，森林覆盖率 9.7%，树种以白桦、山杨、山杏为主。

流域属亚干旱型北温带大陆性气候。多年平均气温 2 摄氏度，极端最高气温 35.4 摄氏度，极端最低气温 -39.8 摄氏度，年无霜期 100 天，年均风速 3.6 米每秒，冰期 4～5 个月。多年平均年降水量 407 毫米。河道长年有清水，多年平均年径流量 7 119.53 万立方米，大河口水文站观测 100 年一遇洪峰流量为 82.4 立方米每秒。域内主要自然灾害有大风、冰雹、冻害等。

吐力根河主要支流有超格都尔河、撅尾巴河。

流域内，经济以农业为主，农作物以小麦、莜麦、荞麦、马铃薯为主；畜牧业以养殖牛、马、羊、驴为主；野生药材有 200 多种，其中赤芍出口日本；矿产资源主要有褐煤、铁、金等，已开发利用的有煤、铁矿石、石灰石等；在入滦河口处建有大河口水库，总库容 2 600 万立方米，2008 年后，被开发为旅游风景区，以库区旅游观光为主。

吐力根河发源于内蒙古自治区赤峰市克什克腾旗鸡毛林山顶。源流向东南流，至四道河口，右岸有黄花泡子和湖泊多处。湖泊周边，绿草如茵，鲜花盛开，2007 年被开发为蔡木山旅游区。四道河口以下，吐力根河河道曲折，河谷展宽，河床宽浅，水流变缓。全河均有清水。

吐力根河西南流，在多伦县青龙背村骆驼井子东，有超格都尔河从右岸汇入。超格都尔河发源于青龙背村南营子东南，河长 19 千米，流域面积 368 平方千米，上有支流马排子河。下行，于铁公泡子村东有撅尾巴河从左岸汇入。撅尾巴河又名羊肠河，发源于河北省围场县二龙泉，河长 39 千米，流域面积 179 平方千米。入大河口水库库区，河中所产细鳞鱼，属珍稀鱼种，以肉质肥美著称，《口北三厅志》中特别予以记载。流域内，东部山地所出黄芪、防风、赤芍等质量上乘；食用植物和菌类，以川黄花、蕨菜、山野菜和蘑菇著称；栖息鸟类主要有天鹅、大鸨、大雁、喜鹊、沙鸡、苍鹰、百灵等；其中，大河口乡红花山所产百灵鸟，以金爪、嗓音嘹亮、善学百鸟音而闻名。

吐力根河在多伦县骡子地村西 3.5 千米处入滦河。

7.4.5 小滦河
(Xiaoluan River)

滦河左岸支流，蒙古语称库尔奇勒河，发源于河北省围场满族蒙古族自治县坝上陡林子，在隆化县郭家屯镇西屯村入滦河。

概　　述

小滦河河长 124 千米，流域面积 2 009.7 平方千米。流域分属坝上冀北高原、坝下山地两大地貌单元。坝上地形平缓，湖淖散布，森林密布，水草丰盛；坝下群峰连绵，层峦叠嶂，沟谷纵横。

小滦河

流域属中温带向暖温带过渡地带、大陆性季风高原山地气候，四季分明，多年平均气温 -1.4～4.7 摄氏度，多年平均日照时数 2 858 小时，年无霜期 70～128 天，多年平均封冻期 104 天，坝上沼泽有永冻层。

流域内植被较好，多年平均年输沙量 13 万吨；多年平均年降水量 460～560 毫米，多集中在汛期 6—9 月；多年平均年径流量 1 亿立方米，实测最大径流量 1.39 亿立方米、最小径流量 0.57 亿立方米，多年平均年水面蒸发量 900～950 毫米；多年平均流量 4.38 立方米每秒，水资源总量 1.15 亿立方米。小滦河流域水量丰沛，变化平稳，汛期少有暴涨暴落。

干旱是流域主要灾害。有水文记录以来，出现过 3 个连续干旱年，第一个为 1959—1961 年，第二个为 1971—1973 年，第三个为 1993—1995 年。洪灾时有发生。1917 年 6 月 7 日，洪水泛滥，西旧屯洪水涨至前街路面，据调查测算最大洪峰流量达 924 立方米每秒。1987 年 4 月 6—11 日，河水猛涨，造成水灾。1992 年 7 月 10 日至 8 月 4 日，连续降雨，河水暴涨，沿岸村庄受淹。

流域开发比较晚，历史上基本以自然流向为主，无固定河床。清代后期至 1949 年，由于乱砍滥伐，部分河川植被遭受严重破坏。1949 年后，两岸以修建护村护地坝和挡坝淤滩为主，兴修水利，河床基本固定。自 20 世纪 60 年代开始，流域进行了规模性治理和开发。截至 2005 年年底，围场县有小塘坝 2 座、小渠道 5 条、机井 70 眼，农田有效灌溉面积 430 公顷，灌溉作物以水稻为主；截至 2004 年年底，隆化县修建灌溉渠道 22 条、闸桥涵建筑物 308 座、护村护地坝 53 千米，可保护 1 640 公顷耕地和 1.35 万人的防洪安全。

纪　　实

上源由撅尾巴河和双岔河组成，在后台子东汇流后，始称小滦河；西南流，进入坝上大峡谷，至御道口牧场有红泉河从左岸汇入，再往南有如意河汇入，如意河长 37.02 千米，流域面积 209.2 平方千米；南流，至鱼亮子村，有头道河子汇入，头道河子发源于小营峰，河长 15.5 千米，流域面积 142.83 平方千米；继续南流，过御道口，出坝上高原，进入山区，两岸地势逐渐高纵，河谷宽 300～500 米，河宽约 10 米，水深约 0.5 米。

小滦河转西南流，再南流，纳黑林子沟、西龙头河、汉马沟、西卡沟等小支流，至官地村，出围场县。围场县河段长 97 千米，流域面积 1 795.7 平方千米。坝上地区曾

塞罕坝国家森林公园

是清代皇家猎苑，清朝几代皇帝在此秋狝狩猎，留下了诸多的名胜古迹。清康熙年间（1662—1722年）平定噶尔丹之战的"十二座连营""乌兰布通古战场""塞北佛石庙"等均在境内。塞罕坝机械林场是国家级森林公园，2005年被批准为国家级自然保护区。

小滦河在半壁山入隆化县，东南流，河道迂回曲折，局部多沙滩，水面宽15～20米，两岸谷坡和谷顶绿树成荫，植被较好；至下洼子以下，谷宽一般300米，谷坡陡峭，植被茂密，在隆化县境内接纳小白杨沟、碾子沟、里沟、汤泉沟、嘎呗沟、萝卜营西沟、招素沟等较小支流；南流，至郭家屯镇三道营村，有北汤温泉。温泉水质上乘，水温长年保持在87摄氏度。此处有"观音坐禅""将军望月""藏龙洞"等景点，周围有"汉代长城遗址""十八座烽火台""窟窿山庙院"等独特自然风光。隆化县河段长27千米，流域面积214平方千米。

小滦河至郭家屯镇西屯村入滦河。

7.4.6 兴州河
（Xingzhou River）

滦河右岸支流，曾称大要水、白霫水、蜀水，元代称舍利塔拉河（蒙古语为金色平原之意）。发源于河北省丰宁满族自治县选将营乡杨树底下村北，于滦平县张百湾村入滦河。

兴州河

概　述

兴州河河长110.5千米，流域面积1970平方千米。地处燕山山脉北麓中山、低山地貌单元，北高南低，入滦河处河谷较宽，时有漫滩和阶地。

流域属半湿润、半干旱大陆性季风山地气候，多年平均气温6.2～8.8摄氏度，年无霜期110～140天，封冻期120天左右，最厚冻土深1.5～1.8米。域内植被较好，深山区以乔木为主，浅山区以灌木为主，植被覆盖率36.5%～45.0%，上游好于下游。流域多年平均年输沙量47.9万～50.5万吨，最大202万吨（1973年），最小为0.87万吨（1981年）；多年平均年降水量510～570毫米，6—9月降雨量占全年的70%～80%，汛期常出现短历时、大强度局部暴雨；多年平均年径流量1.22亿立方米，水资源总量1.21亿立方米。

干旱是流域主要灾害之一。1972、1984年大旱，河道断流；1999—2004年，连年干旱，多处水井干枯，河道断流，农村人畜饮水困难。洪灾时有发生。据调查，最大洪峰流量为1939年的940立方米每秒，实测最大洪峰流量为1998年的662立方米每秒。1954年5—7月，流域降雨35天，暴发洪水。1956年汛期，暴发洪水。1989年6月3日，丰宁县2小时降雨100毫米，山洪暴发。2001年6月8日，选将营乡松木沟、化吉营村及西官营乡西窝铺村山洪暴发。

黄土梁水库

有史志记载：清嘉庆十五年（1810年），丰宁县治土城子（今凤山镇）修河筑坝，消除水患，直到清道光十年（1830年）堤坝仍完好无损。清光绪三十三年（1907年），在莽牛河（今兴州河）推广水稻种植，发展农田灌溉。

1952年，丰宁县凤山镇在东大河修建防洪坝210米，在南营子东修筑打桩编柳坝260米。1957年，在镇东北修筑迎水坝，加固原有堤坝。1975年，在干流上修建中型的黄土梁水库，总库容为2830万立方米，1980年竣工。1992年，凤山镇修筑镇东、镇西两河坝，总长1510米；修筑北头营西、北两河坝，总长1720米；修建干砌石防洪坝2条，长420米。2002年，修筑镇石桥西875米防洪坝。截至2004年年底，丰宁县累计建防洪堤153条273千米，引水渠134条90.8千米、机电井603眼，实际灌溉面积2055公顷。

滦平县段从1951年开始种植水稻，在小城子、三岔口沿河筑堤。1959年，在最大支流牤牛河上修建了中型的窟窿山水库，总库容1430万立方米。1978—1980年，裁弯取直，缩短河长1.3千米，修筑堤坝22千米。截至2005年年底，滦平县共修堤坝36.84千米，保护滦平县城、京通铁路、京承公路和112国道及15万人、3333公顷耕地的防洪安全。2004年8月，滦平县实施"引兴济滦"一期工程，于2005年1月竣工，把河水引至县城刘家沟水厂。2005年5月，实施二期工程，同年10月竣工。

纪　实

兴州河发源于河北省丰宁满族自治县选将营乡杨树底下村北，上游丰宁段叫莽牛河，长年有水流。出源后向东流，经上沟门、南窝铺，至化吉营，左纳化吉营北沟；转东南流，经选将营，至西官营乡河西村，左纳何营川；东南流，经张怀营、佟栅子、沙锦营，至凤山镇北关，左纳正北川。正北川发源于北头营乡樱桃沟门，河长33千米，流域面积259平方千米。位于莽牛河中游的凤山镇，水源丰富，土质肥沃，是丰宁县重要的经济、文化中心和交通枢纽，清乾隆元年（1736年），设四旗厅（县级建制），隶属直隶省承德直隶州，治设土城子（今凤山镇）；乾隆四十三年（1778年），四旗厅改名丰宁县，仍治设土城子；1940年，县公署由土城子迁往大阁，至今。凤山镇有现代诗人郭小川的故居和河北省文物保护单位"凤山戏楼"。兴州河至凤山镇白营村，右纳白翅沟（又名王营川），白翅沟发源于王营乡胡营村，由西向东流，河长29千米，流域面积141.3平方千米；过凤山镇后，转向南流，至波罗诺镇，右纳河南西沟后，入滦平县。丰宁河段长92千米，流域面积1445平方千米。

兴州河入滦平县后，东南流，经大屯满族乡兴州村，始称兴州河，并转东流。滦平县河段长18.5千米，流域面积525平方千米。兴州村位于右岸，曾出土铁锈花瓷瓶、建筑砖、犀牛望月、黑釉瓷瓶等珍贵文物；村东南有汉代古城遗址，总面积19.2万平方米，出土战国布币、燕明刀、秦半两、汉五铢、燕红陶片、纺轮等。汉代古城遗址西侧有战国、汉代古墓群，发掘墓葬50多座，出土各种生产工具、生活用具和兵器等，均为河北省文物保护单位。

右纳**牤牛河**后，东流，至张百湾镇张百湾村入滦河。

7.4.6.1 牤牛河
（Mangniu River）

兴州河右岸支流，发源于河北省滦平县长山峪镇燕子沟，在滦平县大屯满族乡三岔口村入兴州河。

牤牛河河长39千米，流域面积334.8平方千米。地处燕山山脉中段土石山区，周围群山环抱，山高坡陡，沟壑交错，地形复杂，为中低山地貌单元，地势南高北低。

流域属大陆性季风燕山山地气候，多年平均气温8.8摄氏度，光照充足，多年平均日照时数2 820小时。最大冻土深度1.5米，封冻期120天。流域内大部分地区植被较好，植被覆盖率达60.5%，上游好于下游。多年平均年悬移质输沙量为19.84万吨，多集中在7—8月。多年平均年降水量547.3毫米，6—9月降水量占全年的78.3%；上游是降水集中地带，多年平均年降水量为639毫米。牤牛河为季节性河流，多年平均年径流深140毫米，多年平均年径流量4 686万立方米。20世纪80年代后，径流量呈下降趋势。水资源总量为0.32亿立方米。

干旱是流域主要灾害之一，有"十年九旱"之说。据1949年后50多年资料分析，造成农业减产的主要原因都是旱灾，1972、1980、1984、2002年等年份均发生了较严重的春旱连伏旱，造成农作物大幅度减产。

流域内经常发生局部性暴雨，洪水历时短、强度大、破坏性强。1949年以来有记载的暴雨共5次。1958年8月上旬，连续降雨，窟窿山水库坝址处最大洪峰流量达400立方米每秒，正在施工的大坝截水槽及抽水设备被冲淤，洪水涌进县城，使京承公路和通信线路中断，滦平中学院内积水深达1米多，冲毁良田数十公顷。1994年7月13日，日降水量达144.5毫米，县城处洪峰流量约200立方米每秒，洪水淘空坝基，5处防洪坝倒塌。

滦平县城，从1950年开始在右岸修建防洪坝。经历年加固、维修和治理，干流防洪标准由20年一遇提高到50年一遇，安全下泄流量756立方米每秒。流域开发始于20世纪50年代，先后修建了塘坝1座、截潜流1处、扬水点多处等小型水利工程，并配套机电井，发展农田和果树灌溉，取得了很好的效果。1958年3月至1962年5月，在上游距县城7.5千米外的锛子炉村修建了流域最大的水利工程——窟窿山水库（中型），总库容1 430万立方米。20世纪70年代，修建了窟窿山水库灌渠，但由于干渠修得太高，支渠不能配套，未能正常发挥效益。1982年，将窟窿山水库上游的东营子小流域列为承德地区重点小流域治理区，到1987年共治理水土流失面积39.1平方千米，上游森林覆盖率由原来的27%提高到44%。

牤牛河发源于河北省滦平县长山峪镇燕子沟，源头为白草洼。白草洼海拔1 500米，面积约1平方千米，形似盆地，四周雨雪均汇于此处，呈沼泽状，乔木不宜，只有白草丛生，秋季则白茫茫一片，白草洼因而得名。出源后北流，经东营子村，至窟窿山水库。出水库，经滦平镇。转东北流，在镇西、镇北分别纳胡家沟、刘家沟。

流域因位于基岩裂隙与第四系潜水循环带，地下水与地表水相互转化，相互补充，加之上游有窟窿山水库调蓄径流，故河水时出时没。上游有碧霞山风景区，位于滦平县城南9千米，以自然景观为主，人文景观为辅，突出民俗特色，有春、夏、秋、冬等36处可视景观，令人流连忘返。

继续东北流，至大屯满族乡三岔口村入兴州河。

7.4.7 伊逊河
（Yixun River）

滦河左岸支流，古称索头水，又名伊松河、衣素河、宜孙河、义粟河。发源于河北省围场满族蒙古族自治县哈里哈乡老岭山东麓，在承德市双滦区滦河镇入滦河。

概　述

伊逊河河长214千米，流域面积6 689.3平方千米。地处滦河上游左岸，属燕山山脉中段土石山区，坡面土层较厚，沟壑密度大，切割深，山高坡陡，易冲刷。地势北高南低，群山环抱，地势差异较大。

流域属温带半湿润半干旱、大陆性季风冀北山地气候，四季分明。1月最低气温-29.9摄氏度，7月最高气温41.5摄氏度。多年平均年降水量450～550毫米，最大降水量757.3毫米。下游韩家

伊逊河

营水文站历史最大洪峰流量2 486立方米每秒，实测最大洪峰流量2 020立方米每秒（1958年7月14日），最小流量0.09立方米每秒（1960年5月18日），多年平均流量13.7立方米每秒；水资源总量2.73亿立方米。流域大部分植被较好，覆盖率达47%以上。多年平均年输沙量571.5万吨。

伊逊河水旱灾害比较严重。据近50多年资料分析，农业减产主要原因是旱灾，1951、1960、1972、1980年是旱灾较重的年份。流域内全部是山区，多局部暴雨，洪水历时短、强度大。据调查，历史上曾多次发生较大水灾。清光绪十六年（1890年）夏，隆化县疙瘩营村正值庙会，洪水突至，数十人丧生；1990年7月5日，围场镇洪峰流量385立方米每秒，造成直接经济损失1 500多万元；1954年9月8—9日，两昼夜大雨，汤头沟、张三营两区冲毁河坝5处，死5人；1992年7月10日至8月4日，连续降雨，隆化镇防护坝决口3 700米。

伊逊河流域曾是一个林丰草茂、溪水潺潺、禽兽繁集的地方。从清代后期，由于开放围荒，大量森林被砍伐，草场被开垦，生态环境遭受严重破坏，逐渐变成了林疏草稀、水土流失严重、洪水泛滥、灾害频繁之地。由于水土不断流失，**庙宫水库**至1986年库内淤积量达9 154万立方米，占总库容的52%，水库上游一带河床抬高2.6米。1984年后，围场县加强了水土保持工作，以小流域为单元进行综合治理。1991年被列为**潘家口水库**上游水土流失重点防治区；1994—2003年，庙宫水库上游被河北省列为重点治理区。截至2005年年底，围场县累计完成治理面积2 018平方千米。

流域水利工程始建于20世纪50年代后期。1959年，在干流上修建了大型的庙宫水库。其后，在支流**不澄河**上修建了中型的钓鱼台水库及二道川、扣花营、台子水、黑山口等小型水库，还修建了驯龙灌渠、钓鱼台水库灌渠等，截至2005年年底，围场县共修建渠道40条，打机井1 630眼，农田有效灌溉面积5 400公顷。1949年后，在沿岸修建了大量防洪堤坝，总长70多千米。2004年，在围场镇锥峰大桥至凤凰

7.4.7 伊逊河

桥之间又建起了 5 道钢板坝，形成了长 1.2 千米、面积 14 万平方米的水面景观，总蓄水量 10.1 万立方米。

截至 2004 年，隆化县开垦河滩地 1 613 公顷，扩种水稻 2 933 公顷；修建护地坝 120 千米、灌渠 58 条（灌溉面积达 4 340 公顷）；在支流西杨树沟兴建小型的龙门水库，建设闸桥涵建筑物 1 364 座。滦平县共修防洪堤坝总长 72.7 千米，保护耕地 632 公顷、人口 9 312 人。

伊逊河水系示意图

纪　实

上游（围场县）　伊逊河发源于河北省围场满族蒙古族自治县哈里哈乡老岭山东麓翠化宫，南流，再东南流 4.7 千米，经小南沟，纳母子沟后，始称伊逊河；南流，至棋盘山，有五道川从左岸汇入。五道川发源于岱尹梁下杨树堂子，河长 18.6 千米，流域面积 157.3 平方千米；汇流处有一古建筑"大阁"，亦称"超仙院""兴华寺"，始建于清宣统二年（1910年），正殿六层，配有东西石亭和东西配殿，属河北省文物保护单位。

伊逊河东南流，经小锥子山，有大唤起河从右岸汇入，大唤起河发源于坝梁下大梨树沟，河长 28.7 千米，流域面积 294.5 平方千米；再至龙头山乡，有道坝子河从右岸汇入，道坝子河发源于围场县道坝子乡叉子沟，河长 39.5 千米，流域面积 226.6 平方千米；龙头山乡以下，始成大河，两岸山高坡陡，谷宽 1 000～1 200 米，河宽 20～40 米，枯水水深 0.3 米，河床多砾石，河道弯曲，水流多岔，有沙洲、边滩发育。

伊逊河在围场镇左纳胡素汰沟，右纳吉布汰沟。围场镇依山傍水，山川秀丽，是全县政治、经济及文化中心，有矿产、林产、化工、制酒、制药、皮毛、肉牛、蔬菜等龙头企业。近年来，围场镇大力发展生态旅游，吉布汰沟里的"南大天"被批准为国家级自然保护区。围场镇也是通往塞罕坝国家级森林公园和御道口草原风景区的必经之路。锥子山坐落在县城西部，尖尖的山峰，形似锥子，海拔 1 100 米，对当地小气候变化尤为敏感。堆碰山，又称灵龟峰，位于县城西约 1 千米，有双龟、堆碰、大字石、蘑菇石、仙人床等景点。

伊逊河过围场镇，转南流，至边墙山村，有不澄河从左岸汇入；再至四合永镇合字村，有黄土坎河从右岸汇入。黄土坎河发源于黄土坎乡大扫虎沟，河长 20.2 千米，流域面积 213.6 平方千米；汇流后，入庙宫水库；出水库后东流，折南，复西流，有四道沟从左岸汇入，其后在横河子村出围场县。

中游（隆化县）　伊逊河在石片村入隆化县，由北向南贯穿全县中部。伊逊河入隆化县后首先有东杨树沟从左岸汇入，东杨树沟发源于即墨营沟里，河长 20.3 千米，流域面积 136 平方千米；至张三营镇南，右有通事营川、左有偏坡营川汇入。通事营川发源于碱房乡马道村对窝子村，河长 28.5 千米，流域面积 253 平方千米；偏坡营川发源于枪械林沟里，河长 21.1 千米，流域面积 177 平方千米。其后转南流，至汤头沟，有尹家营川从右岸汇入。尹家营川发源于尹家营沟里，河长 21.8 千米，流域面积 94.5 平方千米。

伊逊河再南流，有疙瘩营西沟从右岸汇入，疙瘩营西沟发源于庙子沟分水岭，河长 33 千米，流域面积 160 平方千米；过大沈屯后，河谷渐窄，不足 0.5 千米，向南又渐窄，河宽 50～100 米，水深 0.7～1.0 米，大部河段一岸或两岸有堤防。

伊逊河出大阴坡峡谷后折向西南流，进入隆化盆地（南北长 7 千米、最宽处 2.5 千米），河宽 100～150 米，主流靠右岸，多岔流，左岸有堤防；至闹海营、山嘴村附近，最大支流**蚂蚁吐河**从右岸汇入，水量大增；出隆化盆地后，流向多变，河谷时宽时窄；超梁沟乡以下，谷宽不足 100 米，两岸地势高纵，坡度大，流向迂回多变，至超梁沟乡二道河子，出隆化县。隆化县河段长 80 千米，流域面积 1 499.8 平方千米，入境处海拔 720 米，出境处海拔 472 米。

隆化县唐三营镇有清代遗址 20 余处，包括行宫、总管衙门、驿馆、楼台、寺庙、教场等，其中，唐三营万寿寺已修复，作为旅游景点开放。清康熙四十二年（1703 年），在张三营河东龙潭山下修建行宫 1 处，清帝每逢木兰秋狝即经此地，秋狝完毕又在此宴请蒙古诸王公，加之每年农历四月二十八日传统庙会，使这里逐步发展为商贸集散地。西北山脚下，还有为纪念 1948 年在"石洞子惨案"中牺牲的伊逊河武工队队员修建的烈士墓——张三营革命烈士墓。隆化镇依山傍水，是全国著名战斗英雄董存瑞牺牲的地方，镇西北部建有董存瑞烈士陵园，既是革命传统教育基地，又是游览观光的场所。

下游（滦平县）　伊逊河在白旗乡杨树沟门村北，入滦平县。滦平县河

董存瑞烈士塑像

段长48.5千米,流域面积311.8平方千米,入境海拔472米,河谷较狭窄,曲度大,迂回在崇山峻岭中。

伊逊河入滦平县后先东南流,转西南流,后曲折南流;至小营乡二道沟门村,有哈叭沁川从左岸汇入,哈叭沁川发源于隆化县钱家沟冷水头,河长19千米,流域面积73.8平方千米;经红旗镇、小营乡,在承德市双滦区滦河镇入滦河。

7.4.7.1 不澄河
(Budeng River)

伊逊河左岸支流,古称不墩河。发源于河北省围场满族蒙古族自治县银窝沟乡松树台,在腰站乡边墙山村入伊逊河。

不澄河河长22千米,流域面积586平方千米。地处大兴安岭和燕山余脉汇接处,东北高西南低,山峦起伏,山势多姿。流域属半干旱半湿润、大陆性季风山地气候,多年平均气温4.8摄氏度,年无

银窝沟

霜期100～128天,冻土深1.5～1.8米;多年平均年降水量488.2毫米,年内降水主要集中在7—9月;水资源总量0.35亿立方米,多年平均年径流量0.15亿立方米。

流域灾害以旱灾为主,尤以春旱和夏旱最为严重。新中国成立后,春旱最重的年份有1971、1972、1973年,连续3年严重春旱造成粮食减产60%以上,个别地块颗粒无收。1980年夏季,流域仅降水30毫米,农作物大面积减产。

本流域从1980年开始先后被国家和河北省纳入"三北"防护林体系建设、"庙宫水库上游"水土保持工程建设、保护京津水源工程建设项目,其中大碾子沟工程为全国小流域治理典型。1972年在支流蓝旗卡伦河上修建了中型的钓鱼台水库,总库容1 320万立方米,水面面积1 454万平方米,防洪标准为100年一遇洪水设计、1 000年一遇洪水校核。

不澄河发源于河北省围场县银窝沟乡松树台,向西流,经南台村,有艾林河从左岸汇入;折向西南流,在北沟门村有蓝旗卡伦河从左岸汇入,蓝旗卡伦河发源于蓝旗卡伦乡前营子,河长30千米,流域面积178平方千米;继续向西南流,经下三合义村,有清泉河汇入,清泉河发源于清泉乡上水泉,河长16.2千米,流域面积101平方千米。

不澄河继续西南流,在腰站乡边墙山村入伊逊河。

不澄河

7.4.7.2 庙宫水库
(Miaogong Reservoir)

伊逊河干流上的大(2)型水库,位于河北省围场满族蒙古族自治县南部。总库容1.83亿立方米,控制流域面积2 370平方千米。水库以防洪为主,兼顾灌溉、发电、养殖。

概　述

水库于1959年动工兴建,1960年7月拦洪蓄水,1961年9月基本完工,但泄洪洞、水电站尚未兴建。1970年,续建溢洪道和电站。1976年,大坝加高2.2米。2003—2005年,进行了全面除险加固,增加调节水量0.1亿立方米。水库防洪标准为100年一遇洪水设计,2 000年一遇洪水校核。

水库枢纽由大坝、溢洪道、输水洞、泄洪洞、排沙洞和水电站组成。大坝为均质土坝,坝长400米,最大坝高44.2米,坝顶宽5米,坝顶筑有1.2米高的浆砌石防浪墙;副坝在主坝左侧,坝长140米;溢洪道在主坝左岸,正常溢洪道最大泄流量1 900立方米每秒,非常溢洪道最大泄流量306立方米每秒;输水洞在大坝左岸与溢洪道之间,最大泄流量110立方米每秒;水电站在支洞出口处,为坝后式,装机容量3×500千瓦;泄洪洞设计最大泄流量216立方米每秒;排沙底洞为2003—2005年除险加固中增设,设计最大泄流量579立方米每秒。

水库建成后,下游隆化县城的防洪标准由20年一遇提高到100年一遇,40多年来伊逊河发生大于水库下游河道安全泄流量500立方米每秒的洪水共12次,水库削峰率都在84%以上,保证了下游河道安全行洪,保护了下游沿河两岸9个乡镇、1个县城和承围公路、沙通铁路的安全;水库每年向灌区供水3 000万立方米,灌溉面积6 000公顷。截至2004年年底,水电站累计发电8 058.2万千瓦时。1968—1987年,共捕成鱼159.08吨(1987年后水库停止养鱼)。

庙宫水库

库区移民搬迁共涉及6个村、411户、2 173人,淹房1 222间,淹地411公顷。多年来,国家投入了大量财力、人力和物力,修通库区公路,整修梯田,营造水保林,解决了移民村庄的人畜饮水等问题,使移民的生产和生活得到保障。1996年,由于水库上游翘尾淹浸,造成四合永镇部分耕地沼泽化,房屋基础塌陷,应急修建防洪坝、挖排沙渠、对受影响的房屋进行搬迁。

纪　实

库区位于围场县南部的土石山区,海拔743～785米。库

区内有坚硬的凝灰岩、石英岩、花岗岩以及少量的片麻岩。坝址位于不对称河谷阶地上，最低点海拔743米。坝基地质为第四系沉积物，覆盖厚度2.5～13米。水库附近有清嘉庆皇帝巡幸塞外时修建的"敦仁镇远神祠"，俗称"庙宫"，水库因此得名。

从1994年起，水库上游被列为河北省水土保持重点防治区。1994—1998年，实施一期治理工程，累计完成综合治理面积511.78平方千米，综合治理程度达70％以上，林草面积达80％以上，生态环境和自然面貌大为改观，农民生产生活条件得到明显改善；1999—2003年，实施二期治理工程，完成治理面积200平方千米；2000—2005年，水库上游实施了京津风沙源治理工程，完成小流域综合治理面积139.25平方千米。

7.4.7.3 蚁蚂吐河
（Yimatu River）

伊逊河右岸最大支流，又称伊玛图河（"伊玛"是蒙古语山羊之意，"图"是山）。发源于河北省围场满族蒙古族自治县燕格柏乡大骡马沟，在隆化县山嘴村入伊逊河。

概　述

蚁蚂吐河河长137千米，流域面积2 434.9平方千米。属于冀北山地区，地势北高南低，山峦起伏，河谷开阔。流域属大陆性季风山地气候，多年平均气温－1.3～4.8摄氏度，年无霜期100～120天，冻土深1.5～1.8米。植被较好，植被覆盖率达65％以上，多年平均年输沙量311万吨；多年平均年降水量474～550毫米，多年平均年径流量0.59亿立方米，水资源总量1.46亿立方米。

流域水旱灾害比较严重。据统计，旱灾发生频率40.6％。1984年，降雨量比往年同期少47.4％，导致地下水水位下降，大部分机电井干枯，河道断流。流域易发局部洪水。

蚁蚂吐河

1985年6月25日，山洪暴发，最大洪峰流量546立方米每秒，200多公顷稻田全部冲光，1 200米河坝被毁，西阿超乡家家进水。

流域内，清同治元年（1862年）第一次开围后，大量森林被伐，草坡被垦，截至1949年，水土流失面积占43％。流域大规模治理水土流失始于1979年。到2005年，上游围场县治理面积385平方千米，修河坝21千米，坝后造田40公顷，建渠道13条1.39万米，打机井535眼，控制灌溉面积2 173公顷；下游隆化县沿河治理小流域35平方千米，建护村护地坝599千米、干渠7条33.5千米、支渠18条65千米、闸桥涵建筑物248座。

纪　实

蚁蚂吐河发源于河北省围场满族蒙古族自治县燕格柏乡大骡马沟，源头河段称燕格柏河，河长31.3千米，流域面积302平方千米；出源后东南流，沿途纳车道沟、大骡马沟、天桥沟、八大户沟、依克磨里沟，至燕格柏沟门，右纳孟奎川、大柳塘子河等，始称蚁蚂吐河；东流，至半截塔镇，转南流，至下伙房乡下沟门，出围场县。围场县境内河长62千米，流域面积1 422.4平方千米。半截塔镇有半截塔，为元代修建，占地100平方米，高40米，是河北省文物保护单位。

蚁蚂吐河在苏碌村入隆化县。隆化县境内河长75千米，流域面积1 012.5平方千米。

蚁蚂吐河入隆化县南流，经西阿超满族蒙古族乡，至步古沟镇，右纳柴沟川，河长23.5千米，流域面积167平方千米。步古沟村有"阿穆呼图行宫"遗址，是清乾隆二十七年（1762年）所建，供皇帝每年行围木兰时在此驻跸小憩。再至白虎沟蒙古族满族乡，白虎沟乡栅子村有战国古墓群，面积8 000多平方米，1976年曾出土战国时期泥质红罐、手制陶缸、石璧、玛瑙环、铜牌等文物；转东南流，至八达营蒙古族乡。此区间有小围场沟、苏汰沟、白虎沟西沟、东赵小沟、乌梁苏沟、八达营西沟等小支沟从右岸汇入。

蚁蚂吐河至蓝旗镇东南，右纳大两间房河，河长19.8千米，流域面积208平方千米。蓝旗镇少府村有石佛口摩崖造像，系辽金元时期建造，是河北省文物保护单位。

蚁蚂吐河继续东南流，经西头道营、三道沟，至山嘴村入伊逊河。

7.4.8 武烈河
（Wulie River）

滦河左岸支流，古称武列水，《钦定热河志》称其为热河。主源鹦鹉川发源于河北省围场满族蒙古族自治县蓝旗卡伦乡潘家店村道至沟，在承德市双桥区鼋神庙村入滦河。

概　述

武烈河长114千米（其中干流河长44千米），流域面积2 580平方千米。地处滦河中游左岸，地势北高南低，属土石山区，沟壑交错，山高坡陡，地形复杂。

流域处于暖温带和寒温带过渡地带，属大陆性燕山山地气候，春季干旱少雨，夏季高温多雷雨，秋季昼暖夜凉，冬季寒冷少雪；多年平均气温8摄氏度，年无霜期110～170天，封冻期最长89天，最厚冻土深1.26米。流域内植被较好，植被覆盖率42％；多年平均年悬移质输沙量161万吨。多年平均年降水量562.2毫米，6—9月降水占全年的70％～80％，其中7—8月常出现历时短、强度大的暴雨；多年平均年径流量2.17亿立方米，水资源总量2.67亿立方米。

干旱是流域灾害之一，农业减产的主要原因是旱灾。1965、1972、1980、1984年均发生了较严重的初夏旱、伏旱，农作物大幅度减产。流域内洪水峰高流急，近200年发生过9次大洪水。1938年，洪峰流量4 500立方米每秒，承德市区一片汪洋，火车站被淹，铁路被冲。1962年，实测最大洪峰流量2 580立方米每秒，仅次于1938年，重现期为50年。据考证，清光绪年间1883、1886、1890年3场大洪水，均大于1962年洪水。

清康熙四十二年（1703年）至乾隆五十五年（1790年），在兴建承德避暑山庄的同时，沿山庄东侧武烈河右岸北起狮子沟南至铁路桥陆续修筑了3.79千米长的条石防洪坝（俗称清坝）。清坝分外坝和内坝，外坝即武烈河防洪坝。《承德府志》记载："东起东北，东门外长堤蜿蜒，北起狮子沟，南尽沙堤咀（今半壁山），延袤十二里，石七层，广约丈许。"内坝又称迎水坝，北起德汇门五孔闸，向南至草市段，与外坝连在一起。外坝、内坝结构基本相同，条石长1.35米、宽0.5米、高0.48米，外层条石均用银锭扣连接。这是承德地区境内历史上修建最早、最坚固的防洪护岸工程，经过历年维修

7.4.8 武烈河

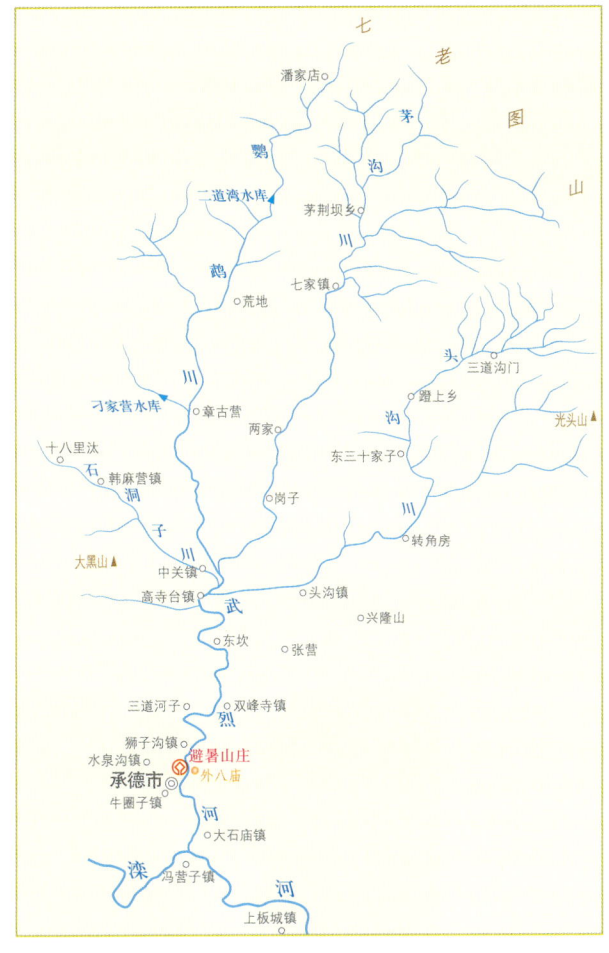

武烈河水系示意图

承德第7道橡胶坝

摄氏度,封冻期170天,最厚冻土深1.26米;多年平均年降水量525毫米,年径流量0.68亿立方米,水资源总量0.68亿立方米。

流域水旱灾害都有发生。民国5年(1916年)7月,暴雨成灾。1975年6月3日,中关镇三家村降特大暴雨,从3日21时至4日4时降雨173毫米,冲倒房屋68间,损失粮食4 300千克、农业机械9台、牲畜53头。1951年,春至秋没下透雨,作物多被旱死,295公顷耕地绝收。1984年7月,降雨量比往年同期少47.4%,机电井和饮水井大都干枯,河道断流至入伏第17天。

鹦鹉川发源于河北省围场县东南部蓝旗卡伦乡潘家店村的道至沟,出源后先西北流,至桦树洼,折向南流,经冯家店出围场县;入隆化县后,先西南流,再转南流至栾吉湾子,河谷渐展,水面宽约15米,砾石河床,先后纳石虎沟、荒地东沟、榆树底东沟、韩吉营西沟、章吉营西沟等支流;至中关镇烧锅营,先左纳茅沟川,后右纳石洞子川,石洞子川又称兴隆河,河长27.2千米,流域面积241平方千米;茅沟川发源于隆化县茅荆坝乡敖包山,河长63千米,流域面积630平方千米;再至承德县头块地与**头沟川**汇流后始称武烈河。

武烈河南流,两岸相对高度减小,河谷展宽,最宽达3.5千米,河宽35~50米,砾石质河床,纵坡较大,多岔流,沙洲连绵;全三道河子,折向西流,穿行在宽约

河北承德市区段

0.5千米的峡谷之中,由老西营出承德县入承德市区。承德市过去是一个小山村,随着避暑山庄的兴建才逐渐发展起来。避暑山庄是一座皇家宫苑,为清王朝第二政治中心、我国现存最大的皇家园林,周围建有12座各种风格的皇家寺庙,建筑雄伟壮丽,是清王朝团结少数民族的象征。避暑山庄建于清康熙四十二年(1703年)至清乾隆五十五年(1790年),持续营造近90年,总占地面积564万平方米,园内建有殿堂楼阁130多处,建筑面积10万多平方米。1994年,避暑山庄及周围寺庙被联合国教科文组织列入《世界遗产名录》。承德市现为我国著名的旅游城市、著名历史文化名城、国家级重点风景名胜区和全国十大名胜城市之一。

加固,至今完美壮观。

鹦鹉川水利开发较晚。1971年,在上游隆化县荒地乡二道湾村修建了二道湾小(1)型水库,总库容620万立方米,防洪、灌溉、发电、养鱼综合利用,效益显著。截至2004年,共建有灌溉干支渠10条112千米、闸桥涵建筑物168座、护村护地坝401千米。

武烈河段建有小型水库7座,总库容809万立方米;兴建许多小型蓄、引、提水工程,实际灌溉面积5 527公顷,农业灌溉及农村生活年用水量达8 312万立方米。1959年在支流**头沟川**动工修建中型的二龙山水库,次年停建。2004年修编《武烈河综合治理规划》,以双峰寺水库方案代替了重建二龙山水库方案。双峰寺水库在干流上,距承德市区仅12千米。

1988—2007年,在承德市区干流上修建了12道橡胶坝,形成了长12千米的连续水面,面积达120平方千米,穿过市区,非常壮观。橡胶坝总库容723万立方米,水面面积82万平方米。橡胶坝对避暑山庄湖区补水、美化市容、增加城市供水等发挥了显著作用。橡胶坝水面区还设有游泳池、游船等设施。

纪　实

《钦定热河志》记载:"热河有三源。"所谓"三源",即今西源鹦鹉川、中源茅沟川和东源头沟川,其中以鹦鹉川流长水富,其余二源次之,故鹦鹉川为武烈河正源。鹦鹉川原名西藏水,清代时称固都尔呼河,后改名鹰窝川。鹦鹉川河长70千米,流域面积765平方千米。流域属土石山区,地势北高南低,群山环抱;大陆性季风山地气候,多年平均气温6.9

承德小布达拉宫

武烈河入承德市区后，折向南流，其右侧为避暑山庄，著名的**热河泉**即在其中；再南流至竹林寺小区，右纳从北而来的热河；下行，纳温泉水，河宽150～500米，砂卵石河床，台地发育，至双桥区鼋神庙村入滦河。

7.4.8.1 头沟川
(Tougouchuan River)

武烈河左岸支流，又称玉带河，主源西支源于河北省承德县三道沟门乡陕西营村，于高寺台镇营房村入鹦鹉川，下入武烈河。

头沟川河长57千米，流域面积727平方千米。地处内蒙古地轴南缘，地势东北高西南低，上游山高坡陡，下游地势平坦。流域属大陆性燕山山地气候，多年平均年降水量504毫米，水资源总量3 438万立方米。

流域灾害以干旱为主，属春旱区。1965、1971、1972年均为大旱年，最长持续时间达140天。1972年大旱，地下水水位普遍下降，大小河道全部断流，农作物大面积减产。水灾多为局部暴雨山洪，冲房毁地。1953年6月，三家、头沟山洪暴发，农田受灾，冲走牲畜，损失严重。1962年7月24—26日，连续降雨36小时，雨量达391毫米，山洪暴发，河水猛涨，全流域水灾。

头沟川

流域规模性治理与开发始于20世纪60年代，逐渐修建了大批小型水利工程。21世纪初，共建有小型水库5座，总库容107万立方米。1959年在三家乡动工修建大型的二龙山水库，1960年停工。2004年，重新修编《武烈河综合治理规划》，将坝址下移至武烈河干流上。

上源有西、东二支，西支为主源。西支发源于承德县三道沟门乡陕西营村关寨沟，西南流，陆续汇入二道沟、庙沟、小西沟等，在三家乡小老虎屯与东支汇流；在进入头沟镇前，先后有汤泉沟、兴隆山川汇入；至头沟镇，由东向西流。头沟镇东北有汤泉，清代称"汤山"。汤泉地处群山怀抱之中，出水量5立方米每小时，水温40.8摄氏度，水中含有氟、钾、钠等多种化学元素和微量酸类，1992年被列为河北省文物保护单位。

在高寺台镇营房村汇入鹦鹉川，下入武烈河。

7.4.8.2 热河泉
(Rehe Spring)

古称热水溪，始自河北省承德市避暑山庄东北部，出山庄后沿迎水坝南流入**武烈河**。

概　述

泉水从石隙流出，清澈见底。隆冬时节，泉水喷涌，云蒸霞蔚，雾气缭绕，形成塞外奇观，因此得名。热河泉为避暑山庄内澄湖的源头，在湖区的东北，泉水直接流入湖中。热河泉并非一个巨大喷口的喷泉，而是一群细泉组成，如串串珍珠喷出，汇流入湖，年涌水量约4 400万立方米。

承德避暑山庄于清康熙四十二年（1703年）始建，至乾隆五十五年（1790年）完工，先后经过长达87年的建造和扩建。1701年，康熙皇帝巡视到此，发现这里林木茂密、峡谷幽静、草地如茵、河流湖泊蜿蜒曲折，遂决定在此修建行宫。次年，康熙皇帝带着太后、诸子和王公大臣，为建行宫勘测热河。第一任务，就是疏通河道，修筑堤坝，将武烈河东

热河泉河道

热河泉

移，腾出的河床和天然水泡稍加改造即成现在的湖区雏形。在此基础上，开拓湖区，形成洲岛堤岸、大小湖泊8处，总面积57公顷。

湖水来源，一是热河泉水，二是山涧溪水，三是武烈河水。武烈河，从北魏郦道元考察至辽金约六七百年间迁徙不定，到明清时期才形成固定河道。由于长期雨水冲刷、泥沙沉积，热河泉出水量减少，以致20世纪末湖区严重淤积，面积有逐年减少趋势。1999年夏，对湖区进行了一次大清挖，其后又引武烈河水入湖，热河泉出水得以保障，湖区又恢复了水面。

纪　实

泉水始自河北省承德市避暑山庄东北部。避暑山庄占地面积564万平方米，是中国现存最大的皇家园林，集南秀北雄于

一体，将人文与自然景观紧密结合，以深邃的内涵、高超的技艺和精湛的布局向人们充分展示了中国古代璀璨的文化、宗教艺术之大成，与派生出来的碑刻艺

承德避暑山庄

术、雕塑艺术、诗词艺术、书法艺术、绘画艺术、牌坊艺术、藻井艺术、工艺制造艺术等共同组成一座汇集清代各方面艺术成就的瑰丽的宝库。其中，文津阁，与北京紫禁城内的文渊阁、圆明园的文源阁、沈阳故宫的文溯阁合称"内廷四阁"，是贮藏《四库全书》的地方。

泉水，先入澄湖。澄湖是避暑山庄最大最深的湖，位于烟雨楼以东、金山岛以西，岸边有莆田丛槲、莺啭乔木、濠濮间想、水流云在四亭。

避暑山庄水心榭

金山岛上有金山亭，仿江苏镇江金山寺建造；绕金山岛西流，至烟雨楼。烟雨楼是清乾隆四十五年（1780年）参照浙江嘉兴烟雨楼修建的，楼上下各五间，上下围廊以苏画装饰，前沿挂乾隆皇帝题写的云龙金漆匾"烟雨楼"。经烟雨楼向南，至"月色江声"。"月色江声"为一建筑群，取材于苏东坡的《赤壁赋》："月出于东山之上，徘徊于斗牛之间，白露横江，水光接天。江流有声，断岸千尺，山高月小，水流石出。"经"月色江声"，南流至水心榭。水心榭原来是湖区界墙上的出水闸，清康熙四十八年（1709年）扩建行宫时在界墙东增辟了湖面，并在闸上架石为桥，又建亭榭3座，康熙皇帝亲题"水心榭"，从此水闸变为湖心。榭四周空间辽阔，碧波荡漾，风景如画。夏季，荷花盛开，凭榭东望，荷叶青翠碧绿，红白荷花相间，微风吹过，清香四溢。再往东流，至文园狮子林。文园狮子林坐落在银湖的小岛上，建于清乾隆三十九年（1774年），仿苏州狮子林意境修建，占地7 000多平方米。新中国成立初，狮子林仅存基址，1993年复建。

过银湖，穿五孔闸（避暑山庄宫墙），出山庄，然后沿迎水坝南流，入武烈河。

7.4.9 白河
（Baihe River）

滦河右岸支流，原名前白河，《钦定热河志》称乾白河。发源于河北省承德县东小白旗乡八道沟村，于上板城镇白河南村入滦河。

白河河长43.5千米，流域面积684平方千米。地处燕山东段地槽带，地势西高东低，植被好，沟长河窄。流域属大陆性季风燕山山地气候，多年平均气温7.9摄氏度，年无霜期150～170天，多年平均年降水量568毫米，降水大部分集中在6—9月；多年平均年径流量0.97亿立方米，水资源总量0.74亿立方米。

白河

流域自然灾害以干旱为主。1972年，春夏无雨，支流枯竭，水库干枯，机井无水，万亩庄稼旱死，农村饮水困难；1981年，春旱，河道断流，水库干枯；1999—2001年，连续特大干旱，农作物严重减产。流域常发生局部性暴雨，峰高流急，破坏性强。1954年8月9日，安匠陈家庄山洪暴发，毁房30间，死21人；1962年7月，连降暴雨达391毫米，大部分耕地被毁，房屋倒塌，安匠白河大桥被冲断，损失巨大。

流域水利开发较晚。新中国成立后，先后修建了白河南小（2）型水库1座、截潜流9处，打机电井1 820眼，灌溉面积120公顷。1968年以前，在上板城上台子村建2座扬水站，控制灌溉面积47公顷。1981—1988年，在东小白旗乡、新杖子乡建成降氟改水工程17处。1996年前，建有堤坝159.8千米，保护村庄70个、耕地1 127公顷。2001—2005年，安匠、新杖子、上板城等乡镇共完成小流域治理37.4平方千米。

白河发源于河北省承德县东小白旗乡八道沟村。东小白旗乡榆树底下一带，有明长城，系明洪武元年（1368年）所筑，隆庆二年（1568年）戚继光驻军时加固并增建敌楼，现关门仅存基址，敌楼尚较完整，是河北省文物保护单位。

白河东南流，经九道沟、东小白旗，至黄土梁；转东北流，先至邓厂，再至两间房，分别纳邓广沟、大铺沟，至潘家沟门纳岭沟；其后，转东流，至新杖子乡南台村，有柴河从右岸汇入。柴河亦称柴白河，发源于刘杖子乡陈家庄梧桐树沟，河长43.5千米，流域面积186.54平方千米。

白河继续向东，至大房身沟，转东北流，先后有胖和尚沟、涝泥塘沟汇入；至上板城镇西南，转东流，至白河南村入滦河。

7.4.10 老牛河
（Laoniu River）

滦河左岸支流，《水经注》称五渡水。发源于河北省承德县五道河乡圣祖庙，于下板城镇中磨村入滦河。

概 述

老牛河河长73千米，流域面积1 713平方千米。流域属土石山区，地势北高南低，群山环抱；为温带、暖温带过渡区气候，四季明显，多年平均气温8摄氏度，年无霜期130～150天，最厚冻土深1.4米；多年平均年降水量547毫米，降水多集中在6—9月，水资源总量1.46亿立方米；多年平均流量4.27立方米每秒，历史最大洪峰流量3 570立方米每秒（1983年）；多年平均年输沙量46.8万吨。

流域自然灾害以干旱为主。1960、1965、1972年均为大

老牛河

旱年份，1999—2003年连续5年干旱，大部分水库干枯，地下水水位下降，农村饮水困难。流域内经常发生短历时、大强度局部暴雨。自清乾隆二年（1737年）至宣统元年（1909年），发生水灾43次。其中，清光绪九年（1883年）六月，山水暴涨，泛滥横流，老牛河改道。1930年6月27日，六沟、三沟遭水灾，毁地658公顷。1938年7月20—21日，连降暴雨131.4毫米，三沟、六沟受灾农田460多公顷。1954年6月15日，下板城、六沟的28个村受灾，受灾农田570公顷，塌房40余间，死亡6人。1962年，连降暴雨36小时，老牛河铁路桥13孔被冲走7孔，火车停运20天。

流域全面治理始于20世纪50—60年代。21世纪初已修建小型水库10多座，总库容798.1万立方米；塘坝23座，总库容38.8万立方米；另有机井2 168眼。1970—1973年，在郭杖子村建成全县最大截潜流工程。1976—1979年，在朝梁子村建成全县最大扬水站，装机4台，容量260千瓦。1977年，建成全县最长、最高的东山嘴渡槽。1989年，建成片石村截潜流工程。到1993年，共修建河坝436千米，保护村庄170个、耕地3 690公顷。1995年，建成县城防洪坝3 608米，丁坝76个，防洪标准达到20年一遇。防治山区水土流失方面，2001—2005年累计完成治理面积40多平方千米。老牛河为沙质河床，坡陡流急，汛期河水暴涨暴落，干流上尚无较大控制性工程。

纪 实

老牛河发源于河北省承德县东北部五道河乡圣祖庙，蜿蜒南流，至下五道河村折向南流，先后纳木匠沟、下营子沟、石虎沟；南流，至三沟镇窑上，右纳下院川。下院川发源于岔沟乡老豆腐房村，河长25.9千米，流域面积180.2平方千米。

老牛河折向西南流，至北孤山村，右纳岔沟川。岔沟川发源于岔沟乡于家营子，河长16.5千米，流域面积108.9平方千米。此后河谷渐宽，水量渐丰。

老牛河至六沟镇南，左纳东山嘴川，东山嘴川发源于平泉县七沟镇东庄村，河长28千米，流域面积254.5平方千米；南流，至大葛杖

朝阳洞

子，再至石灰窑乡毛兰沟门，左纳野猪河，野猪河发源于平泉县七沟镇三义庙，河长25.9千米，流域面积193.1平方千米。

老牛河至甲山镇四道河子区间，河道弯曲、缩窄，之后河滩渐阔，西南流，至苏杖子，左纳白马河，右纳干柏河。白马河是最大支流，河长38.4千米，流域面积269平方千米；干柏河长38.9千米，流域面积180平方千米。干柏河上游三榆树村有朝阳洞景点，石窦嵌窍，横贯山腹，深二十余丈，广二丈余，被列为承德"十大名景"之一，游人不绝。

老牛河西南流，入下板城镇，至中磨村入滦河。

7.4.11 柳河

（Liuhe River）

滦河右岸支流，发源于河北省兴隆县南双洞乡八拨子岭，在柳河口村入滦河。

柳河河长137千米，流域面积1 199平方千米。流域地势西高东低，为石质山区，山高谷深，沟壑纵横；多年平均气温6.5～7.9摄氏度，多年平均年降水量670～740毫米，多集中在6—9月，历史最大降水量942.4毫米（1959年）、最小降水量409.2毫米（1972年）；最大洪峰流量2 740立方米每秒（1962年7月25日），最小洪峰流量0.11立方米每秒（1972年6月6日）；多年平均年径流量1.95亿立方米，水资源总量1.65亿立方米。流域内植被较好，多年平均年输沙量21.9万吨。

柳河

流域十年九旱。1970—1982年间兴隆县有10年春季抗旱播种，1958、1972、1978、1980、1982年均因旱灾减产。流域地处燕山主峰区，汛期暴雨历时短，强度大，破坏性强。1955年8月9日，上窝铺西道沟、冰冷沟、土城头山洪暴发，冲毁耕地160公顷，倒塌房屋22间，死10人，公路全部被冲坏；1964年5月22日，大杖子区和潘家店公社暴雨夹冰雹，持续6小时，山洪暴发，受灾面积698公顷，78户居民房屋进水；1994年7月13日，鹰手营子矿区柳河洪峰流量1 100立方米每秒，全区出险情，死2人，淹没矿井120个，铁路公路被冲毁，通信中断。

1957年，兴隆县塔前、大东区、北区、大河南、小河南诸村修渠引水，栽种水稻。20世纪60年代后，相继修建了护村护地坝52.6千米，河滩造地53公顷，建成小型水库4座，小塘坝15座，加上机电井、引泉、自流渠、扬水点等灌溉设施，有效灌溉面积2 867公顷。鹰手营子矿区段开发较晚，70年代才开始农田水利基本建设；至2004年，共修建小水库1座、小塘坝3座、机电井278眼、小型提水工程6处，修防渗

渠道7 500米，实灌面积533公顷。承德县建有小型水库3座、小型电站2座。

柳河发源于河北省兴隆县南双洞乡八拨子岭西北麓二道沟，西北流，经兴隆县城后，折向东北流；至小东区，有北水泉川从左岸汇入，北水泉川河长18.4千米，流域面积109.5平方千米；之后，贯穿承德市营子区。营子区为承德市区在兴隆县内的一块"飞地"，过去仅是个小山村，清代为皇家陵寝禁地，多有以训练鹰犬为生计的猎手，鹰手营子因此得名。1949年后，营子区在柳河两岸修建防洪坝5 000米；1990年后修建浆砌石坝2 600米，从根本上解决了柳河的防洪问题；2003—2004年，在干流上修建了9道挡板坝，宽100米、长2 700米的连续水面穿过城区，十分壮观。

柳河再东北流，在下台子下游有装机容量250千瓦的潘家店水电站；继而转向东南流，在栾家店入承德县大营子乡；东流，继而北流，折东南流，在羊胡子哨口出承德县，又在姜家庄复入兴隆县。

柳河向东南流，在柳河口村入滦河。在入河口处，有车河从右岸汇入。车河发源于兴隆县五凤楼山北麓，河长24.4千米，流域面积157.7平方千米。

7.4.12　瀑河

(Baohe River)

滦河左岸支流，辽代称陷河，明朝称宽河，清初称豹河。发源于河北省平泉县七老图山南麓，于宽城满族自治县塌山乡瀑河口村入滦河。

概　述

瀑河河长150千米，流域面积1 989.5平方千米。流域属山地丘陵区，地势北高南低，山峦起伏，沟壑交错，沟川较窄；大陆性季风山地气候，四季分明，多年平均气温7.3～8.7摄氏度，年无霜期140～164天，最厚冻土深1米。流域植被覆盖较好，覆盖率52%～54%；多年平均年降水量555～662毫米，多集中在6—9月。1956—2004年间，多年平均年径流量2亿立方米；20世纪80年代后，年径流量呈下降趋势。流域年水资源总量2.25亿立方米，多年平均年输沙量51万～62.1万吨。

流域常发生旱灾。史料记载：1827、1948、1972、1980、1984年发生严重春旱、夏旱，河道断流，水井干枯，作物受灾，严重减产。1972年，春夏连旱，7月后半月仅降雨5毫米，82%的耕地发生干旱，幼苗停止生长，树枯叶萎，农村饮水困难。

流域也常发生洪患。1949—2004年间，平泉站出现300立方米每秒以上的洪峰7次。1962年7月24—26日，山洪暴发，平泉站、宽城站洪峰流量分别达800立方米每秒、3 830立方米每秒，平泉县河坝决口，受灾面积达7 553公顷，冲走树木21万棵、幼林77.4公顷，房屋268间，倒塌房屋6 342间，死亡61人，宽城镇则平地行船。2001年6月18日下午，30分钟雨量达60毫米，瀑河水位急涨，平泉县城大桥冲塌，死亡11人。

1949—1951年，平泉镇及部分重点乡村开始修建防洪坝，到1985年共修坝7 314米。20世纪60—70年代，修建了一批中小型水库和塘坝等，其中有大庆中型水库1座、小型水库多座，总库容1 450万立方米；塘坝17处、引水渠21条、提灌站12处、机电井1 409眼、截潜流工程4处。2009年，农田灌溉及农村生活年用水量2 630万立方米。

1964—1992年，完成宽城县县城防洪坝4 629米。2001—2006年，进行县城段综合治理，整修护岸坝3 980米，疏浚河床1 215米，建橡胶坝4道。自20世纪60年代起，沿岸开始兴建水轮泵站。2000年，建成双洞子水电站，装机容量800千瓦，年发电357万千瓦时。2001年，建成汇泽园水电站，装机容量2 200千瓦，年发电896万千瓦时。至2005年底，共建有塘坝4座、机电井1 018眼。

宽城县城防洪堤

纪　实

上游（平泉县）　瀑河发源于河北省平泉县卧龙镇安杖子村；东南流，入中型的大庆水库。大庆水库位于大庙乡小庙村，1975年完成主体工程，1983年投入运行，总库容1 350万立方米，控制流域面积82平方千米。

瀑河出水库后东南流，至八家村，左纳卧龙岗川；后转西南流，至杏树园子，左纳赶瀑河，河长16千米，流域面积104.8平方千米；过平泉镇，至药王庙西，有车轮轿河从右岸汇入，车轮轿河发源于王土房乡山弯子，河长31千米，流域面积178.6平方千米；再至黄庄北，有老婆山河从右岸汇入；南流，至小寺沟镇万杖子，有道虎沟从左岸汇入。道虎沟发源于道虎沟乡东梁村，河长14.5千米，流域面积115.5平方千米，河上建有老爷庙小（2）型水库。

瀑河此后转向西南流，至党坝镇山前庄西，再至朴家院村，左纳梓椤树河，梓椤树河发源于郭杖子乡东门杖子，河长31千米，流域面积167.2平方千米；东南流至八道河子村东，出平泉县。平泉县河段长87千米，流域面积1 342.3平方千米。

瀑河（承德）

平泉镇位于瀑河上游，是平泉县政府所在地，旧称八沟，位于河北、辽宁、内蒙古3省区交界处。平泉县，春秋时属山戎地，唐时属河北道。清雍正八年（1730年）设八沟直隶厅，清嘉庆二十五年（1820年）改为平泉州，民国3年（1914年）设平泉县。"古平泉"坐落于平泉县城中心，平地涌泉，水质清澈，"平泉印月"是平泉八景之一。

下游（宽城县） 瀑河于六道河子入宽城县。宽城县河段长63千米，流域面积647.2平方千米。

瀑河南流至龙须门镇药王庙村南，有浑河从左岸汇入，浑河发源于宽城县板城镇椴树沟，河长29千米，流域面积328平方千米；转西南流，至上河西村，再穿宽城县城。宽城镇、王厂沟均是抗日战争时期的根据地，冀热辽军区司令员李运昌曾在这里战斗过。1943年5月，侵华日军101师团9联队春田中队在王厂沟被包围全歼。

瀑河西南流，经西化皮、孟子岭、塌山、偏桥子等，至塌山乡瀑河口村，入滦河。

7.4.13 潘家口水库
（Panjiakou Reservoir）

滦河干流上的多年调节大型水库，位于河北省唐山市，在迁西县城北约35千米处。水库总库容29.3亿立方米，控制流域面积3.37万平方千米；功能以供水为主，兼顾防洪、发电等效益。

潘家口水库

概 述

水库坝址位于河北省迁西县潵河镇桃园村（杨碴子村南300米），淹没区（回水）涉及承德、唐山两市的兴隆、宽城、承德和迁西4个县。库区（现址）位于燕山山脉腹地，地形上属低山丘陵地带。坝址地质岩层为角闪斜长片麻岩，坚硬完整，微有风化；河谷地形开阔，宽约600米。

流域地处温带，冬季受蒙古高气压控制，夏季受海洋暖风调节，属中纬度大陆性气候；多年平均气温10.2摄氏度，绝对最高气温39.4摄氏度，最低气温-25.0摄氏度；多年平均年降水量400～700毫米，坝址附近约650毫米。坝址以上多年平均年径流量为24.5亿立方米，占全流域的53%（全流域多年平均年径流量为46亿立方米），多年平均流量79立方米每秒。水质为Ⅱ类。

水库地处燕山山脉西部暴雨中心的边缘，洪水具有峰高量大、涨落迅速的特点。洪峰流量均值为3 150立方米每秒，10 000年一遇洪峰达5.92万立方米每秒，可能最大洪峰为6.3万立方米每秒。

水库分两期施工。其中，一期工程于1975年10月动工，1985年基本竣工，1988年7月通过国家验收；二期工程于1984年5月动工，1992年底竣工。水库建成后，通过引滦隧洞和引水明渠分别向天津市和河北省唐山市供水。

水库枢纽由大坝、下池枢纽、两座副坝和坝后式水电站组成。大坝为混凝土低宽缝重力坝，主坝坝顶长1 039米，分为56个坝段，最大坝高107.5米，最大坝底宽90米，坝顶宽7米；大坝中间部分设有18孔溢洪道，最大泄洪能力为5.31万立方米每秒；30号和32号坝段为底孔坝段，共4个底孔，最大泄洪能力为3 100立方米每秒。下池枢纽是在水库主坝下游约6千米处滦河干流上修建的一座混凝土拦河坝，由闸坝和电站组成，坝顶长1 098米，最大坝高28.8米，坝顶高程151.5米，有效库容1 000万立方米，属日调节水库，与潘家口电站抽水蓄能机组配合使用。两座副坝均为土坝，西城峪副坝坝顶长345米，最大坝高22.5米，最大挡水库容10亿立方米；脖子梁副坝坝顶长30米，最大坝高4.95米，一般情况不挡水。坝后式水电站总装机容量42万千瓦，其中1台15万千瓦常规机组、3台单机容量为9万千瓦的抽水蓄能机组。

水库是为缓解天津、唐山两市用水危机而兴建的，与**大黑汀水库**、引滦枢纽闸一道构成了引滦枢纽工程。该工程建成后，缓解了两市多年来的水源危机，改善了人民生活用水状况与城市环境，促进了经济社会的发展。由于**官厅水库**、**密云水库**不再向天津供水，也缓解了北京市的用水紧张状况。同时，水库的建成有效地控制了洪水灾害，保证了下游京山铁路滦河大桥的安全，并对航运、旅游业有一定的促进作用。

水库淹没范围包括承德、唐山两市的兴隆、承德、宽城和迁西4个县的11个乡，迁移人口3.07万，淹没土地0.22万公顷、房屋1.91万间、国防公路2.5千米（经改线为47千米）。下池枢纽修建时，迁移人口600～800人，淹没耕地48.67公顷、公路4.5千米、铁路3.8千米。

纪 实

潘家口水库位于滦河中游。自**柳河**从右岸注入后，滦河

潘家口水库枢纽

潘家口水库库区示意图

东南流,有清河、瀑河先后从左岸注入,又有新旬子从左岸注入,绕过上、下走马哨折向西南流,一直到潘家口水库大坝。

滦河在坝址一段主流偏右岸,地形构成不对称河谷,右岸较陡,坡度60度左右,左岸较缓,坡度20度左右;其上有第四系堆积物,基座阶地发育,阶地宽约50~200米。右岸由于冲沟切割山体单薄,最小厚度20~50米。在铁门关、喜峰口、龙井关一线,以北属中高山,山势陡峻,多为尖棱状;以南为中低山,山形浑圆。

干流在雁子峪以下为南北向,至潘家口附近连续转4个90度急弯,以上至车河口为北西向,河谷蜿蜒曲折,急弯多达10余处,且为峡谷。两岸阶地不发育,但多不对称,相对一、二级阶地不甚明显,一般零星分布。

西城峪—天城号—新旬子一带为较开阔洼地,宽数百米至1 000余米,为主要库盘之一;车河口—柳河口虽然是一个近东西向分布的小盆地,但位于库尾,对蓄水毫无意义。库区内,除瀑河外,其余河流较小,如左岸小河子及英卫河,右岸黄花川。

潘家口古称卢龙寨,历史上为军事交通要道,在这里曾经发生过许多战事。潘家口之东是喜峰口,古称松亭关,明

喜峰口

永乐年间(1403—1424年)始称喜峰口,为历代兵家必争之地。南宋诗人陆游曾有诗云:"三更抚枕忽大叫,梦中夺得松亭关。"清康熙皇帝出巡喜峰口,曾写下一诗:"紫塞双崖出,丹梯百尺悬。草香遮细路,树老卧轻烟。地为时巡到,山当隘口偏。何年留石室,驻马望层岩。"1933年,日本侵略者欲侵华北,兵临喜峰口,进犯古城,国民党抗日将领宋哲元率部在此迎敌,用大刀片砍杀敌寇千余人,为喜峰口的历史写下了壮丽辉煌的一页;著名的《大刀进行曲》亦产生于此。喜峰口古长城,因历史久远、保存完好而闻名。水库建成后,部分长城已没入水中,水下部分墙体隐约可见,形成水下长城奇观,是万里长城独有的一处景观。

水下长城

库区内,山光秀丽,水波潋滟。泛舟水上,两侧山峰陡峭,怪石如林,森林茂密,绿水青山,兼具北方雄奇及江南秀美,令人目不暇接,心旷神怡。古老的长城在山峦之间时隐时现,孤寂的敌楼、烽火台耸立于群峰之巅,令人浮想联翩,心生思古幽情。水库兴建前,河内鱼虾跳跃,两岸稻花飘香,堪称塞北的"小江南"。水库蓄水后,又平添了天然的和人工的旅游景点20多处,另外还有宽城县"口外八景"中的四景:都山积雪、鱼鳞叠锦、万塔黄崖和独木仙桥。

水库位于燕山山脉沉降地带东南构造带与华夏构造带的复合部位,地质构造复杂,四周的石灰岩、白云岩及少部分页岩岩体由于流水侵蚀与褶皱断裂作用,塑造出一系列千奇百怪、绚丽多姿的奇峰怪石与陡崖悬壁,加上万顷碧波湖光衬托,形成了以瀑河口、贾家安为中心的石壁风景区,几乎可以与甲天下的桂林山水媲美,是北国少见的自然风光。风景区内,有"十里画廊""象鼻山""一线天""月牙洞""椭圆天""双眼洞""乌龟岛""棒槌岩""天柱峰""窟窿山""猴儿山"等景点。

7.4.14 洒河

(Sahe River)

滦河支流,古名强水。发源于河北省兴隆县,在迁西县洒河桥镇北入滦河。

概 述

洒河河长114千米,流域面积1 160平方千米。流域地处石质山区,地势西北高、东南低,上游山高沟窄,中下游河谷渐展,两侧山势陡峭,奇峰林立。流域属温带大陆性半湿润气候,多年平均气温7摄氏度,年无霜期140~180天;多年平均年降水量767.1毫米,降水主要集中在6—9月;多年平

均年径流量 1.54亿立方米，汛期径流量约占全年的75%左右，20世纪70年代后径流量呈下降趋势。流域森林覆盖率44.9%，河流输沙量较小，

㵐河

蓝旗营站年均10.3万吨。承德市水资源评价成果表明，1956—2000年年均水资源量2.47亿立方米，其中地表水2.43亿立方米、地下水0.71亿立方米。

干旱是流域灾害之首。1972年1月至7月15日，累计降雨仅70.5毫米，比历年同期少192.4毫米，干旱严重。1978年6月9日至7月22日，44天无雨，上千公顷粮田遭灾。1980年，严重春旱，截至5月16日尚有867公顷耕地未种。

流域内常发生局部暴雨，历时短，强度大，还经常伴生泥石流、滑坡等灾害。民国27年（1938年）7月，忽发大水，沟满槽平，死100多人。1949—1985年，发生水灾22次。据历史洪水调查，1949年大韦庄洪峰流量1 870立方米每秒；1962年实测，蓝旗营站最大洪峰流量2 180立方米每秒。

清顺治二年（1645年），朝廷将兴隆县划为清东陵"后龙"风水禁地，逐渐形成了山清水秀、古木参天、浓荫覆地的良好植被。日军侵占时期，实行"三光"政策，使流域遭受极大破坏，水土流失严重。新中国成立后，实施了"兴修水利、保持水土"的农业发展规划，水利建设有了明显发展，植被得到了较好恢复。截至20世纪80年代，沿岸防洪工程初见规模，自成体系，库、塘、坝相结合的工程措施相得益彰，河道整治成效显著。至2000年，共建有老虎沟水库（中型）、小型水库20多座、护村护地坝341千米，防洪能力达到20年一遇标准。同时，还建设一批机电井、引泉、自流渠、扬水点等灌溉设施。

纪 实

洒河发源于河北省兴隆县大水泉乡獐帽山，东流，至双庙，转东南，穿行在峡谷之中，河道弯曲，断面呈Ｖ形，平均坡降15.9‰，两岸植被较好，水流清澈；至安子岭村北，入老虎沟水库。老虎沟水库，总库容1 220万立方米，控制流域面积315平方千米。河继续东南流，至梓椤台村南，有一支流从右岸汇入，该支流发源于兴隆

老虎沟水库

县八品叶梁獐帽山林场，河长39千米，流域面积183平方千米。

汇流后，洒河一路向东，水面渐宽至160～180米。经蓝旗营、黄崖沟，至龙井关，其间有大兰口沟、苇子峪、蛇皮榆树、洒河南、雪山沟、长沟、灰窑峪等支流汇入；在龙井关过长城，入迁西县，东流，至栗树湾子村东，有黑河从左岸汇

洒河（滦河桥处）

入，转向东南流。黑河发源于兴隆县五凤楼山南麓，河长38.6千米，流域面积216.6平方千米。

洒河蜿蜒曲折，呈多个S形，由西北向东南流，至洒河桥镇。洒河桥镇为长城喜峰口内著名巨镇，上距喜峰口15千米，下扼滦河水陆要冲。1933年抗日战争中，冷口、迁安相继失守，国民革命军第二十九军扼守洒河桥，成为拦击日寇的主战场，与敌鏖战月余，终因力量悬殊，腹背受敌，忍泪撤退。

洒河在洒河桥镇北入滦河。

7.4.15 大黑汀水库
(Daheiting Reservoir)

滦河干流上的年调节大型水库，位于**潘家口水库**主坝下游30千米、河北省迁西县城北5千米处。水库总库容3.37亿立方米，控制流域面积3.51万平方千米（其中潘家口水库与大黑汀水库之间1 400平方千米）；功能以供水为主，结合供水发电。

概 述

水库坝址位于唐山市迁西县城北5千米的大黑汀村，回水仅涉及迁西县。水库所处地区属低山区，山势秃缓，坝址上下河谷宽阔，高河漫滩分布极为广泛，河床不稳定，两岸地形不对称，有三级阶地存在：一级阶地为堆积阶地，

大黑汀水库

高出河水面3～11米，一般河谷内村庄皆在此阶地上；二级阶地为基座阶地，高出河水面11～23米；三级阶地为混合或基座阶地，高出河水面23～36米。坝址区地层主要有太古界片麻岩系，古生界下震旦系，中生界火成岩以及第四系松散堆积物。库区周边出露的岩石多为太古界片麻岩，地层较单一，除张家庄大虫谷等地有几条规模较小的压性断裂外，库区无区域性断裂通过。

流域地处温带，冬季受蒙古高气压控制，夏季受海洋暖风调节，属中纬度大陆性气候。多年平均气温10摄氏度，年最高气温发生在7月，达38摄氏度以上，年最低气温发生在1月，低至－25摄氏度左右。从12月上旬封冻至次年3月解冻，河心最大冰厚0.4～0.6米，河边冻厚可达1米以上。流域多年平均年降水量650毫米，主要集中在6—9月；春季干

大黑汀水库枢纽

旱，冬季雪少；暴雨在7—8月出现。1962年7月25日，㵽河上游石庙子降雨达504.4毫米，是有实测记录以来最大暴雨。坝址以上多年平均年径流量28.28亿立方米，占全流域的61.5%（全流域多年平均年径流量为46亿立方米），多年平均流量90.1立方米每秒；多年平均年蒸发量1 082.2毫米。

建库初期，潘家口水库来水水质为Ⅱ类，水体透明度达到10多米；20世纪90年代后期，由于来水量减少，污染加重，水质下降，透明度最小时仅0.5米，2005年后水质逐渐好转。2005年汛后，水库淤积达7 272万立方米。

水库地处燕山山脉西部暴雨中心边缘，洪水具有峰高量大、涨落迅速的特点，其中，可能最大洪峰为6.75万立方米每秒。

水库1973年10月开工，1982年基本竣工；经过10余年正常蓄水运用，1999年进行除险加固；加固工程1999年10月开工，2003年11月完工。水库防洪标准为100年一遇洪水设计，1 000年一遇洪水校核。

水库枢纽由宽缝式混凝土重力拦河坝、副坝和坝后式水电站组成。主坝为2级水工建筑物，坝顶长1 354.5米，最大坝高52.8米，坝顶高程138.8米（黄海高程，下同），保坝洪水位138.5米，正常蓄水位133米（与设计洪水位相同），死水位121.5米；大坝中部设有28孔溢洪道，用15米×21.1米弧形门控制，最大泄洪能力6.08万立方米每秒；在溢洪道右侧设有8个底孔，孔口为5米×10米，用5.76米×10.05米平板钢闸门控制，最大泄洪量为6 750立方米每秒；渠首闸位于渠首电站左侧，共4孔，孔口为4米×4米，用4.1米×4.06米平板钢闸门控制，控制引水流量160立方米每秒；副坝为混凝土重力坝，最大坝高13.8米，坝顶总长96米，坝顶宽3米，高程138.8米；为结合供水发电，渠首闸右侧设渠首电站1座，装机容量1.28万千瓦（4×0.32万千瓦），底孔坝段右侧河床式电站1座，装机容量0.88万千瓦，总装机容量为2.16万千瓦，多年平均年发电量0.47亿千瓦时。

潘家口、大黑汀两水库建成后，最大一次洪水发生在1994年7月13日，大黑汀水库入库洪峰流量2 150立方米每秒。由于潘家口、大黑汀两水库调度合理，将大黑汀水库1.18万立方米每秒的组合洪峰流量降至2 000立方米每秒，同时向下游错峰8小时，保住了乐亭小埝，使埝内12万人口的村庄、1.33多万公顷土地安然无恙，保住了白龙山电站，为下游减轻了损失。水库是为缓解天津、唐山两市用水危机而兴建的，功能以供水为主，结合供水发电。1983—2008年，累计向天津市供水180多亿立方米；1980—2003年，累计向唐山市供水172亿立方米。

水库淹没范围只有唐山市迁西县。其中，迁移村庄26个、人口1.48万，淹没耕地面积776.33公顷、果树15.67万棵，拆除房屋1.07万间。

纪　　实

水库回水形成水面30平方千米、总库容达3.37亿立方米的燕山平湖。潘家口水库至大黑汀水库之间两岸山势渐低，谷宽2千米左右，局部陡峻，大部较缓。**㵽河**从右岸注入，为砂质河床，局部河段沙滩发育。大黑汀水库以下，滦河向南又折向东流，在九山村有**长河**从左岸注入，河谷展宽，一般为4千米，最宽达8千米，窄者亦在2千米以上。

库内水面宛若妩媚的西湖，坝下泄流宛若奔腾的黄河。库周青山环抱，峰峦叠翠，山水美景交相辉映，形成了一幅壮丽的画卷。这里，有树木葱茏、植被覆盖率达90%的将军帽子山，有绿树红瓦、山势逶迤的驼龙山。春夏季的山花、野菜、药材，秋冬季的板栗、山菇、野味，各有特色。最具吸引力的还是这里的"山中海洋性气候"，春秋湿润，夏季清凉，盛夏平均气温比京津唐城市地区低4~5摄氏度。清新的空气，怡人的环境，是久居闹市人们休闲、度假、郊游的好去处。

库区西侧是层林尽染、秀峰耸峙的景忠山景区，已被命名为国家AAAA级景区。景忠山，气韵典雅，扑朔迷离，具有观古之幽、探奇之

景忠山景区

妙、赏景之媚的特点，不愧为"京东第一名岫"。清顺治、康熙二帝，曾多次驾幸，御笔题匾，赐金菩萨、珠宝及大藏经，每年农历四月十八和十月十五举办景忠山传统庙会。

7.4.16　引滦入津渠

(Channel Diverting Luanhe River to Tianjin City)

跨流域引水工程，起于河北省迁西县**滦河**干流**大黑汀水库**引滦入津分水枢纽闸，止于天津市宜兴埠泵站前池节制闸，全长234千米，是天津市城市供水主干工程。位于东经117°15′~118°17′、北纬39°17′~40°11′，途经河北省迁西、遵化和天津市蓟县、宝坻、武清、北辰6县（市、区）。

概　　述

20世纪80年代后，华北地区持续干旱。为解决天津市的用水问题，经国务院批准，引滦入津渠于1982年5月正式开工，1983年9月全线正式通水。引滦入津工程获1984年国家优质工程金质奖。

引滦入津渠可分为上下两段。上游段由输水隧洞、黎河输水河道、**于桥水库**供水枢纽组成。输水隧洞，位于滦河大黑汀水库与黎河接官厅村之间的分水岭地带，沟通了滦河和**蓟运河**东支——**州河**的分支黎河。于桥水库接纳3条河流，均属于蓟运河左支州河。东支黎河发源于河北省遵化市庆儿峪，河长76千米，集水面积560平方千米；中支沙河发源于河北省兴隆县大青山南麓，河长70千米，集水面积887平方千米，大部分在河北兴隆县和遵化市境内，于藏山庄汇黎河入果河；西支淋河，发源于河北省兴隆县若乎山南麓，河长47千米，集水面积252平方千米，流经河北省遵化市、天津市蓟县。果河、淋河汇入于桥水库，出水库后始称州河。下游段由州河段暗渠、专用输水明渠、入津段暗渠、**潮白河**、尔王庄明渠暗

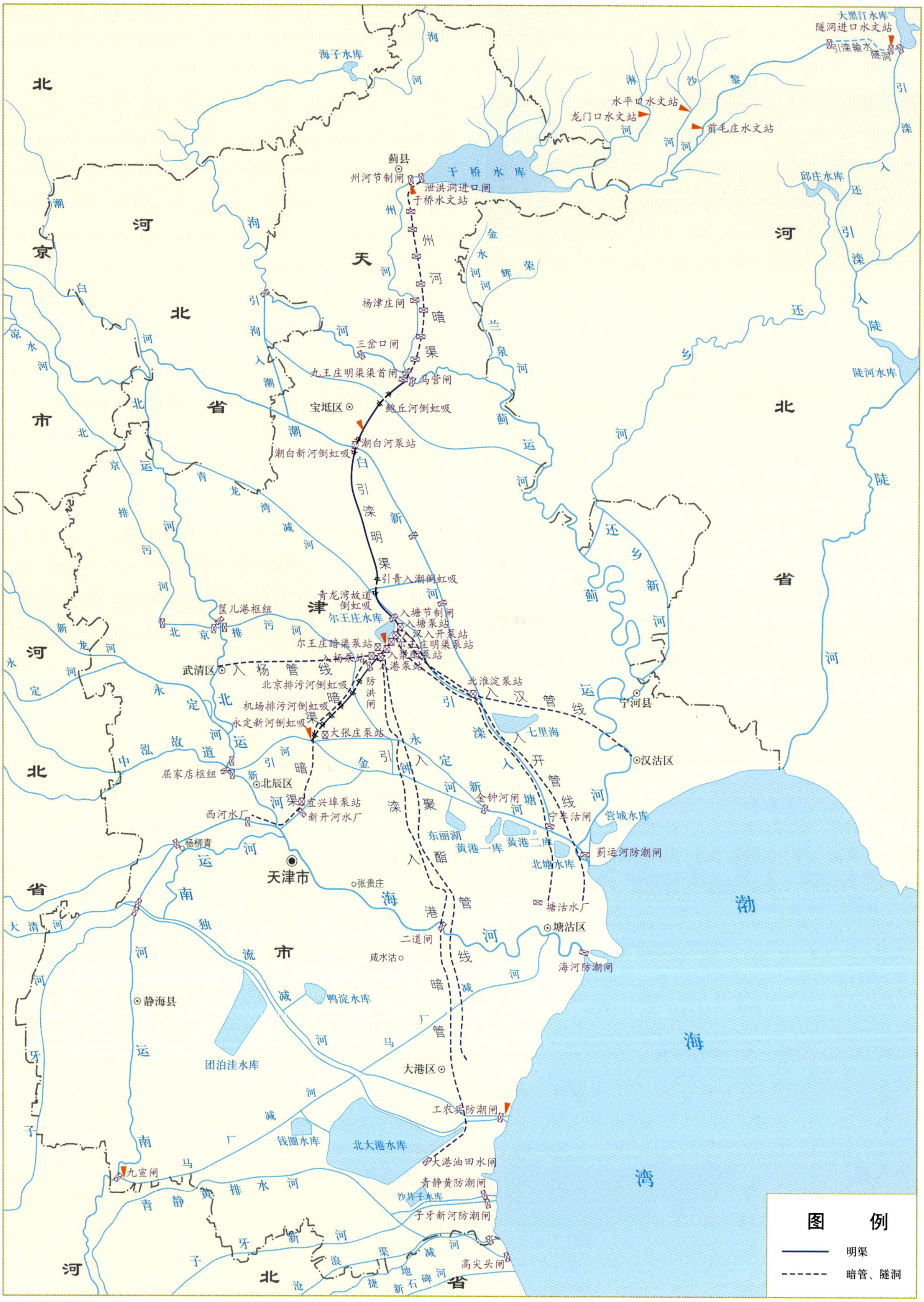
大黑汀水库
隧洞进口水文站
引滦输水隧洞
水平口水文站
龙门口水文站
前毛庄水文站
于桥水库
蓟县
州河节制闸
泄洪洞进口闸
于桥水文站
邱庄水库
海子水库
州河暗渠
杨津庄闸
三岔口闸
九王庄明渠首闸
马营闸
鲍丘河倒虹吸
宝坻区
潮白河泵站
潮白新河倒虹吸
引滦明渠
引青入潮倒虹吸
青龙湾故道倒虹吸
尔王庄水库
入塘节制闸
入塘泵站
入汉入开泵站
尔王庄明渠泵站
尔王庄暗渠泵站
入杨泵站
入港泵站
入聚酯泵站
筐儿港枢纽
武清区
入杨管线
北京排污河倒虹吸
机场排污河倒虹吸
永定新河倒虹吸
防洪闸
大张庄泵站
北淮淀泵站
入汉管线
宁河县
汉沽区
七里海
入开管线
屈家店枢纽
北辰区
宜兴埠泵站
新开河水厂
西河水厂
金钟河闸
宁车沽闸
营城水库
东丽湖
黄港一库
黄港二库
北塘水库
蓟运河防潮闸
杨柳青
天津市
张贵庄
塘沽水厂
塘沽区
二道闸
入港管线
入聚酯管线
咸水沽
海河防潮闸
静海县
鸭淀水库
团泊洼水库
大港区
工农兵防潮闸
钱圈水库
北大港水库
大港油田水闸
九宣闸
青静黄防潮闸
沙井子水库
子牙新河防潮闸
高尖头闸
渤海湾
北京市
河北省
天津市
图例
明渠
暗管、隧洞

引滦入津工程示意图

渠、大张庄4座提升泵站、尔王庄水库以及滨海新区泵站群（入塘沽泵站、入汉沽泵站、入开发区泵站、入大港泵站、入聚酯泵站、入杨村泵站）组成。

渠道建成后，进行过多次治理开发。

隧洞维修。1996—1999年进行了补强加固，2001年建成隧洞在线监测与安全评估系统。

黎河整治。截至2005年年底，建成险工护坡4.15万平方米、各类跌水坝45座、弯道挑流丁坝40座；为有效保护水环境，上游17千米的堤埝共栽植各种林木3万多株，绿化率达到100%。

州河整治。2005年9月以前，于桥水库以下利用州河行洪河道输水，为保障城市供水的正常运行，不断对堤防险工段进行加固处理，共完成28.03千米（其中，堤防险工护坡13.13千米、护滩控导工程14.9千米）。

水库除险加固。1981—1983年实施于桥水库坝顶加高、坝坡加固以及坝基截渗排水等增容加固工程，1994—1995年大坝安装了自动遥测系统，1995—1996、2001、2002—2003年先后3次对水库大坝进行处理。尔王庄水库位于天津市宝坻区尔王庄乡尔王庄村西，占地13.03平方千米，1982年8月开工，1983年7月建成，围堤全长14.63千米，堤顶高程6.84米，防浪墙高程8.04米（黄海高程），堤顶宽7米，2004年7月至2006年7月实施了水库除险加固工程。

天津市饮用水源保护。实施了天津市饮用水水源保护工程，自于桥水库至大张庄泵站，总长124.34千米，主要项目包括于桥水库水源保护工程、新建州河暗渠工程、现有明渠治理工程和引滦工程管理信息系统，其中于桥水库水源保护工程改善了库区水源水质。

于桥水库库区水源地建设。为保证天津城市供水安全，2000年8月修建于桥水库库区水源地——西龙虎峪水源地，设计日出水量8万立方米，是天津市重要的战备水源地之一。

区域供水业务。通水初期，只供天津市区居民生活和工农业用水。1985年后，在引滦明渠上先后增建宝坻自来水厂取水口、引滦入塘泵站、入汉沽泵站、入开发区泵站、入杨村泵站、入港泵站、入聚酯乙烯泵站诸取水口。于桥水库南岸增建大唐盘电、国华盘电两个取水口。引滦入津渠高峰日供水量超过160万立方米。

尔王庄水库

截至2005年年底，引滦入津渠从大黑汀水库引水121亿立方米，经于桥水库向城市供水168.2亿立方米，补给海河工农业用水9.20亿立方米，弃水11.6亿立方米。为充分利用水能资源，天津市水利局、天津市电力开发公司、蓟县政府三方投资兴建水电站。1986年6月破土动工，1988年12月建成，装机容量5 000千瓦（4×1 250千瓦），整个工程具有输水、泄洪、发电三大功能，以输水为主、发电为辅。1995年，进行了发电机组增容改造，改造后总装机容量为5 800千瓦。

纪　实

引滦入津渠始自引滦分水枢纽闸，向下流，经输水隧洞。输水隧洞，东起河北省迁西县大黑汀村西引滦分水枢纽闸，穿越景忠山，于炸糕店村南入黎河河道。主体工程包括分水枢纽、引水明渠、明挖隧洞、进水闸、洞挖隧洞、出口防洪闸及消能设施，全长12.39千米。其中，洞挖隧洞9 666米，明挖隧洞1 724米，明渠、枢纽闸以及出口消能工程总长1 004.5米。洞身为半圆拱形无压隧洞，断面尺寸5.7米×6.25米，设计流量60立方米每秒，设计水深3.93米；校核流量75立方米每秒，校核水深4.68米。隧洞进口处，设国家二级水文站。

引滦入津分水枢纽

出隧洞后，入遵化市境内黎河干流。黎河输水段，由迁西县、遵化市交界处的低山丘陵区至沙河、黎河汇流口，全长57.6千米。其中，遵化市炸糕店桥至果河桥长56.95千米，蓟县果河桥至沙河、黎河汇流口长0.65千米。设计流量60立方米每秒，校核流量75立方米每秒。黎河中游的前毛庄水文站属国家二级水文站，位于遵化市东新庄镇前毛庄村东南，集水面积340平方千米。

顺流而下，入于桥水库。库区东西长26千米；出水库经电站尾水渠入州河暗渠（2005年9月以前，出水库后顺54千米州河入蓟运河，在蓟运河首2千米处的九王庄进水闸入引滦专用输水明渠）；出州河暗渠，入引滦专用输水明渠。明渠起于九王庄进水闸，止于大张庄泵站前池，全长64.2千米。其中，九王庄进水闸至尔王庄泵站长47.2千米，设计流量50立方米每秒，设计水深3米；尔王庄泵站至大张庄泵站长17千米，设计流量30立方米每秒，设计水深3米。天津市饮用水水源保护工程实施后，明渠实现全断面衬砌。明渠上建有桥梁42座，其中公路桥5座、生产桥37座；水闸7座，分别是九王庄进水闸、安家桥排沥闸、陈家庵排沥闸、大张庄排沥闸、大尔路防洪闸、大张庄防洪闸、引滦入塘节制闸。明渠与12条河流交叉，均采用倒虹穿越，6个大型倒虹吸分别是鲍丘河、潮白新河、引青入潮、青龙湾故道、北京排污河、机场排污河；有潮白河泵站、尔王庄明渠和暗渠泵站、大张庄泵站3座加压提升泵站以及潮白河、尔王庄2座自流道和调蓄水库尔王庄水库。

潮白河泵站的主要作用是提高引滦明渠输水水位，汛期兼顾宝坻区潮白新河以北、引滦明渠以西农田的排涝任务，设计流量50立方米每秒，排涝设计流量40立方米每秒。1985

年，在泵站左侧新建自流道1座，长407.1米，设计流量24立方米每秒，校核流量30立方米每秒。2002年，对泵站的综合自动化监控系统进行了更新改造。

尔王庄泵站位于津蓟高速公路于九园公路下道口西约3千米处，由明渠泵站和暗渠泵站组成。其中，明渠泵站将明渠来水经提升至后池，再由下游明渠输送到大张庄泵站以向海河干流补水，设计流量30立方米每秒。1986年，在明渠泵站左侧新建自流道1座，设计流量17立方米每秒；在向海河补水流量不超过20立方米每秒时，明渠泵站不开机，可通过自流道输水。暗渠泵站的作用有二：一是前池来水经提升加压后通过26千米的钢筋混凝土暗渠将水送至宜兴埠加压泵站，直供市区自来水厂；二是依据尔王庄水库水位变化状况，开启水泵向水库补水。暗渠泵站有2套机组，一组向入津暗渠输水，设计流量20立方米每秒；另一组向水库补水，设计流量15立方米每秒。1997年12月至1998年2月对暗渠泵站机组及电器设备、厂房进行了改造。

大张庄泵站有3种输水运行方式：其一，提升尔王庄以下输水明渠来水，通过永定新河倒虹吸入新引河，经屈家店闸过北运河入**海河**干流，以补充天津市海河干流两岸的工业用水和菜田用水；其二，若上游暗渠检修，可以通过明渠下泄到大张庄泵站并通过大张庄泵站提升经后池暗渠闸入宜兴埠水厂，供市区居民生活用水；其三，大张庄泵站汛期兼顾局部地区的排沥任务，设计流量30立方米每秒。2000年，对泵站的综合自动化监控系统进行了更新改造。

自尔王庄泵站以下分为两路，一路由17千米明渠送至大张庄泵站，穿永定新河倒虹吸入新引河，经北辰区屈家店闸壅水，顺北运河入海河干流；另一路由尔王庄暗渠泵站加压，经26千米的入津暗渠至宜兴埠泵站。

7.4.17 引滦入唐渠

(Channel Diverting Luanhe River to Tangshan City)

人工渠道，为向唐山市区供水而修建的跨流域引水工程，位于河北省唐山市北部。起于**滦河**干流**大黑汀水库**引滦枢纽分水闸，止于**陡河水库**，全长52千米。

概 述

1978年12月开工，1981年缓建，1982年全线复工，1984年12月试通水，获河北省人民政府、原水利电力部"引滦入唐工程提前一年通水奖"。1986年6月，正式交付使用。

由引滦入还工程、引还入陡工程组成。引滦入还工程位于迁西县西南部和丰润区东北部，自大黑汀水库引滦枢纽分水闸向南入**邱庄水库**，沿途有输水明渠、渡槽、隧洞、埋管、淤泥河疏浚、还乡河开卡等，全长26.3千米，设计引水流量80立方米每秒；输水渠道上，建有渠系建筑物34座、水电站1座。引还入陡工程位于迁西县丰润区东北部和唐山市区北部，渠首在邱庄水库大坝以上4.5千米处的大岭陡壁下，经隧洞、渡槽、盘山输水明渠、**陡河**西支泉水河，入陡河水库，全长25.7千米，设计引水流量40立方米每秒；输水渠道上，有水电站1座、桥梁和排水涵洞20座、引水口门10座、水闸9座、水簸箕29座、斜坡道6条。

自工程通水至2003年，共向唐山市区供水30亿立方米，经济、社会、环境效益显著：一是缓解了唐山市区因超采地下水造成地层塌陷的潜在危机；二是减少了陡河市区段的污染，改善了环境；三是满足了城市居民生活用水，结束了部分居民用水难的历史；四是解决了唐山市钢铁厂、陡河电厂、唐山碱厂等大型企业用水困难问题；五是陡河灌区设计灌溉面积由0.67万公顷增大到5万公顷，促进了农业增产增收；六是工程形成理论水电蕴藏量2.07万千瓦，已开发1.05万千瓦，发电总量2.6亿千瓦时，产值6 265万元；七是纳入国家"十一五"规划的曹妃甸工业园区，通过引滦入唐渠道引用滦河水，已建成引水管道全长99千米，近期年供水0.98亿立方米，远期年供水2亿立方米。

引滦入唐明渠

纪 实

起于大黑汀水库引滦枢纽分水闸。分水闸有入津闸和入唐闸，各3孔，将滦河水分别引向天津、唐山两市。入唐闸设计引水流量80立方米每秒，校核流量100立方米每秒，为启吊式直升钢板闸门，每孔净宽3.5米。

出分水闸后，由北向南，是1 615米长的土石明渠，设计底宽5~8米，底板和边坡下部均为混凝土衬砌，渠底下设无砂混凝土排水管1道，坡面为六角形混凝土框格护砌。

经土石明渠后，入2 085米长的横河渡槽。槽身净高5.5米，净宽10米，顶部设1.6米宽人行道，有106个重力墩、30个井柱承台墩。

横河渡槽

沙岭子隧洞

出渡槽，向南入1 750米长沙岭子隧洞。洞身断面为城门洞形，净宽6.5米，净高7.5米，为锚喷挂网衬砌，边墙表层增浇0.35米厚混凝土。东侧沙岭村西南，有沙岭子古文化遗址，面积8万平方米，历史文化年代上起红山文化时期，下迄夏家店下层文化时期。出沙岭子隧洞，有335米长的新立庄埋管。埋管为双箱涵结构，净宽5.2米，净高6.5米。再向南，有 1.51 千米长的照燕洲埋管和 654 米长的城西峪埋管，均采用类马蹄形断面，底宽 6 米，中腰宽 7.4 米，净高 6.37 米。东侧照燕洲村有面积 7.5 万平方米的古文化遗址，专家确定为商周遗址。

以下进入长 2 018 米的八一林隧洞，净宽 9 米，净高 7.5 米。继之，有 647 米长的台头埋管、620 米长的火石山埋管和 478 米长的赵庄子埋管，其形状、尺寸与城西峪埋管相同。赵庄子埋管下游，接 293 米长南观隧洞，出隧洞入压力前池，下有南观电站，装机容量 8 000 千瓦。

经电站尾渠，下行 200 米，入淤泥河。淤泥河发源于迁西县西岭村西，为季节性河流。引滦入还渠道利用该河南观至岩口段 3.7 千米长河道输水，经疏浚开挖，设计底宽 12 米，边坡 1∶2，开挖深度 3~7 米，设计纵坡 1/980，全部浆砌石衬砌。

沿淤泥河下行 1 630 米，有迁西县至唐山市的公路桥。再向南，入**还乡河**，利用岩口至五凤头段 9.6 千米长天然河道，经局部开卡、重点护岸后，底宽 30~36 米。岩口村建有岩口抗日暴动纪念碑，是为纪念李运昌领导的抗日武装大暴动而立的。这一带还乡河道弯曲，坡陡流急，两岸为群山，中为峡谷平原，林木茂密，景色宜人。随之，向西南，入邱庄水库。

在水库大坝上游 4.5 千米处，有大岭隧洞。洞前有 86 米长引渠，底宽 6.2 米，浆砌石衬砌。隧洞由进口闸室、洞身、出口闸室及消力池组成，全长 594 米。大岭隧洞西侧的北凹凸村，因背靠巍峨险峻的白云岭而得名。据考证，《红楼梦》作者曹雪芹祖上曾在这里建山庄别墅，立酒烧锅，因还乡河古称溹水，称为溹酒，现采用传统工艺生产的历史文化名酒——曹雪芹家酒系列酒为河北省名酒。

向南，接 406 米长明渠，底宽 5~6.5 米，深 4.5 米，浆砌石衬砌。再向南，进新王庄隧洞和矩形槽。新王庄隧洞长 1.49 千米，为明流无压洞，断面内径 5.6 米。矩形槽净长 83 米，底宽 6 米，深 4.5 米，锚杆衬浆砌石罩混凝土衬砌。

接着向南入王务庄渡槽。渡槽长 653 米，跨越还乡河左岸支沟及谷地，为浆砌料石重力墩，每孔跨度 10 米，断面宽 6 米，高 4.4 米，底板、侧墙均厚 0.5 米，槽顶有 20 厘米厚盖板。

渡槽以下至南岭隧洞之间，为盘山明渠，长 866 米，底宽 5 米。出明渠后，入南岭隧洞、明渠。南岭隧洞长 258 米，为圆拱直墙结构，净宽 5 米，净高 6.17 米，是明流无压洞。

南岭隧洞以下为明渠，长 199 米，底宽 3.5 米，浆砌石罩混凝土衬砌。随后，入古人庄隧洞和明渠。古人庄隧洞长 1.42 千米，为明流无压洞，平均纵坡 1/1 072。出隧洞，入全长 5 043 米的砂渠、土渠和石渠。

再下游是 738 米长深砂渠，底宽 3 米，边坡 1∶2.5，纵坡 1/9 980。左侧杨家铺村北马头山下，建有杨家铺烈士陵园。1944 年 10 月 17 日，冀东特委机关人员在此被 3 000 多日伪军包围，寡不敌众，除少数突围外，包括特委组织部长周文彬在内的 430 余名干部战士壮烈牺牲。新中国成立后在此建陵园以资纪念。

再下游为姚庄电站，装机容量 2 500 千瓦。电站尾水渠折向东南，进入陡河西支泉水河天然河道，至银城铺镇国持营村，长 13.2 千米，底宽 8 米，边坡 1∶2。

再向南流，入陡河水库。

7.4.18 长河
(Changhe River)

滦河左岸支流，《水经注》称黄雒水。发源于河北省宽城满族自治县亮甲台乡大汉沟，至迁西县九山村南入滦河。

概 述

长河河长 114 千米，流域面积 684 平方千米。流域长城以北为深山区，地势东北高西南低，高程 400~1 000 米；长城以南为浅山丘陵区，高程 100~600 米。流域属暖温带半湿润大陆性季风气候，多年平均年降水量 702 毫米，80% 以上降水集中在 7—8 月，最大降雨量为黄槐峪站 1 457 毫米（1978 年）、最小降水量为 309 毫米（1999 年）；多年平均年径流量 1.43 亿立方米；历史上，水质优良，20 世纪 80 年代后，因群采铁矿及铁选业兴起，各河段受到不同程度的污染。

流域主要自然灾害是洪、旱、泥石流。根据历史洪水调查，1949 年大洪水，米峪口洪峰流量 3 960 立方米每秒。《迁西县水利志》记载："1976 年 7 月 23 日，迁西县北部……上营公社贾庄子大队降雨 300 多毫米，起水泡 21 处，冲毁房屋 3 间，死亡 2 人，冲走大小牲畜 26 头，75% 土地被水冲沙压。"

流域旱季有时长达 8 个月。《宽城县志》记载：1972 年总降雨量 195 毫米，比历年减少 290.9 毫米，旱情严重。1982、1983 年分别发生大旱，河道断流，水井干枯，粮食减产。《迁西县水利志》记载：1972 年，春季降水 37 毫米、比常年偏少 55%，汛期降水 294 毫米，比常年偏少 50%，是县内有记载以来春夏降水量最少的一年，形成春旱连夏旱，出苗率仅 50%~60%，夏旱又严重死苗。

泥石流多发生在沿长城一带。当地流传着"不怕大雨下几天，就怕'水鼓'连窝搬"的谚语。1949—1953 年间，上营一带就发生大、小泥石流 1.1 万多起，仅上营乡就发生 2 500 多处，其中两次大泥石流冲毁土地 80 公顷、房屋 53 间，伤亡 13 人。

流域内农作物主要有玉米、谷子、小麦、高粱、大豆、白薯、花生等，干鲜果品主要有板栗、苹果、安梨、核桃等；矿产资源以铁、金为主，是宽城、迁西两县金矿的重要成矿带，同时，锰、铅、锌、钼、花岗岩、石灰岩等矿产资源丰富。流域地处华北植物区北部边缘，华北、东北植物区系种类均有，植物资源丰富。

东汉时期，沿长河就流放木排，通行船只。清代末期，沿岸曾利用河道天然落差修建水磨坊。1946 年，解放军曾利用水磨加工军粮，兴建宏大面粉厂，支援前线。

1949 年后，流域兴建了一大批水保、防洪、抗旱、节水工程，提高了抗灾能力。1955—1984 年，建 12 处渠道，总长 9.4 千米，实际灌溉面积 107 公顷。1975—1979 年，建小型水库 11 座，控制流域面积 18.37 平方千米，总库容 531.84 万立方米，兴利库容 358.88 万立方米，设计灌溉面积 344 公顷，实灌面积 168 公顷。1955 年，东荒峪乡周家峪村成为河北省综合治理典型，被河北省命名为"水土保持先进村"。20 世纪 70—80 年代，宽城、迁西县实施"围山转"工程，在坡度较缓的低山丘陵区建水平梯田，外高里低，涵养水分，保持水土，形成"树木围山转，线线连成片"。90 年代后，水土保持以小流域为单元，实施山水林田路统一规划、综合治理，流域内生态环境和生产条件得到初步改善。从 2000 年起，迁西县实施集雨工程建设，修建集雨水窖近 6 000 个，使发展板栗生产有了可靠水源。

纪　实

上游　长河发源于河北省宽城满族自治县亮甲台乡大汉沟东南都山西北麓。都山海拔1 846米，系燕山山脉东段最高峰，也是众多河流的发源地。

长河出源后西北流，至亮甲台镇，亮甲台植桑养蚕历史悠久，至今已有500多年历史，所产蚕茧整齐洁白、丝长茧厚、解舒率高；过亮甲台镇转西南流，至峪耳崖镇。峪耳崖是黄金重要产区，采金业始于清光绪二十一年（1895年），现峪耳崖金矿属国有矿山，1997年产黄金3.21万两，被誉为中国黄金产业"五朵金花"之一。长河至河西村，折向西南，至大屯，有大屯惨案遗址，1941年，日本侵略者在这里制造了大屯惨案，187名无辜群众被杀，450间房子被烧；曲折南流，至长城，入迁西县。以上河段长65千米，流域面积485平方千米，河床平均宽80米，平时流量0.5立方米每秒。

下游　长河经董家口穿长城，入迁西县后，流域内主要为低山丘陵区，有少部分冲积平原，高程100～600米，北部多山，南部多低丘。董家口为长城一关口，明万历年间（1573—1619年）筑有城堡，现已毁。

长河东南流，至上营镇，建有董家口、上营等6条引水渠道，总长2.35千米，控制浇地面积5.2公顷；折向西南流，至渔户寨乡三家湾村。出三家湾村，折向南流，至渔户寨。三家湾至渔户寨，被人们称为"长河川"地区，为抗日战争时期冀东革命根据地之一，冀东军分区、冀热辽特委、兵工厂等曾驻于东水峪村。1943年10月6日，日伪军5 000余人，把长河川东水峪、西水峪等13个村团团围住，制造了"长河川惨案"，进行了21天的大屠杀，共屠杀群众245人，烧毁房屋2 800间，杀掠牲畜1.11万多只（头），抢掠板栗36.5万千克、水果500万千克、粮食70万千克，其他财产都被烧光毁尽，损失巨大。

长河续东南流，至板桥村，左纳赤道河，赤道河发源于迁西县金厂峪镇沙鱼沟，河长15千米，流域面积47.8平方千米；折向南流，至东荒峪镇，在许店子、后韩庄、九山建有3条引水渠，控制灌溉面积13公顷；继续南流，左岸有五虎山。五虎山原名九山，因有9座山头并排而得名；清康熙三十年（1691年）冬，康熙皇帝狩猎于此，获虎5只，下诏改名"五虎山"。据史料记载，康熙皇帝曾先后14次狩于五虎山。五虎山具有丰富的旅游资源，《唐山概览》记载：这里"松林遮月，涛声不断，进得山中，随涛声常有虎啸相随"，极具旅游开发价值。

长河南流，至九山村南入滦河。

7.4.19　青龙河
(Qinglong River)

滦河左岸支流，《水经注》称玄水，清代称漆水，清代后称青龙河。主源（北源）发源于河北省平泉县台头山乡李杖子村，至滦县石梯子沟村东入滦河。位于东经118°37′～119°37′、北纬39°51′～41°07′，地跨河北、辽宁两省7县市。

概　述

青龙河河长246千米，流域面积6 340平方千米。属燕山山脉东段，河流蜿蜒，河曲发育，侧蚀力强，U形河谷，宽400～1 000米，砂卵石河床，比降1/430～1/600。长城以北属山区，以南属丘陵区。

流域属东亚季风气候区，多年平均年降水量500～700毫米，年内分配不均，主要集中在7、8两月；年际变化大，桃林口水文站实测1959年降水量1 208毫米，1982年降水量仅320毫米。

青龙河在滦河支流中属水量最丰，1956—2000年，桃林口水文站多年平均年径流量7.77亿立方米，最大径流量21.14亿立方米（1977年），最小径流量1.42亿立方米（2000年），桃林口以上年均水资源总量7.84亿立方米。中上游坡降大，坡面侵蚀和河槽冲刷是泥沙主要来源，桃林口水文站实测多年（1957—1997年）平均年悬移质输沙量178万吨。2003年，水质为Ⅲ类。

流域暴雨中心多在都山迎风坡，历时短，强度大。据历史洪水调查，最大洪水发生在1949年，洪峰流量1.74万立方米每秒，相当于200年一遇洪水标准。

青龙河

流域耕地面积3.73万公顷，主要作物有玉米、高粱、谷子、薯类等，主要矿产有金、铀、铁、大理石，山场广阔，林果繁茂，年产干鲜果过亿斤；此外，药材资源也较丰富。

历史上，有局部小规模引水灌溉和利用水能的活动。《永平府志》记载：明清时，青龙河、沙河一带，有利用木制水轮机为动力的作坊，也可杵米、磨米。清雍正十一年（1733年），刘家营、三里河、泉庄等地修围堰，建渠闸。新中国成立后，沿河各县进行大规模水利建设。截至2000年，共建有大型水库**桃林口水库**1座，水胡同、三旗杆中型水库2座，小型水库37座，小水电站47座，塘坝53处，机井2 500眼，扬水站216处，截潜流工程43处，丁坝162处。

纪　实

上游　青龙河发源于河北省平泉县，有北、西二源，北源为主源，源头在台头山乡李杖子村。二源于辽宁省凌源市三十家子镇南汇合，始称青龙河。平泉，古名"八沟"，因泉水平地涌出得名，明清和民国初期是长城内外商贸重镇。凌源市三十家子镇北店村，是特等女战斗英雄郭俊卿家乡。郭俊卿在解放战争时期，女扮男装南征北战，被誉为"现代花木兰"，以她为素材写作的小说《踏平东海万顷浪》和拍摄的电影《战火中的青春》激励了亿万中国人。

水胡同水库

青龙河南流,河床摆动较大,岸滩发育,河宽15～20米,砂质河床;至水泉,有大桦皮沟从右岸汇入。再至大北庄,有杨杖子河自左岸汇入,汇合处形成大沙洲。继续南流,至绊马河,复入河北宽城满族自治县。

中游 青龙河南流至小石柱子村东,右纳*都阴河*,后转东流至东梨园,折南再东南至老岭湾村北,入青龙满族自治县。青龙县地处燕山山脉东端,历史悠久,商代属孤竹国,以后历代变迁,民国22年(1933年)建县,境内山峦绵延,雄奇险秀,风光殊丽,古称"京东胜地"。

青龙河至红旗杆村西,有都源河从右岸汇入,都源河发源于都山东麓,河长42千米,流域面积203.3平方千米,中游建有中型的水胡同水库;东南流,至土门子镇西,再至大巫岚乡铁炉沟门,有星干河自左岸汇入,星干河长45千米,流域面积469平方千米;折西南流,穿行于山间盆地,谷宽3～5千米,河宽约120米;过大狮子沟后,河流蜿蜒曲折,呈连续S形,至半壁山折南流,河谷渐窄,宽不足100米,凹岸沙滩发育。自半壁山始,两岸有堤。

青龙河至双山子乡小汇河,左纳起河,起河长72.1千米,流域面积711.3平方千米;蜿蜒南流,过古楼寺,经山间盆地,一般河宽约100米,边滩300～500米;再至东沟,入桃林口水库。

下游 青龙河在库区右纳南河,南河长36千米,流域面积211.4平方千米;出水库,拐"牛轭"弯,经桃林口关,过长城入卢龙县;转西流入丘陵区,河谷展宽至200余米。

青龙河至小黄崖山脚下,有卢龙县引青灌区渠首工程,包括拦河坝、引水隧洞和水闸三部分,1977年建成。拦河坝为溢流堰式浆砌石重力坝,坝长340米,顶宽2.5米,最大坝高18.9米,蓄水2 596万立方米;引水隧洞位于拦河坝南侧,洞长750米,最大引水流量10立方米每秒。卢龙县引青灌区,始建于1958年,续建于1976年,1980年通水,控制灌溉面积2.53万公顷,有效灌溉面积2.07万公顷,覆盖全县12个乡镇,是卢龙县农业的命脉工程。

青龙河过鹿尾山,西南流,至柴哨村北,始为迁安市、卢龙县界河;至卸甲庄,较大支流沙河自右岸汇入,沙河(冷口)发源于青龙县王厂乡郭杖子村,南流至冷口关过长城,入迁安市,河长76千米,流域面积856平方千米;折向南流,河谷变窄,约1～2千米,河宽约100米,局部宽达500～600米,多沙嘴、沙洲,边滩较大。沿途,左岸有几条山溪汇入,右有东野河汇入。

青龙河南流,过大横河、小横河后,分为左中右三支,过夹河滩村后复合。此段河谷宽展,一般约3～5千米,有长达8.5千米的大沙洲,长满柳树。过夹河滩,左岸为卢龙县城,下穿102国道。

青龙河过卢龙县城西,南流入滦县,于石梯子沟村东入滦河。

7.4.19.1 都阴河
(Duyin River)

青龙河右岸支流,发源于河北省宽城满族自治县大字沟乡跳沟村,于大石柱子乡小石柱子村入青龙河。

都阴河河长48.5千米,流域面积461.6平方千米。属石质山区,地势西高东低,山高坡陡。流域处于暖温带大陆性季风气候区,多年平均气温9.5～7.5摄氏度,年无霜期160～164天,最厚冻土层1米;多年平均年降水量650～550毫米,最大年降水量954毫米,最小年降水量298毫米,多集中在6—8月;多年平均年径流量0.73亿立方米,水资源总量0.66亿立方米。

流域多发生干旱。《宽城县志》记载:明万历四十三年(1615年)正月至七月不雨,民大饥,结党抢掠,人相食;清光绪六年(1880年)春夏大旱,苗而不秀,人多渴死。1966年7月,30天无雨,旱死农作物199.5公顷。1981年6月,河沟断流,2 075眼水井干枯,

青龙河水系示意图

都阴河

作物大幅度减产。流域也常发生大强度、短历时暴雨。1962年7月24—26日，汤道河区2 000公顷农田受暴雨袭击，毁地325公顷。1984年8月4—11日，连续降雨314.2毫米，1处塘坝工程及部分农田被毁，受灾严重。1985年5月24日，大字沟门降暴雨、冰雹，冲毁塘坝1座、耕地上百公顷。

从20世纪50年代开始，沿岸多采用河卵石、砂砾、树桩等修筑堤坝。70年代后，才开展大规模整治河道，至90年代建成防洪坝110千米。1975—1980年，在支流小彭河上修建了三旗杆水库，是宽城县唯一的中型水库，总库容1 030万立方米。1978年，为防洪治水，汤道河镇实施劈山改河工程，开凿山口1个，修筑大坝1座长270米，建引水渠3条长1 900米，改河造田33.3公顷，灌溉农田63公顷，建小塘坝1个、小水电站1座。1984年后，先后建设喷灌、管灌工程，灌溉面积达400公顷。流域内现有机井516眼、灌溉渠道6条长5 100米，塘坝3座，截潜流工程8处。

流域水土流失较严重，尤以下游为突出。近几年，先后实施"**桃林口水库**上游"和"防沙治沙"重点工程，治理了双松汀、大石柱子、白吉沟、大字沟4个

三旗杆水库

小流域，有效控制了水土流失，改善了生态环境。

都阴河发源于河北省宽城县大字沟乡跳沟村，北流，过朝阳山村转东流，经苇子沟，至沟门子，左纳小彭河。小彭河长12千米，流域面积49.6平方千米，河上建有中型的三旗杆水库。

都阴河东流，入汤道河镇，纳连阴栈河、冰沟河。连阴栈河长

都阴河

12.5千米，流域面积77.6平方千米；冰沟河长22.5千米，流域面积120.7平方千米。

都阴河过汤道河镇，东流，弯弯曲曲入大石柱子乡，至小石柱子村东入青龙河。

7.4.19.2 桃林口水库
(Taolinkou Reservoir)

因坝址毗邻著名长城关口桃林口得名，**青龙河**上的大（2）型水库，位于河北省青龙满族自治县三道河村。总库容8.59亿立方米，控制流域面积5 060平方千米。水库功能以城市、农业供水为主，兼顾发电、防洪、旅游、养殖效益。

桃林口水库全景

概　述

水库以上属中低山区，地势北高南低；以下为低山丘陵区，河流蜿蜒，河曲发育，河床为砂卵石。多年平均年径流量9.6亿立方米，多年平均年输沙量386万吨。水质始终为Ⅱ类以上，大部分时段为Ⅰ类。

水库于1992年10月开工建设，1998年12月主体工程竣工，1999年投入试运行，2000年8月通过国家验收。水库是国家在引滦入津工程实施后对河北省的补偿性工程，分两期实施，现水库工程为一期工程，二期工程尚未实施。水库为多年调节大型水利枢纽工程，兴利库容7.09亿立方米，死库容0.51亿立方米，多年平均调节水量6.33亿立方米。防洪标准为100年一遇洪水设计，1 000年一遇洪水校核。

水库枢纽工程由拦河坝、溢流坝、泄洪洞、电站及其他附属设施组成。拦河坝为碾压混凝土重力坝，坝长500米，坝顶高程146.5米，坝顶宽7米，最大坝高74.5米；溢流坝位于拦河坝中段上部，表孔溢流，11孔，15米×15.5米，为宽尾墩与消力池联合消能，油压启闭弧门，最大泄流量2.2万立方米每秒；泄洪洞位于拦河坝右侧，为弧形门，有压短管，2孔（5米×6米），最大泄流量1 641立方米每秒；电站位于泄洪洞右侧，装机容量2×1万千瓦，设计年发电量6 275万千瓦时。大坝实行自动化观测，电站实行微机自动化监控，水库雨情、水情实行自动化测报。

水库淹没及影响范围均在青龙县境内，涉及8个乡36个村，搬迁人口3.93万，按唐山市56％、秦皇岛市44％的比例进行安置，除少量后靠安置、投亲靠友、农转非及非农业安置外，绝大多数移民异地安置。移民到安置地后，环境、交通、通信、文教卫生、基础设施等各方面条件得到改善，生活水平都有较大幅度提高。

水库利用下游8千米处的分水枢纽，向秦皇岛市城市和卢龙县农业供水，通过青龙河向唐山市农业供水。1999—2006年，累计向秦皇岛市城市供水3.08亿立方米，向卢龙县农业供水5.46亿立方米，向唐山市农业供水9.04亿立方米。1998—2006年，电厂上网发电0.92亿千瓦时。

水库建成后，没有发生过超标准洪水。1999年后，加大

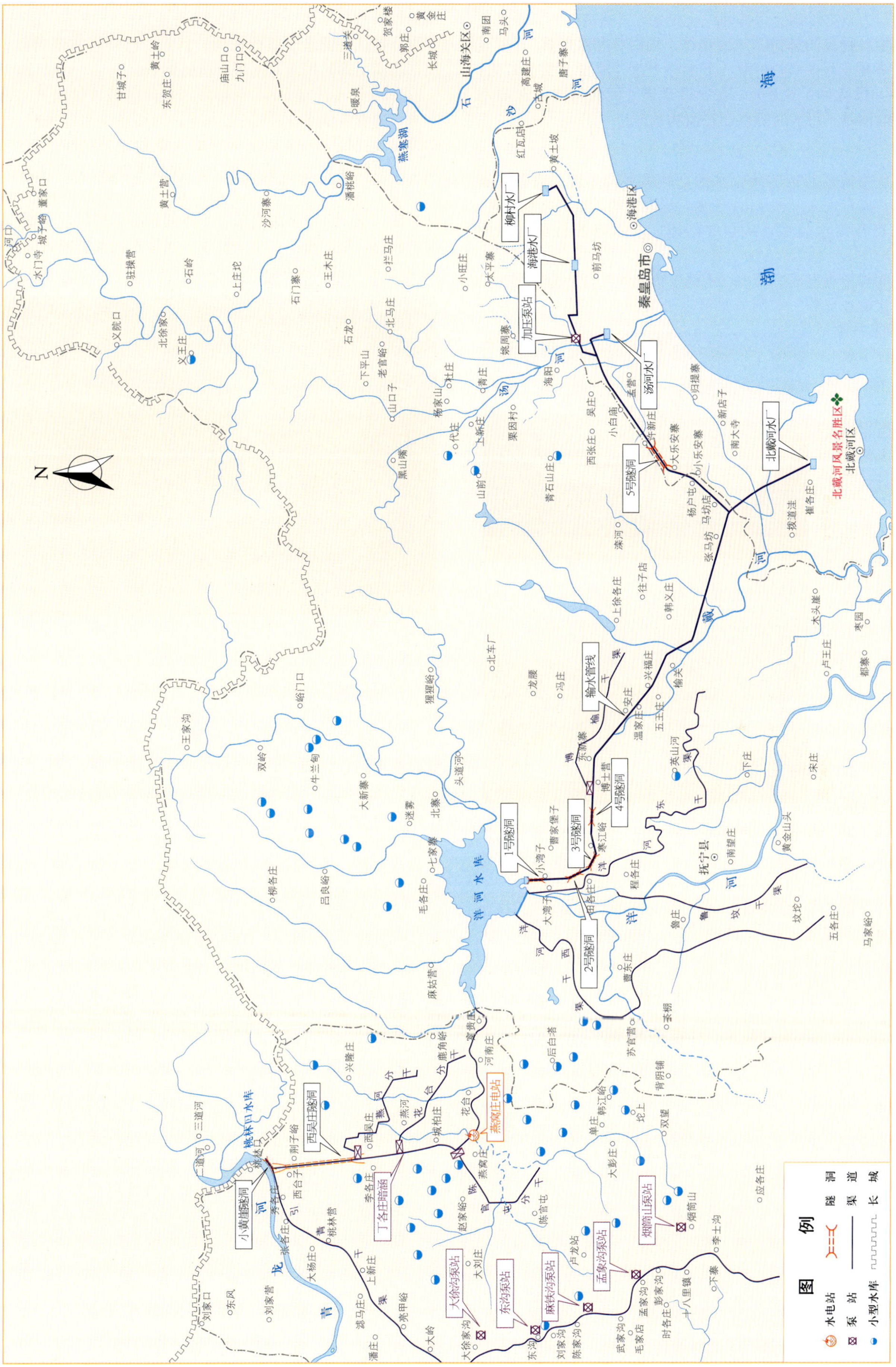
图例
水电站
泵站
小型水库
隧洞
渠道
长城
桃林口水库
洋河水库
燕塞湖
秦皇岛市
山海关区
海港区
北戴河区
北戴河风景名胜区
抚宁县
渤海
柳村水厂
海港水厂
汤河水厂
北戴河水厂
加压泵站
燕窝庄电站
小黄崖隧洞
西吴庄隧洞
丁各庄暗涵
1号隧洞
2号隧洞
3号隧洞
4号隧洞
5号隧洞
输水管线
大徐沟泵站
东沟泵站
麻铁沟泵站
孟家沟泵站
烟筒山泵站

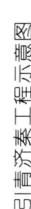

引青济秦工程示意图

封山育林力度，严厉打击乱砍滥伐行为，并投入大量人力、物力和财力致力于水土保持和绿化美化，飞播造林0.2万多公顷，栽植各种风景林树木3万多株、用材林和水保林70多万株、经济林3万多株，植草6万多平方米，取得了明显效果。2004年，投资170多万元，在库区建成了河北省燕山东麓水土保持监测站，可实时提供动态监测数据。

纪　　实

库区为蜿蜒曲折的狭长水面，两山夹峙，岩石突兀，郁郁葱葱，风景怡人。回水34千米，形成独特的自然山水景观。水库达正常蓄水位后，从空中鸟瞰，水库宛若昂首飞舞的青龙。

水库位于秦皇岛、唐山、承德3市交界处，交通便利，具有发展旅游业优势。水利风景区在开发建设过程中，坚持开发与环保并举，先后建设了水上观光、高空滑索、悬崖飞瀑、陡壁栈道、竹筏漂流等无污染的旅游项目，并开设了月亮湾、码头公园、新叶公园、蒙古风情园、采摘园、桃花泉、古长城等景点，形成了长城蜿蜒、大坝巍峨、碧波千顷、青山与绿水相依的美丽画面，2000年被秦皇岛市列为该市20个旅游精品

桃林口水库枢纽

桃林口水库风景

景点之一，2002年被水利部命名为河北省第一个国家水利风景区，现为国家AAA级景区。目前，水库景区年接待游客达6万人次。

水库下游5千米的桃林口村，是有名的"长城村"。该段长城修建于明洪武十四年（1381年），《永平府志》记载：大将徐达率官兵修建山海、永平等32座关口，桃林口村随之形成。至今，有些烽火台依然保存完好。

7.4.19.3　引青济秦渠

(Channel Diverting Qinglong River to Qinhuangdao City)

跨流域大型引水工程，始自**桃林口水库**下游拦河坝，止于秦皇岛市西环路，全长79.7千米，是秦皇岛市工农业生产与居民生活的重要水源工程。

概　　述

引青济秦渠地跨**青龙河**、**洋河**、**戴河**、汤河4个流域。一期工程1989年10月动工，1991年6月竣工。2005年开始实施东线扩建二期工程，2006年开始筹建东西线对接工程。

渠道由东、西两线组成。1993年建成了自动化管理系统，2002年9月又对系统进行了更新改造，实现了工程管网安全运行自动监测、供水科学调度，达到了水利自动化管理目的。此外，还建立了水质监测中心，并于1999年通过了国家质量技术监督局的计量认证，成为秦皇岛市唯一一家通过国家级计量认证的水质监测机构。目前，已开展监测项目50余项，能满足多种用水对水质分析的要求。

1990年4月至2005年年底，累计向城市供水8.79亿立方米，向农业供水9.06亿立方米，为秦皇岛市经济社会的可持续发展提供了一个稳定可靠的水源和完整的输水系统；避免了海水倒灌和地面污水浸入，改善和恢复了市区内河道、海口的生态平衡。2001年开始，谋划发展旅游项目，建设集吃、住、玩、赏、休闲娱乐于一体的旅游度假区，主要包括别墅度假村、坝坡滑草、水上娱乐、水库垂钓及农家菜园等，已从2003年起陆续接待游人。

西线盖板渠

纪　　实

西线自青龙河桃林口拦河坝，经明渠、隧洞、水闸、暗涵、引渠、天然河道，入**洋河水库**，长29.35千米（含8.5千米水库水面段），设计引水流量8立方米每秒；输水渠道上，建有水电站、涵洞、小桥、小闸等渠系建筑物27座，农桥12座，护岸9处及河道疏通等工程。西线始自青龙河桃林口水库下游拦河坝，由北南流，经43.5米长的明渠，进小黄崖拱形无压隧洞，洞长750米，高4.5米，底宽6.8米，设计流量18立方米每秒；出洞后，过引青进水闸，入4 900米长的西吴庄隧洞；过洞转东南流，至燕河营南，建有节制闸、退水闸枢纽，以下建砌石退水明渠，可退水8立方米每秒入燕河。过明渠，经盖板渠，至燕河，建有燕窝庄电站，装机容量2×320千瓦。利用西洋河，经河南庄、富贵庄，入洋河水库。

东线从洋河水库溢洪道前端取水，经明渠、隧洞、暗涵、压力管道，入秦皇岛市西环路，长50.34千米，下分3条支线：北戴河水厂支线，长5 190米；汤河水厂支线，长1 499米；海港水厂支线，长6 383米。东线从洋河水库溢洪道前端取水，经引水明渠入进水塔，过1号隧洞，隧洞设计流量8立方米每秒，按内水压力25米水头设计；过小湾子村、2～4号隧洞，南下，再东南流，入博士营村，过输水管道，至榆关村，下穿京秦铁路；沿戴河左侧东行，至马房店，北戴河水厂支线由此分出。北戴河水厂在崔各庄南，日处理能力5万立方米。东线再东北流，过5号隧洞，入汤河水厂和海港水厂。汤河水厂支线设单排直径1米管道，设计流量2.4立方米每秒。海港水厂支线，设单排直径1.4米管道，设计流量1.4立方米每秒。

7.4.20　滦河下游输水干渠

(Luanhexiayou Channel)

人工开挖的引水渠道，又名柏各庄输水干渠，因其由**滦**

*河*引水且引水量大，又称新滦河，是河北省唐山市大型引水工程之一，为唐山市东南部水稻产区主要水源工程。渠首位于滦县岩山东侧的滦河右岸，渠尾位于滦南县柏各庄南西灌区总分水闸，全长64.5千米，规划灌溉面积6.39万公顷。位于东经118°30′52″～118°45′52″、北纬39°17′01″～39°42′34″，流经滦县、滦南、唐海3个县的11个乡镇。

概　　述

输水干渠地处滦河以西，*沙河*以东。区内地势北高南低，流向自东北至西南；属暖温带半湿润大陆性季风气候，四季分明，雨热同季；多年平均年降水量624.2毫米，年际差别较大，最大年降水量1 054.1毫米（1964年），最小年降水量254毫米（1968年）。年际常有旱涝交替出现。年内降水分配不均，7—8月降水量约占全年的60%。年内常有春旱夏涝发生。

输水干渠起初开挖于1941年。侵华日军华北驻屯军通过伪华北垦业公司，以伪联券139.6万元强行收买滦县（今滦南县）柏各庄以南、沂河以西沿海荒滩2.33万公顷，建立"华北股份有限公司滦县农场"，在唐山市设立稻田工程处，在柏各庄设"稻田领事馆"，先期划定0.46万公顷土地，开辟第一期稻田。随后，华北驻屯军抓捕劳工开挖渠道，疏浚沂河中段，由滦县县城东南前窑村东建闸引滦河水，开渠长度66.5千米，称为"导水路"。到1943年，导水路及场内闸涵、围堤、渠系工程建成，当年垦种稻田0.18万公顷。1945年汛期，滦河大水冲毁闸口，滦河右岸王家法宝处发生决口，导水路淤塞，农场另取沂河、北沟湾、老龙湾河水维持部分稻

岩山渠首

田生产。1949年滦河王家法宝处再次决口，到1950年决口堵复后，滦河水重归故道。

1955年，国家为开发滨海盐碱荒地，批准兴建柏各庄东、西灌区灌溉工程，建立河北省国营柏各庄农场。灌区引滦河水源，渠首进水闸建在滦县岩山脚下，通称"岩山渠首"，设计引水流量34立方米每秒，校核流量100立方米每秒，为无坝引水。同时，开挖了输水干渠，修建了各类闸、涵、桥等配套工程。工程于1958年竣工，设计灌溉面积2.56万公顷。1959年后，利用输水干渠引水，继续兴建了滦乐灌区和滦南县群众灌区等工程。

1976年7月28日，唐山发生强烈地震，渠道及建筑物工

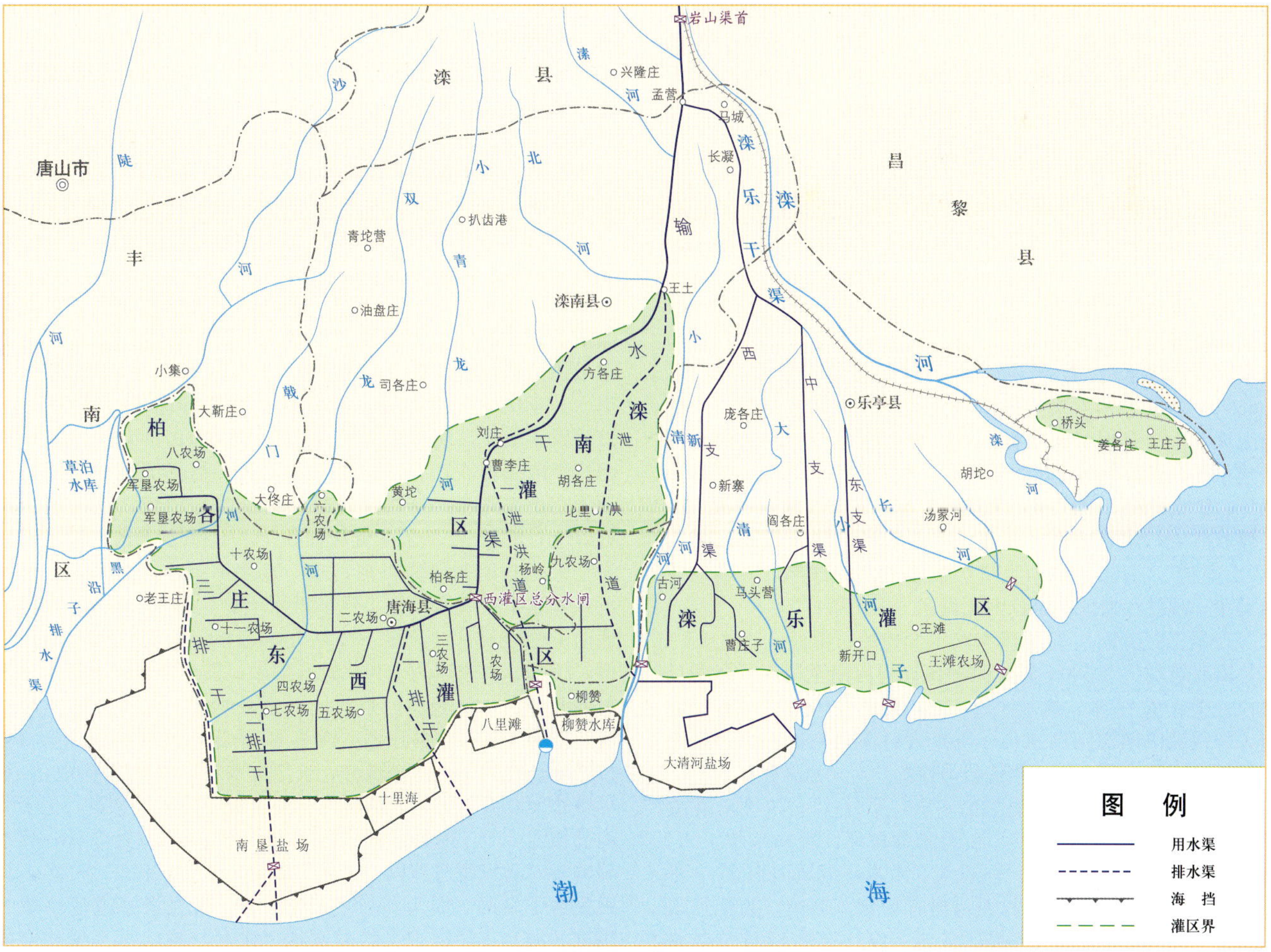

滦河下游输水干渠示意图

程遭受严重破坏。修复输水干渠列入大型震毁工程修复项目，并结合滦河**潘家口水库**、**大黑汀水库**的兴建适当扩建规模。正常灌溉引水流量117.4～86.8立方米每秒，加大流量140～97.1立方米每秒。规划灌溉面积6.39万公顷，其中水稻5万公顷。闸、涵、桥等建筑物均按新的标准进行配套建设，1977—1980年春完成。1998年开始，相继实施7期续建配套工程，扩宽、清淤、衬砌渠道，提高了输水干渠灌溉引水和行洪排沥能力。输水干渠以下渠系分干、支、斗、农4级固定渠道，灌排并列。配套工程有总干渠14条，长99.43千米；分干渠2条，长32.8千米；支渠83条，长596.3千米；斗渠684条，长913.5千米。总干渠上有输配水建筑物65座，排水建筑物6座。斗渠以下渠系内有输配水建筑物2014座，并有大量排水建筑物。

输水干渠建成43年间共引滦河水440.17亿立方米，年均灌溉稻田面积3.65万公顷，最高年份达7.11万公顷，经济、社会、环境效益显著：一是使沿海"不毛之地"变成鱼米之乡。灌区总产稻谷1076.1万吨，最高年份64.7万吨，占河北省稻谷总产量的1/3，是河北省优质商品粮基地。灌区所产大米，晶莹如玉，糯软香甜，适口性强。水产养殖面积为河北省之最。二是促进城镇建设迅猛发展。灌区的发展促进城镇建设，昔日的土屋泥房被崭新的砖房代替，当年的小村西南庄发展成唐海县城，城内十里长街楼房林立、道路宽敞，成为全县政治、经济、文化中心。三是美化环境。渠道绿化总长2424千米，平原水库碧波荡漾，数万顷水田一望无际，80多种珍禽候鸟客落栖息。

输水干渠引水直接受潘家口水库、大黑汀水库及滦河水量的制约。2000—2003年大旱，潘家口水库、大黑汀水库蓄水严重不足，供水量锐减。其中，2001年潘家口水库、大黑汀水库无水可供，仅**桃林口水库**供水0.56亿立方米，灌区内削减稻田面积1.8万公顷，1万公顷水田撂荒。

纪　　实

输水干渠自渠首至滦南县王土村北为地下渠段，长度25千米；以下至渠道尾端西灌区总分水闸为半地下渠和地上渠段，长39.5千米。

渠首设有进水闸1座。1956年始建4孔，总净宽36米，为钢筋混凝土结构弧形闸门，是无坝引水工程。1959年，为束窄渠首前深水河槽，改善引水条件而修建了闸前导流坝。1966年，在进水闸左端与导流坝尾端之间修建节制闸，从此变无坝引水为有坝引水工程。1979年，按原尺寸在旧闸右侧增建1孔，正常引水流量达到117.4立方米每秒，加大流量为140立方米每秒。1991年，节制闸改建。渠首右侧有岩山，山上怪石嵯峨，建有古塔、古庙，东西绵延，状若乌踞，名为"岩山虎踞"，旧志记载为滦州八景之一。1976年，古塔旧庙被震毁，现仅存遗址。渠首因此得名"岩山渠首"。

自渠首向南长0.65千米为人工开挖的石渠段，底宽25.8米，渠底纵坡1/1500，两岸坡衬砌。再向南至司家营村为反滤段，渠底宽47米，纵坡1/2400。渠底及两边坡设有反滤层，以保障汛期滦河高水位、压差大时滦河右堤安全。渠道右侧铁矿资源丰富，唐山钢铁公司在此建有司家营铁矿。

向南进入平原区。渠道宽窄不一，窄处60～70米，宽处超过150米，纵坡1/3200。在老陈营村南，有狗尿河汇入。狗尿河发源于烽火山东港，河长7.5千米，流域面积27.9平方千米。再向南至老孟营村西，建有孟营节制闸，为钢筋混凝土结构，共6孔，每孔净宽5.5米，设计流量87.4立方米每秒，加大流量121立方米每秒。孟营闸上游左岸建有滦乐干

孟营节制闸

渠进水闸，设计引水流量35立方米每秒。孟营节制闸下游向东南经滦南县的马城、长凝、南套和乐亭县的汀流河4个乡镇，至张家房子分为中、东支渠，长23.1千米，宽25～30米，可灌溉乐亭县滦乐灌区稻田2万公顷，同时为芦苇生产和淡水养殖补充水源。马城紧靠滦河，是古代滦河河运码头、历代积粮重镇、水陆交通枢纽和兵家必争之地。马城随滦河水运之兴而兴，随滦河水运之衰而衰，历经千余年。滦河水运兴于东汉建安十一年（206年），当时曹操为消灭袁绍残余势力，北征乌桓，开挖了新河，使滦河与**蓟运河**连通，此后使滦河水运逐步发展，马城镇随之繁荣。唐开元二十八年（740年）置县后，成为北方水运中心重镇。明亡清兴，滦河水运日渐萧条，名噪一时的历史古城亦失去昔日风采。孟营闸上游右岸原建有孟新干渠进水闸。孟新干渠原计划引水灌溉丰南县境内北京军区军垦农场、国营柏各庄农场八农场等土地2.8万公顷，于1960年人工开挖。干渠由滦县孟营至丰南县大新庄，长度56.5千米，中间穿过沂河、北河、小青龙河、双龙河、小戟门河以及小坡子、大顾庄以南洼地和官寨一带沙地。由于选线和设计不合理，严重阻碍北部沥水下泄，常导致决口扒口，渠道渗漏损失过大，1965年扒平废弃。

孟营节制闸以下渠道纵坡1/3100，设计流量97.1～121立方米每秒。2003年自闸下起进行渠道整治，取直衬砌1.52千米，渠道底宽60～70米。向南偏西，在长凝镇大孟庄北入滦南县。长凝镇内大街曾建有延庆寺，相传建于唐代，为尉迟敬德监造，后经明清两代重修，规模宏大，与寺内佛塔、寺南面的延庆寺石桥构成一组景观，为冀东著名的佛教圣地。该寺毁于战火，现遗址尚存。延庆寺塔在1976年地震中倒塌。再行至殷庄村东，有沂河从右岸汇入。沂河原称大沂河，发源于京山铁路北滦县栗园村东，为季节性河流，至河渠交汇处以上，河长30千米，流域面积163.8平方千米。输水干渠自交汇处开始利用原沂河河道，宽度不一，弯曲多变。沂河汇入输水干渠后，增加了汛期洪水流量，输水干渠按10年一遇防洪标准设计，流量162立方米每秒。向南行至霍泡公路桥，桥上、下渠道两岸为浆砌石护岸，长2千米；下行至王土村西北，与北河相交，至此地下渠段终止。北河又称龙湾子河，发源于滦县霍各庄西，河长27千米，流域面积156.1平方千米。北河下游地势低洼，长年有水，形成天然滞洪区，年可蓄水100万立方米。流域内有潘家戴庄惨案纪念馆，位于滦南县城北6.5千米处的程庄镇境内。1942年12月5日，日本侵略者对潘家戴庄施以"三光"政策，杀害村民1280名，焚毁民房千余间，滔天罪行，震惊中外。现在潘家戴庄已成为国家和河北省爱国主义教育基地。北河与输水总干渠相交处为5孔倒虹吸，经此，北河洪沥水直接流入第二泄洪道。

地下渠段，除在孟营节制闸上游可通过滦乐干渠向乐亭县南部地区稻田供水外，沿渠仅滦南县有400公顷提水灌溉水稻。地下渠段流域面积377.9平方千米，大部为砂壤土，主要粮食作物有小麦、玉米、高粱等，经济作物有果树、花生、蔬菜等，以地下水灌溉为主。

向南行，为半地下渠。两岸筑有堤防，堤顶高度超过洪水位1.2～1.3米，顶宽6～8米，设计渠底宽度60米，渠底纵坡1/3 100。至王土村西右岸是滦南县倴城镇，为京东四大古镇之一，建于元朝。据史料记载，元代镇守将领那颜奔盏，取"倴"字立城，故名倴城。历史上商贾殷富，市场繁荣，在京东享有盛名。在倴城镇境内干渠右侧有西张土坎新石器遗址，占地2.25万平方米，1978年发现大量陶钵、陶罐、石斧、野牛头骨等文物。左岸有建于1971年的王土第二泄洪闸和与之配套的第二泄洪道。第二泄洪道自王土村西第二泄洪闸起向南流经滦南县6个乡镇，穿过唐海县九农场，在太平庄村并入一排干至大庄河村西南入大庄排干，全长37.1千米；1970年开挖，底宽25～62米，排水流量46.4～89立方米每秒，最大100立方米每秒；主要承担输水干渠和北河退水泄洪，沿岸有农民提水灌溉稻田面积0.33万公顷。继续向南至东八户村南折而偏西，逐渐进入滦南县稻田种植区。在下曹营村北有一铁路桥，坨王（坨子头至王滩）铁路越渠而过。又自高庙村北折而向南，在高庙村东南折而向西，至曲荒店公路桥，渠道底宽渐变为50米，纵坡1/7 000。在余家岭村东，折向南，至孙家坨村东南折向偏西，至北刘庄村南利用沂河河道渠段终止。在刘庄有牤牛河穿渠而过。牤牛河发源于滦南县扒齿港镇的孙庄、伍庄一带，河长16.2千米，流域面积102.2平方千米，穿越输水干渠的4孔倒虹吸排入第一泄洪道，设计过水能力68.5立方米每秒。第一泄洪道是为保证输水干渠泄洪需要利用沂河河道而建的，自刘庄泄洪闸至荣各庄止，两岸筑堤，1956年建成，最大泄洪量141立方米每秒，底宽35米，纵坡1/5 000；1962年后，经过清淤、裁弯取直和震毁恢复等治理，长24千米，最大过水流量143立方米每秒，两岸有提水灌溉稻田0.23万公顷。过刘庄村后，向西偏南行，至夏王庄折向南行，在曹李庄村东有曹李庄节制闸和泄洪闸。泄洪闸排洪能力106.8立方米每秒，直接入第一泄洪道。

曹李庄节制闸

曹李庄节制闸下渠道底宽40米，设计流量74.2立方米每秒，右堤顶宽6米，左堤顶宽12米。向西南行至柏各庄东南，有建于1943年的7孔闸，下分3条总干渠为日伪第一批开发的稻田供水。闸的左侧建有单层圆形砖砌岗楼，当时由日伪"垦业警"站岗放哨，百姓不得靠近。侵华日军在7孔闸南部设有"滦县农场区域领事馆"，因用红砖建筑，被称为"红房子"。当时，从山东、河南两省招募贫苦农民，由河北省丰润、迁安、滦县、遵化等县强制移民670户，搭苇席棚居住，配给玉米面、豆饼和橡子面，充其劳力垦荒种稻。1945年8月，冀东军区部队攻克柏各庄日军"稻田领事馆"，"滦县农场"被民主政府接收，改名为"解放农场"。渠道右侧为柏各庄镇，据传因建村时此地有巨柏数株而得名，明永乐二年（1404年）属滦州柏一庄。曾设济民场（盐场）于此，并集散邻近场、灶盐产，又有鱼市，客商云集。柏各庄现为滦南县南部沿海农副产品贸易市场的集镇，集散邻近数十里范围海、淡水产品，招徕京津唐及东北各地客商。柏各庄是抗战时期延安平剧院院长、剧作家、戏曲史家、教授杨绍萱的故里。杨绍萱1938年赴延安，与齐燕铭合作执笔的评剧《逼上梁山》受到毛泽东主席高度评价。1944年1月9日，毛泽东专门写信给杨绍萱、齐燕铭，称此剧"恢复了历史真面目，从此旧剧开了新生面。……希望你们多编多演，蔚成风气，推向全国去"。由此，左岸入唐海县，右岸仍属滦南县。西偏南行0.2千米再折而西行2.45千米，有西灌区退水闸、小青龙河倒虹吸和西灌区总分水闸。西灌区退水闸，始建于1943年，系日伪时"华北垦业公司"所建，共4孔，单孔净宽1.5米，过闸流量34立方米每秒；1976年震坏，经修复维持运用，1978年废弃另建。1943年日伪时期初建的3孔小青龙河倒虹吸和10孔分水闸，1956年兴建柏各庄农场时经整修投入运用，1964年增建8孔倒虹吸1座，过水能力由26.4立方米每秒增加到126.4立方米每秒。在1976年地震中，旧3孔倒虹吸和退水闸出口震裂，在8孔倒虹吸以东又增建12孔倒虹吸，两倒虹吸泄流能力301立方米每秒；在旧退水闸上游0.5千米处左岸另建2孔总净宽10米的新闸，泄水能力74.2立方米每秒，可通过退水路排入小青龙河。原10孔分水闸改建为8孔净宽25米的分水闸，加大了过水能力，可保证向灌区西部的唐海县9个农场及北京军区军垦农场和丰南区大佟庄等地2.1万公顷稻田供水。

左侧暗牛淀村东路北曾有万寿庵1座，坐北朝南，三楹殿堂，雕梁画栋。雹神庙与万寿庵一墙之隔，有角门相通，山门内、大殿前有记事碑和铸铁大钟，大殿楹柱上悬木刻楹联：人民无冰雹之患，桑田有雨露之恩。庵庙于新中国成立后拆毁。暗牛淀以下在工程兴建前大部为盐碱荒滩。20世纪60年代以来逐步开发的稻田，利用输水干渠来水或扬水或自流进行灌溉，形成了总计面积2.2万公顷的滦南县群众灌区。沿输水干渠设有小型泵站、泵点49处，灌溉闸涵25座。

至西灌区总分水闸，输水干渠终止。

7.4.21 滦河河口湿地

(Luanhe River Mouth Marsh)

滦河入海口处的湿地，地处河北省昌黎县、乐亭县滨海区，面积69平方千米，为我国著名的入海河口湿地和国际观鸟胜地。

概　述

湿地距唐山市100千米，距秦皇岛市140千米，近海土壤含盐量高，淡水资源贫乏。河口地区有广阔的冲积平原，土质肥沃，气候温和，乐亭县姜各庄镇和昌黎县大滩乡在这里开垦了大面积稻田。河口滩外沙坝成为阻挡海水入侵的天然屏障，后侧的滩涂成为发展海水养殖的良好场地。盐碱地生长耐盐植物，形成碱蓬草场，一些乡村开辟了畜牧场，畜牧业日渐兴旺。河口处也有许多沙地、沙丘，含盐量较低，还建

滦河河口湿地

成了600公顷的林场。

湿地属暖温带半湿润大陆性季风气候，兼受短时海洋性气候影响，四季分明，雨热同季，光照充足，夏季多偏南风，冬春季盛行偏北风，风速一般大于内地，年均风速3.8米每秒。湿地处为不规则半日混合潮，多年平均年降水量578毫米，年内降水主要集中在6—9月。

湿地水域沿岸植被以柳、槐及盐生植物为主，盐生植物种类有盐角草、碱蓬、臭蒿、海蔓荆等群落，农作物种类有水稻、高粱、小麦等。湿地在动物地理区划中，位于华北区与东北区的交界处，为东亚鸟类迁徙的必经之地，素有"东亚旅鸟大客栈"的美称。据国家有关部门多年考察，湿地的鸟类区系组成复杂，已发现的有239种，其中䴙䴘类4种、鹳类12种、雁鸭类30种、猛禽（鹰、雕、隼、枭）类24种、雉鸡类1种、鹤类12种、鹬类43种、鸥类11种、雀形目鸟类81种。著名的鸟类有丹顶鹤、黑嘴鸥、大鸨等100余种，尤其黑嘴鸥属濒临灭绝的鸟类，目前在全世界的分布数量仅5 000只左右。除鸟类之外，这里还有鱼类、半索动物、甲壳动物、软体动物、腕足动物、腔肠动物、浮游生物等。

20世纪80年代以来干旱少雨，滦河下游逐渐变成季节性河流，入海水量减少，湿地水生态环境逐渐恶化。特别是河口地带大面积围垦，导致植被减少，加上上游排污和码头船舶油污泄漏等以及不断增加的海洋渔业作业影响，干扰了鸟类的栖息与繁殖。

现在的滦河河口三角洲，是100多年来泥沙堆积的以莲花池为顶点的最新三角洲。1915年渤海大海啸，八爷铺至莲花池之间的沙丘被海潮冲断，滦河从此改道东流入海，形成现在的滦河口，逐渐堆积成三角洲。

纪　实

滦河口沿海水域，由于大小河流输入大量营养物质，形成优良渔场，天然渔业资源种类多，鱼、虾、蟹、贝应有尽有，当地居民捕鱼历史悠久。目前，河口数千米主河道两岸，坡陡水深，成为天然渔港。南岸乐亭停靠渔船约200条，北岸昌黎停靠100多条。湿地范围内虽无固定居民居住，但每值春秋鱼汛季节，两岸热闹非凡，渔铺等简易建筑物长达近千米，渔铺旁各类车辆等待渔船捕鱼回来，饮食摊点连成一体，形成独特的渔港风情。河口处是海淡水混合带，当地人称为"两和水"，梭鱼、油光鱼、海鲶鱼等鱼类特别丰富。夏末秋初，人们来此垂钓，不仅可一饱口福，又能修身养性，其乐无穷。

湿地是鸟的世界。鸟的种类繁多，每年都吸引许多中外鸟类爱好者前来观鸟、旅游和考察。进入21世纪，河北省时常有民间观鸟团赴此地进行观鸟活动，通过实地观鸟、爱鸟、

护鸟，了解鸟类资源与发展概况，增强生态保护意识，加深对大自然和祖国河山的热爱。

这里，在阳光明媚之时，向东可清楚地看到碣石山。若有雾障，一抹朦胧山影更牵人遥思。向东，沿着昌黎县海岸，有绵延起伏的黄金海岸沙带。向西，岸滩外缘有许多离岸沙坝，构成复式岸线，条条渔船在近海游弋、沙坝间穿梭，沿海62个大小岛屿组成的白沙群岛，银光闪闪，宛如一条平行于海岸线的长链。这里，一些地方明明是四面环水的岛屿、长长的沙洲，却称石臼坨、月坨、蛤坨、打网岗、蛇岗……据当地渔民说，"打网岗"是渔民晒网的地方，"蛇岗"是因为那里曾经蛇很多，"灯笼铺"是因为海货昼夜交易和灯火不灭。乐亭县的不少村庄建在沙土坨子或岗子上，故村名多冠以"坨""岗"等形象名称，包含一种地方特色。

乐亭石臼坨岛，南北长3千米，东西宽0.6千米，面积2.1平方千米。清光绪三年（1877年）《乐亭县志》记载：唐太宗东征时，曾在岛上驻跸十九日，故石臼坨又名"十九坨"；周围还分布着月坨、腰坨、西坨和打网岗等小岛，景色优美，气候宜人，是人们消暑的好地方；历史名胜很多，唐朝以来的题咏、明清以来古刹，文人墨客唱和不绝；朝阳庵系明万历元年（1573年）僧人显光所建，清乾隆二十四年（1759年）又刻《朝阳庵碑记》，清光绪十五年（1889年）该寺住持法本募建新寺并改名"潮音寺"。岛中间为平地和沼泽，有植物160多种，林木杂处，水草丛生，野兔出没，鸟雀成群。石臼坨1989年被河北省政府批准为省级风景名胜区。

月坨岛距石臼岛4千米，人迹罕至，林草丛生，是鸟的世界。各种水鸟常常铺天盖地，各种鸟蛋俯拾皆是。不远的打网岗，却无杂草异物，成为渔民晒网的好去处。狭长的一岛之隔，北面风平浪静，南面却海味十足，波光闪闪，涛声如雷，水天昏濛一色，是冲浪、嬉浪的佳地。

位于京唐港东侧的金银滩浴场，雨天沙黄似金，晴天沙白如银，海面宽阔，深浅适度，水清见底，沙软潮平，可容数万人同时海浴、沙浴、日光浴。现

月坨岛

在，每年都接待游客几百万人次。

7.5　冀东、鲁北沿海诸河

(Rivers in the Coast Area of East Hebei and North Shandong)

冀东沿海、鲁北入海诸河包括冀东沿海诸河和鲁北诸河。习惯上，将滦河和冀东沿海诸河并列称为滦河及冀东沿海诸河。鲁北诸河，即是徒骇马颊河水系。

7.5.1　冀东沿海诸河

(Rivers in the Coast Area of East Hebei)

滦河下游两侧，有若干条单独入海的小河，统称冀东沿海诸河。滦河干流左侧有17条，大都发源于燕山南麓，流经浅山丘陵之间，纵坡较陡，平原段较短，源短流急，具有山溪性河道特征。滦河干流右侧有15条，大部分发源于燕山山地

丘陵区，流经平原的河道相对较长，纵坡较陡，具有山溪性河流向平原河流过渡的特点。冀东沿海诸河分布于河北省秦皇岛、唐山两市临近渤海的部分县（市）。

流域东与辽河水系相邻，南临渤海，西与蓟运河接壤，北靠滦河水系燕山迎风坡，地势北高南低。北部为燕山山地丘陵区，多为棕壤、褐土区，源头海拔一般为 400～800 米，最高山峰老岭海拔 1 570 米。南部为燕山山前平原，多为风沙土、潮褐土、潮土、滨海盐土，入海口高程 1～2 米。

流域属暖温带半湿润大陆性季风气候，四季分明，春季干旱多风，夏季炎热多雨，秋季天高气爽，冬季寒冷少雪。降水量年内分布不均，多集中在 6—9 月，占年径流总量的 70%～80%，个别河流（如石河、洋河等）可达 90%。诸河流程较短，调蓄能力差，多年平均年径流量 5.55 亿立方米，最大 13.1 亿立方米（1977 年），最小 1.7 亿立方米（1958 年）。总流域面积 9 780 平方千米，其中山区面积 3 050 平方千米，占 31.9%。

滦河干流左侧河流，分布于河北省秦皇岛市的青龙满族自治县、山海关区、抚宁县、北戴河区、卢龙县、昌黎县，由左向右依次为潮河、**石河**、沙河、新开河、小河子、汤河、新河、**戴河**、**洋河**、东沙河、沿沟、饮马河、赵家港沟、泥井沟、刘坨沟、刘台沟、稻子沟，其中洋河、石河较大。滦河干流右侧河流，分布于河北省唐山市的迁安市、滦县、丰润区、滦南县、乐亭县、丰南区、唐海县，由左向右依次为老米河、长河、湖林新河、小河子、石碑新河、大清河、大庄河、小清河、新河、沂河、小青龙河、双龙河、小戟门河、**沙河**（雷庄）、**陡河**，其中陡河、沙河、沂河、小清河较大。区域内有大型水库 2 座，分别是**洋河水库**、**陡河水库**；小型水库 250 多座，总库容 10 多亿立方米，调洪库容 8.59 亿立方米。

流域坐落于环渤海经济圈北部，秦皇岛市、唐山市为流域政治、经济和文化中心。海陆交通发达，辐射全国，面向世界。陆路交通是连接东北、华北的纽带，有京山、京秦、大秦等铁路，京沈、唐港、唐曹、沿海等高速公路，102、112、205 国道，地方公路四通八达。因南濒渤海、辐射京津，为天然优质的港口贸易区，海上航线直通世界各地，其中有全国著名的秦皇岛港、京唐港、曹妃甸港等大型港口；渔业码头比邻相连，每逢捕捞季节，穿梭于万吨巨轮之间的大小渔船如同宇宙之星辰。

流域文化历史悠久，旅游资源丰富。秦皇岛市是中国唯一以皇帝名号得名的城市，为国务院批准的全国甲级旅游城市。山海关有"两京锁钥无双地，万里长城第一关"之称，北越燕山，南入渤海，虎踞龙盘，气势雄伟。北戴河海滨有"夏都"之称，鹰角岩可观日出，联峰山怪洞奇峰；龙山、鸡冠山，桃源如醉，瓮石传声；沙粒晶莹、清澈平稳的老虎石浴场，供游人尽情尽兴；另有南戴河海滨、黄金海岸、浅水湾等浴场沿海湾相连。

秦皇岛市是全国首批 14 个沿海开放城市之一、中国北方重要的对外贸易口岸和轻工业基地，有机械、建材、纺织、食品等行业，尤以各种玻璃产品有名，形成了以海洋养殖、葡萄酒酿造等有发展前景的综合性产

业，还是重要的农业经济区。冀东重镇唐山市是从唐山"7·28"大地震中崛起的工业城市，也是中国近代工业的摇篮。中国第一条铁路、中国第一台"龙号机车"、中国第一袋水泥，均产于此。如今，唐山市已成为钢铁、陶瓷、水泥、机械、电力、煤炭、建材、纺织、制药、港口等行业发达的新兴工业城市，农渔产品中东路花生、小站稻、东方明虾全国闻名，建设中的曹妃甸工业区融入了循环经济理念，中国首列时速 350 千米 CRH3"和谐号"动车组在中国北车集团唐山轨道客车有限责任公司下线，标志着我国由此成为世界上仅有的几个能制造时速 350 千米高速铁路移动装备的国家之一。

7.5.1.1 石河

(Shihe River)

冀东沿海诸河之一，古称渝水，又名大石河。发源于河北省青龙满族自治县马尾巴岭南侧，在秦皇岛市山海关区石河口附近入渤海。

概 述

河长 67.5 千米，流域面积 618 平方千米。东与辽宁省沿海水系相邻，西、西南与洋河、汤河相邻，北、西北与起河为邻，南依渤海。地势北高南低，上游为燕山深山区，海拔一般 400～700 米，最高山峰老岭海拔 1 570 米。长城以南为浅山区，海拔一般 300～600 米，抚宁县石门寨、上庄坨一带为柳江盆地，海拔 80～300 米，燕塞湖（石河水库）一带为柳江地质公园。下游为近海平原，河口高程 2 米。流域内表层土质多为砂砾和砂盐土，基岩出露区分布最广的是花岗岩和安山岩，山区植被覆盖率达 50% 以上。河床大部分由卵石组成。

流域地处暖温带半湿润季风气候区，多年平均气温 9.9 摄氏度。春季多风少雨，多晴天；夏季高温多雨，无酷热期；秋季云高气爽，气候宜人；冬季寒冷干燥，降雪稀少。雨量较充沛，多年平均年降水量 660 毫米。花场峪沟、西石河和驻操营等地为暴雨中心区，多年平均年降水量均在 700 毫米以上。多年平均年径流量 1.71 亿立方米，最大年径流量 3.85 亿立方米（1997 年），最小年径流量 0.29 亿立方米（1957 年）。多年平均年输沙量 7.18 万吨。

石河源短流急，洪水暴涨暴落。清嘉庆二十三年（1818 年）七月初六，临榆县各河水骤涨，石河水势激流，冲去正副桥座 89 孔。据洪水调查与小陈庄水文站实测，自清道光二十九年（1849 年）至 1985 年间，发生较大洪灾 6 次，1959 年最大洪峰流量 4 750 立方米每秒。一次洪水总量有时可达到全年的 50%～70%。

1949 年以前，两岸无堤防。1949 年以后，多次进行过开发治理，为保护山海关城区与机场安全，分别在两岸修筑堤防，总长 9.29 千米。1975 年，建成石河水库（燕塞湖），每年可向秦皇岛市海港区和山海关区供水 4 900 万立方米。1978 年，建成石河水库灌区，设计最大引水能力 10.9 立方米每秒，有效灌溉面积 5 333 公顷。

纪 实

上游 发源于河北省青龙县马尾巴岭南侧。经辽宁省绥中县加碑岩乡的秋树岭、黄土梁、靳家台，入王台水库。王台水库总库容 78 万立方米。出水库后，经龙田岭、官场、黄土台子、旧关，到山神庙，再南流过长城，至河北省抚宁县城子峪村。城子峪是长城关隘，明代大毛山提调署驻地，村北长城上尚有"库楼"（即兵器库）遗址。南流 1 千米，至董家口。此处尚存董家口长城，长 8.9 千米，完整城墙 3 000 余米，现有敌台、战台、烽火台等。过董家口南流，经贸家庄折向西

唐山抗震纪念碑

流，至庄河村南，有二道河汇入。再往西至董家庄，南转至驻操营镇，有秦皇岛地方铁路和秦青公路跨越。

西绕青龙山，出苍虎口，至猴儿崖，有

董家口长城城楼

西石河汇入。西石河发源于青龙县祖山镇甸子沟，河长17千米，流域面积77.5平方千米，上游祖山主峰——神女峰海拔1 424米。祖山集奇峰、秀水、怪石、异洞、名花、茂林于一体，是秦皇岛旅游景区，也是研究中纬度第四纪山岳冰川的良好场所。南流，至房家庄转向西南流，经北庄坨，东折，过魏家庄，转向南，经傍水崖村，有花场峪沟汇入。花场峪沟发源于青龙县祖山镇老岭，河长15千米，流域面积82.3平方千米。又向东过浅水营，向南环绕石门寨，南流，经花野村，至蟠桃峪村北，有北沙河汇入。北沙河发源于抚宁县驻操营东沟，河长21千米，流域面积69平方千米。北折，经望峪，入燕塞湖。

中下游 出燕塞湖后，经首山，过小陈庄，入近海平原地带。东南流，至回马寨古战场。1644年4月，李自成的农民军与吴三桂、多尔衮的明清联军在此进行了著名的石河大战，空前惨烈，最终李自成兵败，清军挥师入关。

祖山神女峰

南流，到石河镇，左畔有山海关古城。山海关为明洪武十四年（1381年）大将徐达所建，为兵家必争之地，明代在这里不断修筑城关，历时200余年，形成以山海关为主体的左辅右弼、东西罗城、箭楼林立、背倚高山、北越燕山、南入渤海的军事防御体系，城楼上"天下第一关"巨匾为明初进士萧显所书，后多次勾摹，原匾额已刻成石迹，保存在大成殿内。

天下第一关

老龙头

南流，穿越京沈高速公路，经小西关，有京沈铁路和205国道跨越。再向南流，经侯庄、马头庄、田家庄，有沿海公路跨越。南流，经石河口。石河口与老龙头相依。老龙头为长城起点，为明朝徐达所建；明万历七年（1579年），戚继光将长城向海中延伸，以石砌墙20余米，尽头为靖卤台，是万里长城第一座敌台。靖卤台北有澄海楼，有清朝乾隆皇帝御笔"澄海楼"匾额，为旅游景点之一。

在石河口，入渤海。

7.5.1.1.1　燕塞湖
（Yansai Lake）

又名石河水库，位于河北省秦皇岛市山海关区石河干流上，是一座人工湖。以城市供水为主，兼顾防洪、发电、旅游等。20世纪80年代初辟为燕塞湖风景区。

概　　述

石河流域东临山海关，南望渤海，西连燕山群峰，北眺祖山。地质地貌景观别具特色，2001年12月经国土资源部批准建立了河北秦皇岛柳江国家地质公园，包括地质遗迹区和地貌景观区两类。其中，柳江盆地是地质遗迹区，燕塞湖为地貌景观区，面积24平方千米。燕塞湖周边山体岩石为火山喷发岩和花岗岩，两类岩石分界

柳江国家地质公园

线如削如刻，非常分明。

流域地处暖温带半湿润大陆性季风气候区。冬季寒冷干燥，春季风多雨少，夏季炎热雨丰，秋季云高气爽、气候宜人，昼夜暖冷变化显著。多年平均气温9.9摄氏度，7月平均气温24摄氏度，1月平均气温－5摄氏度。西北部靠近燕山南侧东部暴雨中心，雨量比较充沛，多年平均年降水量700毫米，80%集中在6—9月，并且多集中在一两场暴雨过程。中游的驻操营为燕山暴雨中心之一。多年平均年径流量1.68亿立方米，多年平均年水面蒸发量1 200毫米。水质优良，多年监测综合评价水质均达到Ⅰ类或Ⅱ类，为优良的饮用水水源地。

水库 1975 年 6 月建成。控制流域面积 560 平方千米。总库容 7 000 万立方米，防洪库容 4 700 万立方米，兴利库容 5 163 万立方米，死库容 240 万立方米。设计年调节水量 1.01 亿立方米，正常蓄水位时库区水面面积 4.7 平方千米。防洪标准为 100 年一遇洪水设计，1 000 年一遇洪水校核。

水库由大坝、溢洪道、输水洞、泄水洞、发电洞和电站组成。大坝全长 365 米，为重力式浆砌石结构，最大坝高 41.6 米；溢洪道全长 90 米，9 孔，位于大坝中间偏左，上设升卧式平板钢闸门，非真空剖面堰型，最大泄流量 7 000 立方米每秒；输水洞和泄洪洞均为钢筋混凝土矩形压力洞，断面尺寸 2 米×2 米，最大泄流量分别为 10.88 立方米每秒和 57 立方米每秒；发电洞直径 1.5 米，为钢筋混凝土圆形压力洞；坝后式发电站，共有 3 台 320 千瓦卧式发电机组，1984 年建成，1985 年并网发电，设计年发电量 296 万千瓦时。

水库建成后，通过管线和明渠向秦皇岛市海港区、山海关区的 3 个自来水厂供水，同时向八三输油管道局、锦州铁路给水段山海关给水领工区提供部分直供工业用水。1980—2003 年，总供水量 12.44 亿立方米，其中农业供水 3.36 亿立方米、城市供水 9.08 亿立方米。目前，燕塞湖已成为秦皇岛市两大供水水源地（另一处为桃林口水库）之一，为秦皇岛市社会经济发展和人民生活作出了重大贡献。

纪　　实

两岸群峰耸立，悬崖峭壁，怪石嶙峋，千姿百态。自下游逆水而上，依次可见洞山剑峰、神女浴日、金蟾戏水、母女峰、大灵塔崖、小灵塔崖、鱼跃龙门、乌龟入水、华佗采药、仙人竖指等景观。当代书法名家王学仲到此游览，曾欣然作诗："仿佛漓江同映碧，峰回路转心神驰。"在河岸左侧首山山顶，有一古松枝繁叶茂，绿荫如盖，相传为明初进士萧显（书写"天下第一关"之人）在围村山庄隐居读书期间所栽，因枝干伸曲如人之手臂，被称之为迎客松。

燕塞湖

燕塞湖

湖的狭长水域，曲折蜿蜒在近 13 千米长的群山峡谷中，有"北方小桂林""小三峡"之美誉。沿湖两岸，植被覆盖率达 80％以上，且种类繁多，桧柏、油松、山槐树、椿树、柞树、椴木等乔木混交，酸枣、荆条、映山红等灌木和车前草、蒲公英等草本植物更是满山遍野。冬季冰封湖面，银装素裹，一派北国风光；春夏秋三季湖水清澈见底，水中倒映青山，尽显诗情画意。

1979 年燕塞湖被秦皇岛市辟为旅游景区，1982 年被国家命名为北戴河国家重点风景名胜区，2001 年被国土资源部命名为地质遗迹和地貌遗迹自然保护区，2002 年被国家旅游局命名为 AAAA 级景区，2004 年被水利部命名为国家水利风景区。

7.5.1.2　戴河
(Daihe River)

冀东沿海诸河之一，古称渝水，辽至清代称榆河，清光绪年间称戴家河，后简称戴河。发源于河北省秦皇岛市抚宁县中部山区，于河东寨村西南入渤海。

概　　述

河长 35 千米，流域面积 290 平方千米。北宽南窄，上游是燕山山脉东段浅山区，河源高程 400 米，河床多为块石、河卵石，河谷狭深，坡降大，阶地较窄，两岸林木茂密。中游为砂卵石河床，加宽变缓，阶地渐宽，有牛轭湖地貌，两岸为农田。入海口处地势平坦，高程 2 米左右，土壤盐渍化。

流域地处暖温带半湿润季风气候区，多年平均气温 10.2 摄氏度。多年平均年降水量 701.7 毫米，多年平均年径流量 0.39 亿立方米。最大洪峰流量 1 153 立方米每秒（1959 年），下游河道最大安全行洪能力 400 立方米每秒。

由于受季风和地形的影响，水旱灾害时有发生。历史上，有记载的涝灾 101 次，俗称"十年一大水，五年一小水"。1959 年 7 月 22 日降雨，榆关村大部分土地被淹，水进街道，工商企业、农户严重受灾。

1949 年以后，戴河流域多次进行过治理与开发，共建成小（1）型水库 2 座、小（2）型水库 32 座，基本控制了洪水灾害。在孙庄、洼儿庄建有 2 座拦河闸，古城村北修建了橡胶坝，坝上游修建泵站，可使 6 个村的 500 公顷耕地受益。在戴河镇公路桥建成翻板闸，西坨头村北修建蓄水闸，常年蓄水，成为两岸农田灌溉的主要水源。

纪　　实

上游　上游有两源。东源为主源，当地称沙河，发源于抚宁县蚂蚁沟北清河塔寺，自源头南流，入北庄河水库。北庄河水库，总库容 894 万立方米。出水库后，全新庄，穿大秦铁路，南流，经牛蹄寨，穿京沈高速公路，继续南流，至榆关镇，穿 102 国道，再南流至沙河村北与西源（西戴河）汇合。西源，源出抚宁县车厂村北，河长 14 千米，流域面积 87.4 平方千米。

中下游　东西两支流汇合后称戴河。汇流后，向南，穿京秦铁路，再至小米河头村，有米河汇入。米河长 16 千米，流域面积 48 平方千米。又南流，后折向东，经长不老口村，出抚宁县，入北戴河区。沿北戴河区西、南侧流，至戴河镇，穿 205 国道和京沈铁路，又南流，至古城村北，有建于 1969 年的橡胶坝，长 68 米，最高蓄水位 2.7 米，蓄水量 100 万立方米，过坝流量 400 立方米每秒。两岸为北戴河集发农业观光园区，占地 66 公顷，分为特种蔬菜、名贵花卉种植、特种畜禽养殖示范区和休闲餐饮娱乐区，具有"示范推广、市场供应、科普教育、旅游观光"等功能。南岸还有抚宁县南戴河海滨。

北戴河海滨三面临海，背倚联峰山，是一个天然大公园，山青海蓝，古今瞩目。秦始皇曾到此刻石，汉武帝曾筑"汉武台"，曹操在此赋诗《观沧海》，唐太宗到此咏《春日观海》，清光绪二十四年（1898年）辟为游览区。1949年以后，北戴河海滨成为全国闻名的旅游度假区。1954年夏，毛泽东主席畅游大海，在此赋有不朽诗篇《浪淘沙·北戴河》。1979年北戴河被国务院定为国家级风景名胜区，1982年被国务院公布为首批国家级重点风景名胜区，1991年被评为中国旅游胜地四十佳之一，1999年被评为中国优秀旅游城市和全国园林式城市。

南戴河浴场

南戴河海滨，以滩宽水清、沙软潮平、深浅适宜著称，沿海一带是茂密的防护林，是游人进行海浴、沙浴、空气浴、森林浴的理想之地，有"天下第一浴"之称。这里有中国首批健康海水浴场、南戴河国际娱乐中心等6大景点。

经橡胶坝后，折向东流，经河东寨村西南，入渤海。

戴河入海口

7.5.1.3 洋河
（Yanghe River）

冀东沿海诸河之一，古称阳河。始自河北省抚宁县大湾子村北的**洋河水库**，至洋河口村附近入渤海。

概　述

河长100千米，流域面积1 110平方千米。地势东北高，西南低。北部和东北部为深山区，地势较陡，海拔400～800米，河道宽200～400米，卵石、砂砾河床，河道比降11‰左右。万庄以南为近海平原，表层土质多为粉质土和黄沙壤土，出露岩层多为花岗岩、灰岩和沉积岩。

流域地处暖温带半湿润季风气候区，多年平均气温10摄氏度，春季风多雨少，夏季炎热，秋季云高气爽，冬季寒冷少雪。北部为燕山南坡暴雨中心地带，多年平均年降水量712.4毫米，多集中在6—8月。年际变化较大，最大年降水量1 165.4毫米（1969年），最小年降水量391.4毫米（1982年）。多年平均年径流量1.55亿立方米，平均含沙量0.67千克每立方米，汛期最大可达34.5千克每立方米。

流域东西长南北短，河道源短流急，每遇暴雨，洪水峰高量大，气势猛，历时短。清康熙二十三年（1684年）五月二十三日，暴雨，洋河溢，抚宁城中水深三尺。清乾隆五十五年（1790年），淫雨28天，七月五六日，洋河水涨，界岭口长城冲塌十余丈，洼地涝灾。从抚宁县志记载分析，清顺治七年至光绪二十年间（1650—1894年）共发生过大水42次，河道有6次改道东移。1894年以来，现洋河水库坝址处发生超过2 500立方米每秒的洪峰6次，1930年最大为6 780立方米每秒。1959年，洪峰4 440立方米每秒，淹没农田1.07万公顷，冲毁土地700公顷，30个村庄被洪水围困，伤亡30多人，冲倒房屋8 180多间。1984年，抚宁县降雨200～380毫米，上游最高洪峰5 700立方米每秒，造成经济损失6 020万元。下游入海附近弯曲淤沙，海潮经常倒灌，有30多个村庄土地盐碱沼泽化。

1949年以后，多次进行综合治理与开发。1959年10月，在中游修建洋河水库，其后在水库下游兴建了7条万亩以上灌溉渠道，设计灌溉面积2.2万公顷，有效灌溉面积2万公顷，受益范围包括抚宁、昌黎两县11个乡镇286个村。1989年春，对中游香营村河道进行综合治理，筑堤2 880米，建拦河闸坝1座、桥涵4座，33.3公顷滩涂改造成灌溉良田。河道按干流20年一遇、支流10年一遇洪水标准治理，目前有80%的河段修筑了防洪堤坝，可保护村庄300个、人口29万人、土地5万公顷。

纪　实

洋河起于洋河水库。水库上游有两源：一为东洋河，即主源，发源于青龙满族自治县隔河头乡界岭村，至抚宁县战马王村西入洋河水库，长32千米；一为西洋河，发源于卢龙县冯家沟，在抚宁县黄土坎村东南入洋河水库，长25千米。

出水库后，两岸为洋河灌区。灌区灌溉面积占抚宁县耕地面积的1/5，粮食产量占2/5，被誉为抚宁县粮仓。南流，经田各庄，至邴各庄，穿京沈高速公路，南至大李庄，穿京秦铁路，再南至小李庄，穿102国道，然后折向东南流，经黄金山头，折向东，纳小沙河。再至万庄，折向南流，经胡各董村，有节制闸，亦为友谊干渠渠首，由拦河坝和引水闸组成。出节制闸后，折向东流，在牛家店村北穿京沈铁路和205国道。至沙窝子，南流至西河南，折向东流至东河南。东流，至洋河口村。洋河口两岸是抚宁县南戴河海滨旅游区。

穿沿海公路，南流入渤海。

洋河

7.5.1.3.1 洋河水库
（Yanghe Reservoir）

洋河干流上的大型水库，因河得名，由于坐落在天马山脚下，又称天马湖。坝址位于河北省抚宁县大湾子村北，东距秦皇岛市40千米，南距抚宁县城9千米。总库容3.86亿立方米，控制流域面积755平方千米。以防洪、供水、灌溉为主，兼顾发电、养殖和旅游。

概　述

洋河流域内北高南低，北部为燕山深山区，最高山峰响山高程1 424米。库区高程35～65米，属低山丘陵和冲积平原区，河床为砂卵石，基岩为花岗岩。水土流失不严重。

流域地处暖温带半湿润季风气候区，多年平均气温10摄氏度。多年平均年降水量750毫米，70%集中在7—8月，多年平均年径流量1.86亿立方米。入水库的河流有东洋河、西洋河、吕良峪沟、麻姑营沟等。据水库兴建前洪水调查，近百年来水库坝址处发生洪峰流量超过2 500立方米每秒的较大洪水6次，其中1930年最大，为6 780立方米每秒。

水库1959年10月动工兴建，1961年8月拦洪蓄水，1970年续建。1976年唐山大地震后，大坝坝顶出现裂缝，防浪墙倒塌，1977年汛前完成了震毁修复。1998年，水库实施了加固改造，大坝加高0.5米。

水库枢纽工程由大坝、正常溢洪道、非常溢洪道、输水洞、水电站和引青济秦工程取水口组成。大坝为黏土斜墙沙壳坝，坝高32.3米，坝顶长1 570米，顶宽5米，坝顶建有1.3米高混凝土防浪墙；正常溢洪道位于大坝左侧，为河岸陡槽式，断面7.6米×12米，最大泄流量2 470立方米每秒；非常溢洪道位于大坝左侧，最大泄流量4 035立方米每秒；输水洞有2个，为有压半圆形隧洞，洞径4米，东坝头输水洞最大泄流量198立方米每秒，西坝头输水洞引水流量11立方米每秒；水电站为坝后引水式，装机容量2×800千瓦；引青济秦工程取水口位于大坝左侧溢洪道前端，有276.5米长的引水明渠和15.76米高的进水塔。

水库建成后，一是确保了京沈、京秦铁路，102、205国道，京沈高速公路，沿海公路，抚宁县城，南戴河旅游区，3.3万公顷农田的防洪安全。1961年以来，流域发生超过水库下游河道安全行洪能力（500立方米每秒）的洪水15次，经水库拦洪削峰，缓解了洪水对下游的威胁。1998年加固改造后，水库防洪标准由1 000年一遇提高到2 000年一遇。二是为下游1 500公顷灌区提供水源，年均向农业供水3 000万立方米。三是1980年后，年均发电270万千瓦时。四是1989年后，向秦皇岛市提供城市用水，年均5 000万立方米。

洋河水库

纪　实

洋河水库主要由东、西洋河汇入，另外库区右侧有逶雾沟、麻姑营沟等小河汇入。1985年7月，洋河水库被辟为天马湖旅游度假区。天马湖景区风景怡人，宛如江南，烟波浩渺、帆影交错，湖光山色、交相辉映。天马山，怪石林立，洞穴众多，有"猴儿望海""旱船""晾甲台""拴马桩""仙居洞府""燕子翻身"等，还有"玄真观""钟架""铜井""点将台""戚公亭""天马山山门"等景观。景区内，已建成鱼馆、游乐场、高空滑索、果树观光采摘园等；现存有戚继光及其部将黄孝感、傅光宅、孙仁、张臣等题写的"天马山""天马行空""带砺山河""海天在目"等摩崖石刻，属省级重点保护文物。

7.5.1.4 黄金海岸湿地
(Gold Coast Marsh)

亦称昌黎黄金海岸，湿地面积91.5平方千米，主要位于河北省秦皇岛市渤海沿岸地区。

湿地北起大蒲河南岸，南至滦河口北岸，东起低潮线，北有老龙头、山海关、北戴河、南戴河等海滨旅游景区，南有京唐港开发区和海水池塘养殖区。

七里海潟湖

湿地属暖温带海洋环境、大陆性季风气候区，多年平均气温10.2摄氏度，多年平均年降水量630毫米，沙生生物群落、潮间带生物群落和浅海生物群落构成了综合生态系统自然保护区。1990年9月，国务院批准建立国家级黄金海岸海洋类型自然保护区。主要由海滩、七里海潟湖、滦河河口湿地组成。

海滩连绵47千米，由沙质岸线、水下三角洲、水下浅滩构成，其中饮马河口至滦河口有风成沙丘长20余千米。黄金海岸水清，滩宽，沙软，波平坡缓，是我国最好的海水浴场之一。海滩一般宽50～120米，坡面角小于5度，高潮带附近达5～8度，以细沙为主，海滩外侧有沙堤隐现，成为海滩的防护带。

七里海潟湖位于昌黎县城东南16.5千米的团林乡境内，与渤海相连，名称最早见于《明史·地理志》，称其为"溟海"，以水域宽七里而得名，属半封闭式潟湖。包括湖滩、湖盆、湖堤、防潮闸、码头、潮汐通道等，其中含有较多的人工地貌。水域宽约3千米，长约5.5千米。潟湖受不规则潮汐作用影响，最高潮位2.05米，最低0.53米。潟湖内波浪很小，海上浪高1.5～2米时，湖内波浪仅0.2～0.3米。潟湖无长年河流注入，赵家港沟、泥井沟、刘台沟、稻子沟、刘坨沟5条河流均为季节性河流，水系汇流面积486.6平方千米，多年平均年径流量0.39亿立方米，年输沙量3.4万吨。

七里海曾是一个淡水湖，生长芦苇、蒲、菱角。清咸丰年间（1851—1861年），湖水干涸，数年后蓄水如旧。清光绪九年（1883年）大水，洪水倾入七里海，在东北角冲开一条水道，注入渤海，后人称为"新开口"。此后，海水随同潮汐涌入，淡水变咸水，七里海成为潟湖。1958年在这里兴办盐场，开发水产养殖。1978年，在新开口建拦海防潮闸。

7.5.1.5 唐海湿地
（Tanghai Marsh）

唐海湿地和鸟类自然保护区，位于河北唐海县西南部渤海沿岸地区，总面积110.64平方千米，是一个由草甸、水体、野生动植物、人工动植物等多种生态要素构成的湿地生态系统，具有独特的自然景观，有"冀东白洋淀"之称，属省级湿地和鸟类自然保护区。

概　述

唐海县所在区域北部属滦河冲积平原，中部属海积潟湖平原，南部属滨海平原。新生代以来，一直处于沉降状态，在古河流和海洋双重动力作用下，在新生界地层下部广泛分布着中生代储油构造。湿地保护区属于海退之地，土壤绝大部分为盐土类，包括滨海盐土类、滨海草甸盐土类、滨海沼泽草甸盐土类，水稻土和潮土零星分布。

湿地保护区属暖温带半湿润大陆性季风气候区，兼有短时海洋性气候特征，四季分明，雨热同季，光照充足，多年平均气温11.2摄氏度，年无霜期175～206天，多年平均年降水量621.9毫米，多年平均年蒸发量1 855.7毫米，年均相对湿度67%。

湿地保护区属滨海复合型湿地类型，由潮间带滩涂、滨海微咸及咸水沼泽、鱼塘、虾池和浅水淡水水库等构成。水域内有丰富的水生动植物资源，是鱼、虾、蟹、贝类生殖繁衍的良好场所，为水禽等鸟类提供了丰富的食物来源和栖息环境，使之成为东北亚内陆和环西太平洋鸟类迁徙的重要驿站，是部分鸟类越冬栖息地。目前，有浮游植物4门107种、浮游生物3门51种、野生高等植物63科239种、鱼类18目124种，其中国家一级保护鸟类有9种、二级保护鸟类41种。

据钻孔资料和地质调查，冀东一带渤海沿岸是进入新生代第四纪以后经8次海浸海退才形成的陆地，年代十分年轻。唐海县北部为滦河下游冲积扇末端，成土母质是滦河冲积物；南部海岸地貌明显，成土母质为海相沉积物。历史上，这里的人过着"棒打獐子枪挑鱼，熬盐钓鱼换粮吃"的生活。从北朝后魏至清初，渤海沿岸一直设有盐场，唐海一带为济民盐场。

开发利用唐海一带盐碱荒滩种植水稻，始于1941年。当时，侵华日军华北驻屯军强行收买柏各庄以南、沂河以西沿海荒滩2.33万公顷，抓捕劳工开挖渠道，疏浚沂河中段；1943年，导水路及场内围堤、闸涵、渠系工程建成，垦种稻田1 800公顷。1945年8月，冀东军区部队占领柏各庄日军"稻田领事馆"，"滦县农场"被民主政府接收，改名"解放农场"。新中国成立后，1956年设立"河北省国营柏各庄农场"，兴建水利工程，引滦河水改良土壤，种植水稻。1981年，经国务院批准建县，总面积732平方千米。2002年，全县人口13.69万，湿地保护区现有人口1 353人，人口密度10人每平方千米，地广人稀。主要经济来源是农业和水产养殖。之后，又经多年续建完善，这片滨海荒滩变为膏腴之田、鱼米之乡，同时使原生湿地得到有效保护和利用。

经过近几年探索和实践，在湿地保护、建设工作中，已经形成了包括苇田养鱼、养蟹，稻田养鱼、养蟹，盐田养虾和池塘立体养殖等许多生态种养成功模式，具有重要的普及推广和科学示范价值。

纪　实

双龙河和唐海一排干位于湿地保护区，在入海处建有节制闸，河道长年有水。区内七农场、十一农场各建平原水库1座，与湿地保护区相邻的五农场亦建有1座平原水库。3座平原水库年可利用蓄水量1 811万立方米。

对历史上湿地野生动植物和鸟类调查资料与现状情况对比分析发现，湿地生物多样性状况没有发生根本变化，只是动植物群落结构和数量有了变化，并且随着湿地供水条件的不断改善，优势种群和新建种群的地位不断加强。湿地保护区内池塘星罗棋布，沟渠纵横交错，芦花怒放，稻谷飘香，鱼虾鲜美，水鸟成群，令人心旷神怡，流连忘返。

湿地保护区是鸟类的天堂，不仅种类多，数量也非常大。每年初秋，从我国西北、东北飞来的黄雀可达200多万只；鱼虾收获季节，一个池塘集中捕食的鸥类可达上万只。春、秋候鸟迁徙季节，北上南下的鸟类在水库或稻田里停留一个月左右，白天鹅一般50～100只为一个群体，鸭、雁、鸬鹚起飞时可达近万只，"遮天蔽日"之景观令人惊叹。除迁飞鸟类外，还有大量留鸟长年生活在这里。

沿海滩涂上，生长着大量翅碱蓬、灰绿碱蓬，夏季火红，春季白茫茫，成为湿地保护区另一道靓丽的风景线。随着四农场的秋老堡水上观光园、七农场的"恒行"蟹园、十一农场平原水库和五农场平原水库等休闲娱乐中心、垂钓中心、水上游乐中心、水上餐厅、观光台等设施的建成，这里的旅游业正稳步发展。

7.5.1.6 沙河
（Shahe River）

冀东沿海诸河之一，古称缓虚水。发源于河北省迁安市蔡园镇郝树店村北，在唐山市丰南区与黑沿子排干交汇，南流入渤海。

概　述

河长138千米，流域面积902平方千米。杨店子以上为浅山区，山石裸露，河流蜿蜒曲折，砂砾石河床；杨店子以下为丘陵区，平均海拔68米左右；沙河驿以下为平原区，地势低缓，河床及两岸台地多为细粉沙。草泊水库至入海口，两岸土质黏重，大部分为沼泽土和滨海盐土。

流域多年平均年降水量646.9毫米，多集中于6—9月，占全年的80%；年际变化大，最大降水量1 059.9毫米，最小降水量387.9毫米。多年平均年径流量4 645万立方米，最大年径流量1.4亿立方米（1977年），最小年径流量728万立方米（1957年）。多年平均年入海水量3 740万立方米，年地表水资源量2.62亿立方米。

流域自然灾害以洪涝、干旱、风沙为主。1949年以前，下游没有明显河床，流入草泊注淀后，经李家灶、老王庄向南至落潮湾子、张庄之一带漫流入海，改道频繁，给两岸造成灾难。《永平府志》记载："沙河之水并非名川，系山水涨溢所致，无利而有害，河西是土，东岸是沙，夏淋山水骤发，将两岸平畴沃壤冲作沙滩。"清朝年间《滦州志》《丰润县志》等均有沙河改道、洪水泛滥的记载。这里曾流传"沙河沙河，春旱风多，夏秋洪涝，淹没田禾，夺我妻女，房倒屋坏；官府老财，乘机盘剥，横尸遍野，血流成河"的歌谣。1912、1925、1938年3次大水，两岸一片汪洋，房倒屋塌，颗粒无收，大面积耕地被冲毁和沙埋，不能播种。新中国成立后，1949、1953、1959、1962、1975年流域均发生洪灾。1962年7月24日，石佛口洪峰流量达472立方米每秒，下游草泊水满为患，下泄不畅，被迫扒提。

1958和1960年，先后在上游支流崇家峪河、大石河建成潘庄子、麻地2座小（1）型水库；1971—1980年，先后兴建井字峪、灵山、石家峪、黄白峪等5座小（2）型水库，基本控制了上游洪水。1963年，开挖黑沿子排干，使洪水经草泊缓滞后入排干，再入海。1974—1976年，对丰南境内沙河进行治理，自钱营镇岭上村以下至草泊北垫，按顶宽6米、边坡1∶3加固了两岸堤防，河道宽度160～1 030米，并开挖一段新河道至黑沿子排干，达到10年一遇设计、20年一遇校核的标准，最大泄流量651立方米每秒。1974和1978年，建成西郑庄、郑坨、宋家营、蓝桥、申立村5座泵站，设计排水能力18.6立方米每秒，排水面积5 320公顷，灌溉面积800公顷，从根本上扭转了流域洪涝灾害频繁的局面。1976年唐山大地震，钱营至小集段沙河大堤遭到严重破坏，1977年春季开始恢复建设，达到震前水平。

流域以沙质土地为主，土质瘠薄，自古就有"种一葫芦打一瓢"之说，农业产量低而不稳。20世纪60年代，大搞治沙林网建设，打井挖塘，发展灌溉。目前，流域沙地已基本实现农田林网化，阡陌交通，沟渠纵横，机井星罗棋布，基本达到了遇旱能灌、遇涝能排的目的。

纪　实

上游　发源于河北省迁安市蔡园镇郝树店村北灵山。灵山，又名五峰山，春夏之季，云雾缭绕，玉带缠腰。两岸铁矿资源丰富，有首钢集团、唐山钢铁集团等大型钢铁企业。2002—2003年，将车辕寨村北至松汀村南长4 250米的主河道东移，开挖一条长2 690米的新河道。南流，至大五里乡，有挂云山，海拔639米，山势突兀耸立，若鹤立鸡群，且怪石奇洞很多，南天门极为壮观，似雨后彩虹，悬挂高空。东南流，至大庄户村北，有大石河汇入，水势始大。大石河发源于大五里乡水峪村，河长12.15千米，流域面积69.47平方千米。在大石河畔的贯头山村西，有河北省名酒"贯头山"酒厂，创办于清同治年间（1862—1874年），因酒味浓郁、纯正且色清，深受消费者喜爱。一路南流，经赵店子、木厂口两镇，再至沙河驿镇代庄村北上，进入平原沙地区域。

中游　在代庄北，纳崇家峪河。崇家峪河发源于迁安市太平庄乡尚庄一带，河长13千米，流域面积37.41平方千米。两岸的沙河驿、野鸡坨、太平庄等，均系古老村落，唐代就设有驿站。在野鸡坨镇大官营村，1964年建有"抗日死难群众纪念碑"。1942年9月10日，侵华日军将抓捕的300余人在大官营村集体屠杀，此碑即为纪念死难群众而立，现列为爱国主义教育基地。南流，至郭各庄村北入滦县。沿河两岸为沙壤上，以种植花生为主，花生素以果大、壳白、子粒饱满、出油率高闻名国内外，在西欧各国称为东路花生。在滦县境内无明显河槽和堤防，为防汛重点河道。流至雷庄镇，有京山铁路、205国道贯穿西东。铁路北侧石佛口村，有1956年建成的石佛口水文站，控制流域面积473平方千米。雷庄是近代著名辛亥革命滦州起义纪念地。1912年1—4月，清政府驻滦州新军在王金铭、施从云、冯玉祥等领导下，响应武昌起义，率兵而起，讨伐清政府，兵败雷庄。王金铭、施从云和白亚雨（白毓昆）遇难，冯玉祥被捕。南流，到茨榆坨镇，两岸引水溉田发展较好，种植多种瓜果、蔬菜。从彭塔坨村出滦县，入唐山古冶区。

西南流，至卑家店。卑家店因纪念鲜卑仲吉而得名。鲜卑仲吉于五代晋时迁居至万石山下，起名义丰卑氏庄，至元代改称卑家店。鲜卑仲吉曾因破敌有功，被封为兵马都元帅。

随着古冶区工业发展和生活用水量不断增加，20世纪80年代以来，两岸地下水处于严重超采状况，形成了黑鸭子、徐家楼一带地下漏斗区，漏斗面积175.7平方千米。在古冶区，有林西、吕家坨、范各庄3个大型煤矿。南流，于岭上村北入唐山丰南区。这一带是丰南花生和林果主产区。东南流，过唐乐公路，至阎庄村南，有老牛河汇入。老牛河发源于古冶区吕家坨一带，河长12千米，流域面积33.2平方千米。又南流，至大齐各庄乡，左右岸分别有跃进渠和小王庄排渠汇入。南流，穿唐港高速公路，至小集镇西纪各庄，村北有岳家河汇入。岳家河与沙河交汇处的西纪各庄，孕育了父子两代名人。父亲裴延楹，清末秀才，曾参加滦州起义，任过滦州开平高等小学校长等职。裴文中，裴延楹三子，我国著名考古学家、古生物学家，北京猿人第一个头盖骨的发现者，裴文中同时精通文学，著述颇丰，鲁迅称他是"文学界留不住的人"。南流，至唐柏公路，再至小集镇西郑庄村南，有橡胶坝，年可拦蓄入境矿井排水3 100万立方米。

下游　经小集镇，入西葛镇境内，于东尖坨村南入草泊。草泊，当地称草泊水库，原是一望无际的荒草水泊，南达渤海，为沙河、**陡河**、小戟门河、双龙河等河流归宿，在这一带漫流入海。1958年，在水泊内修有丁字形隔堤，将其分成3个部分，始称草泊水库，1962年扒堤废库；1974年后连续治理，将草泊南北贯通，相继实施引陡入沙、引沙入黑等工程，将草泊及其以南44平方千米范围开发成稻田和海淡水养殖场，为当地带来巨大收益。南流，在黑沿子村北，有建于1975年的防潮闸。防潮闸有10孔，孔宽8米，设计流量502立方米每秒。

过防潮闸后，与黑沿子排干交汇，南流入渤海。

7.5.1.7　陡河

(Douhe River)

冀东沿海诸河之一，古称封大水、唐溪。发源于燕山南麓，于河北省唐山市丰南区涧河过防潮闸后入渤海。

概　述

河长（含泉水段）121.5千米，流域面积1 340平方千米。地势北高南低。上游为低山丘陵区，高程500米左右，基岩裸露，河谷两翼为浅山区，高程50～200米，岩石多风化，沟谷宽阔平缓，植被覆盖率19.5%。中游为山麓台地和山前平原，高程40米以下，土壤为草甸褐土。下游为冲积平原和滨海洼地，土壤为褐土、潮土、沼泽土、盐土等。

流域属暖温带半湿润季风气候区，多年平均年降水量603.9毫米，年际变化较大，年内分布不均，7—9月降水量占全年降水量的74%。多年平均年径流量6 349万立方米，最大年径流量1.64亿立方米（1977年），最小年径流量0.16亿立方米（1980年）。多年平均年入海水量6 820万立方米，年水资源总量为5.46亿立方米，其中地表水3.75亿立方米。**陡河水库**以上水质为Ⅱ类，以下为超Ⅴ类。

流域有旱、洪涝、盐碱三大自然灾害。1644—2003年间，共发生较大旱灾55年，其中1949—2003年间较大旱灾有17次，春旱几乎年年发生。1972年春夏连旱，百年罕见，下游丰南县受灾面积3.76万公顷。洪灾多发生于中下游。1644—1948年间，共发生水灾103次，1949年以来较大水灾4次。1949年7月24日至8月15日，流域内普降大雨，陡河最大洪峰流量775立方米每秒，唐山市区漫溢成灾，沿河厂矿停工月余，全市停电，铁路停运，平地水深1米，受灾面积4.82万公顷，倒塌房屋32万多间。陡河入海口低洼平缓，由于海水顶托，沥涝盐碱化严重，20世纪70年代后逐年治理，盐碱化有所减轻。

流域水利开发可追溯到元明代，丰南稻地镇因元明时期种稻而得名。清雍正年间（1723—1735年），怡贤亲王允祥曾在王兰庄一带开辟营田；乾隆二十五（1760年）年，在董各庄二甲口（今陡河灌区董各庄节制闸处）横筑石坝一道，以抬高水位，因阻洪水下泄，屡被冲毁；清道光二十年（1840年），改建为13孔砌石闸桥，取名"乐善桥"，利用陡河水源灌溉营田。1931年，滦县建设局首次在下游女织寨至望马台之间筑堤。

新中国成立后，先后进行过5次大规模治理，采取加固旧堤、开挖分洪道、河道改线、震毁恢复、综合整治等工程措施。流域内，建有大型水库1座（陡河水库）、小型水库8座，总库容5.3亿立方米。1976年冬，进行震后恢复，草泊丁字埝以上行洪标准达100年一遇，行洪流量600立方米每秒；以下为10年一遇，流量267立方米每秒。现有小龙潭、陡河两处大型灌区，控制灌溉面积4.5万公顷。建有防潮、蓄水闸5座和橡胶坝2座，开挖了西排干、东排干、幸福河、红运河、永战河、郑家沽排干6条排水、调水渠道。建成大型排灌泵站10座，总配套动力3 850千瓦，设计排水面积1.14万公顷，灌溉面积5 633公顷。1984年，建成引滦入唐工程，引滦河水入陡河水库调节，年调引滦河水1.3亿立方米左右，其中工业及居民生活用水0.6亿立方米、农业用水0.72亿立方米。

唐山市是具有百年历史的重工业城市，煤炭、铁、石灰岩、陶瓷土、矾土等矿产资源丰富。流域内有耕地面积5.38万公顷、水浇地面积3.46万公顷，农作物以小麦、玉米、水稻为主，是唐山市商品粮基地之一。

纪　实

上游　上游有两源。西支为泉水河，东支为管河，因泉水河比管河长，历代志书都把泉水河记为陡河主源。泉水河长38.5千米，流域面积239平方千米，建有皈依寨水库，总库容728万立方米。泉水河向西南流10千米，至石匣村，有引滦入唐输水工程汇入。石匣村以下河段长13.2千米，经过开卡、清淤、疏浚和护岸，输水时作为引滦入唐渠道，非输水期行洪排沥。向东南流，入滦县，再至开平区双庙村东北入陡河水库。管河发源于迁安市西蛇探峪，河长33千米，流域面积262平方千米，上有小龙潭水库，总库容700万立方米。管河西南流，在双桥乡孙家庄西北，入陡河水库。

中游　泉水河、管河交汇处为陡河水库库区，水库以下始称陡河。出水库后，西南流，过河北桥，向南，入唐山市区，全胜利桥。南北穿市区，经建华桥，全新华闸。新华闸共5孔，单孔净宽9.6米，过闸流量600立方米每秒，用于行洪蓄水，为唐山钢厂、唐山发电总厂供水，并作为循环用水冷却池节制工程。1992—1995年，对河北桥以下市区段进行综合治理，清除河坡滩地阻水建筑物和河底淤泥，新建两座橡胶坝，河坡护砌硬化，修巡河路，安装护栏，建成面积35.5公顷的开放性带状公园，形成"一水穿南北，两岸皆园林"的绿色长廊，实现了人与自然、防洪与生态的和谐统一。向南流，入开平区，有石榴河汇入。石榴河古称"官渠"，发源于古冶区北部的王辇庄乡抹轴峪村，河长35千米，流域面积185平方千米。

唐山市素有"北方煤都""北方瓷都"之称。开滦煤矿、启新水泥厂、唐山钢铁厂、机车车辆厂等大型企业闻名中外，中国第一条铁路唐胥铁路（1881年）、中国第一台铁路机车（龙号机车）、中国第一袋水泥"马牌"水泥（1889年）诞生于此。孙中山先生曾两次来考察工业、交通。在革命先驱李大钊、邓中夏、周文斌、胡志发等领导

中国第一台铁路机车

下，这里曾掀起"京奉铁路唐山制造厂工人大罢工""开滦五矿工人同盟大罢工""开滦五矿工人联合大罢工""开滦工人武装暴动"等。1976年7月28日，一场毁灭性大地震将唐山变成了废墟。经过30年建设，2005年年底，唐山市地区生产总值达到2 027亿元，是震前的92倍，财政收入突破220亿元，经济发展和财政实力居河北省首位，一座现代化宜居新城在废墟上崛起。

下游　南流，过侯边庄，入丰南区。这一带属冲积平原和滨海洼地，河流较多，有"九河下梢"之称。在稻地镇喻子村西，建有喻庄子节制闸，1977年建成，设计流量600立方米每秒，主要是泄洪、蓄水、分水。右侧建有陡河灌区渠首引水闸，设计引水能力30立方米每秒。喻庄子闸下左岸，有幸福河汇入。一直向南流，穿黄各庄镇。黄各庄镇钟灵毓秀，名人辈出。从明朝天启至清朝光绪年间，董氏家族出了10名进士、40名举人、10名拔贡、404名秀才、2位龙虎大将军、1位台湾总兵，驰名遐迩。再南流，经尖字沽、柳树瞿，穿汉南铁路，至涧河防潮闸。入海口是天然渔港，集油、水、食品供给，水产品交易，储运于一体的综合性渔港码头，可停泊船只近200艘。

过闸后左纳郑家沽排干，右纳东排干，入渤海。

7.5.1.7.1　陡河水库

(Douhe Reservoir)

又名龙泉湖，**陡河**上游的大型水库，位于河北省唐山市开平区境内。总库容5.15亿立方米，控制流域面积530平方千米，是一座具有防洪、灌溉、供水等综合效益的大型水利枢纽工程。

概　述

水库位于燕山南部低山丘陵区，上游的腰带山、马蹄岭、黑石窝子等山基岩裸露。库区为第四系冲积区，属近海三角洲沉积带，三面高山屏障，一面平原。

水库多年平均年淤积量7.06万吨，最大年淤积量72.54万吨（1959年）。周边共有32个村庄，上游河道沿岸大部分为农田，土壤类型为褐土性土、淋溶褐土、碳酸盐褐土和草甸褐土。

水库1955年动工兴建，1956年竣工蓄水，原设计大坝高程39米，防浪墙高程40.2米，总库容2.08亿立方米。1971年10月，按1 000年一遇设计标准扩建，坝顶高程加高至41米，防浪墙高程加至42.7米，总库容增至3.4亿立方米。根据兴建陡河发电厂需要，1974年4月完成移坝工程，移坝长度810.8米，坝长由5 930米增至6 115米。1977年5月，实施震毁修复，大坝恢复到41米高程。1989年11月，完成提高保坝标准工程，坝顶高程达到44米，总库容增至5.15亿立方米。

水库枢纽由主坝、副坝、输水洞、溢洪道等建筑物组成。主坝为均质土坝，全长1 700米，顶宽5米，最大坝高25米；副坝为均质土坝，位于主坝右侧一级台地，长5 664米，顶宽5米，最大坝高13.5米；溢洪道为开敞式实用堰，位于主坝左侧，堰顶高程34米，堰顶净宽24米，最大泄流量1 190立方米每秒；输水洞在主坝左侧，为钢筋混凝土压力圆洞，平板钢闸门，最大泄流量150立方米每秒。

水库建成后，消除了陡河水患。1959年7月，上游大雨，入库洪峰流量1 320立方米每秒，经水库调蓄，市区流量仅141立方米每秒，洪水安然下泄。1957—2003年，共拦蓄18次洪水，保证了下游尤其是唐山市区人民生命财产安全和工农业生产的正常进行。

1959年后开始供水，陡河电厂以水库水作为冷却水水源。1984年，引滦入唐工程建成，水库成为终端调节枢纽工程。1989年，水库开始为城市居民生活供水，成为市区饮用水水源地。同时，每年为下游陡河灌区调节农业用水1.5亿立方米，有效灌溉面积达2.52万公顷。水库还为陡河电厂、唐山发电总厂、唐山碱厂、唐山钢厂等一批国有大型企业用水提供保障。纳入国家"十一五"计划的曹妃甸工业园区，也从水库引用工业和生活用水，近期年引水量0.98亿立方米，远期2亿立方米。

水库淹没高程30.1米，移民迁建高程34.5米，淹没土地2 000公顷，迁移村庄15个，人口8 583人。1959年大水，水库蓄水位达到34.33米，淹没

陡河水库

面积2 000余公顷；当年又进行第二次迁建，确定迁建高程37米，移民村增至17个，移民8 610人。多年来，扶持移民走开发型的路子，帮助后靠移民村修路、建桥、打井、办电，解决移民生产生活困难。

纪　实

水库依凤山而建。1960年以后，在凤山上凿石挖坑，栽种35公顷松柏，已长大成林，形成了山清水秀的自然风光。

库区东岸，一级阶地依次排列着唐家庄、小马家峪、双桥3处战国—汉代遗址，标志着这里已有3 000多年的历史文明。南岸建有码头公园，仿古长廊和凉亭、女娲补天等景观。凤山南坡、西坡修建了仿古长城式的围墙，"老龙头"直插库区水中，山上修建了凤栖阁、安澜塔等仿古建筑，增添了古代风韵。坝头有重达24吨的墨玉大理石石牛，名为拓荒牛。在建库40周年之际，建成恢弘壮丽的纪念碑，纪念碑广场绿草如茵，10米高碑体由3片飞扬的浪花和1根顶天立地的圆柱组成，无论从哪一方向看去皆成"水"字，绿水青山与人文景观交相掩映。水库已成为唐山市近郊最具吸引力的风景区，每年游客络绎不绝。

1995年2月，唐山市人大常委会颁布实施《唐山市陡河水库生活饮用水水源保护区污染防治管理条例》，正式确定陡河水库为唐山市区居民生活饮用水水源地，并立法予以保护。从此，为保护水库水质，停止了旅游活动。1999年，取缔了库区养鱼，全面禁止自发旅游活动。由于加大水环境治理力度，库区水源达到了国家Ⅱ类水质标准。

7.5.2　鲁北诸河

(Rivers of North Shandong)

鲁北诸河，即指徒骇马颊河水系诸河。徒骇马颊河流域属华北平原，位于海河流域南部，地理坐标为北纬35°50′～38°15′、东经115°15′～119°13′。流域南靠**黄河**，西、北以**卫运河**、**漳卫新河**为界，东临渤海，流域面积29 713平方千米。

流域为黄河冲积平原，整个流域呈狭长形，东西长约360千米，南北宽约80千米。由于受黄河泛滥冲积的影响，地貌复杂，微地貌变化很大。整个流域地形由西南向东北倾斜，地面坡度平缓，上陡下缓呈微台阶状。地面坡降上游一般1/5 000～1/8 000，中游1/8 000～1/10 000，下游1/12 000～1/20 000。流域内横向地形南高北低，地面坡降更趋平缓。

流域中上游地区以岗、坡、洼相间的地貌特征为主，下游地区主要为近代形成的退海滩涂。其分布情况大致为：岗地10 631平方千米，占流域面积的35.8%；坡地12 562平方千米，占42.2%；洼地5 335平方千米，占18%；滨海滩涂1 185平方千米，占4%。

岗地分为河滩高地及决口扇形高地。河滩高地一般为黄河故道，呈带状分布，如**马颊河**北岸高地，受黄河多年沉积影响，土质多为砂质或粉砂壤土，潜水埋深大多超过33米，由于潜水埋深较大，对耕作层土壤水分的补给微弱，经常出现失墒现象，干旱问题比较突出。决口扇形高地系历代黄河决口冲积形成，主要分布在黄河沿岸的齐河、济阳、惠民、滨州、利津等地，地表土壤多为近代沉积砂质潮土，保水性能很差，干旱威胁较突出。由于受黄河侧渗影响，土壤有盐渍化的可能，但一般较轻。

坡地属易涝易碱的地貌类型，在本流域分布很广，潜水埋深一般为2～3米，年变幅1.5～2米。在流域统一治理前，由于农业耕作粗放，土壤肥力不足，遇丰水年潜水位升高，潜水蒸发强烈，土壤盐渍化程度较重。

洼地分为河间浅平洼地和背河槽状洼地。河间浅平洼地多呈封闭状，有明显洼底，群众习称"漫洼"，如阳谷境内的西湖景区、齐河的大黄洼、聊城的白家洼、武城的恩县洼、乐陵的铁营洼等。据统计，流域万亩以上的河间浅平洼地有75处，面积约为2 425平方千米。浅平洼地潜水位埋深较浅，春季1～2米，汛期接近地表，潜水出流不畅，渍涝威胁是主要问题。背河槽状洼地为黄河故道堤外带状洼地，由于黄河床及滩地不断沉积淤高，使两岸堤外相对低洼，形成背河槽状洼地，如东昌府区的放马场洼、平原县北部的平陵洼、夏津县城西的莲花池洼等。据统计，流域万亩以上的背河槽状洼地有31处，面积约为1 246平方千米，占洼地面积23%。背河槽状洼地因河水补给，潜水呈滞流状态，埋藏浅，矿化度高，潜水和盐分排出困难，极易发生渍涝和盐碱。

退海滩地在沿海呈扇形带状分布，宽度约15～20千米，为历年高潮淹没区，潜水埋深不足1米，矿化度高，土壤为海侵盐渍母质，尚处在地质形成时期。潜水受潮位影响，地下水侧向出流困难，主要是垂直蒸发而地表积盐的过程。

流域地下水属第四纪孔隙水，含水层多由粉砂、细砂组成，在垂直分布上大体可分为全淡区、淡—咸—淡区和咸—淡区三类。全淡区主要分布在聊城市西南部及德州市南部。咸—淡区主要分布在庆云县、惠民县以东地区。淡—咸—淡区分布最广，主要分布在聊城市和德州市所辖县（市、区）。浅层淡水底板埋深自西向东逐步变浅。莘县、冠县和阳谷县一带为60～80米；茌平县、高唐县境内约为50～60米；临邑县、宁津县境内一般为30～50米；惠民县、滨城区境内一般

7.5.2 鲁北诸河

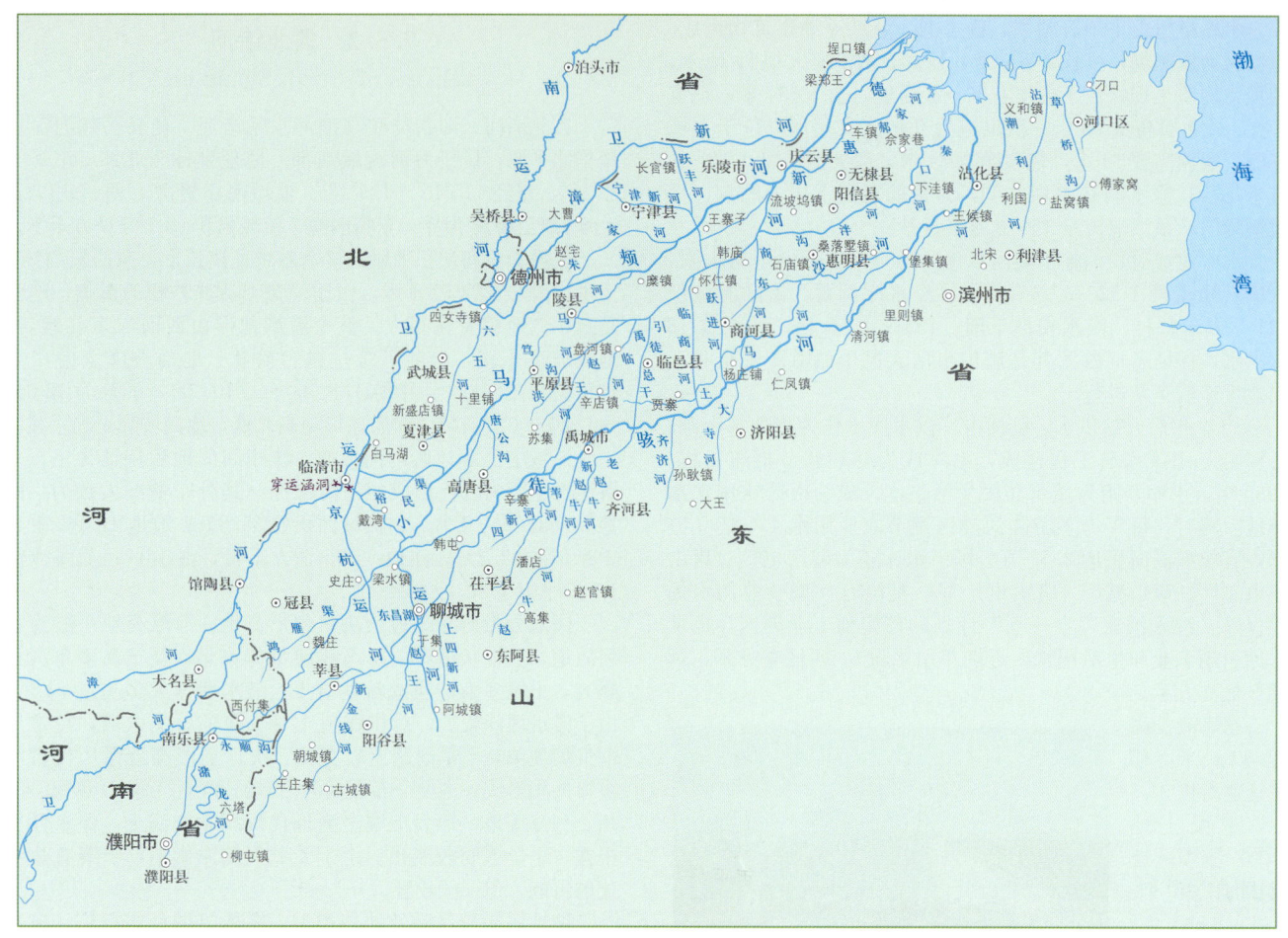

徒骇马颊河水系示意图

为20~30米。浅层淡水之下为咸水层,咸水层底板埋深一般为100~300米,咸水层下为深层淡水。滨海地区无浅层淡水资源,深层淡水埋深由西向东逐步增大,徒骇河下游段以西一般为300~500米,以东一般为500~1 000米。

流域属暖温带半湿润、半干旱季风气候区,多年平均气温13摄氏度左右,年无霜期200余天。大气降水呈明显季节性,年际变化大,年内分布不均。据1956—2000年水文气象统计资料,全流域多年平均年降水量564.4毫米,最大为993.2毫米(1964年),最小仅为333.9毫米(1968年)。大部分降水集中在7—9月,汛期(6—9月)多年平均449毫米,占全年降水量的80%。多年平均年水面蒸发量1 500毫米左右,为年降水量的2.7倍;3—6月蒸发量为789.5毫米,为同期降水量的5.5倍。径流主要由当地降雨形成,也呈明显季节性,流域多年平均年径流深45.6毫米,汛期约占85%。

流域为黄河冲积平原,土层深厚,气候适宜,为山东省重要的粮棉产区和能源基地。主要农作物有小麦、玉米、棉花、油料、杂粮等。新中国成立前,由于自然灾害频繁,生产条件落后,产量低而不稳,1949年粮食产量仅20亿千克。新中国成立后,兴建了大量的排灌工程,使生产条件不断改善;特别是改革开放以来,随着农村各项经济政策的落实,极大地调动了群众的生产积极性,粮、棉、油产量稳步增长,2000年粮食产量达97亿千克,相当于1949年的5倍,棉花及油料等经济作物产量也达到了历史最高水平,农业产值达447亿元。

改革开放以来,流域林果业发展较快,主要包括桃、杏、苹果、梨、枣、葡萄等,著名的乐陵金丝小枣、冠县鸭梨、阳信鸭梨、沾化冬枣均出产于该流域。

流域原有工业基础较为薄弱,随着改革开放的不断深入和地方经济结构的不断调整,工业基础有了较大的提高,现在已基本发展成为集石油、化工、电力、机械制造、造纸、纺织、印染、建材、食品加工等门类齐全的工业基地。除胜利油田外,还兴建了沾化、德州、聊城等几个大型电厂及德州、滨州等几个大型棉纺织厂,时风集团、鲁北化工迅速崛起,2000年工业产值(不包括胜利油田)达890亿元。

流域内交通发达,京沪铁路、京九铁路、邯济铁路、京沪高速铁路及德龙铁路等均穿越该流域,京福、济馆高速公路以及104、105、308、309、220等国道也均通过该流域,县乡之间、乡镇之间都有公路相通,部分乡镇已村村通公路,另有东风港、东营港、滨州港等与外海相通。

流域旱涝规律基本是年内春旱、夏秋涝、晚秋又旱,几年连旱之后又连续几年大涝。春夏之间连续无雨天数多年平均为120天,1961年曾连续干旱200余天,进入雨季后又出现大涝。

历史上,由于受黄河泛滥的影响,山东省海河流域的河道变动较为频繁。南宋建炎二年(1128年)以后,随着黄河的南徙,逐渐形成了**徒骇河**、马颊河两大水系,1968—1970年又开挖了德惠新河。此外,还有潮河、沾利河、草桥沟等独流入海的滨海小河。20世纪60—70年代,对3条骨干排水河道及面上支沟按"1961年雨型"防洪、"1964年雨型"除涝标准进行了扩大治理,防洪排涝能力大大提高,排涝能力达到1 908.3立方米每秒,防洪能力达到2 925.2立方米每秒,对防洪减灾、促进流域经济社会的发展起到了积极的作用。

7.5.2.1 徒骇河

(Tuhai River)

单独入海的河流，史称"禹疏九河之一"。发源于山东省莘县文明寨，在山东省沾化县暴风站入渤海。位于北纬 35°30′～38°00′、东经 115°00′～119°00′，地跨河南、山东两省 14 个县（市、区）。

概　　述

流域范围　河道全长 436 千米，流域面积 1.39 万平方千米。位于黄河下游左岸。南依**黄河**、金堤河大堤，北接**马颊河**、**德惠新河**水系。

地质地貌　在大地构造单元上，流域处于渤海凹陷南缘，属于黄河冲积平原，主要有潮土和盐渍土等。地貌复杂，微地貌变化很大。地形由西南向东北倾斜，呈狭长形，地面坡度平缓，上陡下缓呈微台阶状。中上游地区以岗、坡、洼相间的地貌特征为主，下游地区主要为近代形成的退海滩涂。

气候水文　流域属暖温带半湿润半干旱季风气候区，多年平均气温 13 摄氏度左右，年无霜期 200 余天。大气降水季节性明显，年际变化大，年内分布不均。据 1957—2000 年水文气象统计资料，全流域多年平均年降水量 585 毫米，最大年降水量为 993.2 毫米（1964 年），最小年降水量为 333.9 毫米（1968 年）。大部分降水集中在 7—9 月，汛期（6—9 月）多年平均年降水量 449 毫米，占全年的 77%。多年平均年水面蒸发量 1 500 毫米左右，为降水量的 2.5 倍；3—6 月蒸发量为 789.5 毫米，为同期降水量的 5.48 倍。

径流主要由当地降雨形成，呈明显季节性，多年平均径流深 49.1 毫米，汛期约占 85%。径流年际变化很大，如堡集站最大年径流量为 31.3 亿立方米，最小仅 0.4 亿立方米。多年平均年径流量 6.82 亿立方米。

水系　徒骇河前身为古漯川，黄河南迁后，因当地排泄涝水的需要，到明朝中叶河道分段与土河贯通，上游沿漯川古道，中游循黄河故道残留河段，下游沿古商河，并逐步演变为现在的河道。呈梳状水系，流域面积在 100 平方千米以上的支流有 48 条，其中流域面积在 300 平方千米以上的有新金线河、赵王河、小运河（入赵王河）、上四新河、西新河、七里河、苇河、管氏河（入苇河）、新赵牛河、老赵牛河、邓金河（入老赵牛河）、沙河、秦口河、白杨河（入秦口河）、傅家河（入秦口河）、郝家河。

水旱灾害　流域灾害特点，一是灾害频繁，二是连旱连涝，三是旱涝交织。新中国成立前，河道多以堵复决口为主，排水量小，一遇暴雨，排泄不及，经常漫流成灾。1368—1949 年，发生洪涝灾害 362 次，平均 1.6 年 1 次；1949—2000 年，发生洪涝灾害 30 余次，较大洪涝灾害 10 余次。1961—1964 年大涝成灾面积近 116 万公顷，是新中国成立以来水灾面积最大的一次。

旱灾经常发生。明成化二十年到二十三年（1484—1487 年），濮阳各县连年大旱；清道光二十七年（1847 年）、光绪三年（1877 年）、民国 30—31 年（1941—1942 年）大旱，饿死或逃荒者不计其数。

社会经济　流域经济发展，人口众多。2000 年，有耕地 74.1 万公顷，人口 670 万，其中城镇人口 123.33 万；实现地区生产总值 946 亿元，其中农业生产总值 339 亿元、工业产值 461 亿元、第三产业产值 146 亿元。有京沪、京九两大铁路干线以及京福、济馆、青银高速公路，还有聊城电厂、沾化电厂、胜利油田等大批国家重点基础设施和厂矿企业。随着经济不断发展，流域工业基础得以增强，现已发展成为集食品加工、印染、纺织、造纸、石油、化工、电力、机械制造以及建材等门类比较齐全的工业基地。流域为山东省主要的商品粮生产基地，主要作物有小麦、玉米、棉花、油料、杂粮，并盛产蔬菜、水果等。

治理开发　历代治理，多以堵复决口为主。明清以来曾不断对其进行治理，清朝初期施行清淤筑堤。明成化十三年（1477 年）、清雍正四年（1726 年），挑浚河道。清乾隆十九年（1754 年），自聊城到临邑八州县挑浚河身共三万六百余丈。清乾隆二十二年（1757 年）、三十二年（1767 年）、五十六年（1791 年），清同治十一年（1872 年），清光绪八年（1882 年），又 5 次疏浚。至光绪十一年（1885 年），左岸禹城、齐河、临邑、济阳、商河、惠民等河段已先后筑成民埝。光绪二十二年（1896 年），疏浚惠民县境河段。光绪二十七年（1901 年）废漕运后，徒骇河失修。1929 年山东省建设厅组织进行河道测量，1931 年组织沿河 14 个县 13.4 万人分四段挖河筑堤，在聊城南四河头建 4 孔穿运涵洞，使运河以西的金线河与运河以东的徒骇河连通。尾闾段改自坝上村向北至东、西山后庄北，与秦口河汇流经套儿河入渤海，徒骇河始成为今线。此次治河，共集资 1.41 万元（银元），完成土方 128 万立方米。1936 年，沾化县调集民工浚治下游富国至久山段，挖出之土培堤，富国以下始有河堤。新中国成立后，进行了 5 次较大规模的治理，治理标准逐步提高。20 世纪 50 年代治理，主要包括下游疏浚和 1954、1956 年两次干流临时疏浚和裁弯取直，并治理了 18 条支流河道。60 年代按"1961 年雨型"防洪、"1964 年雨型"除涝标准进行了扩大治理。通过治理，徒骇河过水能力由 1963 年以前的不足 400 立方米每秒提高到防洪流量达 1 441 立方米每秒、排涝流量 921 立方米每秒。1991 年对海口段（坝上闸以下）按"1961 年雨型"防洪、"1964 年雨型"除涝标准进行了治理，主要工程包括河道疏浚及胡营河口至过河道子裁弯取直、垛甃至大沙河堤防修筑，治理河道长 31.1 千米，新筑堤防 18 千米。1995—2000 年，鉴于河道淤积严重、行洪能力严重降低的情况，对河道进行了清淤疏浚，此次为恢复性治理，大多数工程都是应急性和局部性的，治理效果不够明显。治理后，徒骇河设计排涝能力可达原设计的 70% 左右。徒骇河现有堤防长度 746 千米，干流上桥涵闸各类建筑物 516 座，其中拦河闸 16 座（其中河南 1 座）、橡胶坝 1 座、桥 154 座、穿堤涵洞（管）332 座、渡槽 13 座。

流域属农业大区，灌溉历史悠久，已形成以引黄灌溉为主、井渠结合提水灌溉为辅的农业灌溉体系，设计灌溉面积涵盖全部耕地，为农业的增产增收提供了有力的保障。

南刘桥闸

水资源主要来自拦蓄引黄尾水和截留地表径流两方面。随着工矿企业和生活污水的排放，河流污染严重。

纪　实

徒骇河发源于山东省莘县文明寨，流经河南省南乐，山东省莘县、阳谷、东昌府、茌平、高唐、禹城、齐河、临邑、济阳、商河、惠民、滨城、沾化14个县（市、区），于沾化县暴风站入渤海。

自源头东北流，至远庙村折向北流，于马集村东南出山东省境。下行，至河南省南乐县阎村东有理直沟从左岸汇入。理直沟始于河南省清丰县赵楼村，河长10千米，流域面积117平方千米。北流，

徒骇河

至大清村东有永顺沟从左岸汇入。永顺沟始于南乐县城关，河长20.5千米，流域面积230平方千米。下行，自刘寨村南折向东北流，至寨肖家村东北出河南省境。南乐县仓颉陵处有仰韶文化遗存，相传上古黄帝之子昌意封于此地，建昌意城，在今县城西北17.5千米吴村北。相传汉字创始人——黄帝史官仓颉，生于斯，葬于斯。六塔乡东南村有一片坡洼地，旧说有黄龙居于此，故名"黄龙潭"；每年七八月间大雨之后，夜深人静，万籁俱寂，闭目静听，若有萧萧雨声，故曰"龙潭夜雨"。

入山东省聊城市莘县，东北流，经前花庄村、马庄村、杨马厂村、王庄村、郑庄村，在潘庄村出莘县入阳谷县。下行，至李秉东村有新金线河从右岸汇入。新金线河始于莘县樱桃园镇，河长55.36千米，流域面积518平方千米。经双楼村，至前泓村成为阳谷县、东昌府区界河。经王把势村，过京九铁路，在姜堤口村入东昌府区，过京杭运河，折向北流，在辛庄村又东北流，经魏营村、潘屯村，至四河头有赵王河从右岸汇入。赵王河始于阳谷县寿张镇赵升白村，河长50.95千米，流域面积692.5平方千米。经土城村、唐庄村、曹庄村、新庄村，至后铺村有上四新河从右岸汇入。上四新河始于东阿县刘集镇葫芦头村，河长35.89千米，流域面积377.4平方千米。经盛庄村，至瓜园村出东昌府区入茌平县。下行，至崔庄村有西新河从左岸汇入。西新河始于东昌府区沙镇，河长41.34千米，流域面积467.53平方千米。经博平镇、冯桥村，在张桥村折向东流。过郎庄村，于白庄村折向东北流，经陶集村、徐口村，至北田庄村出茌平县入高唐县。下行，经殷楼村、于桥村、康桥村，至董官屯村有七里河从右岸汇入。七里河始于茌平县小刘庄村，河长34.5千米，流域面积342平方千米。经王家桥村、姜南村，于李集村出聊城市高唐县入德州市禹城市。聊城市境内干流长169千米，流域面积5 176平方千米，拥有耕地面积34万公顷、人口约330万。万亩以上的大洼有莘县十八里铺洼，阳谷西湖洼、白家洼，东阿高集洼和杨柳洼，茌平郝集和杜郎口洼、王老洼。自上而下有毕屯闸、杨庄闸、李凤桃闸、王堤口闸、昌东橡胶坝、陶桥闸、南刘桥闸。聊城市东昌府区东昌湖为中国长江以北最大的城内人工湖泊。

自禹城市辛寨镇各户屯村入德州市。折向东流，经温庄村，至张李店村有苇河从右岸汇入。苇河始于禹城市水牛李村，上接管氏河，河长26.13千米，流域面积649.9平方千米。东北流，过殷庄村，至十里望乡南营闸有新赵牛河从右岸汇入。新赵牛河始于东阿县顾官屯乡黄河崖村，河长94.4千米，流域面积1 202.9平方千米。经杨林村，于祁庄村折向东南流，至商务头村折向东北流，过范庄村、魏家村，在大刘村出禹城市入齐河县。下行，经祝楼村，至甄庄村东南成为齐河县、临邑县界河。之后，蜿蜒东流，经大赵村，至甘隅头村有老赵牛河从右岸汇入。老赵牛河始于齐河县潘店镇杨家河村，河长62.4千米，流域面积938平方千米，上有邓金河汇入。经戚官屯村、小张村，至济南市济阳县鲁家庄成为临邑县、济阳县界河。德州市境内河长59.5千米，堤防长114.7千米，有险工9处、长5 500米，重点是大纸坊、祝楼、小张3处。

入济南市济阳县，经后冯村、垛石桥镇，至北董村成为济阳县、商河县界河。过林西村、张庙村、王家村，至卢家村出济阳县入商河县。东北流，经前赵村、李王村，在邢王村出济南市商河县入滨州市惠民县。新中国成立后，济南市经过多次疏浚治理，河道底宽120~140米、深6~7米，行洪流量为1 235立方米每秒。在济阳境内有西周贵族墓群——刘台遗址和大汶口文化代表玉皇冢两处省级文物保护单位及闻名遐迩的孔子"闻韶台"遗址，黑陶工艺久负盛名。

自惠民县郑家村入滨州市，折向东流，经小高村、夹河村，至申桥村折向东北流，过马家口村、宋家桥村、北辛庄村，至小吴村出惠民县入滨城区。下行，经郭家口村，至堡集镇廿里堡闸有沙河从左岸汇入。沙河始于商河县商东河，河长65.5千米，流域面积837平方千米。过曹家桥村、寨子村，至北纸坊村出滨城区入沾化县。继续东北流，经流钟口村、泊头镇、坝上村，至沾化县城折向北流，过崔家岭村、久山村，于垛鄹村折向西北流，至套儿河有秦口河从左岸汇入。秦口河始于阳信县洋湖乡后王村西德惠新河右堤，河长97.3千米，流域面积3 142平方千米，上有支流白杨河、青坡河、傅家河、小米河和朱龙河。又折向北流偏东，至东风港有郝家河从左岸汇入。郝家河始于无棣县车镇乡坡宋村，河长40.5千米，流域面积333平方千米。滨州市境内河长150.1千米。早在明代，滨州段河道宽阔，水流畅通，河中帆船如梭，沿岸店铺相连，商贾云集，贸易繁荣，山西洪洞县、河北枣强县迁来的移民纷纷在沿河立村聚居。清代夏秋间，千余艘宁波船只装运竹器、糖、纸远道而来，东北诸省及朝鲜船只亦将大批松杉木料从海上运来，沿河而上，越泊头镇、黄升店、流钟口，抵廿里堡，有的船只则继续沿沙河西行，至惠民界。沿河曾出土远古时期的麋鹿化石，还有商周时期的兰家遗址、高家遗址、东周古窑址和明清两代的墓葬。惠民县是著名兵圣孙武的故乡，建有孙子兵法城；惠民县李庄镇是"中国绳网"之乡；下游的沾化县是百果之王冬枣的主要产区，被称为"中国冬枣之乡"。境内徒骇河、沙河、傅家河三河交汇处的"K"形三河湖风景区更是令人神往。该风景区位于滨城区

徒骇河夕阳晚景

堡集镇，水域面积200公顷，风光优美，景色秀丽，兼有江南水乡的神韵和北国风光的壮观，有廿里堡拦河闸、槐林晚照、莲池月夜、水上翠屏等自然景观。登高远眺，九曲河道渺渺无际，蓝天碧水，晴波点点；荡舟水上，鱼虾嬉戏，翠鸟清啼，轻霭翠幕，水天一色。河道两侧芦苇丛生、莲花盛开，两岸堤坝槐榆成林、杨柳成荫。

下行，于沾化县暴风站入渤海。

7.5.2.1.1 东昌湖
（Dongchang Lake）

东昌湖，旧称护城河、环城湖，1995年更为现名。位于山东省聊城市区，由10个湖区和20个水面组成，总面积5平方千米，湖岸线长16千米。以**黄河**水为源，经位山灌区二干渠注入，积水约1 600万立方米，长年水深3～5米。为中国长江以北最大的城内人工湖泊，有"南有西湖，北有东昌湖"之称。

东昌湖始建于宋熙宁三年（1070年），筑城墙及城堤时掘土成河，河面宽约四五十尺。熙宁九年（1076年）重修护堤，湖面相应扩大。明清时，湖的

东昌湖

水源由运河调剂，大码头和铁塔处修有启闭两用水闸。清光绪二十八年（1902年），因运河河道淤塞，水源一度断绝。1935年，运河重新疏浚，湖的水源稍有补给，保持着一定的水面。新中国成立后，经过多次治理，尤其是1963、1977、1994年3次较大规模的开挖改造，引黄补源，使东昌湖的面貌发生了根本性变化。1973年后，砌垒了岸边台阶，相继兴建了湖心岛、荷香园、浮春亭、垂钓基地、游乐园、沙滩浴场、游船码头等景点，绿化了湖岸。2000年，兴建了南关桥、北关桥和东昌大桥等一批景点。如今，碧绿的湖水宛若锦带，蜿蜒曲折，环抱古城，湖城一色，风景宜人，构成鲁西平原上特有的胜景。

东昌湖风景名胜区集中体现了聊城"水、古、文"的特色，营造出聊城"城中有湖，湖中有城，城湖河一体"的独特风貌，

山陕会馆

是山东西部和冀鲁豫接壤地区最为著名的风景游览区之一。古城风貌保存完好，以古城正中古代最高大的木结构建筑之一的光岳楼为中心，向四面辐射，形成东西南北4条古城区干道，大街小巷垂直交叉，形成棋盘方格网状骨架。古城区民居，至今保留着白墙、灰瓦、坡屋顶的传统建筑风格。古老的京杭运河两岸，街巷布列，店铺林立，随坡就势，依河而建。条石铺砌的大小码头、株株苍劲的古槐、宋代隆兴寺铁塔和国家重点文物——清代建筑山陕会馆，仍会使人们体味到昔日运河漕运鼎盛时期古聊城的繁荣和辉煌。中国清代四大私人藏书楼之一的海源阁等名胜古迹，以及傅斯年纪念馆、民族英雄范筑先纪念馆、孔繁森纪念馆等文化景点均坐落于此。通过有效地开发和利用这些得天独厚的旅游资源，形成了东昌湖风景名胜区的重要部分——湖滨风景区、古城文化区和运河风情区。

聊城历史悠久，人杰地灵，历史上曾出现过许多杰出人物，明朝宰相朱延禧，清代名臣傅以渐、任克溥和书画名家邓钟岳，近代抗日民族英雄范筑先、著名学者和社会活动家傅斯年，以及20世纪80年
光岳楼

代青年楷模张海迪和90年代领导干部的楷模孔繁森等都是其中的杰出代表。此外，《水浒传》《聊斋志异》《金瓶梅》《老残游记》等中国古代名著，对古聊城和东昌湖均有描述。

7.5.2.2 马颊河
（Majia River）

单独入海的河流，为"禹疏九河"之一，因其上广下窄、状如马颊得名。据西汉河堤都尉许商考证，禹疏马颊河当在河北省成平县与东光县之间；今马颊河非禹疏之河，唐久视元年（700年）武则天当权时，为解决黄河频繁水患、分泄黄河洪水，在河南省清丰县以东开挖了一条河，冠以古河之名，始称马颊河。始于河南省濮阳市濮阳县澶州坡，在山东省无棣县老沙头入渤海。地跨河南、河北、山东3省19个县（市、区）。

概 述

流域范围 干流全长443千米（自河南省濮阳市金堤闸起），流域面积8 330平方千米。南以**徒骇河**为界，西北与**漳卫河**流域相接。

地质地貌 在大地构造单元上，流域正处于渤海凹陷南缘，属黄河下游冲积平原，第四系沉积巨厚。土壤由黄河泛滥冲积形成，可分为黏土、亚黏土、亚砂土、砂土、砂及淤泥、盐渍土等，岩性成分基本一致。

流域狭长，地形平缓，地势西南高东北低。河道两岸地形差异大，左岸属河滩高地，一般比右岸高2～4米。右岸京沪铁路桥以下，地势低下，洼地连片，易造成涝水滚坡。微地貌变化复杂，主要分为岗、坡、洼3种类型及滨海滩涂。

气候水文 流域属暖温带半湿润半干旱季风气候区。多年平均气温12.7摄氏度，多年平均年无霜期210天。多年平均年水面蒸发量1 500毫米，年际变化不大；年内分配很不均匀，5—6月占全年蒸发量的1/3。降水量年际变化较大，多年平均年降水量575毫米左右，丰水年降水量达993毫米（1961年），而枯水年仅342毫米（1968年），丰枯比达2.84。其特点是丰枯交替，1949—1953年为连续丰水年，1958—1960年

为连续枯水年，1961—1964年为连续丰水年。20世纪80年代后又进入连续偏枯年份。降水量在年内分配极不均匀，79%左右的降水集中在汛期，春、冬降水很少，形成春旱、夏涝、晚秋又旱的特点。

径流量的年内变化受降水影响，主要集中在汛期。多年平均年径流量2.54亿立方米（大道王站），其中汛期2.08亿立方米，占全年的82%。径流量的年际变化比年降水量更为剧烈，径流量变差系数为0.5～1.4，年径流量的最大值为最小值的10～100倍。大道王站1964年天然年径流量为23亿立方米，为1968年0.15亿立方米的151倍。多年平均情况下，连续最大4个月天然径流量占全年的85%～90%，集中在7—10月。

多数河段水质在Ⅳ类标准以下，只有在引黄灌溉时期水质较好。

水系 马颊河是利用西汉时期的黄河故道、平原以下循古笃马河、鬲津河开挖的一条分泄黄河水的河道。流域面积在100平方千米以上的较大支流有24条，其中流域面积在300平方千米以上的有鸿雁渠、裕民渠、唐公沟、笃马河、朱家河、宁津新河、跃马河和**德惠新河**，并有200多条排水沟道流入干流。另有平陵洼、铁营洼等洼地。

水旱灾害 流域地势低洼，旱涝灾害较为频繁。据史料记载，自汉文帝前元十二年（公元前168年）至民国32年（1943年），水旱灾害有356年，其中水灾284年，较大的洪涝95年，其中特大水灾45次；较大旱灾72年，其中特大旱灾12年。唐开元十四年（726年）秋，濮阳普降暴雨，"人或巢或舟以居"；1937年秋，普降大雨40余天，加上黄河、卫河漫决，从濮阳乘船北达大名，东下聊城。东汉兴平元年（194年），濮阳四月不雨，旱蝗成灾，庄稼颗粒无收；1941年秋到1943年发生大旱，五谷绝收，酿成罕见的大灾荒。

1949—2000年，流域发生洪涝灾30多次，其中较大洪涝灾害近10次。旱灾较大的有1965—1966、1977—1978、1985—1986年，旱期都在100天以上。

社会经济 流域为山东省重要的粮、棉、林果生产基地，主要作物有小麦、玉米、油料、鸭梨、苹果、金丝小枣、葡萄等。2000年，拥有耕地39万公顷、人口366.95万，其中城镇人口43.37万；实现地区生产总值332亿元，其中农业119亿元、工业162亿元、第三产业51亿元；粮食总产量达到528万吨。21世纪以来，纺织、造纸、石油、化工、电力、机械制造等工业得到了较大发展，有中原油田、聊城电厂、时风、鲁北化工等大型企业集团，京沪、京九两大干线铁路和京福、济馆高速公路穿越全境。

开发治理 元明两代，开挖运河，马颊河被截断，直至民国26年（1937年）修建了穿运涵洞，才使马颊河上游延伸到濮阳。1949年以前，干流河床上宽下窄，堤防断残，支流淤塞，行洪排涝能力低。新中国成立后，对流域进行了全面规划和治理。1951—1952年，平原省组织治理时，因故道淤塞，重新选线，称新马颊河，自五爷庙闸起，经濮阳南关金堤闸向北，经赵村、北里畜至清丰，在县城东北王庄与潴龙河汇流，至南乐平邑又与马颊河汇流。平原与山东两省协议，五爷庙至濮阳段18千米，河底宽14米、深3.5米，两岸筑堤，排涝流量25立方米每秒；穿金堤闸后，河底宽8米、深3米，排洪流量15立方米每秒，其余10立方米每秒流量由金堤河承担。1963年，水电部北京勘测设计院编制出《马颊河干流河道治理初步设计》。1966年，冀鲁豫三省合编了《马颊河干流治理工程（金堤闸至铁路桥）扩大初步设计》，按3年一遇排涝标准进行治理。1961—1964年，流域内连续发生大水，洪涝灾害严重，改按"1961年雨型"防洪、"1964年雨型"排涝标准，于1965—1974年进行了扩大治理，并相应开挖治理支流河道82条，形成了比较完善的防洪除涝系统，排涝行洪能力大幅度提高，干流排涝能力达到678立方米每秒，防洪能力达到1030立方米每秒。

干流上，桥涵闸各类建筑物585座，其中拦河闸22座（其中河北省1座）、桥152座、穿堤涵洞（管）208座、渡槽2座、支流入口桥24座、扬水站177处。

水资源主要来自拦蓄引黄尾水和截留地表径流两方面。随着工矿企业和生活污水的排放，河流严重污染。

纪　实

始于河南省濮阳市濮阳县澶州坡，流经河南省濮阳市、华龙区、清丰、南乐，河北省大名，山东省莘县、冠县、东昌府、茌平、临清、高唐、夏津、平原、德城、陵县、临邑、乐陵、庆云，于山东无棣县入渤海。

马颊河

自源头东北流，经东关村，至荣湾村出濮阳县入华龙区。经盟北小区、南里商村，于北里商村有引潴入马渠从右岸汇入。引潴入马渠始于濮阳县清河头乡岳堤口村，河长10千米，流域面积100.9平方千米。下行，至疙瘩庙村出华龙区入清丰县，自南向北穿越清丰县，于齐庄村入南乐县。经赵家庄村，至阎王庙有潴龙河从右岸汇入。潴龙河始于濮阳县清河头乡沙河寨，河长68千米，流域面积247平方千米。过睢庄村、郭家庄村，于前陈家村西北折向东流，经王方山固村、后平邑村，在西小楼村东南出河南省。源头濮阳市，历史悠久，文化灿烂。相传黄帝之孙颛顼建都于此，帝喾、唐尧、虞舜活动于此，夏代帝相、有穷氏、昆吾氏、斟灌氏均建都于此。春秋为卫国，卫处列国腹心，诸侯多在此会盟，为当时政治、经济、文化中心。数千年来，濮阳人才辈出，英贤萃集，改革家商鞅、军事家吴起、天文学家僧一行、石油地质学家孙建初等都出生于此；裴李岗文化、仰韶文化、大汶口文化、龙山文化和商周文化遗址，遍及各县。距今6400年前的蚌砌龙虎图案就出土于濮阳，被誉为"中华第一龙"。此处历来为兵家争战之地，素有"古战场"之称。历史上著名的晋楚城濮之战、晋郑铁丘之战、秦楚濮阳之战、宋辽"澶渊之盟"，均发生在这里。抗日战争和解放战争时期，属冀鲁豫革命根据地，朱德、刘伯承、邓小平、陈毅等老一辈无产阶级革命家都曾工作战斗在这里，留下很多历史文物和革命纪念地。

自王小楼村西南入河北省大名县，东北流，经赵园村、山岳村，于东马陵村南折向东南流，过宋窑村入南乐县，在康宋村北折向东北流又入大名县。下行，经唐村、安庄村、小营村，于十字路村东南出河北省。

自西张庄村西入山东省聊城市莘县，经营头村、任堂村，于大索庄西折向西北流，至河崖村又折向东北流，过河口村、赵庄村，在信庄村东北出莘县入冠县。下行，至桑阿镇任荣庄村东北有鸿雁渠从左岸汇入。鸿雁渠始于河北省大名县孙甘店乡小湖村，河长 32 千米，流域面积 401.6 平方千米。东北流，至王庄村东南成为冠县、东昌府区界河。经任洼村、义和庄村，至洼陈村东入东昌府区。过京杭运河，经胡楼村、乔集村、张刘村，穿京九铁路，经张堂村、岳庄村，至郑屯村东成为东昌府区、茌平县界河。折向北流，至土闸村东北出东昌府区入临清市。东北流又东流，至东辛庄村南成为临清市、茌平县界河。经薛王村、吕桥村，至侯寨子村东入茌平县。下行，经西海子村，到前韩村东北出茌平县入高唐县。折向西北流，经皮庄村、丁堤口村，至小马厂村西南成为高唐县、临清市界河。东北流，经小刘庄村，于宜丰镇村西南又入高唐县。下行，至宜丰镇村西有裕民渠从左岸汇入。裕民渠始于临清市位山三干渠郭庄闸，河长 33.8 千米，流域面积 452 平方千米。过囤庄村、后屯村，于曹堤口村东北成为高唐县、德州市夏津县界河。经打鱼李村，至西屯村西北入夏津县，过卞官桥村，至张集村又成为夏津县、高唐县界河。下行，至高唐县梁村镇董姑桥有唐公沟从右岸汇入。唐公沟始于姜店乡南店村，河长 32.25 千米，流域面积 515.4 平方千米。聊城市境内自上而下有冢北闸、马村闸、甘寨闸、务庄闸、张洼闸、王铺闸、薛王刘闸、裴庄闸、李奇庄闸 9 座拦河闸；险工 2 处，长 4 500 米，重点有河口、王庄、蒲桥。

东北流，自小张庄村南成为德州市夏津县、平原县界河。经古城村，至津期店村东南入平原县。过河圈村，于刘宁口村南折向东流，至夏家口南村南折向北流，经大芝坊村、戴家口村，到前梅村北出平原县入德城区。下行，于李家桥村东南过京沪铁路，为德城区、平原县界河，至王律庄村东折向东北流，成为德城区、陵县界河。经沟李村、阎寨村，至土桥村北入陵县。东流又东北流，过宋集村、李马村、东张村、后刘村、范家桥村、史家庵村、大官辛村，至糜镇三刘闸有笃马河从右岸汇入。笃马河始于平原县周家寨村，河长 68.6 千米，流域面积 772.7 平方千米。过董ာ河村，至前范家桥村南有马颊河故道从左岸汇入。马颊河故道始于陵县边临镇马才村，河长 36.55 千米，流域面积 258 平方千米。不远，在新范桥村东北，出陵县入临邑县。下行，经王家坊村，至后明村东北出临邑县入乐陵市。下行，经杨桥村、后赵村，至孔镇西郭桥村有朱家河从左岸汇入。朱家河始于陵县徽王庄镇桥头村，河长 37.6 千米，流域面积 555 平方千米。过韩桥村，到孟家闸有宁津新河从左岸汇入。宁津新河始于宁津县相衙镇漳卫新河道口闸，河长 39.7 千米，流域面积 673.8 平方千米。经张桥村、冯家村、唐家村，至孙家堰村东有跃马河从左岸汇入。跃马河始于乐陵市丁坞镇杨盘村，河长 26.35 千米，流域面积 309 平方千米。之后，折向东南流，十土家滩子村北出东陵市入庆云县。下行，经薛家村，至石佛东村东南折向东北流，过前官庄村、刁家村、任家村，到苏家村北出庆云县。德州市境内河长 190 千米，堤防长 327.3 千米；有津期店闸、李家桥闸、仙人桥闸、马才闸、三刘桥闸、郭桥闸、孟家闸、大桥闸、大道王闸 9 座拦河闸，控制灌溉面积 2.47 万公顷，年调蓄水量 1.7 亿立方米，年提引水量达 5 700 万立方米。

自李辛村入滨州市无棣县，东北流，经新立庄村、李贝孙村、塘坊村，过荣乌高速公路，经黄瓜岭村，到马山子镇下泊头村东北 12 千米处有**德惠新河**从右岸汇入。无棣县境内河长 43.4 千米。设计河槽底宽 89 米，河口宽 160～220 米，河道比降 0.079‰，边坡 1∶3，两堤距 290～303 米，滩地宽 50～60 米，堤外弃土宽 51～150 余米。有孙马村挡潮蓄水节制闸 1 座，沿河建有引排水涵闸 25 座、公路桥 6 座、生产桥 17 座、扬水站 15 处。

继续蜿蜒东北流，于老沙头北入渤海。

大道王闸

7.5.2.2.1 德惠新河
(Dehuixinhe River)

马颊河支流，是 1968—1970 年开挖的一条排水河道，因流经山东省德州、惠民（今滨州市）两个地区得名。干流起自山东省平原县王凤楼村，于无棣县下泊头村东北 12 千米处入马颊河。地跨德州、济南、滨州 3 市。

概　述

位于**徒骇河**、马颊河之间，河道总长 172.5 千米，流域面积 3 249 平方千米。流域系黄河冲积平原，地势西南高东北低。土壤分为沙质土、壤质土、黏质土、潮土等。流域面积 100 平方千米以上的较大支流 13 条，其中 300 平方千米以上的有禹临河、临商河、商中河、跃进河 4 条。

流域属暖温带半湿润半干旱季风气候区。春季多风少雨，夏季降水集中，秋季天高气爽，冬季雨雪稀少。多年平均年降水量 585 毫米左右，约 78%的雨量集中在 6—9 月。多年平均年径流量 1.23 亿立方米。径流年内变化受降水影响，主要集中在 7—9 月，大部分河段非汛期缺水或干涸无水。

1949—2000 年，洪涝受灾面积超过 886.67 万公顷次的年份有 19 次，以 1961 和 1964 年最为严重。春旱年年发生，秋旱年年出现。尤其以 1968、1992 年旱灾最为严重，造成了春棉枯死、小麦减产和夏播无法下种。

防洪保护区涉及德州、济南、滨州 3 市 10 个县（市），2000 年人口 150 万。2000 年实现地区生产总值 254 亿元，其中农业 91 亿元、工业 124 亿元、第三产业 39 亿元。该流域为山东省重要的粮棉生产基地，2000 年有耕地 18.2 万公顷、粮食总产量达到 406 万吨。21 世纪以来，农业生产得到了较大发展，主要种植小麦、玉米、油料及杂粮等。同时，也是重要的林果生产基地，无棣县有"中国枣乡""金丝小枣第一县"之称，阳信县有"中国鸭梨之乡"之称。工业基础不断壮大，鲁北化工集团、埠口盐场以及胜利油田等工矿企业均在此保护区内。随着黄河三角洲开发及海上山东建设两大工程的启动，本区域的经济将会以更高速度发展。

德惠新河是 1968 年为解决徒骇河、马颊河下游之间低洼地带排水困难而人工开挖的一条排水河道。干流工程分两期实施。第一期：王凤楼至老马颊河段长 104.7 千米为新挖河，

7.5.2.2.1 德惠新河

于1968年冬至1970年完成挖河、筑堤。第二期：老马颊河段按"1964年雨型"排涝标准进行扩大治理，于1970—1971年完成，其中下泊头至汇河口段12千米为机械化施工。1991年经水利部海河水利委员会批准，开始对干流河道进行清淤治理，至1994年完成了大刘店闸以上约133.6千米河道的清淤任务，投资5 610万元。1999年经山东省计委批准安排了海口段（胡道口闸至汇合口）19千米的清淤治理，完成土方470万立方米，投资4 104万元。

流域属农业大区，目前已形成以引黄灌溉为主、井渠结合提水灌溉为辅的农业灌溉体系。

由于受历代黄河泛滥影响，流域岗洼不平，洼地多，排水出路少，涝灾严重。境内河道建有拦河闸8座（王凤楼、后张、赵棒槌、郑店、王杠子、大刘店、白鹤观、胡道口）。1991—1994年，因河道淤积严重，按"1964年雨型"排涝、"1961年雨型"防洪标准进行了治理，改建了东西宗调节闸，解决了德惠新河与马颊河之间的相互调水问题。

纪　实

干流起自山东省德州市平原县王凤楼村，上游由支流洪沟河、赵王河汇流形成，东北流，经老姚庄村，于小吕家村东南出平原县入陵县。下行，经郑家寨镇、碱场店村，在东盐场村东出陵县入临邑县。东流，在马章寨村西有禹临河从右岸汇入。禹临河始于禹城市梁家镇唐屯村，河长40千米，流域面积457平方千米。下行，在小傅家村东北流，经孙天赐村、南郑村，自济南市商河县怀仁镇三皇庙村西沿临邑县、商河县界东北流，到小宋家村入乐陵市。下行，于黄集村有临商河从右岸汇入。临商河起自徒骇河牛王店涵洞（济阳县），河长43千米，流域面积508平方千米。经坡李家村、崔洼村，在郑店闸有商中河从右岸汇入。商中河始于徒骇河南河头涵洞（商河县），河长39千米，流域面积434平方千米。下行，沿乐陵市、商河县界东北流至买虎站村东出商河县。之后，沿乐陵市、阳信县边界东北流。德州市境内，河长127.6千米、堤防长203千米，有王凤楼、后张、赵棒槌、郑店4座拦河闸。

自崔家楼村北入滨州市阳信县，在西郝村西有商东河从右岸汇入。商东河始于老徒骇河，河长35千米，流域面积349平方千米。经王杠村，至王坤兮村北又入德州市庆云县，经北侯村、李家店村，至东宗村北折向东南流，到赵家村南东北流，自大高村成为阳信县、无棣县界河。下行，经东田村、周家村，于贾家村西南入无棣县，过蒋家桥村、信家村、卢家村、宋王村、下泊头村，入马颊河。

滨州市境内，阳信、无棣两段河道总长77.6千米、堤长137.4千米，共建有王杠子、白鹤观、胡道口3座拦河闸。阳信、无棣二县历史悠久，早在六七千年原始社会晚期的新石器时代，就有人类聚居；明朝以前，由于该流域濒临渤海，土地斥卤，居民较少；明代，大批山西洪洞县、河北枣强县的移民迁来居住，在这片广袤的土地上，通过辛勤劳作，创造了灿烂的文化，素有"东省文明之区、北海翰苑之府"的称誉。流域内名胜古迹、人文景观、自然景观众多，有无棣碣石山，相传大禹、汉武帝、魏武帝登临并留下遗迹和诗文。碣石山位于德惠新河滨州段左岸，又称无棣山、盐山、马谷山、大山，呈圆锥形，海拔63.4米，占地20余平方千米。该山是我国最年轻的火山，也是华北平原地区唯一露头的火山，被誉为"京南第一山"，1999年3月被列为省级地质遗迹自然保护区。

碣石山

新河入海处是贝壳堤岛与湿地系统自然保护区，该贝壳堤岛是目前世界上保存最完整且是唯一新老堤并存的贝壳堤岛，是东北亚内陆和环西太平洋岛鸟类迁徙的中转站和越冬、栖息、繁衍地，共有鸟类45种，保护区辽阔、宁静，风光优美，是骑马、猎兔、捕鱼、捉蟹的好地方。

附　　录
Appendix

附表一　　　　　　　　　海河卷列条河流一览表

序号	条目编号	河名	水系	发源地、起始地	入河（湖、海）口	河长(km)	流域面积(km²)	多年平均年径流量(亿 m³)	行经地区	备注
1	3	海河		山西省长子县坨洞沟	天津市滨海新区塘沽海河防潮闸	1 122	234 613		北京市、天津市、河北省、山西省、山东省、河南省、内蒙古自治区	以浊漳南源为源
2	3.1	蓟运河	海河水系支流	河北省兴隆县大青山南侧青灰岭	天津市滨海新区塘沽防潮闸	337	10 288	9.53	天津市宝坻区、宁河县、滨海新区	以泃河为源
3	3.1.1	泃河	蓟运河两源之一	河北省兴隆县大青山南侧青灰岭	天津市宝坻区张古庄	180	3 278	2.85	河北省兴隆县、三河市，天津市蓟县、宝坻区，北京市平谷区	
4	3.1.2	州河	蓟运河两源之一	河北省兴隆县孤山子乡大青山	天津市宝坻区张古庄	112	2 144	5.06	河北省兴隆县、遵化市，天津市蓟县、宝坻区	
5	3.1.3	还乡河	蓟运河左岸支流	河北省迁西县黄山东麓	天津市宁河县阎庄	160	1 566	1.69	河北省迁西县、玉田县、唐山市丰润区，天津市宁河县	
6	3.2	潮白河	海河水系支流	河北省沽源县东房子乡九龙泉	北京市密云县河漕村	467	19 354	16	北京市、河北省、天津市	以白河为源
7	3.2.1	白河	潮白河两源之一	河北省沽源县东房子乡九龙泉	北京市密云县河漕村	250	9 100	1.93	河北省沽源县、赤城县、丰宁县，北京市延庆县、怀柔区、密云县	
8	3.2.1.4	黑河	白河左岸支流	河北省沽源县老掌沟	北京市延庆县菜木沟村	109.5	1 660	1.18	河北省沽源县、赤城县，北京市延庆县	
9	3.2.1.5	汤河	白河左岸支流	河北省丰宁县五道营乡西兰营子村	北京市怀柔区汤河口镇汤河口村	110	1 257	1.1	河北省丰宁县，北京市怀柔区	
10	3.2.2	潮河	潮白河两源之一	河北省丰宁县黄旗镇哈拉海湾村	北京市密云县河漕村	220	6 870		河北省丰宁县、滦平县，北京市密云县	
11	3.2.5	怀河	潮白河右岸支流	北京市延庆县大庄科乡	北京市顺义区史家口桥下	80.9	1 043	3	北京市延庆县、怀柔区、顺义区	
12	3.3	北运河	海河水系支流	北京市通州区北关闸	天津市三岔河口	160	6 166	3.6	北京市通州区，河北省香河市，天津市武清区、北辰区、天津市	干流
13	3.3.1	温榆河	北运河上源	北京市昌平区八达岭关沟	北京市通州区通州镇北关	90	2 478	3.5	北京市延庆县、怀柔区、朝阳区、顺义区、昌平区、海淀区、通州区	
14	3.3.1.3	清河	温榆河右岸支流	北京市西山	北京市朝阳区沙子营	23.6	217		北京市海淀区、朝阳区	
15	3.3.1.4	坝河	温榆河右岸支流	北京市朝阳区小湖湾北岸分水闸	北京市通州区北马庄	21.7	156.3		北京市朝阳区、通州区	
16	3.3.2	通惠河	北运河右岸支流	北京市东城区东便门	北京市通州区通州城东	20.34	258		北京市东城区、朝阳区、通州区	
17	3.3.2.3	长河	通惠河上游河段	北京市海淀区京密引水渠长河闸	北京市西城区新街口豁口	9			北京市海淀区、西城区	

续表

序号	条目编号	河名	水系	发源地、起始地	入河(湖、海)口	河长(km)	流域面积(km²)	多年平均年径流量(亿 m³)	行经地区	备注
18	3.3.2.4	北京护城河	通惠河上游河段			40.85			北京市西城区、东城区	
19	3.3.2.7	筒子河	通惠河水系			3.5			北京市东城区	
20	3.3.2.8	金水河	通惠河水系			3.89			北京市东城区	
21	3.3.3	凉水河	北运河右岸支流	北京市丰台区万泉寺铁路桥	北京市通州区榆林庄	53	693		北京市丰台区、大兴区、通州区	
22	3.3.4	青龙湾减河	北运河左岸人工分洪河道	河北省香河市土门楼泄洪闸	天津市宝坻区大刘坡里自沽闸	52.4			河北省香河市、天津市武清区、宝坻区	
23	3.4	永定河	海河水系支流	山西省宁武县管涔山庙儿沟	天津市滨海新区塘沽北塘镇	747	47 016(至屈家店止)	20.29	山西省、内蒙古自治区、河北省、北京市、天津市	以桑干河为源
24	3.4.1	桑干河	永定河两源之一	山西省宁武县管涔山庙儿沟	河北省怀来县夹河村	390	26 000	11.82(最大年径流量)	山西省宁武县、朔城区、山阴县、应县、怀仁县、大同县、阳高县,河北省阳原县、宣化县、涿鹿县、怀来县	
25	3.4.1.1	源子河	桑干河左岸支流	山西省左云县东南的尖口山	山西省朔城区马邑村	110	2 083.7	1.86	山西省左云县、右玉县、山阴县、朔州市平鲁区、朔城区	
26	3.4.1.2	黄水河	桑干河右岸支流	山西省宁武县薛家窊	山西省应县西朱庄	100	2 489.6		山西省宁武县、朔州市朔城区、山阴县、应县	
27	3.4.1.3	浑河	桑干河右岸支流	山西省浑源县东山乱岭关	山西省怀仁县新桥村	55	1 910.7		山西省浑源县、应县、怀仁县	
28	3.4.1.4	御河	桑干河左岸支流	内蒙古丰镇市三义泉镇宋家沟	山西省大同县吉家庄	155	5 001.7	1.28	内蒙古丰镇市,山西省大同市区、大同县	
29	3.4.1.4.1	十里河	御河右岸支流	山西省左云县曹家堡村	山西省大同市田村	89.3	1 228.4	0.41	山西省左云县、大同市	
30	3.4.1.6	壶流河	桑干河右岸支流	山西省浑源县、广灵县交界处的石人山南麓	河北省阳原县小渡口村	149	4 316		山西省广灵县,河北省蔚县、阳原县	
31	3.4.2	洋河	永定河两源之一	河北省怀安县第十屯	河北省怀来县夹河村	241(以东洋河为源)	16 250(以东洋河为源)	6.22	河北省怀安县、万全县、宣化县、张家口市高新区、下花园区、怀来县	干流
32	3.4.2.1	东洋河	洋河两源之一	内蒙古兴和县张皋镇十一号村南山顶	河北省怀安县第十屯	134.6	3 674		内蒙古兴和县,河北省尚义县、万全县、怀安县	
33	3.4.2.1.2	瑟尔基河	东洋河左岸支流	河北省尚义县套里庄乡小水泉村	河北省尚义县小蒜沟镇南营盘林	39.5	688.3	0.62	河北省尚义县	
34	3.4.2.2	南洋河	洋河两源之一	山西省阳高县下深井乡丰稔山村	河北省怀安县第十屯	59.5	2 936	1.29	山西省阳高县、天镇县,河北省怀安县	
35	3.4.2.2.1	西洋河	南洋河左岸支流	内蒙古兴和县苏木山	河北省怀安县米家房	61.2	934	0.44	内蒙古兴和县,山西省天镇县,河北省怀安县	
36	3.4.2.3	清水河(张家口)	洋河左岸支流	河北省崇礼县清三营乡桦皮岭	河北省宣化县清水河村	139	2 360	0.82	河北省崇礼县、张家口市区、宣化县	
37	3.4.4	妫水河	永定河左岸支流	北京市延庆县永宁镇上磨村东黄龙潭	北京市延庆县康庄镇大路村北入官厅水库	18.5	1 073.4	1.97	北京市延庆县	
38	3.4.5	清水河(北京)	永定河右岸支流	北京市门头沟区灵山南麓	北京市门头沟区青白口村	49.5	558	0.294	北京市门头沟区	以大西沟为源
39	3.5	大清河	海河水系支流	河北省涞源县涞源泉	天津市静海县第六埠	430	43 060		河北省、天津市	以拒马河为源
40	3.5.1	拒马河	大清河北源	河北省涞源县涞源泉	河北省涞水县铁锁崖	320	10 000	5.35	河北省涞源县、易县、涞水县,北京市房山区	
41	3.5.1.2	南拒马河	拒马河一分为二后的南支	河北省涞水县铁锁崖	河北省高碑店市白沟镇	69	2 156		河北省涞水县、定兴县、高碑店市	

266

续表

序号	条目编号	河 名	水 系	发源地、起始地	入河（湖、海）口	河长(km)	流域面积(km²)	多年平均年径流量(亿 m³)	行经地区	备 注
42	3.5.1.2.1	中易水河	南拒马河右岸支流	河北省易县良岗镇西北山区	河北省定兴县北河店村	86	1 979		河北省易县、定兴县	
43	3.5.1.2.1.2	北易水河	中易水河左岸支流	河北省易县龙华乡云蒙山	河北省定兴县东引村	56	789		河北省易县、定兴县、涞水县	
44	3.5.1.3	北拒马河	拒马河一分为二后的北支	河北省涞水县铁锁崖	河北省涿州市小柳村	67			河北省涞水县、北京市房山区、河北涿州市	
45	3.5.1.3.1	大石河	北拒马河左岸支流	北京市房山区霞云岭乡堂上村	河北省涿州市码头镇	129	1 280	1.56	北京市房山区、河北省涿州市	
46	3.5.1.4	白沟河	大清河北支行洪河道	河北省涿州市北拒马河和小清河汇合处	河北省高碑店市白沟镇	53		25.49（最大年径流量）	河北省涿州市、高碑店市	
47	3.5.2	赵王新河	大清河南支中下游行洪排沥河道	河北省任丘市白洋淀枣林庄枢纽	河北省文安县崔家坊	38.43			河北省任丘市、文安县	
48	3.5.3.1	萍河	大清河南支流	河北省定兴县南幸村	河北省安新县王庄	30	440		河北省定兴县、徐水县、容城县、安新县	
49	3.5.3.2	瀑河	大清河南支流	河北省易县狼牙山	河北省安新县寨里村	73	545	0.59	河北省易县、徐水县、安新县	
50	3.5.3.3	漕河	大清河南支流	河北省易县与涞源县交界处五回岭	河北省安新县迪城村	120	800		河北省易县、涞源县、满城县、徐水县、安新县	
51	3.5.3.4	府河	大清河南支流	河北省满城县一亩泉村	河北省清苑县木掀庄	47.1	643.2	0.59	河北省满城县、保定市区、清苑县	
52	3.5.3.5	唐河	大清河南支流	山西省浑源县抢风岭	河北省安新县	273	4 990（东石桥以上）		山西省浑源县、繁峙县、灵丘县，河北省涞源县、唐县、顺平县、定州市、望都县、清苑县、安新县	
53	3.5.3.5.2	清水河	唐河左岸支流	河北省易县白银洼	河北省清苑县东石桥	112.75	2 122.4		河北省易县、涞源县、顺平县、满城县、清苑县	
54	3.5.3.6	孝义河	大清河南支流	河北省安国市马家庄	河北省高阳县拥城	77.2	1 262		河北省安国市、博野县、蠡县、高阳县	
55	3.5.3.7	潴龙河	大清河南支流	山西省灵丘县太白山碾盘岭	河北省高阳县	314	9 430		山西省灵丘县，河北省阜平县、曲阳县、行唐县、新乐市、定州市、安国市、安平县、博野县、蠡县、高阳县	
56	3.5.3.7.2	郜河	潴龙河上源沙河右岸支流	河北省行唐县九口子乡墨斗村	河北省唐县北高里村	69.4	496.5	0.3	河北省行唐县	
57	3.5.3.7.3	磁河	潴龙河右岸支流	河北省灵寿县五岳寨	河北省安国市军诜村	179	2 100		河北省灵寿县、行唐县、新乐市、正定县、藁城市、无极县、深泽县、定州市、安国市	
58	3.5.4	小白河	大清河清南地区排沥渠道	河北省深泽县赵八村	河北省文安县里东庄村	172.46	1 705		河北省深泽县、安国市、安平县、博野县、蠡县、肃宁县、高阳县、河间市、任丘市、文安县	
59	3.5.5	任文干渠	大清河清南地区排沥渠道	河北省任丘市大树刘村	河北省文安县滩里扬水站	47.78	2 648		河北省任丘市、文安县	
60	3.5.6	独流减河	大清河下游人工行洪河道	天津市西青区第六埠村	天津市滨海新区独流减河防潮闸	68.8	511		天津市西青区、静海县、滨海新区	
61	3.5.7	中亭河	大清河清北地区排沥河道	河北省雄县陈家柳村	天津市西青区西河闸	67.4	2 994		河北省雄县、霸州市，天津市武清区、西青区	
62	3.6	子牙河	海河水系支流	山西省繁峙县五台山北麓泰戏山	天津市区大红桥	762	46 868	42	山西省、河北省、天津市	以滹沱河为源

267

续表

序号	条目编号	河名	水　系	发源地、起始地	入　河（湖、海）口	河长(km)	流域面积(km²)	多年平均年径流量(亿 m³)	行经地区	备　注
63	3.6.1	滹沱河	子牙河两源之一	山西省繁峙县五台山北麓泰戏山	河北省献县八里庄	587	24 774	23.3	山西省繁峙县、代县、原平市、忻州市忻府区、定襄县、五台县、盂县，河北省平山县、灵寿县、鹿泉市、正定县、石家庄市、藁城市、无极县、深泽县、安平县、饶阳县、献县	
64	3.6.1.1	牧马河	滹沱河右岸支流	山西省阳曲县白马山五庆沟	山西省定襄县河边村	118.3	1 498	0.4024	山西省阳曲县、忻州市忻府区、定襄县	
65	3.6.1.2	清水河	滹沱河左岸支流	山西省五台县东台沟	山西省五台县坪上村	113.2	2 405	2.02	山西省五台县	
66	3.6.1.4	乌河	滹沱河右岸支流	山西省阳曲县两岭山	山西省盂县枣院村	64	1 174	0.77	山西省阳曲县、盂县	
67	3.6.1.7	冶河	滹沱河右岸支流	河北省井陉县北横口村	河北省平山县北贾壁村	37	6 420		河北省井陉县、平山县	干流
68	3.6.1.7.1	绵河	冶河两源之一	山西省平定县娘子关镇磨河滩村	河北省井陉县北横口村	120	2 736	9.62	山西省平定县，河北省井陉县	干流
69	3.6.1.7.1.1	温河	绵河两源之一	山西省盂县温池村	山西省平定县娘子关镇磨河滩村	70	1 143.5		山西省盂县、阳泉市区、平定县	
70	3.6.1.7.1.2	桃河	绵河两源之一	山西省寿阳县土径岭	山西省平定县娘子关镇磨河滩村	80	1 310.7	0.61	山西省寿阳县、阳泉市区、平定县	
71	3.6.1.7.2	甘陶河	冶河两源之一	山西省和顺县李阳镇南山村	河北省井陉县北横口村	150	2 564		山西省和顺县、昔阳县，河北省井陉县	
72	3.6.1.9.1	民心河	滹沱河右岸人工渠道			56.9			河北省石家庄市区	
73	3.6.2	滏阳河	子牙河两源之一	河北省邯郸市峰峰矿区和村镇	河北省献县八里庄	413	21 737	4.09	河北省邯郸市峰峰矿区、磁县、邯郸市区、永年县、曲周县、鸡泽县、平乡县、任县、隆尧县、宁晋县、新河县、冀州市、衡水市区、武邑县、武强县、献县	
74	3.6.2.3	北澧河	滏阳河左岸支流	河北省任县环水村	河北省宁晋县史家嘴	41.3	10 574		河北省任县、隆尧、宁晋县	
75	3.6.2.3.1	洺河	北澧河支流	河北省武安市永和村	河北省任县环水村	209	3 122	1.13	河北省武安市、永年县、鸡泽县、南和县、任县	含南洺河河长
76	3.6.2.3.2	南澧河	北澧河支流	河北省邢台、沙河、内丘三市（县）西部山区	河北省任县环水村	40.5	1 830		河北省邢台县、沙河市、内丘县、永年县、鸡泽县、南和县、任县	
77	3.6.2.3.4	马河	北澧河左岸支流	河北省邢台县北小庄乡郝庄村	河北省任县邢家湾	70	1 081		河北省邢台县、内丘县、任县	
78	3.6.2.3.5	泜河	北澧河左岸支流	河北省临城、任县西部太行山区	河北省宁晋县曹家台	98	945		河北省临城县、隆尧县、宁晋县	
79	3.6.2.3.5.2	午河	泜河左岸支流	河北省柏乡县赵家庄	河北省宁晋县徐家河乡	88	1 115		河北省柏乡县、隆尧县、宁晋县	
80	3.6.2.4	洨河	滏阳河左岸支流	河北省鹿泉市上寨乡梁庄五峰山	河北省宁晋县小河村	85	1 658		河北省鹿泉市、栾城县、赵县、宁晋县	
81	3.6.2.5	汪洋沟	滏阳河左岸支流	河北省藁城市北席、水乡之间	河北省宁晋县东曹庄	96.4	1 392		河北省藁城市、赵县、宁晋县	
82	3.6.2.6	天平沟	滏阳河左岸支流	河北省辛集市小章排沟和百福排沟汇合处	河北省武强县小范镇	67.26	1 120		河北省辛集市、安平县、深州市、武强县	
83	3.6.2.7	留楚排干	滏阳河左岸支流	河北省饶阳县京堂镇李家庄京堂分干下口	河北省武强县庞町村	44.2	1 032		河北省饶阳县、武强县	

续表

序号	条目编号	河名	水系	发源地、起始地	入河（湖、海）口	河长(km)	流域面积(km²)	多年平均年径流量(亿 m³)	行经地区	备注
84	3.6.2.8	滏阳新河	滏阳河右侧人工行洪河道	河北省宁晋县小河口村	河北省献县城西	132	14 877		河北省宁晋县、新河县、冀州市、衡水市桃城区、武邑县、武强县、献县	
85	3.6.3	子牙新河	子牙河右岸人工行洪河道	河北省献县枢纽进洪闸	天津市滨海新区大港马棚口	143			河北省献县、河间市、大城县、青县、黄骅市，天津市滨海新区	
86	3.7	漳卫南运河	海河水系支流	山西省长子县圪洞沟	天津市三岔河口	1 050	37 584	51.63（多年平均年地表水资源量）	山西省、河南省、山东省、河北省、天津市	以浊漳南源为源
87	3.7.1	漳河	漳卫南运河两源之一	山西省长子县圪洞沟	河北省馆陶县徐万仓	460	19 537	8.76（浊漳河）	山西省、河南省、河北省、山东省	
88	3.7.1.2	浊漳西源	漳河左岸支流	山西省沁县漳源镇老牛沟	山西省襄垣县甘村	80	1 669	1.53	山西省沁县、襄垣县	
89	3.7.1.3	浊漳北源	漳河左岸支流	山西省榆社县上白鸡岭	山西省襄垣县合河口村	116	3 797		山西省榆社县、武乡县、襄垣县	
90	3.7.1.6	清漳河	漳河左岸支流	山西省昔阳县沾岭山	河北省涉县合漳村	146	5 339		山西省昔阳县、和顺县、左权县、黎城县，河北省涉县	
91	3.7.1.6.1	清漳西源	清漳河右岸支流	山西省和顺县八赋岭	山西省左权县上交漳村	106.5	1 570	0.5726	山西省和顺县、左权县	
92	3.7.2	卫河	漳卫南运河两源之一	山西省陵川县夺火镇南岭	河北省馆陶县徐万仓	394	16 373	9.59	山西省、河南省、河北省、山东省	
93	3.7.2.3	峪河	卫河左岸支流	山西省陵川县八都岭	河南省新乡市	92	672		山西省陵川县，河南省新乡市	
94	3.7.2.4	石门河	卫河左岸支流	山西省陵川县东南进头窑	河南省新乡市占城镇东樊村	54.1	493		山西省陵川县，河南省新乡市	
95	3.7.2.6	淇河	卫河左岸支流	山西省陵川县棋子山	河南省浚县新镇镇淇门村	176.65	2 259	1.27（多年平均水资源量）	山西省陵川县，河南省辉县市、林州市、鹤壁市、淇县、浚县、卫辉市	
96	3.7.2.7	汤河	卫河左岸支流	河南省鹤壁市孙圣沟	河南省内黄县西元村	73.3	1 287		河南省鹤壁市、汤阴县、安阳县、内黄县	
97	3.7.2.8	洹河	卫河左岸支流	河南省林州市林滤山东麓	河南省内黄县东庄镇马固村	164	1 920	3.76	河南省林州市、安阳县、安阳市区、内黄县，河北省临漳县	
98	3.7.3	漳卫新河	漳卫南运河右岸一条入海通道	山东省武城县四女寺枢纽	山东省无棣县大口河	257	5 000	3.63	山东省武城县、德州市德城区、乐陵市、庆云县、无棣县，河北省吴桥县、东光县、南皮县、盐山县、海兴县	
99	3.7.4	捷地减河	漳卫南运河右岸的人工分洪河道	河北省沧县捷地镇	河北省黄骅市高尘头挡潮闸	85			河北省沧县、黄骅市	
100	3.7.5	马厂减河	漳卫南运河右岸人工分洪河道	天津市静海县九宣闸	天津市滨海新区新城西关闸	75			天津市静海县、津南区、滨海新区	
101	3.7.6	津河	漳卫南运河右岸支流	天津市南运河右堤三元村涵闸	天津市光华桥	15.8			天津市区	
102	3.8.1	北排河	黑龙港运东地区人工排沥河道	河北省泊头市冯庄节制闸	天津市滨海新区大港马棚口	161.5	1 328		河北省泊头市、献县、河间市、青县、黄骅市，天津市滨海新区	
103	3.8.1.1	黑龙港河本支	北排河支流	河北省泊头市乔官屯闸	河北省青县四窝头村	35.5	210		河北省泊头市、沧县、青县	
104	3.8.2	南排河	黑龙港地区排沥河道	河北省泊头市文庙	河北省黄骅市李家堡村	99	13 707		河北省泊头市、沧县、沧州市、黄骅市	

续表

序号	条目编号	河名	水系	发源地、起始地	入河（湖、海）口	河长(km)	流域面积(km²)	多年平均年径流量(亿 m³)	行经地区	备注
105	3.8.2.1	滏东排河	黑龙港运东地区人工排沥河道	河北省宁晋县孙家口	河北省泊头市冯庄闸	113.3	4 409		河北省宁晋县、新河县、冀州市、衡水市桃城区、武邑县、武强县、泊头市	
106	3.8.2.1.1	老漳河	滏东排河右岸支流	河北省曲周县东水町村	河北省宁晋县孙家口	65.7	1 897		河北省曲周县、平乡县、广宗县、巨鹿县、宁晋县	
107	3.8.2.2	老盐河	南排河支流	河北省威县侯贯乡	河北省泊头市文庙	184.2	2 182		河北省威县、南宫市、枣强县、冀州市、衡水市桃城区、武邑县、泊头市	
108	3.8.2.3	清凉江	南排河支流	河北省曲周县安寨村	河北省泊头市文庙	271	3 894		河北省曲周县、邱县、威县、清河县、南宫市、故城县、枣强县、武邑县、景县、阜城县、泊头市	
109	3.8.2.3.1	江江河	清凉江右岸支流	河北省故城县大杏基村	河北省泊头市三岔河村	118.5	2 410		河北省故城县、景县、阜城县、泊头市	
110	3.8.3	沧浪渠	黑龙港运东地区独流入海排水河道	河北省沧州市新华区顾官屯	河北省黄骅市歧口镇	68	706		河北省沧州市、沧县、黄骅市，天津市滨海新区	
111	3.8.4	廖家洼排水渠	黑龙港运东地区独流入海排水河道	河北省沧县张官屯乡刘成庄	河北省黄骅市李家堡村	86	673		河北省沧县、黄骅市	
112	3.8.5	新石碑河	黑龙港运东地区独流入海排水河道	河北省黄骅市滕庄子乡大浪白村	河北省黄骅市赵家堡村	52	523.5		河北省黄骅市	
113	3.8.6	大浪淀排水渠	黑龙港运东地区独流入海排水河道	河北省南皮县冯家口镇车官屯	河北省海兴县半越河	86.8	1 263		河北省南皮县、沧县、孟村县、黄骅市、海兴县	
114	3.8.7	宣惠河	黑龙港运东地区独流入海排水河道	河北省吴桥县桑园镇王指挥庄	河北省海兴县常庄	155	3 031		河北省吴桥县、东光县、南皮县、盐山县、海兴县	
115	7.4	滦河	独流入海河流	河北省承德市丰宁满族县大滩镇孤石村	河北省唐山市乐亭县兜网铺	888	44 800	41.92	河北省、内蒙古自治区、辽宁省	
116	7.4.2	黑风河	滦河左岸支流	内蒙古自治区正蓝旗桑根达来苏木毛哈尔布拉格	内蒙古自治区多伦县上都河乡	77.2	1 618.28		内蒙古自治区正蓝旗、多伦县	
117	7.4.3	小河子河	滦河右岸支流	内蒙古自治区多伦县水泉沟山北麓	内蒙古自治区多伦县大仓乡大河槽子村	71.7	1 295.02		内蒙古自治区多伦县	
118	7.4.4	吐力根河	滦河左岸支流	内蒙古自治区赤峰市克什克腾旗鸡毛林山顶	内蒙古自治区多伦县骡子地村	316	1 816	0.712	内蒙古自治区赤峰市克什克腾旗、多伦县、河北省围场县	
119	7.4.5	小滦河	滦河左岸支流	河北省围场满族蒙古族自治县坝上陡林子	河北省隆化县郭家屯镇西屯村	124	2 009.7	1	河北省围场县、隆化县	
120	7.4.6	兴州河	滦河右岸支流	河北省丰宁满族自治县选将营乡杨树底下村	河北省滦平县张百湾村	110.5	1 970	1.22	河北省丰宁县、滦平县	
121	7.4.6.1	忙牛河	兴州河右岸支流	河北省滦平县长山峪镇燕子沟	河北省滦平县大屯满族乡三岔口村	80	331.8	0.4686	河北省滦平县	
122	7.4.7	伊逊河	滦河左岸支流	河北省围场满族蒙古族自治县哈里哈乡老岭山东麓	河北省承德市双滦区滦河镇	214	6 689.3	2.73（多年平均水资源量）	河北省围场满族蒙古族自治县、隆化县、滦平县、承德市	
123	7.4.7.1	不澄河	伊逊河左岸支流	河北省围场满族蒙古族自治县银窝沟乡松树台	河北省围场满族蒙古族自治县腰站乡边墙山村	22	586	0.35（多年平均水资源量）	河北省围场满族蒙古族自治县	
124	7.4.7.3	蚁蚂吐河	伊逊河右岸支流	河北省围场满族蒙古族自治县燕格柏乡大骡子沟	河北省隆化县山嘴村	137	2 434.9	0.59	河北省围场满族蒙古族自治县、隆化县	
125	7.4.8	武烈河	滦河左岸支流	河北省围场满族蒙古族自治县蓝旗卡伦乡潘家店村	河北省承德市双桥区磬锤庙村	114	2 580	2.17	河北省围场满族蒙古族自治县、隆化县、承德县、承德市区	

续表

序号	条目编号	河 名	水 系	发源地、起始地	入河（湖、海）口	河长（km）	流域面积（km²）	多年平均年径流量（亿 m³）	行经地区	备 注
126	7.4.8.1	鹦鹉川	武烈河主源	河北省围场满族蒙古族自治县蓝旗卡伦乡潘家店村	河北省承德县头块地	70	765	0.68	河北省围场满族蒙古族自治县、隆化县、承德县	
127	7.4.8.2	头沟川	武烈河左岸支流	河北省承德县三道沟门乡陕西营村	河北省承德县高寺台镇营房村	57	727	0.3438（多年平均水资源量）	河北省承德县	
128	7.4.9	白河	滦河右岸支流	河北省承德县东小白旗乡八道沟村	河北省承德县上板城镇白河南村	43.5	684	0.97	河北省承德县	
129	7.4.10	老牛河	滦河左岸支流	河北省承德县五道河乡圣祖庙	河北省承德县下板城镇中磨村	73	1 713	1.46（多年平均水资源量）	河北省承德县	
130	7.4.11	柳河	滦河右岸支流	河北省兴隆县南双洞乡八拨子岭	河北省兴隆县柳河口村	137	1 199	1.95	河北省兴隆县、承德市营子区、承德县	
131	7.4.12	瀑河	滦河左岸支流	河北省平泉县卧龙镇安杖子村	河北省宽城满族自治县塌山乡瀑河口村	150	1 989.5	2	河北省平泉县、宽城满族自治县	
132	7.4.14	潵河	滦河右岸支流	河北省兴隆县大水泉乡獐帽山	河北省迁西县潵河桥镇	114	1 160	1.54	河北省兴隆县、迁西县	
133	7.4.18	长河	滦河左岸支流	河北省宽城满族自治县亮甲台乡大汉沟	河北省迁西县九山村	114	684	1.43	河北省宽城满族自治县、迁西县	
134	7.4.19	青龙河	滦河左岸支流	河北省平泉县台头山乡李杖子村	河北省滦县石梯子沟村	246	6 340	7.77	辽宁凌源市，河北平泉县、宽城满族自治县、青龙县、卢龙县、迁安市、滦县	
135	7.4.19.1	都阴河	青龙河右岸支流	河北省宽城满族自治县大字沟乡跳沟村	河北省宽城满族自治县大石柱子乡小石柱子村	48.5	461.6	0.73	河北省宽城满族自治县	
136	7.5.1.1	石河	冀东沿海诸河之一	河北省青龙县马尾巴岭南侧	河北省秦皇岛市山海关区石河口	67.5	618	1.71	河北省青龙县、抚宁县、山海关区、辽宁绥中县	
137	7.5.1.2	戴河	冀东沿海诸河之一	河北省抚宁县蚂蚁沟	河北省抚宁县河东寨村	35	290	0.39	河北省抚宁县、北戴河区	
138	7.5.1.3	洋河	冀东沿海诸河之一	河北省抚宁县大湾子村北洋河水库	河北省抚宁县洋河口村	100	1 110	1.55	河北省抚宁县	
139	7.5.1.6	沙河	冀东沿海诸河之一	河北省迁安市蔡园镇郝树店村	河北省唐山市丰南区	138	902	0.4645	河北省迁安市、滦县、唐山市古冶区、丰南区	
140	7.5.1.7	陡河	冀东沿海诸河之一	河北省唐山市燕山南麓	河北省唐山市丰南区	121.5	1340	0.6349	河北省滦县、唐山市开平区、丰南区	含泉水河河长
141	7.5.2.1	徒骇河	鲁北诸河（徒骇马颊河）水系	山东省莘县文明寨	山东省沾化县暴风站	436	13 900	6.82	河南省南乐县，山东莘县、阳谷县、聊城市东昌府区、茌平县、高唐县、禹城市、齐河县、临邑县、济阳县、商河县、惠民县、滨州市滨城区、沾化县	
142	7.5.2.2	马颊河	鲁北诸河（徒骇马颊河）水系	河南省濮阳市金堤闸	山东省无棣县老沙头	443	8 330	2.54	河南省濮阳市华龙区、清丰县、南乐县，河北大名县，山东莘县、冠县、聊城市东昌府区、茌平县、临清市、高唐县、夏津、平原县、德州市德城区、陵县、临邑县、乐陵市、庆云县	
143	7.5.2.2.1	德惠新河	马颊河右岸支流	山东省平原县王凤楼村	山东省无棣县下泊头村	172.5	3 249	1.23	山东省平原县、陵县、临邑县、商河县、乐陵市、阳信县、庆云县、无棣县	

附表二　　　　　　　　　海河卷列条湖泊一览表

序号	条目编号	湖　名	湖泊性质	水　系	湖面面积（km²）	蓄水量（亿 m³）	所在地区	备注
1	3.2.7	七里海	淡水湖	潮白河·潮白新河	95		天津市宁河县	
2	3.3.2.2	昆明湖	淡水湖	通惠河	2.13		北京市海淀区	
3	3.3.2.5	什刹海	淡水湖	通惠河	0.34		北京市西城区	
4	3.3.2.6	北海　中海　南海	淡水湖	通惠河	0.90		北京市西城区	
5	3.3.2.9	玉渊潭	淡水湖	通惠河	0.62	9.33×10^{-3}	北京市海淀区	
6	3.3.3.1	莲花池	淡水湖	凉水河	0.15	1.51×10^{-3}	北京市西城区、丰台区和海淀区交界处	
7	3.3.5	东丽湖	淡水湖	金钟河	7.27	0.11（1978年）	天津市东丽区	
8	3.5.3	白洋淀	淡水湖	大清河	366	10.7（水位10.5米）	河北省保定市、廊坊市	大沽高程
9	3.5.3.4.2	古莲花池	淡水湖	大清河·白洋淀·府河	0.0079		河北省保定市	
10	3.7.6.1	水上湖	淡水湖	津河	89.3公顷（1951年）		天津市南开区	
11	3.8.8	衡水湖	淡水湖	黑龙港运东地区诸河	75	1.88	河北省衡水市区南10千米	
12	7.5.1.1.1	燕塞湖	淡水湖	冀东沿海诸河·石河	4.7		河北省秦皇岛市	
13	7.5.2.1.1	东昌湖	淡水湖	鲁北诸河徒骇河	5	0.16	山东省聊城市	

附表三　　　　　　　　　　　　海河卷列条水库一览表

序号	条目编号	库名	所在河流	控制流域面积（km²）	库容（亿 m³）	坝型	主坝长（m）	主坝最大坝高（m）	功用	坝址所在地
1	3.1.1.1	海子水库	蓟运河·泃河	443	1.21	黏土斜墙碾压式土坝	1 194.5	40.5	防洪、灌溉为主，兼顾发电、养殖、旅游	北京市平谷区海子村
2	3.1.2.1	于桥水库	蓟运河·州河	2 060	15.59	均质土坝	2 222	24	供水为主，兼顾防洪、灌溉、发电	天津市蓟县
3	3.1.3.1	邱庄水库	蓟运河·还乡河	525	2.04	混凝土防渗墙均质土坝	926	28	防洪、城市供水、灌溉	河北省唐山市丰润区与遵化市交界处
4	3.2.1.1	云州水库	潮白河·白河	1 170	1.02	均质土坝	183.4	43.15	防洪、灌溉、供水	河北省赤城县
5	3.2.1.3	白河堡水库	潮白河·白河	4 170	0.906	黏土斜墙土坝	300	42.1	防洪、供水、灌溉	北京市延庆县白河堡乡
	3.2.3	密云水库	潮白河·潮河、白河汇合口	15 788	43.75	壤土斜墙土坝	4 559.5	66	防洪、灌溉、供水为主，兼顾发电和养殖	北京市密云县
7	3.2.5.1	怀柔水库	潮白河·怀河	525	1.44	黏土斜墙坝	1 088	23	防洪、供水、灌溉、调蓄	北京市怀柔区
	3.3.1.1	十三陵水库	北运河·温榆河	223	0.81	黏土斜墙土坝	627	29	防洪、灌溉、供水、发电及旅游	北京市昌平区
9	3.4.1.5	册田水库	永定河·桑干河	16 700	5.8	均质土坝	1 100	41.5	供水、防洪、灌溉、拦沙、水产养殖、旅游	山西省大同县西册田村
	3.4.1.6.1	壶流河水库	永定河·桑干河·壶流河	1 749	0.87	均质土坝	2 724	16.7	防洪、灌溉为主	河北省蔚县暖泉镇东、蔚县县城西南6千米
11	3.4.2.1.1	友谊水库	永定河·洋河·东洋河	2 250	1.16	均质土坝	287	40	防洪、灌溉为主，兼顾养殖	河北省张家口尚义县与内蒙古兴和县交界处
	3.4.2.2.1.1	西洋河水库	永定河·洋河·南洋河·西洋河	617.6	0.1535	均质土坝	1 653	18	防洪为主，兼顾灌溉	河北省怀安县翁家湾村西
13	3.4.2.4	响水铺水库	永定河·洋河	14 140	0.575	混凝土重力坝	273	25.5	防洪为主，兼顾灌溉、发电	河北省宣化县响水铺村
	3.4.3	官厅水库	永定河	43 400	41.6	黏土心墙土坝	423	52	防洪、灌溉、供水、发电	河北省怀来县官厅村
15	3.4.4.1	古城水库	永定河·妫水河·古城河	119	0.0852	混凝土双曲拱坝	90.75	70	防洪、灌溉为主，兼顾旅游	北京市延庆县城东北10千米
	3.5.1.2.1.1	安格庄水库	大清河·拒马河·南拒马河·中易水河	476	3.09	黏土斜墙坝	602	49.4	防洪、灌溉、供水、发电、养殖	河北省易县
17	3.5.1.2.1.2.1	旺隆水库	大清河·拒马河·南拒马河·北易水河·旺隆沟	37	0.1275	均质土坝	268	24.6	防洪、灌溉、旅游、发电、养殖	河北省易县
	3.5.3.3.1	龙门水库	大清河·白洋淀·漕河	470	1.267	均质土坝	539	40.5	防洪为主，兼顾灌溉、养殖	河北省满城县
19	3.5.3.5.1	西大洋水库	大清河·白洋淀·唐河	4 420	12.58	均质土坝	1 812	56.15	防洪、供水、灌溉、发电	河北省唐县
	3.5.3.5.2.1	龙潭水库	大清河·白洋淀·唐河·清水河	50	0.1178	黏土心墙坝	303	47	防洪、灌溉为主，兼顾养殖、旅游	河北省顺平县
21	3.5.3.7.1	王快水库	大清河·白洋淀·潴龙河·沙河	3 770	13.89	黏土斜墙坝	1 281	62.5	防洪、灌溉为主，兼顾发电	河北省曲阳县
22	3.5.3.7.2.1	口头水库	大清河·白洋淀·潴龙河·郜河	142.5	1.056	黏土心墙坝	596.5	30	防洪、供水、发电	河北省行唐县
23	3.5.3.7.3.1	横山岭水库	大清河·白洋淀·潴龙河·磁河	440	2.43	黏土斜墙土砂混合坝	490	41	防洪、灌溉、发电、养殖	河北省灵寿县
	3.5.6.1	团泊洼水库	大清河·独流减河		1.8	亚黏土均质土坝	33 220	5.3	提蓄沥水及汛期弃水	天津市静海县
25	3.5.6.2	北大港水库	大清河·独流减河		5	均质土坝	54 510	9.5	蓄泄洪水、供水	天津市滨海新区大港
26	3.6.1.5	岗南水库	子牙河·滹沱河	15 900	17.04	黏土斜墙坝	1 701	64	防洪、灌溉、供水为主，兼顾发电	河北省平山县
27	3.6.1.8	黄壁庄水库	子牙河·滹沱河	23 400	12.1	均质土坝	1 757.63	30.7	防洪为主，兼顾供水、灌溉、发电	河北省鹿泉市
28	3.6.2.2	东武仕水库	子牙河·滏阳河	340	1.62	均质碾压土坝	2 646	34.1	防洪、灌溉、供水、养殖	河北省磁县

续表

序号	条目编号	库名	所在河流	控制流域面积（km²）	库容（亿 m³）	坝型	主坝长（m）	主坝最大坝高（m）	功用	坝址所在地
29	3.6.2.3.1.1	大洺远水库	子牙河·滏阳河·北洺河·洺河·南洺河	1 047	0.3299	均质碾压土坝	330	30	供水为主，兼顾防洪	河北省武安市
30	3.6.2.3.1.2	口上水库	子牙河·滏阳河·北洺河·洺河·北洺河	138.7	0.3208	浆砌石重力坝	185	81.3	灌溉为主，兼顾防洪、发电、养殖、人畜饮水、工业用水	河北省武安市
31	3.6.2.3.2.1	朱庄水库	子牙河·滏阳河·北澧河·南澧河	1 220	4.16	浆砌石混凝土重力坝	544	95	防洪为主，兼顾供水、灌溉、发电、养殖、旅游	河北省沙河市
32	3.6.2.3.5.1	临城水库	子牙河·滏阳河·北澧河·泜河	384	1.7	黏土斜墙坝	1 428	33	防洪为主，兼顾灌溉、发电、养殖	河北省临城县
33	3.6.2.4.1	韩家园水库	子牙河·滏阳河·汶河·封龙河	9	0.041	均质土坝	500	24	防洪、灌溉、旅游	河北省鹿泉市
34	3.6.2.4.2	八一水库	子牙河·滏阳河·汶河·潴龙河	139.1	0.7387	均质土坝	645	28.4	防洪、灌溉、养殖、旅游	河北省元氏县
35	3.7.1.1	漳泽水库	漳卫南运河·漳河·浊漳河·浊漳南源	3 176	4.27	均质土坝	2 514	25	供水、灌溉、防洪为主，兼顾养殖、旅游	山西省长治市
36	3.7.1.2.1	后湾水库	漳卫南运河·漳河·浊漳河·浊漳西源	1 267	1.303	均质碾压土坝	300	26	防洪、灌溉、发电、养殖	山西省襄垣县
37	3.7.1.3.1	关河水库	漳卫南运河·漳河·浊漳河·浊漳北源	1 745	1.399	水中倒土均质坝	687	33	防洪、供水、灌溉、养殖、旅游	山西省武乡县
38	3.7.1.7	岳城水库	漳卫南运河·漳河	18 100	13	均质土坝	3 603.3	55.5	防洪、供水、发电	河北省磁县、河南省安阳县
39	3.7.2.1	群英水库	漳卫南运河·卫河·大沙河	165	0.2	砌石重力拱坝	130	100.5	灌溉、防洪、供水、旅游为主，兼顾发电、养殖	河南省修武县
40	3.7.2.2	马鞍石水库	漳卫南运河·卫河·纸坊河	90	0.1033	浆砌石单曲拱坝	57.6	65.1	防洪、灌溉、供水为主，兼顾旅游、养殖、山区人畜饮水	河南省修武县
41	3.7.2.6.1	盘石头水库	漳卫南运河·卫河·淇河	1 915	6.08	混凝土面板堆石坝	606	102.2	防洪、供水为主，兼顾灌溉、发电、养殖、旅游	河南省鹤壁市淇滨区
42	3.7.2.8.1	小南海水库	漳卫南运河·卫河·洹河	850	1.07	黏土斜墙堆石坝	370	51.3	防洪、灌溉、供水、养殖、旅游	河南省安阳县
43	3.7.2.8.3	彰武水库	漳卫南运河·卫河·洹河	970	0.78	均质土坝	730	27.5	调蓄兴利为主，兼顾供水、灌溉、养殖、发电、旅游	河南省安阳县
44	3.8.6.1	大浪淀水库	黑龙港运东地区诸河·大浪淀排水渠		1	均质土坝（围堤）	16 610		蓄水、供水	河北省沧州市
45	3.8.7.1	杨埕水库	漳卫新河和宣惠河入海口之间		0.36	均质土坝（围堤）	10 500		防洪、蓄水、灌溉	河北省海兴县
46	7.4.1	闪电河水库	滦河·闪电河	890	0.426	均质土坝	2 836	12.6	防洪为主，兼顾灌溉、养鱼、生活用水	河北省沽源县
47	7.4.7.2	庙宫水库	滦河·伊逊河	2 370	1.03	均质土坝	400	44.2	防洪为主，兼顾灌溉、发电、养殖	河北省围场县
48	7.4.12	潘家口水库	滦河	33 700	29.3	混凝土低宽缝重力坝	1 039	107.5	供水为主，兼顾防洪、发电	河北省迁西县
49	7.4.15	大黑汀水库	滦河	35 100	3.37	宽缝式混凝土重力坝	1 354.5	52.8	供水为主，兼顾发电	河北省迁西县
50	7.4.19.2	桃林口水库	滦河·青龙河	5 060	8.59	碾压混凝土重力坝	500	74.5	供水为主，兼顾发电、防洪、旅游、养殖	河北省青龙满族自治县
51	7.5.1.3.1	洋河水库	冀东沿海诸河·洋河	755	3.86	黏土斜墙沙壳坝	1 570	32.3	防洪、供水、灌溉为主，兼顾发电、养殖、旅游	河北省抚宁县
52	7.5.1.7.1	陡河水库	冀东沿海诸河·陡河	530	5.15	均质土坝	1 700	25	防洪、灌溉、供水	河北省唐山市开平区

附表四　　海河卷灌溉面积 2 万公顷以上灌区一览表

序号	灌区名称	水　　源	灌溉面积（万 hm²）	建成时间	受益地区
1	海子灌区	原为海子水库，现为地下水	2.03	2006 年改建	北京市平谷区
2	里自沽灌区	潮白河	2.78	1998 年	天津市宝坻区
3	新河灌区	北运河	2.87	最初建成于 1959 年，2001—2008 年改建	北京市通州区、朝阳区
4	桑干河灌区	桑干河	2.40	初建于 1936 年，1950 年改建	山西省山阴县、应县
5	册田灌区	册田水库	2.00	始建于 1958 年，20 世纪 90 年代扩建	山西省阳高县、大同县
6	桑干河灌区	桑干河	2.19	1960 年	河北省涿鹿县
7	壶流河灌区	壶流河	2.00	1975 年	河北省蔚县
8	宣化洋河灌区	洋河	2.00	1959 年	河北省宣化县
9	万全洋河灌区	洋河	2.07	1965 年	河北省万全县
10	易水灌区	安格庄水库	2.13	1958 年	河北省易县、定兴县、徐水县
11	唐灌区	西大洋水库	2.83	初建于明万历年间，1959 年兴建干渠	河北省唐县、顺平县、望都县、定州市
12	沙河灌区	王快水库	5.30	1959 年 11 月始，1965—1968 年扩建	河北省曲阳县、定州市、安国市、博野县、蠡县
13	滹沱河灌区	滹沱河	2.24	初建于 1913 年，1950—1955 年扩建	山西省忻州市忻府区、定襄县
14	冶河灌区	岗南水库、冶河	2.67	1974 年	河北省平山县、鹿泉市、元氏县
15	绵河灌区	绵河、甘陶河	2.17	1960 年	河北省井陉县、平山县、矿区、鹿泉市
16	石津灌区	岗南水库、黄壁庄水库	16.67	初建于日伪时期，1946、1949 年分别修东部灌区和西部灌区，1953 年两灌区合并为石津灌区	河北省石家庄市、邢台市、衡水市
17	滏阳河灌区	滏阳河	3..00	雏形于明万历年间，1957 年扩建	河北省邯郸市辖区、磁县
18	朱野灌区	朱庄水库、野沟门水库、羊卧湾水库	2.05	1976 年	河北省邢台县、邢台市桥西区
19	红旗渠灌区	浊漳河和南谷洞、弓上水库	3.60	1965 年	河南省林州市
20	跃进渠灌区	浊漳河	2.30	1972 年	河南省安阳县
21	跃峰渠灌区	漳河	2.04	1975—1976 年一、二期工程，1977—1979 年三期工程	河北省涉县、磁县、峰峰矿区、武安市、邯郸市
22	磁县小跃峰灌区	漳河	2.23	1969 年	河北省磁县
23	民有渠灌区	岳城水库	10.40	始建于清康熙年间，1931 年定名为民有渠。1958、1966 年改扩建	河北省磁县、临漳县、成安县、魏县、广平县、肥乡县、曲周县、大名县、馆陶县
24	漳南灌区	岳城、小南海、彰武、汤河四座水库	8.00	1968 年	河南省安阳市郊区、安阳县、汤阴县、内黄县、鹤壁市，河北省临漳县
25	群库灌区	宝泉、石门、三郊口、陈家院 4 座中型水库以及 5 座小型水库、563 座蓄水池	3.36	1956 年	河南省辉县市、修武县
26	军留灌区	卫河	2.20	1975 年	河北省魏县
27	引青灌区	青龙河	2.07	1958 年始建，1976 年再建，1980 年通水	河北省卢龙县
28	滦河下游灌区	滦河		1956 年始建，1958 年建成	河北省唐海县、滦南县、乐亭县
29	洋河灌区	洋河水库、桃林口水库	2.00	1967 年	河北省抚宁县、昌黎县
30	陡灌区	引滦入唐渠	4.33	1966 年	河北省唐山市丰南区
31	人民胜利渠引黄灌区	黄河	5.90	20 世纪 50 年代初期	河南省新乡县、获嘉县、原阳县、延津县、卫辉市、武陟县、新乡市郊区
32	南小堤引黄灌区	黄河	3.20	1957 年	河南省濮阳县
33	渠村引黄灌区	黄河	4.97	1958 年	河南省濮阳县
34	陶城铺引黄灌区	黄河	7.60	1988 年	山东省阳谷县、莘县

续表

序号	灌区名称	水源	灌溉面积（万 hm²）	建成时间	受益地区
35	位山引黄灌区	黄河	36.00	1958 年	山东省聊城市东昌府区、临清市、冠县、阳谷县、东阿县、茌平县、高唐县
36	郭口引黄灌区	黄河	2.48	1986 年	山东省东阿县
37	彭楼引黄灌区	黄河	13.33	1959 年	山东省聊城市东昌府区、莘县、冠县
38	潘庄引黄灌区	黄河	33.33	1972 年	山东省齐河县、禹城市、平原县、夏津县、武城县、德州市德城区、陵县、宁津县
39	李家岸引黄灌区	黄河	21.43	1971 年	山东省齐河县、临邑县、陵县、宁津县、乐陵市、庆云县
40	邢家渡引黄灌区	黄河	7.87	1975 年	山东省济阳县、商河县、济南市历城区
41	簸箕李引黄灌区	黄河	10.9	1960 年	山东省惠民县、阳信县、无棣县、庆云县
42	韩墩引黄灌区	黄河	6.40	1968 年	山东省滨州市滨城区、沾化县、利津县
43	小开河引黄灌区	黄河	7.33	1998 年	山东省惠民县、阳信县、无棣县、沾化县、滨州市滨城区、滨州经济开发区
44	白龙湾引黄灌区	黄河	2.03	1957 年	山东省惠民县
45	王庄引黄灌区	黄河	6.53	1969 年	山东省东营市河口区、利津县

注　河北省灌区灌溉面积为有效灌溉面积。

索 引
Index

条题汉字笔画索引

一画
一亩泉 ················ 109

二画
十三陵水库 ············ 41
十里河 ················ 75
七里海 ················ 36
八一水库 ·············· 158

三画
于桥水库 ·············· 16
大石河 ················ 102
大洺远水库 ············ 151
大浪淀水库 ············ 210
大浪淀排水渠 ·········· 210
大清河 ················ 93
大黑汀水库 ············ 234
口上水库 ·············· 151
口头水库 ·············· 119
卫河 ·················· 183
小白河 ················ 121
小河子河 ·············· 220
小南海水库 ············ 194
小南海泉 ·············· 195
小滦河 ················ 221
马厂减河 ·············· 199
马河 ·················· 154
马颊河 ················ 261
马鞍石水库 ············ 187
子牙河 ················ 127
子牙新河 ·············· 160

四画
王快水库 ·············· 118
天平沟 ················ 159
云州水库 ·············· 26
不澄河 ················ 225
友谊水库 ·············· 82
中易水河 ·············· 99
中亭河 ················ 126
中海 ·················· 54
午河 ·················· 156

长河 ·················· 49
长河 ·················· 239
什刹海 ················ 52
乌河 ·················· 136
引青济秦渠 ············ 244
引滦入津渠 ············ 235
引滦入唐渠 ············ 238
水上湖 ················ 202

五画
玉泉 ·················· 46
玉渊潭 ················ 57
甘陶河 ················ 141
古城水库 ·············· 89
古莲花池 ·············· 109
石门河 ················ 189
石河 ·················· 249
石津总干渠 ············ 143
龙门水库 ·············· 108
龙泉 ·················· 18
龙潭水库 ·············· 114
平山温泉 ·············· 137
东丽湖 ················ 61
东武仕水库 ············ 149
东昌湖 ················ 261
东洋河 ················ 81
北大港水库 ············ 124
北运河 ················ 38
北拒马河 ·············· 101
北易水河 ·············· 100
北京护城河 ············ 50
北海—中海—南海 ······ 54
北排河 ················ 204
北澧河 ················ 150
白沟河 ················ 103
白河 ·················· 24
白河 ·················· 229
白河堡水库 ············ 27
白洋淀 ················ 105
册田水库 ·············· 76
闪电河水库 ············ 219
头沟川 ················ 228
汉石桥湿地 ············ 35
永定河 ················ 62
永定河引水渠 ·········· 91

民心河 ················ 145
民有渠 ················ 182

六画
老牛河 ················ 229
老盐河 ················ 207
老漳河 ················ 206
西大洋水库 ············ 113
西洋河 ················ 84
西洋河水库 ············ 85
百泉 ·················· 153
百泉 ·················· 189
吐力根河 ·············· 221
团泊洼水库 ············ 123
朱庄水库 ·············· 153
任文干渠 ·············· 122
伊逊河 ················ 223
后湾水库 ·············· 172
关河水库 ·············· 175
州河 ·················· 15
兴州河 ················ 222
江江河 ················ 208
汤河 ·················· 29
汤河 ·················· 192
安格庄水库 ············ 100
阳泉 ·················· 18
红旗渠 ················ 176

七画
坝河 ·················· 44
赤城温泉 ·············· 26
孝义河 ················ 115
杨埕水库 ·············· 212
还乡河 ················ 18
拒马河 ················ 96
岗南水库 ·············· 137
牤牛河 ················ 223
邱庄水库 ·············· 20
辛安泉 ················ 175
怀河 ·················· 34
怀柔水库 ·············· 34
汪洋沟 ················ 158
沙河 ·················· 254
沧浪渠 ················ 209

277

| 冶河 | 138 |
| 妫水河 | 88 |

八画

武烈河	226
青龙河	240
青龙湾减河	60
坪上泉	135
旺隆水库	101
昆明湖	47
牧马河	134
岳城水库	181
金水河	56
京密引水渠	32
庙宫水库	225
府河	108
泜河	154
洵河	13
官厅水库	87

九画

珍珠泉	196
赵王新河	104
南大港湿地	210
南拒马河	98
南洋河	83
南海	54
南排河	205
南澧河	152
柳河	230
临城水库	155
蚂蚁吐河	226
响水铺水库	86
郜河	119
独流减河	122
洹河	192
浊漳北源	173
浊漳西源	170
洺河	150
洨河	156
洋河	79
洋河	252
洋河水库	252
浑河	73
津河	201
宣惠河	211
神头泉	71
陡河	255
陡河水库	256

十画

| 都阴河 | 241 |

壶流河	78
壶流河水库	79
莲花池	59
桃林口水库	242
桃河	140
热河泉	228
峪河	188
徒骇河	259
留楚排干	159
唐河	110
唐海湿地	254
凉水河	58
涞源泉	98
海子水库	14
海河	1
娘子关泉	141
通惠河	45
桑干河	67

十一画

黄水河	72
黄金海岸湿地	253
黄壁庄水库	142
萍河	106
捷地减河	198
跃峰渠	181
盘石头水库	191
清水河（北京）	90
清水河（张家口）	85
清水河	113
清水河	134
清河	43
清凉江	207
清漳西源	180
清漳河	177
淇河	190
密云水库	31
绵河	138

十二画

韩家园水库	157
黑风河	219
黑龙洞泉	149
黑龙港运东地区诸河	203
黑龙港河本支	204
黑河	28
筒子河	55
御河	74
鲁北诸河	257
温河	139
温榆河	40

十三画

瑟尔基河	82
蓟运河	10
新石碑河	210
源子河	70
滦河	214
滦河下游输水干渠	244
滦河口湿地	247
滏东排河	206
滏阳河	146
滏阳新河	160
群英水库	186

十四画

磁河	120
廖家洼排水渠	209
彰武水库	195
漕河	107
滹沱河	130
潴龙河	115
漳卫南运河	162
漳卫新河	197
漳河	166
漳泽水库	169
翠湖湿地	42

十五画

横山岭水库	120
德惠新河	263
澈河	233
潮白河	21
潮河	30
潘家口水库	232

十六画

燕塞湖	250
冀东、鲁北沿海诸河	248
冀东沿海诸河	248
衡水湖	212

十七画

| 戴河 | 251 |

十八画

| 瀑河 | 107 |
| 瀑河 | 231 |

条题外文索引

A

Angezhuang Reservoir 100

B

Bahe River 44
Baigou River 103
Baihe River 24
Baihe River 229
Baihepu Reservoir 27
Baiquan Spring 153
Baiquan Spring 189
Baiyangdian Lake 105
Baohe River 107
Baohe River 231
Bayi Reservoir 158
Beidagang Reservoir 124
Beihai – Zhonghai – Nanhai Lake 54
Beijinghucheng River 50
Beijuma River 101
Beili River 150
Beipai River 204
Beiyishui River 100
Beiyunhe Canal 38
Budeng River 225

C

Canglang Channel 209
Caohe River 107
Cetian Reservoir 76
Changhe River 49
Changhe River 239
Channel Diverting Luanhe River to Tangshan City 238
Channel Diverting Luanhe River to Tianjin City 235
Channel Diverting Qinglong River to Qinhuangdao City 244
Chaobai River 21
Chaohe River 30
Chicheng Hot Spring 26
Cihe River 120
Cuihu Marsh 42

D

Daheiting Reservoir 234
Daihe River 251
Dalangdian Drainage Channel 210
Dalangdian Reservoir 210
Damingyuan Reservoir 151
Daqing River 93
Dashi River 102
Dehuixinhe River 263
Dongchang Lake 261
Dongli Lake 61
Dongwushi Reservoir 149
Dongyang River 81
Douhe Reservoir 256
Douhe River 255
Duliujianhe River 122
Duyin River 241

F

Fudongpaihe River 206
Fuhe River 108
Fuyang River 146
Fuyangxinhe River 160

G

Gangnan Reservoir 137
Gantao River 141
Gaohe River 119
Gold Coast Marsh 253
Guanhe Reservoir 175
Guanting Reservoir 87
Gucheng Reservoir 89
Guishui River 88
Gulianhuachi Lake 109

H

Haihe River 1
Haizi Reservoir 14
Hanjiayuan Reservoir 157
Hanshiqiao Marsh 35
Heifeng River 219
Heihe River 28
Heilongdong Spring 149
Heilongganghebenzhi River 204
Hengshanling Reservoir 120
Hengshui Lake 212
Hongqi Channel 176
Houwan Reservoir 172
Huaihe River 34
Huairou Reservoir 34
Huangbizhuang Reservoir 142
Huangshui River 72
Huanhe River 192
Huanxiang River 18
Huliu River 78
Huliuhe Reservoir 79
Hunhe River 73
Hutuo River 130

J

Jiangjiang River 208
Jiedijianhe River 198
Jingmi Channel 32
Jinhe River 201
Jinshui River 56
Jiyunhe Canal 10
Juhe River 13
Juma River 96

K

Koushang Reservoir 151
Koutou Reservoir 119
Kunming Lake 47

L

Laiyuan Spring 98
Laoniu River 229
Laoyan River 207
Laozhang River 206
Liangshui River 58
Liaojiawa Drainage Channel 209
Lincheng Reservoir 155
Liuchu Main Drainage Channel 159
Liuhe River 230
Longmen Reservoir 108
Longquan Spring 18
Longtan Reservoir 114
Lotus Pond 59
Luanhe River Mouth Marsh 247
Luanhe River 214
Luanhexiayou Channel 244

M

Ma'anshi Reservoir 187
Machangjianhe River 199

Mahe River ········· 154	Rivers of North Shandong ········· 257	Xiaoyi River ········· 115
Majia River ········· 261		Xidayang Reservoir ········· 113
Mangniu River ········· 223	**S**	Xingzhou River ········· 222
Mianhe River ········· 138		Xinshibei River ········· 210
Miaogong Reservoir ········· 225	Sahe River ········· 233	Xin'an Spring ········· 175
Minghe River ········· 150	Sanggan River ········· 67	Xiyang River ········· 84
Minxin River ········· 145	Seerji River ········· 82	Xiyanghe Reservoir ········· 85
Minyou Channel ········· 182	Shahe River ········· 254	Xuanhui River ········· 211
Miyun Reservoir ········· 31	Shandianhe Reservoir ········· 219	
Muma River ········· 134	Shentou Spring ········· 71	**Y**
	Shichahai Lake ········· 52	
N	Shihe River ········· 249	Yangcheng Reservoir ········· 212
	Shijin Main Channel ········· 143	Yanghe Reservoir ········· 252
Nandagang Marsh ········· 210	Shili River ········· 75	Yanghe River ········· 79
Nanhai Lake ········· 54	Shimen River ········· 189	Yanghe River ········· 252
Nanjuma River ········· 98	Shisanling Reservoir ········· 41	Yangquan Spring ········· 18
Nanli River ········· 152	Shuishang Lake ········· 202	Yansai Lake ········· 250
Nanpai River ········· 205		Yehe River ········· 138
Nanyang River ········· 83	**T**	Yimatu River ········· 226
Niangziguan Spring ········· 141		Yimu Spring ········· 109
	Tanghai Marsh ········· 254	Yixun River ········· 223
P	Tanghe River ········· 29	Yongding River ········· 62
	Tanghe River ········· 110	Yongdinghe Channel ········· 91
Panjiakou Reservoir ········· 232	Tanghe River ········· 192	Youyi Reservoir ········· 82
Panshitou Reservoir ········· 191	Taohe River ········· 140	Yuanzi River ········· 70
Pinghe River ········· 106	Taolinkou Reservoir ········· 242	Yuecheng Reservoir ········· 181
Pingshan Hot Spring ········· 137	Tianpinggou River ········· 159	Yuefeng Channel ········· 181
Pingshang Spring ········· 135	Tonghui River ········· 45	Yuhe River ········· 74
	Tongzi River ········· 55	Yuhe River ········· 188
Q	Tougouchuan River ········· 228	Yunzhou Reservoir ········· 26
	Tuanbowa Reservoir ········· 123	Yuqiao Reservoir ········· 16
Qihe River ········· 190	Tuhai River ········· 259	Yuquan Spring ········· 46
Qilihai Marsh ········· 36	Tuligen River ········· 221	Yuyuantan Lake ········· 57
Qinghe River ········· 43		
Qingliang River ········· 207	**W**	**Z**
Qinglong River ········· 240		
Qinglongwanjianhe River ········· 60	Wangkuai Reservoir ········· 118	Zhanghe River ········· 166
Qingshui River in Beijing City ········· 90	Wanglong Reservoir ········· 101	Zhangweinan Canal ········· 162
Qingshui River in Zhangjiakou City ········· 85	Wangyanggou River ········· 158	Zhangweixinhe River ········· 197
Qingshui River ········· 113	Weihe River ········· 183	Zhangwu Reservoir ········· 195
Qingshui River ········· 134	Wenhe River ········· 139	Zhangze Reservoir ········· 169
Qingzhang River ········· 177	Wenyu River ········· 40	Zhaowangxinhe River ········· 104
Qingzhangxiyuan River ········· 180	Wuhe River ········· 136	Zhenzhu Spring ········· 196
Qiuzhuang Reservoir ········· 20	Wuhe River ········· 156	Zhihe River ········· 154
Qunying Reservoir ········· 186	Wulie River ········· 226	Zhonghai Lake ········· 54
		Zhongting River ········· 126
R	**X**	Zhongyishui River ········· 99
		Zhouhe River ········· 15
Rehe Spring ········· 228	Xiangshuipu Reservoir ········· 86	Zhulong River ········· 115
Renwen Main Channel ········· 122	Xiaobai River ········· 121	Zhuozhangbeiyuan River ········· 173
Rivers in the Coast Area of East Hebei and North Shandong ········· 248	Xiaohe River ········· 156	Zhuozhangxiyuan River ········· 170
	Xiaohezi River ········· 220	Zhuzhuang Reservoir ········· 153
Rivers in the Coast Area of East Hebei ········· 248	Xiaoluan River ········· 221	Ziya River ········· 127
	Xiaonanhai Reservoir ········· 194	Ziyaxinhe River ········· 160
Rivers of Heilonggangyundong Area ········· 203	Xiaonanhai Spring ········· 195	

内 容 索 引

A

艾河沟　96
艾林河　225
安达木河　31
安格庄水库　**100**
安阳河　192

B

八达营西沟　226
八大户沟　226
八一湖　57
八一水库　**158**
巴嘎浩力图诺尔　220
巴嘎诺尔　220
坝河　**44**
白草沟　28
白翅沟　222
白登河　83
白浮瓮山河　47
白沟　183
白沟河　**103**
白河　5
白河　**24**
白河　38
白河　**229**
白河堡水库　**27**
白虎沟西沟　226
白吉沟　242
白涧沟　97
白涧河　99
白莲潭　52
白马沟　149
白马关河　32
白马河　154
白马河　230
白霄水　222
白羊淀　105
白杨河　260
白洋淀　**105**
白屿河　24
白玉河　171，172
白云川　151
百草沟　109
百泉　**153**
百泉　**189**
百泉河　185
百泉湖　189
柏各庄输水干渠　244

柏门泉　196
板峪河　117
邦水峪河　88
雹河　107
宝峰湖　173
豹河　231
鲍河　107
鲍丘水　30
北长河　43
北大港水库　**124**
北海泉　98
北海—中海—南海　**54**
北旱河　43
北河　5
北河　246
北护城河　49，50
北京护城河　**50**
北京排污河　2，67
北拒马河　**101**
北口峪　79
北澧　150
北澧河　**150**
北澧老河　150
北澧新河　150
北岭河　16
北流河　117
北楼峪　74
北洺河　151
北排河　**204**
北瀑河　107
北三沟　97
北沙河　40
北沙河　157
北沙河　250
北水泉川　231
北塘排水河　67
北屯河　96
北小河　45
北易水河　**100**
北易水河　97
北云中河　132
北运河　**38**
北漳河　173
本淀　105
毕村沟　73
冰沟河　242
柠檬树河　231
博水　113
不澄河　**225**
不墩河　225

柏门泉　196
布里河　115

C

蔡家河　35
蔡家河　89
沧河　185
沧浪渠　**209**
曹河　107
曹水　107
漕河　**107**
槽碾西沟　217
草桥河　58
册田水库　**76**
岔沟川　230
岔河　2
岔河　197
岔口河　140
柴沟川　226
柴河　229
蟾河　115
昌黎黄金海岸　253
菖蒲河　56
长沟　234
长河　**49**
长河　**239**
长河　249
长虹渠　186
长江峪　78
长梁沟河　132
常社川　151
超格都尔河　221
朝鲤河　34
潮白河　**21**
潮白新河　2，12，14，23，36，60，67
潮河　10
潮河　**30**
潮河　249
潮里河　30
车道沟　226
车河　231
车轮轿河　231
陈圩河　204
城北减河　23
城东排支　115
城西河　81
城西河　142
澄湖　229
泜河　**154**
泜水　154

赤城温泉　**26**
赤道河　240
崇家峪河　255
川角沟　99
慈家台沟　114
磁河　120
翠湖湿地　42
错河　14

D

大泊湖　47
大东河　111
大沽河　5
大黑汀水库　234
大桦皮沟　241
大唤起河　224
大兰口沟　234
大浪淀排水渠　210
大浪淀水库　210
大两间房河　226
大柳塘子河　226
大陆泽　148
大骡沟　226
大洺远水库　151
大南沟　90
大南河　70
大铺沟　229
大清河　93
大清河　249
大泉村河　74
大沙沟河　71
大沙河　115
大沙河　183，186
大石河　102
大石河　249
大石河　255
大石峪河　72
大石柱子　242
大通河　45
大五号河　82
大西沟　29
大西沟　90
大西沟河　83
大西章河　115
大要水　222
大有河　174
大峪河　69
大庄河　249
大庄科河　74
大字沟　242
戴河　251
戴家河　251
戴家营沙河　81
单家沟　138
荡水　192
刀把口河　142
道坝子河　224
道德沟　28
道沟河　76

道虎沟　231
稻子沟　249，253
德惠新河　263
德胜口沟　41
邓厂沟　229
邓金河　260
钓鱼台　57
钓鱼台湖　57
钓鱼台泡子　57
定安河　79
东昌湖　261
东长梁　28
东风渠　208
东沟　86
东沟　188
东河　30
东河　173
东湖　57
东护城河　50
东丽湖　61
东孟姜女河　185
东明渠　157
东沙河　40，41
东沙河　81
东沙河　249
东山嘴川　230
东武仕水库　149
东崖底河　179
东杨树沟　224
东洋河　81
东洋河　253
东野河　241
东赵小沟　226
东租沟　99
冻牛坡河　71
都党河　182
都阴河　241
都源河　241
陡河　255
陡河水库　256
督亢沟　101
独流减河　122
独峪河　116
笃马河　263
杜村沟　96
漒口川　152
多伦　220

E

峨河　132
鹅毛口河　69
厄尔腾河　220
恶池　130
鄂卜坪河　81
恩县洼　164
尔王庄水库　237
二道川　28
二道沟　228
二道河　82

二道河　216

F

范水　106
方营沟　30
坊城河　70，77
肥水　156
废墙子河　201
粉红江　193
丰草河　59
丰收渠　208
封大水　255
封龙河　157
凤港减河　38
凤凰河　188
佛峪口河　89
浮图峪沟　96
福山口沟　97
福善庄河　72
府河　108
滏东排河　206
滏宁渠　159
滏水　146
滏阳河　146
滏阳新河　160
阜将水　140
阜通河　44
阜通七坝河　44
复康河　201
傅家河　260
富岗沟　99

G

嘎呗沟　222
干柏河　230
干峪河　111
甘秋河　132
甘陶河　141
赶瀑河　231
岗南水库　137
岗子川　30
港河本支　204
高峰水　29
高井沟　65
高梁河　44，49
鄗河　119
圪芦河　172
疙瘩营西沟　224
隔兰沟　218
庚水　15
浭水　18
公乐亭泉　18
狗尿河　246
沽河　15
沽水　24
沽水　30
沽水　38
泒河　115

瓜水 93	黑山扈排洪沟 43	黄锥水 239
孤山河 131	黑石崖河 82	黄旗西上沟 30
孤山水库 186	黑水沟 107	黄沙河 182
孤月沟 135	黑水河 65	黄沙口沟 99
古城河 80	黑水河 84	黄石崖河 82
古城河 89	横花沟 194	黄水河 72
古城水库 89	横山岭水库 120	黄水河 83
古郊河 188	衡水湖 212	黄松峪石河 14
古莲花池 109	衡漳 166	黄土坎河 224
古平泉 232	红河 25	灰窑峪 234
古洋河 122	红旗河 201	恢河 68
古月河 132	红旗渠 176	回星水 140
固都尔呼河 227	红泉河 221	会清河 43
故安河 99	红石坎泉水河 15	惠民渠 209
拐儿西沟河 178	红土梁河 83	慧温高勒 219
关沟 40	洪沟河 264	浑河 73
关沟水 41	洪泥河 9, 200	浑河 232
关河 173	洪水河 188	浑源河 73
关河水库 175	洪水河 192	
官道沟 208	洪塘河 80	
官上河 173	鸿雁渠 262, 263	**J**
官厅水库 87	猴顶山河 28	
管河 256	后河 81	鸡鸣驿沙河 81
管氏河 260	后河湾 74	鸡爪河 106
妫川河 88	后喇叭沟 29	积水潭 52
妫河 88	后湾水库 172	吉布汰沟 224
妫水河 88	后营子沟 30	沛河 156
郭河 172	溥池水 130	蓟运河 10
郭苏河 132	滹沱河 130	冀东、鲁北沿海诸河 248
崞川水 73	狐仙楼水库 101	冀东沿海诸河 248
果河 16, 235	胡家沟 223	夹括河 103
	胡良河 102	贾豁河 174
H	胡素汰沟 224	箭杆河 21, 35
	壶流河 78	江江河 208
哈叭沁川 225	壶流河水库 79	将军墓川 152
海河 1	湖林新河 249	浆水川 152
海子 52	虎山河 131	降水 166
海子水库 14	护城河 261	浑河 209
韩吉营西沟 227	花场峪沟 250	绛河 167
韩家园水库 157	华山河 111	绛水 166
汉马沟 221	化吉营北沟 222	交口河 173
汉石桥湿地 35	怀河 34	郊沟河 190
汉石桥水库 35	怀九河 34	漱水 65
郝家河 260	怀柔水库 34	捷地减河 198
耗来河 220	怀沙河 34	界河 5, 93, 113
浩力图诺尔 220	还乡河 18	金海 47
何家沟 99	还乡新河 12, 18	金海湖 14
何营川 222	环城湖 261	金河 157
河南西沟 222	环堤河 109	金鸡河 14
黑风河 219	环香河 18	金莲川 220
黑河 28	洭河 192	金良河 138
黑河 74	洭水 192	金龙池泉 71
黑河 234	缓虚水 254	金坡沟 99
黑林子沟 221	荒地东沟 227	金水河 10
黑龙洞泉 149	黄壁庄水库 142	金水河 56
黑龙港河本支 204	黄花川 233	金台子川 30
黑龙港河东支 204	黄花沟 109	金钟河 2, 67
黑龙港河西支 204	黄华河 193	津港运河 200
黑龙港河中支 204	黄金海岸湿地 253	津河 201
黑龙港运东诸河 203	黄龙潭 89	津唐运河 20
		浸水 150

283

靳官屯减河　199
京密引水渠　32
京娘湖　151
井儿沟河　76
景村河　171
九宫口峪　79
旧关沟　138
泃河　10
泃河　13
泃水　13
巨梁河　18
巨马河　96
拒马河　96
撅尾巴河　221
崛仑屯沟　84
竣内沟　186

K

栲栳圈河　126
孔雀湖　119
口泉河　69
口上水库　151
口头水库　119
滱水　110
枯河　180
库尔奇勒河　221
宽河　231
筐儿港减河　38
昆明湖　47

L

拉煤沟　14
喇嘛山西沟　30
涞水　96
涞源泉　98
兰旗卡伦河　225
兰泉河　11
岚水河　167
澜河　13
狼窝沟　138
浪沟河　153
老海河　9
老虎沟　28
老减河　2
老龙口排水沟　43
老米河　249
老牛河　229
老牛河　255
老婆山河　231
老沙河　207
老武河　14
老盐河　207
老栅子　28
老漳河　206
老赵牛河　260
潦水沟　107
鳡阳水　180
捞泥塘沟　229

累子沟　101
冷咀头河　16
梨园沟　194
黎河　235
李家沟　120
李阳河　154
里沟　222
理直沟　260
澧水　152
莲花池　59
莲花池泉　71
莲花河　59
莲花泡子　52
凉水河　58
梁余河　178
两间房川　31
亮马河　45
廖家堡河　76
廖家洼排水渠　209
林堡排支　115
临城水库　155
临商河　263，264
淋河　18
淋河　235
蔺沟河　41
凌云口峪　73
溜子河　153
刘家沟　100
刘家沟　223
刘李河　102
刘台沟　249，253
刘坨沟　249，253
留楚排干　159
留垒河　150
琉璃河　102
柳川河　81
柳河　230
柳林沟河　180
柳林河　132
六各庄排干　108
六平地沟　107
龙安沟　97
龙道河　41
龙凤湖　157
龙凤新河　38
龙宫河　132
龙河　62，67
龙湖　101
龙湖　175
龙华河　132
龙门沟　157
龙门水库　108
龙门西沟　97
龙泉　18
龙泉河　102
龙泉河　113
龙泉湖　256
龙山河　131
龙潭湖　114
龙潭水库　114

龙洋河　81
龙治河　149
卢沟河　62
鲁北诸河　257
路罗川　152
滤淲河　135
潞水　24
潞水　38
吕良峪沟　253
滦河　214
滦河河口湿地　247
滦河下游输水干渠　244
罗卜营西沟　222
罗文峪沟　16
骡子沟　217
骆驼场河　216
骆驼场河　220

M

麻姑营沟　253
麻子峪　156
马鞍石水库　187
马草河　58，59
马厂减河　9
马厂减河　199
马川沟　134
马河　154
马会河　151
马家村河　82
马家湾河　81
马颊河　261
马颊河故道　263
马兰峪河　72
马连川河　108
马莲河　220
马泥河　112
马排子河　221
马棚淀　105
马圈沟　96
马圈沟　134
马圈引河　200
马石路河　76
马蹄峪沟　16
马头沟　101
马头口河　189
马尾河　111
马营河　25
马冢河　138
牤牛河　32
牤牛河　126
牤牛河　147
牤牛河　192
牤牛河　223
牤牛河　247
茅草庄河　189
茅沟川　227
煤河　10
门道川　151
门头沟　65

孟奎川　226
孟祖河　41
迷雾沟　253
米河　251
密云水库　31
绵河　138
绵蔓水　140
绵水　138
庙宫水库　225
庙沟　228
民心河　145
民有渠　182
明水河　157
洺河　150
洺水　150
磨河　188
母子沟　224
木刀沟　120
木瓜河　69
牧马河　134
牧马水　134

N

纳岭沟　229
纳木匠沟　230
乃仁高勒　220
南彩排洪沟　21
南长河　49
南泒水　154
南川河　141
南大港湿地　210
南甸河　132
南关泉　98
南海　54
南旱河　45，92
南河　241
南河泊　59
南护城河　50
南拒马河　98
南澧河　152
南马庄河　112
南洺河　151
南排河　205
南沙河　40，42
南沙口林场河　220
南屯沟　96
南屯河　174
南湾　85
南泄洪渠　157
南洋河　83
南易水　107
南云中河　132
南运河　40，160，165，202，203
南张村沟　138
内金水河　56
泥河　19
泥河沟　108
泥井沟　249，253
逆流河　14

碾子沟　222
娘子关泉　141
涅河　174
宁川水　85
宁津新河　262，263
宁晋泊　148
牛牧屯引河　38
牛尾河　150，154
牛庄沟　157
暖儿河　218

O

呕夷水　110

P

潘家口水库　232
盘常河　81
盘石头水库　191
蟠洪河　175
蟠龙湖　158
胖和尚沟　229
蓬头沟　97
片石峪沟　16
偏道子沟　97
偏坡营川　224
平山温泉　137
平社河　134
平水　106
平顺河　168
平头河　168
平阳河　117
坪上泉　135
萍河　106
萍泉河　106
蒲莲河　157
蒲阳河　114
瀑河　107
瀑河　231

Q

七渡河　34
七节河　114
七里沟　65
七里海　36
七里河　68
七里河　134，154
七里河　220
七里河　260
七星海　71
漆水　240
祁夷水　78
岐山湖　155
其河　114
淇河　190
淇水　190
旗山泉　98

起河　241
千顷洼　212
牵马岭沟　19
前白河　229
前河　81，82
前韭菜沟　28
前三门护城河　50
乾白河　229
欠十步沟　190
强水　233
秦口河　260
沁河　148
青静黄排水渠　209
青龙河　240
青龙湾减河　60
青年渠　124
青年水库沟　96
青坡河　260
青羊沟　28，29
青羊口河　117
青源沟　97
清河　43
清河　207
清河　218，233
清河老河道　43
清凉江　207
清临渠　208
清泉河　58
清泉河　225
清水　79
清水河　16
清水河　113
清水河　134
清水河　190
清水河（北京）　90
清水河（张家口）　85
清夷水　88
清苑河　108
清漳东源　177
清漳河　177
清漳西源　180
邱庄水库　20
曲河　115
曲逆河　114
曲水河　107
圈子河　74
泉水河　173
泉水河　238，256
泉寺河　140
泉子沟　74
群英水库　186

R

热河　226，228
热河泉　228
热木图诺尔　220
热水溪　228
任文干渠　122
如浑水　74

如意河 221	十三陵水库 41	
茹越峪河 72	十字河 122	**T**
濡水 100	什刹海 52	
濡水 214	石碑河 210	塔儿村河 81
	石碑新河 249	台头沟 138
S	石洞子川 227	太平河 133
	石河 249	太平河 140
潵河 233	石河水库 250	太液池 54
潵河南 234	石虎沟 227	泰宁寺沟 100
赛里川 155	石虎沟 230	汤河 29
三道川沟 28	石津总干渠 143	汤河 192
三里河 89	石榴河 256	汤河 249
三里河 218	石门河 189	汤泉 26
三泉湾泉 71	石门峪 78	汤泉沟 222
三沙河 84	石坡河 190	汤泉沟 228
三屯河 76	石人沟 30	汤泉河 25，26
桑干河 67	石子河 102	汤水 192
桑干水 62	石子河 167	唐公沟 262，263
桑干水 67	史水河 175	唐海湿地 254
桑干水 70	殊宫寺沟 135	唐河 110
桑干枝水 72	输元河 148	唐溪 255
桑峪沟 90	蜀水 222	唐峪河 73
瑟尔基河 82	双岔河 221	洮水 140
沙河 15	双城河 18	桃河 140
沙河 19	双城河改道 11	桃林口水库 242
沙河 40	双井河 131	桃阳 28
沙河 118	双林引水河 8	桃园河 193
沙河 152	双龙河 246，249	陶清河 167
沙河 157	双桥河 9	天马湖 252
沙河 217，218，235，249	双松汀 242	天平沟 159
沙河 241	双紫支渠 45	天桥沟 226
沙河 251	水泉沟 220	天寿山水 41
沙河 254	水泉河 81	天堂河 62，66
沙井子河 217	水上湖 202	田村河 134
沙流河 18	水衙沟 59	铁厂小河 19
沙峪河 180	水峪 79	通惠河 45
莎泉峪 78	水峪口河 72	通桥河 85
山河 190	水峪西沟 114	通事营川 224
山神庙沟 97	顺水河 150	通天河 112，113
闪电河 216，219	司马泊海 71	同河 132
闪电河水库 219	四岔口沟 217	桐峪河 178
商东河 264	四道沟 224	铜鞮水 170
商中河 263，264	四女寺减河 197	铜钱沟 135
上都河 217	寺耳河 136	筒子河 55
上泉河 83	泗阳河 135	头道川 28
上四新河 260	松木沟 217	头道河子 221
上苑 54	松水 141	头沟川 228
上寨河 111	松溪河 141	图鲁根河 221
尚泉 109	松烟河 178	徒骇河 259
邵村沟 146，148	松阳河 132	土岭沟 134
蛇皮河 220	嵩田河 132	吐力根河 221
蛇皮榆树 234	苏里河 167	团泊洼水库 123
舍利塔拉河 222	苏龙口河 132	
神头海 71	苏木山河 85	**W**
神头泉 71	苏汰沟 226	
沈水 108	沭河 246，249	瓦沟台沟 84
绳水 102	索泸河 207	瓦屋沟 28
圣水 102	索泸水 207	外金水河 56
湿余水 40	索头水 223	万泉河 44，75
十里河 75		汪洋沟 158

王安镇沟　96	西湖　47	小河子河　220
王村河　189	西湖　57	小戟门河　246，249
王快水库　118	西湖　59	小金水河　56
王千庄峪　73	西湖景　47	小岭底沟　180
王营子川　218	西护城河　49，50	小龙河　58
旺隆沟　100，101	西会川　156	**小滦河　221**
旺隆水库　101	西卡沟　221	小洛河　209
卫河　183	西龙头河　221	小马河　154
卫千渠　212	西孟姜女河　185	小马营河　70
卫星引河　12	西南川　30	小米河　260
卫运河　164	西坪河　77	小磨头沟　157
苇甸沟　65	西坪山沟　84	**小南海泉　195**
苇河　260	西墙子河　201	**小南海水库　194**
苇子峪　234	西沙河　86	小彭河　242
位昌川　156	西神山沟　96	小青龙河　214，246，249
渭水河　132	西石河　250	小清河　14
魏进河　16	西屯庄河　107	小清河　102
温川河　136	西新河　260	小清河　249
温河　139	**西洋河　84**	小沙河　157
温泉水　228	西洋河　244，253	小沙河　252
温塘河　132，137	**西洋河水库　85**	小石峪河　72
温余水　40	西苑　54	小围场沟　226
温榆河　40	西寨沟　188	小西沟　29
文都河　132	西漳水　170	小西沟　86
瓮山泊　47	西漳水　180	小西沟　228
卧龙岗川　231	淅河　190	小西河　149
乌河　136	洗马沟　59	小新河　18
乌梁苏沟　226	洗马林河　80	小洋河　84
乌龙河　96	下关河　117	小银河　132
屋腔沟　135	下交河　180	小引河　169
无定河　62	下井河　83	小峪河　69
吾其河　83	下深井河　83	小月河　43
吴城河　70，77	下营子沟　230	小漳河　173
五道川　224	下院川　230	小漳河　206，207
五道营沟　30	下庄沟河　178	小漳水　170
五渡水　229	先锋河　8	小中河　41
五女河　216	险溢河　132	小作河　138
五十家河　83	陷河　231	**孝义河　115**
五一渠　97	香河　139	歇马沟　112
午河　156	香磨河　190	歇马关河　71
武列水　226	香山翠湖　44	卸甲河　132
武烈河　226	湘河　190	新地河水库　61
武乡水　173	湘江河　209	新甸子　233
武源河　173	响河　190	新凤河　59
武周川水　75	**响水铺水库　86**	新盖房分洪道　96
	硝河　186	新河　249

X

	浟河　156	新华营河　88
	浟水　156	新金线河　109
西堡头河　167	**小白河　121**	新金线河　260
西北土城沟　44	小白杨沟　222	新九龙河　114
西藏水　227	小北沟　90	新开河　67
西长梁　28	小菜园沟　217	新开河　114
西达旱河　182	小丹河　167	新开河　249
西大河　34	小东河　21	新开渠　59
西大洋水库　113	小东河　168	新滦河　245
西淀　105	小河　194	新清临渠　208
西沟　86	小河沟　96	**新石碑河　210**
西关引河　12	小河子　18	新挑河　126
西海　47	小河子　233	新引河　238
西河　170，171	小河子　249	新赵牛河　260

兴隆河 227	依克磨里沟 226	玉泉 46
兴隆山川 228	宜孙河 223	玉渊潭 57
兴州河 222	移城河 135	**峪河 188**
星干河 241	**蚁蚂吐河 226**	峪口河 132
幸福河 9	义粟河 223	御河 49
幸福河 200	阴山河 139	**御河 74**
幸福河 256	阴栈河 242	御河 183
雄固霸新河 126	银坊主沟 112	裕民渠 263
修水 79	银子川河 85	鸳鸯河 82
秀水河 139	银子河 82	元子水 70
徐阳河 172	尹家营 224	袁家河 8
许村沟 99	**引滦入津渠 235**	原庄河 168
宣惠河 211	**引滦入唐渠 238**	源子河 70
玄水 240	**引青济秦渠 244**	月明河 115
雪山沟 234	引水湖 57	月牙河 8
	引潴入马渠 262	月牙河 9
Y	饮马河 74	**岳城水库 181**
	饮马河 249	岳家河 255
鸭口河 189	英卫河 233	岳阳河 166
鸭子村沟 99	樱桃沟 65	**跃峰渠 181**
胭脂河 117	鹦鹉川 226,228	跃进河 9
延乡水 84	鹰窝川 227	跃进河 263
沿村沟 157	迎春河 171	跃进渠 209
沿沟 249	营儿河 156	跃马河 262,263
沿河 127	营里河 132	云簇河 173
阎谭排支 115	**永定河 62**	**云州水库 26**
雁门水 83	**永定河引水渠 91**	运潮减河 21
雁栖河 34	永定新河 2,13,67	运粮河 10
燕川河 120	永谷水 139	运粮河 99
燕格柏河 226	永济渠 183	运粮河 114
燕河 244	永年洼 148	
燕塞湖 250	永胜地河 83	**Z**
羊河 80	永顺沟 260	
羊眼河 131	永通河 192	藻杂淀 105
阳城河 113	**友谊水库 82**	皂河 49
阳河 252	羑（yǒu）河 192	泽发水 141
阳河 80	淤白河 65	扎格斯台诺尔 220
阳泉 18	淤泥河 19	闸河 45
阳武河 132	淤泥河 75	窄岭西沟 30
阳泽河 167	淤泥河 151	张百万沟 30
杨埕水库 212	淤泥河 172	张翼河 177
杨村河 115	淤泥河 239	章吉营西沟 227
杨柳新河 11	渝水 249,251	**彰武水库 195**
杨杖子河 241	**于桥水库 16**	漳河 166
杨赵河 142	于延水 79	漳水 166
洋河 79	于营子川 30	**漳卫南运河 162**
洋河 252	鱼亮子北沟 217	**漳卫新河 197**
洋河水库 252	鱼子山石河 14	**漳泽水库 169**
仰山大沟 43	渔水 24	招山河 139
鹞子河 117	涠水 152	招素沟 222
冶河 138	榆河 40	赵北河 111
冶河 157	榆河 251	赵壁河 142
野鸭湖 88	榆社河 173	赵家港沟 249,253
野猪河 230	榆树底东沟 227	赵家河 194
一家河 220	禹临河 263,264	赵王河 260
一亩泉 109	玉带河 57	赵王河 264
伊玛图河 226	玉带河 228	**赵王新河 104**
伊松河 223	玉河 45	**珍珠泉 196**
伊逊河 223	玉河 49	镇川河 75
衣素河 223	玉河 74	正北川 222

正沟 86	中山湖 142	潴龙河 **115**
郑村排支 115	**中亭河 126**	潴龙河 157，158
枝津 72	**中易水河 99**	潴龙河 262
织女河 56	**州河 15**	转河 49
直沽河 5	周汉河 133	**浊漳北源 173**
直峪河 78	周口店河 103	浊漳河 2
纸坊河 185，187	朱家河 204	浊漳河 168，175，181
志节河 186	朱家河 262，263	浊漳南源 169
治水 62，67	朱家沙沟 84	**浊漳西源 170**
中坝河 23	朱家窑头河 83	资承水 120
中沟 29	朱龙河 260	滋河 120
中河 8	**朱庄水库 153**	**子牙河 127**
中解河 132	珠泉河 196	**子牙新河 160**
中海 54	珠溪 196	紫石口沟 97
中南海 54	猪龙河 115	

《中国河湖大典 海河卷》编辑出版人员名单

总 编 辑：汤鑫华

副总编辑：胡昌支

特约编辑：谢良华

责任编辑：吉鑫丽　王　丽　王德鸿　吴　娟　冯红春　王海琴　李金玲

英文编辑：方　平　李金玲

美术编辑：刘一檠

地图编辑：樊启玲　黄云燕

封面设计：刘一檠

版式设计：王国华　孙立新　曲大鹏　刘一檠

责任排版：吴建军　郭会东　孙　静　丁英玲　聂彦环

责任校对：张　莉　黄淑娜　梁晓静　黄　梅

责任印制：崔志强　焦　岩　孙长福　刘　萍